Italo Svevo

Gesammelte Werke in Einzelausgaben

Herausgegeben von
Claudio Magris, Gabriella Contini,
Silvana de Lugnani

Rowohlt

Italo Svevo

Ein Leben
Roman

Übersetzt von
Piero Rismondo

Rowohlt

Der Text folgt der Ausgabe
bei Enrico dall'Oglio Editore, Milano
unter dem Titel «Una vita»
Vorwort, der Aufsatz «Die Stadt Triest
in ‹Ein Leben›» und Anhang wurden von
Ragni Maria Gschwend übersetzt
Frontispiz nach einer Zeichnung
von Georgieff
Schutzumschlag- und Einbandgestaltung
Klaus Detjen

1. Auflage September 1984

Gesamtherstellung Clausen & Bosse, Leck
Printed in Germany
ISBN 3 498 06169 0

Inhalt

Vorwort

Dies ist ein Bildungsroman mit negativem Vorzeichen: das Drama eines nicht möglichen Heranreifens zur Realität und zu den Mitmenschen.

Der Inhalt ist rasch erzählt: Alfonso Nitti, ein ganz junger Bankangestellter, der erst seit kurzem in der Stadt lebt, leidet an seiner sozialen Unterlegenheit. Er nährt insgeheim intellektuellen Ehrgeiz, «träumt» von einer Veränderung seines Status durch die Eroberung der Tochter seines Prinzipals. Dabei findet er zweifelhafte Verbündete und Komplicen. Schließlich verführt er tatsächlich das durchaus willige Mädchen. Doch am nächsten Tag flieht er aus der Stadt und kehrt in sein Heimatdorf zurück, wo er unerwartet den Tod seiner Mutter miterlebt. Er verlängert seinen Aufenthalt, da er selbst krank wird. Bei seiner Rückkehr nach Triest entdeckt er, daß ihn diese «Flucht» alles kostet: die Frau, die Arbeit, das Leben.

Historisch gesehen, fallen Entstehung und Abschluß des Romans in jene Epoche – um die Jahrhundertwende –, in der sich das Bürgertum in Italien wie im übrigen Europa wieder auf konservative Positionen zurückzog, gemessen an der optimistischen Aufbruchstimmung, die die Verbreitung des französischen Positivismus und seines literarischen Produkts, des naturalistischen Romans, ausgezeichnet hatte. Die Krise der Wertvorstellungen führt in Italien zu Ergebnissen wie dem ästhetisierenden lyrischen Roman von D'Annunzio und dem milieugebundenen schwärmerischen von Fogazzaro: Produkte von großem unmittelbarem Erfolg – das heißt gut aufgenommen vom Bürgertum, das sich in derartigen Werken repräsentiert und idealisiert sah –, die heute jedoch nur noch kulturgeschichtlich von Interesse sind, literarisch gesehen dagegen unecht oder provinziell wirken.

Svevos Vorteil gegenüber seinen zeitgenössischen italienischen Autoren liegt im Besitz eines kulturellen Instrumentariums aus erster Hand. Er kennt den französischen *roman expérimental* unmittelbar, liest die deutschen idealistischen und irrationalistischen Philosophen im Original; er beschäftigt sich zwar unsystematisch, aber intensiv mit naturwissenschaftlichen Fragen (Biologie und Psychologie). Svevo ist kein passiver Leser, sondern besitzt eine sehr starke Aneignungs- und Assimilationsfähigkeit: Er verfälscht ganz bewußt jedwede «Ideologie», eignet sie sich an und reduziert sie auf sein Maß. Seine Vorliebe gilt Darwin, und er verformt ihn auf seine Weise: Er erfindet eine eigene Evolutionstheorie, nach der die unvollkommene Natur des Menschen zugleich Verdammung und Vorrecht bedeutet, gemessen an der perfekten Anpassung des Tiers, das vollständig in sein Milieu integriert und daher für immer festgelegt und kristallisiert ist.

Als passionierter Leser Schopenhauers folgt er diesem Philosophen bis zu einem gewissen Punkt: Er stellt den «Träumer» dem «Kämpfer» gegenüber, beschreibt die menschliche Unruhe als ein unermüdliches Schwanken zwischen Verlangen und Erfüllung und verlegt das individuelle Heil in die höhere «Gleichgültigkeit»; er läßt jedoch seinen Protagonisten den «höchsten Verzicht auf den Kampf» mit der Entscheidung für den Selbstmord verwechseln – oder so tun, als verwechsle er ihn. (Die Argumente der Philosophen, erklärt Alfonso sich selbst, «waren keine Argumente, sondern Wünsche, Ausdruck des Willens zum Leben» – S. 504.)

Der Ausgangspunkt dieses ersten Romans von Svevo –

das Individuum wird vom sozio-ökonomischen Räderwerk zermalmt – ist auf den ersten Blick keineswegs originell: Er wiederholt nicht nur ein Klischee des französischen naturalistischen Romans, sondern verweist auch auf vorausgehende Erfahrungen der italienischen Erzählliteratur: Auch die Figuren bei Verga zum Beispiel sind «vom Leben Besiegte», denen – gleich, ob sie Handelnde oder Leidende sind – keine Möglichkeit der Befreiung zugestanden wird.

Svevo jedoch scheint von seinem ersten Werk an darauf bedacht, die naturalistischen Techniken experimentell aufzubrechen und auszubeuten. Die langen deskriptiven Seiten in ‹*Ein Leben*›, die selbst winzige Details in der Darstellung des Milieus und der Nebenfiguren aufzeigen, schwächen nie die Intensität der Präsenz des Protagonisten ab und nehmen nur dann Bedeutung an, wenn sie sich seiner Aufmerksamkeit aufzwingen und seinen Monolog herbeiführen. Je weiter der Leser in den Roman eindringt, desto deutlicher wird ihm, daß die Objektivierung des Milieus ein rein funktionaler Kunstgriff ist: Die Verkettung von Ursache und Wirkung, der Determinismus – Grundfaktoren des «wissenschaftlichen» Romans des neunzehnten Jahrhunderts – sind keine eisernen Regeln, sondern werden systematisch übertreten.

Der Protagonist verkörpert ein verwirrtes oder mystifiziertes Bewußtsein von Welt: ein Kleinbürger mit hochtrabenden philosophischen und literarischen Interessen, ein verhinderter Intellektueller oder ein Intellektueller im Embryozustand – Svevo betont sein sehr jugendliches Alter –, der die Fähigkeit besitzt, sich selbst zu belügen. Mehr als die offensichtlichen, im Dialog vorgetragenen Gründe zählen die dunklen Motive, die in Alfonsos ununterbrochenem Selbstgespräch, in seiner besessenen und verheerenden Selbstanalyse zutage treten. Gegensätzliche Triebe beherrschen die Beziehungen des Helden zu seinen Mitmenschen und zu sich selbst, bedingen seine fiebrige Weltsicht und setzen sich in Aktionen um, in denen sich in der Rückschau die handelnde Person selbst nicht mehr wiedererkennt.

In Alfonso Nitti konzentriert sich beispielhaft eine Summe von Konflikten: die – echte oder eingebildete – Krankheit (persönliche Sphäre), die nicht glückende Anpassung an die Stadt und die Sehnsucht hochzukommen (sozialgeschichtliche Sphäre), die Verachtung der anderen und der Mythos der «Reinheit» (ethische Sphäre), die unglückliche Liebe als literarisches Klischee (kulturelle Sphäre). Die Verquickung des affektiven Themas mit dem ökonomischen trägt zur Selbstdiagnose einer nicht präzisierbaren, aber nachweislichen «Untauglichkeit» bei.

Ein Untauglicher sollte nach dem Willen des Autors denn auch der Titel des Romans lauten, den der Verleger jedoch ablehnte. Mit diesem substantivierten Adjektiv wollte Svevo eine Figur ins Licht rücken, die sich auf ein einziges Attribut reduzieren lassen könnte. Doch dieses Attribut ist problematisch: *Wozu* ist Alfonso Nitti nicht tauglich? Ohne eine nähere Bestimmung klingt der Titel verwaschen und rätselhaft.

Die italienische Kritik hat versucht, minutiös die Vorläufer des Svevianischen «Untauglichen» zu ermitteln und mit einem ganzen Kreis erlesener Namen aufgewartet: angefangen bei Puschkin und Lermontov, über Gogol mit den ‹*Aufzeichnungen eines Wahnsinnigen*› (der Wahnsinn ist die Vermischung von Realität und Traum), Turgenjew mit dem ‹*Tagebuch eines überflüssigen Menschen*›, Gontscharow mit ‹*Oblomow*›, bis hin zu Dostojewskij mit seinen ‹*Aufzeichnungen aus einem Kellerloch*› (einem Autor, dem Svevo in den Jahren unmittelbar vor der Niederschrift von ‹*Ein Leben*› sehr nahestand, wie die lange Novelle ‹*Der Mord in der Via Belpoggio*› zeigt, die 1890, zwei Jahre vor dem Roman, veröffentlicht wurde).

Hinzu kommt ein sehr lebhaftes Interesse an der Figur Hamlets: Während seiner Internatszeit in Segnitz verkauft der junge Svevo seinen Goethe an die Kameraden, um eine Shakespeare-Ausgabe zu erstehen; er lernt den ‹*Hamlet*› auswendig.

Weitere Vorfahren findet Alfonso Nitti unter den Goethischen Helden quälender Entwicklungen, unter den Stendhalschen, die dem Erfolg nur begegnen, um ihn wieder zu verlieren, und unter denen Flauberts, die die ‹*éducation sentimentale*› dem Grau des Lebens gefügig macht. Und er wird all die späteren Svevo-Figuren zu «leiblichen Brüdern» bekommen, die von der Selbstanalyse gelähmt, von der Wirklichkeit brutal angegriffen und vorzeitig vergreist sind.

Es gibt auch einen Interpretationsschlüssel, den Svevo in seinen darwinistischen Essays selbst liefert. *Untauglich* ist immer das menschliche Wesen, sobald es an irgendeinem Punkt seines nicht realisierbaren Evolutionsprozesses erfaßt wird; es ist zur Metamorphose und zur «Unzufriedenheit» verdammt. Der Mensch-Entwurf, die menschliche Chrysalide, ist in um so tieferem Sinne *Mensch*, je mehr sie sich irgendeiner Perspektive des Werdens öffnet, je unfertiger sie ist und je abgeneigter, sich in einer definitiven «Form» zu verkörpern.

Menschlich also, weil unvollendet, zum «Kampf» verurteilt, ohne Lust zu kämpfen («Er konnte weder lieben noch genießen; selbst in den glücklichsten Umständen hatte er mehr gelitten als andere in den schmerzlichen»; dieser Organismus, «der keine Rast kannte» – S. 504 f), kann sich Alfonso in keiner Art äußerer Beziehung verwirklichen: Sein Meisterwerk ist die Vielfalt narzißtischer Haltungen, mit der er seinen pathologischen Zustand eines unvollendeten Wesens hätschelt und zuweilen belacht. Die Angst vor der Anpassung, vor der Falle, das konfuse Gefühl, von anderen gesteuert zu werden, verderben jede seiner Beziehungen und selbst das bloße Liebesgespräch. Die Flucht, der Selbstmord sind die Antwort auf einen Mangel an Alternative und gleichzeitig die Suche nach einer persönlichen Lösung, und sei es auch in selbstzerstörerischer Form. Die beiden Fluchten (der Selbstmord ist ein Äquivalent zur Flucht ins Heimatdorf, weg von Annetta) belegen den Bewahrungsinstinkt einer unergründeten und unverdorbenen Individualität.

Der ganze Roman dient demnach als komplizierte Maschinerie, die Alfonsos Selbstmord hervorbringen muß. Doch der «Verzicht» am Ende wird mit widersprüchlicher Rationalität gerechtfertigt, die das «Geheimnis» unterstreicht und ungelöst läßt. Dieser Personentyp, dessen Handeln von einer Fülle von Vorwänden bestimmt wird, die einzeln genommen vielleicht akzeptabel wären, im Übermaß jedoch untereinander in Konflikt geraten, wird sich in Svevos zukünftigen Romanen wiederholen: in Emilio Brentani aus ‹*Ein Mann wird älter*› und im ‹*Zeno Cosini*›.

Auf der einen Seite ist Alfonsos Wille zum Verzicht ein neurotisches Symptom innerhalb eines Systems gleichwertiger Symptome, die sich in der zeitlosen Gegenwart der psychischen Krankheit in prekärem Gleichgewicht halten. Auf der anderen Seite könnte aber der Entschluß zum Tod auch von der Anhäufung «rationaler» Rechtfertigungen, wie sie im Text erscheinen, gestützt werden.

Alfonso ist im Kapitel XV eine *siegende* Gestalt: Er kann einen konkreten, jeden «Traum» übersteigenden Erfolg für sich verbuchen. Durch Annettas Verführung eröffnet sich ihm die Chance zu einer Heirat, die für sich allein einen totalen sozialen Aufstieg und einen völligen Rollenwechsel bedeutet. Doch Alfonso erklärt sich selbst, daß er die Flucht wählt, weil er bestimmte Dinge nicht will: 1. rauben und sich verstellen (Annettas Verführung erscheint ihm als «Raub»); 2. Annetta – und sich selbst –

einer unabwendbaren Tatsache beugen; 3. für einen festgelegten und glänzenden sozialen Status auf seine Genialität, sein ungeregeltes Leben, seine Außergewöhnlichkeit verzichten; 4. sich von anderen lenken lassen (er erkennt, daß die Vorschläge der Gesellschafterin Francesca nicht uneigennützig sind); 5. sich an die unstete Annetta binden, die ihn vielleicht schon nicht mehr liebt, ja ihn nie geliebt hat, die «schuldiger war als er» und «vom Anfang bis zum Ende ausschließlich aus Sinnlichkeit und Eitelkeit gehandelt» hat (S. 310), die er selbst im Grunde aufgehört hat zu lieben, die ihn abstößt (sie hat sich zu wenig gewehrt).

Auf den letzten Seiten dagegen (nach dem Tod der Mutter, dem Verlust Annettas, der Rückstufung im Büro und der Aussicht auf ein Duell) behauptet Alfonso sich selbst gegenüber, er wähle den Tod, denn: 1. «Annetta wünschte ihn tot! Er träumte davon, daß ihr Wunsch sich erfüllte und sie um ihn trauerte» (S. 503); 2. ihn lockt und beruhigt nur eine einzige Aussicht: die «schöne Ruhe auf dem Friedhof» (S. 503); 3. er muß «sich diesem Kampf entziehen, in dem er eine schmähliche und lächerliche Rolle spielen» würde (S. 503 f); 4. er fühlt «sich unfähig zum Leben ... Das war der Verzicht, von dem er geträumt hatte» (S. 504 f).

So viele Motivationen passen nicht nur nicht zusammen, sondern sind auch zuviel. Und Alfonsos Selbstmord ist nicht nur weit weg von der Einfachheit der unentgeltlichen Geste, er wird von Svevo gerade deshalb verlacht, weil er zu teuer bezahlt wird: Er ist übermotiviert durch eine Reihe von Beweisführungen, deren Summe gleich Null ist. Das Ergebnis ist eine nicht abgeschlossene, fragende Erörterung, die den Leser zwingt, zum Text zurückzukehren und seine äußerst gekonnte Montage zu rekonstruieren.

Schon in diesem ersten Werk beweist Svevo seine Fähigkeit, die Technik des «eingeschränkten Gesichtspunkts» zu handhaben und durchzuhalten. Das Urteil über das äußere Milieu und über die persönliche Erfahrung entspringt immer und allein dem Bewußtsein der Figur, von der in der dritten Person erzählt wird: Von ihr geht die Kraft aus, die die wichtigen «Daten» auswählt und vereinigt und den Text einheitlich und überschaubar macht. Alfonso Nitti, naiv und zugleich kompliziert, ist wie ein erstauntes Auge, das registriert, sich aber über die Bedeutung seiner Wahrnehmung täuschen kann. Begleitet wird diese Wahrnehmung episodisch, jedoch mit deutlich ironischer Färbung, von den korrigierenden Eingriffen der erzählenden Stimme.

Nur in Beziehung zu Alfonso und «in Konfrontation» mit ihm konstruieren sich die Milieus, zu denen uns der Erzähler Zugang verschafft: das Großbürgertum, das – vulgär in seinem Geschmack, anmaßend und pflichtvergessen – durch das Haus Maller repräsentiert wird (dem gegenüber Alfonso arm, linkisch und verträumt ist), und das absteigende Kleinbürgertum der Lanuccis, Alfonsos Zimmervermietern, kraftlos und habgierig (denen gegenüber Alfonso ein Grandseigneur ist). Aus großer Distanz beobachtet Alfonso bei seiner Rückkehr ins Dorf (das ihm «wie ein altes Museumsstück» vorkommt – S. 365) die bäuerliche Ungehobeltheit eines Kinderfreunds: ein «kräftiger Bursche von recht gewöhnlichen Gesichtszügen» mit «kleinen, schlauen Augen» (S. 381 f). Doch überwiegend «mit Bewunderung» betrachtet er die bürgerliche Angestelltenwelt, in die er eingetaucht ist. Die minutiös nachgezeichneten Figuren der Kollegen streifen die Karikatur: Miceni (penible neurotische Ordnung), Sanneo (außerordentliche Tüchtigkeit), Ballina (possenhafte Schläue, mechanisches Wiederholen), White (elegante Originalität, ungebundenes Leben). Und außerdem Herr Maller, eine ferne und furchteinflößende Präsenz, der man sich mit Zeremonien der Unterwürfigkeit nähert. Die Bank ist der

Ort, von dem die Erzählung ausgeht, wo sie ihren dramatischen Lauf nimmt und wo sie endet: Alfonsos Beförderung eröffnet eine Aufstiegsphase von kurzer Dauer; seine Rückstufung im Büro, verbunden mit dem plötzlichen Verlust der Wertschätzung seiner Kollegen, bekräftigt sein Scheitern: Der Fall Alfonso Nitti wird zu den Akten gelegt, zusammen mit einem Brief des Bankhauses Maller, der darüber Auskunft erteilt. Doch gerade die monotonste Erzählmaterie moduliert Svevo mit der größten Raffinesse. Alles im Bankhaus Maller ist sakralisiert: Die täglichen Rituale werden mit der Ernsthaftigkeit des Insiders analysiert, der sie selbst zelebriert; die willkürlichen Hierarchien funktionieren wie kategorisch echte. Das Kopieren der Briefe, die Sonderdienste, Gratifikationen, Beförderungen: alles zeugt davon, daß menschliche Kräfte im Spiel und miteinander im Kampf sind. Das Pathos der Bankliturgie findet in Svevo seinen Dichter.

Monoton mag der Roman auch erscheinen wegen der scheinbaren Dürftigkeit der Mittel, seiner Nüchternheit, des «Grau»-Tons. Svevo verzichtet auf die Farbe, wie er auf jeden leichten stilistischen Effekt verzichtet. Eine verhangene Atmosphäre, eine trübe Windstille kennzeichnen daher Triest («eine einförmig schmutziggraue Schicht erstreckte sich bis zum Horizont» – S. 404); «grau» ist die Via dei Forni, in der das «graue» Haus Maller steht, das erst recht «grau, feierlich, verschlossen» (S. 406) wirkt, als es zum verbotenen Ort wird. «Grau» sind auch die Kleider, die den Körper – und das Geheimnis – von Annetta umschließen.

Svevo bedient sich systematisch einer naturalistischen Plattform für Lösungen, die vom Naturalismus nicht in Betracht gezogen werden: Die vordergründige Einhaltung der Regeln überdeckt eine einzigartige Fähigkeit zur Erneuerung und Überschreitung dieser Regeln. Suchen wir davon weitere Spuren:

Thematisch gesehen, nimmt die *Krankheit* – als Anderssein – eine zentrale Stellung im Roman ein. Sie wird jedoch nicht zu Zwecken «à la Zola» gebraucht: Der Held ist zwar krank, aber nicht, weil genetische oder milieuabhängige Bedingungen seine Anomalie bestimmten. Svevo läßt Alfonso einige ungenaue Selbstdiagnosen formulieren, er umkleidet seinen Helden mit einem «Verdacht»: Alfonsos Verhalten, sein Monolog können in eine Reihe von Symptomen übersetzt werden, die sich jedoch nie zur Sicherheit einer letzten Diagnose zusammenschließen. Alfonso liebt es, über seinen Körper nachzudenken, von dem er sich «eine plastische Vorstellung» gemacht hat, die er «nach den jeweiligen Gegebenheiten ergänzte und korrigierte» (S. 114): Es kommt ihm vor, «als kreisten durch seinen Körper überschüssige Lebenssäfte, die sein erschlaffter Organismus nicht zu bewältigen vermochte» (S. 114). Er beobachtet aufmerksam seinen Herzschlag, seinen Atem: «Ich bin krank!» (S. 134) ruft er sich selbst unerklärlicherweise zu: Doch er vermag nur Müdigkeit, Überdruß, Ekel zu registrieren. Die einzigen Pausen in diesem unbestimmten Leiden: «wenn das Kreisen des Blutes, wenn der ganze Mechanismus ... so regelmäßig funktioniert, daß man ihn nicht fühlt» (S. 393). Selbst die jugendliche Kraft kann Ursache von Leiden sein: Seine ungeordnete Kraft war «Krankheit und Schwäche» (S. 122). Pathologisch ist auch Alfonsos Resistenz gegen das Erwachsenwerden: Trotz seiner zweiundzwanzig Jahre waren «seine Sinne von der Zartheit und Empfindsamkeit eines Jünglings» (S. 119); «Es war nicht das erste Mal, daß er glaubte, aus der Phase der Jugend herauszutreten» (S. 396).

Svevo scheint es nicht darauf angelegt zu haben, eine Krankengeschichte festzuhalten, sondern die vielen miteinander unvereinbaren Bilder der Welt darzustellen, deren Koexistenz Alfonsos Krankheit ermöglicht. Die Figur, die sich in Hypothesen aufspaltet, nimmt einem den naturalistischen Glauben an die Existenz einer psychologischen «Wahrheit» und an die dem Romanschreiber eigene Fähigkeit, sie objektiv darzustellen.

Der Held ist keine einheitliche Gestalt, denn er ist sich nicht immer gleich. Er nimmt sich selbst im Spiegel der Anschauungen wahr, die die «anderen» von ihm haben: er schafft den Mythos der «anderen», die er ablehnt und gleichzeitig fürchtet und beneidet. Er fühlt sich gespalten: «Der Mensch müßte zwei Leben leben können: eines für sich und eines für die anderen» (S. 275). Alfonso genießt es, sich in seiner Phantasie alt und anders zu sehen: «In jenem fernen Alter, das er sich wünschte, würde er erzählen können, daß er auch einmal ganz so gelebt hatte wie alle anderen» (S. 414). Oder er empfindet sich bereits so: Er fühlte sich «glücklich, ausgeglichen wie ein alter Mann» (S. 438). (Bräche der Roman hier, im Kapitel XVIII, ab, würde Alfonso im «Traum» und in den das Leben ersetzenden Phantastereien seinen Frieden finden, wie sie dann in ‹*Ein Mann wird älter*› Emilio Brentanis Abenteuer beenden.)

Doch wenn Alfonso sich dem Schreiben überläßt, genießt er seine Krankheit wie ein kostbares Zeichen von Außergewöhnlichkeit: «Bemerkenswert an diesen Ergüssen war, daß der junge Mann an einem allgemeinen Weltschmerz zu leiden schien» (S. 115).

Tatsächlich *schreibt* Alfonso Nitti, wie alle nachfolgenden Svevo-Figuren. Svevo zeigt ihn bei dieser Tätigkeit, kommentiert ironisch seinen Ehrgeiz und die bescheidenen Früchte seiner Bemühungen. In ihm verkörpert sich die unrealisierbare Anstrengung, Leben und Literatur miteinander zu vereinen: zu leben wie ein Romanheld und so zu schreiben, daß man durch das literarische Werk das eigene Schicksal konkret verändert.

Abgesehen von einem Traktat zur Moralphilosophie («der Erfolg würde von selber kommen» – S. 145), der nicht über die Einleitung hinausgeht, befaßt sich Alfonso praktisch immer mit dem Roman.

Die Erfindung des «Romans zu vier Händen» mit Annetta signalisiert das Spiel im Spiel: Der Erzähler fordert den Leser auf, dem schreibenden Alfonso zu mißtrauen, sich nicht mit ihm zu identifizieren, keine Nachsicht zu üben. Der zu schreibende Roman (ein doppelter: das Übereinanderlegen von zwei Phantastereien – dem Romanembryo Alfonsos und dem Annettas) dient als kupplerisches Mittel zum Zwecke der Verführung. Die Verwirklichung des Ziels, Annettas Eroberung, wird durch die Unterbrechung des Romans signalisiert. Aber der Scheintext bietet dem Erzähler auch die Gelegenheit, einen Diskurs über die Literatur – die schlechte Literatur – einzuschmuggeln und sich ironisch über die Welt des Romans überhaupt zu verbreiten.

Dem naturalistischen Roman fremd ist auch die Bedeutung, die dem Traumerlebnis des Protagonisten als erzählerischem Element beigemessen wird. Der *Traum* stellt ein Duplikat des Gelebten dar: Er entschlüsselt und bereichert das psychische Leben des Protagonisten, macht es aber auch undurchschaubarer. Darüber hinaus vermischt Svevo auch ganz bewußt den Wachtraum mit offenen Augen und den eigentlichen, vom Schlaf gebrachten Traum. Ein einziges Wort – «Traum» – dient dazu, die Sehnsucht, die Entschädigungsphantastereien («größenwahnsinnige Träume» – S. 115; «in diesen Träumen war er der Herr, um den sich alles drehte. Er war ungebunden, reich und glücklich» – S. 49) wie den nächtlichen Traum zu bezeichnen («Er ritt auf hölzernen Balken durch die Luft, er schritt trockenen Fußes über das Wasser, er war Gebieter über ein weites Land» – S. 484). Besonders raffiniert, zweideutig und informativ ist der Traum, der aus Alfonsos Fieberdelirium nach dem Tod seiner Mutter aufsteigt: Die Figur der Mutter und die Francescas laufen nebeneinander und überschneiden sich; ein Gefühl heiteren Friedens und pränataler Regression liegt in diesem Traum, aber auch eine Ankündigung von Bedrohung; und er endet mit einem Kuß, jedoch mit einem merkwürdigen, schmerzhaften Kuß aufs Ohr.

Mit am besten gelungen ist Svevo die verwirrende, undurchschaubare Figur Annettas. Wohl die erste Frauenfigur der italienischen Literatur (wenn es überhaupt Vorläufer gibt, dann höchstens wenige: vielleicht die Pisana von Nievo), die nicht stilisiert und subaltern ist. Tatsächlich besitzt Annetta in ihrem Verhalten einige Eigenschaften – sich zu widersprechen, sich nicht zu erklären, sich nicht zu entscheiden –, die eigentlich Alfonsos Privileg sind. (Doch es ist Annetta, die in ihrer letzten, von Alfonso nicht verstandenen Botschaft die Hypothese einer Erklärung bietet: «Dir gegenüber war ich immer nachgiebig, nur wolltest du nicht immer das gleiche wie ich» – S. 309.)

Das Bild Annettas wird aus einer Vielzahl «dissonanter» Einzelheiten zusammengesetzt: «das Auge nicht schwarz genug» (S. 72), wie es den literarischen Klischees, an die Alfonso gebunden ist, entsprochen hätte; «das Haar nicht gelockt»; nur dann «wirklich schön, wenn sie in Erregung gerät» (S. 83); sie singt Gassenhauer und hüpft dazu im Takt, «als laufe sie auf der Stelle» (S. 78); sie gibt sich dem Gelächter hin, «schamlos wie die römischen Matronen vor ihren Sklaven» (S. 172); sie ist kapriziös und angeberisch bis zur Lächerlichkeit; aber sie ist auch eine gute Kalkulatorin von Gewinn und Verlust auf dem Gebiet der Liebe und des Prestiges, sie ist würdevoll und zielbewußt in ihrem Schweigen, unerbittlich im Verlassen und im Verdammen.

Weitere zwielichtige und «extravagante» (d. h. unerwartete, mehrdeutige und nicht entschlüsselbare Effekte: Alfonsos Eintritt in die Wohnung Maller durch den

Dienstboteneingang, so daß er in Ruhe, noch bevor er Annetta kennenlernt, ihr «jungfräuliches» Bett, ihren «Betstuhl aus dunklem Holz» (S. 68) betrachten kann; die zischende Schärfe des sanften blonden Wesens Francesca (oder ist es nur Alfonsos Ohr, das bis zuletzt nichts davon hört?); die anziehende Rolle eines Lehrmeisters der Verführung, die Macario übernommen hat (oder gehört es zu Macarios Plänen, daß sich Annetta erniedrigt, um für ihn erreichbar zu werden?); die gefühlvolle und grausame Doppelfigur Mallers (oder ist es Alfonso, der ein Vaterbild idealisiert?). Sämtliche Figuren agieren so, wie sie erscheinen, und so, wie sie – vielleicht – im Innersten auch sind. Keine einzige Beziehung ist vertrauenswürdig: In regelmäßigen Abständen stellt ein Wettstreit den Protagonisten auf die Probe gegen Antagonisten, die er um so mehr zu fürchten hat, je undurchschaubarer und wechselhafter sie sind.

Es gibt auch Ereignisse, die sich auf geheimnisvolle Weise wiederholen: Annettas Verführung findet ihre Entsprechung in der Verführung Lucia Lanuccis durch Gralli. Der Verführer, der sich aus dem Staub macht, wird ebenso von Alfonso, von Gralli, wie auch von White verkörpert. Annettas ironische Bemerkung in ihrer Liebesnacht mit Alfonso – «Und ich soll diesen Vernunftmenschen, meinen Cousin Macario, heiraten, nur deshalb, weil er reich ist» (S. 301) – nimmt genau das vorweg, was Annetta später tun wird.

Und weiter: Die Krankheit der Mutter ist ein von Alfonso erfundener Vorwand, um im Büro Urlaub zu bekommen und zu «fliehen». Doch die Krankheit besteht tatsächlich und wird durch den Tod bestätigt; sie überträgt sich unerklärlicherweise auf Alfonso; verlängert seine Abwesenheit, sein briefliches Schweigen; sie verwehrt ihm das Handeln; sie nimmt sein Scheitern vorweg.

Auch der Verkauf des väterlichen Besitzes ist eine Lüge, die für die Lanuccis erfunden wurde: doch er findet tatsächlich statt, und der erzielte Erlös geht unerwartet ausgerechnet auf die Lanuccis über.

Auch die Figur der Mutter hat Züge, die sich in allen weiblichen Personen finden, die Alfonso beschützen, lenken wollen: Milde, Aggression, Bewußtsein der eigenen Macht, Kalkül. Es gibt ein mütterliches Verbot («Du sollst sie nicht lieben. Du sollst keine lieben. Die Frauen sind deiner nicht wert.» – S. 378), das Alfonso tief verinnerlicht hat, das episodisch wieder hochkommt und das eine weitere Rechtfertigung für sein «untaugliches» Verhalten liefern kann.

Schließlich: Man überprüfe die beiden Briefe, die den Roman eröffnen und beschließen. Es handelt sich dabei noch um Erzählmittel naturalistischer Prägung, die Svevo jedoch zu der Überlieferung gerade entgegenstehenden Zwecken nutzt. Während im positivistischen Roman der Brief als beigefügtes Dokument fungiert, als objektiver Beweis, der den Eintritt der Realität in den literarischen Text simuliert, im Sinne eines endgültigen, wissenschaftlich glaubhaften und einzig möglichen Befundes, dient der Brief im Text Svevos dazu, die Lüge in ihrer ausgeklügeltsten Form einzuführen. Der Autor hält sich draußen, schließt auch den Protagonisten aus und konfrontiert den Leser unmittelbar mit der verschlüsselten Botschaft. Alfonsos armseliger kleiner Brief, manieriert und schülerhaft, der als Auftakt zu *‹Ein Leben›* dient, drückt Heimweh nach zu Hause und ergebene Bewunderung für die Mutter aus. Doch wenn ein Brief von ihr Herrn Maller unter die Augen kommt, wird Alfonso rot vor Ärger: «Er schämte sich dieser schlechten Schrift und dieses schlechten Stils» (S. 50).

Auf der letzten Seite – der Brief ist mit Maller & Co unterschrieben – erhebt mit der Kraft eines Siegels der tadellose Zynismus der bürokratischen Lüge seine Stimme: «In Beantwortung Ihres geschätzten Schreibens vom 21. d. M. teilen wir Ihnen mit, daß uns die Ursachen, die unseren Angestellten, Herrn Alfonso Nitti, zum Selbstmord veranlaßt haben, vollkommen unbekannt sind.»

Gabriella Contini

Die Stadt Triest in *‹Ein Leben›*

In *‹Ein Leben›* taucht zum erstenmal die charakteristischste Svevo-Figur auf: Triest. Die Stadt sozusagen personifiziert, «Gebärmutter», wie Montale sagt, von «Geschehnissen und Situationen», die den Roman zwar nicht bestimmt, aber «hervorbringt».

Der Mittelpunkt dieses Triests, der fast leitmotivisch im Roman wiederkehrt (obligater Gang für Alfonso und die übrigen Protagonisten), ist der Corso. Diese Triester Hauptstraße bezeichnet die Grenze, die die Altstadt, in der Alfonso wohnt, von der Neustadt, in der sich das Bankgebäude Maller und das Haus Annettas befinden, trennt: eine Trennung, die nicht nur topographischen, sondern vor allem auch sozialen Charakter hat.

Schon zu der Zeit, in der *‹Ein Leben›* spielt, war die Altstadt jener Teil von Triest, in dem die ärmeren Volksschichten wohnten, die Menschen, die sehen mußten, wie sie durchkamen, die Parias der Gesellschaft. Es war kein Arbeiterviertel, sondern mit seinen baufälligen alten Häusern das greifbare Symbol von Armut und Dekadenz. Die Neustadt dagegen war die unbestrittene Domäne des Bürgertums, jenes Handels- und Geschäftsbürgertums, das sie erbaut hatte und mit dem Alfonso immer in Kontakt steht, von dem er aber auch immer ausgeschlossen bleibt. Der Corso bezeichnet wie gesagt die Grenze zwischen den zwei Welten, aber er ist auch ihr einziger, von beiden Seiten stillschweigend akzeptierter Berührungspunkt.

Das «Stündchen auf dem Corso» der Schneidermädchen (S. 61), auf das Lucia Lanucci verzichten muß, gehörte zu einem Ritual mit ganz präziser Bedeutung. Für jene jungen Mädchen einfacher Herkunft, die jedoch in den «feinen Familien», in denen sie arbeiteten, die «äußeren Umgangsformen eines vornehmen Fräuleins» (S. 55) annahmen, stellte der Abendspaziergang auf dem Corso die einzige Möglichkeit dar, der bürgerlichen männlichen Welt jene «gesellschaftlichen Formen» (S. 134) vorzuführen – in der Hoffnung auf eine Begegnung, die das Mädchen, und sei es auch nur vorübergehend, aus seinem mühevollen und armseligen Leben herausholte. In dieser moralischen Zwielichtigkeit des «Corsostündchens» muß der Grund gesucht werden, weshalb Signora Lanucci (die aus ihrer «gutsituierten» Vergangenheit auch die strengen moralischen Grundsätze mitgebracht hatte) ihre Tochter zwang, auf dieses Vergnügen zu verzichten.

Auf dem Corso können sich zwar Bürger und Altstadtbewohner treffen, doch die Grenze wird nie überschritten. Es ist nicht nur Zufall, daß Alfonsos Begegnungen oder Spaziergänge mit den Vertretern des Bürgertums (Macario, Fumigi, Prarchi) nie in der Altstadt stattfinden, sondern immer im Bereich der Neustadt oder auf dem Corso.

Der Spaziergang von Alfonso und Macario nach ihrer Begegnung in der Städtischen Bibliothek ist dafür bezeichnend. Während ihrer Unterhaltung erreichen sie die Piazza delle Legna, einen Platz im neuen Teil der Stadt, jedoch ganz dicht bei der Altstadt. Die vage Geste Richtung Altstadt, mit der Alfonso auf Macarios Frage «Wo wohnen Sie?» (S. 149) antwortet, drückt die ganze Scham aus, die Alfonso empfindet, als er Macario, dem er sich intellektuell überlegen fühlt, seine tatsächliche gesellschaftliche und ökonomische Unterlegenheit enthüllen muß. Daher auch Alfonsos Freude über Macarios Vorschlag, ihn «ein Stückchen» zu begleiten. Die Beharrlichkeit, mit der Svevo die «schmeichelhafte Liebenswürdigkeit» dieses Angebots hervorhebt, wäre nicht gerechtfertigt, wenn es von Alfonso nicht als solche interpretiert würde, der darin Macarios Absicht zu erkennen meint, mit ihm die Altstadt zu betreten, also die zwischen ihnen bestehende sozio-ökonomische Schranke aufzuheben und im Namen der höheren Werte von Kunst und Geist eine Beziehung auf gleicher Ebene zu schaffen. Doch das trifft nicht ein und kann auch gar nicht eintreffen: Fast beiläufig zerstört Svevo diese Illusion Alfonsos: «Sie betraten nicht die Altstadt, sondern kehrten auf den Corso zurück» (S. 149).

Alle Figuren bleiben auch topographisch ihrem sozialen Status verhaftet: die Lanuccis der Altstadt, die Mallers und ihre Freunde der Neustadt. Nur Francesca, die wie Alfonso «anders» ist, gesellschaftlich nicht eindeutig einzuordnen, betritt die Altstadt, um auf Alfonso vor seinem Haus zu warten – aber das auch erst am Schluß (S. 421 f), als für sie die Hoffnungen zerronnen sind, wirklich in die Maller-Welt aufgenommen zu werden. Die vorangegangene Zusammenkunft mit Alfonso, als sie noch die Möglichkeit sah, Frau Maller zu werden, hatte auf neutralem Boden stattgefunden, in der Via dei SS. Martiri, einem symbolischen Ort auf der Mitte zwischen städtischer Bibliothek – also Geist und Kultur – und dem Patrizierglanz der Villa Necker aus dem achtzehnten Jahrhundert (S. 315 f).

Alfonsos Spaziergänge führen nie durch die Altstadt, sondern immer durch die Neustadt, die erst in der zweiten Hälfte des 18. Jahrhunderts auf den ausgedehnten Sumpfflächen der alten Salinen errichtet wurde. Die Via dei Forni, die Via Ghega, die Via Ponterosso, der gleichnamige Marktplatz, die Piazza delle Legna, die Piazza della Stazione und auch die Städtische Bibliothek und die Via SS. Martiri gehören zur Theresien- bzw. Josephsvorstadt (so benannt nach der damaligen Kaisern Maria Theresia und ihrem Nachfolger Joseph II.), die in ihrer urbanistischen und architektonischen Struktur die grundlegend utilitaristische Gesinnung des Triestiner Bürgertums konkret zum Ausdruck bringt; eines Bürgertums, das sich aus dem Zustrom von Menschen verschiedenster Herkunft – Deutsche, Slawen, Ungarn, Levantiner, Juden – in die aufstrebende Stadt entwickelte. Ein Nachhall dieses Kosmopolitismus des achtzehnten und neunzehnten Jahrhunderts findet sich in ‹*Ein Leben*› noch in den Familiennamen wie Starringer, Jassy oder Maller, die ihren nichtitalienischen Ursprung verraten.

Das Triest, das Alfonso Annetta gegenüber zu verabscheuen vorgibt (S. 192), ist das neue Triest, das Triest der Geschäfte, des Handels und des Wohlstands, wie sie durch das Bank-Palais versinnbildlicht werden, durch die «große, breite Straße» (wahrscheinlich der Corso) und durch das Meer, jenes Meer, aus dem das Bürgertum seinen Reichtum und seine Macht bezog, das es sich aber auch für seine Vergnügungen aneignete, wie Macarios Kutter und seine Spazierfahrten auf dem Meer zeigen.

Der ‹locus amoenus›, das zeitlose und unversehrte Arkadien, wie es im Eingangsbrief an die Mutter als Möglichkeit eines idealen Lebens beschworen wird, um die eigene (vermutete) Größe voll zu verwirklichen, findet Alfonso vor den Toren Triests, in den ländlichen Landschaften des Boschetto, von Longera und von San Giovanni, die Svevo einerseits mit einem liebevollen und realistischen Blick, andererseits aber auch mit einer absichtlichen und ironischen Neigung zum Genrebild skizziert. Das «lachende Dorf», die «Gäßchen», die «kleine weiße Kirche», die festlich gekleideten Bäuerinnen (S. 143 f) und ein Hintergrund aus blauem Meer und klarem Himmel, grünen Vorbergen und den weißen Häusern der Stadt – all das suggeriert das Bild einer idyllischen, unwandelbaren und unverdorbenen Welt, wie sie den geistigen Bedürfnissen des kleinbürgerlichen Möchtegern-Intellektuellen in seiner Ablehnung der Stadt und ihres Lebenssystems vollkommen entgegenkommt: Tatsächlich reduziert sich die Stadt aus dieser Distanz auf eine Postkartenansicht. Der «Traum von einem Erfolg» (S. 145) konnte nur in diesem ländlichen Rahmen reifen, in dem alles, nicht nur die ferne Stadt, sondern auch eine so mühsame Arbeit wie das Korndreschen in Alfonsos Augen den Aspekt des Fröhlichen annahm. Illusorischer Traum von einer Welt, die Alfonso flüchtig und von weitem zu betrachten sich begnügt, Traum von einem Erfolg, ebenfalls losgelöst von jeder praktischen Realität.

Die innere, tiefe Verbindung, die zwischen den Romanfiguren, ihren Handlungen und Bewegungen und Triest besteht, tritt auch in Einzelheiten zutage, bei denen man sich fragen kann, inwieweit sie von Svevo beabsichtigt oder ihm selbst vielleicht gar nicht bewußt geworden sind. Unter diesem Aspekt kann beispielsweise die letzte Begegnung zwischen Gralli und Alfonso gesehen werden, in deren Verlauf die finanzielle Vereinbarung geregelt wird, die eine Hochzeit zwischen Gralli und Lucia ermöglichen soll. Svevos Ortsangabe ist vage; er sagt lediglich: «Sie schlugen die Richtung zum Brunnen ein» (S. 474). Der einzige Brunnen aber, den es damals in diesem Umkreis gab, befand sich auf der Piazza della Borsa, dem Börsenplatz, am unteren Ende des Corso. Svevo wählt also genau den Platz, der den Namen des den ökonomischen und finanziellen Transaktionen bestimmten Gebäudes trägt, zum Schauplatz dieses Geldgesprächs.

Eine weitere Triestiner Besonderheit, in deren Behandlung sich vielleicht deutlicher eine Absicht des Autors erkennen läßt, ist der Wind. Triest ohne Wind wäre nicht vollständig gezeichnet; doch das eigentlich Interessante ist die Rolle der verschiedenen Winde, Bora und Schirokko, innerhalb des Romans.

Die Bora, der kalte und schneidende Ost-Nordostwind, der von den Triestinern als belebend und erregend empfunden wird, begleitet und kommentiert jene Phasen, die zu Annettas Eroberung führen. Der Bootsausflug mit Macario in dem Kapitel, das der neuen Begegnung mit Annetta im Bankhaus Maller vorausgeht, wird von der Bora beherrscht, und das freudige Gefühl, das Alfonso in Annettas Salon empfindet und das er der Tatsache zuschreibt, daß «draußen eine heftige Bora ausgebrochen war» (S. 181), ist in Wirklichkeit der Freundlichkeit Annettas ihm gegenüber zu verdanken. Eine Bora, die sich in eine «frische Brise» abgemildert hat, begleitet das erste Tête-à-Tête und die ersten Vertraulichkeiten (S. 191), eine wilde, zerstörerische Bora bringt das Glücksgefühl mit sich, «Annetta wieder einmal einen Kuß geraubt» zu haben (S. 271).

Dagegen wird Alfonsos Rückkehr in die Stadt nach dem Tod der Mutter von den ersten Zeilen an vom Schirokko bestimmt, jenem schweren, schwülen, drückenden Wind vom Meer, den die Triestiner hassen, da er als Ursache von Depressionen und physischen Beschwerden gilt. Alfonso hat das «trostlose Gefühl, dieses Wetter werde ewig währen» (S. 404), und das sollte auch tatsächlich eintreffen. Der düstere Schirokko lastet auf dem ganzen letzten Teil des Romans, auf der Krankheit Fumigis, auf den Verhandlungen mit Gralli, bis zur letzten, entscheidenden Begegnung Alfonsos mit Federico Maller und der daraus resultierenden Herausforderung zum Duell. Doch der Wind hatte bereits an dem Tag umzuschlagen begonnen, an dem Alfonso in sein Heimatdorf aufbrach. Bei der Beschreibung des Wegs zum Bahnhof verbindet Svevo Alfonsos Erinnerung an sein Abenteuer mit Annetta mit einer Bemerkung über das sich ankündigende Wetter: «Der Himmel versprach keinen schönen Tag. Eine schwarze Wolke lastete auf der Stadt, und in der lauen Luft war der Schirokko zu spüren» (S. 334).

Es ist ein subtiles und raffiniertes Spiel von Vorwegnahmen, Verweisen und Bezügen, gebunden an besondere Wesensmerkmale der Romanfigur Triest, in die man, um sie interpretieren zu können, ebenso eindringen muß wie in irgendeine andere Figur der Romane Svevos.

Silvana de Lugnani

Ein Leben

I

Geliebte Mutter!
Gestern abend erst erhielt ich Deinen guten und schönen Brief.

Sei unbesorgt, Deine große Schrift enthält keinerlei Geheimnis für mich. Auch wenn ich das eine oder andere Wort nicht entziffern kann, so weiß ich doch, oder glaube zu wissen, was Du sagen wolltest, als Du auf Deine Art mit der Feder umgingst. Ich lese Deine Briefe immer wieder, sie sind einfach und gut wie Du, sie sind Dein Abbild, Deine Fotografie.

Ich liebe sogar das Papier, auf dem Du schreibst. Ich kenne es, der alte Creglingi verkauft es. Wenn ich es sehe, taucht vor mir die gewundene, aber doch sehr schmucke Hauptstraße unseres Dorfes auf. Ich erblicke mich an der Stelle, wo sie sich zu einem Platz erweitert, und hier, in der Mitte, steht das Creglingi-Haus. Niedrig, klein, sein Dach gleicht einem Kalabreserhut. Es besteht aus einem einzigen Loch, dem Geschäft. Darinnen ist er eifrig dabei, Papier zu verkaufen, Nägel, Schnaps, Zigarren, Stempelmarken. Obwohl er hin- und herschießt, als wolle er zehn Personen gleichzeitig bedienen, geht alles langsam vor sich, denn in Wirklichkeit bedient er mühsam eine einzige und überwacht die neun anderen mit unruhigem Blick.

Grüße ihn, bitte, vielmals von mir. Wer hätte gedacht, daß ich einmal den Wunsch empfinden würde, diesen mürrischen Geizhals wiederzusehen?

Du darfst aber nicht glauben, Mutter, daß man hier so

schlecht lebt. Nur ich fühle mich hier nicht wohl! Ich finde mich einfach nicht darein, daß ich Dich nicht sehen kann, daß ich so lange Zeit von Dir fort sein muß. Das schmerzt mich um so mehr, als ich denke, daß auch Du Dich einsam fühlst in dem großen Haus außerhalb des Dorfes, in diesem Haus, in dem Du unbedingt weiter wohnen willst, nur weil es noch uns gehört. Auch habe ich ein richtiges Bedürfnis, wieder unsere gute, reine Luft zu atmen. Sie ist so unverfälscht, als habe sie bei uns ihren Ursprung. Hier hingegen atmen die Menschen eine dicke, verrauchte Luft. Als ich ankam, glaubte ich, sie auf der Straße wie eine schwere riesige Säule lasten zu sehen, ähnlich dem Dampf, der im Winter auf unserem Teich lagert. Nur weiß man von diesem Dampf wenigstens, woraus er besteht. Er ist immer noch reiner. Die Menschen, die in der Stadt wohnen, sind alle, oder fast alle glücklich und zufrieden, weil sie nicht wissen, daß man anderswo viel besser lebt.

Als ich während meiner Studentenzeit hier war, fühlte ich mich, wie mir jetzt scheint, weit wohler, denn damals war noch Vater bei mir. Er sorgte für alles und viel umsichtiger, als ich es vermag. Allerdings verfügte er über mehr Geld. Schon das kleine Zimmer, in dem ich einquartiert bin, macht mich unglücklich. Bei uns zu Hause wäre es als Gänsestall gerade gut genug!

Meinst Du nicht auch, Mutter, daß es besser wäre, ich käme zurück? Bis jetzt sehe ich nicht, welchen Nutzen mein Aufenthalt in der Stadt haben soll. Geld kann ich Dir nicht schicken, denn ich habe keines. Am Ersten des Monats zahlte man mir hundert Franken aus. Das scheint Dir wohl eine große Summe zu sein, hier aber ist sie nichts. Ich schränke mich ein, so gut es geht, doch das Geld genügt nicht oder kaum.

Ich beginne auch zu glauben, daß es sehr, sehr schwer ist, im Handel sein Glück zu machen, genauso schwer, wie – nach Ansicht unseres Notars Mascotti – durch das akademische Studium. Gewiß, es ist sehr schwer! Man beneidet mich um mein Gehalt, und ich selbst muß zugeben, daß ich es nicht verdiene. Mein Zimmerkollege bezieht hundertzwanzig Franken im Monat, dabei ist er schon seit vier Jahren bei Herrn Maller angestellt und leistet eine Arbeit, der ich erst in ein paar Jahren gewachsen sein werde. Früher kann ich eine Gehaltserhöhung weder erwarten noch verlangen.

Täte ich also nicht besser daran, zurückzukommen? Ich würde Dir bei Deiner Arbeit helfen, ich würde auch gern auf dem Feld arbeiten, dann aber könnte ich in Ruhe meine Dichter lesen, im Schatten der Eichen, und unsere gute, unverdorbene Luft in mich einatmen.

Ich will Dir alles sagen! Einer der Hauptgründe, warum ich mich hier nicht einfühlen kann, ist der Hochmut meiner Kollegen und meiner Vorgesetzten. Vielleicht behandeln sie mich deshalb von oben herab, weil ich schlechter gekleidet bin als sie. Lauter Stutzer, die den halben Tag vor dem Spiegel verbringen. Dumme Menschen! Wenn man mir einen lateinischen Klassiker in die Hand gibt, kann ich ihn vom Anfang bis zum Ende kommentieren; sie aber kennen nicht einmal seinen Namen.

Das also sind meine Schmerzen. Ein Wort von Dir befreit mich von ihnen. Sprich es aus, und in wenigen Stunden bin ich bei Dir.

Nun, da ich diesen Brief geschrieben habe, fühle ich mich ruhiger. Es scheint mir fast, als hättest Du mir schon die Erlaubnis gegeben, abzureisen, und ich bereite mich darauf vor.

Es küßt Dich in Liebe Dein Sohn

Alfonso

II

Um Punkt 6 Uhr legte Luigi Miceni die Feder hin und schlüpfte in seinen Überrock, der nach der damaligen Mode betont kurz war. Etwas auf seinem Schreibtisch schien seinen Sinn zu stören. Er brachte einen Stoß Papiere haarscharf mit der Tischkante in Übereinstimmung, warf noch einen kurzen Blick darauf und fand, daß die Ordnung nun hergestellt sei. Die Papiere in den einzelnen Fächern waren so sorgfältig aufeinander geschichtet, daß sie wie gebundene Hefte aussahen, und die Federhalter neben dem Tintenfaß waren alle in gleicher Höhe aneinandergereiht.

Alfonso saß seit einer halben Stunde untätig an seinem Platz und sah bewundernd zu Miceni hinüber. Ihm gelang es nie, Ordnung in seine Papiere zu bringen. Da und dort konnte man wohl den Versuch erkennen, sie zu geregelten Stößen zu vereinen, in den Schreibtischfächern aber herrschte heilloses Durcheinander. Das eine Fach war wahllos vollgestopft, das andere leer. Miceni hatte ihm genau das System erklärt, wie die Papiere je nach Inhalt oder Bestimmungsort zu sortieren waren. Alfonso hatte alles begriffen, aber wenn der Arbeitstag zu Ende war, konnte er sich nicht dazu aufraffen, noch irgend etwas zu tun, wenn es nicht unbedingt sein mußte.

Miceni, schon im Fortgehen, fragte ihn: «Herr Maller hat dich noch immer nicht in sein Haus geladen?»

Alfonso schüttelte den Kopf. Nun, da er sich in dem Brief an seine Mutter das Herz erleichtert hatte, wäre ihm die Einladung nur noch lästig und überflüssig erschienen.

Die in dem Brief an seine Mutter enthaltene Anspielung auf den Hochmut der Vorgesetzten ging auf Miceni zurück. Der nämlich brachte die Rede immer wieder auf die ausgebliebene Einladung. Bisher war es üblich gewesen, jeden neuangestellten Beamten[1] im Hause Maller einzuführen. Im Falle Alfonsos war die Einladung zum erstenmal unterblieben. Miceni bedauerte es, er sah darin den Anfang vom Ende eines Brauches, auf den er offenbar viel hielt.

Miceni war ein schmächtiger junger Mensch mit einem ungewöhnlich kleinen Kopf. Sein gelocktes schwarzes Haar trug er kurz geschnitten. Für seine Kleidung schien er an Geld nicht zu sparen. In seinem ganzen Äußeren herrschte die gleiche peinliche Ordnung wie auf seinem Schreibtisch.

Nicht nur in der Kleidung unterschied sich Alfonso von seinem Kollegen. Was er trug, war wohl stets sauber, aber angefangen von dem gelblichen Hemdkragen bis zu dem grauen Sakko verriet alles einen nicht sehr raffinierten Geschmack und das Bestreben, möglichst wenig Geld auszugeben. Der eitle Miceni warf ihm vor, daß er seine einzigen Luxusobjekte, die tiefblauen Augen, durch einen allzu üppig wuchernden, braunen, ungepflegten Bart um ihre Wirkung bringe. Alfonso war groß und kräftig; aber wenn er stand, sah er aus wie übermäßig in die Länge gezogen, dabei hielt er den ganzen Körper vornübergeneigt, als suche er eine Stütze, um nicht das Gleichgewicht zu verlieren. So machte er einen schwachen und unsicheren Eindruck.

Der Chefkorrespondent Sanneo kam ins Zimmer gelaufen. Ein Mann um die Dreißig, groß, mager, mit fahlblondem Haar. Alle Teile seines langen Körpers waren in ständiger Bewegung; hinter der Brille zuckte unruhig ein Paar blasser Augen.

Er wollte von Alfonso ein Adreßbuch, und da er nicht

gleich das richtige Wort finden konnte, deutete er, vor Ungeduld zitternd, die Form des Buches mit den Händen an. Als er es endlich hatte, blätterte er nervös darin, wobei er gleichzeitig Miceni zulächelte und ihn bat, dazubleiben, er habe noch Arbeit für ihn. Miceni zog prompt seinen Überrock wieder aus, hängte ihn mit Sorgfalt auf den Kleiderhaken, setzte sich, nahm die Feder zur Hand und wartete auf Instruktionen.

Herr Sanneo war seiner brüsken Art wegen Alfonso unsympathisch, aber er mußte ihn bewundern. Eine unglaubliche Leistungskraft steckte in Herrn Sanneos schwachem Organismus, er hatte ein eisernes Gedächtnis, kannte jedes Detail auch der kleinsten Transaktion, selbst wenn sie zeitlich noch so weit zurücklag. Alles an ihm war wach. Die Feder führte er mit blitzartiger Geschwindigkeit und nicht ohne stilistische Gewandtheit. Es gab Tage, an denen er zehn Stunden ohne Unterlaß im Büro verbrachte, unermüdlich damit beschäftigt, die Dinge zu ordnen und zu registrieren. Alfonso konnte dem Kopierbuch, das er manchmal durchblättern mußte, entnehmen, daß Sanneo oft geringfügigster Kleinigkeiten wegen die erbittertsten Polemiken entfachte.

«Warum schindet er sich so?» fragte sich Alfonso, der nicht begreifen konnte, daß man für diese Arbeit soviel Leidenschaft aufbringen konnte.

Von Miceni erfuhr Alfonso, daß Sanneo einen Charakterfehler hatte. Er war launenhaft, unberechenbar in der Verteilung seiner Gunst und verfolgte alle, die seine Sympathie momentan nicht genossen. Es war, als könne er in dem ganzen Büro seine Sympathie jeweils nur einem einzigen Menschen zuwenden. Zur Zeit bevorzugte er Miceni.

Herr Maller öffnete die Tür, und nachdem er sich vergewissert hatte, daß Sanneo da war, trat er ein. Alfonso hatte ihn bisher nie gesehen. Maller war kräftig, dick und von hoher Gestalt. Manchmal konnte man ihn schnaufen hören, obwohl er sonst nicht an Atemnot litt. Er war fast kahl, um so dichter war sein nicht allzulanger, rötlich blonder Vollbart. Er trug eine Brille mit goldenen Bügeln. Sein rotes Gesicht wirkte gewöhnlich.

Er sah die beiden Beamten, die aufgestanden waren, nicht an und dankte nicht für ihren Gruß. Er überreichte Sanneo ein Telegramm, lächelte und sagte: «Hypothekenbank. Wir sind mit vom Syndikat.»

Dieses Telegramm, das aus der Hauptstadt kam und seit Tagen erwartet wurde, besagte, daß die Durchführung der Subskriptionen für die neue Hypothekenbank auch dem Hause Maller anvertraut wurde.

Sanneo begriff und erblaßte. Das Telegramm brachte ihn um die Freizeit, mit der er gerechnet hatte. Aber er riß sich zusammen, beherrschte sich und hörte aufmerksam die Instruktionen an, die ihm erteilt wurden.

Die Aktien sollten zwar erst in zwei Tagen ausgegeben werden, doch mußte das Haus Maller die Namen der Subskribenten schon am Abend des folgenden Tages kennen. Herr Maller nannte ein paar Firmen, an denen ihm besonders lag und an die Offerten zu richten waren. Die übrigen Adressen deckten sich mit denen jener Kunden, die bereits entsprechende Angebote erhalten hatten. An diesem Abend mußten ungefähr hundert Telegramme abgehen. Sie lagen seit Tagen vorbereitet, es handelte sich nur darum, die Adressen einzusetzen sowie die Aktienanzahl, die je nach der Bedeutung des Unternehmens schwankte, an das die Einladung erging. Die Arbeit jedoch, die die Bürozeit so verlängerte, bestand in der Abfassung der Bestätigungsschreiben, die sofort abgesandt werden mußten.

«Ich komme um elf Uhr wieder», schloß Herr Maller seine Ausführungen, «und ich bitte Sie, die Listen der Firmen, an die Sie telegrafiert haben, und die Aufstellung der angebotenen Aktienmenge auf meinen Schreibtisch zu legen. Ich werde dann die Briefe unterschreiben.»

Er ging mit einem höflichen Gruß, von dem man allerdings nicht genau wußte, an wen er gerichtet war.

Sanneo, der sich mittlerweile mit den gegebenen Tatsachen abgefunden hatte, sagte fröhlich zu den beiden jungen Beamten: «Ich hoffe, daß wir bis zehn Uhr fertig sind, vielleicht sogar schon früher, und daß Herr Maller bei seiner Rückkehr die Räume leer vorfindet. Los, los jetzt!»

Er beauftragte Miceni, die übrigen Beamten der Korrespondenz von der neuen Arbeit in Kenntnis zu setzen; Alfonso sollte den Leiter der Expedition benachrichtigen. Dann lief er aus dem Zimmer.

Miceni öffnete wieder das Tintenfaß, nahm aus dem Fach einen Stoß Briefpapier und warf ihn heftig auf den Tisch.

«Wenn ich gleich meiner Wege gegangen wäre, dann hätte man mich lange suchen können! Statt dessen muß ich jetzt hier die Nacht verbringen.»

Alfonso machte sich gähnend auf den Weg. Ein kurzer, enger, finsterer Gang verband das Zimmer mit dem großen Korridor. Die Büros links und rechts waren noch erleuchtet. Die Türen glichen alle einander, sie bestanden aus schwarz eingefaßtem Milchglas, und an jenen, die in die Zimmer des Herrn Maller und des Herrn Cellani, des Prokuristen, führten, waren außerdem Namenstafeln – schwarze Buchstaben auf goldenem Grund – angebracht. Die Bemalung der Wände sollte Marmor vortäuschen. In dem schattenlosen, gleichmäßigen Licht, das überall herrschte – nur die erleuchteten Türen gaben einen stärkeren Schein –, erinnerte der verlassene Korridor an die Vorlagen, die man in den Schulen für das Studium der Perspektiven verwendet und die nur aus Licht und Linien bestehen.

Eine einflügelige Tür am Ende des Korridors war niedriger als die anderen. Alfonso öffnete sie, lehnte sich an den Türrahmen und rief hinein: «Herr Sanneo läßt sagen, heute wird bis zehn Uhr dageblieben.»

«Wie bitte?»

Diese Frage kam einer Antwort gleich. Alfonso trat ein und befand sich einem untersetzten jungen Mann gegenüber, mit gelocktem braunem Haar über der niedrigen, aber sehr regelmäßigen Stirn. Der Mann erhob sich und stützte sich in herausfordernder Haltung mit geballten Fäusten auf den langen Tisch, an dem er geschrieben hatte.

Herr Starringer hatte auf alle weiteren Aufstiegsmöglichkeiten in der Bank verzichtet und den frei gewordenen Posten eines Leiters der Expedition angenommen, um rasch zu einer Gehaltserhöhung zu kommen, die er dringend brauchte.

«Bis zehn Uhr? Und wann soll ich zu Abend essen? Ich habe den ganzen Tag gearbeitet und habe das Recht, wegzugehen. Ich bleibe nicht!»

«Soll ich es Herrn Sanneo bestellen?» fragte Alfonso schüchtern. Er war schüchtern allen Menschen gegenüber, die es selbst nicht waren.

«Ja ... das heißt, ich werde es ihm selber sagen!» Das Ja hatte entschlossen geklungen, so als wolle Starringer auf der Stelle fortgehen, geschehe was auch immer ... den Rest des Satzes hatte er leiser hinzugefügt. Als ihm klar wurde, daß es unmöglich war, sich der lästigen Mehrarbeit zu entziehen, brach er unvermittelt in blinden Zorn aus. Nur die Beamten der Korrespondenz, schrie er, seien schuld, daß er jetzt dableiben müsse. Zu seiner Zeit, als er noch Beamter gewesen (er spielte öfters auf diese Zeit an), arbeitete man den ganzen Tag ohne Unterlaß, am Abend jedoch ging man zur gewohnten Stunde nach Hause. Heute zum Beispiel habe er beobachtet, wie Miceni im Korridor stundenlange Gespräche führte und wie Ballina sich an einem Schloß zu schaffen machte. Warum vertrödelten diese

Menschen ihre Zeit? Er lief rot im Gesicht an, die Stirnadern schwollen ihm. Während er von den Beamten sprach, ging er auf Alfonso zu, streckte seinen Arm aus und wies mit dem Zeigefinger auf die Korrespondenzabteilung. Alfonso erklärte ihm, daß die Korrespondenz keine Schuld an der Mehrarbeit trage, sondern daß im letzten Augenblick ein neuer Auftrag gekommen sei. Starringers Zorn wurde dadurch nicht geringer, aber er brach seinen Redeschwall ab. «Ach so!» sagte er nur und zuckte verächtlich mit den Achseln. Er übertrieb diese Bewegung, als wolle er damit Ungesagtes ausdrücken.

Auf dem Tisch lagen die Briefe, die während des Tages geschrieben worden waren. Einige waren bereits gesiegelt. Ohne sich weiter um Alfonso zu kümmern, nahm Starringer einen dieser Briefe und trug mit zitternder Hand die Adresse in ein vor ihm liegendes Buch ein.

Im Korridor hatte inzwischen der junge Giacomo, der einen Tag nach Alfonso in die Bank eingetreten war, Platz genommen. Er zählte vierzehn Jahre, aber seine gut gepolsterte, rosigweiße Säuglingshaut und seine niedrige Gestalt verliehen ihm das Aussehen eines Zehnjährigen. Er lachte und scherzte den ganzen Tag mit den übrigen Dienern, dennoch bildete Alfonso sich ein, der Junge sei unglücklich, so fern von seinem Heimatort Magnano [2] leben zu müssen. Darum gewann er ihn gleich lieb.

«Heute abend bis um zehn», sagte er zu ihm und streichelte ihm das Kinn.

Der Junge lächelte geschmeichelt.

Herr Maller trat aus seinem Zimmer. Er war im Mantel, die Kapuze hing ihm bis zu den Schultern hinab. In dieser Bekleidung wirkte seine Gestalt noch größer, dafür schlanker. Alfonso grüßte. Herr Maller dankte mit einem kurzen Kopfnicken, das ihm und Giacomo zugleich galt. Er verteilte stets kollektive Grüße.

Herrn Mallers Diener Santo begleitete den Prinzipal

durch den ganzen Korridor und öffnete ihm die Ausgangstür. Ein schmächtiges Männlein. Obwohl Santo noch gar nicht alt war, verlor sein üppiger, blonder Bart doch schon dort und da die Farbe, und sein Schädel war vorzeitig kahl geworden. Er führte, wie man sagte, ein privilegiertes Leben, denn er hatte nichts weiter zu tun, als auf die persönlichen Befehle Herrn Mallers zu warten, während alle übrigen Diener dem Büro zugeteilt waren.

Als Alfonso in sein Zimmer zurückkehrte, war Miceni bereits mit Feuereifer bei der Schreibarbeit. Da er sehr kurzsichtig war, berührte er mit der Nase fast das Papier.

Auf Alfonsos Tisch lagen die vervielfältigten Telegramme noch ohne Adressen, ferner ein von Sanneo verfaßter Brief, der den Inhalt der Telegramme bestätigte und abgeschrieben werden mußte, schließlich eine Liste mit den Namen von fünf Firmen, an die Offerten zu richten waren.

«Nur fünf?»

«Ja», antwortete Miceni. «Auch die Buchhalter sind für die Schreibarbeit eingespannt worden. Um halb zehn ungefähr sind wir fertig.»

Er hatte den Kopf nicht erhoben, seine Feder lief ohne Unterlaß über das Papier.

Alfonso schrieb die Adresse auf eines der Telegramme und übertrug dessen Inhalt auf Briefpapier. Er las das Telegramm. Mit knappen Worten wurde der Zweck der zu gründenden Hypothekenbank geschildert, die versprochene Regierungshilfe angedeutet sowie auf die Schwierigkeit hingewiesen, Teilnehmer am Syndikat zu werden: «Wir möchten Ihnen unser besonderes Entgegenkommen beweisen und offerieren Ihnen ...» Hier folgte ein leerer Raum, in den Alfonso die Zahl der angebotenen Aktien eintrug. Das Bestätigungsschreiben war detaillierter. In ihm war von dem Bedarf an großen Bankunternehmen in Italien die Rede, der Gewähr dafür bot, daß die neue Bank ein reiches Arbeitsfeld finden werde.

Miceni ermahnte Alfonso, den ersten Brief rasch abzuschreiben, denn er sollte an die anderen Schreibkräfte weitergeleitet werden und ihnen als Muster dienen. Alfonso aber war außerstande, rascher zu arbeiten. Er mußte jeden Satz mehrmals lesen, ehe er ihn abschrieb. Bei jedem Wort schweiften seine Gedanken ab, wandten sich anderen Dingen zu, während er mit der Feder in der Hand dasaß. Er mußte immer wieder eine Wendung durchstreichen, die nicht genau der Vorlage entsprach. Auch als es ihm gelang, seine Aufmerksamkeit wieder ganz der Arbeit zuzuwenden, brachte er doch nicht das gleiche Tempo auf wie Miceni, denn es war ihm unmöglich, mechanisch zu kopieren. Gerade weil er sich zur Aufmerksamkeit zwang, beschäftigten sich seine Gedanken mit der Bedeutung der Worte, die er abschrieb, und das hielt ihn auf. Eine Viertelstunde lang hörte man nichts als das kratzende Geräusch der Federn und, dann und wann, das Knistern eines Papierbogens, den Miceni umwandte.

Die Tür wurde lärmend aufgerissen. Auf der Schwelle erschien Ballina. Er blieb im Türrahmen ein paar Augenblicke wie aufgepflanzt stehen. Er war es, an den Alfonso Sanneos Brief zur weiteren Abschrift leiten sollte.

«Wo bleibt der Brief?»

Ballina war ein schöner Mann. Seine Augen blickten intelligent und zugleich listig drein. Er trug einen langen Schnurrbart à la Victor Emanuel, im übrigen war er unrasiert. Er war ein starker Raucher, und da er den Rauch nicht fortzublasen pflegte – am liebsten hätte er ihn verschluckt, um den Nikotingenuß zu erhöhen –, verfingen sich die Rauchwolken in seinem Schnurrbart, stiegen von da weiter auf und hüllten sein Gesicht bis zu den Augen ein. Sein ursprünglich weißer Arbeitsmantel wirkte jetzt gelb; nur die Ärmel waren bis zum Ellbogen schwarz, denn er säuberte an ihnen die Federn. Er arbeitete in einer kleinen Kammer, deren Tür sich in dem gleichen Gang befand wie Micenis Zimmer.

Miceni hob den Kopf mit einem freundschaftlichen Lächeln. Ballina war seines Witzes wegen gerne gesehen. Er galt als der Spaßmacher der Bank. An diesem Abend aber war er nicht zum Spaßen aufgelegt. Im Gegenteil, er begann zu jammern. Bis jetzt habe er in seiner eigenen Abteilung, der Informationsabteilung, gearbeitet, und nun diese zusätzliche Schinderei. Noch dazu mit leerem Magen. Er übertrieb mit Vorliebe seine Geldnöte. Einmal erzählte er, daß er sich gegen Monatsende ausschließlich von ‹Emulsion Scott›, einem Lebertranpräparat, ernähre, das ihm einer seiner Verwandten, ein Arzt, geschickt habe. Alfonso, der, wie Ballina selbst sich einmal ausdrückte, allerhand vertrug, schauderte bei dieser Vorstellung. Ballina schien reiche Verwandte zu haben, die ihn unterstützten, denn er sprach stets gut von ihnen.

Sanneo kam wie immer im Laufschritt ins Zimmer. Hinter ihm Giacomo. Sein Jungengesicht war ernst. Er trug einen Stoß Papiere, auf den er übereifrig dauernd den Blick gerichtet hielt.

Sanneo fragte Ballina in grobem Ton, warum er noch nicht bei der Schreibarbeit sei.

Ballina zuckte die Achseln. «Tja ... ich warte auf den Brief, um ihn abschreiben zu können.»

«Was? Sie haben ihn noch nicht?»

Plötzlich entsann er sich, daß es Alfonso war, der den Brief weiterleiten sollte. «Sie haben noch keine einzige Abschrift fertig?»

Als Alfonso den finsteren Blick Sanneos auf sich gerichtet fühlte, erhob er sich verstört. Miceni, der sitzen blieb, sagte, auch er habe noch keinen Brief fertig. Sanneo kehrte Alfonso den Rücken, betrachtete Micenis Brief und bat, ihn unverzüglich, sowie er fertig sei, Ballina zu übergeben. Er verließ das Zimmer ebenso hastig, wie er gekommen war. Ballina eilte ihm voran, gleichsam um zu zeigen, daß er keine Zeit verlieren wolle. Hinter Sanneo stolzierte Giacomo einher und schlug mit seinen Füßen stramm den Boden, um seinem kurzen Kinderschritt Bedeutung zu verleihen.

Wenige Minuten darauf trug Miceni den Brief zu Ballina. Alfonso hörte aus dem Nebenzimmer Ballinas laute Flüche. Er schrie vor Zorn, als er feststellen mußte, daß der Brief vier Seiten lang war.

In einer knappen Stunde war Miceni mit seiner Arbeit fertig. In aller Ruhe nahm er wieder seinen Mantel und setzte sich den Hut mit einer Sorgfalt auf, als würde er ihn nie mehr vom Kopf nehmen. Er griff nach seinen Briefen und Telegrammen, die er im Vorübergehen Sanneo übergeben wollte, und nahm aus Gefälligkeit auch die zwei Briefe mit, die Alfonso geschrieben hatte. Dann ging er trällernd hinaus.

In der absoluten Stille, die Alfonso nun umgab, ging die Arbeit rascher vonstatten. Um seine Aufmerksamkeit besser auf den Text zu konzentrieren, begann Alfonso, den Brief mit lauter Stimme zu deklamieren. Dieser Brief war dazu auch bestens geeignet, denn es wimmelte in ihm von pathetischen Worten und enormen Zahlen. Wie er so die Sätze laut vor sich hin sprach und sie dann beim Abschreiben wiederholte, bereitete ihm die Arbeit weniger Mühe, denn er hatte noch den Klang der Worte im Ohr, und der lenkte seine Feder.

Als er zu seiner eigenen Überraschung fertig war, ging er sofort zu Sanneo. Er fürchtete schon, sich allzusehr verspätet zu haben. Sanneo nahm die Telegramme entgegen und sagte Alfonso, die Briefe möge er auf Herrn Mallers Tisch legen.

Im Winter war Herrn Mallers Zimmer mit grauen Teppichen belegt. Auch die Möbel waren von dunkelgrauer Farbe, nur die Armlehnen und Sesselbeine waren aus schwarzem Holz. Von den drei Gasbrennern brannte bloß einer, und der war halb herabgedreht. In dem Halbdunkel wirkte das Zimmer besonders ernst und streng. Alfonso fühlte sich hier immer unbehaglich. Er legte die Briefe auf einen Stoß anderer Briefe, die zur Unterschrift bereitlagen, und schlich sich vorsichtig hinaus, bedacht, kein Geräusch zu erzeugen, als sei der Prinzipal persönlich anwesend.

Er hätte jetzt nach Hause gehen können. Eine große Müdigkeit hielt ihn noch fest. Er nahm sich vor, auf seinem Tisch Ordnung zu machen, doch blieb er untätig sitzen und träumte vor sich hin. Seitdem er Beamter war, fand sein kraftstrotzender Organismus nicht mehr die physische Betätigungsmöglichkeit, wie sie die anstrengende Feldarbeit erfordert, bei der Arme und Beine in ständiger Bewegung sind. Die dürftige geistige Arbeit im Büro bot kaum Ersatz dafür. So schuf sich sein Hirn eigene Welten. In diesen Träumen war er der Herr, um den sich alles drehte. Er war ungebunden, reich und glücklich. Er hatte ehrgeizige Wünsche, deren er sich nur in diesen Träumen voll bewußt wurde. Es genügte ihm nicht, sich als einen Menschen von überlegener Intelligenz und großem Reichtum vorzustellen, auch die Person seines Vaters erfuhr eine Verwandlung. Er ließ ihn zwar weiterhin in seinem Grabe ruhen, doch machte er aus ihm einen reichen Adeligen, der aus Liebe Alfonsos Mutter geheiratet hatte. Die beließ er auch in seinen Träumen, wie sie war, so sehr hatte er sie lieb. Mit seinem Vater verband er fast keine Erinnerungen mehr, und dieser Umstand kam seinen Phantasien zunutze: es fiel ihm so leichter, sich durch seinen Erzeuger das blaue Blut zu beschaffen, dessen er in seinen Träumen bedurfte. Mit blauem Blut in den Adern und mit Reichtümern gesegnet, sah er sich Maller, Sanneo und Cellani entgegentreten. Die Rollen waren jetzt natürlich vertauscht. Jetzt war er ihnen gegenüber nicht mehr schüchtern. Jetzt waren sie die Unterlegenen! Aber er behandelte sie mit großer Liebenswürdigkeit, mit echtem Edelmut – ganz anders als sie ihn.

Santo rief ihn zu Herrn Maller. Überrascht und nicht wenig beunruhigt ging Alfonso wieder in das Zimmer, in dem er kurz zuvor geweilt hatte. Es war jetzt hell erleuchtet. Das intensive Licht rief funkelnde Reflexe auf dem Schädel des Prinzipals und auf seinem roten Bart hervor.

Maller saß an seinem Tisch und stützte sich mit beiden Händen auf die Tischplatte.

«Es freut mich, daß Sie noch da sind. Ein Beweis Ihres Fleißes, an dem ich übrigens nie gezweifelt habe.»

Alfonso, der kurz vorher noch von Sanneo wütend angefahren worden war, sah Maller zweifelnd an. Er fürchtete, daß dieser Ausspruch ironisch gemeint sei. Aber das Gesicht des Prinzipals blieb unverändert ernst. Der Blick seiner blauen Augen war auf die entfernteste Tischkante gerichtet.

«Danke», murmelte Alfonso.

«Es wird mir ein Vergnügen sein, Sie morgen abend bei mir zum Tee zu sehen.»

«Danke», wiederholte Alfonso.

Plötzlich, als raffe er sich zu einem Entschluß auf, blickte Maller ihn an und sagte weniger beiläufig: «Warum beunruhigen Sie Ihre Mutter? Warum schreiben Sie ihr, daß Sie mit mir unzufrieden sind und daß ich es mit Ihnen sei? Wundern Sie sich nicht! Ich weiß es durch einen Brief, den Ihre Mutter dem Fräulein geschrieben hat. Die gute Frau beschwert sich darin über mich, aber auch über Sie, und gar nicht wenig. Überzeugen Sie sich selbst und lesen Sie!»

Er überreichte ihm ein Blatt Papier. Alfonso sah sofort, daß es aus dem Laden Creglingis stammte. Er warf einen Blick darauf. Ja, es waren die Schriftzüge seiner Mutter. Er wurde rot, schämte sich dieser schlechten Schrift und dieses schlechten Stils. Diese öffentliche Zurschaustellung des Briefes empfand er irgendwie als Beleidigung.

«Ich habe inzwischen meine Meinung geändert ...» stammelte er. «Ich bin jetzt zufrieden. Sie müssen verstehen ... das Fortsein ... das Heimweh ...»

«Ich verstehe, ich verstehe! Nun, seien Sie ein Mann!»

Maller wiederholte diesen Satz mehrere Male. Sodann versicherte er Alfonso sehr herzlich, daß alle im Büro ihm wohlgesinnt seien, angefangen von ihm, Maller selbst, über Herrn Cellani, den Prokuristen, bis zum Chefkorrespondenten Sanneo. Alle hätten sie nur einen Wunsch: Alfonsos raschen Aufstieg. Abschließend wiederholte er: «Seien Sie ein Mann.» Er grüßte mit einem freundschaftlichen Wink. Verwirrt verließ Alfonso das Zimmer.

Er konnte nicht leugnen, daß Herr Maller auf ihn den Eindruck eines guten Menschen gemacht hatte, und da er Eindrücken leicht zugänglich war, erschien ihm seine Stellung in der Bank mit einem Schlag gebessert. Immerhin, es gab jemanden, der sich um ihn kümmerte.

Er bereute es jedoch, nicht mit größerer Offenheit aufgetreten zu sein. Warum nur hatte er die Bekenntnisse, die er seiner Mutter gegenüber gemacht und die doch der Wahrheit entsprachen, plötzlich verleugnet? Er hätte der Güte des Prinzipals mit einer aufrichtigen Darlegung seiner Wünsche begegnen müssen. Vielleicht wäre dann der eine oder andere dieser Wünsche erfüllt worden. Ganz gewiß hätte ihm ein solches Verhalten den Vorteil gebracht, eine freundschaftliche Beziehung zum Prinzipal angebahnt zu haben, denn es ist ja keine Beleidigung, wenn man von jemandem Protektion verlangt. Er tröstete sich damit, daß sich nach dieser ersten Aussprache früher oder später Gelegenheit zu weiteren Gesprächen ergeben würde, und er nahm sich fest vor, dann aufrichtiger zu sein.

Vorläufig aber, um keinen Widerspruch zwischen den Worten, die er Maller gesagt, und jenen, die er nach Hause geschrieben hatte, aufkommen zu lassen, verfaßte er einen neuen Brief an seine Mutter und teilte ihr mit, daß sich seine Aussichten in der Bank gebessert hätten. Er verzichtete also zunächst auf die frische Luft, auf die Eichbäume, auf die ländliche Ruhe. Er würde in seinen Heimatort entweder als reicher Mann zurückkehren oder gar nicht.

III

Die Familie Lanucci, bei der Alfonso einquartiert war, wohnte sehr bescheiden in einem Haus der Altstadt, unweit San Giusto.[3] Von hier bis zu seinem Büro hatte Alfonso über eine Viertelstunde zu gehen.

Kurz vor ihrer Hochzeit hatte Frau Lanucci gemeinsam mit einer Familie, bei der sie damals als Gouvernante angestellt war, einen Sommer auf dem Land verbracht und bei dieser Gelegenheit Alfonsos Mutter kennengelernt. Diese hatte ihr nun ihren Sohn empfohlen. Möglicherweise wäre das Empfehlungsschreiben der Frau Carolina von geringem Nutzen gewesen, hätten die Lanuccis nicht eben einen Untermieter für die kleine Kammer gesucht, die sie nicht unbedingt benötigten. Alfonso kam also gelegen und fand eine gute Aufnahme.

Vor ein paar Jahren hatte Herr Lanucci, von einem Drang nach Unabhängigkeit verleitet, seine feste Anstellung aufgegeben, die zwar nicht glänzend gewesen war, ihm aber doch gerade so viel eingetragen hatte, daß er seine kleine Familie erhalten konnte. Jetzt war er als Handelsvertreter tätig. Er vertrat alle möglichen Firmen und handelte mit allen möglichen Waren. Den ganzen Tag war der Ärmste damit beschäftigt, Offerten an Firmen zu schreiben, deren Adressen er dem Inseratenteil der Zeitungen entnahm. Trotzdem verdiente er weniger als zu der Zeit, da er Beamter gewesen. So herrschte in der Familie eine traurige Stimmung. Waren die Lebensverhältnisse früher höchst bescheiden gewesen, so waren sie nun ausgesprochen prekär. Diese Stimmung steigerte Alfonsos Heimweh, denn es sind die traurigen Menschen, die einen Ort traurig machen.

Man behandelte ihn sehr höflich, Alfonso empfand aber ein schmerzliches Mitleid, wenn er sah, wie Herr Lanucci sich dazu zwang, ihm gegenüber besonders liebenswürdig zu sein, ihm zuzulächeln, Interesse für seine persönlichen Angelegenheiten zu zeigen; es war doch klar, daß Alfonso für die Lanuccis nichts anderes bedeuten konnte als eine Einnahmequelle.

Frau Lanucci, die es längst gewohnt war, ihren Mann über die Fruchtlosigkeit seiner Bemühungen hinwegzutrösten, nahm die gleiche anteilnehmende Rolle Alfonso gegenüber ein. Ihre Teilnahme an den Angelegenheiten des jungen Mannes war so groß, daß sie schließlich von ihnen sprach, als seien sie ihre eigenen. Die Einladung zu Herrn Maller, von der Alfonso erzählt hatte, erweckte in ihr die allergrößten Hoffnungen. Wenn man ihren Worten glauben durfte, war durch diese Einladung das Glück des Bankbeamten Alfonso ein für allemal gesichert. Die Frau war so wenig an Glück gewöhnt, daß sie in helle Aufregung geriet, wenn sie es auch nur von ferne sah.

Frau Lucinda Lanucci, klein und dick, mochte vierzig sein, wirkte aber älter, da ihr Haar reichlich mit Grau durchzogen war. Sie war nie schön gewesen. Die kleine Mitgift, die sie in die Ehe mitgebracht hatte, war durch eine verfehlte Spekulation in Türkenlosen zu nichts zerronnen. Sie war intelligent, lebhaft und liebte es, viel zu reden. Ihr blasses, leidendes Gesicht gewann ihr von Anfang an Alfonsos Sympathien.

Ihrem Mann schien sie recht zugetan zu sein. Ihren achtzehnjährigen Sohn Gustavo hingegen, so behauptete sie, mochte sie nicht besonders; sie bezeichnete ihn als einen durchtriebenen Spitzbuben. Ihre ganze Liebe galt ihrer siebzehnjährigen Tochter Lucia, die als Hausschneiderin arbeitete. Mutter Lanucci, die Volksschullehrerin von Beruf war, brachte das meiste Geld nach Hause, doch ohne den zusätzlichen Verdienst Lucias hätte es nicht gelangt. Frau Lucinda war verzweifelt, daß ihre Tochter die schönste Jugend an der Nähmaschine verbringen mußte. Sie selbst habe ihre Jugendtage weit mehr genossen, sie habe es sich leisten können, zu studieren und sich zu amüsieren. In den bedrängten Verhältnissen, in denen die Familie jetzt lebte, war es ihr nicht möglich gewesen, etwas für die Erziehung Lucias zu tun; darüber aber klagte sie nicht, denn sie bemerkte gar nicht, daß das Resultat den gemachten oder vielmehr den nicht gemachten Spesen entsprach.

Trotz ihrer Intelligenz fiel es Frau Lanucci nicht auf, wie nichtssagend und gespreizt alles war, was ihre Tochter daherredete. Lucia war damals überaus mager, blutarm, wie alle in der Familie, ihr blondes Haar hatte einen Stich ins Rötliche, und ihr Mund schien in dem abgezehrten Gesicht bis zu den Ohren zu reichen. Ihre Mutter aber hielt sie für schön. Frau Lucinda war eine eingefleischte Demokratin, sie benahm sich ganz bewußt wie ein Marktweib, man konnte sie sogar öfters fluchen hören; ihre Tochter hingegen hatte in den feinen Familien, in denen sie beschäftigt war, sehr rasch die äußeren Umgangsformen eines vornehmen Fräuleins angenommen, die in diesem Hause falsch wirkten. Gustavo, der ein primitiver und ungehobelter Bursche war, verspottete sie deshalb. Mehr als durch seinen Müßiggang zog er sich dadurch die Abneigung seiner Mutter zu.

Alfonso fand seinen schwarzen Anzug sorgfältig auf dem Bett ausgebreitet. Frau Lucinda hatte an alles gedacht, von der Krawatte bis zu den blank geputzten Schuhen, die am Fußende des Bettes aufgestellt waren. Der bevorstehende Besuch versetzte auch Alfonso in eine gewisse Erregung. Zwar hegte er nicht die gleichen Illusionen wie

Frau Lanucci, dennoch war seine Erregung wie durch Ansteckung größer, als die Sache es verdiente. Er legte seinen Alltagsanzug ab und warf ihn aufs Bett, als sollte er ihn nie wieder tragen.

Als er das kleine Speisezimmer betrat, wo die Familie beim Essen versammelt war, konnte er sich einbilden, sehr gut gekleidet zu sein. Herr Lanucci sah ihn an und tat, als sei er von Alfonsos Anblick entzückt. Gustavo, schmutzig und ungewaschen, näherte sich ihm, mit vollem Mund kauend, und lächelte ihm mit echter Herzlichkeit zu. In ihm erweckte der junge Herr keinerlei Neid, denn seine Wünsche gingen in eine ganz andere Richtung: er war schon zufrieden, wenn er ein paar Kreuzer in der Tasche hatte, um den Abend im Wirtshaus verbringen zu können. Mehr brauchte er nicht. Zur Zeit war Gustavo Diener in einem Leseraum. Fast konnte es scheinen, als brächte diese neue Anstellung, bei der es leider nur sehr wenig zu verdienen, aber noch weniger zu tun gab, immerhin eine gewisse Ordnung in sein Leben.

In seinem weißen, gestärkten Hemd mit dem hohen steifen Kragen, mit seinem dichten, sorgfältig gekämmten braunen Haar und in seinem schwarzen Anzug sah Alfonso wirklich wie ein hübscher Junge aus. In den Händen trug er die hellen Handschuhe, die er noch am gleichen Tage auf Anraten Micenis gekauft hatte. Ein geübtes Auge hätte allerdings entdeckt, daß der schwarze Anzug an einzelnen Stellen bereits verschlissen und glänzend geworden war, daß der Schnitt nicht der Mode entsprach, daß der Rockkragen zu offen, der Stoff nicht der beste war, so daß sich das Hemd durchdrückte. In der Familie Lanucci aber hatte niemand ein so geübtes Auge, diese Kleinigkeiten zu bemerken.

Lucia war mit dem Essen zu Ende. Sie stand etwas abseits vom Tisch, mit verschränkten Armen an einen Sessel gelehnt. Nichts deutete darauf hin, daß ihr Alfonsos besondere Aufmachung aufgefallen wäre. Zwischen ihr und Alfonso herrschte das beste Einvernehmen, und wenn sie zu Hause war, bediente sie ihn bereitwillig. Sie machte sich gerne nützlich, denn sie empfing von ihm für jeden Handgriff die lebhaftesten Dankesbezeigungen. Der Umgangston zwischen den beiden war von geradezu übertriebener Höflichkeit. Endlich hatte Lucia jemand gefunden, demgegenüber sie jene gesellschaftlichen Formen anwenden konnte, die sie ihrer Kundschaft in den feinen Häusern abgesehen hatte. Gustavo pflegte zu sagen, Lucia lebte erst in Alfonsos Gegenwart ihr wirkliches Leben.

Herr Lanucci mußte schon das fünfzigste Lebensjahr überschritten haben. Er färbte sich das Haar, zumal ihm die Haarfärbemittel gratis zur Verfügung standen; er ließ sie sich von den Firmen schicken, denen er seine Dienste anbot. Sein Haar war dort, so das Alter es noch nicht gebleicht hatte, schwarz, und gelblich dort, wo es ohne Färbemittel hätte weiß sein müssen. Er trug einen sehr langen Vollbart, der das gleiche Farbenspiel aufwies wie sein Kopfhaar. Abends setzte er sich zum Lesen eine primitive Brille auf. Die Gläser waren zu groß und standen viel zu weit auseinander, denn Herrn Lanuccis kleine graue Augen saßen hart bei der Nase.

Er sagte Alfonso ein Kompliment und lud ihn ein, sich neben ihn zu setzen – ein Ehre, die er Gustavo nicht mehr gewährte, seitdem sich dieser einen recht einträglichen Posten, der ihm mit der größten Mühe verschafft worden war, verscherzt hatte. Dies war die einzige Strafe, die Herr Lanucci über seinen Sohn zu verhängen wußte, da er für das Ersinnen anderer Strafen weder die nötige Energie noch das nötige Interesse besaß.

Gustavo, der auf seinen Vater böse war, weil dieser auf ihn böse war, überreichte Alfonso wortlos einen Brief. Alfonso hatte es nicht eilig, ihn zu öffnen. Er war so nervös, daß er nicht die Geduld aufbrachte, die zittrigen Schriftzüge seiner Mutter zu entziffern. Er überflog den Brief nur flüchtig und steckte ihn dann in die Tasche.

«Das ging aber rasch!» sagte Frau Lanucci mit einem leichten Ton des Vorwurfs.

«Er ist nur kurz», antwortete Alfonso errötend. «Sie läßt alle herzlichst grüßen.»

Der alte Lanucci begann nun von der Arbeit zu erzählen, die er an diesem Tage geleistet hatte. Es war jeden Abend die gleiche Geschichte. Um sich vor seiner Frau zu rechtfertigen, berichtete er ausführlich von seinen Bemühungen, irgendein Geschäft abzuschließen. Der gesamte Verdienst dieses Tages bestand in einem großen Paket Nähnadeln; eine kleine Fabrik hatte es ihm als Provision ‹in natura› für ein von ihm abgeschlossenes Geschäft übermittelt. Am Vormittag hatte er in Privathäusern vorgesprochen und dabei ein Empfehlungsschreiben vorgewiesen, das ihm von einem guten Freund, dem Prokuristen eines großen Handelshauses, mitgegeben worden war. Dieser Freund, so versicherte Herr Lanucci, sei eine außerordentlich einflußreiche Persönlichkeit. Herr Lanucci hatte versucht, Bestellungen für eine bestimmte Cognac-Marke aufzunehmen – vergeblich. Die Musterflasche prangte jetzt auf dem Tisch. Zu Mittag war die Post gekommen und hatte ihm das bereits erwähnte Paket Nähnadeln gebracht sowie das Schreiben einer Versicherungsgesellschaft, die ihn zu ihrem Vertreter ernannte. Hierauf, am gleichen Nachmittag noch, hatte sich Herr Lanucci auf die Suche von Personen gemacht, die bereit waren, sich versichern zu lassen. Er trug stets eine Liste mit den Namen aller seiner Bekannten bei sich und lief nun die ganze Stadt ab, um bei ihnen vorzusprechen. Diese erklärten ihm aber alle ganz genau, warum sie nicht in der Lage seien, eine Versicherung abzuschließen. Entweder waren sie bereits versichert, oder sie konnten sich im Augenblick eine so hohe Ausgabe nicht leisten. Das waren diejenigen unter seinen Bekannten, die er zu seinen Freunden zählte. Die anderen empfingen ihn entweder überhaupt nicht – Herr Lanucci fühlte sich von Häusern angezogen, in denen es eigene Türhüter gab –, oder sie fertigten ihn mit ein paar kurzen Worten ab, wie einen Bettler. Diese letzte Bemerkung sprach Herr Lanucci allerdings nicht aus, er berichtete vielmehr mit der unbewegten Ruhe eines Mannes, der, ohne den Mut zu verlieren, bereit ist, am nächsten Tage alles wieder von neuem zu beginnen. Immerhin, etwas hatte er an diesem Tage geleistet. Er hatte der Versicherungsgesellschaft einen Brief geschrieben und ihr mitgeteilt, daß er, obwohl er noch kein Geschäft habe abschließen können, dennoch auf einen Erfolg hoffe, jedoch die ihm angebotene Provision zu gering finde, da es sehr schwierig sei, zu einem Abschluß zu gelangen.

«Schade um das Geld für die Post!» murmelte Frau Lanucci und warf dabei Alfonso einen heimlichen Blick zu. Sie hatte mit ihm schon vorher öfters über die vergeblichen Hoffnungen und Illusionen ihres Mannes gesprochen.

Sie war aber der Erzählung ihres Mannes mit großer Aufmerksamkeit gefolgt, und ihre Augen funkelten vor Zorn, als sie von so vielen vergeblichen Bemühungen berichten hörte. Herr Lanucci sprach mit gelassener Langsamkeit. Während er sprach, fuhr er fort zu essen, legte nach jedem Bissen die Gabel hin und betonte Satz für Satz, um seinen Taten und Listen besonderes Gewicht zu verleihen. Er wiederholte wortwörtlich die Argumente, die er vorgebracht hatte, um seine Partner zu überzeugen. Dem einen hatte er die allgemeinen Vorzüge einer Versicherung auseinandergesetzt und erklärt, daß es ein verbrecherisches Versäumnis sei, keine Versicherung einzugehen. Waren die Partner seine Freunde oder als Wohltäter bekannte

Persönlichkeiten, dann sagte er ihnen, wie wichtig es für ihn sei, daß man ihm eine Chance gebe. Allen gegenüber aber hatte er die von ihm vertretene Versicherungsgesellschaft in den höchsten Tönen gepriesen. Während Frau Lanucci ihm zuhörte, lehnte sie sich immer wieder vom Tisch zurück und zerbiß andauernd kleine Brotstücke mit den Zähnen.

In dieser Familie konnte jedes Wort leicht zu den heftigsten Diskussionen führen.

«Schade um das Geld für die Post?» meuterte Herr Lanucci. «Warum? Du hast wirklich eine sehr merkwürdige Art, die Dinge zu sehen! Als wäre es unmöglich, daß ich ein Geschäft mache!»

Der Zorn, der sich in ihm während des ganzen Tages angesammelt hatte, brach nun los. Er blieb unbewegt auf seinem Platz sitzen, aber seine Lippen begannen zu zittern. Gustavo lächelte in seinen Teller hinein.

Alfonso beruhigte Herrn Lanucci. Auch er befand sich von Zeit zu Zeit in Geldnöten und begriff den Kummer des alten Mannes. Er sagte ihm, seine Frau habe nur eine scherzhafte Bemerkung machen wollen und habe nicht die Absicht gehabt, ihn zu kränken. Sie habe sicher mehr als jeder andere Interesse daran, daß seine Geschäfte florierten.

Alfonsos Worte brachten Herrn Lanucci auf einen neuen Gedanken. Es fiel ihm ein, daß sein Tröster zu einem Kunden werden könnte. So fragte er ihn, ob er nie daran gedacht habe, sich versichern zu lassen – zum Beispiel gegen Unfall.

Frau Lanucci protestierte: «Laß ihn doch mit deinen Geschäften in Frieden!»

Herr Lanucci wurde verlegen. Die Verwirrung des alten Mannes, die, wie Alfonso vermeinte, der Reue über die begangene Taktlosigkeit entsprang, brachte ihn selbst in eine peinliche Verlegenheit.

«Lassen Sie ihn doch reden», sagte er zu Frau Lanucci. «Es ist interessant und kostet ja nichts.»

Damit wollte er der ganzen Angelegenheit einen rein akademischen Charakter geben.

«Gewiß!» betonte Herr Lanucci. «Ich zwinge ihn ja nicht, sich versichern zu lassen oder sich durch mich versichern zu lassen. Er kann es tun, durch wen immer er mag. Schlimm genug, wenn sich einer, der dazu die Möglichkeit hat, nicht versichern läßt. Es kann ihm ja ein Ziegelstein auf den Kopf fallen. Und wenn er da nicht versichert ist, dann profitiert er nicht davon, daß er im Bett liegen muß. Wer aber versichert ist, macht dabei ein glänzendes Geschäft.»

Um sich aus der Affäre zu ziehen, blieb Alfonso nichts übrig, als Herrn Lanucci seine finanzielle Situation auseinanderzusetzen. Frau Lanucci protestierte wieder, ihr Mann jedoch versuchte die vorgebrachten Einwände zu entkräften, wobei er gleichzeitig beteuerte, daß Alfonso seine Ablehnung nicht weiter zu begründen brauche.

Täglich nach dem Abendessen gingen die Mitglieder der Familie Lanucci gemeinsam aus, um, wie sie sagten, ein wenig Luft zu schöpfen. Das aber war nicht der einzige Grund ihrer Spaziergänge. Frau Lanucci hatte sie eingeführt, um Lucia dafür zu entschädigen, daß sie nicht allabendlich ihr Stündchen mit den übrigen Schneidermädchen auf dem Corso verbringen durfte. Auch Gustavo schloß sich diesen Familienspaziergängen an, kam aber von ihnen nicht mehr nach Hause zurück. Alfonso ging gleichfalls manchmal mit, so langweilig es ihm auch war. Er täuschte jedesmal so geschickt vor, sich dabei zu unterhalten, daß er schließlich selbst daran zu glauben begann.

Frau Lanucci stand vom Tisch auf, warf sich einen schweren verschlissenen Umhang um die Schultern und wartete stehend, daß Lucia ihre weit kompliziertere Toilette beendete. Der alte Lanucci setzte, während seine Frau ihm in seinen viel zu kleinen Mantel half, seine Rede unentwegt fort in der hoffnungsvollen Erwartung, diesen Tag doch noch mit einem Geschäft zu beschließen. Alfonso aber, der einen kurzen Augenblick fast schon bereit gewesen wäre, nachzugeben, erinnerte sich plötzlich seiner peinlichen finanziellen Lage. Mit erhobener Stimme legte er von seinen Einnahmen und Ausgaben auf Heller und Pfennig Rechnung ab und erklärte abschließend, daß er nicht daran denken könne, sich eine zusätzliche Ausgabe zu leisten. Aus Angst, in neue finanzielle Ungelegenheiten zu geraten, suchte er nach immer eindringlicheren Worten. Da er seiner eigenen Standhaftigkeit nicht sicher war, lehnte er es rundweg ab, sich weitere Argumente anzuhören. Es schien ihm, daß Herr und Frau Lanucci ihn darauf kühler als sonst grüßten. Immerhin unterließ es Frau Lanucci nicht, ihm viel Glück für seinen Besuch zu wünschen. Auch Lucia wünschte ihm viel Vergnügen und reichte ihm, nach einem grüßenden Kopfnicken, mit einer eingelernten Bewegung ihre schmale Hand.

Als Alfonso allein blieb, wartete er noch eine Weile, ehe er sich zu den Mallers begab. Er wollte sie nicht stören, während sie vielleicht noch beim Abendessen saßen. Er benützte diese kurze Frist, um den Brief seiner Mutter noch einmal zu lesen.

In diesem Brief war viel von den Hoffnungen die Rede, die Frau Nitti in ihren Sohn setzte. Sie hatte, wie sie ihm mitteilte, ein paar empfehlende Worte an das Fräulein Francesca Barrini geschrieben, die im Hause Maller Gouvernante war. In den Brief waren immer wieder Grüße eingestreut, die sie Alfonso von seinen Freunden in seinem Heimatort bestellen sollte. Die alte Frau zählte geduldig Vor- und Zunamen dieser Freunde auf und fügte jedesmal hinzu: «Er läßt Dich sehr grüßen.» Es folgten zwei Zeilen, in denen sie ihm sagte, wie sehr sie ihn küsse und umarme, und schließlich die Unterschrift: «Deine Mutter Carolina.»

Darunter jedoch, und mit einem P. S. versehen, stand der Satz: «Seit zwei Tagen fühle ich mich nicht sehr wohl, heute aber fühle ich mich besser.»

IV

Alfonso hielt sich für einen Mann von Geist. Er war es auch in seinen Selbstgesprächen. Aber es war ihm noch nicht vergönnt gewesen, jemandem zu begegnen, demgegenüber er es der Mühe wert gefunden hätte, Geist zu entwickeln, und als er sich zu den Mallers begab, glaubte er, daß einer seiner Wunschträume in Erfüllung gehe. Über gesellschaftliches Benehmen hatte er viel nachgedacht; er hatte sich auch einige Grundsätze zurechtgelegt, die ihm unfehlbar geeignet erschienen, den Mangel an praktischer Erfahrung auszugleichen. Man durfte nur wenig reden, dies wenige aber mußte man klar, bestimmt und möglichst gut sagen; man mußte auch die anderen zu Worte kommen lassen, durfte sie nie unterbrechen: man mußte ungezwungen erscheinen und jeden Eindruck von Anstrengung vermeiden. Er wollte jetzt zeigen, daß auch einer, der in einem Dorf zur Welt gekommen und aufgewachsen war, einfach dank seinem natürlichen Verstand, ohne praktische Übung, wie ein Städter von Geist auftreten konnte.

Herrn Mallers Haus befand sich in der Via dei Forni, einer Gasse der Neustadt, in der die Häuser, fünf Stockwerke hoch, grau und bar jeder äußeren Eleganz waren. Ihr Erdgeschoß bestand aus weiträumigen Magazinen. Die Gasse war nur schwach beleuchtet und zu dieser abendlichen Stunde, da die Lastfuhrwerke keine Warenladungen mehr heranbrachten, nahezu vereinsamt.

Es hatte den ganzen Tag über geregnet. Um sich nicht zu

beschmutzen, ging Alfonso hart unter den Häusermauern. Als er das gesuchte Haus gefunden hatte und das Treppenhaus betrat, war er einen Augenblick überrascht. Die weite Halle war taghell erleuchtet und von einer amphitheatralisch ansteigenden Treppe in zwei Hälften geteilt. Kein Mensch war da, und während Alfonso die Treppe hinanstieg und kein anderes Geräusch hörte als den Klang und Widerhall seiner eigenen Schritte, kam er sich vor wie ein Märchenheld.[4]

Der erste Mensch, der ihm auf der Stiege entgegenkam, war ein munterer alter Mann mit einem gepflegten weißen Bart. Er trällerte vor sich hin, unterbrach sich plötzlich: «Wen suchen Sie?» Der bloße Ton der Frage machte Alfonso sogleich begreiflich, daß er trotz seinem schwarzen Anzug in diesem Hause auf den ersten Blick als ein armer Mann erkannt wurde.

«Wohnt hier Herr Maller?» fragte er schüchtern.

Das Gesicht des alten Mannes wurde noch strenger. Er hielt es offenbar für unmöglich, daß ein anständiger Mensch nicht wußte, wo Herr Maller wohne. Er witterte bereits in Alfonso einen Bettler.

Die beiden standen auf dem letzten Treppenabsatz, der zum ersten Stockwerk führte. Auf dem oberen Flur, stachlig wie eine Distel, tauchte Santos Kopf auf.

«Einer unserer Beamten», schrie er herunter. «Kommen Sie, Herr Nitti, kommen Sie nur!»

«Oh, Santo!» rief Alfonso aus, glücklich, ein bekanntes Gesicht zu erblicken, und nahm rasch die letzten fünf Stufen.

Der Portier strich sich den Bart.

«Ach so!» sagte er und ging grußlos weiter. Nach ein paar Schritten begann er wieder vor sich hinzuträllern.

Santo stand lässig an die Brüstung gelehnt und wartete auf Alfonso, ohne seine Stellung zu ändern. Dann sagte er: «Ich werde Sie hineinführen.» Er rührte sich aber immer noch nicht, sondern fügte überlegend hinzu: «Sind Sie von Herrn Maller eingeladen?» Diese Frage ließ Alfonso schon glauben, es gebe in diesem Haus ein eigenes Zimmer, in dem die von Maller eingeladenen Beamten empfangen würden.

Plötzlich begann Santo sich auf eine Tür hinzubewegen, die sich rechter Hand befand.

«Entschuldigen Sie einen Augenblick», rief er und betrat, während er Alfonso auf der Schwelle stehenließ, mit hastigen Schritten den Korridor. Die Tapete war in blassen Farben gehalten, zu beiden Seiten gab es je eine Tür und eine dritte gegenüber. Sie waren alle niedrig und schwarz lackiert. Durch die rechte Tür drang dröhnend Santos Stimme, eine Frauenstimme und Frauengelächter antworteten. Die Worte selbst konnte Alfonso nicht verstehen, sie klangen hallend wie in einem leeren Raum.

Santo kam zurück. Er bog sich vor Lachen, während er etwas im Munde zerkaute. Durch die halb offene Tür konnte Alfonso in eine Küche sehen. Sie war angefüllt mit leuchtendem Kupfergeschirr. Am Herd stand eine dicke blonde Frau, von der Glut rosig erhellt. Sie hielt einen Kochlöffel in der Hand, mit dem sie Santo drohte. Der lachte noch eine Weile in seinen Bart hinein, dann ging er auf die Tür am Ende des Korridors zu.

Sie gelangten in ein rechteckiges Zimmer, das mit kleinen zierlichen Möbeln ausgestattet war, für Wesen geschaffen, die es bestimmt nie gegeben hat. Und so weich wirkte alles in diesem Raum, daß es fast wie ein Nest anmutete. Die Wände waren mit einem blauen Stoff tapeziert, den Alfonso für Atlas hielt. Die hohen schmiegsamen Teppiche erweckten den Wunsch, sich auf ihnen auszustrecken.

«Es ist das kleine Empfangszimmer von Fräulein Annetta», sagte Santo. «Der eigentliche Eingang ist aber nicht der, durch den wir gekommen sind, der ist für die

Dienerschaft. Ich habe Sie von dieser Seite hereingeführt, um Ihnen gleich ein paar Zimmer zeigen zu können. Es ist der schönste Teil der Wohnung.»

Er sah Alfonso mit gönnerhafter Miene an, als erwarte er besonderen Dank.

Auf dem Tischchen standen chinesische Nippes. Überhaupt schien Fräulein Annetta einen orientalischen Geschmack zu haben. Auf den Tapeten sah Alfonso beim Licht der Kerze, die Santo angezündet hatte, zwei kleine Chinesen abgebildet, die sich vom blauen Hintergrund abhoben. Der eine saß auf einem Seil, das an zwei Balken so locker hing, daß man meinen konnte, Chinesen hätten kein Gewicht; der andere war im Begriff, einen unsichtbaren Steilhang emporzuklettern.

«Und hier schläft das Fräulein», sagte Santo, als sie in das nächste Zimmer kamen. Er hielt die Kerze hoch, damit man es besser sehen könne.

Alfonso fragte beunruhigt: «Ist es denn erlaubt, ohne weiteres in dieses Zimmer zu kommen?»

«Nein!» antwortete Santo stolz. «Allen ist es verboten, nur mir nicht.»

Sein Gesicht strahlte vor Genugtuung, als er all diese schönen Dinge zeigen konnte. Alfonso mußte die samtene Tapete bewundern. Dann wandte sich Santo dem Bett zu und wollte schon die zarten, rosigen Vorhänge auseinanderschlagen, die den Himmel bildeten, doch Alfonso hinderte ihn daran.

«Ach!» meinte Santo mit einer wegwerfenden Bewegung, die Verachtung für die Befehle der ‹Herrschaft› ausdrücken sollte, aber im Widerspruch zu dem Ton seiner Worte stand. «Giovanna hat mir gesagt, daß alle noch drüben im Speisezimmer sind.»

Alfonsos Angst übertrug sich wohl auch auf ihn, und so ging er gleich auf die Eingangstür zu. Trotz seiner angstvollen Regung fühlte sich Alfonso durch den Anblick dieses Bettes irgendwie gerührt. Beim Hinausgehen hielt er dauernd sein Auge darauf gerichtet. Von Vorhängen verhüllt, machte es in der Tat einen jungfräulichen Eindruck. Daneben stand ein Betstuhl aus dunklem Holz.

Überraschenderweise befand sich anschließend die Bibliothek. Riesige Bücherschränke bedeckten die Wände fast ganz. Die Einrichtung war einfach: In der Mitte ein großer, mit grünem Tuch bedeckter Tisch, bequeme Sessel und zwei Ottomanen.

Plötzlich trat Herr Maller ein.

Sie hatten seine Schritte nicht gehört. Er fragte Santo grob, was er hier suche.

«Ich wollte Herrn Nitti die Bibliothek zeigen», stammelte Santo.

Keine Spur mehr von seiner bisherigen Herablassung. Er stand nun stramm in Habtachtstellung und hielt die Kerze ganz tief. Es war klar zu sehen, daß er log, als er hinzufügte: «Wir sind von dort hereingekommen», wobei er auf die Mitteltür wies.

Alfonso tat ein paar Schritte vor.

«Ich fürchte, ich störe Sie.» Er unterbrach sich. Er glaubte, bereits alles ausgedrückt zu haben.

«Herr Nitti!» begrüßte ihn Herr Maller und streckte ihm mit herrenhafter Höflichkeit die Hand entgegen. «Willkommen!» Er sprach sehr liebenswürdig, aber mit geringer innerer Anteilnahme. «Es tut mir leid, daß ich nicht bleiben kann, um mich mit Ihnen zu unterhalten, wie ich es wünschte. Ich habe hier noch zu tun und muß dann fort. Meine Tochter und das Fräulein, das Sie ja kennen, sind drüben im Speisezimmer. Auf Wiedersehen.» Er drückte Alfonso die Hand, während er sich bereits halb dem Tisch zuwandte.

Santo, der stramm vor der Mitteltür stand, fragte: «Soll ich die Kerze hierlassen?»

«Nein. Zünde das Gas an!»

Herr Maller hatte sich bereits auf der nächsten Ottomane ausgestreckt und eine Zeitung zur Hand genommen.

Alfonso stand wieder in dem Korridor, durch den sie gekommen waren. Mit Santos Hilfe legte er den Überrock ab. Während er Alfonso hineinführte, rief Santo noch aus: «Wie schade, daß wir Herrn Maller begegnet sind. Es wäre der Mühe wert gewesen, auch sein Schlafzimmer zu sehen. Nun, das nächste Mal ...» und er zwinkerte ihm gönnerhaft zu.

Das Speisezimmer war von einem dreiflammigen Gaskronleuchter erhellt. Es war leer. Santo trat vorsichtig ein, sah mit komischer Überraschung um sich, lief zum Tisch, hob das eine Ende des Tischtuches und blickte darunter. «Niemand.»

Als er bemerkte, daß Alfonso, verärgert durch die Art, wie man ihn hier empfing, über den Scherz nicht lachen konnte, schickte er sich zum Gehen an: «Die jungen Damen sind wahrscheinlich in den zweiten Stock gegangen. Ich werde Sie gleich anmelden. Nehmen Sie inzwischen Platz.»

Alfonso wartete trotzdem stehend, er wußte bereits, was von Santos Einladungen zu halten war. Der Prunk, den er in diesem Hause gesehen, schüchterte ihn ein, und er träumte längst nicht mehr davon, hier die Rolle eines Mannes von Geist spielen zu können. Er hatte nur den einen Wunsch: weg von hier. Ein nicht sehr angenehmes Gefühl. In diesem Hause mußte man sich bescheiden benehmen, als Untergebener. Ein kundiges Auge hätte allerdings in diesem ganzen Prunk etwas Übertriebenes, Protziges entdeckt; Alfonso aber sah zum erstenmal soviel Reichtum auf einem Fleck beisammen und ließ sich von ihm blenden.

Das Speisezimmer wirkte weit bewohnter als die Zimmer Annettas. Das Piano war geöffnet, auf dem Notenhalter war ein Musikheft aufgeschlagen; Notenblätter lagen auch auf einem Sessel neben dem Piano. Das Zimmer war nicht sehr einheitlich eingerichtet, Strohsessel standen neben Polstermöbeln. Sogar ein leichter Speisengeruch schwebte in der Luft.

An der Wand oberhalb des Pianos waren zahlreiche Fotografien in Fächerform angebracht. Die Bilder, vier oder fünf, waren zu hoch gehängt, denn ein großer Teil der Wand mußte für die riesigen Rücklehnen der Möbelstücke freigelassen werden.

Alfonso verstand nichts von Malerei, aber er hatte immerhin ein paar Kunstbücher gelesen und wußte daher, was die damalige moderne Schule der Idee nach bedeutete. Ein Bild machte auf ihn besonderen Eindruck. Es stellte nichts weiter dar als einen langen, kaum angedeuteten Weg durch ein steiniges Terrain. Kein Lebewesen war zu sehen – nur Steine, Steine und wieder Steine. Die Farben waren kalt, der Weg schien sich gegen den Horizont hin zu verlieren. Trostlose Abwesenheit jedes Lebens.

In die Betrachtung des Bildes versunken, das mehr Überraschung als Bewunderung in ihm erweckte, hörte Alfonso nicht gleich, daß inzwischen die Tür geöffnet worden war und wandte sich aus Verlegenheit nicht um, wußte aber, daß jemand eingetreten war.

«Herr Nitti!» sagte eine sanfte Stimme in sanftem Ton.

Rot im Gesicht, wie nach einem Kopfstand, drehte Alfonso sich um. Es war das ‹Fräulein›, wie die Freundin seiner Mutter hier genannt wurde. Es war nicht das Fräulein Maller. Alfonso schätzte das Fräulein Francesca – er wußte nicht recht, warum – auf etwa dreißig Jahre, während er von Mallers Tochter annahm, daß sie jünger sei. Die klaren, blauen Augen Francescas wirkten jugendlich, ihre blasse Gesichtsfarbe aber machte einen kränklichen Eindruck. Das Goldblond ihres Haares verlieh ihren unregelmäßigen Gesichtszügen eine große Sanftheit. Sie war klein, zu klein, aber ihre Gestalt war so wohlproportioniert, daß man sie gar nicht anders hätte wünschen mögen.

Sie reichte ihm ihre weiße, mollige Hand: «Sie sind der Sohn der Frau Carolina? Also mein guter Freund! Ist es so?»

Alfonso verneigte sich.

«Und bei Ihnen zu Hause, auf dem Lande, alles wohlauf?»

Sie fragte nach einem Dutzend Menschen, lauter guten Freunden, von denen sie schon seit Jahren nichts mehr gehört habe. Sie kannte sie alle bei Namen, einige auch beim Spitznamen. Von jedermann wußte sie eine bestimmte charakteristische Eigenschaft anzuführen. Dann erkundigte sie sich über jeden einzelnen Winkel des Dorfes und sprach schwärmerisch von den schönen Stunden, die sie dort verbracht. Genauen Bescheid wollte sie auch über einen Hügel haben, der sich am Dorfausgang erhob; sie schien Alfonsos Antwort entgegenzubangen, als fürchtete sie schon, dieser Hügel sei in der Zwischenzeit eingestürzt.

Alfonso war von Fräulein Francesca sofort entzückt. Niemand hatte in ihm bisher die Erinnerung an seine Heimat mit so lebhaften Worten wachgerufen; wenn Frau Lanucci von ihren fernen und blassen Erinnerungen an ihren Landaufenthalt sprach, wurde in Alfonso gar nichts wach. In seinen schmerzlichen und einsamen Träumen hatte das Bild von der Heimat nach und nach eine Wandlung erfahren. Nun, da das ‹Fräulein› sprach, wurde dieses Bild wieder richtiggestellt, und Alfonso war es, als entdecke er seine Heimat neu. Francesca selbst schien von ihren Erinnerungen tief ergriffen zu sein.

Wie Alfonso später erfuhr, war das Jahr auf dem Lande für sie das schönste ihres Lebens gewesen. Sie war damals krank gewesen, und die nicht sehr begüterte Familie, der sie entstammte, hatte die größten Opfer gebracht, um sie, wie der Arzt es verordnete, aufs Land schicken zu können. Hier hatte sie ein Jahr in völliger Freiheit verlebt.

Sie nahm ihm den Hut aus der Hand und hieß ihn sich setzen.

«Fräulein Annetta wird gleich kommen. Warten Sie schon lange?»

«Seit einer halben Stunde», antwortete Alfonso wahrheitsgemäß.

Das Fräulein runzelte die Stirn und fragte: «Wer hat Sie hereingeführt?»

«Der Herr Santo.»

Er betitelte Santo mit ‹Herr› aus Respekt vor dem Menschen, zu dem er sprach.

Fräulein Annetta trat ein. Alfonso erhob sich verwirrt. Die vielen Vorbereitungen hatten ihn in eine große Erregung versetzt.

Annetta war ein schönes Mädchen, obwohl ihm, wie er später zu Miceni sagte, ihr breites und rosiges Gesicht nicht gefiel. Sie war hoch von Gestalt und trug ein helles Kleid, das ihre betonten Formen besonders zur Geltung brachte. Das konnte nicht nach dem Geschmack eines empfindsamen jungen Mannes wie Alfonso sein. Er stellte bei aller Harmonie der Formen fest, daß das Auge nicht schwarz genug und daß das Haar nicht gelockt war. Er wußte nicht warum, aber er hätte es so gewollt.

Francesca stellte Alfonso vor. Annetta nickte nur leicht mit dem Kopf, während sie sich setzte. Es war klar, daß sie nicht die geringste Lust empfand, das Wort an ihn zu richten. Sie schlug ein Journal auf, das sie mitgebracht hatte. Alfonso glaubte zu bemerken, daß sie gar nicht las, daß ihre Augen ständig auf die gleiche Stelle des Blattes gerichtet waren. Vielleicht, so tröstete er sich immer noch, war sie ebenso verlegen wie er und versuchte, ihre Verlegenheit dadurch zu verbergen, daß sie so tat, als lese sie. Doch war über ihr Gesicht ein ruhiges Lächeln gebreitet.

Etwas gezwungen versuchte Francesca, das unterbrochene Gespräch wiederaufzunehmen.

«Wohnen Sie immer noch in dem gleichen Haus außerhalb des Ortes?»

Alfonso fand kaum Zeit, zu bejahen. Mit einem selbstzufriedenen Kichern, das sie bis dahin nur mühsam zurückgehalten, sagte Annetta zu Francesca: «Ich war gerade bei Papa. Übermorgen wird gereist. Er hat sich überreden lassen und es mir fest versprochen.»

Francesca schien angenehm überrascht zu sein. Alfonso aber wunderte sich über Annettas Stimme. In diesem kräftigen Organismus hatte er sie nicht so sanft vermutet.

Die beiden Frauen sprachen leise miteinander. Alfonso begriff nur so viel, daß Annetta mit großer List Herrn Maller die Zustimmung entlockt hatte. Niemand kümmerte sich um ihn, er war verlegener denn je. Er betrachtete ein Bild zu seiner Rechten: das Porträt eines alten Mannes mit derben Gesichtszügen, kleinen Augen und kahlem Schädel.

Francesca schien Alfonsos Unbehagen zu erraten. Sie wollte das unhöfliche Benehmen Annettas, die als erste zu tuscheln begonnen hatte, wiedergutmachen und erzählte, daß sie schon seit langem eine Reise nach Paris planten. Herr Maller wollte nichts davon wissen, nun aber habe er seine Zustimmung endlich gegeben. Er sei bereit, mitten in der Geschäftssaison acht oder zehn Tage von seiner Arbeit Urlaub zu nehmen und die beiden jungen Damen zu begleiten. Sie wandte sich wieder Annetta zu: «Hat er wirklich gesagt, daß ich mitfahre?»

Auch Francesca schien sich diese Reise dringend zu wünschen.

«Aber gewiß», antwortete Annetta und zeigte dabei ein Lächeln, das Alfonso gezwungen war, gütig zu finden.

Alfonso mußte nun längere Zeit – es schien ihm mindestens eine Stunde zu dauern – als passiver Zuhörer das

Geplapper der beiden Frauen über sich ergehen lassen. Bald täuschte er Anteilnahme vor, bald wandte er den Blick diskret in eine andere Richtung, und zwar dann, wenn Annetta ihre Stimme senkte und ihre Lippen Francescas Ohren näherte. Es war für ihn eine große Erleichterung, als Santo eintrat und den Advokaten Macario anmeldete.

«Nur herein mit ihm!» rief Annetta freudig aus. «Er wird uns zum Lachen bringen.»

Der Advokat Macario war ein schöner Mann von etwa vierzig, sorgfältig gekleidet, groß und kräftig. Aus seinem dunklen Gesicht strahlte das Leben. Er begrüßte Annetta, Ferravilla [5] nachahmend:

«Heute ist sie schöner denn je – wehe mir Ärmstem!» Er wechselte einen Händedruck mit Francesca, die ihn sofort Alfonso vorstellte.

Statt den Namen des Advokaten zu nennen, sagte sie: «Der schönste Schnurrbart der ganzen Stadt.»

«Wenn Sie wüßten, wieviel Mühe ich aufwenden muß, um ihn so schön zu erhalten! Ich gestehe es gleich offen ein, ehe das Fräulein Ihnen auch das verrät.»

Alfonso zwang sich ein Lächeln ab. Er fühlte sich elender denn je. Macarios Ungezwungenheit ließ ihn sein Unbehagen nur noch stärker empfinden.

Annetta hatte endlich ihr Journal fortgelegt und stützte sich lässig mit beiden Armen auf den Tisch: «Große Neuigkeiten, geliebter Cousin! Du wirst staunen!»

Ihr Gesicht nahm einen spöttischen Ausdruck an.

Macario sagte in gekünstelt bewunderndem Ton: «Ich weiß bereits alles. Wirklich, ich hätte es niemals für möglich gehalten. Der Onkel geht auf Vergnügungsfahrt – mitten in der Geschäftssaison! Die Welt stürzt ein. Ich bin ihm auf der Treppe begegnet, und er hat mir die Neuigkeit gleich erzählt, allerdings mit einem ganz anderen Gesicht als du jetzt.»

Er begleitete seine Rede mit bestimmten Gesten. Er machte Pausen zwischen den Worten, hob dabei die Hände in Ohrennähe und bewegte die gespreizten Finger so, als wolle er damit etwas Unausgesprochenes ausdrükken. Alfonso blieb der Sinn dieser Zeichen verborgen.

«Ich kann mir denken, daß er nicht sehr glücklich ist», sagte Annetta, «aber wenn man hier will –» sie berührte mit dem Zeigefinger ihre Stirn –, «dann geschieht es eben.»

Macario versicherte darauf, daß Paris im Winter weit langweiliger sei als im Sommer. Das klang ein wenig, als wollte er für eine erlittene Niederlage eine bescheidene Revanche nehmen. Aus seinem ganzen Verhalten ging hervor, daß er diese Reise gerne vereitelt hätte.

«Im Winter», so sagte er, «sind die Pariser unerträglich. Ganz Paris, ohne Ausnahme, kennt nur ein einziges Gesprächsthema. Einmal ist es der Sturz des Ministeriums, dann wieder die Rede irgendeines Abgeordneten oder eine Mordaffäre. Gott, wie langweilig!»

«Gott, wie sympathisch!» rief Annetta aus, die in dieser Schilderung das Paris wiederzuerkennen glaubte, wie es in Romanen beschrieben wird.

«Geschmackssache», entgegnete Macario. Als er das letzte Mal in Paris gewesen sei, habe er nichts entdecken können, was an die Stadt der Romane erinnerte. «Man besucht einen Freund, und er redet von nichts anderem als von dem Revolverattentat auf Gambetta. Man will ein Geschäft abschließen, und der Partner hat nichts anderes im Kopf als das Attentat auf Gambetta. Man betritt einen Schusterladen, und auch der Schuster redet in einem fort von Gambetta, was immerhin noch einen gewissen Sinn hat, wenn man bedenkt, daß Gambetta Beinchen bedeutet.»

Alfonso lachte laut über diesen Witz, da es ihm nicht gelungen war, mit Worten an dem Gespräch teilzunehmen. Er hielt es für seine Pflicht, irgendwie zu beweisen, daß er zugehört habe.

«Nur wenn man ins Theater gehen will», fuhr Macario fort, «dann ist der Winter für Paris die richtige Zeit. Eine schöne Premiere ist wohl die Reise wert.»

Aus seinen letzten Worten ging hervor, daß er es inzwischen aufgegeben hatte, Annettas Triumph zu schmälern. Er wurde ernster und sprach zu Alfonso gewandt, vielleicht aus Dankbarkeit dafür, daß der bei seinem Witz gelacht hatte.

Francesca stieß einen Freudenschrei aus: «Wir werden die Premiere von ‹*Odette*› sehen!» Schon am nächsten Tag wollte sie die Plätze telegrafisch bestellen.

Macario fragte Alfonso, ob und seit wann er bei seinem Onkel angestellt sei. Als er die gewünschte Auskunft erhalten hatte, sagte er, sein Onkel habe ihm schon auf der Treppe angekündigt, er werde bei Annetta einen Beamten antreffen, der die Korrespondenz in den verschiedensten Sprachen führte. Alfonso antwortete einsilbig. Als er von den Lobesworten hörte, die Maller über ihn geäußert hatte, verbeugte er sich überrascht und hielt das Ganze für ein Mißverständnis. Und doch konnte Maller nur ihn gemeint haben, denn Macario war genau darüber informiert, daß Alfonso vom Lande kam. Er fragte ihn, ob er Heimweh habe.

«Ziemlich», antwortete Alfonso.

Er bemühte sich, diese trockene Antwort durch den Ausdruck seines Gesichtes zu unterstreichen, und das gelang ihm auch.

«Es wird Ihnen schon vergehen, Sie werden sehen!» meinte Macario. «Man gewöhnt sich an alles auf der Welt. Und in einer Stadt zu leben, wenn man vom Lande kommt – daran, so meine ich, müßte man sich sogar sehr leicht gewöhnen.»

Annetta fand dieses Gespräch nicht sehr anregend und

unterbrach es rücksichtslos. Beim Klang ihrer Stimme hob Alfonso den Kopf, er glaubte, daß auch sie ihn etwas fragen wolle. In dieser Erwartung wurde er sogleich enttäuscht, und um die Ursache seiner Kopfbewegung nicht erkennen zu lassen, versuchte er, seinem Gesicht den Ausdruck größter Aufmerksamkeit zu verleihen.

«Weißt du, daß ich ein paar Pariser Gassenhauer einstudiert habe? So kann ich wie ein richtiger Gassenjunge zusammen mit Federico singend durch die Straßen von Paris ziehen.»

Federico war Annettas Bruder. Micenis Schilderungen nach ein sehr hochmütiger Mensch. Er widmete sich der Diplomatenlaufbahn und war zur Zeit Vizekonsul in einer französischen Hafenstadt.

«Kann man so ein Lied zu hören bekommen?» fragte Macario.

«Warum nicht?» Sie erhob sich. «Willst du mich begleiten, Francesca? Los, los! Macario ist heute so langweilig wie noch nie, und ich glaube, mit Musik vertreiben wir uns die Zeit noch am besten.»

«Das zu beurteilen, wird an uns liegen», sagte Macario frech. «Meinen Sie nicht auch?»

Alfonso zwang sich zu einem Lächeln. Seine ununterbrochene Anstrengung, ungezwungen zu erscheinen, ermüdete ihn. Er wäre am liebsten gleich fortgegangen, wenn er die geeignete Form gefunden hätte.

Francesca setzte sich ans Piano, legte einen Stoß Notenblätter auf ihre Knie und las Annetta die einzelnen Titel vor. Annetta aber schüttelte nur immer wieder den Kopf. Sie führte eine Hand an ihre Wange und nahm eine nachdenkliche Haltung ein. Plötzlich lachte sie laut und rief: «Das! Das!»

Das ‹Fräulein› schlug einleitend ein paar Akkorde an und begleitete dann Annetta nicht sehr kunstvoll, aber mit Temperament.

Annetta sang mit einer süßen, doch kräftigen Stimme. Zu Alfonsos großer Überraschung begann sie plötzlich im Takt zu hüpfen, so als laufe sie auf der Stelle. Francesca lachte aus vollem Hals, auch Macario lachte, und selbst die Sängerin konnte das Lachen nicht unterdrücken, was dem Lied nicht zum Vorteil geriet; es war nur in Bruchstücken zu hören. Annetta riß sich wieder zusammen, auch Macario wurde sehr ernst. Was Alfonso betraf, so hatte er nur gelacht, um es den anderen gleichzutun.

Während sie sang, mimte Annetta Müdigkeit, kreuzte die Arme über der Brust, als fiele ihr so das Laufen leichter, und täuschte mit Geschick vor, als gäbe es da und dort Hindernisse zu überwinden, als stieße sie an Menschen, die sie gleich um Entschuldigung bat.

Alfonso konnte zwar Französisch, aber da sein Ohr an diese Sprache nicht gewöhnt war, verstand er den Text nur mit Mühe. Während Macario seinen Blick auf Annetta gerichtet hielt, flüsterte er, um den Gesang nicht zu stören, Alfonso in abgerissenen Sätzen zu: «Dieses Lied müßte eigentlich von einem Mann gesungen werden ... von einem Mann, der hinter einem Omnibus herläuft.» Er unterbrach sich und murmelte bewundernd: «Großartig!»

Annetta war nun wirklich müde. Sie tat zwar immer noch, als liefe sie, aber sie hüpfte weniger. Sie preßte eine Hand gegen die Brust, der Atem ging ihr aus, das Lied brach ab.

«Ich kann nicht mehr», sagte sie und blieb stehen.

Francesca ergänzte, während sie in der Begleitmusik fortfuhr, ihrerseits lachend den Gesang. Aber schon nach wenigen Augenblicken sang Annetta weiter, wobei sie diesmal ruhig auf dem Platz blieb. Ihre Stimme klang frisch und süß. Ihr Vortrag aber war jetzt weniger lebhaft. Sie verweilte bei dem einen oder anderen Ton, dehnte ihn gefühlvoll, und Alfonso, der nichts vom Text verstand, schien es, daß das Lied traurig ausklinge.

Der süße Gesang ließ ihn plötzlich den Grund seines Mißbehagens klar erkennen. Der Wunsch, ein freundliches Wort von diesem herrlichen Wesen zu empfangen, das eine so schöne Stimme besaß, brachte ihm zum Bewußtsein, daß sie bisher keine einzige Silbe an ihn gerichtet hatte. Er war unhöflich aufgenommen und, als er hatte sprechen wollen, rücksichtslos unterbrochen worden. Warum eigentlich? Sie kannte ihn doch bisher noch gar nicht. Offenkundig war es einfach die Verachtung für den Untergebenen, für den Mann, der schlecht gekleidet war. Denn jetzt wußte er, wie schlecht er gekleidet war. Er wußte es durch den Vergleich mit Macario.

Als Annetta ihren Gesang beendet hatte, klatschte Macario begeistert in die Hände. Alfonso spendete in gleicher Weise Applaus. Er übertrieb sogar, er war sich darüber gleich im klaren, aber er wollte unter keinen Umständen merken lassen, daß er beleidigt war. Er litt unter diesem Zwang zur Heuchelei. Er wußte, daß er nun endgültig auch das bißchen Ungezwungenheit verloren hatte, mit dem er gekommen war. Von Begeisterung hingerissen, hielt Macario Annettas Hand lange in der seinen. Sie überließ sie ihm.

«Das Fräulein spricht ja großartig Französisch», sagte Alfonso in fragendem Ton.

Niemand beachtete ihn. Er schwieg und erkannte selbst, wie läppisch und langweilig er war.

Vom Stubenmädchen assistiert, servierte Annetta den Tee. Sie bestand darauf, daß Macario etwas dazu nehme. Dann gab sie dem Stubenmädchen den Auftrag, auch Alfonso eine Tasse Tee zu reichen, dessen Augen vor Zorn funkelten. Das gebieterische Bedürfnis zu reagieren, stieg in ihm auf. Was ihn am meisten bedrückte, war die Angst, Macario könnte ihn verachten, wenn er so demutvoll all die Unverschämtheiten hinnahm. Er hätte sein Leben dafür gegeben, ein verletzendes Wort in der richtigen Weise anbringen zu können.

«Ich trinke nie Tee», sagte er in höflichem Ton, als bitte er um Entschuldigung. Er ärgerte sich selbst, keinen besseren Satz und keinen geeigneteren Ton gefunden zu haben.

«Möchten Sie lieber Cognac?» fragte Annetta, ohne ihn anzublicken.

«Nein!» Er wollte dem nichts hinzufügen, aber unwillkürlich mußte er sich leicht verneigen, und so kam auch dieses einsilbige Wort höflich heraus.

Macario richtete mehrmals das Wort an ihn. Alfonso vermutete, er tue es deshalb, weil auch er von dem seltsamen Verhalten Annettas betroffen war und ihn irgendwie schadlos halten wollte. Ihm antwortete Alfonso zwar mit größerer innerer Ruhe, aber auch nur einsilbig.

«Spielen Sie ein Instrument?»

«Nein.»

Macario beglückwünschte ihn dazu; es gebe nichts Schrecklicheres als das Geklimper eines Dilettanten.

«Singen, wie meine Cousine es tut, das geht noch. Sie versteht zwar nicht alles, was sie singt, aber sie hat eine angenehme Stimme, und man hört ihr gerne zu. Sogar ich höre ihr gerne zu. Meine Begeisterung von vorhin war durchaus aufrichtig.»

Annetta dankte ironisch. Macarios Kritik hatte sie jedoch sichtlich verletzt, mehr als sie zeigen wollte. Alfonso entging dies nicht, und es verschaffte ihm eine tiefe Befriedigung. Nun suchte auch sie vergeblich nach Worten, mit denen sie sich rächen oder verteidigen konnte.

Eine Weile gelang ihr der scherzhafte Ton, als aber Macario fortfuhr, ihr Komplimente über ihre Schönheit und Anmut zu machen, ohne das Gesagte zurückzunehmen, kam ihr Ärger immer deutlicher zum Vorschein. Ihr Gesicht wurde ernst, blasser als sonst. Sie rief: «Drücke dich doch genauer aus. Was habe ich schlecht gemacht? Eine Kritik –» sie wollte bissig sein – «kann sich doch nicht darin erschöpfen, daß man einen Menschen verspottet.»

Macario begann herzlich zu lachen, und Alfonso beneidete ihn darum.

«Liegt dir so viel an deinem Künstlerruhm? Dann entschuldige meine Bemerkung, ich nehme sie zurück!»

Alfonso erhob sich als erster. Francesca stand gleichfalls auf und bat ihn, Frau Carolina von ihr zu grüßen. Annetta, die sitzen blieb, unterhielt sich weiter mit ihrem Cousin. Der jedoch entschloß sich gleichfalls zu gehen, er erhob sich von seinem Platz und rief Alfonso zu: «Wenn Sie auf mich warten, komme ich mit Ihnen.»

Geschmeichelt blieb Alfonso stehen.

In bester Laune schüttelte Macario Annetta die Hand und sagte: «Das nächste Mal, liebste Cousine, werde ich meine Kritik ausführlicher begründen, ganz sicher.»

Annetta antwortete in scherzendem Ton, aber doch von oben herab: «Nicht nötig. Wenn es etwas zu verbessern gibt, dann werde ich schon von selbst darauf kommen.»

Sie reichte auch Alfonso die Hand. Die beiden Hände lagen kurz und leblos ineinander, dann fielen sie zurück. Annetta wurde so blaß, daß Alfonso erschrak. Gleich darauf aber erfüllte es ihn doch mit Genugtuung, daß es ihm endlich gelungen war, Gleichgültigkeit auch von seiner Seite zu zeigen.

Auf der Straße blieben die beiden Männer stehen.

Macario wies gegen das Meer und fragte: «Gehen Sie in dieser Richtung?»

«Nein», antwortete Alfonso. «Eigentlich muß ich zum Corso.»

«Machen Sie mir doch die Freude und begleiten Sie mich ein Stückchen.»

Er knöpfte sich langsam seinen Pelz zu, während Alfonso mit einem Kälteschauer die Hände in die Taschen seines Mäntelchens steckte. Ohne eine Antwort abzuwarten, schlug Macario den Weg ein, der zum Kai führte.

«Sie haben meine Cousine heute zum erstenmal gesehen?» Nachdem Alfonso bejaht hatte, fuhr er fort: «Und zum letztenmal, wie?» In der Dunkelheit ersetzte sein kurzes Lachen die charakteristische Geste, mit der er sonst seine Worte zu begleiten pflegte.

Alfonso glaubte einen Beweis großen Mutes zu geben, als er aufrichtig erwiderte: «Ja. Ich hoffe es.»

«Es ist doch nicht der Mühe wert, sich über die Launen einer Frau zu ärgern. Meine Cousine ist eine dumme Person.»

«Das glaube ich nicht», antwortete Alfonso mit bewegter Stimme.

Es war offensichtlich, daß Macario viel daran lag, den schlechten Eindruck zu mildern, den Annettas Verhalten auf Alfonso gemacht hatte.

«Wissen Sie, warum man Sie so kalt empfangen hat? Ein Angestellter meines Onkels machte Annetta, als er ihr vorgestellt wurde, prompt den Hof. Er brüstete sich auch, wie es scheint, damit, daß seine Gefühle Erwiderung fänden. Als mein Onkel davon erfuhr, bereitete es ihm ungeheuren Spaß, seine Tochter damit zu hänseln. Dabei war er gar kein dummer Mensch, dieser Angestellte. Ein Junge mit kurzem, schwarzem, gekräuseltem Haar. Seither will Annetta nichts mehr von Angestellten ihres Vaters wissen. Es ist ihre Art, alles gleich zu verallgemeinern.»

Sie waren am Kai angelangt. Das Meer war bewegt, man hörte das dumpfe, klatschende Geräusch der Wassermassen, die gegen den Wellenbrecher schlugen. In der finsteren, mondlosen Nacht wirkte das Meer, das sich jenseits der am Ufer vertäuten Schiffe ausdehnte, wie ein ungeheurer, leerer, schwarzer Raum. Die Meeresoberfläche wurde nur dann und wann sichtbar, wenn der wandernde Lichtstrahl, der vom Leuchtturm ausging, sich im Wasser spiegelte.

Macario wandte sich nach rechts und schleppte Alfonso mit sich, in Richtung Bahnhof.

«Es wäre mir lieber gewesen, man hätte mich nicht eingeladen. Seien Sie übrigens versichert, daß ich mich keinem Menschen gegenüber beklagen werde.»

Es war ihm plötzlich die Vermutung gekommen, daß Macario ein solches Versprechen von ihm erwarte.

Macario aber begann zu lachen: «Oh! Meinetwegen können Sie es jedermann erzählen. Glauben Sie wirklich, daß mir an meinen lieben Verwandten so viel liegt? Haben Sie nicht bemerkt, mit welcher Lust ich meine Cousine geärgert habe? Die ist nicht wenig eitel, wie?»

Bald aber war es nicht mehr Annettas Benehmen Alfonso gegenüber, das ihn beschäftigte. Er begann von sich zu reden, und er tat es nicht ohne Erregung.

«Ich konnte sie doch nicht loben. Sie sang diesen Pariser Gassenhauer, als handelte es sich um einen Schmachtfetzen von Tosti. Ich muß das erst verdauen, ehe ich ihr etwas vorlügen kann. Bis dahin habe ich ihre Singerei vergessen und nur noch ihre Erscheinung in Erinnerung. Ausgesehen hat sie ja herrlich, als die körperliche Anstrengung sie in Erregung brachte. Finden Sie nicht, daß das Gesicht meiner Cousine sonst eigentlich recht leblos ist? Eben! So wie Napoleon erst auf dem Schlachtfeld all seine Geisteskräfte entfaltete, ist meine Cousine erst dann wirklich schön, wenn sie in Erregung gerät. Es ist nur sehr schwer, sie in Erregung zu bringen.»

Im Licht einer Straßenlaterne konnte Alfonso feststellen, daß Macario seine übliche Geste unterließ.

Mit bäuerlicher Geradlinigkeit fragte ihn Alfonso, ob er seine Cousine wirklich so wenig möge.

«Was das Mögen betrifft ...» Macario blieb stehen. Indem er so tat, als bedaure er seine bissigen Bemerkungen, fügte er mit ernster Stimme hinzu: «Die Mädchen, die ich liebe, müssen wohl anders beschaffen sein. Aber meine Cousine ist ja eigentlich gar kein Mädchen, sie ist eine Frau, und mehr noch ...» Er ließ ein kurzes Lachen hören.

«Sie ist eine sehr liebe Frau, schön, gebildet. So gebildet, daß sie darüber manchmal ihre gute Erziehung vergißt. Sie kennt sich in der Mathematik aus, in der Philosophie. Sie liest mit Vorliebe ernste Bücher. Nun, das wäre an sich nicht erstaunlich – aber sie versteht sie sogar! Ehrenwort, sie versteht sie! Mit der ihr eigenen Genauigkeit könnte sie jederzeit den Inhalt dieser Bücher wiedergeben. Doch eine Künstlerin – nein, das wird sie niemals sein ... außer vielleicht in bestimmten Augenblicken, wenn ihr Blut in Wallung gerät ...» Er fuhr mit den Händen so lebhaft in der Luft herum, als berichte er von einer Revolution. «Sie ist die Tochter ihres Vaters, nicht ihrer Mutter. Die war eine ungebildete Frau mit wenig Hirn im Kopf, aber sie war außerordentlich anmutig und bezauberte auch, wenn sie Unsinn sprach. Annetta hat das eiserne Gedächtnis ihres Vaters, seine ausgesprochen mathematische Begabung, seinen wachen Sinn für konkrete und solide Dinge. Die beiden verstehen nichts von ihren Nebenmenschen, sie können keine Musik empfinden und sind nicht imstande, das Original von der schlechten Kopie zu unterscheiden. Momentan beschäftigt sich Annetta mit chinesischen Kunstgegenständen. Sie war die erste, die sie hier bekannt gemacht hat. Aber sie weiß von all diesen Dingen nur so viel, wie in den Büchern steht, sie versteht gar nichts von Kunst, sie fühlt sie nicht. Das einzige gute Bild, das in dem Hause hängt, habe ich gekauft. Ein Weg, der durch steiniges Terrain führt.»

«Ich habe es gesehen, es ist herrlich!» rief Alfonso aus. Wichtigtuerisch fragte er: «Von wem ist es denn?»

«Ich habe den Namen des Malers vergessen. Mich hat das Bild interessiert», antwortete Macario. «Ich bin der Sohn meiner Tante.»

Alfonso lachte, Macario aber lachte nicht. So scherzhaft seine Bemerkungen scheinen konnten, sie wurden doch mit einem Ausdruck tiefen, inneren Grolls vorgebracht. Alfonso konnte es nicht natürlich finden, daß Macario dies alles ihm, einem fremden Menschen, erzählte. Wann nur, so fragte er sich, mochte Macario sich betrunken haben. Bei den Mallers hatte er sich doch noch sehr gut benommen.

Aber es kam noch schlimmer.

«Eines ist sicher: Ein Mann, der nur einen Funken Verstand hat, würde Annetta niemals heiraten. Kennen Sie die Novellen von Franco Sacchetti[6]? Es lohnt sich, sie zu lesen. Eine zumindest, sie ist mir unvergeßlich. Ein Klosterbruder ist in einem Hause zu Gast, wo er Zeuge der Mißhandlungen wird, die der Gastgeber, ein schwacher Mensch, von seiner Frau erdulden muß. In seiner Empörung legt der Klosterbruder ein Gelübde ab. Wenn je die Umstände es ihm erlauben sollten, würde er diese Frau heiraten, um sie zu strafen. Und in der Tat: Eine Seuche tritt auf, der Ehemann stirbt, es sterben alle Mönche des Klosters, das aufgelöst wird. Der Klosterbruder erfüllt sein Gelübde, heiratet die Frau und prügelt sie, wie er es sich vorgenommen, nach allen Kräften. Was Annetta betrifft, so wandelt einen die Lust an, ähnliche Gelübde abzulegen, nur um ihren unausstehlichen, beleidigenden Hochmut zu brechen. Ich fürchte allerdings, es könnte so ausgehen, daß man am Ende selbst der Geprügelte ist.»

Es war durchaus möglich, daß Macario ursprünglich die Absicht hatte, seine Meinung so vorzubringen, als handle es sich um Scherz, und daß er erst im Zuge des Gesprächs, gegen seine Absicht, vom scherzhaften Ton abgekommen war. Alfonso zumindest erklärte sich auf diese Weise Macarios Verhalten, der nun seine Äußerungen zu bereuen schien, denn er sagte, als wollte er sich rechtfertigen: «Denken Sie ja nicht, daß ich mich jedem beliebigen Menschen so offen anvertraue. Sie aber sind mir sympathisch. Ob Sie's glauben oder nicht – es ist so.»

Verwirrt stammelte Alfonso einen Dank.

«Es hat mir sehr gefallen, daß Sie ein so starkes Bedürfnis empfanden, sich an Annetta zu rächen. Und es hat mir auch gefallen, daß Sie dies nicht zuwege brachten. Oh, ich beobachte scharf, es hat keinen Sinn, mir gegenüber zu leugnen! Gerade die Menschen, die, um einen Angriff zu parieren, das verletzende Wort nicht rasch genug bereit haben, sind nicht die dümmsten. Im Gegenteil!» Er glaubte, sich nun zur Genüge gerechtfertigt zu haben, und fügte, allerdings lachend, eine weitere, überaus rohe Bemerkung hinzu: «Immer, wenn ich mit Frauen zu tun habe, die übertrieben aktiv sind, die einem, kurz gesagt, durch ihre Aggressivität lästig werden, muß ich an jenen Engländer denken, der eine allzu hitzige Frau kühl darauf aufmerksam machte, daß er zahle, um zu küssen, und nicht, um geküßt zu werden.»

Auf dem Bahnhofsplatz drückte er Alfonso die Hand, verließ ihn mit einem gemurmelten Gruß und ging auf das Kaffeehaus zu. Alfonso, den fror, machte sich im Laufschritt auf den Heimweg.

V

In diesem Jahr hatte die sommerliche Hitze bereits im Mai eingesetzt. Wochenlang brannte die Sonne aus einem wolkenlosen Himmel hernieder. Man vergaß ganz, daß erst Frühling war.

«Es ist eine schreiende Ungerechtigkeit», sagte Ballina, «daß man bei diesen elenden Gehältern schon im Mai schwitzen muß.»

Die Arbeit lief noch auf vollen Touren. Riesige Stöße von Briefen wurden aus dem Zimmer des Herrn Cellani herausgetragen, auf Sanneos Schreibtisch abgelegt und dann in die Korrespondenzabteilung weitergeleitet. Selbst der kleine Giacomo stöhnte unter der Last der Arbeit, obwohl er nichts weiter zu tun hatte, als die Briefe von einer Stelle zur anderen zu tragen.

Erst im Juni ließ die Arbeit etwas nach. Miceni, methodisch wie immer, erklärte Alfonso das Gesetz, nach dem das Abflauen der Arbeit erfolge: «Im Juni ziehen sich die reichen Bankiers, die Wissenschaftler der Bankwelt, die Kapitäne der Spekulation aufs Land zurück. Unsere laufende Arbeit bleibt trotzdem unverändert, denn sie ist von der Tätigkeit dieser Herren unbeeinflußt, aber es kommt nicht mehr zu unerwarteter Postarbeit, die der untergeordneten Beamtenschaft soviel Schweiß kostet, es gibt keine Aktien-Emissionen und Konvertierungen mehr. Im Juli hingegen beginnt auch die laufende Arbeit geringer zu werden, nicht deshalb, weil sich in den Banken nichts Neues ereignet, sondern weil nun auch die reichen Geschäftsleute auf Urlaub gehen. Der August ist der schönste Monat des Jahres. Um diese Zeit erholen sich sowohl die Bankpräsidenten, Bankdirektoren und niederen Beamten wie auch die Geschäftsleute. Im Büro verbleibt nur die allernotwendigste Zahl an Beamten.»

Das Bankhaus Maller bildete allerdings die Ausnahme von dieser Regel. Im Mai und Juni gingen einige Beamte und Abteilungsleiter auf Urlaub, im Juli Herr Cellani, der Prokurist, und im August erst Herr Maller selbst.

Sanneo war der erste, der verreiste. Er nahm sich vierzehn Tage Urlaub, obwohl er Anspruch auf dreißig Tage gehabt hätte. Für ihn, so sagte man, waren Posteingang und geschäftliche Unruhe das tägliche Brot, und er brachte es nicht fertig, allzu lange darauf zu verzichten.

Alfonso war zufällig zugegen, als Sanneo Miceni, der ihn in seiner Abwesenheit vertreten sollte, die notwendigen Anweisungen gab. Sanneos Zimmer lag neben dem des Herrn Cellani, es war nur viel dunkler, denn ein gegenüberliegendes großes Gebäude nahm ihm das Licht weg. Auch hier wurden im Winter Teppiche aufgelegt, und auch hier stand ein großer und bequemer Tisch aus schwarzem Holz. Er war Sanneo vom Prokuristen überlassen worden, der sich einen neuen beschafft hatte. Im übrigen war das Zimmer nicht besser möbliert als die der anderen Beamten: zwei gewöhnliche, gelb gestrichene Schränke, ein Strohsessel und neben dem einzigen Fenster ein Tisch, dem die Lade fehlte.

Sanneo saß an seinem Tisch und übergab Miceni, der zu seiner Rechten stand, einen Brief nach dem anderen. Es war ein hoher Stoß. Sanneo gab genaue Anweisungen, wann und wie Miceni diese Briefe erledigen müsse und was mit der zu erwartenden weiteren Post zu geschehen habe. Es kam ein paarmal vor, daß Sanneo, nachdem er seine langen Erklärungen beendet hatte, das Gesicht verzog und den einen oder anderen Brief mit dem Bemerken wieder zurücknahm, die Beantwortung sei nicht so dringend, er werde sie nach seiner Rückkehr selber vornehmen. Es war deutlich zu sehen, daß er Miceni nur ungern die eigene Arbeit überließ.

Miceni kehrte aufrechten Schrittes und erhobenen Hauptes in sein Zimmer zurück. Er setzte sich an seinen Tisch und brummte verächtlich: «So viele Erklärungen – als wäre ich erst seit gestern in der Bank.»

Er wiederholte gewisse Details seiner Unterhaltung mit Sanneo und lachte: «Wetten wir, daß Sanneo es sich im letzten Augenblick überlegt und nicht fortfährt.»

Alfonso, der nur den einen Wunsch hatte, so rasch wie möglich aus der Bank herauszukommen, begriff nicht, daß jemand länger als nötig dableiben wollte.

Bald darauf erschien Sanneo und teilte mit, daß er seine Abreise um einen Tag verschiebe. Miceni sah Alfonso an, und als Sanneo wieder gegangen war, rief er wütend aus: «Da hat er mich eine volle Stunde lang mit seinen Instruktionen aufgehalten, die völlig überflüssig waren.»

«Sie werden eben für morgen dienen», meinte Alfonso, der nicht verstand, wie man über Büroangelegenheiten derart in Hitze geraten konnte.

«Morgen», sagte Miceni, «wird er ebensowenig fahren wie heute.»

Sanneo aber fuhr. Am Abend vorher machte er die Runde durch die Büroabteilungen, um sich zu verabschieden. Er reichte Alfonso, der ihm stammelnd viel Vergnügen wünschte, die Hand. Sanneo dankte mit wohlwollendem Lächeln. Allem Gerede zum Trotz, vermeinte Alfonso in Sanneos unruhigen Augen Freude aufblitzen zu sehen, Freude darüber, vierzehn Tage in Freiheit verbringen zu können.

Miceni übersiedelte in Sanneos Zimmer, um für die Direktoren leichter erreichbar zu sein. Er erhielt die Anordnungen unmittelbar von Herrn Maller oder Herrn Cellani. Alfonso beneidete ihn um die Unbefangenheit, mit der er sich diesen hohen Persönlichkeiten gegenüber benahm.

Im Vergleich mit der mechanischen Kopierarbeit, zu der Sanneo Alfonso bestimmt hatte, war die Arbeit, die er nun zu leisten hatte, geradezu eine Erholung. Später dachte er wehmütig an diese vierzehn Tage zurück. Miceni legte kein Gewicht darauf, daß möglichst viele Offerten geschrieben würden, er fand, daß er seiner Verpflichtung voll nachkam, wenn die laufende Arbeit vollständig und fehlerfrei geleistet würde. Er war intelligent genug, sich nicht an das von Sanneo gehandhabte System zu halten. Sanneo ließ die tägliche Post ausschließlich von Miceni und zwei weiteren Beamten erledigen; alle anderen waren mit der untergeordneten Kopierarbeit und mit der Kontrolle der Buchungen befaßt. «Ein Beamter, der etwas versteht, ist mehr wert als zehn Beamte, die nichts verstehen», pflegte Sanneo zu sagen. Miceni hingegen zog alle heran, damit sie ihm halfen. So fiel es Alfonso jetzt zu, kurze Buchungsanzeigen in italienischer Sprache zu schreiben, eine Arbeit, die etwas abwechslungsreicher und auch weniger anstrengend war als die bisherige.

Er war allein in seinem Zimmer und fand jetzt Zeit, Bücher zu lesen, die er von daheim mitbrachte. Er las keine Romane. Schon als Junge hatte er für die sogenannte ‹leichte Literatur› eine gewisse Verachtung empfunden. Er liebte seine Schulbücher, sie erinnerten ihn an die glücklichste Zeit seines Lebens. Eines dieser Bücher las er wieder und wieder: eine Abhandlung über Rhetorik, der eine kleine, aber klug zusammengestellte Anthologie klassischer Autoren angehängt war. Des langen und breiten wurde hier dargelegt, was unter elegantem Stil zu verstehen war, unter Reinheit und ‹Unreinheit› der Sprache. Er machte sich diese Theorien zu eigen und träumte davon, jener einzigartige Schriftsteller zu werden, der, gefeit gegen die angeprangerten Mängel, alle hier geforderten Vorzüge in sich vereine.

Abends versammelten sich in Alfonsos Zimmer, das abseits lag, mehrere Korrespondenten zu einem Plausch. Wenn Sanneo im Büro war, mußte man immer gewärtig sein, daß er plötzlich wie eine Bombe ins Zimmer platzte und, wie spät es auch sein mochte, aufgeregt rief: «Vertrödeln wir nicht die Zeit!» Niemand wagte zu antworten, die Gruppe löste sich auf wie eine Herde, in die ein wütender Hund fährt.

Miceni aber kam auch jetzt manchmal am Abend ins Zimmer, um hier eine ruhige halbe Stunde zu verbringen. Er streckte sich auf dem alten Sofa aus, müde, aber doch beglückt von der geleisteten Tagesarbeit und innerlich erregt von der Bedeutung der Stellung, die er vorübergehend innehatte.

Ballina behandelte ihn mit ironisch übertriebenem Respekt. Im Drange der Arbeit hatte Miceni ihm einmal Langsamkeit vorgeworfen, und das verzieh Ballina ihm nie. Miceni versuchte zwar später, diesen Vorwurf zu erklären, Ballina aber lachte ihm ins Gesicht: «Als wären die Bankgeschäfte deine persönlichen Geschäfte! Ich kann noch verstehen, wenn auch schwer, daß Herr Maller oder Herr Sanneo uns von oben herab behandeln, aber bei einem Chefkorrespondenten auf Abruf verstehe ich es nicht!»

Ballina war wohl ein glücklicher Mensch. Er war selig mit der vielen mechanischen Arbeit, die er zu leisten hatte. Sogar Alfonso konnte dies nicht entgehen, wie gerne er es auch für unmöglich gehalten hätte. Ballina bezeichnete sich aus Eitelkeit als Chef des Informationsbüros, dabei bestand es aus ihm allein. Er holte die Informationen ein, schrieb sie ab und reihte sie nach alphabetischer Ordnung in einen großen Schrank ein. Terminarbeiten hatte er keine. Oft blieb er viele Stunden länger als nötig im Büro.

Er reinigte seine Zigarettenspitzen aus Elfenbein, die er in großer Menge besaß, reparierte Schlösser, schliff Rasiermesser, rasierte sich im Büro, falls er sich rasierte. Da er ein starker Raucher war, verwahrte er in der Schreibtischlade immer große Tabakmengen, die er auf einem Ölpapier zu einem Berg türmte. Es war eine von ihm ersonnene Tabakmischung, die er noch mit einer besonderen Wurzel parfümierte. Das ganze Zimmer war von Harzgeruch erfüllt. Dieses Zimmer war sein eigentliches Heim. Hier hatte er es sich bequem eingerichtet und zum Beispiel über das Strohgeflecht des Sessels ein Stück Leder genagelt, um weicher zu sitzen. Eine seiner Schreibtischladen war ausschließlich als Vorratskammer bestimmt: in ihr hatte er stets Brot, manchmal auch Butter und häufig eine Flasche Bier zur Hand. Schnaps fehlte nie bei ihm, und er bot ihn allen seinen Freunden an, die ihn aufsuchten. Sein Zimmer daheim, so erzählte er, war winzig. Gerade nur das Bett und der Schrank fanden darin Platz. Stellte man auch noch einen Sessel hinein, dann ließ sich die Tür nicht mehr öffnen. Ballina aber erfand einen sinnreichen Apparat: «Ich habe den Sessel an einen Strick gebunden, diesen durch einen Ring gezogen und ihn an der Mauer oberhalb der Tür befestigt. Wenn man die Tür öffnet, wird der Sessel automatisch hochgezogen, und man kann eintreten. Schließt man die Tür, dann senkt sich der Sessel wieder herab, und man nimmt Platz, ohne einen weiteren Schritt tun zu müssen.»

Möglicherweise war diese Schilderung übertrieben, aber etwas Wahres mußte doch daran sein. Eines Tages überreichte er in Gegenwart Alfonsos einem Dienstmann den Schlüssel zu seinem Zimmer und beauftragte ihn, eine neue Wohnung für ihn zu suchen und sein geringes Mobiliar dorthin zu schaffen. Sein wahres Heim, dem er sich wie einer Geliebten zugetan fühlte, war das Büro.

Ballina, der einen so abgeklärten Eindruck machte, hatte in seinem Leben schon ein kleines Vermögen durchgebracht. Es war ihm, wie er sich ausdrückte, ausgeliefert worden, als er den Wert des Geldes noch nicht zu schätzen wußte. Ein kurzes Jahr der Freuden mußte er mit vielen Jahren des Elends bezahlen, und noch weitere standen ihm bevor. «Voraussichtlich bis zum Tode», pflegte er zu sagen. Wenn ihm nur ein wenig Geld verblieben wäre, dann hätte er sich, erfindungsreich wie er war, leicht helfen können. So aber mußte er stets für fremde Herren arbeiten, einmal in einer Werkstätte zur Herstellung von Zigarettenspitzen, ein andermal in einer Essigfabrik, dann wieder als Verkäufer in einer Ausstellung, in einem Geschäft für Spazierstöcke und so weiter. Und immer war er schlecht bezahlt. Schließlich landete er bei Maller. Hier gewann er die Arbeit so lieb, daß er sich mit einem elenden Gehalt zufriedengab.

Die abendliche Unterhaltung wurde meist und vor allem vom französischen Korrespondenten White bestritten. Er entstammte einer englischen Familie, die in Frankreich ansässig geworden war. Seine Verwandten schoben ihn von Paris ab, weil sie fürchteten, er würde dort alles Geld im Spiel und durch ein luxuriöses, nichtstuerisches Leben vergeuden, das er zu führen beliebte. Als er in der Eigenschaft eines französischen Korrespondenten in die Bank eintrat, wurde er zunächst Sanneo unterstellt. Nach einem heftigen Streit mit seinem Vorgesetzten ließ man ihn dann selbständig arbeiten. Maller sah ein, daß die beiden sich nicht vertragen konnten, wollte aber White nicht zum Nachgeben zwingen, und so trennte er die beiden. White genoß die Protektion eines Bankiers, der ein alter Freund Mallers war. Whites Arbeit betraf fast ausschließlich Börsentransaktionen, in denen er offensichtlich sehr bewandert war. Im übrigen war er ein guter, rascher, wenn auch etwas undisziplinierter Arbeiter. Er kleidete sich immer sehr elegant. Seine Gestalt aber war gedrungen, sein Schritt unsicher und sein Rücken gekrümmt. Der Kontrast zwischen seiner Kleidung, die die eines Salonlöwen war, und seiner Gestalt, die der eines alten Mannes glich, verlieh seiner ganzen Erscheinung etwas Originelles. Er trug eine Brille, und sein auffallend regelmäßiges, braun gebranntes Gesicht gewann dadurch, denn sie verlieh ihm etwas Seriöses. In dem, wie er sagte, Provinznest, in dem er nun lebte, hatte er eine Leidenschaft zur Jagd gefaßt; seine Gesichtshaut trug die Spuren der vielen Stunden, die er in der Sonne verbrachte. Da ihm die Arbeit flink von der Hand ging, kam es zuweilen vor, daß ihm nichts mehr zu tun blieb. In solchen Fällen erschien er überhaupt nicht im Büro, eine Freiheit, die sich keiner der anderen Angestellten zu nehmen gewagt hätte.

Er war ein geistreicher Plauderer, die Konversation mit ihm war stets interessant. Er las alle neuen französischen Romane, und die Gesichtspunkte, nach denen er sie beurteilte, ließen seine Bemerkungen originell erscheinen. Die Romane der jüngsten literarischen Moderichtung liebte er nicht. Er erkannte wohl, soweit Alfonso es beurteilen konnte, ihre Vorzüge, aber er mochte sie nicht alle. Da fand er ein Zuviel, dort ein Zuwenig, und so kam er fast immer zu einem negativen Ergebnis. Er sprach von den berühmtesten Schriftstellern mit einer Respektlosigkeit, die Alfonsos fetischistische Anbetungsbereitschaft verletzte. Der eine, so meinte White, wollte durch die Titelwahl möglichst viele Käufer anlocken, der andere schrieb seine Schlüpfrigkeiten zu dem gleichen Zweck, und der dritte, dessen Bücher, von Güte triefend, von den Mädchen aus gutem Hause verschlungen wurden, war in Wahrheit ein Schuft, der seine Mutter prügelte.

Er wollte Alfonso einige dieser Bücher leihen, da er aber stets vergaß, sie mitzubringen, lud er ihn eines Abends ein, ihn nach Hause zu begleiten und sie sich selbst zu holen. White wohnte im ersten Stock eines Hauses der Innenstadt. Sie durchschritten zunächst einen kleinen Vorraum, dann gelangten sie in ein riesiges Zimmer, in dem nur ein Tisch und ein paar Sessel standen. Die Fenster hatten keine Vorhänge. Das helle Licht und die großen Flächen verliehen dem Raum etwas Nacktes.

Nur mit einem rosa Frisiermantel bekleidet, saß neben dem Fenster eine blonde Frau mit fast zu regelmäßigen Gesichtszügen. Sie arbeitete über einem Stickrahmen gebeugt.

«Ma femme», stellte White vor. «Mon ami, Monsieur Nitti.»

Die Frau erhob sich umständlich, denn der Stoff, der vom Stickrahmen herabhing, war ihr offenbar im Wege. Sie und Alfonso sahen einander an, er murmelte ein paar höfliche Worte, und sie wartete sichtlich darauf, daß er weitergehe, damit sie zu ihrer Arbeit zurückkehren könne. White war sogleich ins Nebenzimmer gestürzt, und Alfonso, dem es unangenehm war, einem stummen Menschen stumm gegenüberzustehen, folgte ihm nach einer kurzen Verbeugung, die Erwiderung fand.

Im Schlafzimmer standen zwei Betten, außerdem ein Schrank und mehrere Sessel. Whites Bücher, etwa zwei Dutzend, lagen unordentlich auf dem Boden unter dem einzigen Fenster. Auch dieses war ohne Vorhänge. Kein Bild an der Wand. Nichts als das Allernotwendigste. Diese zwei Zimmer wirkten wie eine provisorische Unterkunft, nicht wie eine Wohnung.

Als Alfonso und White wieder zurückgingen, spielte sich mit der Frau die gleiche Szene ab wie zuvor. Sie erhob sich mit der gleichen Beflissenheit, ihr Gesicht blieb unbewegt, und das vom Stickrahmen herabhängende Tuch brachte sie beinahe zu Fall.

Alfonso fragte White überrascht: «Seit wann sind Sie verheiratet?»

White brach in Lachen aus: «Verheiratet? Schon seit langer Zeit, aber mit dieser Hand ...» Er hob die Linke.

Eine Frau, die ein Kind auf dem Arm trug, trat ins Haus.

«Mein Sohn!» rief White aus und berührte das Kind mit dem Spazierstock. «Er sieht mir ein wenig ähnlich, er hält sich so gekrümmt wie ich.»

Das Kind stemmte seinen kleinen Arm auf die Schulter der Frau, die es zu hoch hielt, so daß es gezwungen war, sich herabzubeugen.

«Wir sind ehrlicher als ihr. Ich mache öffentlich alle meine Sachen. Meine Verwandten, die ich hier habe, wollen mich deshalb nicht, aber ich pfeife darauf ungeheuer.»

Er sprach zwar fließend Italienisch, aber man merkte, daß er aus dem Französischen übersetzte.

Eines Tages, als White gerade bei ihm war, betrat Annetta Alfonsos Zimmer. Sie war in Begleitung einer Freundin, der sie die Bank zeigen wollte. Sie begrüßte White mit großer Vertraulichkeit, stellte ihn ihrer Freundin vor und begann mit ihm sogleich lebhaft französisch zu plappern. Beim Fortgehen sagte sie zu Alfonso mit einem höflichen Lächeln: «Auch Sie ... Es wird mich freuen!»

Alfonso verneigte sich, aber er hatte nichts verstanden.

Annetta trug Trauer, einer ihrer entfernten Verwandten, den sie gar nicht kannte, war gestorben. Schwarz kleidete sie besser als die hellen Farben, es ließ sie schlanker erscheinen, auch ihre Augen wirkten ausdrucksvoller.

«Was hat sie mir gesagt?» wandte sich Alfonso an White.

«Sie hat mich zu sich eingeladen und zugleich auch Sie», antwortete White nachlässig. «Ich werde nicht hingehen.»

«Und ich auch nicht!» erklärte Alfonso entschieden.

Als Sanneo zurückkehrte, begrüßte er die Beamten etwas kühler als bei seiner Abreise. Nun, da er die Bank wieder betrat, war er sogleich auch wieder der Chef, während er sich bei seiner Abreise wie ein Kollege verhalten hatte.

Den ersten Tag verbrachte Miceni in Sanneos Zimmer,

um ihm die Post zu übergeben, die noch zu erledigen war. Dann ging alles in den alten Bahnen weiter. Nur Miceni fand nicht mehr in die alte Bahn zurück. Er stolzierte steifer als sonst durch die Bank. An die Arbeit Sanneos gewöhnt, fühlte er sich von seiner eigenen nicht mehr ausgefüllt. Er trauerte den vierzehn Tagen nach, in denen er nahezu wie ein Souverän geschaltet und gewaltet hatte. Er lobte das Verhalten, das die Direktoren ihm gegenüber eingenommen hatten, vor allem aber pries er in höchsten Tönen die Arbeit, die Sanneo zugeteilt war.

«Das kann man mit dem Zeug hier gar nicht vergleichen!» rief er aus und wies verachtungsvoll auf die vor ihm liegenden Papiere. «Hier ist alles eintönig. Hier kann man keine Initiative entfalten!»

In dem Zimmer war er nun der einzige, der sich über die untergeordnete Arbeit beklagte. Alfonso hatte nichts zu tun, denn Sanneo hatte ihm noch keine Offerte zu schreiben gegeben, und so las er mit Genuß die Gedichte Mussets.

Bald sprach es sich in der Bank herum, daß das Verhältnis zwischen Miceni und Sanneo kritisch geworden sei. Alle schoben die Schuld Miceni zu.

Sanneo hatte die Gewohnheit, jene Briefe, für deren Beantwortung er besondere Anweisungen geben wollte, mit einem ‹Notabene› zu beschriften. In diesem Falle mußte sich der betreffende Korrespondent zu ihm begeben, um, ehe er die Antwort verfaßte, die nötigen Instruktionen einzuholen. Ballina, der die besondere Begabung besaß, neue Wortformen zu prägen, pflegte zu sagen, die Beamten müßten sich bei ihrem Chef ‹notabenieren›.

Miceni unterließ es ein paarmal, die von Ballina so bezeichnete Prozedur einzuhalten, sei es, weil er besondere Erklärungen nicht für nötig hielt, sei es einfach aus Faulheit. Noch häufiger aber kam es vor, daß er von den ihm erteilten Instruktionen abwich, weil er seine eigenen Einfälle für besser hielt als die Sanneos. Dieser dachte zunächst, daß derlei Unregelmäßigkeiten auf Micenis Unachtsamkeit zurückzuführen seien. Er sann daher auf keine weitere Bestrafung, sondern schickte die Briefe wieder zurück mit der Anordnung, sie in seinem Sinne zu ändern. Miceni fand keine andere Möglichkeit der Rache, als die Briefe in besonders nachlässiger Kalligraphie abzufassen. Er murmelte dabei: «Ich werde ihn schon noch so weit bringen, daß er seine eigenen Briefe umändern muß.»

Diese Spannung zwischen den beiden hätte noch lange zu keinem Ausbruch führen müssen, wenn Miceni nicht in einem Augenblick von Zornesanwandlung Sanneo seinen ganzen Mißmut ins Gesicht gesagt hätte.

Eines Abends, es war gerade die Zeit der angestrengtesten Arbeit, entdeckte Sanneo einen Brief, den Miceni völlig anders verfaßt hatte, als er instruiert worden war. Sanneo erinnerte sich auch gleich, daß Miceni nicht zum ‹Notabenieren› erschienen war.

Er begab sich im Laufschritt zu Miceni, höchst aufgeregt, denn er schöpfte bereits den Verdacht, daß es sich um ein bewußtes Vorgehen Micenis handle.

«Dieser Brief kann so nicht abgehen», rief er und fuchtelte mit ihm nervös hin und her. «Ich wünschte die Antwort ganz anders abgefaßt. Haben Sie das Notabene nicht gesehen? Zeigen Sie einmal den Originalbrief!»

Da Miceni, der Zeit gewinnen wollte, sich nur langsam in Bewegung setzte, griff Sanneo selbst nach den Briefen, streute sie über den Tisch und zog mit einem Griff das *corpus delicti* hervor.

«Haben Sie dieses Notabene wirklich nicht gesehen?» schrie er wütend.

Es war in der Tat schwer, es zu übersehen. Es war mit rotem Stift hingeschrieben. Der Anstrich lief in einer Diagonale über das ganze Blatt, der Parallelstrich, der gleichsam für sich allein stand, war allerdings etwas kürzer, aber deshalb, weil er vom Blattrand abgeschnitten wurde; das B war etwas kleiner danebengezwängt und gleichfalls über den Blattrand hinaus geschrieben worden, so daß der eine Bogen fehlte.

«Ja, ich habe es gesehen», schrie Miceni zurück, aufgebracht, daß er in Gegenwart von Alfonso und White abgekanzelt wurde. «Aber ich hatte mir schon die Anweisungen für die anderen Briefe geholt, und als mir nun der in die Hand kam, fand ich es zu mühsam, wieder zu Ihnen zu laufen und mir Erklärungen anhören zu müssen, die meiner Meinung nach wie gewöhnlich nur überflüssig sein konnten.»

Seine Stimme überschlug sich in schrillen Tönen. Seine lang zurückgedrängte Wut brach nun los, und so sagte er alles, was er dachte.

«Ach so!» brüllte Sanneo nach einem Augenblick der Verblüffung über so viel Anmaßung und zerriß den Antwortbrief. «Glauben Sie, daß ich die Notabenes zu meinem Vergnügen hinsetze? Schreiben Sie diesen Brief sofort noch einmal!»

Mit immer wieder vor Aufregung zitternder Stimme gab er seine Instruktionen.

«Aber da ich mich nicht mehr auf Sie verlassen kann», fügte er schreiend hinzu, «werden Sie mir von nun an jedesmal mit Ihrem Antwortschreiben auch den Originalbrief vorlegen. Und sollte sich der heutige Vorfall wiederholen, werde ich mich an Herrn Maller wenden und Ihnen meine Meinung durch ihn mitteilen lassen.»

Miceni hatte sich bereits zum Schreiben hingesetzt. Bei den letzten Worten Sanneos zuckte er kaum merklich mit den Achseln, unterstrich aber dieses Achselzucken durch ein unverfroren provokantes Lächeln.

Sanneo, so hieß es von ihm, pflegte nur so lange zu schreien, als er nicht auf Widerstand stieß. Sicher war, daß er Streit nicht liebte und ihn, soweit es von ihm abhing, vermied. So tat er jetzt, als bemerke er Micenis Reaktion nicht und verließ das Zimmer.

Miceni war so rot angelaufen, daß die Röte seiner Haut sogar zwischen seinen Schnurrbarthaaren zu bemerken war. Das Kratzen seiner Feder auf dem Papier war lauter als sonst. Als er den Brief beendet hatte, schleuderte er die Feder auf den Tisch und rief: «Er hat es anscheinend darauf angelegt, daß ich die gleichen Konsequenzen ziehe wie White!»

Nachdem er den Brief zu Sanneo gebracht hatte, setzte er Alfonso auseinander, daß auch er die Möglichkeit habe, sich von Sanneo unabhängig zu machen. Die Korrespondenz mit Wien und Italien sei eine Arbeit, die Sanneo voll beschäftigen würde, während man ihm, Miceni, ausschließlich die Korrespondenz mit Deutschland überlassen könnte.

«Herr Maller weiß, was ich wert bin!»

Es war offensichtlich, daß sich Sanneo während der folgenden Tage bewußt eine Mäßigung auferlegte. Er schickte Miceni keinen einzigen Brief mehr zurück, Miceni umgekehrt bemühte sich fortan tatsächlich zu Sanneo, sooft ihm dies durch die wenigen Notabenes aufgetragen wurde.

Ballina schrie: «So also muß man Sanneo behandeln, um ihn zu zähmen?»

White beglückwünschte Miceni. Er meinte allerdings, Miceni müsse zugeben, daß er ihn nur zur Hälfte nachgeahmt habe.

«Die andere Hälfte wird nicht lange auf sich warten lassen», antwortete Miceni triumphierend und verriet damit das Ziel, dem er zustrebte.

Ballina widersprach. Man müsse gerecht sein.

«Nun, da er Sie gut behandelt, müßte die Schuld an weiteren Streitigkeiten auf Sie fallen.»

Aus Angst, seinen Posten zu verlieren, hätte Ballina nie

den Mut aufgebracht, gegen irgendeinen seiner Vorgesetzten aufzumucken. Unter allen Beamten, die in der Korrespondenz arbeiteten, am schlechtesten behandelt, beneidete er diejenigen, die ihre Ansicht geltend machen konnten. Auch White versuchte, Miceni zu besänftigen. Es war ihm nicht sympathisch, seine eigene Handlungsweise von anderen nachgeahmt zu sehen.

Miceni aber war keinen Vernunftgründen zugänglich. Er brannte darauf, seine Rebellion zu Ende zu führen, und war nicht imstande, die günstige Gelegenheit abzuwarten. Dabei mußte er doch wissen, daß diese Gelegenheit früher oder später kommen würde. Sanneo hatte in regelmäßigen Abständen Perioden der Gereiztheit und ließ sich dann zu Ausdrücken hinreißen, die man auch in der Direktion nicht hätte gutheißen können. Es war Micenis Schuld, wenn Sanneo schließlich den Sieg mit Leichtigkeit davontrug.

Am Sonntag überbrachte ein Beamter der Korrespondenz Miceni den wie üblich schriftlich ausgefertigten Auftrag, unverzüglich einen Mahnbrief an einen Klienten zu verfassen. Er sollte ihn energisch auffordern, die Deckung für gewisse offene Beträge zu hinterlegen, die sich im Zuge von Börsengeschäften ergeben hatten. Obwohl Miceni wußte, daß der Auftrag von Sanneo persönlich kam, führte er ihn doch nicht aus, denn er wollte nach Hause gehen. Er erklärte, er denke nicht daran, am Sonntag zu arbeiten. Der Beamte hinterbrachte diese Antwort Sanneo, der sich darüber vor Wut nicht fassen konnte. Er stürzte in Micenis Zimmer und schrie, mit Schaum vor dem Mund und ohne weitere Erklärungen abzuwarten: «Sie schreiben sofort diesen Brief!»

Mit diesen Worten warf er den Aviso-Brief auf den Tisch.

«Heute ist Sonntag», antwortete Miceni zitternd und bleich bis in die Lippen. Sein Mut war künstlich, denn von Natur aus war er feige. «Am Sonntag arbeite ich nicht.»

Daß die Beamten der Korrespondenzabteilung verpflichtet waren, am Sonntag vormittag einen Anwesenheitsdienst zu leisten, ging zwar auf Sanneos Anregung zurück. Aber sehr dringende Angelegenheiten, die keinen Aufschub zuließen, mußten auch schon früher, ehe er Abteilungsleiter wurde, am Sonntag vormittag erledigt werden.

«Ach so», sagte Sanneo mit gelassener Stimme. Er war unvermittelt ruhig geworden und entfernte sich raschen Schrittes, als wolle er Miceni keine Zeit lassen, seine Antwort zurückzunehmen.

Bald danach ließ er Alfonso zu sich kommen.

«Herr Nitti, bitte, schreiben Sie diesen Brief.»

Er sprach zu ihm mit ungewohnter Sanftheit und mit bewegter Stimme. Um ihm diesen Brief von wenigen Zeilen zu erklären, hielt er Alfonso mehr als eine Viertelstunde zurück. Zuerst setzte er ihm den Sinn des Briefes auseinander und dann diktierte er ihn fast Wort für Wort.

«Diesen Brief muß jetzt ich schreiben!» sagte Alfonso zu Miceni.

Miceni wurde zornig.

«Wenn er so leicht einen findet, der am Sonntag arbeitet, muß derjenige, der eine solche Zumutung ablehnt, stets den kürzeren ziehen.»

Er ging sofort weg, um später sagen zu können, daß er die Arbeit deshalb ablehnen mußte, weil er um diese Zeit ausnahmsweise eine wichtige Verpflichtung anderswo gehabt habe. Nun, da er seinen langgehegten Vorsatz endlich ausgeführt hatte, war er doch sichtlich beunruhigt und besorgt.

Sanneo las den von Alfonso geschriebenen Brief durch und setzte nur da und dort ein Komma ein, das er ihm nicht diktiert hatte. Alfonso, bisher nur gewohnt, Briefe gewissenhaft zu kopieren, hatte nicht gewagt, diese Kommas von sich aus einzusetzen. Mit zufriedenem Lächeln sagte Sanneo: «Aber ausgezeichnet! Haben Sie die Güte, ihn auf den Tisch des Herrn Cellani zu legen.»

Niemals war er so höflich gewesen.

Am Montag um 9 Uhr vormittags wurde Miceni zu Herrn Maller gerufen. Einen Teil des Auftrittes, der sich in der Direktion abspielte, erfuhr Alfonso durch White, den anderen durch Miceni selbst.

Miceni trat bei Maller mit lautem Gruß ein und verneigte sich auch vor Cellani, der zugegen war. White, der eben fortgehen wollte, blieb stehen und hörte zu.

«Herr Sanneo beklagt sich über Sie, Herr Miceni», sagte Maller sehr ernst. «Warum haben Sie sich gestern geweigert, diesen kurzen Brief zu schreiben?»

«Ich glaubte, diese Sache könne auch am Montag erledigt werden», antwortete Miceni. Er hatte sich im letzten Augenblick entschlossen, seiner Antwort eine unentschiedene Form zu geben.

«Wenn aber Herr Sanneo anordnet, daß sie am Sonntag erledigt werden muß», sagte Herr Maller nun mit erhobener Stimme, «dann muß sie eben am Sonntag erledigt werden.»

Die teilweise Wiederholung von Micenis eigenen Worten ließ die Antwort noch härter erscheinen.

«Jedenfalls», wandte Miceni in einem Ton ein, der seinen Gesprächspartner gleichsam um Güte und Einsehen bat, «ist es von Herrn Sanneo nicht richtig, daß er mich zwingen will, auch am Feiertag zu arbeiten.»

«Ich selbst habe Anordnung gegeben, daß der Brief noch gestern geschrieben werden und abgehen sollte», entgegnete Herr Maller streng.

Miceni brachte nur noch unverständliche Laute hervor. Er konnte nichts mehr einwenden.

White tat der Mann leid; er ging aus dem Zimmer.

Über das, was weiter geschah, berichtete Miceni selbst. Er verließ Mallers Zimmer so aufgeräumt, als fühle er sich seiner Sache sicher.

Er ließ sich bewundern. Er sei im voraus verurteilt gewesen, und ein anderer an seiner Stelle hätte die Partie aufgegeben. Ihm aber sei es gelungen, die Dinge in ein neues Licht zu rücken. Er habe sich auf frühere Vorkommnisse berufen, die in der Direktion bekannt waren und derentwegen, wie man allgemein wußte, Sanneo gerügt worden war. Dann habe er – eine weitere Respektlosigkeit gegen seinen Abteilungsleiter konnte ihm ja nicht mehr schaden – verächtlich von den Notabenes gesprochen, die zu nichts nütze seien, lediglich das Briefpapier besudelten und die Angestellten sinnlos hin- und herlaufen ließen.

«Herr Sanneo benimmt sich den Beamten gegenüber nicht so, wie es sich gehört, und ich bin absolut nicht gesonnen, das länger zu dulden!»

Er hatte seine Sicherheit wiedergewonnen.

Aber er wurde erneut in Herrn Mallers Zimmer gerufen, und als er wiederkam, verriet sein Gesicht alles, was geschehen war, so daß Alfonso ihn gar nicht weiter fragte. Miceni ließ ein kurzes Lachen hören, das sarkastisch sein sollte. Mit entschlossenen Bewegungen legte er seinen Hut und die Jacke, die er im Büro trug, auf den Tisch und sagte: «Das konnte niemand voraussehen.»

White, der eben eintrat, betrachtete ihn mit kalter Neugier.

Der Anblick des Mannes, der erfolgreicher gewesen war als er, ließ Miceni auch die wenige Beherrschung verlieren, die ihm noch geblieben war. Da sei nichts zu lachen, sagte er, obwohl White gar nicht gelacht hatte. Wenn er die gleiche Protektion besäße wie White, dann wäre die Sache anders verlaufen. White verteidigte sich nicht, sondern antwortete mit eiskaltem Lächeln, er habe damals die Protektion, die er genoß, eben in Rechnung gestellt. Es sei ihm gar nicht unlieb, daß man von dieser Protektion wisse. Das brachte Miceni noch mehr in Wut. Obwohl Micenis' Attacke ihn völlig ungerührt ließ, schien es doch, als wolle White sich revanchieren: «Wer zuviel will, geht leer aus.»

Da begann Micenis großer Zorn in Mitleid mit sich selbst umzuschlagen.

«War es wirklich zuviel, was ich wollte? Gerechtigkeit! Das sollte zuviel sein? Und eine anständige Behandlung! Auch das zuviel?»

Er weinte zwar nicht, aber in seiner Stimme waren Tränen. White wurde sanfter, konnte sich jedoch nicht zurückhalten, noch einen Pfeil abzuschießen: «Sie haben aber immer gesagt, was Sie wollten, sei Unabhängigkeit.» Damit glaubte er die Dinge an ihren Platz gerückt zu haben.

Miceni widersprach entschieden. Er wollte, so präzisierte er, nur für den Fall unabhängig sein, daß Sanneo sich ihm gegenüber nicht besser verhielt. Jetzt erst erkannte er die Schwierigkeit der Aufgabe, die er sich gestellt hatte, und er schämte sich, so schmählich unterlegen zu sein.

White klärte Alfonso später darüber auf, wie unangenehm die Folgen waren, die Miceni sich zugezogen hatte. Er wurde in die Buchhaltung abgeschoben und dort mit einer niedrigen Funktion betraut, denn seine bisherige Korrespondentenarbeit befähigte ihn noch nicht, ein guter Buchhalter zu sein.

«Und dann die Langeweile! Bisher war er an eine weit abwechslungsreichere Arbeit gewöhnt. Jetzt hat er den ganzen Tag mit nichts anderem zu tun als mit Ziffern, Ziffern und wieder Ziffern.»

Ballina trat ein und beglückwünschte Alfonso etwas ironisch. Er kam gerade aus Sanneos Zimmer und hatte dort gehört, daß Alfonso zum Nachfolger Micenis bestimmt worden war. Alfonso sah ihn ungläubig und erschrocken an. Micenis Arbeit flößte ihm Angst ein. Er hielt sie für besonders schwer und umfangreich, so daß ihm gar keine Zeit mehr für seine Lektüre bleiben würde. White beruhigte ihn. Wenn Alfonso etwas nicht wisse, würde man ihm zeigen, wie es zu machen sei, und selbst wenn es ihm nicht gelingen sollte, alles zu bewältigen, würde die Welt sich nichtsdestoweniger weiter um ihre Achse drehen und er fortfahren zu leben. Zweifellos bedeute es einen Fortschritt in seiner Laufbahn, und wenn er nur einen Funken Verstand habe, müsse er sich freuen.

«Erst in der letzten Zeit gab sich Miceni eine solche Wichtigkeit», versicherte Ballina. «Früher war er weit bescheidener, denn Herr Sanneo mußte ihm anfangs alles genau erklären, von A bis Z.»

Damals, so erzählte Ballina weiter, habe sich Miceni sogar mit Arbeiten, die für jeden Menschen sonnenklar und einfach waren, so verzweifelt abgeplagt, daß ihm die Augen aus den Höhlen getreten seien.

«Die Augen aus den Höhlen?» fragte Alfonso, dem es gar keine Freude bereitete zu hören, wie schlecht es seinem Rivalen damals ergangen war, der vielmehr vor den Schwierigkeiten erschrak, die nun ihm selbst blühen würden.

Erst um drei Uhr nachmittags wurde ihm die Ankündigung Ballinas offiziell bestätigt. Sanneo ließ ihn zu sich rufen, sowie er die für die verschiedenen Beamten bestimmten Notabenes erledigt hatte. In beiläufigem Ton teilte er Alfonso mit, daß Miceni die Korrespondenz verlasse. Daher habe er beschlossen, ihm, Alfonso, einen Teil der italienischen Korrespondenz anzuvertrauen. Es handle sich, fügte er abschätzig hinzu, um reine Routinearbeit, um ganz einfache Buchungsanzeigen. Alfonso hatte sich fest vorgenommen, Sanneo seine mangelhaften Kenntnisse einzugestehen, nun aber fand er nicht den Mut dazu. Es wäre doch eine Schande gewesen, eine so einfache Arbeit abzulehnen. Innerhalb weniger Sekunden drückte ihm Sanneo mehr als ein Dutzend Briefe in die Hand und erläuterte jeden mit knappen Worten. Er sprach von Stornieren, Hinterlegen, Evidenthalten – lauter Dinge, mit denen Alfonso keine sehr klare Vorstellung verband.

Es gelang ihm mühelos, zwei oder drei Briefe zu beantworten, und zwar diejenigen, die Sanneo ihm zuletzt übergeben hatte. Bei denen erinnerte er sich noch der von Sanneo erhaltenen Instruktionen. Die übrigen Briefe aber hätte er ohne Whites Hilfe nicht erledigen können.

«Wem wird er Micenis restliche Arbeit zuteilen?» fragte White überrascht, nachdem er Alfonso mit größter Höflichkeit einen richtiggehenden Unterricht in Bankbuchungen erteilt hatte. «Es fehlen da die eigentlichen Bankgeschäfte und die Streitfälle, deren es täglich mindestens fünf oder sechs gibt. Er ist imstande, das alles selbst zu erledigen.»

Als Alfonso spätabends die Bank verließ, konnte er tatsächlich sehen, daß Sanneos Zimmer noch beleuchtet war. Auf den Fensterscheiben zeichnete sich die magere Gestalt des Chefkorrespondenten ab, der über seinen Schreibtisch gebeugt saß.

White begleitete Alfonso zur Kasse, um eine Tratte zu avisieren. Es war ein kleines Zimmer, das durch eine dünne Holzwand in zwei Hälften geteilt wurde. Hinter der Wand saß, eine Zeitung lesend, Herr Jassy, ein altes Männlein mit einem von Pusteln bedeckten Gesicht, auf dem die weißen Barthaare schütter sprossen.

Auf einem liniierten Papier, das White ihm reichte, verzeichnete Alfonso genau die Daten der Tratte. Dann übergab er es Jassy, der es seinerseits wortlos neben die Zeitung hinlegte.

In diesem Augenblick erschien ein junger Mann am Schalter und präsentierte einen Wechsel. Jassy nahm die Liste der avisierten Wechsel zur Hand, studierte sie eingehend, dann wieder studierte er den Wechsel und rief, ohne seine Stellung zu ändern, mit klagender Stimme: «Der Wechsel, der soeben avisiert wurde. Warum geben Sie das nicht rechtzeitig Herrn Cellani zur Gegenzeichnung? Hier ist jetzt niemand, der sich von der Kasse wegrühren kann, und die Leute warten.»

Er schleuderte das Blatt vor White hin. Dieser antwortete verärgert: «Ich habe die Tratte nicht avisiert, das sind Dinge, die mich nichts angehen. Im übrigen kann man eine Tratte nicht avisieren, bevor man den Aviso-Brief erhalten hat, scheint mir.»

Der Alte wandte sich nun Alfonso zu und sagte mit sanfter Stimme: «Ich bitte Sie, diese Tratte Herrn Cellani zu zeigen. Sie wissen doch, wo sein Zimmer ist?»

«Kommen Sie mit mir», sagte White und machte sich auf den Weg.

Alfonso folgte ihm. Vorher blieb er noch kurz stehen, um einen Blick auf Jassy zu werfen, der, mit dem jungen Mann redend, auf den Schalter zuschwankte. Seine Beine knickten ein, als seien sie die einer Stoffpuppe, dabei hielt er die Hand vorgestreckt, als fürchte er, hinzufallen.

«Das ist der Kassierer?» fragte Alfonso seinen Begleiter.

«Ja, ein armer alter Mann, der für die Buchhaltung geeigneter wäre ... oder für die Pension.»

Herr Cellani war ein Mann, der sich zu seinem Posten hart und schrittweise emporgearbeitet hatte. Es hieß, daß er fünfzig Jahre alt sei, aber er schien nicht mehr als dreißig. Er war mager, hochgeschossen, seine trockene Haut war faltenlos.

«Viel Glück für Ihre neue Tätigkeit», sagte er sehr höflich zu Alfonso, der zum erstenmal in einer geschäftlichen Angelegenheit bei ihm erschien. «Ich bitte Sie, sehr auf die Form der Briefe zu achten. In dieser Hinsicht war ich mit Miceni nicht immer zufrieden. Sie sind ein intelligenter Mensch und werden begreifen, welche Bedeutung die Form für einen Bankbrief hat.»

Er setzte seine Unterschrift neben den Wechselbetrag.

In der Zwischenzeit hatten sich weitere Kunden im Kassenraum angesammelt. Giuseppe, Cellanis Diener, war Jassy behilflich, der sich nur langsam und unschlüssig zwischen der Kasse und dem Schalter hin- und herbewegte. Er ließ sich unwillig helfen, vielleicht aus Mißtrauen. In dem Arbeitseifer, den Cellanis freundliche Worte in Alfonso erweckt hatten, wollte er Jassy das Aviso persönlich überreichen. Der war gerade dabei, mit Geldscheinen, die er in beiden Händen hielt, zum Schalter zu gehen. Er rief Giuseppe zu: «Nehmen Sie ihm doch in Gottes Namen das Blatt aus der Hand!»

Spätabends mußte Alfonso auf Sanneos Weisung noch zwei oder drei Briefe schreiben. Zuletzt wurde ihm aufgetragen, einige Wechsel zu expedieren. Auch dabei half ihm White, denn Alfonso empfand vor diesen kostbaren Papierstücken eine tiefe Scheu.

Als sein erster Arbeitseifer abgeflaut war und er die großen Beträge im Begleitschreiben wiederholte, rechnete sich Alfonso aus, ein wie geringer Bruchteil jedes einzelnen dieser Beträge ihm genügt hätte, um ruhig in seinem Dorf leben zu können.

VI

Schon am nächsten Tag bekam Alfonso mehr zu tun. Sanneo, der von Whites Mithilfe keine Ahnung hatte, fand, daß die Briefe nichts zu wünschen übrigließen. Er hielt sich daher für berechtigt, Alfonso mehr und ernstere Arbeit anzuvertrauen. An diesem Tag aber traf aus Paris die Abrechnung ein, die White überprüfen mußte. So blieb Alfonso sich selbst überlassen. Gegen Mittag kam die erste Rüge von Sanneo, und am Abend erzählte er in der ganzen Bank, daß zwei Arbeitstage genügt hätten, Alfonso ganz zu verdummen. Er rief ihn zu sich und befahl ihm, die Hälfte der Briefe neu zu schreiben. Er selbst hatte sie inzwischen korrigiert. Da mußte Alfonso ihm eingestehen, daß ihm bisher White geholfen hatte. Sanneo beruhigte sich zwar, von da an aber behandelte er ihn weniger freundlich.

Alfonsos Arbeit wurde nun recht unangenehm. Es war ihm verboten worden, sich von White helfen zu lassen, gegen den Sanneo immer noch einen gewissen Groll empfand. Statt besonderer Erklärungen beschränkte sich Sanneo öfters darauf, Alfonso auf einen früheren gleichlautenden Brief hinzuweisen. Er trug ihm auf, im Kopierbuch nachzusehen und den Brief abzuschreiben. Nun war es keine leichte Sache, im Bankhaus Maller die Kopierbücher zu finden. Sie wurden immer wieder von den verschiedensten Beamten herangezogen, so daß man oft von der Buchhaltung bis zur Kasse laufen mußte, um sie aufzutreiben. Diesen Lauf mußte man sogar oftmals wiederholen, denn niemand war bereit, bei dieser Suche zu helfen. Jeder kümmerte sich nur um seine eigene Arbeit, und es blieb nichts übrig, als eigenhändig die verborgensten Winkel zu durchstöbern, um schließlich festzustellen, daß sich der gesuchte Gegenstand hier nicht befand. In den ersten Tagen rief Alfonso in die verschiedensten Zimmer: «Bitte, meine Herren, das Kopierbuch von diesem oder jenem Tag.» Er gab es schließlich auf, es war vergeudeter Atem. Niemand antwortete, einige lächelten sogar. Alfonso lief von Zimmer zu Zimmer und fand das Kopierbuch schließlich neben einem Beamten, der es ihm gleich geben und ihm damit die Lauferei hätte ersparen können. Und wenn er endlich das Kopierbuch hatte, war es nicht immer einfach, den gewünschten Brief auch zu finden. Wenn Sanneo ihm hätte genau angeben können, von wem der Brief geschrieben worden war, wäre das eine große Erleichterung gewesen. Er hätte ihn nicht immer ganz durchlesen müssen, um festzustellen, ob er auch der richtige war. Die kräftige Handschrift Sanneos zerfloß auf dem Kopierblatt und schwärzte es, Micenis Schrift übertrug sich genau und klar, als handelte es sich um das Original, und die groben und breiten Federstriche Whites erschienen in der Kopie als formlose Kleckse.

In der Buchhaltung hielt sich Alfonso manchmal länger auf, um Miceni zu begrüßen und ein paar Worte mit ihm zu wechseln. Er zwang sich dazu, tat es wider Willen, denn er fühlte, daß Miceni ihm nicht wohlgesinnt war. Micenis neuer Tisch sah bereits genauso aus, wie sein früherer: Tintenfaß, Federhalter, Bleistifte waren wieder in der gleichen peinlichen Ordnung aufgereiht, das große, dicke Buch, über das gebeugt er arbeitete, bildete mit der Tischkante einen scharfen rechten Winkel. Seine Berechnungen stellte er auf winzig kleinen Papierzetteln an, die er mit mikroskopischen Ziffern bedeckte.

Alfonso konnte seines Aufstiegs nicht froh werden. Es

war tatsächlich ein Aufstieg. Wenn sich auch alle einen Spaß daraus machten, ihm zu sagen, daß er noch weit davon entfernt sei, Micenis Stellung einzunehmen, so war er doch jetzt von den mechanischen Abschreibearbeiten erlöst, von dieser idiotischen Tätigkeit, die sich von der einer Aufräumefrau nur dadurch unterschied, daß sie statt mit dem Besen mit der Feder ausgeführt wurde. Freilich, wenn er dann abends die Hälfte der von ihm verfaßten Briefe, mit Sanneos Randbemerkungen versehen, wieder zurückgeschickt erhielt, war er der Verzweiflung nahe. Er hätte am liebsten den nächsten Zug genommen, um nach Hause zu fahren, und es Herrn Maller höchstpersönlich überlassen, diese Briefe neu zu schreiben. Andererseits aber, wenn Sanneo schließlich doch unter einen dieser Briefe seine Unterschrift setzte und zustimmend mit dem Kopf nickte, machte sich Alfonso, so müde er auch sein mochte, doch wieder mit Eifer an die Arbeit.

Müde? Was er empfand war mehr Ekel als Müdigkeit. Seine Arbeit nahm von Tag zu Tag an Umfang zu, war aber stets von der gleichen Art. Er mußte im Verlaufe eines Tages zwei oder drei Sätze formulieren, dafür aber ununterbrochen Ziffern abschreiben, immer wieder den gleichen Satz wiederholen. Abends erlahmte seine Hand, der einzige Teil seines Körpers, der wirklich müde war. Seine Gedanken, die durch diese Tätigkeit keinerlei Anregung erfuhren, schweiften ab. Gelegentlich empfand er den unwiderstehlichen Zwang, die Feder hinzuwerfen und die Arbeit aufzugeben. Es war ein Ekel, als habe er zuviel von einer Speise genossen. Immer wieder geriet er mit der Arbeit in Rückstand, und so gesellte sich zu seinem Widerwillen auch noch eine angstvolle Unruhe.

White hatte ihm gesagt, daß die reinen Bestätigungsschreiben ruhig ein paar Tage, ja sogar Wochen unbeantwortet liegen bleiben könnten. Diese Möglichkeit hatte ihm anfangs die Arbeit sehr erleichtert. Als diese Rückstände aber immer mehr anwuchsen, wurde die Arbeit höchst kompliziert, denn viele der neu einlangenden Briefe stammten von dem gleichen Partner, dem man die Antwort schuldig geblieben war. Alfonso, der sich auf seine Arbeit nicht recht konzentrieren konnte und zudem noch ein schlechtes Namensgedächtnis hatte, verlor jede Kontrolle. So erhielt er wiederholt abends Briefe zurückgestellt, auf denen Sanneos Bemerkung zu lesen war: «Und der vorangegangene Brief? Notabene. Herr Nitti.» Der arme Sünder ging zu Sanneo und mußte sich von ihm eine lange Predigt über seine Unordnung anhören. Diese Predigten nützten nichts, denn es fehlte ihm nicht der gute Wille, sondern die Fähigkeit, die Arbeit in vorgeschriebener Weise durchzuführen. Es schien geradezu, als wirke sich hier ein organischer Fehler bei ihm aus.

Anfangs, als er noch vom Eifer für seine neue Tätigkeit angetrieben wurde, war die Langeweile geringer. Die stets rege Aufmerksamkeit, die er aufbringen mußte, um möglichst viele Briefe in einer möglichst kurzen Zeit zu schreiben, die Konzentriertheit auf die Arbeit selbst ermüdete ihn, als habe er körperliche Arbeit geleistet. Aber der erste Eifer verflog und stellte sich nur gelegentlich ein, durch Umstände hervorgerufen, die nicht von seinem Willen abhingen. Im allgemeinen ging seine Arbeit langsam vor sich, er verbrachte einen großen Teil des Tages damit, die eben eingegangenen Briefe zu studieren, um herauszubekommen, welche von ihnen er zur Seite legen konnte. Dann prüfte er lange und umständlich die Schriftstücke, die sich in den letzten Tagen auf seinem Schreibtisch angehäuft hatten.

Sanneo konnte es nicht begreifen, daß ein junger Mann, der offenkundig Arbeitsfreude zeigte, nicht imstande war, mehr zu leisten. Immer wieder stürzte er überraschend in Alfonsos Zimmer und glaubte, ihn dabei zu ertappen, wie er, statt zu arbeiten, die Zeitung las oder die Zeit damit vertrödelte, Privatgespräche mit den anderen Beamten zu führen. Doch nein. Alfonso saß stets brav an seinem Platz, hielt die Feder in der Hand und starrte ein vor ihm liegendes Papier an. Aus Nachsicht verminderte er Alfonsos Arbeit, aber selbst die fünfzehn oder zwanzig kurzen Briefe, die er ihm auftrug, waren abends nicht alle geschrieben. So wurden die Rückstände niemals aufgearbeitet.

Alfonso meinte, daß sein allgemeines Unbehagen von dem unbefriedigten Bedürfnis seines Organismus nach körperlicher Betätigung herrühre, nach einer Betätigung, die ihn bis zur Erschöpfung ermüden würde. Er hatte sich sogar eine plastische Vorstellung von seinem Organismus gemacht, und er ergänzte und korrigierte sie nach den jeweiligen Gegebenheiten. Abends, wenn er den ganzen Tag damit verbracht hatte, Ziffern zu studieren und zu schreiben, durch alle Abteilungen der Bank zu laufen oder mit der Feder in der Hand den eigenen Gedanken nachzuhängen, kam es ihm vor, als kreisten durch seinen Körper überschüssige Lebenssäfte, die sein erschlaffter Organismus nicht zu bewältigen vermochte. In dieser Zeit unternahm er, so oft er konnte, lange Spaziergänge, und sein Unbehagen schwand. Seine Lungen weiteten sich, seine Gelenke schienen ihm elastischer zu werden, sein Körper gehorchte besser seinem Willen. Er hatte das Gefühl, daß seine überschüssigen Lebenssäfte nun organisch verarbeitet würden und seine Energien steigerten, statt sie zu behindern. Er begann wieder, sich seinen Studien zu widmen. Wenn er das Buch beiseite legte, fühlte er, wie sein Gehirn müde war. Er hatte auf der Stirne die seltsame Empfindung, als dehne sich sein Hirn aus und wolle die Hirnschale erweitern. Er fühlte sich so ruhig, als habe er sich durch einen langen Lauf ermüdet. Er sah alles mit großer Klarheit, die Träume blieben aus oder kamen nur, wenn er sie rief. Bald wurden seine Spaziergänge durch die Studien ersetzt: Wenn er sich beruhigen wollte, benötigte das Studium einen geringeren Zeitaufwand als der Spaziergang. Es genügte, daß er nur eine Stunde über irgendeinem schwierigen kritischen Werk verbrachte, und es überkam ihn eine Ruhe, die während des ganzen Tages vorhielt. Im übrigen war das Studium ein Mittel, einen plötzlich aufkommenden Ehrgeiz zu befriedigen. Der blinde Gehorsam, den er Sanneo schuldig war, die Rügen, die er täglich über sich ergehen lassen mußte – das alles demütigte ihn. Das Studium war eine Reaktion auf diese Demütigungen. Wenn er in einem philosophischen Werk las, überkamen ihn größenwahnsinnige Träume. Sie entsprangen nicht einer Veranlagung seines Geistes, sondern waren die Folge der äußeren Umstände, in denen er lebte. Er befand sich auf der untersten Stufe und träumte, daß er sich auf der höchsten befinde.

Jeden freien Augenblick widmete er der Lektüre. Auch im Büro. Hier hatte er in einem Winkel stets ein paar Bücher aufbewahrt. Im allgemeinen waren es ernste, kritische oder philosophische Werke, denn die Werke der Dichtkunst ermüdeten ihn weniger. Er schrieb auch selbst, wenngleich nur weniges. Sein Stil befriedigte ihn nicht. Er war noch unsicher, das Wort traf nicht den Kern, es sagte entweder zuviel oder zuwenig aus. Er glaubte, durch eifrige Lektüre seinen Stil verbessern zu können. Er hatte keine Eile. Das wenige, das er schrieb, entstand nach einem bestimmten Stundenplan, den er für seine freiwillige Arbeit angelegt hatte. Wenn er von seinem Aufenthalt in der Bank und in der städtischen Bibliothek ermüdet war, brachte er irgendeinen Gedanken zu Papier oder irgendeinen romantischen Erguß, die er keinem anderen Menschen zu lesen gab. Bemerkenswert an diesen Ergüssen war, daß der junge Mann an einem allgemeinen Weltschmerz zu leiden schien. Seinem wirklichen Leiden, seinem Heimweh, von dem er noch immer befallen war, wurde in diesen Darlegungen kein Raum gegeben. Er betrachtete diese Aufzeichnungen als eine Art von Rohentwürfen, deren er sich in einer fernen Zukunft einmal für größere Werke werde bedienen können, für Theaterstücke, Romane und dergleichen.

Er kannte noch keinen italienischen Klassiker vollständig, dafür hatte er literaturgeschichtliche Arbeiten und kritische Studien in großer Fülle gelesen. Später stürzte er sich auf die Werke der deutschen Philosophen, die er in französischen Übersetzungen studierte.

Er entdeckte bald die städtische Bibliothek. Hier standen ihm Jahrhunderte kulturellen Schaffens zur Verfügung, und das ermöglichte es ihm, seine schmale Brieftasche zu schonen. Die festen Besuchsstunden der Bibliothek brachten in seine Studien jene Regelmäßigkeit, nach der er strebte. Er suchte die Bibliotheksräume auch deshalb so eifrig auf, weil sein Zimmer bei den Lanuccis für eine geistige Arbeit nicht anregend war. Es war klein, die Hälfte des Raumes wurde vom Bett eingenommen, selten kam ein Sonnenstrahl herein. Es war unbehaglich und fiel schwer, an einem runden Tischchen zu denken, dessen vier Beine niemals gleichzeitig den Boden berührten.

Wenn es ihm einmal gelungen war, einen ganzen Tag programmgemäß zu leben, fühlte er am folgenden Tag in der Bank, wie die Mattigkeit ihn überkam. Er arbeitete dann noch schlechter als sonst. Die Rückstände nahmen zu, und am Abend lag vor ihm ein riesiger Stoß Briefe, die aus allen Städten Italiens gekommen waren. Fast meinte er, die ganze Welt habe sich gegen ihn verschworen, um ihm diese Arbeit aufzubürden.

In der Bibliothek machte er nur wenige Bekanntschaften. Wenn er den langgestreckten Lesesaal betrat, in dem die Tischreihen parallel zueinander verliefen, setzte er sich auf den erstbesten freien Platz und vertiefte sich, den Kopf auf die Hände gestützt, gleich in die Lektüre. Er bemerkte gar nicht, wer neben ihm saß. Nach längstens einer Stunde widerstand ihm die schwierige Lektüre. Er zwang sich wohl eine Weile weiterzulesen, aber sein Geist erfaßte nicht mehr die Worte, die sein Auge sah, und so mußte er es aufgeben. Er stellte das Buch zurück und verließ ohne weiteren Aufenthalt den Saal. Wenn er so eine Stunde mit den deutschen Idealisten verbrachte hatte, schien es ihm, als grüßten ihn die Dinge.

VII

Mit einer großen Verachtung für ihre Bewohner war Alfonso in die Stadt gekommen. Städter sein war ihm gleichbedeutend mit physischer und moralischer Schwäche. Er verachtete an den Städtern die sexuellen Gewohnheiten, die er ihnen zuschrieb, ihren Hang zu Frauen im allgemeinen, die Leichtigkeit, mit der sie Liebesbeziehungen anknüpften. Er hielt es für unmöglich, je so sein zu können wie sie, er fühlte sich grundverschieden von ihnen und war es damals auch. Die Sinnlichkeit hatte er bisher nur im Überschwang der Empfindung kennengelernt. Die Frau war für ihn die sanfte Begleiterin des Mannes, sie schien ihm eher dazu geboren, angebetet als umarmt zu werden. In seiner dörflichen Einsamkeit, in der seine Sinne zur Reife gelangt waren, hatte er den Entschluß gefaßt, sich rein zu erhalten, um sich ganz und unverdorben einer Göttin zu Füßen werfen zu können. In der Stadt verlor dieses Ideal bald jeden praktischen Einfluß auf sein Leben. Aber es bestand weiterhin als Vorsatz, als ein sehr vager, der seine alte Kraft nur dann wiedergewann, wenn es nicht nötig war, für seine Verwirklichung zu kämpfen.

Theoretisch jedoch hielt er an diesem Ideal auch fest, als er entdecken mußte, daß es allen, denen er es darlegte, lächerlich erschien. Er wußte es durch kein anderes zu ersetzen; hätte er es ganz aufgegeben, wäre eine Leere in seinem Leben entstanden. So sprach er nicht mehr davon, und Miceni brüstete sich zu Unrecht, daß es ihm gelungen sei, Alfonso zu bekehren.

Er war zweiundzwanzig Jahre alt, und seine Sinne waren von der Zartheit und Empfindsamkeit des Jünglings. Wünsche wurden in ihm wach, die er nur unter großen Leiden zurückdrängen konnte. Um diese Wünsche zu entfachen – es war wie Hohn auf seine Träume, genügte der Anblick eines Frauenrockes, ja auch nur der Gedanke daran. Diese Wünsche waren so übermächtig, daß sie ihn plötzlich von seiner Lektüre aufscheuchten und auf die Straße trieben. Er wurde von einer scheinbar unbestimmten Erregung erfaßt – aber er kannte ihren Ursprung nur zu gut. In einem solchen Zustand war er unfähig, irgend etwas anderes zu tun, er mußte ganz einfach einer anmutvollen Frauengestalt, die er mit Schüchternheit und Scham bewunderte, auf lange Wegstrecken folgen. Bald entschloß er sich, die Dinge weiter voranzutreiben. Bisher hatte er immer nur darauf gewartet, daß sein Ideal sich zu ihm bemühe.

Eines Abends ertappte er sich dabei, wie er einer Frau nachlief, die ihn im Vorübergehen angeblickt hatte. Sie war schwarz gekleidet, hatte die Röcke hochgerafft, man konnte einen kleinen Fuß sehen. Sie trug schwarze Strümpfe und elegante Lackschuhe. Die Fesseln waren überaus zart für ihre zwar wendige, aber sehr üppige Gestalt. Alfonso konnte noch die ungewöhnlich weiße Haut ihres Halses bewundern, ihr Gesicht sah er nicht.

Entschlossen folgte er ihr, überholte sie, wartete auf sie wie ein Hündchen. Es war ihm, als lächelte die Frau ihm verstohlen zu. Dadurch ermutigt, nahm er sich vor, sie anzusprechen. Es war das erste Mal, daß er sich in einer solchen Situation sah. Er zögerte und war daraufhin gezwungen, seinen Schritt zu beschleunigen, um die Frau wieder einzuholen. Sie überquerte den Corso und bog in die Via Cavana ein. Sie mußte an der Bibliothek vorbeikommen. ‹Schlimmstenfalls werde ich in die Bibliothek gehen›, dachte Alfonso, um seinem Spaziergang jedenfalls ein festes Ziel zu geben.

Er überholte sie ein zweites Mal und blieb bei der Eingangstür zur Bibliothek stehen. Als sie an ihm vorüberging, ließ das Licht einer Straßenlaterne die Weiße ihres Halses und den Lack ihrer Schuhe aufleuchten. Die Frau sah ihn nicht an, und das benahm Alfonso zunächst die Lust, ihr weiter nachzugehen. Langsam erklomm sie die Steigung der Via dei Santi Martiri, entlang der Mauer des Tribunals. Er lehnte sich an einen Straßenpfeiler und begnügte sich, ihr mit den Blicken zu folgen. Als sie fast am Ende der Steigung angelangt war, setzte er sich wieder in Bewegung und war nun ebenfalls beim Tribunal. Er sah, wie ihre Gestalt sich vom Himmel abhob; ihre Körperformen erschienen klar gezeichnet, wie in nächster Nähe. Wenn er noch einen Augenblick zögerte, würde er sie aus den Augen verlieren. Es blieb keine Zeit zu überlegen, sein Verlangen sprach klar und gebieterisch. In einem wilden Lauf erreichte er sie noch, ehe sie die Steigung ganz überwunden hatte. Er fühlte sich, trotz seiner Erregung, vom Lauf so erschöpft, daß er schon daran war, seine Absicht aufzugeben. Der Gedanke aber, der ihn zu diesem Lauf angetrieben hatte, saß in seinem Kopf noch so fest, daß er sich ihr näherte. «Signora ...» sagte er und lüftete den Hut. Sein Atem war, als er stehenblieb, noch schwerer geworden, und so brachte er den Satz nicht zu Ende. Ein blaues Auge sah ihn eiskalt an. Nur auf die Verfolgungsjagd bedacht, hatte er keine Zeit gefunden, die Ansprache vorzubereiten. Also trat er jetzt einfach zur Seite und ließ die Frau vorüber. Er schöpfte Atem, erleichtert, als habe man ihn daran hindern wollen. Das Verlangen war ebenso plötzlich fort, wie es gekommen war. Um es zu verscheuchen, genügte irgendeine Befürchtung oder Anstrengung.

Es gab eine Zeit, da er allabendlich hinter irgendeiner Frau her war. Aber er folgte nur den gut gekleideten Frauen, denn der Gegenstand seiner Träume durfte alles andere als ärmlich sein. Jede dieser Verfolgungsjagden gab ihm die Illusion, den Gegenstand seiner Träume zu finden. Diese Annäherungsversuche hatten stets das gleiche Ergebnis. Seine Schüchternheit war stärker als sein entschlossenster Vorsatz. Irgendeine kleine ablehnende Geste der Angesprochenen oder auch nur der neugierige Blick eines Passanten genügte, um ihn davon abzubringen.

Bald mußte er entdecken, daß es nicht nur seine Schüchternheit war, die diese Annäherungsversuche zum Scheitern brachte. Auch seine Zweifel waren daran schuld, seine ängstlichen Überlegungen, ja selbst das Ideal, das er vom Dorfe mitgebracht hatte und das, obwohl in einen Winkel abgeschoben, doch keineswegs ganz aus der Welt geschafft war. Es machte sich plötzlich geltend, ließ den jungen Mann die armselige Wirklichkeit verachten, in der er leben mußte.

Es kam zu einigen Liebesabenteuern, die aber, kaum begonnen, von ihm unvermittelt wieder abgebrochen wurden, manchmal infolge eines Erwachens seines Moralbewußtseins, manchmal aber auch ganz einfach deshalb, weil er die seinem Studium gewidmeten Stunden nicht der Liebe opfern wollte.

Später trauerte er jahrelang Maria nach, einem jungen Mädchen mit goldblondem Haar. Trotz der Goldlast, die sie auf ihrem Haupte trug, war ihre zierliche Gestalt von aufrechter Haltung. Er sprach sie eines Abends an und machte ihr, kühn wie alle Schüchternen, wenn sie sich zum Mut zwingen, sogleich eine Liebeserklärung. Maria, die, wie sie ihm erzählte, Gesellschafterin bei einer alten Dame war, schien sich in einer ähnlichen seelischen Verfassung zu befinden wie er. Zu seiner großen Überraschung nahm sie seine Liebeserklärung, die als Ausbruch lang zurückgedrängter Gefühle aufrichtig und redselig war, mit großem Ernst und auch mit einiger Rührung entgegen. Sie mußte in einigen Tagen verreisen, aber sie gab seinen inständigen Bitten nach und vereinbarte mit ihm eine Zusammenkunft vor der Abreise. Er ging nicht hin. Die Stunden, die seinem Studium gewidmet waren, hatten inzwischen wieder ihre vordringliche Bedeutung erlangt. Die Zusammenkunft sollte in der Zeit stattfinden, die er sonst über den Büchern verbrachte, und so entschloß er sich, einfach fernzubleiben. Seine Handlungsweise verschaffte ihm bald ein brennendes Gefühl der Reue. Aber es war nichts mehr zu ändern, denn er sah Maria nicht wieder.

Nichtsdestoweniger fuhr er fort, nach Schürzen zu jagen. Während er hinter einer Frau her war, konnte er besser träumen. Er schämte sich seiner Angewohnheit, und es bereitete ihm nicht geringe Leiden, als Gustavo ihn einmal bei seiner Frauenjagd ertappte.

Bis dahin war er, Alfonso, der Lehrer und Gustavo der Schüler gewesen. Alfonso wollte sich der Familie Lanucci nützlich erweisen, und so hatte er versucht, den jungen Mann auf den rechten Weg zurückzuführen. Gustavo hörte sich Alfonsos Ausführungen mit großem Ernst an, setzte ihnen aber seine eigenen, einfachen und unbestreitbaren Ansichten entgegen: «Arbeit ist im allgemeinen hart und ziemlich schlecht entlohnt. Ich lebe lieber arm und frei als etwas reicher und dafür wie ein Sklave.»

Nun war Alfonso plötzlich der Schüler und Gustavo der Lehrer geworden. «Was für einen Spaß findest du daran?» fragte er Alfonso erstaunt, als er ihn eines Tages einer Frau folgen sah.

Trotz all seiner Pöbelhaftigkeit sprach Gustavo mit gelassener Ruhe über Dinge, die Alfonso so tief bewegten und verwirrten. Alfonso beneidete ihn. Er war zwar erwachsener und intelligenter als Gustavo, in diesem wichtigen Punkt aber war er Gustavo unterlegen. Aus Alfonsos kraftvoller Erscheinung sprach, da Unordnung in seinem Innern herrschte, Krankheit und Schwäche; aus dem blutarmen und mageren Gesicht Gustavos strahlten Gesundheit und Ruhe.

Doch Alfonso fühlte sich keineswegs unglücklich. Ein Gefühl des Glücks erwuchs ihm aus seinen eifrigen Studien, aber auch aus seinem ins Unermeßliche angewachsenen Ehrgeiz, aus seinem Hunger nach Ruhm. Er fühlte sich den anderen überlegen. Zwar wußte er noch nicht, wie er zu Ruhm gelangen sollte, aber er sah ihn von ferne winken, und das erhöhte seine Liebe zum Studium, die inzwischen geradezu zur Leidenschaft geworden war. Die Studien, die er in der Bibliothek betrieb, ergänzte er noch zu Hause. Aber auch das genügte ihm nicht. Für seine Studien stahl er sich die Zeit ab, wo immer er konnte, im Büro, während des Mittag- oder Abendessens, ja, er opferte ihnen sogar einen Teil des Schlafes.

In dieser Zeit intensiver geistiger Beschäftigung schlug er Lucia vor, ihr Unterricht in der italienischen Sprache zu erteilen. Es schien ihm angenehm, lehrend zu lernen.

Dieser Vorschlag versetzte das Elternpaar Lanucci in höchste Begeisterung. Herr Lanucci wollte, daß auch Gustavo an dem Unterricht teilnehme. Gustavo selbst schien von dem Gedanken entzückt zu sein. Er wollte seinen Eifer sogar gleich beweisen. Er ließ sich von Alfonso die Definition der einzelnen Satzteile diktieren und versprach, sie auswendig zu lernen, denn es gelang ihm nicht, sie auch zu begreifen. Nicht so sehr aus Mangel an Intelligenz als infolge einer unzureichenden Vorbereitung. Dann aber ließ er sich nicht wieder blicken. Nur die ersten zwei Male hielt er es für nötig, sein Fernbleiben zu entschuldigen. Er tat es sehr liebenswürdig, wobei er versicherte, daß ihm die erste Unterrichtsstunde ungewöhnliches Vergnügen bereitet habe.

Frau Lanucci übergab Alfonso ihre Tochter in aller Form. Die ersten Unterrichtsstunden wurden im Speisezimmer erteilt, die weiteren in Alfonsos Zimmer, denn im Speisezimmer herrschte um diese Zeit nicht genügend Ruhe.

Alfonso nahm seine Aufgabe sehr ernst. Die Begeisterung Frau Lanuccis ließ ihn glauben, daß er durch seinen Unterricht tatsächlich ein gutes Werk an Lucia vollbringe.

Sie begannen mit der Grammatik des Puoti[7], bald aber änderten sie das Programm, denn sie fühlten sich beide tödlich gelangweilt. Lucia hatte gar nichts verstanden, und Alfonso wußte das.

Seit einiger Zeit studierte Alfonso Tommaseos[8] berühmtes Werk über die italienischen Synonyme. So entschied er sich jetzt, Lucia an Stelle der Grammatik dieses Buch lesen zu lassen.

«Wenigstens muß man sich dabei nicht mit einem System abplagen», sagte er. «Zwar wird auch hier ein System verfolgt, aber man merkt es kaum, denn die einzelnen Teile sind nicht ineinander verzahnt. Jede Seite, jeder Absatz ist in sich geschlossen. Wenn man diese Teile einzeln lernt, entdeckt man eines Tages überrascht, daß sie, alle zusammengenommen, ein richtiges Gebäude darstellen, und daß man in den vollkommenen Besitz der italienischen Sprache gelangt ist.»

Am meisten liebte Alfonso an diesen Unterrichtsstunden seine eigenen Einleitungsreden. Nicht nur die Dummheit Lucias, sondern auch der tägliche Unterricht selbst begannen ihn aber bald zu langweilen und zu ermüden. Während der ersten beiden Lektionen konnte man noch meinen, daß Lucia begabt und intelligent sei, denn es gelang ihr, sehr feine Unterschiede zwischen zwei Synonymen durchaus zu verstehen. Sie nahm nach der Stunde das dicke Buch mit und lernte den diesbezüglichen Absatz auswendig. Als Alfonso sah, daß Lucia ihm bisher mühelos gefolgt war, beschloß er bei der dritten Unterrichtsstunde, rascher fortzuschreiten. Er selbst kannte ungefähr ein Viertel des Werkes und wünschte, möglichst bald zu jenen Kapiteln zu gelangen, bei denen es auch für ihn etwas zu lernen geben würde. Auch sie wünschte nichts sehnlicher als rasch voranzukommen; sie liebte ihn oder glaubte zumindest, von ihm geliebt zu werden, und das gab ihr die innere Bereitschaft. Was Alfonso betraf, so fühlte er sich damals sehr wohl in Lucias Gesellschaft. Marias Platz war noch nicht ausgefüllt, und Lucia diente ihm als notdürftiger Ersatz. Ihr freilich erzählte er nichts von seinen Herzensnöten, er unterrichtete einfach, und die Lehrsätze und Theorien, die er, von Synonym zu Synonym fortschreitend, vortrug, ließen ihn seine sonstige demütigende Lage vergessen. Lucias kleines Gesicht wirkte nicht intelligent, und ihr Ausdruck gespannter Aufmerksamkeit spiegelte mehr Ehrfurcht vor dem Lehrer als Interesse für die Sache wider, aber es genügte, um die unsteten Augen und rüden Mahnungen Sanneos aus seiner Erinnerung zu verdrängen.

Lucias Dummheit begann ihn gleichwohl immer wieder zu ängstigen. Er wurde heftig, wenn er bemerken mußte, daß sie seine Darlegungen nicht verstand und seine vorangegangenen Erklärungen total vergessen hatte. Zwar war dieses Mädchengehirn gelegentlich imstande, selbst sehr nuancierte Unterscheidungen zu erfassen, aber sie blieben dort nicht haften, sie verflüchtigten sich sogleich wieder. Wenn ein bereits behandelter Lehrsatz ein zweites Mal zur Sprache kam, mußte Alfonso ihn von Anfang bis zu Ende noch einmal erläutern. Auch das nützte nichts. Denn bei der zweiten Erläuterung drang bereits der Zorn des Lehrers aus allen Poren seines Körpers und ließ der Schülerin nicht die nötige Ruhe zum Nachdenken. Wenn er sie aufforderte, seine Erklärungen zu wiederholen, hob sie ihr Näschen und sagte lächelnd, aber sehr blaß, genau das Gegenteil von dem, was Alfonso vorgetragen hatte; oder sie reihte rasch ein paar Phrasen aneinander, die ihr im Ohr haftengeblieben waren, ohne sich weiter um ihren Sinn zu kümmern. Alfonso zwang sich, nicht die Geduld zu verlieren, er sagte sich, daß der Mensch gut sein müsse und den minderbegabten Nebenmenschen nicht beleidigen dürfe.

Eine Woche später schrie er sie an: «Mit einem unintelligenten Menschen kann man Mitleid haben – aber mit einem faulen nicht!»

Tatsächlich hatte das Mädchen aufgehört zu lernen. Mit einer ungeheuren Anstrengung hatte ihr Gehirn es bis zu einem gewissen Punkt gebracht, nun aber machte es nicht mehr mit. Es war vollgestopft, nahm nichts mehr auf, ermüdete. Anfangs, als diese Unterrichtsstunden beschlossen wurden, hatte Lucias Mutter, an das Schulsystem gewöhnt, für ihre Tochter einen regelrechten Stundenplan entworfen. Darin war eine Stunde am Tage vorgesehen, während der Lucia sich für die Lektionen vorbereiten sollte. Aber statt diese Stunde in ihrem Zimmer mit Lernen zu verbringen, war Lucia regelmäßig mit den anderen bei Tisch und hörte den Erzählungen ihres Vaters zu. Sie rutschte auf ihrem Sessel unruhig hin und her. Einerseits mußte sie die Ermahnungen ihrer Mutter, doch lieber fleißig zu lernen, über sich ergehen lassen, andererseits empfand sie selbst den lebhaften Wunsch, Alfonso gegenüber in gutem Licht zu erscheinen. Die Furcht, von ihm angeschrien zu werden, wuchs sich in ihr zu einer richtigen Qual aus. Aber sie blieb! Sie war außerstande, ihre Trägheit zu überwinden. Sie fand sich eher damit ab, die beißenden Bemerkungen Alfonsos, denen sie sogar Prügel vorgezogen hätte, zu ertragen, als sich allein mit diesen Sprachtheorien auseinanderzusetzen. Selbst wenn sie sie auswendig lernte, nützte es doch nichts, denn wenn sie unglückseligerweise ein Wort darin ausließ, war es gerade dieses, auf das es Alfonsos Meinung nach ankam.

Was Alfonso zum guten Lehrer fehlte, war die Fähigkeit, auch die kleinen Fortschritte seiner Schülerin anzuerkennen und entsprechend zu würdigen. Er lobte selten und nur dann, wenn er über ein grobes Wort, das ihm entschlüpft war, Reue empfand und sich den Tränen Lucias, die sie nur mühsam zurückhielt, nicht aussetzen wollte. Niemals lobte er sie, wenn sie eine fast richtige Antwort gab. Er hatte sich über seine Berufung zum Lehrer Illusionen gemacht. Wenn ihm das Unterrichten Vergnügen bereitete, so nicht aus Liebe zum Schüler. Lucias Fortschritte interessierten ihn nicht oder doch nur wenig. Er war beleidigt, wenn sie unter seiner Anleitung nicht weiterkam. Er entlud auf sie seinen ganzen Unmut, wenn er einen Tag hinter sich hatte, an dem er selbst Rügen hatte erdulden müssen.

Es war verwunderlich, daß Lucia nicht endgültig die Geduld verlor und diese Unterrichtsstunden abbrach, die ihr so viel Leiden und so wenig Nutzen eintrugen. Nein, das wollte sie nicht! Im Gegenteil. Jedesmal, wenn Alfonso nach Beendigung der Stunde sanfter wurde und sich von ihr freundlich und mit der gewohnten Höflichkeit verabschiedete, nahm sie sich fest vor, fleißig zu sein, zu lernen, um sich seine gute Behandlung auch während des Unterrichtes selbst zu verdienen. Es wäre so schön gewesen, dieses Stündchen als gute Freunde miteinander zu verbringen und ihm die gleiche Bewunderung abzugewinnen, die sie ihm vorbehaltlos entgegenbrachte. Nach einer Stunde strengen Unterrichts erschien ihr das Studium weit leichter und angenehmer als vor Beginn der Stunde. Sie hatte das Gefühl, als löse sich von ihrem Hirn der Rost, der sich während des Tages, den sie mit Näharbeiten verbrachte, angesetzt hatte. Sie nahm sich auch vor, am folgenden Morgen frühzeitig aufzustehen, um sich sofort an das Studium zu machen, aber die Nacht genügte, um sie in ihre übliche Lethargie zurückfallen zu lassen.

Aufgeben wollte sie diese Lektionen nicht, aber daß sie ihr wenig Freude bereiteten, konnte man schon daraus ersehen, daß sie jeden wie immer gearteten Vorwand benutzte, um sich ihnen gelegentlich zu entziehen. An einem

Abend mußte sie zu einer Freundin gehen, und an vielen anderen Abenden erklärte sie in Ermangelung einer besseren Ausrede, daß sie sich nicht wohl fühle. Als sie einmal beim Erscheinen Alfonsos plötzlich die Traurige und Gedrückte spielte, fragte Gustavo, der über die Hintergründe dieses Stimmungsumschwungs nicht unterrichtet war, überrascht: «Wieso fühlst du dich auf einmal nicht wohl?»

Alfonso mußte nicht erst diesen Ausspruch hören, um zu erkennen, wie die Lernfreude beschaffen war, die er in seiner Schülerin zu erwecken verstanden hatte. Aber es mißfiel ihm nicht, gefürchtet zu sein. Einmal brachte Lucia den Mut auf, die Lektion ohne Angabe weiterer Gründe abzusagen. Sie öffnete Alfonso die Wohnungstür, und mit einem schallenden Lachen, das sie von einer ihrer Freundinnen gelernt hatte, erklärte sie kurzerhand, daß sie an diesem Abend dem Unterricht fernbleiben werde.

«Warum?» fragte Alfonso und runzelte die Stirn. Er lachte nicht. Er war unangenehm überrascht.

Beschämt erwiderte Lucia: «Heute abend wollen wir einfach beisammen sein, lachen und nicht lernen.»

«Wäre es nicht am besten, den Unterricht ganz aufzugeben, da er Sie doch so wenig zu interessieren scheint?»

Lucia wurde blaß vor Schreck. Ihre Mutter kam ihr zu Hilfe und versicherte, Lucia habe keine Zeit gehabt, sich für die Stunde vorzubereiten. Sie sage ihm nur deshalb ab, weil sie keinen neuen Stoff lernen möchte, ohne vorher die Kapitel zu beherrschen, die sie bisher gemeinsam durchgenommen hatten. Am Ende aber unterhielt sich Alfonso an diesem Abend weit besser als während der Unterrichtsstunden mit Lucia. Er sprach viel, und man hörte ihm andächtig zu.

Die Unterrichtsstunde am folgenden Tag nahm noch rüdere Formen an als die vorangegangenen. Alfonso ließ sich so weit hinreißen, Lucia zu beschimpfen und sie eine blöde Person zu nennen. Er hatte dem jungen Ding eine halbe Stunde Zeit gelassen, um eine Antwort zu finden, aber die wollte absolut nicht kommen. Er tat, als sei es das größte Verbrechen auf der Welt, wenn ihr die Antwort nicht innerhalb dieser Frist einfiel. Er vergaß ganz, daß, wo nichts war, auch nichts zu holen war. Er suchte nach einem besonders beißenden Wort, und da er nichts fand, verkündete er einfach, es sei an der Zeit, diese Unterrichtsstunden, die zu keinerlei Ergebnis führten, für immer aufzugeben. Er erhob sich und brach zunächst einmal diese Stunde ab. Bis zu diesem Augenblick hatte Lucia es nicht gewagt, ihm klipp und klar zu erklären, daß sie nicht sagen könne, was sie nicht wisse. Sie sah vielmehr immerfort zur Zimmerdecke, als könnte sie dort die Antwort finden. Gleichzeitig stieß sie Laute der Ungeduld hervor, um dadurch die Ungeduld Alfonsos herabzumindern. Schließlich lächelte sie so gezwungen, daß es geradezu Mitleid erweckte. Nach Alfonsos kategorischer Erklärung, daß er die Stunde abbreche, wurde sie von heftigem Schluchzen befallen. Sie stand auf, verließ das Zimmer, schlug die Tür laut hinter sich zu und warf sich in die Arme ihrer Mutter, die sich allein im Speisezimmer befand. Alfonso erschrak über die Wirkung seines Vorgehens und hätte Lucia gerne zurückgehalten, um sich bei ihr zu entschuldigen.

Er folgte ihr, und da traf ihn der zornfunkelnde Blick Frau Lanuccis, die ihre Tochter eng an ihre Brust gedrückt hielt und dabei unentwegt in die Richtung seines Zimmers sah. Lucia schluchzte immerfort. Sie hatte ihrer Mutter noch nichts von dem Vorfall berichten können. Als Frau Lanucci Alfonso sah, musterte sie ihn überaus ernst und fragte: «Was hat Ihnen das arme Kind getan?»

Alfonso antwortete verlegen: «Ich habe sie gescholten, weil sie nicht gelernt hat!»

«Aber sie hat doch gelernt! Ich habe es mit meinen eigenen Augen gesehen.»

Wie bei allen schwachen Menschen brach nun aus Lucia der lang zurückgedrängte Zorn mit doppelter Heftigkeit hervor. Ihr Schluchzen hinderte sie nicht, Alfonso drei klar verständliche Beschimpfungen entgegenzuschleudern: «Dummkopf, Trottel, Esel!»

Die guten Manieren, die sie sich in den letzten Jahren so mühsam angeeignet hatte, verließen sie, als sie in Erregung geriet. Ihre Rede, der Tonfall ihrer Worte, ihre Gesten glichen jetzt denen Gustavos. Alfonso war beleidigt, aber er schwieg, denn er wußte nicht recht, ob er sich verteidigen oder sich dem Zorn des Mädchens durch die Flucht in sein Zimmer entziehen sollte.

Frau Lanucci, die es nur ungern sah, daß die guten Beziehungen zwischen den beiden jungen Leuten eine Trübung erfuhren, wandte sich voll Ärger an Lucia: «Du bist die Dumme, du bist vertrottelt! Willst du endlich still sein!» Und sie stieß sie von sich.

Lucia ließ sich auf einen Sessel fallen, aber ihr Zorn war noch nicht verraucht: «Er hält sich für gescheit...»

«Willst du endlich still sein», unterbrach Frau Lanucci mit drohender Stimme.

Lucias Schluchzen dauerte noch eine gute halbe Stunde.

Frau Lanucci tat alles, um den Anschein zu vermeiden, als messe sie dem Vorfall irgendwelche Bedeutung bei. Sie lächelte Alfonso zu, der aber konnte ihr Lachen nicht erwidern.

«Um des lieben Friedens in diesem Hause willen sehe ich ein, daß es am besten ist, diesen Unterricht aufzugeben. Schade!»

Sie konnte ihrem Bedauern getrost Ausdruck geben, ohne befürchten zu müssen, in Alfonso einen naheliegenden Verdacht zu erwecken. Schon zu Beginn der Lektionen hatte sie ja erklärt, wieviel sie sich von dem Unterricht für Lucia erhoffe. Männer, und besonders diejenigen, die eine echte Begeisterung für das Wissen hätten, seien, so sagte

Frau Lanucci, indem sie sich bewundernd vor Alfonso verneigte, weit geeigneter als Frauen, Unterricht zu erteilen; Frauen liebten die kleinen Dinge, verlören sich in überflüssigen Einzelheiten, wodurch das Verständnis für das Ganze litte. Nun aber müsse sie erkennen, daß auch Männer Fehler hätten, die für den Unterricht nicht minder nachteilig seien. Trotz diesen von ihr nicht näher bezeichneten Fehlern Alfonsos, bewahrte Frau Lanucci ihm gegenüber eine überraschende Höflichkeit.

Lucia war weniger höflich. Acht Tage lang sprach sie mit ihm kein Wort. Den Befehlen ihrer Mutter gehorchend, bediente sie ihn weiter bei Tisch, tat aber dabei den Mund nicht auf. Um ihn zu trösten, zwinkerte ihm Frau Lanucci zu, lachte und sagte ironisch zu ihrer Tochter. «Bring doch Herrn Alfonso seinen Teller! Bist du so bös auf ihn, daß du ihn sogar verhungern lassen möchtest?»

Lucia gehorchte mit tiefernstem Gesicht. Auch Alfonso blieb ernst; er ließ sich von ihr bedienen und dankte kalt.

Eines Abends betrat er unerwartet das Speisezimmer. Er hatte Gustavo getroffen, der die Wohnungsschlüssel besaß und ihn hinauf begleitete. Als er ins Zimmer kam, konnte er bemerken, daß es Streit gegeben hatte. Das Ehepaar Lanucci zeigte deutliche Spuren von Zorn, und Lucias Augen waren rot vom Weinen. Offensichtlich hatten die Eltern ihr eine Strafpredigt gehalten. Er tat, als bemerke er nichts und setzte sich an den Tisch.

Er bereute es bereits tief, Lucia so grob behandelt zu haben, aber er war außerstande, um Entschuldigung zu bitten. Abends, wenn er allein war, oder im Büro dachte er an das Vorgefallene zurück, an die stummen Bitten um Verzeihung, die das arme Mädchen an ihn richtete, und da mußte er sich eingestehen, daß er sich dumm und rüde benommen hatte. Er fand, daß es seine Pflicht sei, Lucia entgegenzukommen, sich bei ihr zu entschuldigen und sie von der Last zu befreien, unter der sie sichtlich litt. Wenn er aber dann ihr Gesicht wieder sah, dieses blöde, nichtssagende Gesicht mit den vorspringenden Backenknochen, wenn er bemerkte, wie sie mit entschlossenem Ernst ihre Verdrossenheit zur Schau trug, da blieb ihm das gute Wort, das zu sagen er sich vorgenommen, im Halse stekken.

Nach langem Zögern, ohne ihn anzublicken, kam Lucia jetzt auf ihn zu, streckte ihm die Hand entgegen und sagte: «Verzeihen Sie mir, Herr Alfonso, ich hatte unrecht. Schließen wir wieder Frieden.»

Alfonso war gerührt und drückte lebhaft die ihm dargereichte Hand.

«Zum großen Teil war die Schuld auf meiner Seite. Ich bin es, der Sie um Entschuldigung bitten muß!»

Lucia warf ihm einen dankbaren Blick zu, der sie weniger häßlich erscheinen ließ. Gleich darauf nahm sie wieder ihr ruhiges, unbefangenes Benehmen an, wie ein Mensch, der alle Mißverständnisse endgültig vergessen hat. Sie lachte viel. Im Nu waren ihre affektierten und süßlichen Manieren wieder da.

Alfonso brachte nicht die gleiche Unbefangenheit auf. Er hatte sich an Großmut übertreffen lassen, das bereitete ihm Unbehagen. Er, als gebildeter Mensch, als der Lehrer, hätte als erster nachgeben müssen. Dieses Unbehagen, so geringfügig es war, verließ ihn nicht, auch als er sich schon zu Bett gelegt hatte. Immer waren es diese unbedeutenden Dinge, die in sein an bedeutenden Ereignissen armes Leben Unruhe brachten. Jeden Abend quälte ihn ein Wort, das er zu rasch gesagt hatte, oder der Ausspruch eines anderen, dessen wahren Sinn er erst jetzt begriff. Er bereute es, einen Seitenhieb nicht gleich pariert zu haben oder ungerechtfertigt grob gewesen zu sein.

Im anstoßenden Speisezimmer wurde gesprochen. Automatisch hörte er hin. Herr und Frau Lanucci unterhielten sich miteinander. Er konnte nur den Klang der Stimmen unterscheiden, und erst als die beiden an seiner Tür vorbeikamen, um sich in ihr Zimmer zu begeben, vernahm er klar und deutlich, wie Frau Lanucci, offenbar als Abschluß des Gespräches, mit einem gutgelaunten Lachen sagte: «Das sind die typischen Streitereien zwischen Verliebten.»

Schon seit längerer Zeit war Alfonso der Verdacht gekommen, daß Frau Lanucci ihm gegenüber bestimmte Absichten verfolge. Bis zu diesem Augenblick jedoch hatte er diese Absichten eher für Hoffnungen gehalten. Sie beunruhigten ihn nicht weiter, er fühlte sich durch sie eher geschmeichelt. Die paar Worte aber, die, gleichsam als Endergebnis einer längeren Auseinandersetzung, nun zufällig zu ihm gedrungen waren, schienen ihm zu bestätigen, daß man nicht nur Hoffnungen in ihn setzte, sondern daß geradezu eine Verschwörung gegen ihn, gegen seine Freiheit, im Gange war. So besehen, war das Verhalten von Mutter und Tochter gut aufeinander abgestimmt. Die Mutter hatte ihm, der in aller Unschuld Unterricht erteilen wollte, nicht eine Schülerin, sondern eine Braut übergeben.

Er erinnerte sich gewisser Worte, mit denen Frau Lanucci ihm ihre Tochter empfohlen hatte. Nun entdeckte er in diesen Worten einen doppelten Sinn. Lucia hatte alles von ihm widerstandslos erduldet, nur eines nicht: seine Drohung, die Unterrichtsstunden abzubrechen. Durch seine Wiederversöhnung mit Lucia erwachten nun die in ihn gesetzten Hoffnungen offenbar zu neuem Leben.

Sollte er sich darüber ärgern? Grund dazu hätte er gehabt, denn wenn die Verschwörung gegen ihn gelang, so hätte das eine außerordentliche Verschlechterung seiner Lage bedeutet.

Andererseits befand sich die Familie Lanucci in einer verzweifelten Situation. Zwei Männer waren da, aber keiner war imstande, sie zu verbessern. Alfonso fühlte sich so sicher vor den Netzen, die Frau Lanucci nach ihm auswarf, daß er meinte, jede Befürchtung für seine Person ausschalten zu können. Das ermöglichte es ihm, in aller Objektivität zuzugeben, daß sich ihm, selbst wenn er hundert Jahre lebte, keine bessere Gelegenheit mehr bieten würde, eine gute Tat zu tun als jetzt, wenn er Lucia heiratete. Was für eine Zukunft erwartete sie denn? Sie hatte alle Aussichten, eine alte Jungfer zu werden und die ‹gesellschaftlichen Formen› – wie die Mutter sie nannte – bis an ihr Lebensende völlig überflüssigerweise zu pflegen. In seinen Träumen war er imstande, die heldenhaftesten Taten zu vollbringen, am nächsten Tag aber war sein Benehmen weit befangener als sonst und keineswegs höflicher. Wenn er allein war, sah er die Dinge mit ganz anderen Augen als in Lucias Gesellschaft. War er allein, dann war er nachsichtig, bereit, alles zu verzeihen, ja, er empfand sogar Reue darüber, nicht mit dem nötigen Edelmut zu handeln. Lucias Liebe mußte groß sein, denn sie hatte seine Grobheiten mit Engelsgeduld ertragen, und auch ihr Wutausbruch war wohl nur ein Beweis ihrer Liebe gewesen, denn in ihm drückte sie die schmerzliche Enttäuschung aus, das ersehnte Ziel nicht erlangt zu haben. Sobald er sich aber Lucia gegenüberbefand, sah er nichts als ihre vorstehenden Backenknochen. Er war auf der Hut! Er fühlte kein Verlangen nach ihr. Noch war er frei und wollte es bleiben.

«Ich bin krank!»

Zu dieser Schlußfolgerung mußte er gelangen, nachdem er eine Reihe von Beobachtungen an sich selbst angestellt hatte. Seine tiefe Traurigkeit, die ihm alles grau und tot erscheinen ließ, hatte er zunächst für die natürliche Folge seiner allgemeinen Unzufriedenheit gehalten. Seine Schlaflosigkeit schrieb er der rastlosen Arbeit seines Gehirns zu, denn er studierte bis in die Nächte hinein. Der anormale fieberhafte Zustand, in dem sich sein ganzer Organismus befand, war, so meinte er, auf das unbefriedigte

Bedürfnis seiner Muskeln nach körperlicher Anstrengung und seiner Lungen nach frischer Luft zurückzuführen. Manchmal hatten ein paar Stunden, die er in Freiheit verbrachte, genügt, um seine Aktivität und seine Ruhe wiederzugewinnen. Nun war es anders. Nun wurde er immerfort von Gesichten geplagt, die ihn daran hinderten, die Gegenwart zu erfassen, die Worte, die man an ihn richtete, zu verstehen oder auch nur zu hören. Sanneo gab ihm lange und ausführliche Unterweisungen und fragte dann plötzlich mit veränderter Stimme: «Haben Sie auch verstanden?» Der geänderte Tonfall riß Alfonso aus seinen Träumereien, er sagte ja, nur um so rasch wie möglich in Frieden gelassen zu werden und seinen Träumen wieder nachhängen zu können. Er hatte nichts verstanden, nichts gehört und war nicht einmal imstande, sich deswegen zu beunruhigen. Langsam, mit kleinen Schritten, um Zeit für seine geliebten Träumereien zu gewinnen, ging er an seinen Platz zurück. Er hielt hartnäckig an seiner Gewohnheit fest, die Abende in der Bibliothek zu verbringen, aber wenn er sie verließ, war er genauso klug wie zuvor. Sein Gehirn konnte keine neuen Ideen mehr aufnehmen. Es konnte nur immer wieder die alten größenwahnsinnigen Vorstellungen mit neuen Details ausstatten, Phantasien, in denen er sich mit seiner Weisheit vor Dritten paradieren sah. Er war mit seinen Nerven so heruntergekommen, daß es fast an Geistesstörung grenzte. Menschen, die er nicht kannte, fürchtete er und wich ihnen aus. Ging jemand in der Nacht an ihm vorüber, fuhr er vor Schreck zusammen. Die Dunkelheit bereitete ihm Angst, das geringste Geräusch brachte ihn zum Zittern. Wenn er zusammengekauert in seinem Bett lag, die Decke über den Kopf gezogen, konnte er stundenlang keinen Schlaf finden. Was sollte er nur tun, um an nichts zu denken? Manchmal legte er sich todmüde zu Bett und glaubte, es würde genügen, die Augen zu schließen, um Schlaf zu finden. Sowie er aber im Bett lag, verließ ihn der Schlaf. Wenn es ihm endlich nach vielen Stunden gelang, im Bett eine Stelle zu finden, die ihm Beruhigung verschaffte, mußte er sich mit einem nur oberflächlichen Schlaf zufriedengeben, denn sein Hirn arbeitete, wenn auch dumpf, doch rastlos und ermüdend weiter.

«Sie scheinen sich nicht wohl zu fühlen», sagte ihm Cellani, als er ihn so blaß und verstört sah. «Nehmen Sie sich doch ein paar Tage Urlaub, wenn Sie es nötig haben.»

Alfonso nahm das Angebot nicht gleich an, am Abend aber mußte er Cellani um den Urlaub bitten, den er am Morgen abgelehnt hatte.

Wenngleich ziemlich unfreundlich, gewährte ihm auch Sanneo den gewünschten Urlaub. Schon seit einiger Zeit hatte er sich genötigt gesehen, Alfonso eine Hilfskraft zur Seite zu geben. Es war dies ein gewisser Carlo Alchieri, ein Artillerie-Oberleutnant, der, weil schwach auf der Brust, vorzeitig in den Ruhestand versetzt worden war. Er trat bei Maller ein, da ihm die kleine Pension, die man ihm bewilligt hatte, zum Leben nicht genügte. Ein noch junger Mann mit einem alten Gesicht und einem Vollbart von unbestimmter Farbe. Im übrigen machte er einen noch recht rüstigen Eindruck. Er war der einzige, der zu fluchen begann, als er von Alfonsos Urlaub erfuhr. Er erschrak, denn er wußte, daß nun die ganze Arbeit auf ihm allein lasten werde. Sanneo war nicht der Mann, andere Korrespondenten von ihrer normalen Arbeit abzuziehen, damit sie einem Beamten hülfen, der – wie er sich ausdrückte – ganz natürlicherweise, das heißt ohne sein Dazutun, vorübergehend von der Arbeit erdrückt wurde, nur weil der also Geplagte Stellvertreter in Offiziersrang des beurlaubten Beamten war.

Alfonso fühlte sich sogleich von seiner Lethargie befreit, als er in die frische Luft hinaustrat und wußte, daß ihm nun eine längere Zeit der Freiheit bevorstand. Der

Wunsch zu gesunden erfüllte ihn ganz. Bis dahin hatte er die Schwächung des Körpers nicht beklagt, denn er war, wie gewisse indische Fakire, der Ansicht gewesen, daß die Vernichtung der Materie zwangsläufig zu einer Steigerung der Intelligenz führe. Der Zustand der Langeweile aber, der ihm alle Dinge eintönig grau erscheinen ließ, konnte nicht als Zeichen von Intelligenz angesehen werden.

Die Sonne war kaum aufgegangen, als Alfonso mit einer großen Willensanstrengung aus dem Bett sprang. Er wußte noch nicht, wohin er gehen sollte. Er wollte sich vom Zufall lenken lassen. Berge gab es ja genug in der Nähe der Stadt.

Er nahm sich zunächst vor, einer Kompanie Soldaten zu folgen, die zu Übungen ausrückte. Ihr schwerer, gemessener Schritt auf dem Pflaster wurde ihm bald lästig. Er durcheilte die Via Stadion fast im Laufschritt, um sich von ihnen rasch zu entfernen. Er nahm sich das Bergplateau am Ende der Straße zum Ziel. Für den ersten Tag sollte das Anstrengung genug sein. Aber er änderte seine Absicht, sowie er die letzten Häuser der Stadt erreichte. Niedrige ländliche Häuser; einige hatten, wie auf dem Dorf, einen Heuschuppen. Sie waren alle mit lebhaften, wenn auch nicht mehr sehr sauber wirkenden Farben gestrichen. Nun lockte ihn das Grün des Hügels zu seiner Rechten. Er zog es der öden Landschaft des Plateaus vor. Er ging über eine Holzbrücke, unter der sich das breite, fast trockene Bett eines Flusses befand. Nur ein kleiner, klarer Wasserfaden schlängelte sich eigenwillig zwischen den weißen Steinen. Auf der anderen Seite überquerte er die breite Straße, dann fühlte er endlich die weiche, nackte Erde und frisches Gras unter seinen Füßen. Schon müde und außer Atem hockte er sich nieder. Er befand sich in einem Wäldchen. Die Bäume waren noch jung, ihre Stämme schlank, aber die Laubkronen waren bereits dicht und raschelten leise in der morgendlichen Brise. In dieses Geräusch mengte sich das

Gemurmel herabrinnenden Wassers, das in einem Behälter gesammelt wurde. Wenige Schritte entfernt stand ein niedriges Häuschen.

Die Lust zu laufen, der Ehrgeiz, möglichst weit zu gelangen, überkamen ihn wieder. Die Bäume schlossen sich dichter zusammen, ihre Stämme wurden kräftiger, während er bergan stieg. Immer wieder behinderten wilde Sträucher seinen Schritt, und er bahnte sich seinen Weg, indem er in fieberhafter Hast weiterlief. Er war nicht mehr imstande, ruhig und kräftig auszuschreiten. Er überquerte eine zweite Straße, durchquerte einen zweiten Wald, stieg immer weiter ohne Ziel. Das Blut sauste in seinem Kopf, der Atem ging ihm aus, aber er gönnte sich in seinem Lauf nur kurze Unterbrechungen. Erst, als er zu einem hohen Mauerwerk gelangte, das ihm den Weg abschnitt, übermannte ihn die Müdigkeit. Dabei war er kaum eine Stunde gegangen. Erschöpft warf er sich zu Boden. Diese Rast schien ihm wohlverdient zu sein.

Das Gefühl völliger Erschöpfung währte einige Minuten. Er erschrak, als er fühlte, wie sein Herz und seine Schläfen hämmerten. Er zog den Rock aus, legte sich unter eine Eiche und schob ihn unter den Kopf. Der Aufruhr seines Blutes dauerte an, aber bald darauf weiteten sich seine Lungen zu tiefen Atemzügen. Es war schon lange her, daß er so tief geatmet hatte. Er betrachtete die kleine Wiese, die sich ringsum ausbreitete. Sie leuchtete in hellem Grün. Er betrachtete sie entzückt, als sei sie sein Eigentum und ihm zur Heimat bestimmt. Von hier aus konnte man einen Teil des Stadtrandes sehen. Etwa zwei Dutzend Häuser drängten sich eng zusammen, ein paar weitere waren vereinzelt auf dem gegenüberliegenden Hügel verstreut. Im Hintergrund ein Stück des blauen Meeres, einige Barken, die sich nicht vom Fleck rührten. Der klare Himmel, der sich wolkenlos bis zum Horizont hindehnte, das Grün der Felder, die wie durch Zufall hingestreuten Häuser –

das alles erinnerte ihn an einen Öldruck, dessen Farben durch die maschinelle Vervielfältigung an Kontrastwirkung eingebüßt hatten. Die Absichten des Malers hatten bei der Reproduktion gleichsam eine Abschwächung erfahren. Leben und Bewegung waren aus dem Bild verschwunden.

Er schlief ein wie ein kleines Kind, lächelnd und mit geschlossenen Fäusten.

Er hatte einen phantastischen Traum, in dem ihm Maria erschien. Er erkannte sie an ihrem Kleid, das in lebhaften Farben leuchtete. Sie sagte ihm, sie wisse, daß er durch einen höheren Zwang verhindert worden sei, zum Stelldichein zu kommen. Sie verzieh ihm und liebte ihn.

VIII

Alchieri lief mit einem Stoß Papieren höchst aufgeregt zur Kasse, als er Alfonso erblickte, der, den Hut in der Hand, eben bei Sanneo eintrat, um seine Rückkehr ins Amt zu melden. Er stieß einen Freudenschrei aus und wollte Alfonso zurückhalten, der aber ging hinein, ohne ihn zu bemerken. Plötzlich beruhigt, setzte sich Alchieri neben Giacomo hin, der gerade seinen Vorzimmerdienst versah und angestrengt und mit leiser Stimme eine Zeitung buchstabierte. Da niemand anders da war, dem er es hätte sagen können, vertraute Alchieri ihm an, dies sei das erste Mal seit vierzehn Tagen, daß er sich setze, um auszuruhen, und nicht, um die Feder zur Hand zu nehmen.

Sanneo begrüßte Alfonso mit großer Herzlichkeit. Während er sich gleich wieder einem riesigen Registerband zuwandte und darin, die Buchstaben breit hinsetzend, weiterschrieb, fragte er ihn, ob er sich gut erholt habe. Er wartete die Antwort gar nicht ab, sondern sprach, indem er seine Rede immer wieder unterbrach und die Arbeit, die seine ganze Aufmerksamkeit in Anspruch nahm, fortsetzte, von einigen Briefen, die er bisher unerledigt gelassen habe, die aber so rasch wie möglich beantwortet werden müßten. Gleich darauf übergab er die erwähnten Briefe Alfonso, der all die Erklärungen, die Sanneo hinzufügte, nur halb verstand. Sanneo bezog sich auf Dinge, die sich vor Alfonsos Urlaubsantritt zugetragen hatten, also zu einer Zeit, die ihm weit länger zurückzuliegen schien als vierzehn Tage. Er wurde mit einer angenehmen Nachricht aus dem Zimmer entlassen: «Alchieri wird Ihnen auch weiterhin zur Seite stehen. Er arbeitet recht gut ... glaube ich.»

Im Korridor hielt Alchieri ihn auf. Er wollte ihn geradezu umarmen, weil er pünktlich, wie versprochen, zurückgekommen war: «Ich konnte nicht mehr weiter!»

Sogleich begann auch er von geschäftlichen Dingen zu reden und übergab Alfonso noch im Korridor all die Briefe, die er in der Hand hielt. Man mußte die Saldi kontrollieren, Wechsel avisieren. Alchieri konnte es nicht erwarten, all die Sachen loszuwerden.

Die Briefe in der einen, den Hut in der anderen Hand, trat Alfonso bei Cellani ein, um auch ihn zu begrüßen.

Cellani war gerade dabei, die Post zu öffnen. Mit einer riesigen Schere und mit einem einzigen Schnitt öffnete er die Kuverts, zog die Briefe heraus, warf sie auf die eine Seite des Schreibtisches und die Kuverts, nachdem er sie vorsichtshalber gegen das Licht gehalten hatte, auf die andere. Auch er fuhr in seiner Arbeit fort, während er sich mit Alfonso unterhielt. Als aber Alfonso mit der ihm eigenen Schüchternheit seinen Dank für den gewährten Urlaub aussprach, stand Cellani auf und drückte ihm mit einem freundlichen Lächeln in seinem blassen Gesicht die Hand. Seine lange, elegante Gestalt, die der eines ausgedienten Sportsmanns glich und dabei noch irgendwie schwächlich wirkte, schien mehr herangeweht zu werden, als sich selbsttätig zu bewegen – so geringe Kraft wandte er für seine Bewegungen auf. Die kurze Strecke zwischen Tisch und Sessel legte er, ohne sie vorher abzuschätzen, mit genau bemessener Exaktheit zurück.

«Sie sehen großartig aus», sagte er und blickte fast neidvoll in Alfonsos sonngebräuntes Gesicht. Er hatte es eilig, an seinen Platz zurückzukehren, drückte Alfonso noch einmal die Hand und sagte lächelnd: «Und jetzt ...» Dabei vollführte er mit der Feder in seiner Linken rasche Schreibbewegungen in der Luft.

Alfonso konnte feststellen, daß Alchieri die Rückstände weitgehend aufgearbeitet hatte. Durch Cellanis freundliches Verhalten ermutigt, setzte er sich mit dem festen Vorsatz an seinen Tisch, auch die restlichen Rückstände zu erledigen und keine neuen entstehen zu lassen. In der kurzen Frist von vierzehn Tagen hatte Alchieri, der aus einer Kaserne kam, ein Arbeitssystem eingeführt, das dem Alfonsos weit vorzuziehen war. Alfonso fiel es leicht, dieses System weiter einzuhalten, zumindest in der ersten Zeit. Der Aufenthalt in der freien Luft hatte seinen Organismus gekräftigt und beruhigt, und er war nun imstande, wenn auch nicht ohne inneren Zwang, der Arbeit größere Aufmerksamkeit zu schenken.

Auch als er seine Tätigkeit in der Bank wiederaufgenommen hatte, setzte er seine Luftkur – wie er sie nannte – fort. Jeden Morgen machte er einen mehrstündigen Spaziergang, meist zum Karstplateau hinauf, denn die Anstrengung des Steigens war ihm zum Bedürfnis geworden. Mit dem ruhigen und regelmäßigen Schritt, den er wiedergewonnen hatte, legte er die lange, breite und bequeme Straße nach Opicina zurück. Diese leicht ansteigende Straße führt in einem riesigen Halbkreis, von dem aus man in wechselndem Ausschnitt die Stadt sehen kann, zum Plateau. Dort, wo ein schmaler Weg nach Longera abzweigt, machte Alfonso eine längere Rast.

Von hier aus überblickt man die ausgedehnte, stille Karstlandschaft, zahllose kleine Steinhügel in allen Formen, zugespitzt, rund, abgeplattet, Steinhaufen, die vom Himmel herabgefallen und wahllos hingestreut scheinen. Auch der Monte Re[9] am Horizont, mit seinem breiten Rücken, seinem sanften Anstieg auf der einen Seite und seinem steilen Absturz auf der anderen, sieht aus wie vom Zufall geformt.

Alfonso ging nie weiter. Nicht nur, weil es ihm an Zeit fehlte. Von hier aus konnte er die Stadt mit ihren weißen Häusern betrachten, das Meer, das am Morgen meist unbewegt dalag, als hätten die wenigen Stunden des angebrochenen Tages nicht genügt, es aus seinem Schlaf zu wecken. Das Grün der Vorgebirge zur linken Seite der Stadt und die Farbe des Meeres bildeten einen einzigartigen Kontrast mit dem grauen Stein des Plateaus.

Als er wieder zur Stadt hinabstieg, war er so ruhig wie nur in früheren Zeiten, wenn er die Bibliothek verließ. Er ging an Longera vorbei, ohne den Ort selbst zu durchqueren, ein langgestrecktes Dorf, das fast schon in der Talsenke lag und sich an den Berg anschmiegte, als suche es seinen Schutz. Die Häuser drängten sich zu einem dichten Haufen zusammen, während sie doch auf den Feldern ringsum genügend Platz und Luft gehabt hätten. Um diese Stunde begann in den Dorfstraßen ein lebhaftes Treiben. Aus der Ferne konnte man es in seinen äußeren Erscheinungsformen beobachten, ließen sich von den Gestalten, die sich in diesen engen Gäßchen bewegten, menschliche Schicksale ablesen. Alfonso folgte mit den Blicken einem kleinen Jungen, der wie rasend von einem Ende des Dorfes zum anderen lief, betrachtete einen Bauern, der, den Hut auf dem Kopf, aus seinem Haus trat und, bevor er sich zum Gehen anschickte, in aller Ruhe den Himmel prüfend ansah, vielleicht um festzustellen, ob er den Schirm mitnehmen solle oder nicht. In einem abgelegenen Winkel sprachen ein Mann und eine Frau vielleicht schon um diese Stunde von Liebe. In einem Hofe drosch man Getreide, und die Bewegung, die hier herrschte, konnte man aus der Weite für eine Volksbelustigung halten. Dann durchschritt Alfonso das lachende Dorf San Giovanni mit seinen wenigen verstreuten Häusern, seiner kleinen weißen Kirche, die wochentags leer und verlassen dastand, sonntags aber so überfüllt war, daß sie gar nicht alle Kirchengänger zu fassen vermochte. Die Bäuerinnen in ihren schwarzen, mit breiten blauen oder roten Seidenstreifen gezierten Kleidern bevölkerten dann den kleinen Kirchenplatz und verrichteten ihre Andacht unter freiem Himmel.

Alfonsos neue Lebensweise war für seine Studien nachteilig, denn durch seine Spaziergänge im Freien wurde ihm die frische Luft unentbehrlich. Es war ihm unmöglich, länger als unbedingt nötig Zimmerluft zu atmen. Wenn er das Büro verließ, machte er sich wiederholt auf den Weg zur Bibliothek, selten aber hielt er es hier länger als eine halbe Stunde aus. Eine unbezwingbare Unrast befiel ihn, er mußte einfach ins Freie. Da stand er wie verzaubert auf einer Mole, ohne an etwas zu denken, ja auch ohne zu träumen, nur einer einzigen Beschäftigung hingegeben: die Meeresluft einzuatmen, deren heilsame Wirkung er sogleich zu spüren vermeinte.

Dann ging er nach Hause. Während des Abendessens nahm er sich wohl manchmal vor, die Nacht über einem Buch zu verbringen, doch die Müdigkeit übermannte ihn. Er schlief neun bis zehn Stunden. Sein Schlaf war ruhig und so kräftigend, daß es ihm nicht leid darum tat.

Und doch ließ ihn sein Ehrgeiz gerade damals von einem Erfolg träumen. Endlich hatte er seine Berufung gefunden! Er wollte die moderne italienische Philosophie begründen, indem er ein bedeutendes deutsches Werk übersetzte und zugleich ein eigenes schrieb. Was die Übersetzung betraf, so blieb es beim Vorsatz; hingegen begann er am eigenen Werk zu schreiben. Den Titel jedenfalls brachte er zu Papier: ‹*Die Idee der Moral in der modernen Welt.*› Er schrieb auch die Einleitung, in der er das Ziel seiner Arbeit darlegte. Er wollte eine Theorie aufstellen, die Frage des praktischen Nutzens lag nicht in seiner Absicht. Schon dies schien ihm eine Neuheit in der italienischen Philosophie zu sein. Er wollte, kurz gesagt, den Beweis liefern – und mehr hätte er über den Inhalt seines Buches zur Zeit auch kaum zu berichten gewußt –, daß die moralische Idee in der Welt lediglich durch eine notwendige Forderung im Interesse der Gemeinschaft bedingt sei. Die These war zwar nicht sehr originell, doch konnte die Art der Beweisführung es werden, wenn sie ausschließlich der Wahrheitssuche diente, ohne Rücksicht auf die möglichen Folgen im praktischen Leben. Mut und Aufrichtigkeit fehlten ihm ja nicht. Beim Schreiben entwickelte er all den Mut, der ihm im Leben abging, und die Studien, die er betrieben hatte, konnten seine Aufrichtigkeit nicht beeinträchtigen, sie sollten lediglich seine Kenntnisse bereichern. Die Voraussetzungen, die den literarischen Erfolg sichern, waren ihm unbekannt, und er kümmerte sich auch nicht um sie. Er wollte arbeiten, ehrlich arbeiten, der Erfolg würde von selber kommen.

Und er arbeitete ehrlich, aber wenig. Allzuhäufig liebkoste er in Gedanken das fertige Werk, während die Sätze, die er niedergeschrieben hatte, an den Fingern abzuzählen waren. In seinen Träumen nahmen die Vorzüge seines Werkes immer mehr zu, das eben deshalb, weil es noch unvollendet war, keine Wertminderung durch die Unzulänglichkeiten der Feder erfahren konnte. Als er jedoch nach ein paar Monaten das Resultat seiner Anstrengungen betrachtete, wurde er von einer tiefen Entmutigung erfaßt: es bestand aus dem drei, vier Seiten umfassenden Vorwort, das Dinge versprach, die noch nicht gesagt waren, und einen Beweis ankündigte, der noch lange nicht erbracht war. Das war alles. Und darauf hatte er Monate verwendet! Nicht ein einziges Mal hatte er seinen Kopf angestrengt, um die Materie, die er behandeln wollte, wirklich zu studieren, und so waren die paar Seiten der einzige Fortschritt, den er in der Richtung zum gesteckten Ziel gemacht hatte. Das war so wenig, daß es einem unausgesprochenen Verzicht auf seine ehrgeizigen Absichten gleichkam.

Das Ganze sah um so mehr nach Verzicht aus, als es eine unbestreitbare Tatsache war, daß er sich nun in der Bank weit wohler zu fühlen begann. Die Büroarbeit, die ihm anfangs in einem unversöhnlichen Widerspruch zu der geistigen Arbeit, der er sich widmen wollte, zu stehen schien, war ihm jetzt weit weniger verhaßt. Das war einerseits gewiß auf die Hilfe und das Beispiel Alchieris zurückzuführen, andererseits aber auch, wie er meinte, auf ein Erlahmen seiner geistigen Spannkraft.

Lange Zeit hindurch versuchte er vergebens, seine Besuche in der städtischen Bibliothek wiederaufzunehmen. Er war sogar bereit, zu diesem Zweck die Arbeit an seinem philosophischen Werk vorübergehend einzustellen. Eines Abends fuhr Sanneo ihn grob an. Alfonso war ein Fehler unterlaufen, und er mußte selbst zugeben, daß er die Vorwürfe verdiente, doch erbitterte ihn die rüde Art, in der sie vorgebracht worden waren. Da erinnerte er sich, daß er sich seinerzeit für die Demütigungen, die er durch solche Vorfälle in seinem Beamtendasein erlitt, in der Weise entschädigte, daß er sich mit um so größerem Eifer in seine Studien versenkte, um sich so aus seiner unterlegenen Stellung wieder emporzuheben. Der Zwischenfall mit Sanneo ließ ihn nach längerer Pause wieder den Weg in die Bibliothek finden.

Er vertiefte sich in die Lektüre einer italienischen bibliographischen Zeitschrift. Die italienische Sprache gehorchte ihm nicht, und er beschloß, sich ausschließlich mit italienischen Werken zu befassen. Daß er jetzt eine Stunde ehrlich gefesselt eine Abhandlung über die Echtheit gewisser Briefe Petrarcas[10] las, war die Folge von Sanneos Grobheiten. Als er zu Ende war, empfand er eine tiefe Befriedigung, zugleich trauerte er den vergangenen Zeiten nach, an die sein ermüdendes Gehirntraining ihn wieder erinnerte. Es war ihm geradezu, als wäre seither eine tiefgehende Veränderung in seinem Leben vor sich gegangen.

Als er den Kopf hob, bemerkte er, daß ihm gegenüber Macario saß und ihn unsicher ansah.

«Herr Nitti ...» sagte Macario in fast fragendem Ton. Er schien ein schlechtes Gedächtnis zu haben. Gleich darauf aber streckte er ihm freundschaftlich die Hand entgegen.

Sie gingen gemeinsam fort.

«Kommen Sie öfters hierher?» fragte Macario, auch diesmal damit beschäftigt, seinen Überrock zurechtzurükken, ein langes, graues Kleidungsstück mit Knöpfen aus echtem Horn.

Alfonso erwiderte ohne zu zögern, daß er jeden Abend hierher komme, und nahm sich insgeheim vor, künftig die Lüge zur Wahrheit werden zu lassen.

«Ich besuche die Bibliothek seit acht Tagen. Schade, daß wir uns erst heute treffen», sagte Macario sehr höflich. Er fragte ihn sodann, was er denn studiere.

«Literatur», gestand Alfonso nach einigem Zögern.

Er war zwar stolz, Macario dies sagen zu können, aber er brachte es deshalb etwas zögernd heraus, weil er Macarios scharfe Zunge kannte und fürchtete. So fügte er erklärend hinzu, er habe sich vorgenommen, jeden Tag ein paar Stunden zu studieren, um sich von der Büroarbeit abzulenken.

«Was lesen Sie denn?» fragte ihn Macario und sah ihn dabei überrascht an. Er fand, daß Alfonso trotz seines braungebrannten Gesichts weniger bäurisch wirkte als Monate zuvor. Alfonso sprach unbefangener und bewies sogar eine gewisse überlegene Gewandtheit, als er die Bedeutung seiner regelmäßigen Studien nicht übertreiben wollte. Macario war intelligent genug, dies alles gleich zu erkennen.

Da Alfonso wußte, daß manche Leute für Philosophie und Philosophen nur Verachtung übrig haben, ließ er seine Lieblingsautoren unerwähnt, sondern sprach von einigen

Kritikern. Macario mußte gewahr werden, daß er es mit einem Menschen zu tun hatte, der sich den Luxus eines eigenen Urteils leistete. Zu seiner Überraschung fand er Alfonso sogar nicht wenig boshaft. Alfonso hatte eben die Schriftsteller, denen seine ganze Verehrung galt, Macario gegenüber vorsichtshalber gar nicht genannt.

Alfonso seinerseits entdeckte sehr bald, wie die Bildung Macarios beschaffen war. Er vermerkte mit Befriedigung, daß Macario ihm achtungsvoll mit schlecht verhohlener Anstrengung folgte, bestrebt, das Gespräch so rasch wie möglich auf ein anderes Gebiet zu lenken, auf dem er besser bewandert war und wo er glänzen konnte. Er sprach von den modern gewordenen Naturalisten. Alfonso hatte einige ihrer Romane, auch ein paar Kritiken über sie gelesen und sich als unbefangener Leser, der er bis dahin gewesen, sein eigenes unparteiisches Urteil gebildet. Er lobte einiges, tadelte anderes. Macario war ein entschiedener Anhänger dieser literarischen Richtung, und seine Begeisterung genügte Alfonso, sich ein Bild von der Sinnesart seines Gesprächspartners zu machen. Während Macario ihn mit fast herablassendem Lächeln ansah, als wollte er sagen: ‹Ich habe zwar weniger studiert als du, dafür habe ich einen besseren Spürsinn›, verbarg Alfonso hinter dem ernsten und aufmerksamen Gesichtsausdruck eines Schülers, der Unterricht erhält, das befriedigende Gefühl seiner eigenen Überlegenheit. Er vermied eine Diskussion, denn er konnte nicht hoffen, gegen den wortgewandten Macario Sieger zu bleiben. Andererseits war es unmöglich, einem so gewandten Redner gegenüber anhaltend den Gleichgültigen zu spielen. Fast unwillkürlich gab Alfonso dann und wann Zeichen der Zustimmung. Diese Zustimmung – so beruhigte er sein eigenes Gewissen – galt lediglich einzelnen von Macario ausgesprochenen Sätzen, nicht aber der ganzen von ihm entwickelten Idee. Einige Sätze Macarios waren so ausgezeichnet, daß Alfonso ihn im

Verdacht hatte, er habe sie irgendwo gestohlen. Er sprach von menschlicher Schöpfung, die in ihren Endergebnissen der biblischen Schöpfung nicht nachstehe. Sie unterschieden sich zwar der Methode nach, doch würden in beiden Fällen Organismen erzeugt, die selbständig lebten und denen man den Zeugungsprozeß nicht mehr anmerkte.

Macario erzählte, daß er in die Bibliothek komme, um in Ruhe Balzac lesen zu können, den die Naturalisten als ihren Vater bezeichneten. Das stimme nicht, zumindest war Macario nicht dieser Auffassung. Er bezeichnete Balzacs Werk als rhetorisch, es gehöre durchaus dem Anfang des 19. Jahrhunderts an.

Sie befanden sich jetzt auf der Piazza delle Legna. Sie waren so langsam gegangen, daß inzwischen eine halbe Stunde verstrichen war. Unterwegs hatte Macario Zeit gefunden, das hübsche Gesichtchen eines vorübergehenden Ladenmädchens zu bewundern und eine junge Frau zum Erröten zu bringen, indem er sie unverschämt anstarrte. Alfonso hingegen hatte nichts anderes zuwege gebracht, als zuzuhören.

«Wo wohnen Sie?» fragte Macario, indem er Alfonso am Arm faßte.

«Dort», erwiderte Alfonso und wies vage gegen die Altstadt.

«Ich werde Sie ein Stückchen begleiten.»

Wie sollte man soviel schmeichelhafter Liebenswürdigkeit Widerstand entgegensetzen? Sie machte jede Diskussion über Balzac und über den gegen ihn erhobenen Vorwurf der Schwatzhaftigkeit unmöglich. Macarios höfliches Angebot bestimmte Alfonso, ihm Balzac zu opfern.

«Er ist dann und wann rhetorisch, zugegeben!»

Sie betraten nicht die Altstadt, sondern kehrten auf den Corso zurück.

«Wissen Sie, daß Sie sich jetzt im Hause meines Onkels sehr wohl fühlen würden? Es hat sich dort alles von Grund auf geändert. Annetta beschäftigt sich jetzt mit Literatur. Wollen wir zu ihr gehen? Sie ist vor acht Tagen vom Lande zurückgekehrt und empfängt fast jeden Abend ihre Freunde. Sie ist auf dem besten Wege, sich noch mehr zu emanzipieren, als sie es schon war.»

«Wirklich?» fragte Alfonso und zeigte sich überrascht.

Er suchte nach einem Vorwand, die Einladung abzulehnen.

Macario tat, als habe Alfonso bereits angenommen. Er schleppte ihn mit sich den Corso entlang und bog in die Via Ponte Rosso ein. Alfonso war immer noch unschlüssig.

«Sie müßten sie jetzt sehen! Sie ist wunderschön. Sie verbringt die halben Tage am Schreibtisch. Diese Beschäftigung, zu der sie sich plötzlich berufen fühlt, stört wenigstens niemanden. In ein paar Monaten wird alles vorüber sein. Ich glaubte, daß ihr der Ruhm, den jetzt ein paar Frauen in Italien erringen konnten, den Kopf verwirrt hat. Diese Frauen! Wenn eine etwas tut, folgen die anderen wie die Gänse. Das Beispiel des Mannes zählt für sie nicht. Sie ahmen immer wieder nur die eine oder andere Frau nach, dabei bemerken sie gar nicht, daß es sich um Nachahmung handelt. Ihr kleines Gehirn ist nicht imstande, den Begriff Originalität zu erfassen, sie verwechseln ihn mit Genauigkeit – Genauigkeit in der Nachahmung. Dabei ist das weibliche Original, das sie nachahmen, wieder nur die erste Nachahmung eines männlichen Beispiels.»

Alfonso lachte.

«Und Fräulein Annetta?»

«Von den schriftstellerischen Qualitäten des Fräulein Annetta habe ich keine Ahnung. Sie ist so vorsichtig, keine ihrer Arbeiten zu zeigen, solange es ihr nicht gelingt, irgendein Vorbild mit großer Sorgfalt nachzuahmen. Man wird aber auch dann kein sicheres Urteil abgeben können, solange man nicht weiß, wen sie sich zum Vorbild genommen hat. Nun, Sie wissen ja, welche Meinung ich von Annetta habe. Sie besitzt vor allem höchstentwickelte mathematische Qualitäten ...» Dabei vollführte er seine gewohnte Geste, um seinen Hintergedanken anzudeuten. «Jetzt aber wollen wir hingehen, um ihr den Hof zu machen.»

Er bog in die Via dei Forni ein. Alfonso hielt ihn zurück: «Ich komme nicht mit, ich kann nicht kommen. Man erwartet mich zu Hause, und dann, so wie ich bin ...»

Sein Gesicht war feuerrot, er sprach mit größerem Eifer, als nötig gewesen wäre, um Macarios Einladung einfach abzulehnen.

«Ich will Sie gewiß nicht zwingen. Schade! Wenn jemand Sie erwartet, dann haben Sie natürlich allen Grund, nicht mitzukommen. Wenn es aber wegen Ihres Anzuges ist, dann irren Sie sich. Erstens ist er sehr ordentlich, und dann hat Annetta jetzt, wo sie eine Literatin geworden ist, eine besondere Vorliebe für Bohemiens. Also los, kommen Sie mit!»

Aber Alfonso blieb bei seinem Vorsatz. Macarios Worten hatte er bereits entnehmen können, daß Annetta ihn nun sehr höflich empfangen würde, aber er wollte sich bitten lassen. Das war die einzige Genugtuung, die er für die seinerzeit erlittene Beleidigung fordern konnte. Auf die wollte er nicht verzichten.

«Sie haben also immer noch nicht die kalte Aufnahme vergessen, die man Ihnen vor ein paar Monaten bereitet hat?» Alfonso protestierte zwar und versicherte, er denke längst nicht mehr daran, trotzdem schalt Macario ihn freundschaftlich aus und nannte ihn ein großes Kind. Dann ging er.

Am folgenden Abend trafen sie einander wieder in der Bibliothek. Alfonso ging jetzt wieder gerne hin. Macarios Gespräche amüsierten ihn, seine Gesellschaft schmeichelte ihm.

Macarios Witz siegte stets über Alfonsos Wissen. Macario war überzeugt, daß er es war, der dem anderen Belehrungen erteilte. Aber da täuschte er sich. Alfonso lernte von Macario nur insofern, als dieser für ihn ein Studienobjekt war.

Er hatte längst begriffen, worin Macarios Geist bestand. Er durchschaute seine Irrtümer, und es entging ihm nicht, wenn Macario einen Gedanken, den er gerade vorbrachte, künstlich aufblies, um größeren Eindruck zu machen. Manchmal freilich mußte er Macario wirklich bewundern, und zwar dann, wenn er sah, wie ungeniert er Dinge behauptete oder bestritt, bei denen selbst die größten Geister mit ihrem Urteil zögerten.

Nicht selten widersprach sich Macario auch, aber niemals am gleichen Tag. Er war Tagesstimmungen unterworfen. Je nach der Stimmung schlüpfte er gleichsam in ein anderes Kostüm und bewegte sich darin, als werde er es nie wieder ablegen. Dieses Maskenspiel fiel ihm leicht, denn er war ein Mann von einer zwar oberflächlichen, aber doch recht umfassenden Kultur. Sie ermöglichte es ihm einerseits, als ein gebildeter und ungewöhnlicher Mensch zu erscheinen, andererseits aber ging sie nicht tief genug, um ihm so feste Überzeugungen zu verschaffen, daß er auf sie selbst im Scherz nicht hätte verzichten mögen.

An diesem zweiten Abend zog er gegen die Druckerpresse los. Wenn man für den Druck schreibt, erklärte er, heuchle man immer, sei man nie ganz aufrichtig. In der Öffentlichkeit bezeichne man das Alte als neu, lobe man das Tadelnswerte und so weiter. Diese Behauptungen waren nicht sehr aufregend, aber sie sollten kühner werden. Wozu, fuhr er fort, diene das viele Wissen? Nur wer eigenen Forschungen nachgehe, bedürfe bestimmter Spezialkenntnisse, um die sich die andern nicht viel zu kümmern brauchten. Für sie seien sie nur eine überflüssige Belastung des Gehirns. Wer eine Sache ganz begreife, habe sein Gehirn ebenso ausgebildet wie derjenige, der sich mit vielem befasse. Das bedruckte Papier schade mithin mehr, als es nütze. Dieses ‹Mithin› war nicht sehr schlüssig, aber Alfonso ging darüber hinweg, und Macario gefiel sich weiter in seinen Argumentationen.

«Großartig», rief Macario eines Abends in der Bibliothek aus und schob Alfonso ein Buch hinüber, das er eben zu Ende gelesen hatte: ‹*Louis Lambert*› von Balzac.

Alfonso las es in zwei, drei Tagen durch und mußte es nicht minder bewundern. Seine Bewunderung galt – von einem Liebesbrief abgesehen, den er von einer so tiefen Leidenschaft erfüllt fand, von einer so echten Sinnlichkeit, daß sie in keiner Weise anzüglich wirkte – weniger den ästhetischen Vorzügen des Werkes, als der Originalität eines philosophischen Systems, das, bei aller Knappheit, durch und durch entwickelt war und vom Autor mit seigneuraler Großzügigkeit seinem Hauptthelden zum Geschenk gemacht wurde.

Macario fragte ihn, wie das Buch ihm gefallen habe. Alfonso war schon im Begriff, seine Meinung aufrichtig zu sagen, aber Macario ließ ihn gar nicht zu Wort kommen, als fürchte er, seine Gedanken könnten ihm weggenommen werden. So zwang er Alfonso sein eigenes Urteil auf: «Wissen Sie, warum es ein so schönes Buch ist? Es ist das einzige von Balzac, das ganz und gar unpersönlich ist. Es dankt dies einer zufälligen Fügung. Louis Lambert ist verrückt, seine ganze Umgebung besteht aus Verrückten, und aus Entgegenkommen für seine Gestalten tut der Autor, als sei auch er verrückt. So haben wir es mit einer kleinen, vollkommenen Welt an sich zu tun, ohne jede Einmengung von außen.»

Alfonso war von dieser ebenso originellen wie falschen Kritik überrascht. Ihr lag offenbar eine Methode zugrunde, die näher zu bezeichnen Alfonso unterließ, weil er fürchtete, sonst ebenfalls in diese kleine Welt ‹an sich› eingeordnet zu werden.

Macario fand sichtlich Gefallen an Alfonsos Gesellschaft. Er suchte sie immer wieder, an manchen Abenden holte er Alfonso sogar vom Büro ab.

Alfonso war sich über die Ursachen dieser plötzlichen Zuneigung im klaren. Er verdankte sie seiner Fügsamkeit, aber auch, wie er meinte, seiner Geringfügigkeit. Alfonsos Geringfügigkeit und Unbedeutendheit gegenüber fühlte Macario sich wohl. Nichtsdestoweniger freute sich Alfonso über die ihm entgegengebrachte Freundschaft. Liebenswürdigkeit bereitet Freude, selbst wenn sie um teuren Preis erkauft wird. Er mißachtete Macario keineswegs. Er schätzte und bewunderte sogar manche Eigenschaft dieses eleganten, jungen Mannes, der unbewußt ein Künstler war, intelligent auch dann, wenn er über Dinge sprach, von denen er nichts verstand.

Macario besaß einen kleinen Kutter und lud Alfonso öfters zu morgendlichen Rundfahrten im Golf ein. Für Alfonso bedeuteten diese Ausflüge jedesmal ein wahres Fest, das die Eintönigkeit seines Lebens unterbrach. Im Boot fiel es ihm auch leichter, Macarios Ausführungen zuzustimmen, denen er zum großen Teil gar nicht zuhörte. Außerdem rang er immer noch um die Wiedergewinnung seiner Gesundheit, die er für notwendig hielt, um das harte Leben der Arbeit, das er sich vorgenommen, leichter durchstehen zu können, und wenn er den Meereshauch einatmete, sollte auch das zu ihrer Förderung beitragen.

Eines Morgens blies der Wind besonders stürmisch. Als sie am Ende der Mole standen und auf das Boot warteten, das sie abholen sollte, schlug Alfonso vor, dieses Mal auf den Ausflug zu verzichten. Die Fahrt schien ihm gefährlich zu werden. Macario aber lachte ihn aus und wollte nichts davon hören.

Der Kutter schaukelte heran. Unter dem Druck der

windgeblähten Segel neigte er sich bedrohlich zur Seite, um sich erst im letzten Augenblick, da man schon meinte, er werde umkippen, wieder aufzurichten. Als Alfonso vom Festland aus diesem Spiel zusah, wurde er von einem jener nervösen Schauer befallen, die einen überlaufen, wenn man jemand in der Gefahr des Stürzens sieht. Nur die Angst vor Macarios ironischen Bemerkungen hielt ihn davon ab, diesmal nicht mitzufahren.

Das Boot wurde von Ferdinando gelenkt, einem ehemaligen Matrosen, der sich sein Brot jetzt als Lastträger verdiente. Er überließ Macario den Platz am Steuer. Bevor Macario sich setzte, zog er den Rock aus, als ginge es an eine Schwerarbeit.

«Und jetzt vorwärts!» schrie Ferdinando.

Mit diesen Worten sprang Ferdinando an Land, faßte den Kutter beim Mast und schob ihn von einem Ende der Mole zum anderen. Dann stieß er ihn, einen Fuß auf dem Festland, den anderen auf dem Boot, ins Meer hinaus.

Alfonso sah ihn angsterfüllt an, sah ihn schon ins Wasser stürzen. Jede, auch noch so kleine drohende Gefahr ließ ihn zusammenzucken.

«Wie geschickt!» sagte er gleichwohl zu Ferdinando.

Er hatte das Gefühl, diesem Menschen ausgeliefert zu sein, und empfand den fast unbewußten Wunsch, ihn sich zum Freunde zu machen.

Ferdinando hob den Kopf. Trotz seines grau durchzogenen Bartes und dem nicht unbeträchtlichen Ansatz zu einer Glatze wirkte sein Gesicht noch jugendlich. Er dankte Alfonso. Eben weil es nicht zu seinem Beruf gehörte, Kutter zu bedienen, legte er auf die Anerkennung seiner Geschicklichkeit besonderen Wert. Er mißverstand jedoch den Zweck, den Alfonso mit seinem Lob verfolgte. Er zog mit aller Kraft das Segel an sich, machte es fest und setzte dann das ganze Gewicht seines Körpers ein, um zu verhindern, daß es sich wieder losmache. Im Nu brachte der

Wind, als wäre er eben erst aufgekommen, das Segel zum Schwellen, und das Boot neigte sich sturzartig genau nach der Seite, auf der Alfonso saß.

Alfonso hatte sich vorgenommen, Kaltblütigkeit zu bewahren, aber alle seine Vorsätze wurden durch den plötzlichen Schreck zunichte. Wohl gelang es ihm, einen Schrei zu unterdrücken, aber er sprang auf und warf sich auf die gegenüberliegende Seite des Bootes, als könne er es mit seinem Körpergewicht wieder geraderichten. Immerhin beruhigte er sich etwas, als er sich nicht mehr so nahe dem Wasser fühlte. Er setzte sich und klammerte sich mit beiden Händen an das schmale Sitzbrett.

Macario betrachtete ihn mit einem leichten Lächeln. Neben Alfonso verschaffte ihm seine eigene Ruhe ein besonderes Wohlgefühl, und um den Unterschied zwischen sich und ihm noch mehr zu betonen, hielt er den Kutter unter der vollen Einwirkung des Windes. Alfonso entging Macarios Lächeln nicht, und er tat alles, um äußere Ruhe zur Schau zu tragen. Er machte Macario auf die weißen Bergspitzen aufmerksam, die über dem Horizont zu schweben schienen, während der untere Teil der Berge nicht sichtbar war.

Als sie am Leuchtturm vorbeikamen, konnte er erst so recht ermessen, mit welch rasender Geschwindigkeit das Boot die Wellen durchschnitt. Er sprang auf, er meinte, es müsse jetzt und jetzt an den Steinblöcken zerschellen, die den Leuchtturm umgaben.

«Sie können doch schwimmen?» fragte Macario ihn mit aller Gelassenheit. «Schlimmstenfalls werden wir schwimmend das Ufer erreichen. Aber» – und hier spielte er den Besorgten – «wenn Sie fühlen sollten, daß es Sie in die Tiefe zieht, klammern Sie sich ja nicht an mich, denn dann wären wir beide verloren. Wir werden uns schon um Sie kümmern, ich und Nando. Nicht wahr, Nando?»

Der brach in schallendes Gelächter aus und versprach es.

Nun begann Macario, indem er seine Denkermiene aufsetzte, sich des langen und breiten über die Auswirkungen der Furcht zu ergehen. Bei jedem zehnten Wort hob er seine aristokratische Hand und krümmte sie leicht. Er schuf so mit der Hand einen Hohlraum, in dem all die Nebenbedeutungen seiner Ausführungen Platz finden sollten, die auf Alfonso und dessen Angst gemünzt waren.

«Die Angst tötet viel mehr Menschen als der Mut. Im Wasser, zum Beispiel, kommen alle um, die die Angewohnheit haben, sich an den nächstliegenden Gegenstand zu klammern.» Dabei blinzelte er zu Alfonsos Händen hinüber, die nervös die Sitzbank umklammert hielten.

Sie glitten jetzt an den Grünanlagen von Sant' Andrea vorbei. Alfonso blickte hinüber, aber er konnte den Anblick nicht genießen. Er konnte sich einfach nicht beherrschen.

Bei der Rückfahrt machte die Stadt, als er sie wieder vor sich sah, auf ihn einen trübseligen Eindruck. Er empfand ein großes Unwohlsein, eine Müdigkeit, als habe er einen unendlich langen Weg zurückgelegt und als wäre ihm nie mehr vergönnt, sich auszuruhen. Er war offenbar seekrank. Macario sagte es ihm höchst belustigt.

«Bei diesem Meer!»

Tatsächlich konnte man auf dem windgepeitschten Meer – der Wind kam von der Landseite – keine Welle sehen, sondern nur breite Streifen, die teils gekräuselt, teils muldenartig ausgehöhlt, aber ganz glatt waren. Die ununterbrochene Einwirkung des Windes schien die Oberfläche abgeschliffen zu haben. Beim Wellenbrecher gab es ein ständiges, lustiges, klatschendes Lärmen, als schwemmten unzählige Wäscherinnen ihre Wäschestücke in fließendem Wasser.

Alfonso war so blaß, daß Macario mit ihm Mitleid empfand. Er befahl Ferdinando, die Segel zu straffen.

Nun waren sie wieder im Hafen, aber sie mußten am Anlegeplatz zweimal vorüberfahren, ehe sie landen konnten.

Die Luft war von den kurzen Schreien der Möwen erfüllt. Um Alfonso abzulenken, machte ihn Macario auf den Flug dieser Vögel aufmerksam. Sie flogen ruhig und in geregelten Schwüngen dahin, als bewegten sie sich auf einer vorgezeichneten Bahn. Dann stürzten sie plötzlich senkrecht hinab, als seien ihre Körper schwer wie Blei. Sie flogen vereinzelt, jeder Vogel für sich, die riesigen weißen Flügel gebreitet, während ihr von leichten Federn bedeckter Körper unverhältnismäßig klein war.

«Alles an ihnen ist zweckmäßig eingerichtet, fürs Fischen und fürs Fressen», begann Macario philosophisch. «Es bedarf keines großen Gehirns, um Fische zu fangen. Der Körper dieser Vögel ist klein – wie klein erst muß ihr Kopf und ihr Gehirn sein! Bedeutungslos! Was dem Fisch, der im Schnabel der Möwe endet, zum Unheil wird, sind diese Flügel, diese großen Flügel. Und dann die Augen. Und der Magen. Um den riesigen Appetit dieser Tiere zu befriedigen, ist der Sturz aus der Höhe eine vergleichsweise geringe Angelegenheit. Doch das Gehirn? Was hat das Gehirn mit Fischfang zu tun? Und Sie – Sie verbringen lange Stunden am Studiertisch, um ein überflüssiges Organ zu nähren! Wer nicht von Geburt an imstande ist, rechtzeitig auf die Beute zuzustoßen, wird es niemals erlernen, er wird vergeblich den anderen zusehen, wie sie es machen – er wird es ihnen nicht gleichtun können. Man stirbt in eben dem Zustand, in dem man geboren wurde, entweder mit Händen als Fangorganen oder mit solchen, die nichts festzuhalten vermögen.»

Auf Alfonso machte dieser Vortrag einen tiefen Eindruck. Er fühlte sich elend, als er daran dachte, in welche Aufregung er durch einen so geringfügigen Anlaß geraten war.

«Und ich», fragte er und deutete ein Lächeln an, «habe ich die Flügel?»

«Für poetische Flüge gewiß!» antwortete Macario und krümmte die Hand, obwohl sein Ausspruch keinerlei Nebengedanken enthielt, der erst einer solchen Geste bedurft hätte, um verstanden zu werden.[11]

IX

Annetta war ungefähr einen Monat vor ihrem Vater zurückgekehrt, der aus geschäftlichen Gründen direkt von der Sommerfrische in die Hauptstadt gefahren war. Während dieses Monats gingen durch Alfonsos Hand mehrere Depeschen Mallers. Sie waren oft ganze Seiten lang, nachlässig und ohne Rücksicht auf Spesen abgefaßt. Sie betrafen verschiedene geschäftliche Transaktionen, und Alfonso nahm sich freiwillig nicht die Mühe, sie zu lesen. Die letzte Depesche aber wurde ihm von Starringer, dem Expedienten, gezeigt, durch dessen Hände sie alle gingen und der sie auch alle las. Diese Depesche Mallers schloß mit den Worten: «Benachrichtigt meine Familie, daß ich morgen früh eintreffe. Der Wagen soll mich vom Bahnhof abholen.»

Herr Maller mußte schon seit vierundzwanzig Stunden wieder da sein, aber Alfonso hatte ihn noch nicht erblickt. Er glaubte, jeden Augenblick auf ihn zu stoßen, und so schritt er ängstlicher als sonst durch den Korridor.

Miceni erschien bei ihm und teilte ihm mit, daß er eben aus Mallers Zimmer komme, wo er den Prinzipal begrüßt habe. Herr Maller habe ihn außerordentlich höflich empfangen und ihm sogar zweimal die Hand gedrückt. Wenn Miceni sonst von seinen Vorgesetzten sprach, pflegte er den eingefleischten Demokraten hervorzukehren, an diesem Tag aber, unter dem Eindruck des doppelten Händedrucks, vergaß er die Niederlage, die Sanneo ihm zugefügt hatte, und seine Worte klangen sanft. Er lobte Maller nicht nur wegen seiner Höflichkeit, sondern er freute sich auch als anhänglicher Beamter über das blühende Aussehen seines Prinzipals.

«Soll ich gleichfalls hineingehen und ihn begrüßen, was meinst du?» fragte ihn Alfonso.

«Es gehen fast alle zu ihm. Es hängt von deinem Ermessen ab.»

Daß auch Alchieri bei Maller gewesen war, konnte für Alfonso nicht maßgebend sein, denn Sanneo hatte ihn aus dienstlichen Gründen in die Direktion geschickt; Alchieri hatte Herrn Maller also nur zufälligerweise begrüßt. White konnte Alfonso noch weniger als Vorbild dienen, denn White pflegte auch sonst halbe Tage lang in den Direktionszimmern zu verbringen, die er gleichsam als seine eigenen betrachtete.

Ballina ging nicht hin. Für ihn gab es da keine Überlegungen: «Mit Jesus Christus treibt man keinen Spaß, selbst wenn man sich über seine Stellvertreter auf Erden gelegentlich lustig macht. Als Sanneo vom Urlaub zurückkam, ging ich ihn begrüßen, denn ich weiß, daß er auf solche Mätzchen Wert legt und nicht gescheit genug ist, zu begreifen, daß mein Besuch weiter nichts war als ein diplomatischer Schritt. Herr Maller aber hat gewiß kein Stroh im Kopf, wenn er unser aller Brotgeber werden konnte, und mit ihm erlaube ich mir keine Scherze.»

Alfonso war den ganzen Tag lang unschlüssig. Er hatte vergessen, Rat bei Macario einzuholen, der ihn mit einem einzigen Wort von allen Zweifeln befreit hätte. Für Alfonso gewann stets alles, was zweifelhaft war, große Bedeutung. Er fürchtete, wenn er hinging, Maller zu belästigen und sich seinen Unmut zuzuziehen; andererseits wieder, wenn er nicht hinging, fürchtete er, daß sein Nichterscheinen als Mangel an Aufmerksamkeit ausgelegt werden könnte.

Er war schon im Begriff, die Bank zu verlassen und die

Lösung dieses schwierigen Problems auf den nächsten Tag zu verschieben, als sich ihm die Lösung von selber anbot: Er sah im Korridor mehrere Beamte stehen, die darauf warteten, bei Maller vorgelassen zu werden und ihn zu begrüßen. Mit raschem Entschluß gesellte er sich zu ihnen.

Der alte Marlucci, ein Toskaner, der immer noch von der einstigen großfürstlichen Regierung sprach und ihr nachtrauerte, trat eben aus dem Zimmer des Prinzipals. Marlucci, ein Sechziger, saß seit zwanzig Jahren vor seinem dicken Hauptbuch. Er war ein intimer Freund von Jassy. Die beiden kamen und gingen zusammen, ein gleiches Mißgeschick verband sie: die Schwäche in den Beinen. Aber während bei Jassy auch das Gehirn schon wackelig geworden war und seine schwachen Hände nervös zitterten, blickte das schwarze Auge des Toskaners ruhig und sicher, und seine Rede war klar und präzis. Täglich trug er sauber in sein dickes Buch eine bestimmte Anzahl von Ziffern ein, niemals gab es bei ihm Korrekturen außer solchen, die durch die Irrtümer anderer notwendig wurden.

Alfonso, immer noch innerlich unsicher, fragte ihn: «Was soll man denn Herrn Maller sagen?»

«Wenn Sie es nicht wissen, dann schweigen Sie eben!» antwortete Marlucci lachend und ging weiter.

Neben Maller stand lediglich White, dem er seine Instruktionen erteilte. In der Fensternähe saß eine Frau. Ohne hinzusehen wußte Alfonso, daß es Annetta war. Alles Blut schoß ihm zum Herzen.

Herr Maller unterbrach einen Augenblick sein Gespräch mit White, reichte Alfonso die Hand und fragte ihn mit einem kalten Lächeln, wie es ihm gehe. Dann zog er die Hand gleich wieder zurück und setzte sein Gespräch mit White fort.

Alfonso ging zur Ausgangstür, aber eine sanfte weibliche Stimme, die in diesem Zimmer fast unpassend klang, hielt ihn zurück: «Herr Nitti!»

Er blieb stehen, wandte sich um. Es war Annetta. Sie trug ein graues Kleid, ein rundes Hütchen, der graue Schleier war auf ihre weiße Stirn zurückgeschlagen. Die ganze Erscheinung wirkte keusch und war doch zugleich von reifer Weiblichkeit.

Sie hielt ihm die Hand hin.

«Sind Sie böse auf mich, daß Sie mich gar nicht beachten?»

Alfonso widersprach und versicherte, daß er sie wirklich nicht gesehen habe. Er stammelte. Trotzdem sagte er mehr Worte, als nötig gewesen wären.

«Ich könnte es Ihnen nicht einmal übelnehmen», fuhr sie mit leiser Stimme fort. In ihr schwang ein so vertraulicher Ton mit, daß Alfonso vor freudiger Überraschung zusammenfuhr. Zugleich fragte er sich ängstlich, was die anderen in diesem Zimmer sich nun denken würden. «Ich kann Sie sehr gut verstehen. Nun aber geben Sie mir die Hand, und zwar ein bißchen freundlicher als das letzte Mal.»

Sie lächelte und sah ihn offen an. Sie erwartete, daß er ihre Freundlichkeit prompt erwidere. Alfonso zwang sich zu einem dankbaren Lächeln. Er war geschmeichelt. Sie erinnerte sich der Einzelheiten jenes Abends und verhehlte es nicht.

Sie betrachtete ihre Hand, die von der seinen umschlossen war. Alfonso öffnete sie und betrachtete seinerseits Annettas weiße mollige Hand, die in einem halb abgestreiften Handschuh steckte und in seiner rauhen ruhte. Sein Mittelfinger war innen, auf der dem Zeigefinger zugekehrten Seite, schwarz von Tinte.

«Sie kommen öfters mit meinem Cousin zusammen?»

«Fast jeden Abend!»

«Er hat mir sehr viel von Ihnen erzählt.»

«Danke!» murmelte Alfonso. Der Dank sollte Macario gelten.

«Darf ich Sie wieder einmal bei mir begrüßen? Sie werden sich jetzt weniger langweilen als das letzte Mal.»

Alfonso stotterte leise ein paar unverständliche Worte hervor. Ihrem Ton war zu entnehmen, daß er sich Annetta ganz zur Verfügung stellte.

«Kommen Sie doch gleich morgen abend. Möglicherweise werde ich noch ein paar Freunde bei mir haben. Kommen Sie ohne viele Zeremonien, die Ihnen, wie ich höre, verhaßt sind. Mein Haus steht Ihnen jederzeit offen.»

Herr Maller erhob sich lachend.

«Liebe Freunde, dieses Zimmer ist ausschließlich den Geschäften vorbehalten. Wenn ihr plaudern wollt, geht in Herrn Nittis Zimmer.»

Diese Unterbrechung brachte Annetta keineswegs aus der Fassung. Sie forderte vielmehr ihren Vater auf, mit den Geschäften endlich Schluß zu machen, sonst werde sie einfach fortgehen, ohne länger auf ihn zu warten. Als sie sich von Alfonso verabschiedete, klang ihre Stimme besonders innig. Sie lächelte ihm liebenswürdig zu, vielleicht auch deshalb, weil sie Mitleid mit ihm empfand. Er war bis in die Haarwurzeln rot geworden.

Kurz danach kam White zu ihm ins Zimmer, und da Alchieri zugegen war, senkte er diskret die Stimme und flüsterte Alfonso ins Ohr: «Viel Glück zu Ihrer Freundschaft mit Fräulein Annetta. Eine schöne, aber gefährliche Sache. Geben Sie nur acht, daß Sie sich nicht verlieben.»

Am nächsten Abend begleitete Macario ihn zu Annetta. Während Alfonso die Torhalle durchschritt, mußte er daran denken, in welchem Zustand er sie vor einigen Monaten verlassen hatte. Sein damaliger Besuch schien ihm plötzlich einen wichtigen Platz in seinem Leben einzunehmen. Tatsächlich war sein erstes Auftreten in der Stadt mit der Demütigung verbunden gewesen, die er durch Annetta erfahren hatte. Alles, was er danach getan, stand unter dem Eindruck dieser Demütigung. Seine angeborene Schüchternheit war noch gesteigert, seine Beziehungen zu Maller, zu Sanneo und zu all seinen Vorgesetzten waren wesentlich erschwert worden. Nun endlich war es ihm vergönnt, sich auch anderswo als im Hause Lanucci nicht wie ein gehorsamer Diener verhalten zu müssen.

Unterwegs beschrieb Macario ihm die Leute, die sie voraussichtlich bei Annetta antreffen würden.

Vor allem Spalati, Professor für italienische Sprache und Literatur, bei dem Annetta Unterricht nahm. Macario schien ihn, der Schilderung nach, die er von ihm gab, nicht sehr zu lieben. Spalati gab sich für einen Anhänger des Naturalismus beziehungsweise Verismus aus, dabei kreidete er den italienischen Schriftstellern, die ihm nicht paßten, auf pedantische Weise jedes Wort an, das nicht von Petrarca sanktioniert war. Im übrigen war er, Macario mußte es zugeben, ein schöner junger Mann, und es war leicht zu erraten, daß gerade diese Eigenschaft ihn um die Sympathien seines Biographen brachte.

In dem Bestreben, sich möglichst rasch mit Menschen zu umgeben, die ihrer neuen Geschmacksrichtung entsprachen, lud Annetta all die Bekannten zu sich, die sie für die intellektuellsten hielt. Zu ihnen zählte auch Fumigi, ein vierzigjähriger Mann, ein Verwandter Mallers. Von ihm, so berichtete Macario, war bekannt, daß er ursprünglich den Ehrgeiz hatte, sich durch seine geschäftliche Tätigkeit jene Freiheit zu erarbeiten, die es ihm ermöglichen sollte, sich ganz den mathematischen Studien, die sein Steckenpferd waren, zu widmen. Er war Kaufmann, Chef einer großen Firma, und boshafte Zungen behaupteten, daß schon jetzt der Verwirklichung seines Ehrgeizes nichts im Wege stünde. Auch Macario war dieser Ansicht. Aber es war ja natürlich, daß die Plage der täglichen Arbeit schließlich alle höheren Wünsche in Fumigi erstickte.

«Ich glaube, daß er jetzt nur noch für eine Mathematik Interesse hat, deren Ergebnisse sich mit den Händen greifen lassen. Aber er spielt weiter den wissenschaftlichen Mathematiker, denn es ist gewiß nicht unangenehm, als der zukünftige Entdecker der Quadratur des Kreises zu gelten.»

Unter Annettas Gästen befand sich auch ein junger Arzt, ein gewisser Prarchi, der eben seinen Doktor gemacht hatte. Er war, wie Macario erklärte, einer der wenigen Menschen auf dieser Welt, die von ihrem Beruf begeistert waren und nicht meinten, für einen anderen Beruf geboren zu sein. «Annetta lernte ihn in einem Badeort kennen. Das bißchen gesunden Kunstverstand, das sie mir verdankt, beweist sie damit, daß sie gern von naturwissenschaftlichen Dingen reden hört. Also von Medizin. Der junge Mann aber hat einen großen Fehler, er ist von seinen Fähigkeiten restlos eingenommen. Er spricht so gern von Medizin, daß er das Wort Dosis bei allen möglichen und unmöglichen Gelegenheiten anbringt. Annetta hat mir anvertraut – doch das bleibt unter uns –, daß all diese braven Leute sie langweilen. Und es ist auch nicht zu bestreiten, daß es vor einem Jahr, als sie noch mit Menschen intim befreundet war, die weniger dem Geist als dem guten Leben zugetan waren, in dem Hause weit lustiger zuging.»

Als sie den Flur im ersten Stock erreichten, drangen Klavierklänge zu ihnen heraus. Macario fragte Santo, wer denn spiele. «Das Fräulein Annetta», antwortete dieser, und da es seine Art war, immer mehr zu sagen, als wonach er gefragt wurde, fügte er noch hinzu: «Seit ungefähr einer Stunde.»

«Ich bewundere die Geduld der Herrschaften, die zuhören müssen», rief Macario, zu Alfonso gewandt, aus. Dann fragte er Santo noch, wer da sei.

«Niemand.»

«Heute ist doch Mittwoch», meinte Macario überrascht.

«Gewiß, Herr Macario. Das Fräulein hat aber den Herrn Professor Spalati verständigt – ich weiß es genau, denn ich wurde zu ihm geschickt –, er möge nicht kommen, weil sie starke Migräne hat.»

«Dann fragen Sie das Fräulein, ob sie uns empfangen will, denn es kann ja sein, daß die Migräne auch für uns gilt.»

Das Klavierspiel verstummte, und Annetta erschien in der Tür zum Speisezimmer.

«Nur herein, nur keine Umstände!» rief sie ihnen zu. «Meine Migräne ist vorbei.»

Macario, der vor Alfonso eingetreten war, blieb stehen und erklärte entschieden: «Wir bleiben aber nur, wenn du uns keine Migräne verschaffst und versprichst, nicht zu spielen.»

«Du weißt genau, daß du mich erst untertänigst bitten mußt, wenn ich dir etwas vorspielen soll.»

Sie traten ein. Annetta kümmerte sich nur um Alfonso. Macario nahm unaufgefordert Platz.

Alfonso glaubte sich von allen Hemmungen frei. Er schrieb dies Annettas herzlicher Art zu. In aller Ruhe und als wäre er allein in seinem Zimmer, dachte er sich die schönsten Sätze aus, die er ihr sagen wollte – aber als er sie dann wirklich sagen wollte, verlor er seine Unbefangenheit und stammelte halbe Worte.

Fast murmelnd brachte er hervor, es würde ihn sehr freuen, Annetta spielen zu hören. Seine Absicht war gewesen, auf Macarios Witz anzuspielen und zu beteuern, auch wenn er Migräne hätte, würde das Klavierspiel sie sofort vertreiben. Als Annetta ihm dankbar half, diesen Satz zu Ende zu bringen, fand er, es sei gar nicht schwer, gute Figur zu machen, wenn man unter Menschen ist, die es nicht darauf angelegt haben, daß man eine schlechte macht.

Tatsächlich nur ihrer Migräne wegen, so versicherte Annetta, habe sie sich denn auch ans Klavier gesetzt. Macario sprach kein Wort, und die beiden, die zum erstenmal miteinander Konversation machten, hielten krampfhaft an dem einen Thema fest, als fürchteten sie, kein anderes zu finden, wenn sie dieses fallenließen. Annetta meinte weiter, es sei durchaus möglich, daß die Musik Kopfschmerzen bereite, wenn man gezwungen sei, zuzuhören, die Aufmerksamkeit aber, die derjenige aufbringen müsse, der spiele, lenke ihn von allen Sorgen und Schmerzen ab.

Alfonso war von dieser Bemerkung entzückt. Er fand sie treffend und hätte, um sie zu erhärten, am liebsten einen seiner bevorzugten Philosophen zitiert, der Sorgen und Schmerzen in die gleiche Kategorie stellt und als Heilmittel für beide die Ablenkung empfiehlt. Aber er schwieg und neigte den Kopf mit einem Lächeln der Zustimmung. Er bekam plötzlich Angst vor dem Satz, den er hätte aussprechen müssen. Er war zwar ganz einfach, erforderte aber doch einen logischen Aufbau. So brachte er lieber das heldenhafte Opfer, ihn ungesagt zu lassen, statt sich der Gefahr des Steckenbleibens auszusetzen.

Er prüfte ununterbrochen seine eigenen Gefühle, und das trug dazu bei, daß er immer mehr an Unbefangenheit einbüßte. Die Selbsterforschung seines Seelenzustandes hatte schon begonnen, als er die Schwelle dieses Zimmers überschritt. Gleichgültig war die Frau ihm nicht, sonst hätte ihn die schlechte Behandlung, die er von ihr erfahren hatte, nicht monatelang so schwer bedrückt. Jetzt hingegen mußte er seltsamerweise feststellen, daß er innerlich ganz kalt war. Eine ärgerliche Kälte. Um sich Annettas Freundschaft zu bewahren, soviel begriff er, hätte er sich wenigstens einigermaßen verliebt zeigen müssen. Es gelang ihm nicht.

Annetta erhob sich, um Macario das Notenheft zu zeigen, aus dem sie zuvor gespielt hatte, und da nun konnte

Alfonso mit freudiger Genugtuung feststellen, wie das Verlangen ihn plötzlich durchfuhr. Sie stand so nahe neben ihm, daß er nicht ihre ganze Gestalt sehen konnte. Er sah nur ihren vollen Busen und ihre elegant geschwungene, wenn auch nicht schmale Taille, die eng von dem grauen Stoff umschlossen wurde. Es war jenes Grau, das Annetta jetzt vorwiegend trug.

Das Notenheft enthielt den Klavierauszug einer Symphonie von Beethoven.

«Gott weiß, wie du das gespielt hast», meinte Macario.

«Nicht gut», antwortete Annetta lachend.

«Das muß sehr schwer sein», bemerkte Alfonso und betrachtete das dicht mit Noten bedeckte Blatt.

«Es ist unmöglich», verbesserte ihn Annetta. Sie habe diese Symphonie kürzlich in einem Orchesterkonzert gehört, demgegenüber müsse jede Wiedergabe auf dem Klavier allein enttäuschen. «Im übrigen habe ich gar nicht den Ehrgeiz nach einer vollkommenen Wiedergabe. Hier zum Beispiel lasse ich ganze Stellen aus.»

«Es kommt ja nur darauf an», meinte Alfonso, «daß man selbst Vergnügen daran hat ... Besonders, wenn man das Ganze schon kennt ... dann hört man auch die ausgelassenen Noten mit.»

«O gewiß, wenn man Phantasie hat!»

«Und vor allem, wenn die Phantasie des Zuhörens auf die Person der Klavierspielerin Rücksicht nehmen muß», bemerkte Macario seelenruhig.

Annetta blieb ernst und fragte Alfonso: «Wie ich höre, befassen Sie sich mit größeren Studien?»

«Ein wenig. Soweit ich dazu komme.»

«Aber ich höre, daß Sie sehr eifrig studieren. Auch ich würde es gerne. Schreiben Sie etwas? Werden Sie bald etwas veröffentlichen?»

«Im Augenblick nicht.»

Er dachte an seine Studie über die Moral, und wenn

auch nur das erste Kapitel fertig gewesen wäre, hätte er nicht gezögert, darüber zu sprechen.

«Frauen wollen immer sofort Resultate sehen», sagte Macario lachend.

Er verteidigte ihn und behandelte ihn mit größerem Respekt, als wenn sie allein waren. Es schien, als liege ihm viel daran, Alfonso die Achtung Annettas zu verschaffen. Erst viel später wurde Alfonso klar, daß Macario nicht ihm, sondern ihr eine Freude machen wollte. Er rechnete mit ihrer Anerkennung, indem er ihr ein neues Objekt der Unterhaltung ins Haus brachte.

Von jener Seite, wo sich, wie Alfonso aus den seinerzeitigen Erläuterungen Santos wußte, der Empfangssalon der Mallers befand, trat Francesca ins Zimmer. Alfonso stand beflissen auf. Er wollte seiner alten Freundin, der einzigen, die ihn sogleich in Mallers Haus gut aufgenommen hatte, seine Dankbarkeit bezeigen.

Aber das ganze Verhalten des ‹Fräuleins› ließ erkennen, daß sie nicht daran dachte, sich der Gesellschaft anzuschließen. Alfonsos Gruß erwiderte sie nur mit einem kurzen Kopfnicken.

«Behalten Sie doch bitte Platz!» Sie begrüßte Macario überhaupt nicht, sondern wandte sich gleich an Annetta: «Wenn Sie mich brauchen – ich bin in meinem Zimmer.»

Ihr Verhalten war völlig verändert. Sie war befangener, zurückhaltender, sah blaß aus und war nachlässig gekleidet. Ihre kleine Gestalt wirkte unscheinbar neben Annetta. Nur das warme Blond ihres Haars, das ihr leidendes Gesicht krönte, leuchtete noch wie früher. Sie verließ das Zimmer, und Alfonso konnte bemerken, wie Macario Annetta mit unverhohlener Neugier ansah. Als Francesca draußen war, trat Zorn in Annettas Augen, als wollte sie Macario nachdrücklich auf die Ungeheuerlichkeit von Francescas Benehmen aufmerksam machen.

«Warum nicht so rasch wie möglich ein Buch veröffentlichen und sich einen Namen machen? Aus allzu großer Gewissenhaftigkeit werden oft junge Menschen vor der Zeit Pedanten. Sie verwenden mehr Zeit darauf zu feilen, als zu schreiben, und bringen so nichts zu Ende. Ich höre das immer wieder sagen. Wenn man die Feile anlegt, muß man, außer viel Talent, auch noch viel kritischen Sinn haben. Als Künstler schafft man, aber wenn man feilt, muß man nicht nur Künstler sein, sondern auch noch über großes Wissen verfügen.»

Als sie diesen Gedanken aussprach, hellte sich ihr Gesicht, das nach Francescas Abgang so ernst geworden war, wieder auf. Ihr eigener Ausspruch schien sie überaus zu befriedigen. Übrigens wäre auch Alfonso auf diesen Gedanken stolz gewesen, wenn er ihn selbst gefunden hätte. Es war erstaunlich, wie gewandt sie mit ihren kritischen Aperçus manipulierte.

«Sie raten mir, etwas zu veröffentlichen. Das ist ein schöner Rat, aber Sie selbst bleiben das Beispiel schuldig.» Der Satz war kurz, und Alfonso war es gelungen, ihn glatt und ohne Gestammel hervorzubringen.

«Für uns Frauen gibt es da noch besondere Rücksichten, aber –» sie fügte es lachend hinzu – «ich hoffe, daß Sie mir schon in wenigen Monaten nicht mehr diesen Vorwurf werden machen können.»

Alfonso gratulierte ihr. Macario stieß einen Schrei der Überraschung aus und wollte etwas von der Arbeit wissen, die Annetta vorbereitete und die sie ihm bisher verheimlicht hatte. Alfonso kannte Annettas literarische Qualitäten nur aus den witzigen Beschreibungen Macarios. Er nahm daher an, daß sich ihre Arbeit, über die sie bisher nichts hatte verlauten lassen, mindestens noch in dem gleichen embryonalen Zustand befinde wie die seine und daß Annetta jetzt nur deshalb davon gesprochen habe, weil sie sich in ihrer Eitelkeit getroffen fühlte.

Endlich wechselte das Gesprächsthema. Annetta selbst

war es, die von anderem zu reden anfing. Man kam auf die bevorstehende Theatersaison zu sprechen. Allerdings drehte sich das Gespräch weniger um das bevorstehende Schauspiel auf der Bühne, als um das in den Logen und im Parkett. Alfonso war zum Schweigen verurteilt. Macario und Annetta zählten die Namen einiger junger Männer auf, die bei keiner Premiere im Parkett fehlten, und unterhielten sich damit, sie genau zu beschreiben. Nun, da Annetta die Geistreiche zu spielen begann und über ihre eigenen Witze in langes und lautes Gelächter ausbrach, so daß sich ihr ganzer Körper bog, wobei auf ihrem weißen dicklichen Hals infolge der Muskelspannung feine Falten sichtbar wurden, geriet Alfonso wieder in Verlegenheit. Er sah sie wieder wie damals, als sie ihren merkwürdigen Gassenhauer sang und vor ihm ihren Tanz aufführte, schamlos wie die römischen Matronen vor ihren Sklaven.

Das Gespräch kehrte zur Kunst zurück oder beinahe, wie Annetta beim Abschied lachend sagte. Alfonso ging zwar nur selten ins Theater, aber er hatte doch schon feststellen müssen, wie störend das Geschwätz der Zuschauer während der Vorstellung war. Er schlug daher vor, man möge das gleiche System einführen wie in den deutschen Theatern, absolute Stille zur Pflicht machen und den Zuschauerraum verdunkeln. Es tat ihm leid, Annetta einmal nicht recht geben zu können, als sie genau die gegenteilige Meinung vertrat. Im Theater, sagte sie, interessiere sie weniger das Spektakel auf den Brettern als das Spektakel im Zuschauerraum. Sie finde es vergnüglicher, die eigenen Mitmenschen zu beobachten, als sich die Nachahmung nachgeahmter Menschen anzusehen.

«Gewiß, der Kunstgenuß leidet – aber ist denn die Theaterkunst wirkliche Kunst?»

Sie verzog ihr Gesicht zu einer Grimasse der Verachtung. Alfonso mußte sie wieder bewundern, wie sie da bedenkenlos Gedanken aussprach, die offensichtlich nicht ihre eigenen waren.

Beim Fortgehen bemerkte Alfonso auf dem oberen Treppenflur eine weibliche Gestalt, die sich fluchtartig zurückzog, als sie Macarios ansichtig wurde. Sie hatte Francescas Statur, doch konnte Alfonso ihr Gesicht nicht erkennen.

Durch diesen Besuch fühlte er sich Macario inniger verbunden, als durch die ganze vorangegangene freundschaftliche Beziehung mit ihm. Er wurde sogleich indiskret.

«Merkwürdig, daß Fräulein Francesca uns nicht Gesellschaft geleistet hat. Das letzte Mal schien sie mir so redselig und heiter. Was mag sie nur haben, daß sie heute so unhöflich war?»

«Vielleicht hatte sie Kopfschmerzen», erwiderte Macario kurz und wechselte das Thema. «Haben Sie sich nun überzeugt, daß meine Cousine besser ist als ihr Ruf und anders als die Vorstellung, die Sie sich beim letztenmal von ihr gemacht haben? Sie hat Sie eingeladen, und von heute an gehören Sie auch zum ‹Mittwoch-Klub›, wie Spalati unsere Zusammenkünfte nennt. Sichern Sie sich die Freundschaft meiner Cousine – es ist eine Freundschaft, die Ihnen noch nützlich sein kann.»

Er meinte es ernst. Der Nutzen, auf den er anspielte, war die Protektion, die Annetta Alfonso in der Bank gewähren konnte. Alfonso fand diese Anspielung nicht sehr taktvoll. Er wurde rot, aber widersprach nicht. Er drückte sogar Macario beim Abschied sehr herzlich die Hand. So peinlich es ihm sein mochte, als einer betrachtet zu werden, der auf Nebenwegen zu seinem Vorteil gelangen will, so sehr glaubte er doch, dem Manne dankbar sein zu müssen, der sich ihm gegenüber hilfsbereit erwies, auch wenn er nicht so viele Skrupel kannte wie er selbst.

X

Frau Carolina schrieb Alfonso mit großer Regelmäßigkeit. In ihren Briefen war zu spüren, wie schwer das Schreiben ihr fiel und daß ausschließlich die hohe Vorstellung, die sie von der Mutterschaft hatte, sie dazu veranlassen konnte, ihrem Sohn regelmäßig zwei Briefseiten zu senden, die sie mit ihrer ungelenken Schrift bekritzelte. Nur gebildeten Menschen vermag der Brief das Gespräch zu ersetzen. Frau Carolinas Briefe bestanden meist aus Ermahnungen, aus Grüßen, die sie in eigenem und in fremdem Namen sandte, und es war deutlich zu merken, welche Erleichterung es für die Briefschreiberin bedeutete, wenn sie über ein größeres Ereignis berichten konnte, über eine Hochzeit im Dorf oder den Tod eines Bekannten. Dann wurden aus den zwei Briefseiten drei oder vier.

Gleich am Tage nach seinem Besuch bei Annetta erhielt Alfonso wieder einen Brief von seiner Mutter. Trotz der inneren Erregung, in der Alfonso sich befand, erweckte dieser Brief sein lebhaftes Interesse. Er bestand aus vier Seiten. Die ersten zwei Seiten waren in der üblichen Art verfaßt, sie wurden offensichtlich geschrieben, als die Briefschreiberin noch nicht wußte, daß es nötig sein würde, zwei weitere hinzuzufügen. In der zweiten Briefhälfte berichtete Frau Carolina, Fräulein Francesca habe ihr geschrieben und angefragt, ob genug Platz im Hause sei, daß man ihr ein Zimmer abtreten könne. Fräulein Francescas Brief war offenbar sehr herzlich gehalten, auch schienen ihr einige traurige Worte in die Feder geflossen zu sein. Jedenfalls war Frau Carolina, der es ja an Intelligenz nicht fehlte, von diesem Brief überrascht. Sie gewann den Eindruck, daß Fräulein Francesca sich sehr unglücklich fühle, sonst hätte sie nicht mit so viel Herzlichkeit einem Menschen geschrieben, den sie kaum kannte. «Im übrigen schreibt sie von ihrem bevorstehenden Besuch bei uns im Dorf in traurigem Ton. Ich habe ihr das Zimmer überlassen, das sie wünscht, ich brauchte aber eine fröhlichere Gesellschaft.»

Alles sprach dafür, daß Fräulein Francesca das Haus Maller aus dem gleichen Grunde verließ, aus dem sich ihr Benehmen so auffällig verändert hatte. Vermutlich hatte es heftigen Streit mit Annetta gegeben, und die Schwächere von den beiden mußte das Feld räumen.

Da er nun einen Teil der Affäre bereits kannte, würde Macario ihm vielleicht auch den Rest erzählen. Alfonso traf ihn abends auf dem Corso. Macario befand sich in Gesellschaft eines alten Mannes, der ihm lebhaft gestikulierend im Gehen eine Geschichte erzählte. Sie mußte sehr interessant sein, denn Macario hörte aufmerksam zu. Alfonso hatte das Gefühl, daß zwischen den beiden das gleiche Verhältnis bestehe wie zwischen ihm und Macario.

Es war sonst nicht seine Art, Macario aufzuhalten, dem er öfters in Gesellschaft anderer Leute oder auch allein in Gedanken versunken auf der Straße begegnete, aber da er etwas zu berichten hatte, das auch Macario nicht gleichgültig sein konnte, ließ er diesmal alle Rücksicht fallen. Er ging an ihn heran: «Nur auf ein Wort!»

Macario war schon im Begriff gewesen, mit einem höflichen Gruß weiterzugehen. Als er Alfonsos Stimme hörte, wandte er sich seinem Begleiter zu, um sich zu verabschieden, dann aber besann er sich wieder und fragte, ob es sich um eine längere Unterredung handle.

«Nur einen Augenblick!» rief Alfonso, der es schon bereute, Macario angesprochen zu haben.

Macarios Begleiter erklärte sich bereit zu warten.

Es kam jetzt darauf an, sich knapp und präzise zu fassen, auch auf die Gefahr hin, von Macario mit einem Achselzucken abgefertigt zu werden und sich den Vorwurf anhören zu müssen, ihn wegen einer nichtigen Sache aufgehalten zu haben. Jedoch das Gegenteil geschah. Macario hörte aufmerksam und mit allen äußeren Zeichen der Überraschung zu. Um die Bedeutung der Angelegenheit zu unterstreichen, ließ sich Alfonso auch einige Worte über die traurige Gemütsverfassung entschlüpfen, die Frau Carolina an Fräulein Francesca beobachtet hatte. Macario, der annahm, Alfonso erzähle ihm dies alles nur, um seinen Rat zu hören, sagte, er möge Frau Carolina empfehlen, Fräulein Francesca zu helfen, soweit sie es könne. Dann ging er zu seinem Begleiter zurück, der auf ihn wartete. Alfonso hatte alles erzählt und nichts erfahren.

Ein paar Tage später ließ Maller ihn rufen. Nie zuvor war Maller so höflich gewesen. Er sprach zu ihm ohne jede Pose, ohne den Blick bald auf die eine, bald auf die andere Tischkante zu heften, wie er es sonst zu tun pflegte, um seinem Gesprächspartner nicht ins Auge sehen zu müssen. Da sich das Fräulein Francesca, so sagte er, nicht wohl fühle und daher nicht selber schreiben könne, bitte er ihn, Frau Carolina zu schreiben und ihr mitzuteilen, sie möge die Belästigung entschuldigen und die an sie vor einigen Tagen gerichtete Anfrage als ungeschehen betrachten. Alfonso erklärte sich sofort bereit, den Brief unverzüglich zu schreiben.

Maller lächelte und dankte mit einem leichten Nicken. Er nahm Alfonso beim Wort und fügte hinzu, daß Frau Carolina deshalb ohne Verzug von der Sinnesänderung des Fräulein Francesca in Kenntnis gesetzt werden müsse, damit der alten Frau überflüssige Vorbereitungen erspart blieben. Es mußte allerdings auch noch ein anderer Grund dahinterstecken, warum Herr Maller eine so rasche Erledigung wünschte, denn er ließ sich so weit herab, Alfonso noch einmal einzuschärfen, sich ja sogleich ans Schreiben zu machen, als habe sein erstes Wort nicht genügt, ihn zur Eile anzutreiben.

«Ich kann mich also darauf verlassen, daß Sie den Brief noch heute schreiben?»

«Gewiß», versicherte Alfonso erstaunt.

Er machte sich auch sogleich daran, seiner Mutter brieflich mitzuteilen, daß Fräulein Francesca ihre Absicht aufgegeben habe, ins Dorf zu kommen. Er war so eifrig darauf bedacht, Mallers Anordnung ja prompt auszuführen, daß der Brief überaus trocken ausfiel. So ließ er ihm gleich einen zweiten folgen, in dem er auch über sich berichtete und Frau Carolina seiner unveränderten Liebe versicherte, wie sie dies jedesmal zu lesen wünschte.

Er ging zu Herrn Starringer, damit der Brief ohne Aufschub befördert werde. Als er in sein Zimmer zurückkehren wollte, begegnete er im Korridor Herrn Maller, der eben die Bank verließ. Um seine Beflissenheit zu zeigen und anzukündigen, daß seine Anordnung bereits ausgeführt sei, sagte er lächelnd: «Ich habe den Brief bereits expedieren lassen.»

«Danke», sagte Herr Maller und blieb einen Augenblick verwundert stehen, als erinnere er sich nicht gleich, um was es sich handle. Auch der Ton seiner Stimme war nun viel kühler als vor einer halben Stunde.

Das genügte, Alfonso in Unruhe zu versetzen. Es war sicher falsch gewesen, den Prinzipal in Gegenwart der Diener aufzuhalten, und noch ungehöriger, ihn an einen erwiesenen Dienst zu erinnern, so als wollte er sich von ihm den Dank wiederholen lassen.

In seinem Zimmer traf er Alchieri eben im Fortgehen an. Die innere Unruhe machte Alfonso redselig. Er war nicht imstande, mit ihr allein fertig zu werden. Vielleicht war das gleichgültige Wort eines Unbeteiligten geeignet, ihn zu beruhigen. Er erzählte Alchieri von dem Brief, den er von seiner Mutter erhalten, und von dem Gespräch, das er mit Maller geführt hatte. Alchieri hörte nur zerstreut zu, denn er dachte an seine eigenen Angelegenheiten. Er wartete mit Ungeduld auf die Erledigung seines Gesuches um Gehaltserhöhung, das er an eben diesem Tage dem Prinzipal überreicht hatte. Er drohte mit der Kündigung seines Postens und gab vor, andere Angebote zu haben. In Wahrheit wäre es sein Ruin gewesen, wenn man ihn beim Wort genommen hätte.

«War es wirklich falsch von mir, Herrn Maller im Korridor anzureden?»

Alchieri, der nur einen Teil von Alfonsos Erzählung erfaßt hatte, antwortete auf diese Frage: «Ich wette, daß sie seine Geliebte ist.»

Der von Alchieri ausgesprochene Verdacht hatte eine so große Wahrscheinlichkeit für sich, daß Alfonso sich wunderte, ihn nicht selbst schon früher gefaßt zu haben. Alchieri war er durch seine eigene Bosheit eingegeben worden, aber er wurde durch Tatsachen gestützt, die Alfonso bekannt waren. Was sonst hätte die Beziehung zwischen Annetta und Francesca und zugleich deren Verhalten so verändern können? Mochte es an sich auch nicht ungewöhnlich erscheinen, daß Maller beauftragt worden war, mit Alfonso zu reden, so war doch die Art, wie Maller mit ihm gesprochen hatte, höchst ungewöhnlich in dieser Bank, in der es sonst üblich war, kurze, im Geschäftston gehaltene Anordnungen zu geben. Zwar hatte Alfonso davon reden hören, daß Maller hinter den Frauen her sei, dennoch war ihm der von Alchieri geäußerte Verdacht niemals gekommen, denn auch als er von Mallers Lebenswandel erfuhr, erschien ihm das Haus Mallers gleichwohl von einem Nimbus umgeben, der keinen anderen menschlichen Eigenschaften als dem Stolz und der Eitelkeit Zutritt gestattete. Es fiel Alfonso schwer, sich die Liebe in diesen kalten Räumen vorzustellen, die, zum großen Teil gar nicht wirklich bewohnt, lediglich dem Luxus dienten. Noch weniger konnte er sie sich in Mallers Schlafzimmer denken, wo, wie Santo ihm erzählt hatte, noch das Bett der verstorbenen Gattin stand, unverändert wie zu der Zeit, da die junge Frau mit dem Tode rang. Der Verdacht Alchieris, eines Mannes, der nie seinen Fuß in dieses Haus gesetzt hatte, genügte, ihm den Nimbus zu nehmen. Alfonso sah es jetzt in seiner Phantasie als Stätte abscheulicher Laster, die ihm durch den luxuriösen Rahmen, in dem sie sich abspielten, nur um so widerwärtiger erschienen.

In der Art, wie Francesca verführt worden war, erblickte er ein ausgesprochenes Verbrechen. Der Verführer profitierte von der untergeordneten Stellung, die das ‹Fräulein› einnahm. Er empfand fast so etwas wie Eifersucht, wenn er sich diese zarte, weiße, blonde Gestalt in den Armen eines kalten Mannes wie Maller vorstellte. Ein Liebesabenteuer, das ihr Leben zerstörte, ihn aber nichts kostete und nichts weiter als ein Zeitvertreib wie jeder andere für ihn war.

Nicht ganz klar war ihm die Rolle, die Annetta bei dieser Liebesgeschichte spielte. Vielleicht hatte sie versucht, Francesca aus dem Haus zu entfernen, und es war ihr nicht gelungen.

Zum erstenmal träumte er davon, Annettas Geliebter zu werden. Dies erschien ihm jetzt nicht mehr ausgeschlossen, jetzt, wo er sie in Verbindung mit Liebesaffären wußte, die vor ihr zu verbergen man sich gar nicht die Mühe nahm. Jedenfalls begünstigte dieser Umstand seinen Traum. Aber selbst im Traum konnte er sich nicht vorstellen, von ihr wirklich geliebt zu werden. Es war ihm unmöglich, sich auf diesem ungerührten, marmornen Gesicht den Ausdruck der Liebe oder auch nur der Leidenschaft zu denken. Er träumte, wie ein Kind vom Laster träumt. Ihre Hingabe war kalt, sie tat es nur ihm zu Gefallen oder um sich an einem Dritten zu rächen, vielleicht auch aus Eitelkeit. Seine Träume nahmen ihren Ausgangspunkt stets von der wirklichen Situation, um sich dann von ihr immer weiter und schließlich vollkommen zu entfernen; es bereitete ihm also gar keine Schwierigkeit, sich auszumalen, er könnte in Annettas Augen so sehr an Wert gewinnen, daß sie ihn aus reiner Eitelkeit liebte.

Er brachte es nicht fertig, allein zu Annetta zu gehen. Ihre Einladung schien ihm nicht konkret genug zu sein. So ließ er den nächsten Mittwoch verstreichen, nachdem er die ganze Woche lang vergeblich versucht hatte, Macario zu erreichen, damit er ihn begleite. Sein Traum von Annetta steigerte seine Schüchternheit, denn er fürchtete, ihn vor den anderen nicht hinreichend verbergen zu können.

Dennoch sehnte er sich danach, Annetta wiederzusehen, mehr noch als das erste Mal, als es sich lediglich darum gehandelt hatte, die Freundschaft der Tochter seines Prinzipals zu gewinnen. Jetzt aber liebte er sie! Das mußte die Liebe sein, dieses Verlangen nach einem ganz bestimmten Menschen und nach keinem anderen. Was er zum Gegenstand seiner haarspalterischen Untersuchungen machte, waren seine erregten Sinne, denn etwas anderes empfand er nicht. In den wenigen Tagen, in denen er vergeblich versucht hatte, sein Begehren zu ersticken oder in eine andere Richtung zu lenken, fühlte er sich zum erwachsenen Manne werden. Er begehrte diese eine Frau, alle anderen existierten für ihn, für seine Sinne nicht mehr. Er hielt sich vor, was er seinerzeit gegen Annettas Erscheinung einzuwenden hatte und wunderte sich, daß ihm nicht gleich die Eigenart ihrer Erscheinung aufgegangen war. Ihre Schönheit bestand doch gerade in den Eigenschaften, die er bisher für Mängel gehalten. Ihre Augen waren nicht schwarz? Ihre Haare nicht gewellt genug? Aber Annettas Gestalt war ja die der Venus, und ihr ruhiges blaues Auge, ihr schlichtes glattes Haar, ihr ganzer

Kopf der Ausdruck der Intelligenz! Ein Kuß auf diese Lippen, die außerstande schienen, den Kuß zu erwidern, mußte nur um so köstlicher sein!

Als Alfonso am nächstfolgenden Mittwoch Macario traf, der ihm in Annettas Auftrag die heftigsten Vorwürfe machte, weil er in der Woche zuvor ausgeblieben war, empfand Alfonso einen Freudenschauer. Man suchte, man rief ihn.

Auch Annetta selbst machte ihm Vorwürfe. Sie klangen sanft. Macario, so sagte sie, habe ihr nahegelegt, ihn nicht einzuschüchtern: «Sonst würde ich Ihnen tüchtig meine Meinung sagen. Ausgerechnet mir gegenüber sind Sie schüchtern? Jage ich denn solchen Schreck ein?»

Diese Liebenswürdigkeiten, die sie ihm sagte, rührten ihn allerdings weit weniger als die Vorwürfe, die ihm Macario zuvor in ihrem Auftrag gemacht hatte. Denn nun, da sie vor ihm stand, vergaß er seinen Traum. Sie war völlig damit beschäftigt, ihren literarischen Zirkel zusammenzustellen, und ihre natürliche Kälte, die in der Erinnerung von zweitrangiger Bedeutung sein mochte, beherrschte jetzt alles, auch ihre anderen Eigenschaften. Wenn sie von Literatur sprach, war sie keine Frau. Sie glich einem Mann, der im Lebenskampf steht, sie war gleichsam geistig muskulös.

Man fühlte sich behaglich in diesem Salon, besonders, da draußen eine heftige Bora ausgebrochen war, die in wenigen Stunden auch die letzten Sommererinnerungen hinwegfegte.

Alfonso und Macario trafen Spalati an, der kurz vor ihnen gekommen war. Fumigi und Doktor Prarchi ließen nicht lange auf sich warten.

Doktor Prarchi unterbrach das literarische Gespräch, das eben im Gange war, und berichtete von dem Selbstmord eines Kassierers, den sie alle gut gekannt hatten. Der Mann hatte höchst bescheiden gelebt und nur den einen

Fehler begangen, mit Menschen zu verkehren, die für ihn viel zu reich waren. Dies hatte genügt, den an sich bescheidenen Menschen völlig zu ruinieren. Prarchi schloß seinen Bericht mit einem aufrichtigen Wort des Mitleids. Er hatte den Leichnam des Selbstmörders gesehen.

Annetta zuckte verächtlich die Achseln: «Um so schlimmer für ihn.» Der Mann war ihr nicht sympathisch, vielleicht fürchtete sie, ihr Vater könnte auf einen ähnlichen Kassierer stoßen.

Alfonso mußte einen richtigen Kampf mit Fumigi führen, um seine Aufmerksamkeit der allgemeinen Konversation zuwenden zu können. Das Männlein wich ihm nicht von der Seite und fragte ihn unentwegt nach seinen Studien aus. Offenbar hatte man ihm viel von Alfonsos Studien erzählt, denn der Mathematiker sprach ihm seine Bewunderung aus und machte ihm geradezu den Hof. Er wollte unbedingt wissen, wie Alfonsos Stundeneinteilung beschaffen sei, die es ihm ermöglichte, täglich eine oder zwei Stunden dem Studium zu widmen. Ihm sei es nie gelungen, eine solche Einteilung für seine Beschäftigungen zu finden, und das quäle ihn sehr, denn nur ein systematisches Studium und nicht ein gelegentliches könne zum Erfolg führen.

Alfonsos ganze Aufmerksamkeit galt Annetta. In ihrer Gegenwart fühlte er sich wunschlos und gleichwohl besorgt. Es bedrückte ihn ausgesprochen, daß er keinerlei Begehren empfand, und er war bemüht, es künstlich hervorzurufen. Er studierte Annettas Gesicht und versuchte in Gedanken, ihm den Ausdruck der Leidenschaft zu verleihen, der noch fehlte, seinen Traum vollständig zu machen. Der Moment war schlecht gewählt, denn eben noch zeichnete sich auf diesem Gesicht der Ausdruck harter Mitleidlosigkeit ab, den es angenommen hatte, als vom Selbstmord des Kassierers die Rede gewesen war.

Aber sie imponierte ihm, zumindest glaubte er so den

Respekt definieren zu müssen, der ihn daran hinderte, das Falsche, Gekünstelte in ihrem Verhalten zu erkennen. Als er von Macario zum erstenmal erfahren hatte, daß diese kleine Weibsperson sich plötzlich als eine Berufene fühlte, war ihn das Lachen angekommen, obwohl er von dieser Berufung für sich profitierte. Dieser ganze Aufwand, diese Vorbereitungen, einen literarischen Zirkel zu bilden, waren ja auch lächerlich. Wenn er jetzt nicht darüber lachte, so nicht wegen des neuen Gefühls, das in ihm aufkeimte. Nichts fiel ihm leichter, als die lächerliche Seite, das Falsche in den Handlungen anderer Menschen zu entdecken, aber es kam immer wieder vor, daß er dennoch nicht lachen konnte, denn die unterwürfige Scheu, die selbst ihm unterlegene Personen ihm aufzuzwingen vermochten, ließ ihn an sich selbst zweifeln, an der Richtigkeit seines eigenen Empfindens und seines eigenen Urteils. Auch in diesem Falle verhielt es sich so. Annetta imponierte ihm ihres Mangels an Zweifeln wegen, ihm imponierte ihre Sicherheit, ihre Unbekümmertheit wegen des Eindrucks, den ihr Benehmen auf andere machen konnte, die überlegene Haltung eines Menschen, dem jedes Gefühl der Minderwertigkeit fremd ist, selbst wenn sich diese Minderwertigkeit gerade auf dem Gebiet erweist, in dem er gerne hervorragen möchte, etwas, das die meisten anderen Menschen in Verlegenheit bringt.

Prarchi erzählte von einem naturalistischen Roman, den er zu schreiben gedachte.

«Auch wenn ich Romane schreibe», erklärte er, «werde ich Arzt bleiben. Ich möchte den langsamen Verlauf einer progressiven Paralyse schildern. Die Ärzte beginnen sie erst dann zu studieren, wenn sie bereits ausgebrochen ist, ich aber werde meine Darstellung gerade an diesem Punkt abbrechen. Ich will die Krankheit in ihrem Entstehen studieren, den Charakter eines Paralytikers, den Organismus eines Paralytikers, die Gedanken eines Paralytikers, die seiner Umgebung Ungelegenheiten bereiten – und der Roman ist fertig.»

«Gewiß», rief Annetta aus, «der Roman schon – aber ist damit auch der Erfolg gesichert?»

Alfonso, der da seine Erfahrungen hatte, glaubte aus der Schilderung, die Prarchi von dem Roman gab, schließen zu können, daß von der ganzen Geschichte noch keine Zeile vorlag. Höchstwahrscheinlich war Prarchi die Idee zu dem Roman eben erst eingefallen.

Prarchi war ein kräftiger junger Mann, ohne deswegen dick zu sein. Er war nicht schön, sein großer Schädel war fast kahl, und in seinem breiten Gesicht saß ein kleiner, allzu blonder Schnurrbart.

Fumigi hätte Alfonso sympathischer sein müssen, vor allem, weil er an diesem Abend das Wort hauptsächlich an ihn richtete. Er tat es aber nur, weil er ungern laut sprach, es vorzog, sich still zu verhalten, seine kleine magere Gestalt im Sessel zurückzulehnen, aufmerksam zuzuhören und nur dann und wann ein leises Wort an seinen Nachbarn zu richten. Sein Kopfhaar war bereits grau, sein Schnurrbart und sein kurzer Kinnbart aber waren noch schwarz.

Alfonso bemühte sich angestrengt, während des allgemeinen Gesprächs auch ein Wort anzubringen. Es gelang ihm nicht. Auf Macarios Empfehlung hatte Annetta ihn als Literaten in den Kreis aufgenommen, bis jetzt war es ihm jedoch nicht möglich gewesen, einen Beweis für sein Literatentum zu erbringen.

In eben dem Augenblick, als man daran war, sich zu verabschieden, erschien Francesca. Sie war sehr blaß, aber ruhig. Sie drückte Alfonso mit besonderer Herzlichkeit die Hand und fragte ihn, was es Neues bei ihm daheim gebe. Sie erwähnte kurz und mit einem Lächeln, das Alfonso traurig vorkam, den Brief, den sie an Frau Carolina geschrieben hatte. Sie wußte also von dem Auftrag, den Herr Maller ihm gegeben hatte.

Annetta sprach Francesca mit Sie an, und Alfonso versuchte sich zu erinnern, ob sie das ‹Fräulein› früher nicht mit größerer Vertrautheit behandelt habe.

Als sie die Stiegen hinuntergingen, fragte Prarchi, aus welchem Grunde Fräulein Francesca eine Zeitlang die Absicht gehabt habe, das Haus Maller zu verlassen.

«Weiber!» antwortete Macario mit Verachtung in der Stimme.

XI

Von nun an stattete Alfonso regelmäßig jeden Mittwoch Annetta seinen Besuch ab. Macario meinte allerdings, es könnte sich ereignen, daß er eines schönen Mittwochs eine völlig gewandelte Annetta antreffe, eine Annetta, die plötzlich ganz andere Auffassungen und Vorlieben zeige und von Literatur nichts mehr wissen wolle. Das hätte das Ende dieser Zusammenkünfte bedeutet. Alfonso fürchtete jedesmal, wenn er hinging, Macarios Prophezeiung bestätigt zu finden. Ihm lag jetzt viel an diesen Zusammenkünften. Er wollte Annetta sehen, und er wollte seine Eitelkeit befriedigen. Im Büro wußte man, daß er im Hause des Prinzipals ein- und ausging. Seine Vorgesetzten behandelten ihn jetzt mit größter Achtung. Auch Cellanis Verhalten ihm gegenüber hatte sich gewandelt. Höflicher konnte er zwar nicht werden, aber er sprach mit ihm in vertrauterem Ton.

Vorläufig schien aber nichts darauf hinzudeuten, daß Annetta die Prophezeiung Macarios wahrmachen würde. Im Gegenteil, sie fing immer mehr Feuer für ihr neues Studiengebiet. Jede Woche trug sie eine neue Kunsttheorie vor, erzählte sie von einem Buch, das sie eben gelesen und das sie mit der Übertriebenheit des Neulings entweder für das bedeutendste seiner Art erklärte oder aber, sei es auch nur aus purer Laune, sei es, weil sie irgendeine Schwäche darin entdeckte, in Grund und Boden vernichtete. Sie sprach stets im Ton absoluter Kompetenz. Nicht selten gelangte sie trotzdem zu geistvollen Formulierungen oder zu scharfsinnigen Urteilen. Sie hatten nur den Fehler, nicht immer im Einklang untereinander zu sein.

Eines Abends erschien als ungewohnter Gast Cellani. Vermutlich befand er sich zum erstenmal in dieser Gesellschaft, denn Annetta mußte ihm Spalati vorstellen. Aber er fühlte sich hier, soweit Alfonso es beurteilen konnte, nicht unbehaglich. Er redete nichts, hörte jedoch mit großer Aufmerksamkeit zu. Im Verlaufe der Diskussion wurde er einmal um seine Meinung gefragt. Er lehnte ab, indem er lächelnd versicherte, keine Meinung zu haben. Mit Annetta schien er in recht freundschaftlicher Beziehung zu sein. Sie kümmerte sich den ganzen Abend hauptsächlich um ihn und behandelte ihn mit einer aufmerksamen Höflichkeit, aus der ein liebevoller Respekt sprach.

Prarchi fehlte häufig bei diesen Zusammenkünften, denn er war sehr beschäftigt. Dafür war Fumigi fast immer da. Der eifrigste Besucher aber war Spalati. Der war, wie Macario es gesagt hatte, vor allem ein schöner Mann. Neben seiner Herkulesgestalt verschwand sogar Alfonso, den man gewiß groß und keineswegs mager nennen konnte. Alfonso war er nicht sympathisch. Er warf ihm Pedanterie vor, haßte ihn aber aus Eifersucht. Er hatte auch einigen Grund dazu. Keiner ging mit Annetta so vertraulich um wie Spalati. Seit ungefähr einem Jahr erteilte er ihr Unterricht in italienischer Literatur, und es war die Vertraulichkeit des Lehrers, die er sich Annetta gegenüber herausnehmen konnte. Dabei plagte er sie nicht allzusehr mit trockener Theorie. Er ließ sie reden, hörte ihr zu, bestätigte, was sie sagte, oder korrigierte es leicht. Er fühlte sich hoch befriedigt, von ihr wie ihresgleichen behandelt zu werden.

Alfonso hingegen, der seine Hemmungen beim Sprechen nicht loswerden konnte, fühlte sich rettungslos unterlegen und bekam die heftigsten Anwandlungen von Eifersucht. Stürme im Wasserglas. Äußerlich war ihm nichts anzumerken. Er war es gewohnt, den Ausdruck seiner Gefühle zu beherrschen, eine Anstrengung, die mit der wachsenden Heftigkeit dieser Gefühle immer größer wurde.

Eines Abends verließ er die Gesellschaft vorzeitig, indem er Unwohlsein vorschützte. Er wollte auf diese Weise seine Mißstimmung den anderen zur Kenntnis bringen und war höchst erbost, als dies niemand begriff, sondern tatsächlich alle an das vorgetäuschte Unwohlsein glaubten.

Er irrte durch die Straßen und haderte mit sich und den anderen. Wenn er erregt war, hatte er die Angewohnheit, laut mit sich selbst zu reden. Da mußte er erkennen, wie lächerlich sein Zorn war, denn ein laut und präzis formuliertes Wort vermag auch aus den verstiegensten Träumen zur Wirklichkeit zurückzurufen. Es war doch so, daß er Annetta begehrte, liebte, auf sie eifersüchtig war, während sie kaum den Klang seiner Stimme kannte. Wem sollte er zürnen? Am meisten verletzt hatte ihn die Art, wie Annetta ihm beim Abschied die Hand gereicht hatte. Ein kalter flüchtiger Händedruck, während sie den Blick auf Spalati gerichtet hielt, der weitersprach! Verlangte er von ihr, daß sie sich sogleich über die Ursachen seines vorgeschützten Unwohlseins besondere Gedanken mache? Ein solches Unwohlsein besagte ja nichts, wenn keine Aussprache vorangegangen war, die es erklärte. Auch Spalati hätte es passieren können, daß er sich nicht wohl fühlte, fortging, lediglich von den Wünschen für eine baldige Besserung begleitet.

Indem er sich selbst ironisierte, fühlte er sich klein, erkannte er das ungesunde Mißverhältnis zwischen seinen Wünschen und den wirklichen Möglichkeiten. Er hatte ja davon geträumt, daß Annetta ihn liebe!

Er wollte das Spiel aufgeben. Das war der einzige Ausweg, der ihm blieb. Schluß mit diesen Besuchen! Er vergeudete nur seine Zeit, ob er nun hinginge oder nicht, die

Aufregung, in die diese Besuche ihn versetzten, blieb die gleiche. Sie waren für ihn erniedrigend! Er hatte sich in einen Kampf eingelassen, in dem er unterliegen mußte, er, der nicht imstande war, zum Vergnügen zu reden, sondern nur, um sich verständlich zu machen. Er mußte aber auch schon deshalb unterliegen, weil die Verhältnisse, in denen er lebte, gewiß nicht geeignet waren, anziehend auf die ehrgeizigen Leute zu wirken, mit denen er zu tun hatte. Er wollte irgendeinen Vorwand, womöglich einen unglaubwürdigen, finden, um seinen Fuß nie wieder in das Haus Maller zu setzen. Diese Besuche hatten ihn nur von seinem eisernen Vorsatz abgelenkt, konsequent zu studieren, und, ohne daß er es bemerkte, seinen Ehrgeiz, der erst jungen Datums war, in Eitelkeit verwandelt, in den Wunsch, für mehr gehalten zu werden als er war.

Er glaubte schon, zu den ernsten Vorsätzen zurückgefunden zu haben, wie zu der Zeit, als er ein eifriger Besucher der städtischen Bibliothek gewesen, doch seine Gedanken schweiften immer wieder um das Haus, aus dem er eben getreten war. Er träumte von Szenen, in denen man ihn beschwor, zurückzukehren.

Er kehrte zurück, ohne darum gebeten worden zu sein. Es genügte, daß Macario ihm am Mittwochmorgen im Vorübergehen zurief: «Auf heute abend!»

Die letzten acht Tage erschienen ihm wie eine überaus lange, von Abenteuern erfüllte Zeit. In Wahrheit hatte sich in seinem Leben nichts ereignet. Er hatte lediglich seinen Vorsatz in Gedanken durchgeführt und von allen möglichen Auswirkungen seines energischen Handelns phantasiert. Und jetzt hielt er sich wieder für frei, dorthin zurückzukehren, von wo er ausgegangen war, beziehungsweise dort zu verharren, wo er sich von Anfang an befunden. Er war froh darüber. In diesen acht Tagen hatte er an die Episode mit Maria denken müssen. Nur der reine Zufall hatte ihn diesmal von einem unbedachten Schritt zurückgehalten. Die Folge wäre der Bruch seiner Beziehung mit Annetta gewesen. Was blieb ihm denn, wenn er sie wirklich abbrach? Er würde wieder ein kleiner, untergeordneter Beamter Mallers werden, und niemand würde sich um ihn und seine zornigen Gefühle kümmern.

Eine halbe Stunde früher als sonst erschien er bei Annetta, sein Entschluß hatte sich gelohnt. Zum erstenmal traf er sie allein an. Die anderen hatten sich entschuldigen lassen, bis auf Macario, der noch erwartet wurde. Annetta nahm an, die anderen wollten sich das Fest nicht entgehen lassen, das man an diesem Abend in der Stadt gab. Sie war Alfonso für sein Kommen sichtlich dankbar, denn sie meinte mit großer Herzlichkeit, er tue nicht recht daran, sich hier in einem melancholischen Zimmer einzuschließen.

«Melancholisch? Gar nicht!» widersprach Alfonso und sah sie mit ausgesprochener Kühnheit an.

Wenn sie nie vorher gewußt hätte, daß sie schön sei, Alfonsos Blick hätte sie darüber belehren müssen. Er gestand offen ein, daß er zum erstenmal etwas von einem Fest in der Stadt höre.

«So einsam leben Sie?» fragte Annetta überrascht.

Sie nahmen auf dem Kanapee neben dem Fenster Platz. Dort war es jetzt im Zimmer am hellsten. Die schweren Fenstervorhänge ließen die Farben des Sonnenunterganges gedämpft herein.

In der Straße, die parallel zur Via dei Forni verlief, zog eben die städtische Musikkapelle vorbei. Man unterschied nur die Begleittöne, die regelmäßigen Schläge auf die große Trommel. Annetta und Alfonso schwiegen und hörten zu.

«Was die wohl spielen», meinte Annetta und öffnete das Fenster. Die abendliche Brise wölbte die Vorhänge, und der scharfe Ton einer Trompete ließ die bisher vermißte Melodie vernehmen.

Einen Augenblick war auch das Gemurmel der Menge zu hören, die der Kapelle folgte.

Annetta wandte, während sie weiter am Fensterbrett angelehnt blieb, ihr Gesicht lächelnd Alfonso zu: «Sollten sich auch unsere ernsten Freunde unter der Menge befinden?»

Sie stand im Licht. Alfonso war im Halbdunkel und konnte sie, von ihr unbemerkt, rückhaltlos bewundern.

Sie trug nicht mehr Halbtrauer, nicht mehr Grau. Ihr Kleid aus weicher weißer Wolle war in der Taille von einem schwarzen Gürtel zusammengehalten. Annettas Körperformen, obwohl voll entwickelt, wirkten sehr keusch, jungfräulich. Ihr gerader Rücken war gegen den Hals hin eingesenkt. Die klaren Züge in ihrem hellen Gesicht drückten Intelligenz und Energie aus.

Sie lud ihn ein, ebenfalls ans Fenster zu kommen, wo man die frische Brise einatmen konnte, in die sich die heftige Bora der letzten Woche verwandelt hatte.

Die Straße war fast leer, nur an einer Ecke stand eine Menschengruppe, die in die andere Straße blickte.

«Fast hätte ich Lust, ebenfalls hinunterzugehen», sagte Annetta.

Alfonso war vollauf damit beschäftigt, sich die Berührung seines Armes mit dem Annettas bewußt zu machen, um, wie schon früher, sein Verlangen aufzustacheln. Er wagte eine näherrückende Bewegung, um den süßen Druck zu verstärken. Seine eigene Kühnheit war es, die ihm das Blut zu Kopf schießen ließ, nicht die Berührung mit Annettas Arm, denn er fühlte sich an wie ein lebloser Gegenstand.

Möglicherweise hatte Annetta seine Kühnheit gar nicht bemerkt. Anfangs waren sie beide etwas befangen, denn sie hatten bisher viel zuwenig Verbindung miteinander gehabt, um gleich ein Gesprächsthema zu finden, das sie gleicherweise interessierte. Als das Gesprächsthema aber gefunden war, erklang Alfonsos Stimme in diesem Zimmer zum erstenmal ruhig, voll, und zum erstenmal hörte Annetta ihn Sätze zu Ende sprechen. Wenn er auch nicht imstande war, mit mehreren Menschen zu diskutieren, so verstand er es doch, Zwiegespräche zu führen.

Lächelnd hatte Annetta ihn gefragt: «Wie steht es mit Ihrem Heimweh, von dem man mir soviel erzählt hat?»

«Das ist vorbei», antwortete Alfonso.

Zu seiner eigenen Überraschung war seine Stimme fest und klar. Trotzdem war dieser Satz nur ein Bruchstück, denn Alfonso wollte noch ein Kompliment hinzufügen und sagen, daß sein Heimweh seit eben diesem Augenblick vorbei sei. All seine Unbefangenheit reichte doch nicht aus, kühne Worte über seine Lippen zu bringen. Eher hätte er kühne Taten gewagt.

Seitdem Annetta sich der Literatur gewidmet hatte, fühlte sie sich bemüßigt, für alles und jedes Interesse zu zeigen, von allem und jedem die Beweggründe kennenzulernen. Das war jetzt eine ihrer Affektiertheiten. So bat sie ihn denn, ihr zu erklären, worin Heimweh eigentlich bestehe.

«Schwer zu sagen», begann Alfonso, «aber etwas, glaube ich, kann ich doch darüber sagen.»

Vor allem, so meinte er, sei es eine organische Krankheit. Die Lungen litten infolge des Luftunterschiedes, der Magen litt unter der veränderten Nahrung, die Füße litten, weil sie ein anderes Pflaster treten mußten. Er unterließ es, den intensiven Wunsch zu beschreiben, die Stätten wiederzusehen, die man verlassen hat, eine geschwärzte Mauer, eine gewundene Straße, in deren Mitte sich ein Kanal dahinschlängelt, ein unbequemes Zimmer, das nur unzureichend gegen die Unbilden der Witterung schützt. Den Abscheu, den er gegen das Palais empfand, in dem sie wohnte, konnte er erst recht nicht schildern, aber er deutete ihn immerhin an, indem er von dem Gefühl der

Fremdheit sprach, das die Bank, die große, breite Straße und sogar das Meer ihm einflößten.

«Was die Menschen betrifft ... für sie gilt das gleiche.»

«Und ich – haben Sie mich sehr gehaßt?»

«Nein, gehaßt nie! Aber ich wünschte, weit fort von Ihnen zu sein, so weit, wie es bis zu meinem Elternhaus ist. Und ich wünschte es nicht nur, um dort zu sein, sondern auch, um nicht hier zu sein.»

Er fürchtete, daß die Vergangenheit, die er so offen schilderte, Annetta nicht vergangen genug erscheinen könnte. So fügte er noch einige Erklärungen hinzu. Seine Abneigung gelte allen Menschen, denen gegenüber er gezwungen sei, sich in einer bestimmten Weise zu benehmen. Er liebe die Freiheit, er liebe es, mit allen Menschen wie mit seinesgleichen umzugehen, auch wenn sie nicht seinesgleichen seien.

Ach, wie schön war es doch, mit Annetta wie mit seinesgleichen zu sprechen! Er kostete das Wohlgefühl aus, sich ihr freimütig anzuvertrauen, als spreche er zu sich selbst. Dieses Wohlgefühl belebte seine Worte. Bis dahin war seine Rede, von ihrer Gehemmtheit abgesehen, papierenliterarisch gesucht und kalt gewesen.

Annetta hörte überrascht zu. Dieser junge Mann vergrub sich also nicht bloß in seinen Studien, er verstand es auch, zu reden?

Sie sagte, wenn man etwas im Leben wünsche, dann müsse man es auch zu erobern wissen. In diesem Ausspruch erkannte Alfonso Macarios Leitgedanken wieder.

«Es ist gar nicht schwer, meine Freundschaft zu gewinnen. Es ist ja das erste Mal, daß Sie mit mir reden. Sie haben es vielleicht nicht bemerkt, aber Sie sitzen fast immer stumm da. Es ist schließlich nicht meine Aufgabe, Sie zum Reden zu bringen.»

Sie lachte und nahm damit ihren Worten jeden Stachel. Auch Alfonso lachte. Der Mann, der darauf wartete, daß man ihn zum Reden bringe, erschien ihm nun selbst komisch.

Diesem ersten Gedankenaustausch entsprang Annettas Einfall, sie könnten zusammen einen Roman schreiben. Der schrullige Charakter, der sich ihr da in aller Offenheit enthüllte, schien ihr wert, geschildert zu werden. Sie entwickelte in aller Einfachheit ihren ersten Einfall, der ihr plötzlich gekommen war, und er war sicher besser als alle Verbesserungen, die später an ihm vorgenommen wurden.

«Es war einmal ein junger Mann, der aus dem Dorf in die Stadt kam und der sich von den Sitten in der Stadt recht merkwürdige Vorstellungen gemacht hatte. Als er dann fand, daß diese Sitten ganz anders waren als in seiner Vorstellung, fühlte er sich enttäuscht und verbittert. Wir werden auch eine Liebesgeschichte einflechten. Waren Sie jemals verliebt?»

«Ich ...» Das Herz schlug ihm heftiger, aber aus Angst.

Er hatte schon die Absicht, ihr eine Liebeserklärung zu machen.

Annetta befahl Santo, das Gaslicht anzuzünden, und Alfonso wurde durch das Licht, das ihn blendete, zugleich auch in die Lage versetzt zu erkennen, wie falsch der Schritt gewesen wäre, den er schon hatte tun wollen. Annetta war unverändert die gleiche. Sie gab Santo in dürren Worten ihre Anordnungen, und Santo führte sie erstaunlicherweise stumm aus.

Sie bat Alfonso, am Tisch Platz zu nehmen.

«Tinte und Feder her! Oder nein. Ich finde es besser, die ersten Ideen im Kopf auszuarbeiten. Wir können später alles zu Papier bringen. Wie würden Sie den Roman weiterentwickeln?»

«Darüber müßte man erst lange nachdenken.»

«Wozu? Wir werden einfach Ihr Leben erzählen.» Hier hielt sie sich noch an ihren ersten Einfall. «Natürlich werden wir aus dem Beamten einen reichen und adeligen jungen Mann machen – besser nur einen adeligen. Den Reichtum wollen wir uns für den Schluß des Romans aufsparen.»

Im Nu und mit größter Unbekümmertheit war der ursprüngliche Gedanke völlig aufgegeben worden.

«Man müßte aber doch auch der Einbildungskraft Zeit zum Arbeiten lassen», bemerkte Alfonso.

«Ach ja!» antwortete Annetta überrascht wie ein Schüler, der an einen vergessenen Lehrsatz erinnert wird. «Wissen Sie was? Wir werden beide unabhägig voneinander unsere Einfälle zu Papier bringen. Dann werden wir sie miteinander vergleichen und aufeinander abstimmen.»

Alfonso war von diesem Vorschlag begeistert. Seine naive Freude entlockte Annetta ein geschmeicheltes Lächeln. Ihm schwebten bereits ein paar gute Ideen für den Roman vor, von dem er zu wissen meinte, wie Annetta ihn wünschte. Aber es waren lediglich ein paar kleine Einfälle – das Ganze überblickte er noch lange nicht. Im übrigen dachte Alfonso gar nicht an eine Drucklegung und an das Publikum. In diesem Augenblick lag ihm nur daran, vor Annetta zu glänzen.

Sie sprachen von ihren früheren Arbeiten. Annetta erzählte ihm von einem Roman, den sie geschrieben hatte. Er schilderte das Leben einer Frau, die an einen ihrer unwürdigen Mann gebunden war. Diese Frau war eine Künstlernatur, und es gelang ihr mit der Zeit, den Charakter ihres Mannes so umzuformen, daß die beiden sich schließlich verstanden und lange Jahre hindurch in ungetrübtem Glück lebten.

Alfonso gefiel das Thema nicht. Annetta aber betonte demgegenüber, daß sie ja nicht in ein paar Worten die Detailausführung des Romans erzählen könne: an einer Stelle habe sie mit großer Genauigkeit eine Landschaft beschrieben, dann wieder eine Wohnung, und Alfonso war sofort bereit, etwas zu bewundern, das er gar nicht kannte.

Alfonso seinerseits sprach von seiner Arbeit über die Moral. Während er sprach, hatte er das Gefühl, als habe er die Arbeit schon vollendet, und im Gegensatz zu Annetta erzählte er auch die Kapitel, die er noch gar nicht geschrieben hatte. Vor allem legte er den Grundgedanken seines Werkes dar, die Negierung der Moral, wie sie allgemein aufgefaßt wurde, so nämlich, als gründe sie sich auf ein religiöses Gesetz oder als diene sie dem Wohle des Einzelmenschen.

«Wenn sich in einer Gesellschaft, die auf unseren moralischen Begriffen ruht», erklärte Alfonso, «ein Individuum findet, das die Energie besitzt, sich über all diese Begriffe hinwegzusetzen, dann geht es ihm besser als allen anderen. Natürlich muß dieses Individuum über die nötige ungewöhnliche Intelligenz verfügen, um sich geschickt und schlau in den anormalen Verhältnissen, in denen es sich bald befinden wird, auch behaupten zu können.»

Annetta sah ihn an, verblüfft über die außerordentliche Kühnheit dieses Axioms, das ihr von einer Stimme vorgetragen wurde, die sie bisher nur als schüchternes Gestammel gekannt hatte. Mit geringerem Aufwand an Worten und Eifer sprach er sodann von den neuen Grundlagen, auf die er die Moral stellen wollte. Die Darlegung des ersten Teils seiner Arbeit hatte Eindruck gemacht, und er konnte nicht hoffen, eine gleiche Wirkung mit dem zweiten Teil zu erzielen, denn hier handelte es sich nicht darum, Gesetze zu zertrümmern, sondern neue zu schaffen, was immer höchst langweilig ist.

In seiner grenzenlosen Freude, eine Art Bindung mit Annetta eingegangen zu sein, vermeinte er, er brauche nur nach Hause zu eilen, um sofort den Roman in großen Zügen entwerfen, ja sogar schon die Kapiteleinteilung vornehmen zu können. Nichts war für ihn überraschender, als daß er plötzlich zum Mitarbeiter Annettas geworden war. Wenn er daran zurückdachte, welche Gefühle er ihr noch in der Vorwoche in bezug auf seine Person zugeschrieben hatte, konnte er es selbst nicht mehr glauben. Wäre er jetzt Macario begegnet, er hätte ihn stürmisch umarmt, um ihm für das große Glück zu danken, das er ihm schuldete. Er hätte ihm auch, durch das Glück redselig geworden, in aller Ausführlichkeit von Annettas Vorschlag berichtet und von der Bedeutung, die er diesem Vorschlag beimaß.

Am gleichen Abend noch sollte seine Begeisterung eine gewisse Abkühlung erfahren. Er entwarf die Handlung in der knappsten Form: «Ein adeliger, aber verarmter junger Mann kommt in die Stadt, um hier sein Glück zu suchen ... Prinzipal und Kollegen machen ihm das Leben schwer ... sie lernen ihn schätzen und lieben, denn er rettet durch seine Klugheit das Unternehmen vor großem Verlust ... heiratet die Tochter des Prinzipals.» [12] Die Handlung war nicht sehr originell, was ihm aber besonders mißfiel, war der Romanschluß, den Annetta nicht im entferntesten angedeutet hatte, obwohl er sich aus den Voraussetzungen ergab. Diese Heirat konnte wie ein verstecktes Ansinnen wirken, Annetta beunruhigen und ihn in den Verdacht bringen, ähnliche Ziele zu verfolgen wie der Romanheld. Nun, da er die Feder in der Hand hielt, bemerkte er auch, daß er gar nicht recht wußte, was Annetta eigentlich wollte. Beide hatten sich ja nur auf ungefähre Worte beschränkt, er, weil ihm in seinem Glück der Roman gar nicht so wichtig erschienen war, und sie vielleicht deshalb, weil sie nicht genug Erfahrung besaß, um zu wissen, welcher Voraussetzungen es für einen Roman bedurfte.

Er wandte sich an Macario und bat ihn, Annetta von seinen Zweifeln zu berichten. Macario hatte freien Zutritt zum Hause Maller und konnte mit ihr daher auch vor dem nächsten Mittwoch sprechen.

Macario aber zeigte wenig Lust dazu. Er verhehlte nicht

seine Überraschung, als er erfuhr, daß die beiden die Absicht hatten, gemeinsam einen Roman zu schreiben. Alfonso mäßigte zwar gleich seinen Ton, denn er begriff, daß es wenig Haltung verriet, allzu große Freude zu zeigen, und er glaubte auch bereits, die nötige äußere Kälte aufgebracht zu haben, dennoch sah Macario ihn mit einem bösen, ironischen Lächeln an und sagte: «Meinen herzlichen Glückwunsch.»

Alfonso begleitete Macario zu seinem Büro. Macario schien sehr zerstreut zu sein. Als Alfonso mit großem Ernst versicherte, daß er sich durch Annettas Vorschlag geehrt fühle und dem ihm entgegengebrachten Vertrauen durch eine sorgfältige und emsige Arbeit entsprechen wolle, bedeckte Macario seinen Mund mit der Hand, als verberge er ein Gähnen. Alfonso aber war ein zu scharfer Beobachter, um sich durch diese Geste täuschen zu lassen. Er konnte bemerken, daß unter Macarios Hand der Mund zwar geöffnet, aber unbewegt war und nicht instinktiv zusammengezogen, wie es beim Gähnen der Fall ist. Macario war eifersüchtig! Sowohl seine Zerstreutheit wie auch sein Gähnen waren gespielt und sollten seinen Ärger, vielleicht auch eine noch schmerzlichere Reaktion maskieren.

Alfonso sprach nichtsdestoweniger mit gleichem Eifer weiter, denn wenn er bemerkte, daß man etwas vor ihm verbergen wollte, war es sein erstes Bestreben, so zu tun, als habe er nichts bemerkt.

«Sagen Sie bitte dem Fräulein Annetta, daß ich bereit bin, sofort zu beginnen, daß ich aber doch Genaueres darüber wissen sollte, worin meine Arbeit eigentlich bestehen soll.»

«Gut!» erwiderte Macario, er schien Alfonso blasser als sonst. «Wenn ich sie sehen sollte, werde ich es ihr sagen.»

Er bedauerte es, mit Macario gesprochen zu haben. Es war ihm bereits klar, daß er auf Macarios Freundschaft nicht mehr rechnen konnte. Möglicherweise liebte Macario Annetta gar nicht – Alfonso hätte es nicht zu sagen vermocht –, sicherlich aber war er auf Alfonso eifersüchtig, und sei es nur, weil es in seiner Natur lag. Bisher hatte Alfonso diesen Zug in Macarios Charakter noch nie bemerkt, denn er hatte ihm niemals Anlaß zur Eifersucht gegeben. Macario fühlte sich offenbar sowohl durch seinen Witz wie durch seine soziale Stellung Alfonso überlegen und hatte dessen Gesellschaft vermutlich zu dem Zweck gesucht, um möglichst oft seine eigene Überlegenheit geltend zu machen und selbst genießerisch auskosten zu können. Es war nicht ausgeschlossen, daß er Alfonso im Hause Maller nur deshalb eingeführt hatte, weil er ihn für viel zu schüchtern hielt, um je das Vertrauen und die Freundschaft Annettas zu erringen.

Alfonso hatte sich also einem Feinde anvertraut und ihm auch schon Gelegenheit gegeben, ihm zu schaden, denn Annetta wünschte es möglicherweise gar nicht, daß andere von ihren Plänen erfuhren. Wie sehr Alfonso auch bemüht gewesen war, Gleichmut vorzutäuschen, seine Freude hatte gewiß doch durchgeklungen, und Macario war imstande, Annetta eine verzerrte Darstellung dieser Freude zu geben, Er sah ihn vor sich, wie er bei der Wiedergabe bestimmter Sätze seine Hand hob, die oft mehr Bosheit ausdrücken konnte, als über seine Lippen kam. Das, so meinte Alfonso, mochte schon genügen, ihn um Annettas Freundschaft, die er sich so mühsam errungen, zu bringen. Es fiel ihm jetzt auch ein, wie es jenem Beamten ergangen war, der es gewagt hatte, Annetta den Hof zu machen.

Wieder höchst unangenehme acht Tage. Die Angst, man könnte ihm Mangel an Takt vorwerfen, trübte seine Freude über die unverhoffte Freundschaft mit Annetta. Er wartete Tag für Tag vergebens, daß Macario ihm irgendeine Nachricht überbringe, die Antwort auf seine Frage. Macario nahm sich also nicht einmal die Mühe, seine Mißstimmung zu verbergen! Es war, als weiche er ihm aus, denn Alfonso gelang es die ganze Woche hindurch nicht, ihn zu Gesicht zu bekommen.

Er ging in der bangen Erwartung zu Annetta, endlich Aufschluß über Macarios Benehmen zu erhalten: er würde es an der Art erkennen, wie man ihn empfing.

Im Speisezimmer war die ganze Gesellschaft versammelt, Fumigi, Spalati, Prarchi und Macario; auch Maller persönlich war eine halbe Stunde lang zugegen. Macario begrüßte Alfonso mit einem Lächeln, in dem nichts Böses war, und Annetta drückte ihm herzlich die Hand. Ihre Freundschaft war also seit dem letzten Mittwoch unvermindert. Alfonso fühlte sich sogleich von seinen Besorgnissen befreit, aber er konnte sich nicht darüber freuen, denn nun beschäftigten ihn andere Gedanken, störte ihn Mallers Anwesenheit, obwohl auch der ihn mit einem freundlichen Händedruck begrüßt hatte.

Francesca saß abseits, auf dem Kanapee, eine Stickarbeit in der Hand. Alfonso ging grüßend auf sie zu. Sie erhob sich, was ihrer trockenen, fast schroffen Art zu reden doch eine gewisse Wärme verlieh. Sie war nie verlegen, das ‹Fräulein› Francesca. Er hatte sie schon freundlich und heiter oder auch verärgert gesehen, immer aber war ihre Rede kurz, entschlossen wie die eines Menschen, der sich nicht unterkriegen läßt. Maller saß zur Rechten Annettas, Spalati zu ihrer Linken. Ihn konnte man stets neben Annetta sitzen sehen, offenbar hielt er viel darauf.

Obwohl Alfonso mehr als alle anderen durch Mallers Gegenwart befangen war, konnte er doch feststellen, wie sehr auch das Benehmen der übrigen Anwesenden durch Mallers Gegenwart beeinflußt wurde.

Zu jener Zeit diskutierte man, wenn über Literatur gesprochen wurde, unfehlbar über Verismus und Romantik. Es war eine sehr bequeme Art, über Literatur zu reden, denn da konnten alle mithalten.

Maller war ein Anhänger des Verismus. Da er aber weniger Wert darauf legte, gelehrt als witzig zu erscheinen, erklärte er, daß ihm die Veristen hauptsächlich deshalb gefielen, weil sie nicht moralisch waren. Im übrigen schien er sie zu verachten, denn, so meinte er, mit derlei Methoden sei es leicht, populär zu werden.

Spalati, dessen Auffassungen, soweit Alfonso es beurteilen konnte, nicht ganz mit Mallers Geschmack übereinstimmten, fand sogleich einen Gesichtspunkt, von dem aus er Maller beistimmen konnte: «Gewiß, wenn man wie Sie nur zum Vergnügen liest, ist es durchaus richtig, an diesen Autoren Gefallen zu finden.»

Prarchi wollte ein übriges tun. Er wollte, obwohl Maller entschieden widersprach, beweisen, daß dessen Vergnügen bei der Lektüre dieser unmoralischen Autoren einem unbewußten künstlerischen Sinn entspringe: «Sie glauben bloß, daß sie Ihnen aus den Gründen gefallen, die Sie behaupten, und sind sich gar nicht bewußt, daß es zweifellos gerade die künstlerische Seite dieser Werke ist, die Ihr Vergnügen erregt.»

«Möglich», meinte Maller, der in keiner Weise zu erkennen gab, ob er merkte, daß die beiden Literaten darin wetteiferten, ihm zu schmeicheln. «Ich wußte bisher tatsächlich nicht zu sagen, warum mir gewisse Stellen unwillkürlich besser gefallen. Vermutlich sind es die besonders künstlerischen.»

Sollte er aber begriffen haben, daß man ihm schmeicheln wollte, dann machte er sich ungeniert über seine Schmeichler lustig.

Zu Beginn von Mallers literarischen Bekenntnissen hatte Annetta Alfonso laut zugerufen: «Passen Sie gut auf, jetzt werden Sie Schönes zu hören bekommen!»

Alfonso konnte die Aufforderung, aufzupassen, nicht ganz befolgen, denn sie versetzte ihn in allzu große Erregung: sie war ihm, während des allgemeinen Gesprächs, wie ein unverhofftes Geschenk zugeflogen.

Maller erhob sich bald und verabschiedete sich mit einer Verneigung. Er ging auf Francesca zu. Alfonso verfolgte ihn aufmerksam mit den Blicken. Francesca bemerkte Maller scheinbar nicht, aber als er ihr ganz nahe war, hob sie, ohne Überraschung vorzutäuschen, ihre Augen von der Stickarbeit, sah ihn ruhig an und streckte ihm ihre kleine Hand entgegen, die er ebenso ruhig drückte: «Warum verderben Sie sich mit solchen Arbeiten die Augen?»

Sie zog ihre Hand zurück, die er sichtlich gerne noch länger in der seinen gehalten hätte: «Es schadet mir nicht.»

Als Maller wieder am Tisch vorbeikam, um das Zimmer zu verlassen, erhoben sich die Männer von den Sitzen. Die einzige, die sich durch seinen Abgang weder erleichtert fühlen mußte, noch ihr Verhalten zu ändern brauchte, war Annetta.

Erst als Alfonso sich verabschiedete, fragte sie ihn mit leiser Stimme, wie weit er mit dem Roman sei.

«Ich habe noch nicht beginnen können, denn ich weiß leider immer noch nicht, was ich eigentlich machen soll.»

Annetta dachte einen Augenblick nach, dann sagte sie ebenso leise: «Kommen Sie morgen um sieben Uhr. Geht das?»

«Gewiß!» Er fühlte, wie sein Herz klopfte.

In solchem Flüsterton mochten auch Liebende ihr nächstes Stelldichein vereinbaren.

XII

Auf der Treppe wurde Alfonso von Santo empfangen.

«Ich habe Sie erwartet», sagte er und lächelte ihm freundschaftlich zu.

Er behandelte Alfonso mit großem Respekt, ließ ihn durch alle Türen vorangehen und verneigte sich tief, nachdem er ihm die Tür zur Bibliothek geöffnet hatte. Auch in der Bank nahm er jede Gelegenheit wahr, ihm seine Ehrerbietung zu bezeigen.

In der Bibliothek befanden sich Annetta und Francesca. Diese saß über ihrer ewigen Stickarbeit, Annetta schrieb.

«Ich bin gerade beim ersten Entwurf», sagte sie. «Kommen Sie, kommen Sie nur und helfen Sie mir, denn allein bringe ich es nicht weiter.»

Sie legte Papier vor ihn hin, kleines, elegantes Briefpapier, und eine Feder.

«Sie sitzen hier unbequem, aber wenn man so viel guten Willen hat wie wir beide, wird es auch so gehen.»

Der Tisch war zu niedrig, außerdem war auf der Tischplatte wenig Platz, denn Annetta hatte nicht daran gedacht, die Zeitungen wegzuräumen. Francesca tat es für sie: «Ich sehe schon, wenn ich nicht eingreife, werdet ihr zwei nie weiterkommen.»

Sie nahm einen Stoß Zeitungen und warf sie in eine Ecke.

Die Beziehungen zwischen den beiden Frauen schienen sich gebessert zu haben. Francesca sah nicht mehr so leidend aus, die Lippen jedenfalls in ihrem stets blassen Gesicht wirkten nicht mehr so weißlich. Auch vermied Annetta es nicht mehr, das Wort an sie zu richten: «Ich bitte dich nur, nicht auch mit deinen Ideen einzugreifen, denn einen Roman kann man wohl zu zweit, nicht aber zu dritt schreiben.»

Die beiden konnten offenbar jetzt gar nicht oft genug miteinander reden, als wollten sie einander immer wieder beweisen, daß alle Feindschaft begraben war.

«Ich möchte nur ein paar Bemerkungen voranschikken», sagte Annetta mit einem gewissen Ernst. «Ich möchte Ihnen erklären, wie ich mir die Arbeit vorstelle. Man soll ihr nicht anmerken, daß sie zwei Köpfen entsprungen ist oder daß zwei verschiedene Bestrebungen am Werke waren. Selbstverständlich muß man es vor allem so einrichten, daß die zwei verschiedenen Bestrebungen so wenig verschieden sind wie möglich. Das wird das schwierigste sein. Aber mit gegenseitigen Konzessionen wird es gelingen. Im übrigen sollten wir so vorgehen, daß wir die Arbeit unter uns aufteilen.»

Mit nervöser Hand zeichnete sie ein paar Kreise auf das vor ihr liegende Papier, um deutlich zu machen, wie sie sich diese Aufteilung vorstellte. Sie zögere ein wenig, so versicherte sie wenigstens, ihm ihren Plan mitzuteilen, denn sie fürchte, daß er die Aufgabe, die sie ihm in diesem Falle zugedacht habe, als untergeordnet empfinden könnte.

«Sprechen Sie doch offen», forderte Alfonso sie auf, lächelte und wurde rot. «Es liegt mir viel an der Arbeit, aber deswegen vergesse ich doch nicht, daß es für mich schon eine Ehre ist, Ihr Mitarbeiter sein zu dürfen.»

Das Kompliment war nicht übel gesagt. Annetta dankte ihm.

«Sie haben gute Ideen, das wissen wir. Ihre Aufgabe wird es sein, Ideen vorzuschlagen und zu entwickeln. Ich hingegen kenne die Gesellschaft besser, ich werde die Dialoge und die Milieuschilderungen schreiben. Sie haben ja immer nur zwischen Büchern gelebt.»

Auch diese Bemerkung sollte ihm zum Trost dafür dienen, daß ihm die Kenntnis der Gesellschaft abgesprochen wurde. Alfonso fühlte sich sehr geschmeichelt und nahm den Vorschlag an. Jedes Kapitel sollte zuerst von ihm geschrieben und dann von Annetta überarbeitet werden.

«Ich hoffe zumindest, daß ich imstande sein werde, die guten Ideen zu erkennen und unverändert zu lassen.» Bescheidener konnte man wirklich nicht sein. «Das hätten wir!» sagte Annetta und atmete befriedigt auf, als sei damit schon ein Hauptteil der Arbeit am Roman geleistet.

«Gehen wir nun daran, die Handlung festzulegen.»

Auch da hielt sie es für nötig, einige Bemerkungen vorauszuschicken. Man müsse vor allem daran denken, so erklärte sie mahnend, daß es auf den Erfolg ankomme. Zwar wollten sie das Buch unter einem Pseudonym veröffentlichen, aber wenn der Erfolg ausblieb, machte das Ganze doch nur wenig Freude. Was sie anstreben sollten, sei nicht der Ruhm in irgendeiner fernen Zukunft. Nicht für die Nachwelt schrieben sie, sondern um des raschen Erfolges willen.

«Ich weiß genau, wie man es machen muß, um zu raschem Erfolg zu kommen. Es ist gar nicht so schwer! Ich beobachte seit ein paar Jahren, welche Werke auf der Bühne oder auf dem Buchmarkt besonders erfolgreich sind, und habe herausgefunden, daß sie alle ein bestimmtes Rezept verfolgen: Der gezähmte Wildling. Dabei spielt es keine Rolle, ob dieser Wildling männlich oder weiblich ist, es kommt nur darauf an, daß die Zähmung durch die Liebe bewirkt wird.»

Alfonso mußte selbst zugeben, daß ihn das eine oder andere nach diesem Rezept verfaßte Buch schon bewegt hatte, nichtsdestoweniger verachtete er diese Werke und ihre Verfasser. Es war aber jetzt gewiß nicht der Augenblick, von seiner Verachtung zu sprechen. Niemals hatte Annetta ihm so sehr gefallen. Er betrachtete ihr dunkles, glattes, einfach zurückgekämmtes Haar, während sie über das Papier gebeugt saß und die Feder anmutig in der Hand hielt. Zum erstenmal sah er sie nicht auf ihre Schönheit bedacht; es war ihr gleichgültig, ob sie gefiel oder nicht. Sie hielt die Lippen eng geschlossen, ihre Stirn war gerunzelt, ihr edler Kopf nahm eine edle Haltung an.

Alfonso stimmte allem zu. Mit verblüffender Geschwindigkeit schrieb sie eine knappe Inhaltsangabe der ersten zehn Kapitel nieder und entwickelte in ein paar Worten die allgemeine Linie der folgenden Kapitel. Er konnte darin keine einzige originelle Situation, keinen einzigen originellen Einfall entdecken, aber angesichts der ersten Begeisterung Annettas wäre es beleidigend gewesen, auch nur den geringsten Zweifel zu äußern. Auch hielt er es für verfrüht, ein endgültiges Urteil abzugeben; vielleicht konnte die Handlung durch die Ausführung verbessert werden.

Als er aber dann allein war und sich an die Arbeit machte, zu der er sich verpflichtet hatte, wurde ihm die Banalität dieser Geschichte noch deutlicher bewußt. Es handelte sich um einen weiblichen Wildling. Annetta schwebte der Roman einer jungen Adeligen vor, die, als sie sich von einem Herzog verraten sieht, in ihrem ersten Zorn den Heiratsantrag eines reichen Industriellen annimmt. Sie liebt ihn nicht und behandelt ihn mit Abscheu. Dieser Industrielle ist ein braver Mensch, von großer Muskelkraft und sanftem Charakter, und seine guten Eigenschaften sowie sein stolzes Verhalten besiegen schließlich die Abneigung seiner Gattin, so verleben die beiden doch noch viele, viele glückliche Jahre miteinander. In dem Entwurf hatte Annetta bestimmte Stellen angezeichnet, von denen sie sich eine besondere Wirkung versprach; hier gedachte sie ‹Szenen› einzufügen. Dadurch erinnerte der

Entwurf an jene schablonenhaften Komödien, wie sie zu reinen Unterhaltungszwecken fabriziert werden.[12] Das erste Kapitel führte zwar gleich mitten in die Handlung, denn Annetta meinte, daß lange Vorbereitungen den Leser langweilten, aber es war so ungenau umrissen, daß Alfonso glaubte, es nach eigenem Geschmack ausführen zu dürfen.

«Clara, eine junge Komtesse, erfährt, daß der Herzog die Tochter eines Händlers heiratet; ihre Verzweiflung.» Man mußte nun die Vorgeschichte dieser Situation erzählen, und das ergab einen Roman für sich, bei dem Alfonso nach Gutdünken verfuhr. Er schilderte mit ein paar Worten den Gemütszustand der Mutter, die die Heiratsanzeige des Herzogs erhält und ihrer Tochter davon berichtet, ohne zu ahnen, welchen Sturm diese Nachricht in dem armen Mädchen entfachen muß. Die Tochter aber erträgt den Schicksalsschlag mit Würde und läßt ihren Gefühlen erst freien Lauf, als sie sich allein in ihrem Zimmer befindet. Zugleich mit dem Wutanfall erfüllt sie die schmerzliche Erinnerung an vergangene Zeiten, an ihre früheste Jugend, die sie mit dem Herzog, der ihr Cousin war, verbrachte. Er war ein wilder Junge gewesen, der sie öfters schlug, den sie aber trotzdem liebgewann. Hier nun fügt Alfonso eine idyllische Schilderung ein, die er für sehr gelungen hielt. Kurze, leicht hingeworfene Abschnitte, so, als habe der Autor, mit anderen, ernsten Dingen befaßt, der Erzählung nicht seine volle Aufmerksamkeit widmen können, als lasse er der Feder ihren eigenwilligen Lauf und führe sie nur gelegentlich auf das eigentliche Thema zurück, ohne streng darauf zu achten, daß es auch weiter dabei bleibe. Alfonso wußte wohl, daß der ganze Roman nicht in dieser Art geschrieben werden konnte, jedenfalls aber hatte er das erste Kapitel zu Ende gebracht.

Er überreichte es Annetta am Mittwoch, und sie berichtete der ganzen Gesellschaft von der Arbeit, die sie und

Alfonso in Angriff genommen hatten. Sie gab sodann eine Erklärung ab, warum sie nicht Spalati oder Prarchi, sondern Alfonso zur Mitarbeit herangezogen habe. Spalati, so sagte sie, habe sie nicht gewählt, weil es einschüchternd sei, mit dem eigenen Lehrer zu arbeiten; Prarchi habe sie ausgeschlossen, weil er ein allzu verbissener Verist sei. Prarchi beeilte sich, zu beteuern, er sei gar nicht der große Verist, für den er sich selbst immer ausgebe; in diesem Falle hätte er alle ihr extrem erscheinenden Auffassungen glatt geopfert. Er brachte das alles sehr ernst vor, als wäre es noch nicht zu spät, Annetta zur Änderung ihres Entschlusses zu bestimmen. Plötzlich lachte er: «In diesem besonderen Falle hätte ich mich auch bereit gefunden, an einem durch und durch romantischen Roman mitzuarbeiten.»

Alfonso empfand diesen Ausspruch wie eine an ihn gerichtete Warnung.

Fumigi begleitete Alfonso ein Stück Weges. Er erkundigte sich vorsichtig über die Art der Zusammenarbeit Alfonsos mit Annetta. Er schien sich sehr für das Thema des Romans zu interessieren, als er aber dann, Gleichgültigkeit vortäuschend, in eine andere Richtung sah und fragte, wie oft in der Woche sie zusammenkämen, empfand Alfonso die gleiche Betroffenheit wie anläßlich des vorgetäuschten Gähnens Macarios: ‹Sind denn alle in Annetta verliebt?›

Vereinbarungsgemäß ging Alfonso am nächsten Abend wieder zu Annetta. Sie schrieb in der Bibliothek. Als sie ihn sah, machte sie eine Bewegung, als habe sie ihn mit Ungeduld erwartet. Gleich darauf aber schob sie das Manuskript zur Seite und versuchte, von anderen Dingen zu reden, vom Wetter, das für die Jahreszeit unwahrscheinlich mild war. Alfonso, der keine Veranlassung sah, das eigentliche Gespräch länger hinauszuzögern, fragte mit einem Lächeln, das um Nachsicht bat, wie ihr das von ihm verfaßte Kapitel gefalle. Es war schon wenig schmeichelhaft für ihn, daß sie nicht als erste das Gespräch darauf gebracht hatte.

«Es gefällt mir nicht», sagte Annetta und sah ihn dabei freundschaftlich an, was die Härte ihres Ausspruchs milderte. «Sicher sehr schön, ich verkenne seine Vorzüge nicht, aber es ist mir zu grau.»

Sie habe versucht, es zu korrigieren, das sei ihr aber nicht gelungen, und so habe sie sich einfach entschließen müssen, es selbst noch einmal zu schreiben. Sie gestehe, daß sie auch jetzt noch nicht recht zu sagen wisse, was dem Kapitel eigentlich fehle.

«Es ist aus einem Guß!»

Alles, was aus einem Guß ist, verdient ja Lob, und so konnte diese kritische Formulierung wohl Begeisterung ausdrücken. Alfonso wurde es bereits leichter ums Herz.

«Aber es ist grau, sehr, sehr grau. Wer liest denn gerne solche ununterbrochenen Gedankenergüsse ohne jede Ausschmückung? Und dann: Sie erzählen zu wenig, Sie beschreiben unentwegt, auch wenn Sie zu erzählen meinen. Wie sollen wir da weiterkommen? Auf tausend Worte Beschreibung kommt ein Wort Erzählung, während es doch umgekehrt sein müßte. Es ist doch wichtiger, gleich die Voraussetzungen des Romans auszuarbeiten, Claras erste Gedanken zu beschreiben, ihre Heirat mit dem Industriellen, die alte Liebe, die dieser für sie hegt, als einen Salon zu schildern, mit dem sich der Leser nie wieder wird befassen müssen, und so viele Einzelheiten aus Claras Kindheit auszukramen.»

Sie las ihm nun ihre Fassung vor. Wohl nur aus Höflichkeit hatte sie ein Wort oder einen Satz von Alfonso übernommen, aber es waren so unwichtige Worte und Sätze, daß er ihr deswegen nicht dankbar sein konnte. Gerade die Abschnitte, an denen ihm am meisten lag, hatten keine Gnade vor ihren Augen gefunden.

Als sie mit dem Lesen zu Ende war, sah Annetta ihn erwartungsvoll an. Sie rechnete mit begeisterter Zustimmung. Alfonso aber gelang es nur mit großer Anstrengung, ein kaltes Lob zu murmeln. Und auch das schränkte er noch ein. Außerstande, seine Enttäuschung über die viele nutzlos geleistete Arbeit zu verbergen, suchte er nach einem Ausweg, wie er diese Enttäuschung zum Ausdruck bringen könnte, ohne Annetta zu verletzen. Als er diesen Ausweg gefunden zu haben meinte, nahm er ihn entschlossen wahr und kümmerte sich nicht weiter darum, wohin er führen würde. Er ging nicht weiter auf seine und Annettas Arbeit ein, sondern gab nur kurz zu, daß ihr Kapitel gewiß den Leuten besser gefallen werde, griff aber sodann Annettas Theorien und Vorsätze als solche an. Es sei ja wohl richtig, daß diese Theorien zum Erfolg führten, er finde jedoch, daß es nicht der Mühe lohne, einem Eintagserfolg zuliebe jeden höheren künstlerischen Zweck zu opfern.

«Entschuldigen Sie», unterbrach ihn Francesca, die sich bis dahin still verhalten hatte, scheinbar ohne dem Gespräch zu folgen. «Ich habe Ihren Gesichtsausdruck beobachtet und glaube, daß Annettas Arbeit Ihnen doch nicht völlig mißfallen hat. Sie dürfte also nicht ganz so unkünstlerisch sein, wie Sie behaupten.»

Alfonso war es, als begleite Francesca ihren Satz mit einem heimlichen Blick, als wollte sie ihn auffordern, ihr zuzustimmen. Er war so überrascht, daß er die Augen von ihr nicht abwenden konnte. Sollte auch Francesca an dem Kapitel mitgearbeitet haben, das sie verteidigte? Jedenfalls war es klar, daß ihm anbefohlen wurde, das Kapitel zu bewundern, und er tat es, so gut er konnte. Das Kapitel, so sagte er, habe ihm an sich gefallen, was er bekämpfe, seien lediglich die Grundsätze, nach denen es verfaßt worden sei. In Wahrheit fand er es abscheulich, leer, schwülstig, und die ausdrückliche Anerkennung, die er ihm zu zollen gezwungen war, demütigte ihn. Er hatte dem Recht entsagt, seine Meinung auszusprechen. Er mußte mit Erstaunen feststellen, daß Annetta nicht den geringsten Zweifel an der Aufrichtigkeit seiner Anerkennung hegte. Es sei also abgemacht, sagte sie, daß das Kapitel in dieser Form bestehen bleibe. Was die weiteren Kapitel betreffe, waren sie sich einig, in der gleichen Weise vorzugehen.

Und sie gingen in der gleichen Weise vor. Beim zweiten und dritten Kapitel fiel es auch schon viel leichter, sich zu einigen. Alfonso versuchte, Annettas Art nachzuahmen, und Annetta schrieb alles um, ohne sich viel um die erste Fassung zu kümmern.

Diese Situation hatte für Alfonso auch etwas Angenehmes. Nun, da Annetta ihre eigene Überlegenheit gesichert und anerkannt wußte, wollte sie ihn für seine Unterwürfigkeit, die ihn, wie sie vermutlich bemerkte, einige Anstrengung kostete, belohnen und brachte ihm eine wachsende Freundschaft entgegen. Gelegentlich gewährte sie ihm sogar, im gerührten Bewußtsein der eigenen Überlegenheit, ihren Schutz, der etwas von mütterlicher Zuneigung hatte. Sie lachte über seine Schwächen, sie bezeichnete ihn als einen kleinen Wildling, der keine Komplimente zu machen verstehe und dem es an Diplomatie fehle. Eines Mittwochs sagte sie in seiner Gegenwart zu ihren Freunden, es habe vielleicht schon größere Philosophen gegeben als Alfonso, keinen aber, der die Philosophie so ernst genommen wie er und so streng nach ihren Vorschriften lebe. Schließlich erfand sie für ihn – allerdings nur wenn sie unter vier Augen waren – den Beinamen ‹Kleine Kröte›. Sie nannte ihn so, wenn er einen halben Satz hervorstieß und nicht zu Ende brachte, wenn er erklärte, daß ein literarischer Erfolg nichts wert sei, weil jeder Dummkopf ihn erzielen könne, oder wenn er ihr einen Kapitelentwurf vorlegte, der für den Papierkorb bestimmt war. Wenn sie ihn so nannte, hatte sie ein gutes

Lächeln für ihn, sah ihn bewundernd an wie ein Original, das studiert zu werden verdient ... wenn auch nicht gelesen. Er stand dann steif da, sprach wenig, stammelte halbe Worte, nur um sich diesen Beinamen zu verdienen. Sie blieb bei ihrem ersten Urteil, daß Alfonso wohl über eine Fülle wertvoller Einfälle verfüge, jedoch nicht imstande sei, sie zu einem guten Roman zu verarbeiten. Was er schreibe, sei zu schwer, zu grau. Früher oder später werde er sich mit einem guten philosophischen Werk einen Namen machen, niemals aber mit einem Roman. Das sei für ihn ein zu leichtes Genre.

Die Arbeit bereitete ihm allerdings nicht geringe Plage. Im zweiten Kapitel kam eine fürchterliche Eheszene vor, die sich im Schlafzimmer der eben Vermählten abspielte, aber schon im dritten wußten die Ehepartner, auf ausdrücklichen Wunsch Annettas, daß sie einander liebten; nur ein ungeheurer, beiderseitiger Stolz trennte sie voneinander. Der ganze weitere Roman sollte von diesem Stolz handeln, den es zu bändigen galt. Das eben bildete ja den Grundgedanken des Buches. Es wäre noch gut gewesen, hätte er nur von diesem beiderseitigen Stolz gehandelt, Annetta aber wollte eine ganze Reihe weiterer kleiner Geschichten einflechten, die mit dem Grundthema überhaupt nichts zu tun hatten. Auf der Bildfläche erschienen nach und nach der Schwiegervater des verflossenen Bräutigams, der Händler, die Gattin des Herzogs, Claras Rivalin, ferner Claras Bruder und eine Schwester des Industriellen, die am Ende einander heirateten, außerdem verschiedene andere Personen, die eine politische Komödie inszenierten, eine Wahlkomödie; und alles nur, um die dünne Handlung des Romans aufzufüllen. Alfonso hatte vorgeschlagen, dieses überflüssige Zeug fortzulassen und es bei dem beiderseitigen Stolz bewenden zu lassen und zu schildern, wie die beiden Hauptpersonen mit ihm fertig würden. Das war ja Annettas ursprüngliche Absicht gewesen. Auf diese Weise hätte man wenigstens eine halbwegs brauchbare Analyse des Stolzes entwickeln können. Annetta aber fand Alfonsos Vorschlag geradezu komisch. Jedes Kapitel bestand aus endlosem Gerede, aus dem Streit zwischen den beiden rivalisierenden Frauen, Clara und der Gattin des Herzogs. Zum Aufputz gab es dann in jedem Kapitel ein bis zwei Liebesblicke zwischen dem Gatten und seiner Gattin. Es war immer dasselbe.

Die Arbeit an dem Roman schien Alfonso eine immer erstaunlichere Ähnlichkeit mit seiner Arbeit in der Bank anzunehmen. Er setzte sich abends gähnend hin, konzentrierte sich, mit dem Schlaf kämpfend, ganz darauf, Annettas Anordnungen zu befolgen, und war glücklich, wenn er sein Pensum zu Ende gebracht hatte. Manchmal wurde ihm die Sache so langweilig, daß er zu Annetta ging, ohne auch nur eine Zeile geschrieben zu haben. Er hatte die Arbeit immer wieder hinausgeschoben und beschlossen, sich bei Annetta entschuldigen zu lassen und für einen Tag darauf zu verzichten, sie zu sehen, nur um sich mit diesem Zeug nicht befassen zu müssen. Dann aber brachte er doch nicht die Kraft für einen solchen Verzicht auf und ging zu ihr, indem er irgendeine Entschuldigung erfand.

Annetta empfing ihn jedesmal sehr liebenswürdig, ohne ihm die geringsten Vorwürfe zu machen. Sie gab ihm die Seiten zu lesen, die sie geschrieben hatte, und ließ ihn dann von anderen Dingen reden. Sie hörte ihm nicht ungern zu. Er war jetzt gar nicht mehr schüchtern, es sei denn mit Absicht. Er hatte bereits herausbekommen, daß es vorteilhaft war, eine gewisse Schüchternheit zu bewahren. Als sie von ihm zu weichen begann, überdachte er die Mahnungen Macarios, die kurze Andeutung, die Francesca ihm einmal gemacht hatte, und hielt sich auch Spalatis Benehmen vor Augen, der Annettas ältester Freund war und sich Freiheiten nur dann herausnahm, wenn er sie zugleich mit dem Ausdruck tiefen Respekts verband. Er tat um so respektvoller, je gewagter sein Wort wurde. Er verstand es höchst geschickt, ihr, wenn er sich keinen Zwang auferlegen wollte, gleichzeitig eine Schmeichelei zu sagen. So bekamen seine Schmeicheleien den Anschein der Kühnheit, wodurch sie um so aufrichtiger klangen. Er scheute sich etwa nicht, sie zu tadeln, daß sie zu viele Eigenschaftswörter verwende – wie Victor Hugo. Alfonso, der diese Methode durchschaute, fiel es nicht schwer, eine Charaktereigenschaft vorzutäuschen, die man ihm von Anfang an zugeschrieben hatte. Indem er Verachtung für die gesellschaftlichen Umgangsformen zeigte, erhielt er die Erlaubnis, sie gelegentlich zu vernachlässigen. Im übrigen lag Annetta nicht viel an guten Umgangsformen. Es kam nur darauf an, ihr im richtigen Augenblick ein bißchen Bewunderung oder Begeisterung entgegenzubringen.

Am vergnüglichsten waren die Abende, an denen man überhaupt nicht vom Roman sprach. Alfonso aber wurde bald inne, daß das langsame Fortschreiten der Arbeit Annetta auf die Dauer verstimmen könnte. Eine Warnung kam ihm auch von Francesca zu, die damit zum zweitenmal ihre Absicht bewies, Alfonso in seiner Beziehung zu Annetta zu lenken.

Francesca empfing ihn eines Abends, während Annetta noch in ihrem Zimmer war.

«Sie haben wieder nichts gearbeitet?» fragte sie ihn vorwurfsvoll. «Ich mache Sie darauf aufmerksam, daß Annetta leicht die Geduld verliert.»

Zufälligerweise hatte er an diesem Abend ein paar Seiten mitgebracht. Er begriff die Bedeutung von Francescas Warnung und ließ sie sich gesagt sein. Von nun an und längere Zeit hindurch erschien er jedesmal mit einem Beweisstück dafür, daß er am Roman gearbeitet oder zumindest an ihn gedacht hatte.

Dies fiel ihm überaus schwer. In der Bank gab es viel zu

tun. Fast die ganze Arbeit, die vor ihm Miceni geleistet hatte, lastete nun auf ihm. Es war eine tägliche Hetzjagd, und nur mit größter Mühe gelang es ihm und Alchieri, nachzukommen. Das Bedürfnis nach langen Spaziergängen und Entspannung meldete sich in ihm stärker denn je.

Als er zum erstenmal nach Francescas Warnung wieder mit leeren Händen erschien, wurde er zwar von Annetta mit dem üblichen liebenswürdigen Lächeln empfangen, aber er fürchtete, daß sich dahinter der von Francesca prophezeite Zorn verberge. Höchst beunruhigt dachte er schon, man werde ihm plötzlich den Abschied für immer erteilen. In seiner Angst begnügte er sich nicht damit, irgendeine Entschuldigung vorzubringen, sondern sprach von der vielen Arbeit in der Bank, verbreitete sich über die Kopfschmerzen, die ihn befallen hätten, und behauptete sogar, er habe auch von daheim beunruhigende Nachrichten über den Gesundheitszustand seiner Mutter erhalten. So sei er nicht in der rechten Stimmung gewesen, sich mit dem Roman zu befassen. Annetta hörte ihm mit dem Ausdruck großer Anteilnahme zu. Da erfaßte ihn eine maßlose Erregung. Er empfand es als erniedrigend, sich wie ein Schüler entschuldigen zu müssen, während er gerne in ganz anderem Ton gesprochen hätte. Dieses Gefühl der Erniedrigung trieb ihm die Tränen in die Augen, Annetta aber schrieb diese Tränen der Besorgnis um den Gesundheitszustand seiner Mutter zu.

Für sie mochte Alfonso an diesem Abend unterhaltsamer sein als sonst. Nachdem er ausgiebig von den vielen Gründen gesprochen hatte, die ihn von der Arbeit am Roman abhielten, begann er nun zu erklären, wie groß sein Wunsch sei, sich ganz dem Roman widmen zu können. Er versicherte sogar, daß es überhaupt sein größter Sehnsuchtstraum sei, ausschließlich an dieses herrliche Werk zu denken und es auszuspinnen. Zum erstenmal sagte er ihr ohne zwingende Veranlassung eine dicke Schmeichelei, aber in diesem Augenblick wäre er bedenkenlos auch zum Geldfälscher geworden, nur um sich Annettas Freundschaft zu erhalten. Er schilderte ausführlich seine Tätigkeit in der Bank, und da er nicht den Mut aufbrachte, bei der Tochter des Herrn Maller über die Bankarbeit im allgemeinen Beschwerde zu führen, beklagte er sich nur, daß ihm noch nicht eine intelligentere und ungebundenere Tätigkeit anvertraut worden sei, auf die er seiner Meinung nach Anrecht habe.

«Wollen Sie, daß ich mit meinem Vater spreche?» antwortete Annetta tief gerührt. «Sie haben tatsächlich Anspruch auf eine schwerere Arbeit.»

Alfonso hatte dieses Angebot nicht vorausgesehen. Es war ihm äußerst unangenehm. Er widersprach und erklärte, er wolle Annettas Freundschaft nicht ausnützen, um sich Protektion zu verschaffen. Außerdem könne eine bloße Empfehlung ja doch nicht die ganze Hierarchie in der Bank umstoßen, während sie ihn andererseits um die Illusion bringen würde, die er den Abenden in diesem Hause verdankte. Sie wollte wissen, welche Illusion das sei.

«Wenn ich hier bin», erklärte Alfonso, «will ich an nichts anderes denken, als daß ich Ihr Freund bin und ein Schriftsteller. Bis jetzt bin ich nur das.»

Annetta dankte ihm:

«Sie kommen also gerne her. Das freut mich wirklich.»

Das war wieder in leichtem Ton hingeworfen, doch Alfonso fiel es nicht gleich auf, denn er war ganz damit beschäftigt, Annetta zu versichern, daß er kein größeres Vergnügen kenne, als in ihr Haus zu kommen.

Annetta hatte ihre Phrase in dem guten Glauben gesagt, sehr liebenswürdig zu sein, Alfonso aber verursachte sie Stunden der Aufregung. Gewiß, Annetta war liebenswürdig – aber konnte sie für einen Mann, den sie eben noch weinen gesehen, wirklich kein anderes Wort finden als diese konventionelle Floskel? Alfonso wußte selbst nicht gleich zu sagen, warum diese Phrase ihn so tief verletzte. Er mußte lange nachdenken, ehe er den Grund seiner Kränkung begriff. Seine erste Reaktion jedenfalls war eine tiefe Unzufriedenheit mit sich selbst, als müsse er eine schlechte oder eine lächerliche Tat bereuen. Er hatte geweint, und sie hatte ihm pflichtschuldigst eine Liebenswürdigkeit gesagt. Das Mißverhältnis zwischen den beiden Tatbeständen war derart, daß er sich nun schämte, Tränen vergossen zu haben. Eine Frau, die nur ein bißchen Zärtlichkeit für ihn empfunden hätte, würde mit ihm geweint haben.

Es war eine schöne, kalte, windstille Nacht. Am tiefschwarzen Himmel glitzerten nur wenige Sterne. Er trieb sich lange in den Straßen umher. In einem geschlossenen Raum hätte er seine Ruhe niemals wiedergefunden. Zum zweitenmal kam ihn die Lust an, seine Beziehung zu Annetta abzubrechen. Und wieder aus dem Gefühl der Entmutigung, das ihn befiel, wenn er hinter Annettas großen Freundschaftsbezeigungen eine absolute Kälte und Gleichgültigkeit erkennen mußte. Es war jedesmal eine schmerzliche Überraschung, eine Erschütterung seines Daseins, das tatenlos dahinging, mehr durch die Gewohnheit bestimmt als durch eine Idee oder ein Ziel. Als er das Ziel, dem er erstaunlicherweise sein Leben so wenig angepaßt hatte, zu untersuchen begann, sah er es plötzlich auch in einem anderen Licht. Er war von diesem Ziel genauso weit entfernt, als er eben noch gemeint hatte, ihm nahe zu sein. War denn seine Leidenschaft wirklich so übermächtig, daß es lohnte, sich all den seelischen Qualen auszusetzen, um sie zu befriedigen? Weit deutlicher noch als am Beginn seiner Beziehung zu Annetta wurde er sich bewußt, daß seine Liebe eine besondere Steigerung durch den Reichtum erfuhr, der Annetta umgab. Dieser Reichtum erst brachte ihre schöne Erscheinung zu voller Geltung. Er glich der Fassung eines Diamanten. Jetzt erinnerte er sich genau: Ehe er noch Annettas Schönheit und Anmut kennengelernt, hatte ihn das Wissen erregt, daß sie Mallers Tochter war. Aus dieser Erregung war das Gefühl entstanden, das er Liebe nannte.

Doch wozu diese ganze Analyse? Er hatte längst erkannt, daß seine Art zu fühlen grundverschieden war von der seiner Umgebung. Der Unterschied, so meinte er nun, bestand darin, daß er die Dinge zu ernst nahm. Das war sein Unglück. War es wirklich der Mühe wert, sich so abzuquälen, um einen Ausweg aus einer Situation zu finden, die sich doch von selbst und auf natürliche Weise entwikkeln mußte? Wenn Annetta ihn liebte, dann hatte er zweifellos viel zu gewinnen, sein Leben würde eine neue Wendung nehmen; wenn sie ihn nicht liebte, hatte er nichts zu verlieren.

Er nahm sich vor, ruhig zu sein, aber Überlegungen konnten ihn selbstverständlich weder von seinen Zweifeln noch von seiner Erregung befreien. Die Überlegungen dienten dazu, ihn von Entschlüssen abzuhalten, zu denen seine Natur ihn trieb, die sich in mehrdeutigen, nach Entscheidungen verlangenden Situationen so gar nicht zurechtfand; sie bewahrten ihn davor, seine wahren Instinkte, seinen wahren Charakter einer Analyse zu unterziehen. Es hätte ihm Pein bereitet, sich selbst zu erkennen.

Am nächsten Tag, auf dem Corso, traf er Macario, der eilig in der Richtung zum Kai ging. Sie hatten sich schon wochenlang nicht gesehen. Macario war so höflich, die Schuld daran Alfonso zuzuschreiben.

«Nimmt der Roman Sie so sehr in Anspruch, daß man Sie gar nicht mehr zu Gesicht bekommt?» fragte er ihn.

Es war das erste Mal, daß Macario von dem Roman sprach. Sein freundschaftlich-scherzhafter Ton war für Alfonso eine angenehme Überraschung. Macario benahm sich wieder als der gute Freund, der kein größeres Vergnügen kannte, als Alfonso zu belehren. Alfonso bemühte sich aufrichtig, die gleiche unterwürfige Haltung einzunehmen wie einst. Aber vergeblich. Es gelang ihm jetzt nicht mehr, die Worte zu unterdrücken, die sich ihm aufdrängten, um Macarios Gedanken zu ergänzen oder zu korrigieren. Macario lud Alfonso zu einer Bootsfahrt ein, der aber lehnte ab, da er sich bald ins Büro begeben mußte. Er begleitete Macario nur ein Stückchen zur Mole.

Macario grüßte eine Dame, die sichtlich nicht mehr die jüngste, zwar dick und würdevoll, aber immer noch elegant war.

«Das ist eine Dame», sagte er, «von der es heißt, daß es nicht schwer sei, ihr Geliebter zu werden. Das wäre übrigens gar nicht zu verachten.» Diese Bemerkung wurde für ihn zum Ausgangspunkt einer längeren Betrachtung über die Kunst der Verführung im allgemeinen: «Um eine Frau zu nehmen, ist nicht viel nötig. Aber auch dieses Wenige gelingt selbst dem schlauesten Mann nicht immer. Vor allem muß man das Wann kennen, denn auch eine Frau, die will, will nicht jederzeit. Kennt man das Wann, dann muß man sofort zum Angriff übergehen, was nicht ganz leicht ist, denn für diesen Entschluß braucht man mehr Nerven als ein General, der eine Schlacht lenkt. Man weiß zwar, daß der Angriff erwartet wird und man Sieger bleiben muß, aber der Entschluß wird dadurch trotzdem nicht leichter. Was die unentschlossenen Frauen betrifft, die man erst überzeugen muß, indem man ihnen die gegenteiligen Argumente ausredet, so ist die Sache dermaßen kompliziert, daß selbst ich, der ich doch weiß, wie man es macht, mich niemals mit ihnen einlasse. Ich bin jedoch sicher, daß es auch bei diesen Frauen mehr auf das Handeln als auf das Reden ankommt. Reden soll man vorher, lange vorher, niemals aber werden Worte eine Frau zu dem Schritt veranlassen, von dem es kein Zurück mehr gibt. Frauen gegenüber muß man zu handeln wissen. Man muß zum Beispiel küssen, ihre Hand, ihr Gesicht, ihren Hals, meinetwegen ihren Fuß, kurz, was einem zunächst liegt. Gute Redner haben nie Glück bei Frauen.»

Diese Predigt schien für Alfonso bestimmt. Aber als er ins Büro ging, mußte er lachen. Er stellte sich vor, daß er Macarios Ratschläge ernst nähme und Annetta gegenüber handele. Da sah er auch schon ihre weiße Hand drohend erhoben und die Szene mit einer Ohrfeige enden. Vielleicht hatte Macario sogar gehofft, daß Alfonso seine Ratschläge befolge. Er hielt ihn auch dazu für fähig. Um so besser! Die Falle, die Macario ihm stellen wollte, wurde ihm zur Warnung.

Bald aber sollte Alfonso Gelegenheit haben, sich der Ratschläge Macarios zu erinnern. Eines Abends ließ Francesca sie allein. Annetta schrieb am Tisch. Sie setzte ihre kleinen Schriftzeichen ruhig und entschieden auf das Papier. Ihre linke Hand lag ausgestreckt auf dem Tisch, gegen den sie mit ihrer Brust lehnte. Ihre Hand lag genau unter Alfonsos Mund. Es war unmöglich, nicht an Macarios Empfehlung zu denken, derzufolge man handeln mußte. Alfonso durchlief ein Schauer, als er bemerkte, daß seine Barthaare bereits die Hand berührten, die trotzdem nicht zurückgezogen wurde. Er erinnerte sich auch, daß Macario einmal erklärt hatte, ein Mann, der weniger wage, als die Frauen wünschten, mache sich in ihren Augen lächerlich. Er war noch zu keinem Entschluß gekommen, als er schon mit einer fast unwillkürlichen Bewegung seine Lippen auf ihre Hand drückte. Er fühlte ihre samtene Haut, aber daran erinnerte er sich erst später. In diesem Augenblick, erschrocken über seine eigene Kühnheit, wußte er sich keinen anderen Rat, als einen gleichgültigen Ausdruck anzunehmen, wie es Kinder tun, die etwas angestellt haben und die Schuld auf andere abschieben wollen. Der gefürchtete Blitz blieb aus. Er bemerkte, daß Annettas Gesicht die Farbe wechselte und daß ihre Feder auf dem

Papier stillstand. Vielleicht war Annetta unschlüssig, wie sie sich verhalten solle. Sie zog ihre Hand langsam, mit einer natürlichen Bewegung zurück, als tue sie es nur, um ihren Kopf auf sie zu stützen. Es folgte eine Minute der Stille – Alfonso empfand sie wie eine Ewigkeit. Endlich begann Annetta zu reden, aber kein Wort über den Kuß. Sie sprach mit großer Unbefangenheit und sah ihn mehrmals lächelnd und freundschaftlich an.

Er war gerettet! Mehr: er war glücklich! Er hatte sich erklärt. Jedenfalls wußte sie nun, daß sie sich nicht einfach einem Beamten oder einem Literaten gegenüberbefand. Wenn ein kaltes Wort von ihr oder wenn Eifersucht ihm Leiden verursachte, so würde sie von nun an, wie er hoffen durfte, etwas davon ahnen. Er wollte bescheiden sein und Annettas Schweigen keine andere Bedeutung beimessen als die einer milden Nachsicht; dennoch war er glücklich. Es war gewiß nur ein erster Anfang, aber doch ein gewaltiger Schritt vorwärts. An diesem Abend plagten ihn keine Zweifel: er liebte Annetta und wollte sie besitzen. Der Weg, den er eingeschlagen hatte, war der Weg zum Reichtum, gewiß, aber in diesem Augenblick wußte er nichts davon. Das Glück bestand in einem Lächeln Annettas! Man hatte Taten von ihm gefordert, und seine ‹Erklärung› war eine kühne Tat, die dabei doch, fern von jeder Handgreiflichkeit, sanfter und ehrerbietiger wirken mußte, als Worte es je hätten sein können.

An den folgenden Abenden war Francesca jedesmal wieder zugegen. Alfonso war dies gar nicht unangenehm. Er sprach mit den Augen. Die Sprache der Augen gleicht der Sprache der Musik: ohne begleitende Worte legt sie nichts endgültig fest – wird sie aber oder wurde sie einmal von Worten begleitet, dann spricht sie weit ausdrucksvoller und deutlicher als das Wort selbst. Die Blicke, die er ihr zuwarf, waren durchaus nicht zudringlich, er suchte mit ihnen nicht mehr indiskret Annettas Körperformen unter ihren weichfallenden Kleidern, ebensowenig wie er darauf aus war, ihre Hand, wenn er sie drückte, zu streicheln und Befriedigung in diesem körperlichen Kontakt zu finden. Seine ‹Erklärung› hatte seinem einsamen Verlangen ein Ventil geschaffen, seine Liebe gefestigt, es war ihm, als atmete er jetzt reine Luft. Er wäre gar nicht imstande gewesen, dem Kuß einen Kommentar in Worten folgen zu lassen.

Eines Abends – sie saßen in der Bibliothek – verließ Francesca plötzlich den Raum. Sie schlich sich auf Zehenspitzen hinaus, um die beiden nicht zu stören. Sie blieb eine Viertelstunde fort, und als sie wiederkam, saßen die beiden noch genauso da wie zuvor. Bei ihrem Fortgehen war Alfonso unwillkürlich zusammengefahren, denn nach der Predigt, die Macario ihm gehalten, hatte er gemeint, er sei nun gezwungen, etwas zu sagen. Er suchte auch schon nach Einfällen, Annetta aber hinderte ihn daran, sie auszusprechen, indem sie in aller Ruhe weiter vom Roman redete. Sie erwartete also nichts dergleichen von ihm, und er hielt es für richtig, nicht gegen ihre Erwartungen zu handeln. Also schwieg er. Auch so war es schön, und mehr wünschte er sich im Augenblick nicht. Er sprach nicht von Liebe, aber alles, was er sagte, war doch von seinen Liebesgefühlen getragen. Er tat nichts anderes, als ihr seine Liebe erklären! Wenn er mit Annetta sprach, dann enthüllte er den Nebensinn seiner Worte – ganz anders, als Macario dies zu tun pflegte – mit einem Lächeln, mit dem Klang seiner Stimme. Auch wenn er von den gewöhnlichsten Dingen sprach, fühlte er seine Stimme zärtlich schmelzen, wie er es niemals für möglich gehalten hätte. Sie wurde zum Ausdruck einer so unverhohlenen, kühnen Liebeserklärung, daß er meinte, die Frau in Besitz zu nehmen. Lust durchrieselte ihn, als wäre sein Traum bereits Wirklichkeit.

Macario sprach, als er ihn traf, mit einer geradezu verdächtigen Beharrlichkeit wiederum von den Methoden, wie man Frauen nehmen müsse. Alfonso hörte sich mit gleichmütiger Ruhe all die Roheiten an, die ihm da empfohlen wurden; er wußte nun besser, was in seinem Fall ratsam war. Er fühlte sich in der Phase, die seine Beziehung zu Annetta erlangt hatte, so wohl, daß er sie unter keinen Umständen aufgeben wollte, ohne die nächstfolgende Phase genau zu kennen. Auch wenn er von Annetta fern war, litt er jetzt weniger. Die Erwartung des Abends verursachte ihm wohl einige Pein, aber er wurde nicht mehr von Träumen verfolgt, denn das Lächeln Annettas vertrieb all die Gespenster, die sie selbst einst geschaffen hatte.

Annetta, so dachte Alfonso, mußte sich, selbst wenn sie ihn nicht liebte, von seiner Liebe und seiner Ehrerbietung geschmeichelt fühlen. Er übertrieb seine Schüchternheit, denn eben diese Schüchternheit war geeignet, die seltsame Situation, in der er sich befand, zu erklären und in die Länge zu ziehen.

Während dieses versteckten Liebesspiels geriet die literarische Arbeit ins Stocken. Alfonso fand dies besonders schmeichelhaft, denn er meinte, daß die literarische Arbeit nun auch für Annetta nebensächlich geworden sei. Einmal ereignete es sich sogar, daß Annetta vergaß, sich von ihm die mitgebrachten Seiten vorlesen zu lassen. Soweit die Arbeit jedoch vorwärtsging, erfolgte sie ganz nach Annettas Anweisungen, und Alfonso empfand mit täglich wachsender Klarheit die Nichtigkeit des behandelten Themas, die Lächerlichkeit dieses ganzen Romans. Er hoffte, daß er bei zunehmender Intimität seines Verhältnisses mit Annetta ihr eines Tages seine Meinung offen werde sagen können. Zur Zeit allerdings wagte er nicht einmal, den leisesten Zweifel zu äußern. Er fürchtete, das Licht zu trüben, das in Annettas Augen leuchtete, wenn sie ihn ansah. Der Roman war ihm vollkommen gleichgültig, und er wollte sich unter keinen Umständen dieses Zeuges wegen ein unfreundliches Wort von Annetta zuziehen.

Ohne sein oder Annettas Dazutun wurde er aus diesem idyllischen Zustand gerissen. Macario, ohne es selbst zu ahnen, hatte ihm dieses Idyll verschafft, Miceni und Fumigi zerstörten es.

Offenkundiger als alle anderen beneidete Miceni ihn darum, daß er im Hause Maller ein- und ausging. Natürlich sprach Miceni dies nicht geradezu aus, aber selbst als er durch sein absonderliches Benehmen diesen Neid deutlich genug verriet, wollte Alfonso wie gewöhnlich etwas Derartiges nicht wahrhaben. Micenis kleine Nadelstiche konnten ihn nicht verletzen. Es berührte ihn auch weiter nicht, als Miceni ihm erzählte, er habe Annetta einmal geliebt, und behauptete, seine Liebe wäre, wenn er es darauf angelegt hätte, sicherlich erwidert worden. Aus ein paar Andeutungen Macarios wußte Alfonso allzugut, was er von dieser Geschichte zu halten habe. Indem er sich vertraulich gab, erklärte ihm Miceni aber eines Tages auch den Grund, warum er davon Abstand genommen habe, Annetta länger den Hof zu machen: aus Rücksicht auf Fumigi, denn er habe gewußt, daß der gleichfalls in Annetta verliebt sei. Fumigi aber sei ein alter Freund von ihm, er habe ihm die Anstellung bei Maller verschafft und habe daher allen Anspruch auf seine, Micenis, Rücksichtnahme.

Diese Mitteilung ließ Alfonso weniger kalt als die früheren. Auch ihm war es nämlich aufgefallen, daß Fumigi in Annetta verliebt war, und er konnte nicht leugnen, daß diese Liebe alle Aussicht hatte, erfolgreich zu sein. Bei nüchterner Überlegung mußte er sich sagen, daß Fumigi, nicht allzualt, eine geeignete Partie für Annetta war.

Als Miceni bemerkte, daß die Erwähnung Fumigis auf Alfonso Eindruck machte, leistete er sich noch mehrmals das Vergnügen, ihn damit zu reizen, um durch den Anblick von Alfonsos Eifersucht seine eigene Eifersucht loszuwerden.

Es ist weit schwieriger, gleichgültig zu erscheinen, wenn man es nicht ist, als innerlich beteiligt, wenn man gleichgültig ist. Gewöhnlich begann Miceni damit, daß er von Büroangelegenheiten sprach; das war für ihn der Vorwand, in Alfonsos Zimmer zu kommen. Wenn Alfonso genötigt war, Annettas Namen zu nennen, legte er jedes Wort auf die Waagschale, ehe er es laut werden ließ. Mit einer gespielten Unbefangenheit, die er selbst als übertrieben empfand und deren Künstlichkeit nicht verborgen bleiben konnte, sprach er von Annetta, als hätte er sie nur ein paarmal in seinem Leben gesehen. Er bezeichnete sie als schön und glaubte ein Höchstmaß an Gleichmut zur Schau zu tragen, wenn er gestand, daß er sie begehre, wie man alle schönen Frauen begehrt. Fiel aber der Name Fumigi, dann war er nicht einmal mehr imstande, auch nur seine Worte mit seinem Vorsatz, sich gleichgültig zu geben, in Einklang zu bringen. Es lag ihm nichts daran, wenn Miceni sich einbildete, er werde von Annetta geliebt, aber es bereitete ihm einen heftigen Schmerz, wenn auch nur ein einziger Mensch auf dieser Welt annehmen konnte, der von ihr geliebte Mann sei ein Dritter. Mit sichtlich erzwungener Gleichgültigkeit warf er ein, er kenne Fumigi, glaube aber nicht, daß er Annetta liebe. Da war es nun Miceni, der seine Ruhe verlor: «Warum sollte ich dir so etwas erzählen, wenn es nicht wahr wäre? Erkundige dich doch. Alle in der Stadt wissen es, nur du nicht.»

Miceni geriet in ebenso große Hitze, seine Behauptung zu erhärten, wie Alfonso, sie zu bestreiten. Als Alfonso merkte, daß er allzusehr aus der Rolle des Gleichgültigen fiel, brach er die Diskussion einfach mit der Erklärung ab, die Geschichte möge sich wie auch immer verhalten, es sei ihm egal. Seine Entschiedenheit war übertrieben, sein Gesichtsausdruck und der Ton seiner Stimme waren alles andere als gleichgültig.

Glückstrahlend, als bringe er eine frohe Botschaft, erzählte ihm Miceni, daß Fumigi und Annetta sich verlobten. Alfonso begann in aller Ruhe zu lachen, und diesmal war er wirklich ruhig.

«Ich war gestern abend erst im Hause Maller, und wenn das wahr wäre, hätte man mir etwas davon gesagt.»

«Die Sache ist noch nicht offiziell, aber während wir hier miteinander reden, überschreitet Fumigi möglicherweise schon zum erstenmal als Annettas Bräutigam die Schwelle des Hauses Maller.»

Micenis Stimme war schrill geworden, als fühle er sich durch Alfonsos Ruhe beleidigt.

Alfonso ließ sich nicht herbei, mit ihm zu diskutieren. Gerade am Abend vorher hatte Annetta ihn noch herzlicher empfangen als sonst. Sie hatte ihm von ihrer Kindheit erzählt, von ihrem Leben im Pensionat, in das man sie nach dem Tode ihrer Mutter geschickt hatte. Es waren persönliche Bekenntnisse. Überrascht und glücklich nahm Alfonso sie als Beweis einer weiteren Besserung seiner Position Annetta gegenüber. Seit einiger Zeit bewunderte er sich selbst als einen Menschen von besonderem Geschick. Beim Verlassen des Hauses Maller hatte er vor sich hingemurmelt: «Das ist die wahre Kunst: Mühelos vorwärtskommen.»

Für diesen Abend hatte er keine Verabredung mit Annetta getroffen, aber durch Micenis Mitteilung erregt, trieb er sich lange in der Via dei Forni umher. Das Haus machte den gleichen Eindruck wie sonst. Die Fenster der unbewohnten Zimmerflucht waren fest geschlossen, die Vorhänge herabgelassen. Nur ein Fenster des Speisezimmers war halb geöffnet.

Als er aus der Via dei Forni heraustrat und die Richtung zum Meer einschlug, traf er Fumigi. Nun, da Alfonso ihn, an den er die ganze Zeit gedacht hatte, plötzlich vor sich sah, geriet er in Verlegenheit. Aber es schien ihm, daß Fumigi nicht weniger verlegen sei.

«Sie … Sie gehen …?» fragte Fumigi stotternd und zeigte auf das Haus Maller, während Alfonso doch gerade aus dieser Richtung kam.

«Nein!» beteuerte Alfonso lebhaft. Es war ihm, als beschuldige ihn Fumigi eines Verbrechens. «Ich mache mir nur seit ungefähr einer Stunde etwas Bewegung. Wenn Sie mich begleiten wollen …»

Etwas an der schmächtigen Erscheinung Fumigis, der sonst mit größter Sorgfalt gekleidet war, schien nicht ganz in Ordnung zu sein. Die Krawatte war verschoben, der Kragen seines – übrigens nagelneuen – schwarzen Mantels lag nicht ganz glatt.

«Gehen wir zum neuen Hafen?» fragte er. Er blickte nochmals auf die Uhr und nach kurzem Zögern entschloß er sich, neben Alfonso herzugehen.

Sie schwiegen, während sie im blassen Schein der untergehenden Sonne dahinschritten. Vom Bahnhofsplatz aus wandten sie sich dem Meere zu und blieben auf der ersten Mole stehen, die vor kurzem fertiggestellt worden war. Die Pflastersteine waren noch weiß und regelmäßig gefügt.

«Herrlich!» sagte Alfonso und sah zur Sonne hin. Er war froh, ein Gesprächsthema gefunden zu haben. Der glühende Ball ragte noch zur Hälfte aus dem Meer heraus. Es war kaum glaublich, daß das ruhige und weiße Licht, das die Häuser am Kai erhellte, von diesem roten Ball herrührte. Jedenfalls stammten von ihm die rosigen Reflexe am Horizont, und er rötete zur Hälfte eine kleine weiße Wolke, die unbeweglich über der Stadt schwebte, in deren Innerem es bereits zu dunkeln begann.

In Wahrheit hatte keiner der beiden einen Blick für das herrliche Schauspiel übrig. Alfonso beobachtete Fumigi, der in Gedanken versunken dastand und nicht einmal den Versuch machte, seine innere Unruhe zu verbergen. Er sah immer wieder auf die Uhr, murmelte einige Worte, die Alfonso nicht verstand, steckte dann, vor Ungeduld fiebernd, die Hände in die Tasche und betrachtete die Wellen zu seinen Füßen. Seinen Begleiter vergaß er völlig.

«Haben Sie es eilig?» fragte Alfonso.

«Nein!» antwortete Fumigi. «Ich bin erst für halb acht bestellt.»

Was Miceni erzählt hatte, mußte wahr sein. Alfonso schloß, daß es Maller war, bei dem Fumigi so pünktlich sein wollte. Er wartete auf die Entscheidung. Alfonso fühlte sich seiner Sache immer noch so sicher, daß Fumigis krankhafte Ungeduld ihm Mitleid einflößte. Dem Ärmsten stand – er zweifelte nicht daran – eine schmerzliche Enttäuschung bevor.

Fumigis Benehmen war dermaßen ungewöhnlich, daß man, um so tun zu können, als kenne man die Ursache nicht, unmöglich so tun konnte, als bemerke man es nicht.

«Fühlen Sie sich nicht wohl?»

«Nein ... ja ... etwas Migräne. Vor allem ist es mir lästig, im Freien herumzustehen, um den Zeitpunkt der Verabredung nicht zu versäumen. Zwar, im übrigen, wenn ich darüber nachdenke ... Glauben Sie mir, ich beunruhige mich da wegen einer Sache, die absolut nicht der Mühe wert ist.»

«Ist denn die Sache so unwichtig?» fragte Alfonso überrascht.

«Nein, sie ist außerordentlich wichtig. Aber schließlich ... Er zuckte die Achseln. Alfonso deutete dieses Achselzucken als Ausdruck absoluter Siegesgewißheit.

«Nun, dann ist ja kein Grund zur Aufregung.»

Alfonso redete Fumigi weiterhin beruhigend zu, aber er hätte viel darum gegeben, wenn es ihm gelungen wäre, die Zuversicht dieses Menschen zu erschüttern. Sie verletzte ihn tief.

Ein paar Sekunden lang schien sich Fumigi tatsächlich zu beruhigen. Gleich darauf aber verfiel er wieder in sein dumpfes Brüten, hörte Alfonso überhaupt nicht zu, sondern unterbrach ihn mitten in einem Satz, den der zu seiner weiteren Beruhigung ersonnen hatte, und verabschiedete sich. Fumigi hatte das Bedürfnis, allein zu sein, mehr aber noch den Wunsch, die Zeit irgendwie hinzubringen, und die Verabschiedung bot ihm Gelegenheit, etwas zu sagen, ohne das, worüber er zu seiner Erleichterung so gerne gesprochen hätte, zu verraten. Daher fiel die Verabschiedung besonders wortreich aus. Er erklärte des langen und breiten, daß er vor der erwähnten Verabredung noch anderswo sein müsse.

Alfonso sah ihm nach und beobachtete ihn genau. Es entging ihm nicht, daß Fumigi, in der Mitte des Platzes angelangt, einen Augenblick lang unschlüssig war, welchen Weg er einschlagen solle. Alles war klar! Die schmerzlichen Zweifel ließen den Ärmsten nicht zur Ruhe kommen. Einen anderen Sinn konnte sein Drang nach Bewegung nicht haben.

Fumigis kurzes Zaudern hatte genügt, in Alfonso neuerdings Mitleid zu wecken. Der Zorn über die törichte Zuversicht dieses Menschen verflog. So groß war Alfonsos Mitleid, daß er davon träumte, einen Ausweg zu finden, wie sie beide, Fumigi und er, zugleich glücklich werden könnten. Diesen Ausweg gab es nicht, aber das hinderte Alfonso nicht, die Situation zu einem Roman auszuspinnen, in dem er sich die Rolle des Hausfreundes zudachte, eine Rolle, die ihm gar nicht unangenehm gewesen wäre. Unangenehm war ihm vielmehr das Gefühl, zum Unglück Fumigis beizutragen, sich, seines Wissens, zum erstenmal mit Recht den Haß eines Menschen zuzuziehen. Das allein schon ließ ihn mit Widerwillen an sein eigenes Glück denken.

Er nahm die Arbeit an dem Roman wieder auf. Indem er sich dieser ekelhaften Arbeit unterzog, glaubte er, sein Glück besser zu verdienen. Er minderte es gleichsam herab, um den Neid der Götter abzuwehren.

Ein Satz Micenis genügte, ihn in seiner Sicherheit wankend zu machen.

«Höchstwahrscheinlich ist eben jetzt alles schon in bester Ordnung!»

Hätte Alfonso in diesem Augenblick die Nachricht erhalten, daß sich Fumigi, von Annetta zurückgewiesen, umgebracht habe – er hätte für ihn nicht das mindeste Mitleid mehr empfunden.

Dazu kam, daß sich auch an den folgenden Tagen kein Anlaß für eine Wandlung seiner Gefühle ergab. An diesem Abend wurde er zu Annetta nicht vorgelassen. Auf den Stiegen trat ihm das Stubenmädchen entgegen und teilte ihm mit, daß Annetta ihn nicht empfangen könne.

«Etwas Besonderes?» fragte Alfonso erschrocken. Als er das überraschte Gesicht des Stubenmädchens sah, fügte er erklärend hinzu: «Ist das gnädige Fräulein vielleicht unpäßlich?»

«Nein!» erwiderte das schon ältliche, sorgfältig herausgeputzte Mädchen. Sie behandelte ihn stets mit Gleichgültigkeit, möglicherweise, weil er vergessen hatte, ihr ein wenig den Hof zu machen. «Es geht ihr ausgezeichnet!» Dann lief sie gleich weiter, als habe sie keinen Augenblick zu verlieren.

Dieser kurze Auftritt erweckte in Alfonso den Verdacht, Fumigis Antrag könnte doch anders aufgenommen worden sein, als er bisher vermutet hatte. Woher hatte er denn überhaupt seine bisherige Zuversicht geschöpft? Obwohl ihm keine neuen Tatsachen bekannt geworden waren, suchte er jetzt nach Indizien, aus denen man auf eine günstige Aufnahme von Fumigis Antrag schließen konnte, während er bis zu diesem Augenblick nur die Indizien für das Gegenteil gesammelt hatte. Selbst die geschäftige Eile des Stubenmädchens deutete er als einen Beweis dafür, daß in Annettas Leben eine wichtige Veränderung eingetreten sei.

Am Ende blieb er doch bei seiner Überzeugung, daß Fumigi eine Abfuhr erhalten habe, aber nur, weil er es für ausgeschlossen hielt, daß Annetta sich bereit finden könnte, diesen Mann zu heiraten, und nicht etwa, weil sie einen anderen, ihn, Alfonso, liebte. Bei dieser Entscheidung spielte er selbst gar keine Rolle, das fühlte er nun. Er war von einer großen Gefahr bedroht, doch selbst dann, wenn die unmittelbare Gefahr gebannt wäre, durfte er sich deswegen nicht sicherer fühlen.

Am Tag darauf sagte ihm Miceni, er habe zwar inzwischen nichts Neues gehört, aber er habe es nicht eilig. Seine Glückwunschkarte werde immer noch rechtzeitig eintreffen. Er lief gleich wieder fort und ließ Alfonso keine Zeit zum Antworten. Er ahnte wohl, daß die Antwort nicht sehr liebenswürdig ausgefallen wäre. Die beiden hatten nie auch nur mit einem Wort Alfonsos Beziehung zu Annetta erwähnt, Miceni aber benahm sich so, als kenne er sie. Alfonso bemerkte es nur zu gut.

Abends ging er zu Annetta. Auf dem Weg zu ihr gab er sich den kühnsten Hoffnungen hin. Er rechnete damit, sie unverändert und wie immer auf ihn wartend in der Bibliothek anzutreffen, wo er wieder einen unvergeßlichen Abend verbringen würde.

Eben legte er mit dem wiedergewonnenen Gefühl der Selbstverständlichkeit seinen Hut ab, als Santo ihm vom Stiegenflur zurief: «Das gnädige Fräulein kann Sie heute nicht empfangen. Sie ist unpäßlich.»

Alfonso erblaßte. Sollte Miceni wirklich recht haben?

«Ernstlich krank?» fragte er Santo. Auch ihm gegenüber mußte man sich verstellen.

«Ach, Sie wissen ja ... Frauen ...» meinte Santo mit der

ihm eigenen Unehrerbietigkeit, wenn die ‹Herrschaft› nicht zugegen war.

Sie war nicht krank! Möglicherweise saß sie jetzt in dem wie an den Empfangstagen hell erleuchteten Speisezimmer an der Seite Fumigis, der sein Glück in vollen Zügen und mit jener Sicherheit des Besitzes genoß, die Alfonso für die höchste Seligkeit hielt.

Santo hatte ihm bereits den Rücken gekehrt. Seitdem er Alfonso zum erstenmal im Hause Maller gesehen und bis zu diesem Moment, hatte er ihn mit einer oft geradezu lästigen Unterwürfigkeit behandelt. Die Nachlässigkeit, mit der er sich jetzt benahm, war ein deutliches Zeichen dafür, daß er ihn als ‹abgeschrieben› betrachtete. Alfonso tat ein paar Schritte hinter ihm her.

«Bitte, sagen Sie Fräulein Annetta, daß ich hier war und mit größtem Bedauern von ihrer Unpäßlichkeit gehört habe.»

Er ging die Treppe hinab, indem er gerade vor sich hinsah, ohne auf den Gruß zu achten, zu dem Santo sich immerhin herbeiließ. Alfonsos Gedanken beschäftigten sich immer noch mit den beiden, die allein im Speisezimmer saßen und sich möglicherweise küßten. Aber solange er nicht auf der Straße war, schritt er aufrecht dahin, um in keiner Weise, mit keiner Miene die Gefühle zu verraten, die ihn bewegten. Es war ja möglich, daß jemand in diesem Hause ihn beobachtete, um sich an seinem Schmerz zu weiden.

Das war eine lächerliche Vorstellung. Niemand kümmerte sich mehr um ihn, nicht einmal, um ihm zu schaden. Ein feiner Regen fiel, Alfonso aber trug den Schirm geschlossen in der Hand. Er war höchst gereizt. Was sollte er am nächsten Tag Miceni sagen? Er hörte bereits Micenis ätzend ironische Bemerkungen. Grund genug für sie gab es ja. Andererseits aber hatte Alfonso nun auch keinen Anlaß mehr, irgendwelche Rücksichten zu nehmen. Es war unmoglich, die, wie er nun erkannte, dummen Illusionen, die er bis zu diesem Tage gehegt hatte, vor Miceni zu verbergen. Nun gut, so wollte er versuchen, die Entstehungsgeschichte dieser Illusionen zu erzählen, zu denen Annetta ihn selbst ermutigt hatte.

Wenn, wie er es sich immer wieder sagte, alles zu Ende war, dann war für ihn viel verloren. Sehr viel. Der Sinn und Zweck seines Lebens. Was blieb ihm denn noch? Er hatte seine ehrgeizigen Träume um dieser Liebe willen aufgegeben und glaubte nicht, daß es möglich sei, sie wieder zu beleben. Die Zukunft, die ihm das Bankhaus Maller bot, schien ihm nicht lebenswert. Es war ein wunderschöner Traum gewesen, sich aus seiner untergeordneten Lage durch einen Frauenkuß erhoben zu sehen. In diesem Traum verlor das Leben seine ungerechte Strenge, es spendete kampflos Glück demjenigen, der es verdiente: Von oben kam das regelnde Geschick, Reichtum und Liebe für ihn.

Er war durchnäßt bis auf die Knochen und von seinem Haus weit entfernt. War denn das alles wirklich wahr? Hätte es für ihn darüber keinen Zweifel mehr gegeben, dann, so meinte er, wäre er innerlich ruhiger gewesen. Er hätte einen klaren Entschluß über sein weiteres Benehmen fassen können. Auch in seinem Unglück konnte er sich, wie er glaubte, noch einige Befriedigung verschaffen. Er konnte hocherhobenen Hauptes Gleichgültigkeit mit Gleichgültigkeit heimzahlen und, selbst verletzt, seinerseits verletzen, indem er sich unverletzt zeigte. Annetta war durchaus imstande, den Schmerz, den sie ihm zugefügt hatte, als Triumph für sich zu buchen.

Sie war genau so, wie Macario sie geschildert hatte. Kalt und eitel, vor allem eitel. Den Beweis für ihre Eitelkeit hatte er in der Hand: diesen Roman. Er war die verkörperte Eitelkeit. Angefangen vom törichten und nichtssagenden Thema bis zur Hohlheit und Aufgeblasenheit jedes

Satzes. Der mißglückte Höhenflug eines Menschen, der nicht einmal gehen kann. Es war nicht bloß Rachsucht, wenn er jetzt so über sie dachte. Von der Höhe gestürzt, auf die seine Liebe ihn geführt hatte, vermeinte er, sie jetzt so zu sehen, wie sie wirklich war.

Als er nach Hause kam, fand er ein Billett Annettas vor, in dem sie ihn für den nächsten Tag zu sich bat.

«Mein guter Freund!» Schon diese Anrede hätte ihn umstimmen und mit heller Freude erfüllen müssen. Statt dessen las er die paar Zeilen immer wieder, ohne in ihnen das zu finden, was er suchte: die Versicherung, daß er unrecht getan, Fumigi zu fürchten und an Annettas Liebe für ihn zu zweifeln. Diese Zeilen schlossen sein Unglück keineswegs aus, zumindest nicht die Möglichkeit, daß es ihm noch drohe. Jedenfalls konnte er nicht mehr zu seiner ursprünglichen Ruhe zurückfinden. Selbst das Gefühl, daß er jetzt weit glücklicher sein müsse als vor wenigen Minuten, war ihm nicht angenehm. Der Schmerz hat nämlich, besonders wenn er vorbei ist, eine verführerische Anziehungskraft, und schwachen Naturen verschafft es Befriedigung, sich in ihn zu hüllen. Konnte er denn über seine Lage wirklich glücklich sein, nun, da der Zufall ihm vor Augen geführt hatte, welches Unglück ihm aus eben dieser Lage erwachsen konnte? Es war doch jederzeit möglich, daß man ihn wie einen wertlosen Gegenstand fortwarf. Und wenn Annetta sich nicht mehr um ihn kümmerte, dann würde er wieder der arme kleine Beamte werden, dem es nicht einmal gestattet war, seinen Schmerz zu zeigen.

Was er jetzt empfand, war nicht mehr der gleiche Schmerz, der ihn kurz zuvor noch durch die Straßen der Stadt hatte irren lassen, sondern ein großes Mitleid mit sich selbst. Er beweinte sich. Auch wenn Fumigi jetzt abgewiesen worden war, blieb seine, Alfonsos, Beziehung zu Annetta nur scheinbar unverändert, denn in Wahrheit machten die Eifersucht, die er empfunden, die Befürchtungen und die ständige Bedrohung sie ihm unerträglich. Es gab nur einen Ausweg aus dieser Situation: sich als erster zurückzuziehen. So würde er wenigstens, wenn auch schmerzgebeugt durch den Verzicht, an sein Abenteuer zurückdenken können, ohne erröten zu müssen, ohne das Gefühl, beleidigt worden zu sein. Gewiß, erfreulich würde die Erinnerung auch nach einem Bruch von seiner Seite nicht sein. Er würde die Härte und Eitelkeit Annettas, die er eben erst entdeckt zu haben meinte, nie wieder vergessen können. Er hatte eine bittere Erfahrung gemacht und würde für sein ganzes Leben aus ihr lernen. Er wollte zu seinen anfänglichen puritanischen Gewohnheiten zurückkehren, zu seinem Ideal der Arbeit und der Einsamkeit, das ihm niemand streitig machte. Hier war das wahre Glück. Aus der strengen Regel sollte es ihm erwachsen.

Aber als er wieder bei Annetta war, als sie ihm herzlich die Hand drückte, mit dem gleichen süßen Lächeln, mit dem sie ihn wenige Tage vorher verabschiedet hatte, und so, als sei inzwischen nichts geschehen, was ihre Beziehung hätte trüben können, da vergaß er alle seine Vorsätze. Es war sicherlich möglich, die Situation auch anders zu lösen als dadurch, daß er das Spiel aufgab. Er bedauerte nur, daß er nicht gleich die Worte finden konnte, um ihr alles zu sagen, was er in den letzten Tagen vermutet und gefürchtet hatte, und sie so zu einer Erklärung zu veranlassen. Eine solche Erklärung hätte ihn vielleicht um Annettas Freundschaft gebracht, sie hätte aber diese Freundschaft auch bekräftigen, bessern, als Liebe enthüllen können. Indessen verlieh er aus Schüchternheit seinem Gesicht den Ausdruck ruhiger Herzlichkeit.

Sie waren im Speisezimmer und allein, denn Francesca fühlte sich nicht wohl. Annetta sprach über ein Kapitel des Romans und machte mehrere Vorschläge; Alfonso billigte alles. Es gelang ihm mühelos, Bewunderung zu zeigen.

Das war ja nicht der Augenblick, sich kritisch zu ereifern. Annetta aber brauchte Rat. Sie war auf Schwierigkeiten gestoßen und wußte nicht mehr, wie sie die fast schon widersinnige Handlung fortspinnen sollte. Die beiden Hauptfiguren waren immer noch nicht vom Fleck gekommen, sie liebten einander leidenschaftlich und wollten dies einander aus Stolz nicht eingestehen. Mit diesem Eingeständnis wäre der Roman auch schon zu Ende gewesen, und in Annettas Köpfchen fehlte es an neuen Ideen, um fortfahren zu können.

Plötzlich wurde Alfonso redselig. Er empfand ein unabweisliches Bedürfnis zu reden, sprach vom Roman, davon, wie sehr er Annettas Ideen bewundere. Über etwas anderes konnte er ja jetzt nicht reden. Wenn man etwas hinausschreien muß, ist es gleichgültig, in welche Worte man den Schrei kleidet, es kommt nur darauf an, die eigene Stimme laut werden zu lassen, um Erleichterung zu finden. Alfonso beruhigte sich am eigenen Wortschwall, und wenn er schwieg, tat er es bewußt, denn, so überlegte er, wenn er nicht auch Annetta zu Wort kommen ließ, würde er niemals etwas von ihr erfahren. Schließlich aber, und mit einer kalten Berechnung, die ihn sogleich ans Ziel führte, schilderte er mit lebhaften Worten sein Leben, wie es täglich verlief, und erklärte, wenn er die Stunden, die er im Verlaufe eines Jahres wirklich gelebt hatte, addiere, ergäben sie nur wenige Tage, dabei habe er schon die Stunden eingerechnet, die er im Hause Maller verbrachte.

Nun schilderte Annetta, dazu aufgefordert, wie sie die letzte Woche verlebt hatte. Als sie zu reden begann, schoß Alfonso das Blut in die Wangen, und er beobachtete sie genau, denn das bloße Zuhören schien ihm nicht genug, um seine Aufmerksamkeit zu konzentrieren. Er versuchte herauszubekommen, wann ihre Gedanken sich Fumigi zuwandten, er wollte sehen, welchen Ausdruck ihr Gesicht bei diesem Gedanken annahm.

In der vergangenen Woche war sie zweimal im Theater gewesen. Ein paar Abende waren für sie aber auch höchst langweilig verlaufen. Eines Abends war sie sogar schon fast daran gewesen, nach ihm zu schicken, damit er sie durch seine philosophischen Ideen und durch seine Mitarbeit am Roman zerstreue.

«Ich wäre nur zu gerne gekommen!» sagte Alfonso mit vor Erregung erstickter Stimme.

«Wirklich?» fragte Annetta. Auch sie errötete. «Das nächste Mal werde ich es tun. Abgemacht?»

Diese liebenswürdige Bemerkung Annettas verlieh Alfonso einen Löwenmut.

«Das ist alles?» flüsterte er, als sie mit ihrem Rechenschaftsbericht über die vergangene Woche zu Ende war.

«Das ist alles!» erwiderte Annetta überrascht und wurde plötzlich blaß.

«Ich habe eine sehr schlechte Woche hinter mir», sagte nun Alfonso mit tief gefärbter Stimme.

Man habe ihn, so fuhr er fort, darauf aufmerksam gemacht, daß ihm arges Unglück drohe. Anfangs habe er es nicht geglaubt, bald aber habe er auf Schritt und Tritt Anzeichen dafür gefunden, daß diese Gefahr tatsächlich bestand, ja daß das Unglück vielleicht schon eingetreten war. Als er erfahren habe, daß das Unglück abgewendet war, habe er das kaum glauben können, denn er habe es bereits für unvermeidlich gehalten. Auch jetzt fühle er sich noch nicht ganz sicher. Alfonso schilderte die Aufeinanderfolge der Ereignisse mit solcher Aufrichtigkeit, daß ihm bei der Erinnerung an den Schmerz, den er durchlebt, die Tränen in die Augen traten, und er hielt inne, um weitere Tränen zu unterdrücken.

Das war seine Liebeserklärung. Als Alfonso später daran zurückdachte, mußte er lächeln. Es war eindeutig nicht die Liebe gewesen, was ihm die Tränen in die Augen trieb, sondern wie stets das Mitleid mit sich selbst. Obwohl er nicht weitersprach, rannen ihm die Tränen doch die Wangen hinab. Er trocknete sie nicht, denn er wollte nicht durch eine Handbewegung Annettas Aufmerksamkeit auf sie lenken. Vielleicht hatte Annetta sie gar nicht bemerkt. Es war das zweite Mal, daß er in ihrer Gegenwart weinte. Das erste Mal hatten seine Tränen zu keinem erfreulichen Resultat geführt.

«Tränen!» rief Annetta gerührt aus. «Und ich bin die Ursache?»

Sie wollte ihn besänftigen und faßte ihn freundschaftlich an der Hand. Diese Geste, und nicht die körperliche Berührung, nicht die Befriedigung eines Verlangens, beglückte Alfonso. Diese Geste verscheuchte im Nu das Unbehagen, das ihm das Gefühl eisiger Kälte in seiner Beziehung zu Annetta bereitet hatte. Der Unterschied zwischen der Vorstellung, die er sich von dieser Beziehung gemacht hatte, und der Wirklichkeit, in der Annetta die Rolle der Trösterin einnahm, war so groß, daß Alfonso zu stürzen meinte und glaubte, die Augen schließen zu müssen. Er küßte Annettas Hand, ohne diese an sich zu ziehen. Er neigte seinen Kopf, bis er die Hand mit seinen Lippen berührte. Während er den Kuß wagte, achtete er auch dieses Mal darauf, die Formen des Respektes zu wahren. Er streifte die Hand kaum mit seinen Lippen, es war gleichsam die Andeutung eines Kusses, und er wünschte gar nicht, weiterzugehen. Das Ganze bedeutete kaum einen Fortschritt in ihrer Beziehung, sie hätte in ihrer Sanftheit und Unschuld fortdauern können, wie bisher, wenn sie sich nach diesem Kuß verabschiedet hätten.

«Diese Erklärung genügt», sagte Annetta lächelnd, doch in ihrer Stimme klang eine Erregung mit, die Alfonso überraschte. Sie zog die Hand zurück.

«Armer Fumigi!» rief Alfonso aus, aber es gelang ihm nicht, in seiner Stimme die gleiche Erregung mitschwingen zu lassen, die er in Annettas Stimme gefühlt hatte.

«Er ist gar nicht so arm!»

Sie fügte hinzu, Fumigi sei stark und energisch genug, die kleine Wunde, die er erlitten, bald zu überwinden. Sein Antrag habe sie geehrt, aber sie habe ihn nicht angenommen, weil sie überhaupt nicht heiraten wolle.

«Schon unseres künstlerischen Ideals wegen ziehe ich die Freiheit vor.» Die Anwendung der Mehrzahl der ersten Person in diesem Satz löschte in Alfonso den Eindruck der Kälte aus, den der vorangegangene Satz ihm schon wieder gemacht hatte.

«Im übrigen bleibt Fumigi weiterhin mein guter Freund. Er hat es mir versprochen! Und nun kehren wir zu unserem Roman zurück.»

Aber sie taten es nicht. Der Kontrast zwischen diesem öden, bei den Haaren herbeigezogenen Zeug und der Leidenschaft ihrer Gefühle, die sich hinter einem Plauderton verbarg, war zu groß. Allerdings mußte Alfonso feststellen, daß Annetta wieder ganz ruhig war, ihre Stimme klang klar und sicher, und die Feder lag fest in ihrer Hand.

«Was will denn dieser Idiot eigentlich?» fragte Alfonso und meinte damit den Romanhelden, der an seiner Frau, die ihn liebte, glatt vorbeiging, während sie in dem dunklen Korridor so tat, als sehe sie ihn nicht. «Gibt es denn überhaupt einen solchen Stolz?»

Er kniete vor Annetta nieder und versuchte, ihre Hand wieder zu erfassen. Das alles war gut gesagt und getan, es erweckte den Eindruck der Spontaneität. In Wirklichkeit handelte es sich um eine wohlberechnete Kühnheit. Annetta begann zu lachen, aber sie näherte doch ihren Kopf dem braunen Kopf Alfonsos, und keiner der beiden hätte zu sagen gewußt, wie es dazu kam, daß sie einander zum erstenmal auf die Lippen küßten. Alfonso selbst hatte es gar nicht vorhergesehen, und als die Berührung ihrer Lippen zu Ende war, meinte er, sein Glück nicht voll ausgekostet zu haben. Er wollte das Versäumte durch einen zweiten Kuß nachholen. Annetta aber hatte ihren Kopf bereits abgewandt, sie stand erschrocken auf, als fühle sie sich sitzend nicht genügend in Sicherheit. Ihre Wangen waren blutrot, ihre Augen leuchteten prachtvoll, und der Blick, den sie Alfonso zuwarf, schien diesem gar nicht zornig zu sein, obwohl sie ihn zweifellos einschüchtern wollte. Sie wirkte absolut schön.

«Genug, Herr Nitti!»

Er stand auf, und um sie zu beruhigen, sagte er ihr, ohne sich vom Fleck zu rühren, mit vor Erregung erstickter Stimme, daß ihm das tatsächlich genüge. Er könnte ein Leben lang an ihrer Seite sein, ohne anderes zu fordern.

Annetta lächelte ihm dankbar zu. Sie fühlte sich wieder sicher vor diesem Jungen. Gerade seine Jungenhaftigkeit war es ja, die sie so weit gebracht hatte. Was sollte sie von ihm zu fürchten haben? Er war doch die Schüchternheit in Person. Sie fand die Innigkeit seiner stummen Liebe rührend, sein schüchternes Schweigen auch nach seiner ersten Kühnheit, die sie ungestraft gelassen. Niemals hatte er auf den ersten Kuß angespielt, den er auf ihre Hand gedrückt, niemals Ungeduld gezeigt, und sie hatte naiverweise geglaubt, daß er nichts weiter von ihr wolle. Es war Naivität und Hochmut zugleich gewesen. Sie hatte gemeint, daß ihm die kleinste Gunst, die sie ihm gewährte, eben deshalb, weil sie von ihr kam, genügen würde.

Nun hatten sie einen gewaltigen Schritt vorwärts getan. Ein Zurück gab es nicht mehr. Die Sache war ausgesprochen. Was aber das Schlimmste war: Alfonso war Zeuge einer Schwäche Annettas geworden, sie hatte sich von ihren Gefühlen überwältigen lassen, und plötzlich entdeckte er, daß er der Stärkere war.

Annetta bemerkte dies nicht und begriff es nicht. Mit einem Lächeln, das ihren herrischen Befehl mindern sollte, forderte sie von ihm, er möge zu ihr nie wieder von Liebe sprechen. Sie erlebte sogleich eine Befehlsverweigerung.

Er bat sie um die Gunst, nur noch einmal davon sprechen zu dürfen. Es folgte eine regelrechte Liebeserklärung. In ihr vermengten sich Erinnerungen an gelesene Romane mit Sätzen, die er schon lange in seinem Hirn ausgebrütet hatte und die nur auf den Augenblick warteten, an Annetta gerichtet zu werden. Es war sein lebhaftester Wunsch gewesen, Annetta seine Liebe zu gestehen, und er hatte gemeint, daß dieses Geständnis seine erste dichterische Schöpfung sein werde. Sein geistvolles Wort sollte seine Liebe adeln, in eine höhere Sphäre heben und den Standesunterschied zwischen ihm und ihr vergessen machen. Nun aber wurde er gewahr, daß das Begehren keine Worte kennt. Während er vorsätzlich von seinen Gefühlen sprach, weil er dies für seine Pflicht hielt, empfand er sogleich die Konventionalität, die Blut- und Leblosigkeit seiner Worte. Er konnte sich nicht genug darüber wundern, wußte nicht, auf was diese Kälte zurückzuführen sei. Erst als er auf seine vertrauliche Freundschaft mit Annetta zu sprechen kam, begann seine Stimme zu schmelzen, vor Erregung zu beben, daß es ihm den Atem verschlug. Ein Verhältnis süßer Vertraulichkeit hatte ihm seit seiner ersten Begegnung mit Annetta vorgeschwebt, nun aber, wo er davon sprach, verbarg sich hinter dieser Bezeichnung ein ganz anderes Begehren. Als ihm dies klar wurde, empfand er einen Schwindel.

«Ich wußte es», bekannte Annetta aufrichtig. «Aber es wäre besser gewesen, es mir nicht zu sagen.»

Während über ihr Gesicht der Schatten des Ernstes glitt, drohte sie ihm scherzhaft mit dem Finger. Im übrigen erschienen ihr seine Liebeserklärungen, wie auch ihm selbst, der sie sagte, weit kälter als das, was ihnen vorausgegangen war und sie veranlaßt hatte. Vor ihnen hatte sie keine Angst. Sie dienten nur der Befriedigung ihrer Eitelkeit. Als sie ihn unterbrach und sagte: «Genug, genug!» klang das so sanft, daß Alfonso unbekümmert weitergesprochen hätte, wäre es ihm nicht schon langweilig geworden.

Genug für diesen Abend, aber nicht für die Folge. War Alfonso bis dahin und teilweise auch mit Berechnung schüchtern gewesen, so entdeckte er jetzt, ein wieviel größeres Glück ihm durch den Schritt erwuchs, den er unternommen hatte. Es war ihm mit hinreichender Deutlichkeit zu verstehen gegeben worden, wie weit er gehen durfte, und sollte er nicht mehr erreichen können, so wollte er doch auf dem bereits Erreichten beharren. Er hatte sich ein Recht darauf erworben. Allabendlich sprach er zu Annetta von seiner Liebe, zumindest beim Abschiednehmen, wenn er ihr die Hand drückte.

Plötzlich war Francesca wieder die unzertrennliche Begleiterin Annettas. Sie war bei allen Zusammenkünften zugegen und nahm, da jetzt nur wenig oder gar nicht am Roman gearbeitet wurde, lebhaft an den Gesprächen teil. Ihr Verhältnis zu Annetta, das anfangs kühl und dann übertrieben freundschaftlich gewesen, verlief nun völlig zwanglos. Die beiden Frauen plauderten in seiner Gegenwart über Mode, über Personen, die er nicht kannte und über die er nicht mitreden konnte. Er saß oft auch dann stumm da, wenn von anderem die Rede war, denn er hatte nicht die allergeringste Lust, banale Phrasen an Annetta zu richten oder kritische Diskussionen mit ihr zu führen. Das alles wäre ihm nun kalt, nichtig und sinnlos vorgekommen. Wozu sollte er ihr Worte sagen, die ihm gleichgültig waren und die Annetta nicht interessierten? Zwar dachte er sich immer noch Worte aus, die er ihr hätte sagen können, aber es waren Worte, denen unmittelbar eine kühne, leidenschaftliche Tat hätte folgen müssen. An etwas anderem lag ihm nichts. Der Kuß, den er auf Annettas Hand gedrückt, hatte in ihm das Bedürfnis erweckt, zu reden – der Kuß, den er auf ihre Lippen gedrückt, hatte es ihm wieder genommen.

Er wurde jetzt im Speisezimmer empfangen, denn hier stand der Ofen. Und hier erinnerte ihn jeder Gegenstand an den Ursprung seiner Liebeswünsche und an die Befriedigungen, die er inzwischen erlangen konnte. Das Durcheinander der verschiedenartigsten schweren und bequemen Möbel war unlöslich mit seiner Gefühlswelt verbunden. Alle diese Gegenstände schienen ihm zu Annetta zu gehören oder gleichsam Spiegel zu sein, die ihre Erscheinung wiedergaben. Wenn man ihn lange und allein in diesem Speisezimmer warten ließ, gab er sich ganz seinen Gefühlen hin. Sie wurden so übermächtig und er empfand die Nähe Annettas so stark, daß er sie, wäre sie plötzlich eingetreten, sogleich in seine Arme geschlossen und wie einen sicheren Besitz umarmt hätte. Ein einziges Wort, so meinte er, würde genügen, um sein Vorgehen zu erklären und zu rechtfertigen. Aber nicht Annetta, sondern Francesca trat stets als erste ein. Sie fand dann Alfonso verwirrt vor, das Wort, das er vorbereitet hatte und das nicht aus seiner Kehle durfte, hemmte ihn.

Eines Abends teilte Francesca ihm mit, Annetta habe ihren Vater zu irgendwelchen Verwandten begleiten müssen. Es sei nicht möglich gewesen, ihn rechtzeitig zu benachrichtigen. Francesca lächelte dabei boshaft, bat ihn aber, trotzdem zu bleiben, schließlich könne auch sie ihm Gesellschaft leisten. Alfonso war außerstande, seiner Enttäuschung Herr zu werden. Er blieb noch eine Viertelstunde, saß steif da und gab auf die Fragen, die das ‹Fräulein› gütigst an ihn richtete, einsilbige Antworten. Um sich von der Qual dieses Komödienspiels zu befreien, verabschiedete er sich endlich und erklärte, er sei nur gekommen, um sich für diesen Abend zu entschuldigen, da er sich nicht wohl fühle. Francesca grüßte ihn mit einem ironischen Nicken, doch war ihr Benehmen nicht ohne Wohlwollen.

Alfonso wurde immer ungeduldiger und ließ in seinem

Benehmen mehr und mehr jene Korrektheit vermissen, die Annetta bis dahin an ihm so gefallen hatte. Sie wurde nur deshalb nicht gleich böse, weil er sichtlich Qualen litt, die sein ungebührliches Benehmen erklärten und entschuldigten. Es genügte, daß Francesca für einen Augenblick zum Fenster ging und auf die Straße hinabblickte, und schon wurde er, der die ganze Zeit in sich versunken, mit seinen Träumen und Sehnsüchten beschäftigt passiv dagesessen hatte, aktiv. Er flüsterte ihr seine Liebeserklärungen zu, gedämpft, aber seine Stimme hatte die Kadenz eines melodramatisch gebrochenen Schreis.

Das größte Vergehen, dessen er sich in Annettas Augen schuldig machte, war, daß er sich dritten Personen gegenüber nicht in der Gewalt hatte. Wenn andere Leute zugegen waren, wurde er nicht nur stumm wie einst aus Schüchternheit, sondern sein ganzes Gehaben drückte Unzufriedenheit und Gereiztheit aus. Prarchi, der eines Mittwochs erschien, fragte ihn, ob er sich krank fühle. Diese Frage brachte Alfonso endlich zum Reden, denn wenn es sich darum handelte, sich selbst zu beschreiben, war er um Worte nicht verlegen. Über sich selbst gerührt, berichtete er von seiner Krankheit, die er sich nicht zu erklären wisse. Eine innere Unruhe raube ihm den Schlaf, die Freude am Studium, die Lust am Leben. Alles werde ihm lästig.

Prarchi stellte allen Ernstes eine medizinische Diagnose. Wie nicht anders zu erwarten, führte er die von Alfonso als unerklärlich bezeichnete Krankheit auf die Nerven zurück. Er empfahl ihm, für einen Monat nach Hause zu fahren und sich in der frischen Luft zu bewegen. Obwohl Annetta begriffen haben mußte, um was für eine Krankheit es sich handelte, bot sie sich mit großer Liebenswürdigkeit an, für ihn um Urlaub anzusuchen. Die Zumutung, sein Leiden auf diese Weise kurieren zu wollen, brachte Alfonso fast zur Raserei. Er rief aus: «Da müßte ich aber sehr weit fahren, um Genesung zu finden.»

Wäre Prarchi nicht so primitiv gewesen, Alfonsos Krankheit nach den klinischen Methoden, die er gelernt hatte, feststellen zu wollen, dann hätte ihn schon diese Antwort über die wahre Natur der Krankheit aufklären müssen.

Eines Abends traf er Annetta allein an. Diese unerwartete Fügung versetzte ihn in tiefe Erregung, und er war schon im Begriffe, sein kühnes Vorhaben in die Tat umzusetzen, als sie ihn mit groben Worten anfuhr, die auf ihn wie eine kalte Dusche wirkten. Sie habe, so sagte sie, unter einem Vorwand Francesca entfernt, um mit ihm unter vier Augen sprechen zu können. Sie war höchst unzufrieden mit ihm, erzürnt über sein ungezügeltes Benehmen, das keinerlei Rücksicht auf fremde Beobachter nahm. Wollte er sie kompromittieren? Sie warf ihm einen mißtrauischen Blick zu, dessen Sinn Alfonso in seiner ganzen Bedeutung erfaßte.

Sie hatte geglaubt, es mit einem schüchternen jungen Mann zu tun zu haben, der rettungslos in sie verliebt war, ohne mehr zu wollen. Nun betrachtete sie ihn mit Mißtrauen, sie fürchtete, in ihm einen geschickten Betrüger entdecken zu müssen, der darauf aus war, sie zu kompromittieren.

Alfonso erschrak. Er wollte sie nicht kompromittieren, das Ziel aber, das er ihrer Vermutung nach durch eine Kompromittierung zu erreichen suchte, hatte er tatsächlich bewußt verfolgt. Er rechnete damit, daß ihm der weitere Zutritt zu dem Hause verboten würde. Es wäre die logische Folge ihrer Vorwürfe gewesen. Es gab für ihn keine Entschuldigung. Er war dreist geworden, hatte sich schlecht benommen. Er erblaßte und tat, als verstehe er nicht recht, was man ihm vorwerfe. Das war seine ganze Verteidigung.

Für Annetta aber war sein Schreck die beste Entschuldigung. Sie machte ihm zwar weitere Vorwürfe, fragte ihn jedoch fast zärtlich, ob ihm denn ihre Freundschaft nicht genüge, ob er denn nicht fürchte, durch sein Benehmen auch diese Freundschaft zu verlieren.

«Ich werde mich von nun an so verhalten, wie Sie es wünschen!» sagte Alfonso und fühlte eine Erleichterung, als er merkte, daß sie weit davon entfernt war, ihm das Haus zu verbieten. Es war klar, daß sie ihn lediglich daran hindern wollte, sich allzuweit vorzuwagen. Sie wollte ihn einschüchtern. Sie selbst war ja in einem Augenblick mangelnder Beherrschung ihrer Sinne so weit gegangen, wie sie es bei kühlem Verstand niemals getan hätte. Sie wünschte sich die Zeit zurück, als dieser kräftige und intelligente Junge sie schüchtern geliebt und bewundert hatte.

Wenn Annetta Mitleid empfand, wurde sie immer sehr lebhaft. Sie ging auf ihn zu, drückte ihm die Hand und fragte ihn: «Lieber Herr Alfonso, könnten wir nicht wieder wie gute Freunde zueinander sein, glücklich und zufrieden wie einst? Was ist Ihnen denn widerfahren, daß Sie immer nur stumm dasitzen und so, als hätten Sie es darauf angelegt, den anderen Leuten Ihre Unzufriedenheit vor Augen zu führen?»

«Das kommt daher, daß ich stets hier drinnen –» er wies auf seine Kehle – «Worte stecken habe, die ich nicht sagen darf.» Er bezeichnete das, was ihm in der Kehle saß, immer noch als Worte! Er wurde nun wieder so heiter und zufrieden, wie Annetta ihn schon seit einem Monat nicht mehr gesehen hatte, seit jenem Abend, an dem sie zuletzt von ihrer Liebe gesprochen hatten. Die Wahrheit war, daß er infolge der harten Lektion, die Annetta ihm erteilt, momentan von keinerlei Wünschen mehr gequält wurde. Er küßte ihre Hand, die sie ihm überließ. Dies verschaffte ihm allerdings kein weiteres Vergnügen als das Gefühl, von seinen Befürchtungen frei zu sein, während er es zugleich als lästig empfand, Hingerissenheit vortäuschen zu müssen. Auf Annetta aber verfehlte er nicht seine Wirkung, denn die Aufregung dieses Abends verlieh Alfonsos Worten eine lebhafte Originalität, und dafür war sie stets empfänglich.

Als er fortging, war er müde, aber vollkommen ruhig. So ruhig, daß seine Müdigkeit fast dem Gefühl der Sättigung gleichkam. Annetta hatte geglaubt, ihn einschüchtern und ihm wieder jenen Respekt einflößen zu können, den er ihr seinerzeit entgegenbrachte. Er aber litt, weil er sie nun genau so fand, wie sie ihm Macario geschildert hatte. An diesem Abend war sie zunächst kalt und zornig gewesen. Sie hatte dabei offenbar nach einem bestimmten Kalkül gehandelt, aus Furcht, in ein nicht sehr glückliches Abenteuer verwickelt zu werden. Im weiteren Verlauf des Abends hatte sich ihr Zorn nicht wirklich gelegt, sondern sie war in sinnliche Erregung geraten. Vielleicht liebte sie ihn, aber ihre Liebe kam mit ihren Interessen in Konflikt, die so lange siegreich blieben, bis die Sinne in ihr zu sprechen begannen. Das alles war so klar und durchsichtig, daß Alfonso nicht mehr umhinkonnte, dem auch in seinen Träumereien Rechnung zu tragen. Denn wie gewöhnlich versuchte er, seinen Leiden dadurch zu entgehen, daß er von der Wirklichkeit fort in Träume flüchtete. Diesmal aber waren die Träume nicht wert, geträumt zu werden. Er konnte sich wohl vorstellen, daß Annetta nachgab, vom gleichen Verlangen erfüllt wie er, doch nur für kurze Augenblicke. Vor und nach diesen Augenblicken der Erregung war sie eiskalt. Berechnender Geist setzte der Leidenschaft, die das gnädige Fräulein sich gelegentlich leistete, bestimmte Grenzen. Alfonso mußte also den Kampf, selbst nach errungenem Sieg, immer wieder von neuem beginnen.

Dies war nicht das einzige Leiden, das dieser Abend ihm verschaffte. Er war sich ja darüber klar, daß Annettas Reichtum den ersten Keim zu seiner Liebe gelegt hatte, aber bis zu diesem Abend hatte er sich niemals vorgestellt, wie es auf ihn selbst wirken würde, wenn er einmal darauf käme, daß auch andere, daß Annetta von diesem Moment wissen und es in seiner Bedeutung überschätzen könnte. Er liebte sie doch! Er geriet sogar in seinem Selbstgespräch in Hitze, um sich gegen falsche Beschuldigungen zu verteidigen. Jetzt liebte er sie! Zwischen ihm und dem raffinierten Intriganten, den Annetta offenbar in ihm vermutete, bestand ein gewaltiger Unterschied. Was sie nur für Mittel zur Erreichung eines bestimmten Zweckes hielt, seine Traurigkeit, seine Unruhe, entsprang in Wahrheit seinem Verlangen, seiner Liebe. Gewiß, es war keine sehr ehrfurchtsvolle Liebe, aber daran trug Annettas Charakterhärte die Schuld. Gleichwohl liebte er sie, und er war bestrebt, sich selbst davon zu überzeugen, daß seine Liebe unverändert bleiben würde, selbst wenn sich seine äußeren Verhältnisse ändern sollten. Er fühlte dies jetzt ganz deutlich, und es schien ihm, daß er es Annetta noch nie mit der gleichen Klarheit gesagt habe, mit der er dies jetzt empfand.

Seine Liebe hinderte ihn jedoch nicht daran, in der Beurteilung von Annettas Charakter hart zu bleiben, ja ungerecht zu werden. Wenn sie ihr vorübergehendes Nachgeben bedauerte – warum schloß sie die Möglichkeit dazu nicht einfach aus, indem sie ihm das Haus verbot? Er konnte unter keinen Umständen zugeben, daß Annetta sich vornahm, ihre eigene Schwäche zu überwinden. Nein! Sie tat nur so, als wolle sie die Augenblicke der Selbstvergessenheit vermeiden, in Wirklichkeit aber wünschte sie sie herbei, auch wenn sie bei ruhigen Sinnen war. Diese Schlußfolgerung steigerte Alfonsos Verachtung für Annetta, zugleich aber seine Hoffnungen.

Von nun an wußte er sich, wie Annetta es ihm befohlen hatte, vor dritten Personen teilweise zu beherrschen. Aber wenn er mit ihr allein war, dann wurde er vorsätzlich und aus Berechnung kühn. Er zwang sich zu seinen Kühnheiten, überwand das Stocken seines Blutes, das ihm die Rede verschlagen wollte.

Eines Abends – er hatte vergebens darauf gewartet, daß Francesca sich entferne – begleitete Annetta ihn auf den Treppenflur, und hier führte er entschlossen den Plan aus, den er sich schon vor ein paar Abenden ausgedacht hatte. Im vollen Lichtschein und ungeachtet der vielen Türen, die sich jederzeit öffnen konnten, zog er Annetta an sich und küßte sie auf den Mund. Erschrocken machte Annetta sich aus der Umarmung los, dann aber murmelte sie, keineswegs erzürnt, sondern erregt und mit zärtlicher Stimme: «Lassen Sie mich, Alfonso!»

Er ging fort wie ein Betrunkener. Trotz seiner Erregung erkannte er genau, warum Annetta ihm keinen Vorwurf gemacht hatte. Die Kühnheiten gefielen ihr, während die von Respekt auferlegte Zurückhaltung lediglich ihre Eitelkeit befriedigte. Als er sie an sich zog, flüsterte er: «Wenn man mich jetzt erschlüge – es wäre der schönste Tod!»

Es wäre ja gar nicht nötig gewesen, diesen melodramatischen Satz zu sagen, denn seine Handlungsweise entschuldigte sich von selbst in Annettas Augen. Jedenfalls hatte Alfonso allen Grund, dies anzunehmen.

Am darauffolgenden Abend weigerte sie sich, ihn weiter als bis zur Zimmertür zu begleiten, doch tat sie dies lachend und wie jemand, dem es Spaß macht, einem anderen einen Streich zu spielen. An diesem Abend hatte man viel gelacht, denn es war Alfonsos fester Vorsatz, sich angenehm zu machen. Er war überzeugt, daß traurige und unzufriedene Männer Annetta nicht gefielen. Sie liebte nur heitere Gesichter.

Nicht nur darin kam er Annettas Wünschen entgegen. Man hatte ihn verdächtigt, daß er sie kompromittieren wolle, und er würde sich wohl hüten, eine so niedrige Handlung zu begehen, zumal er hoffte, daß dies gar nicht nötig sei. Besonders Macario gegenüber war er auf der Hut. Alfonso hatte den Verdacht, daß Macario aus bestimmten persönlichen Gründen daran lag zu erfahren, in welchen Formen sich die literarische Zusammenarbeit mit Annetta abspiele. Nun hielt Alfonso es einerseits für seine Pflicht, lebhaftes Interesse für diese Arbeit zu bekunden, und andererseits so zu tun, als besuche er das Haus Maller aus reinem Pflichtbewußtsein. «Denn», so beteuerte er, «man muß dort so viele Rücksichten nehmen, daß es mich schon langweilt.»

Er spürte jedoch, daß Macario ihm nicht glaubte.

Um sich leichter vor Intrigen zu schützen, die er fürchtete, aber auch, um seine Diskretion ins rechte Licht zu rücken, erzählte er Annetta die Fragen, die Macario ihm gestellt hatte, sowie seine eigenen Antworten. Sie war mit diesen Antworten nicht ganz zufrieden. Er möge nächstens weniger übertreiben, das wirke glaubwürdiger. Sie urteilte richtig. Alfonso mußte zugeben, daß er trotz ehrlichem Bemühen, gewissenhaft vorzugehen, doch nicht genügend Scharfsinn aufgebracht hatte, um Macario die Gleichgültigkeit seiner Beziehung zu Annetta glaubhaft zu machen. Es war ihm lediglich daran gelegen gewesen, eben sein eigenes Gewissen zu beruhigen, während er die Sache selbst gleichsam als zweitrangig behandelt hatte. Im Grunde war es ihm gar nicht so unangenehm, Macario eifersüchtig zu machen.

Das war eine Schwäche, die erst recht offenbar wurde, als es galt, Miceni statt Macario zu täuschen. An sich eine einfache Sache. Miceni war so weit davon entfernt, die Wahrheit zu ahnen, daß es Alfonso geradezu ärgerte. Mehrmals kam ihn die Lust an, sich Miceni anzuvertrauen, um von ihm beneidet statt verspottet zu werden, denn Miceni meinte offenbar, Alfonso sei in Annetta verliebt und finde keine Erwiderung. Miceni wußte nicht einmal, daß Fumigi von ihr abgewiesen worden war. Übrigens schien Fumigi das Ausbleiben der angekündigten Verlobung mit unwahren Behauptungen zu begründen. Es war wirklich erstaunlich, mit welcher Leichtgläubigkeit Miceni, der doch sonst so boshaft war, die Märchen, die man ihm aufgetischt hatte, für bare Münze nahm. Fumigi, so glaubte er Alfonso aufklären zu müssen, sei eben dabei, ein anderes, weit reicheres und schöneres Mädchen als Annetta zu heiraten. Darum habe er Annetta sitzenlassen.

Das erleichterte es Alfonso, über sich und seine Erfolge bei Annetta zu schweigen, denn es genügte ja, um sich an Miceni zu rächen und ihn zu ärgern, wenn er sich über Fumigi und dessen Behauptungen lustig machte.

«So? Dieser Herr hat plötzlich den Gedanken aufgegeben, um Annettas Hand anzuhalten? Merkwürdig. Ich habe vielmehr gehört, daß er auf diesen Gedanken verzichten mußte, nachdem er ihn bereits in die Tat umgesetzt hatte.»

Miceni lief rot an wie ein Krebs und antwortete mit solcher Heftigkeit, als handle es sich um eine persönliche Beleidigung. Annetta, so erklärte er, sei ein eitles Ding, sie möchte am liebsten einen Mann aus Liebe für sie sterben sehen. Das aber sei ihr bis jetzt noch nicht gelungen.

Alfonso konnte Fumigi nicht lange böse sein. Als er eines Morgens ins Büro ging, sah er das schmächtige Männlein vor sich in der gleichen Richtung dahinstapfen. Er ging an ihm vorbei, als bemerke er ihn nicht, Fumigi aber lief hinter ihm her und rief ihn mit lauter Stimme. Alfonso wandte sich um. Er war überrascht, Fumigi so ganz anders vorzufinden, als er es erwartet hatte. Was ihn so überraschte, war weder die Magerkeit noch die Blässe Fumigis, sondern der unstete Blick, die seltsamen Bewegungen, die sein Mund vollführte. Es war, als kaue er, oder besser: als käute er etwas wieder.

Besonders auffällig war seine nachlässige Kleidung. Er

sah unmöglich aus. Er trug einen viel zu langen Sakko, der sichtlich nicht für ihn geschnitten war, leichte, weiße Hosen, obwohl es nur wenig über Null war, und das rechte Knie war mit einem großen Tintenfleck beschmutzt, von dem Alfonso aus Höflichkeit den Blick abwandte.

«Ich möchte Ihnen mitteilen, daß ich mich demnächst verheirate mit … mit …» Er schien sich des Namens seiner Braut nicht zu entsinnen. Zögernd brachte Alfonso seine Glückwünsche vor. Er verstand nicht recht. Dieser Mann sah weniger wie ein glücklicher Bräutigam als vielmehr wie ein Geistesgestörter aus.

Fumigi sprach immerhin in einem gewissen logischen Zusammenhang, nur die Zunge wollte ihm nicht recht gehorchen. Er redete wie ein Wasserfall, doch Alfonso hatte Mühe, ihm zu folgen, denn Fumigis Aussprache war unklar. Als Fumigi bemerkte, daß er sich nicht verständlich machen konnte, wurde er ärgerlich und begann zu schreien, um seine Worte zu verdeutlichen.

«Ich verstehe schon, ich verstehe!» sagte Alfonso erschrocken.

Fumigi begann von seinen Studien zu erzählen, die er auf dem Gebiet der Mechanik betrieb. Er habe ein Lokomobil erfunden, das eine fünfundsiebzigprozentige Ersparnis an Treibstoff ermögliche. Ganz genau könne er es zwar nicht sagen, denn er habe kein Mittel, mit dem sich der Gasverbrauch genau messen ließe. Im übrigen handle es sich um eine Maschine, die durch Luftdruck in Betrieb gesetzt werde.

«Es ist für mich wirklich ein Unglück, daß ich … daß ich dieses Mittel nicht habe, genau zu messen … aber theoretisch gibt es für mich keine Zweifel.»

Alfonso, der nichts von Mechanik verstand, fragte ihn, nur um irgendwie an dieser Erzählung Interesse zu zeigen: «Warum bedienen Sie sich nicht eines Gasmessers?»

Fumigi sah ihn verblüfft an: «Ich werde es probieren»,

sagte er und schien die Worte zu kauen. «Gehen Sie noch zu Fräulein Annetta?»

Er sprach den Namen gleichgültig aus.

«Selten.»

«Ich gehe nicht mehr hin, denn ich habe keine Zeit. Viel zu tun ... so viel ...»

Vom Rathausturm schlug es neun. Fumigi zählte die einzelnen Schläge: «Schon neun? Dann muß ich gehen.»

Er legte seine Hand leicht in die Alfonsos, zog sie dann gleich zurück und ließ sie längs der Hüfte hinabfallen. Über seine Lippen kam ein Gruß, sein Mund war wieder in kauender Bewegung, und seine Gedanken weilten bereits an dem Ort, an den er sich begeben wollte. Er wandte sich um und stapfte in der Richtung zum Meer davon, indem er den Corso schräg überquerte.

An diesem Tage stritten Miceni und Alfonso nicht. Tief erschüttert fragte Alfonso ihn, an welcher Krankheit Fumigi leide.

«Krankheit?» gab Miceni plötzlich wieder in erbostem Ton zurück. «Das ist keine Krankheit. Eine Überreizung der Nerven. Überarbeitung. Er erfindet neue Maschinen, dabei arbeitet er den ganzen Tag weiterhin im Büro.»

«Das freut mich», sagte Alfonso aufrichtig. «Der Arzt meint also, daß er wieder gesund wird?»

Alfonso wünschte lebhaft die Versicherung zu hören, daß Fumigis Krankheit nicht ernst sei.

«Aber ja, gewiß!» erwiderte Miceni grob.

Alfonso fühlte sich getröstet und hoffte, Fumigi bald wieder in voller Gesundheit zu sehen. Er wollte dann besonders liebenswürdig zu ihm sein und alles versuchen, um das Leid zu lindern, das diesem unglücklichen Männlein zugefügt worden war und an dem auch er sich mitschuldig fühlte.

Am Abend begegnete er Prarchi, der wie ein Rasender über den Corso lief. Alfonso hielt ihn auf. «Verzeihen Sie, aber ich habe gar keine Zeit!» sagte Prarchi und wollte schon weiter.

«Nur eine Frage. Wie geht es Fumigi?»

Im gleichen Augenblick vergaß Prarchi ganz, daß er keine Zeit hatte.

«Wieso wissen Sie, daß er krank ist?»

«Ich sprach ihn heute morgen, und er kam mir sehr merkwürdig vor.»

Prarchi zögerte einen Augenblick, dann sagte er bestätigend: «Es stimmt. Auch ich habe es bemerkt. Aber ich kann noch gar nichts sagen. Bis jetzt ließen sie ihn nur vom Hausarzt behandeln. Erst heute wurde ich von Maller gerufen. Man hat mir etwas von Nervenüberanstrengung erzählt. Möglich. Vor einem Monat war er nur etwas nervös, nichts weiter. Er hatte plötzlich begonnen, seine Studien wiederaufzunehmen, und als ich ihm Ruhe empfahl, antwortete er mit einer Energie, deren ich ihn nie für fähig gehalten hätte: ‹Bevor ich sterbe, muß ich zu irgendeinem Resultat kommen. Ich werde alt und habe es eilig.› Wie es heute mit ihm steht, weiß ich nicht. Vielleicht täusche ich mich, und es handelt sich wirklich nur um eine Überreizung der Nerven, wie die Leute es nennen.»

Nach einem neuerlichen Zögern fuhr Prarchi plötzlich entschlossen, aber mit ergriffener Stimme fort: «Ihnen kann ich es sagen. Ich glaube nicht, daß ich mich irre, so gerne ich es auch möchte. Es handelt sich um progressive Paralyse. Ich bitte Sie, vorläufig niemand etwas zu sagen.»

Er drückte die Hand, die Alfonso ihm entgegengehalten, noch ehe er den furchtbaren Urteilsspruch vernommen hatte. Dann lief er fort.

XIII

Die finanzielle Lage im Hause Lanucci wollte sich nicht bessern. Die Geschäfte des alten Herrn Lanucci gingen stets gleich aus, außerdem war Gustavo zum zweitenmal stellungslos geworden. Mit dem Elend nahm die schlechte Laune zu. Alfonso, der sich in der letzten Zeit häufiger bei den Mallers als bei den Lanuccis aufhielt, fühlte sich in deren Gesellschaft bedrückter denn je, denn er war an die harte Not des Lebens nicht mehr gewöhnt.

An dem Tage, an dem Gustavo frech erklärte, daß er seine Stellung aufgebe, weil der Prinzipal ihn beleidigt habe, kam es zu einer unerquicklichen Szene. Anfangs bewunderte der alte Herr die stolze Haltung seines Sohnes und sagte sogar, Gustavo sei ein echter Lanucci. Das Blut schoß ihm erst zu Kopf, als seine Frau die traurige Bemerkung machte, diese stolze Haltung werde die Finanzen der Familie weiter verschlechtern. Bei der Vorstellung, daß das Elend noch weiter zunehmen würde, verlor der alte Mann all seine Logik und vergaß allen Stolz der Familie. Er begann zu schreien und zu fluchen und geriet durch die anmaßenden Worte Gustavos, der, so gut es ging, versuchte, die eigene Würde zu wahren, in immer größere Aufregung. Er sei es müde, so rief Herr Lanucci, von heiligem Zorn gepackt, ganz allein den Karren weiterzuziehen. Frau Lanucci bat ihn mehrmals, nicht so laut zu schreien. Sie war gebildeter als er und begriff, wie unangenehm diese Szene Alfonso sein mußte. Sie schämte sich, fand aber kein anderes Mittel, ihren Mann zum Schweigen zu bringen, als ihn zu überschreien. Bald geriet auch ihr Blut in Siedehitze. Mit den Beschimpfungen, die aus ihrem Munde fuhren, lud sie all die Bitternis ab, die sich im Verlaufe eines trübseligen Lebens in ihrem Herzen angesammelt hatte. Als der Alte, dem es an anderen Argumenten mangelte, dauernd wiederholte, er habe es satt, für alle zu arbeiten, sagte sie ihm unumwunden ins Gesicht, dies stimme nicht, er verdiene nur knapp so viel, um sich selbst zu erhalten.

Dies genügte, Herrn Lanucci zum Verstummen zu bringen. Er fühlte sich gedemütigt, seine Lippen wurden blaß, seine Brille verschob sich, denn sie glitt, da sie nicht paßte, immer wieder nach rechts ab, wenn er vergaß, sie zurechtzurücken. Nach einer langen Pause sagte er milde: «Ich habe nicht von dir gesprochen, sondern von diesem Faulpelz. Ich finde es nicht richtig, daß er auf unsere Kosten lebt, wenn sogar Lucia imstande ist, sich ihr Brot zu verdienen.»

Da fühlte sich Frau Lanucci sogleich gerührt. Alfonso glaubte zu erraten, daß sie die harten Worte, die sie ihrem Mann gesagt hatte, bereits bereute. Als sie aber sah, daß Herr Lanucci sich immer noch nicht ganz beruhigen konnte, geriet sie erneut in Wut und rief in befehlendem Ton: «Genug jetzt, genug!»

Sie warf einen Blick auf Alfonso, dessen Schweigen ihr unheilvoll vorkam. Der aber schwieg aus innerer Bewegung. Er begriff nur zu gut den Grund dieser Streitereien. Er nahm die Partei des alten Mannes und bat Frau Lanucci, diesem doch die Möglichkeit zu geben, sich zu verteidigen. Nun, da sie gewiß zu sein glaubte, daß der Anblick dieser häuslichen Szene Alfonso weder verstimmte noch empörte, wurde sie wieder sanft, wie sie es wohl von Anfang an gewesen wäre, denn ihr lag ja nicht daran, ihren Mann zu beleidigen, sondern sie hatte lediglich Angst, Alfonso könne einen schlechten Eindruck gewinnen. Das hatte sie so aufgebracht. Nichtsdestoweniger wiederholte sie: «Jetzt aber genug! Du, Gustavo, wirst hoffentlich die Güte haben, dir einen neuen Posten zu suchen, dann wird es keinen Grund mehr zu Streitereien zwischen dir und deinem Vater geben. Vielleicht kann sich das jetzige Unglück sogar noch in Glück verwandeln. Vielleicht wirst du einmal noch derjenige sein, der ein bißchen Wohlstand in dies Haus bringt und uns dadurch besser macht.»

Sie drückte ihrem Mann die Hand, Tränen standen ihr in den Augen.

Gleich zu Beginn des Streites hatte sich Lucia demonstrativ und schreiend die Ohren mit den Händen zugehalten. Sie war die einzige, deren Benehmen Alfonso abstieß. Hätte er dies merken lassen, dann wäre Frau Lanucci über seine so offen bekundete Anteilnahme wohl weniger erfreut gewesen. Sie fürchtete ja nur deshalb, Alfonso zu verstimmen, weil sie immer noch nicht die Hoffnung aufgegeben hatte, er könne für Lucia in Betracht kommen. Alles, so meinte sie, würde gleich ganz anders werden, wenn ein junger Mann wie Alfonso einmal zur Familie gehörte. Auch war sie überzeugt, daß Lucia in ihn verliebt sei, obwohl diese es bestritt. Frau Lanucci konnte sich gar nicht vorstellen, daß es anders sei. Lucia aber hatte einen ganz anderen Geschmack, sie konnte in Alfonso absolut nicht die Vorzüge entdecken, die ihre Mutter an ihm fand.

Frau Lanucci war natürlich nicht blind; schon seit längerer Zeit begannen ihre Hoffnungen immer mehr zu schwinden, aber doch nicht ganz. Über diese Hoffnungen hatte sie mit ihrer Tochter gesprochen, als Alfonso begann, die Lektionen zu erteilen. Die Erklärungen ihrer Mutter hatten Lucia genügt, um das professorale Inferno, das man ihr auferlegte, geduldig zu ertragen. Sie bewies damit ihre Intelligenz, mehr noch aber damit, daß sie weit früher als ihre Mutter alle Hoffnung aufgab. Alfonsos Gleichgültigkeit, für die es immer wieder Anzeichen gab, konnten auch Frau Lanucci nicht entgehen, und gelegentlich erklärte sie denn auch ihrem Gatten, hier sei alle Hoffnung vergeblich. Doch handelte es sich mehr um vorübergehende Anwandlungen von Verärgerung als um wirkliche Entmutigung. Das Ganze wäre doch zu schön gewesen, und nach allen Regeln des gesunden Verstandes war es etwas, das nicht nur eintreten konnte, sondern geradezu eintreten mußte: wenn zwei liebenswerte junge Menschen dauernd beisammen sind, dann ist es doch unvermeidlich, daß sie sich früher oder später ineinander verlieben. So lebten die Hoffnungen Frau Lanuccis immer noch fort, sie verriet sie aber nur ihren Mann, mit geflüsterter Stimme, im Bett, ehe sie die Augen schloß, um zu schlafen und zu träumen.

Im Hause Lanucci war Frau Lucinda die erste, die entdeckte, daß Alfonso in Annetta verliebt war. Sie kannte Annetta gar nicht, und sie erfuhr erst, daß Mallers Tochter überhaupt existierte, als diese durch Alfonsos Leidenschaft für sie interessant wurde. Alfonso war sich selbst kaum bewußt geworden, daß er Annetta liebte, als Frau Lanucci es schon wußte. Er war unruhig, launenhaft. Sie zog daraus den zufälligerweise richtigen Schluß, daß er verliebt sei und daß diese Liebe Annetta Maller gelte. Aber auch diese Entdeckung raubte ihr nicht alle Hoffnung. Sie überlegte mit Recht, daß eine solche Liebesleidenschaft Alfonso nur Leiden eintragen mußte. Er konnte dann Trost in den geöffneten Armen Lucias finden. Als Alfonso noch einen großen Teil seiner Zeit bei den Lanuccis zubrachte, vergnügte sie sich manchmal damit, boshafte Anspielungen zu machen. Sie wollte auf diese Weise Näheres herausbekommen. Alfonso benahm sich dabei jedesmal so ungeschickt, daß sie aus den Andeutungen, die sie ihm entlockte, sogar die einzelnen Phasen seiner Liebe verfolgen konnte. Es war, so fand sie, der übliche Verlauf, und sie bezeichnete ihre Deutung der jeweiligen Phase summarisch mit: «Kalt … heiß … Streit … Versöhnung … sie liebt ihn!»

Sie liebte ihn, gewiß, sie liebte ihn! Sie las es von Alfonsos Stirn ab, an jenem Abend, an dem er, nach dreitägiger Verzweiflung über den Fall Fumigi, beseligt von den Mallers heimkam. In diesen drei Tagen waren ihre Hoffnungen schon zur Gewißheit geworden, jetzt aber war sie daran zu verzweifeln, denn Annettas Kuß hatte geradezu sichtbare Spuren auf Alfonsos Lippen hinterlassen. Sein ganzer Gesichtsausdruck war verwandelt.

Aber schon am nächsten Morgen, als sie Alfonso mit trauriger Miene im Speisezimmer das Frühstück einnehmen sah, hoffte sie wieder, sich in ihren Befürchtungen getäuscht zu haben. Sie setzte sich neben ihn und fragte ihn mit dem Ausdruck liebevoller Anteilnahme, was denn der Grund seiner üblen Laune sei. Man könne ihm ja vom Gesicht ablesen, daß er sich über etwas kränke. Er antwortete gedrückt, daß er sich nicht ganz wohl fühle. Als aber Frau Lanucci begann, ihn mit leicht erzürnter Stimme vor den jungen Damen der großen Welt zu warnen, denen es Spaß mache, durch ihre Koketterie Illusionen zu erwekken, um dann den betreffenden Mann rücksichtslos stehenzulassen, erwiderte Alfonso, er verstehe nicht, auf was sie anspiele. Niemand habe Illusionen in ihm erweckt. Er sagte dies mit einem heiteren und zuversichtlichen Lächeln wie einer, der seiner Sache sicher ist. So kam Frau Lucinda zu der Überzeugung, daß sie am Abend vorher doch richtig geurteilt habe. Annetta hatte ihm gesagt, daß sie ihn liebe, und vielleicht liebte sie ihn auch. Frau Lanucci wollte mit ihrem endgültigen Urteil jedoch noch warten, denn man mußte ja erst wissen, was der alte Maller von der Sache dachte. Sein Widerstand konnte immerhin noch Alfonso Lucia zurückgeben. Sie sprach sich über die Beobachtungen mit ihrem Mann aus und fügte einen langen Kommentar hinzu, mit dem sie ihn und zugleich auch sich selbst überzeugen wollte, daß Herr Maller einer Heirat seiner Tochter mit einem kleinen Beamten niemals zustimmen werde.

Herr Lanucci aber geriet in helle Freude, als er von Alfonsos Liebesabenteuer hörte. Er teilte schon längst nicht mehr die Hoffnungen seiner Frau und konnte es nur als ein Glück empfinden, wenn einer seiner Freunde Mallers Schwiegersohn wurde. So konnte Herr Lanucci noch der Schützling einer hochgestellten Persönlichkeit werden. Das, meinte er, würde genügen, ihm zu guten Geschäften zu verhelfen. Während Frau Lanucci von nun an Alfonso mit größerer Kälte behandelte, kam ihm Herr Lanucci mit um so größerer Ehrerbietung entgegen. Und während Frau Lanucci Alfonsos Worte darauf prüfte, ob sie Anzeichen enthielten, die ihr neue Hoffnungen geben könnten, suchte Herr Lanucci herauszubekommen, wie weit Alfonso es in seinen Bestrebungen gebracht habe, deren glücklichen Ausgang er herbeiwünschte.

Auch Lucia wurde nun freundlicher zu Alfonso. Bisher hatte sie ihn, durch seine absolute Gleichgültigkeit verletzt, mit affektierter Verachtung behandelt. Schön war sie ja nie gewesen, aber in letzter Zeit war sie doch anmutiger geworden. Nun, da sie die Entwicklungsjahre eben hinter sich hatte, wirkte ihr Mund kleiner, was ihr Gesicht regelmäßiger erscheinen ließ. Ihre Hände waren schön, und ihre zierlichen Füße steckten stets in eleganten Schuhen. Der eine oder andere junge Mann machte ihr auf dem Corso Komplimente, um so mehr ärgerte sie sich über Alfonsos Gleichgültigkeit. Da aber ihre Mutter auch ihr gegenüber nicht schweigen konnte, erfuhr sie von Alfonsos Verliebtheit, und das stimmte sie freundlicher gegen ihn, denn seine Liebe zu Annetta mochte eine Entschuldigung für sein Verhalten ihr, Lucia, gegenüber sein.

Gustavo war offenherziger. Er ging ohne viel Umstände zu Alfonso und bat ihn um Protektion, sollte er Mallers

Schwiegersohn werden. Vielleicht konnte ihm Alfonso dann einen Posten als Diener in der Bank verschaffen, wo man, wie er vermutete, ein bequemes Leben führte. Gustavo war der einzige in der Familie Lanucci, der Alfonso nicht mißfiel. Er zog Gustavos Offenheit der Verlogenheit der anderen vor, deren Anspielungen ja nicht minder vom Streben nach dem eigenen Vorteil bestimmt waren. Gustavos Charakter gefiel ihm. Seit längerer Zeit hatte der junge Lanucci es aufgegeben, gegen seine Faulheit anzukämpfen, sondern er beruhigte sein Gewissen damit, daß er sie zur Theorie erhob. Die innere Ruhe, die er dadurch gewann, war so groß, daß Alfonso, wenn er mit ihm sprach und ihn so gelassen und von keinerlei Zweifeln geplagt sah, sich selber ruhig werden fühlte. Während der langen Zeit seines Müßigganges beschäftigte sich Gustavo mit allerlei Gedanken, und sein Bedürfnis nach Geld brachte ihn auf die originellsten und komischsten Einfälle. Seine gute Laune war nicht zu erschüttern. Sie wich auch nicht, wenn seine lieben Eltern (er unterließ das Eigenschaftswort nie) ihn anschrien oder wenn seine gelegentlichen Prinzipale ihm Vorwürfe machten. Diesen Prinzipalen schrieb er die bedauernswertesten Charaktereigenschaften zu: «Die wissen nicht zu leben», sagte er ehrlich überrascht, wenn sie über eine seiner Frechheiten in Zorn gerieten oder darüber, daß er die ihm anvertrauten Papiere in Unordnung gebracht hatte. «Das sind Leute, die nicht alt werden.» Oder: «Mit diesem Menschen möchte ich nicht verheiratet sein.»

Macario ließ sich den ganzen März hindurch nicht blikken, und Alfonso machte jetzt seine morgendlichen Spaziergänge in Gesellschaft Gustavos, der ein Frühaufsteher war – die einzige positive Lebensgewohnheit, die man ihm beigebracht hatte. Es waren kurze Spaziergänge. Das Ziel war ein kleiner Hügel, etwa eine halbe Stunde von der Stadt entfernt. Wenn sie dort ankamen, setzte sich Alfonso in den Schatten, während Gustavo sich wie eine Katze in der Sonne hinstreckte. Er hatte seine eigenen Auffassungen von Hygiene, in deren Befolgung er den Mund öffnete, um Licht und Wärme in sich eindringen zu lassen. Er verhielt sich stundenlang ruhig, wie übrigens auch Alfonso, der das allerdings aus ganz anderen Gründen tat. Gustavo hielt die Augen geschlossen, bis er tatsächlich einschlief oder in eine Art Nirwana verfiel, in einen Zustand, in dem er nichts mehr begriff und nur manchmal sinnlose Worte stammelte. Besaß er auch nur ein wenig Geld, dann rührte er sich nicht aus der Stadt, sondern zog es vor, in irgendeinem Kaffeehaus zu schlafen oder tagelang dem Billardspiel zuzusehen. Er selbst spielte nie, denn er liebte es nicht, sich aufzuregen. Er betrank sich auch nur sehr selten, denn nach einem Rausch fühlte er sich lange Zeit hindurch körperlich nicht wohl. Er hatte solide Freunde, vorwiegend Arbeiter aus den verschiedenen Unternehmen, in denen er selbst einmal angestellt war. Sie mochten ihn gern, weil sie ihn lustig fanden, vor allem aber wohl, weil es ihm ferne lag, irgend jemandem Konkurrenz zu machen.

In seinem Müßiggang kam Gustavo auf einen guten Einfall. Er wollte sich freiwillig einer Arbeit unterziehen. Er hielt sie anfangs weder für schwer noch für anstrengend: er nahm sich vor, für seine Schwester einen Mann zu suchen. Lucia, so erklärte er, sei bereits in dem Alter, in dem sie heiraten müsse. Wenn sich niemand darum kümmere, diese Heirat zu vermitteln, werde Lucia niemals zu einem Mann kommen. Er bat seine Eltern um die Erlaubnis, junge Leute, mit denen er befreundet war, im Hause einführen zu dürfen. Herr Lanucci gab die Einwilligung sofort, denn Lucias Heirat hätte einen Esser weniger in der Familie bedeutet. Frau Lanucci hingegen leistete Widerstand. Sie konnte allerdings keine richtigen Argumente vorbringen, sie hatte ja nicht den Mut, offen über die

Hoffnungen zu reden, die sie auf Alfonso setzte. Sie kaute an ihren Nägeln und sprach nur verächtlich von den Arbeitern, mit denen Gustavo befreundet war.

«Du willst sie keinem Arbeiter geben?» fragte der alte Lanucci überrascht. «Warum? Wartest du vielleicht auf einen Prinzen?»

Seit Jahren waren sich Vater und Sohn nicht so einig wie diesmal. Sie bildeten eine gemeinsame Front gegen die arme Frau, die, während sie sich verteidigte, so gut es ging, in ihrem Inneren Alfonso verfluchte, der keine Anstalten machen wollte, sich in das einzige junge Mädchen seines Standes zu verlieben, mit dem er zusammenkam. Schließlich machte sie einen neuen Vorschlag: An Stelle von Gustavos Freunden, die Arbeiter waren oder noch niedrigeren sozialen Schichten angehörten, sollte man versuchen, Alfonsos Freunde ins Haus zu bringen, Bankangestellte und sonstige Beamte.

«Auch diese!» meinte Herr Lanucci zustimmend. «Die einen wie die anderen. So haben wir noch größere Aussicht, zum Ziel zu gelangen.»

Gustavo – so lautete der in aller Form erteilte Auftrag des Herrn Lanucci – möge seine Freunde ins Haus laden, und zwar die besser gestellten unter ihnen.

Indessen fand Frau Lanucci Gelegenheit, mit Alfonso über dieses Thema zu reden. Sie erhoffte sich viel von dieser Unterredung. Sollte der Unglückselige, wie sie ihn nannte, irgendwelche Betroffenheit verraten, Bedauern zeigen oder sonst zögern, würde sie Mittel und Wege finden, Lucia vor Gustavos Freunden zu retten.

Seit einiger Zeit zog sich Alfonso gleich nach dem Mittagessen in sein Zimmer zurück, er wollte es vermeiden, sich während der halben Stunde, die ihm blieb, ehe er sich wieder in die Bank begeben mußte, das leere Geschwätz der Lanuccis anhören zu müssen. Eines Tages folgte Frau Lanucci ihm nach. Alfonso hatte sich schon an seinen

Tisch gesetzt. Als er sie eintreten sah, erhob er sich sogleich. Die beiden standen einander zwischen Tisch und Bett gegenüber.

Sie sprach mit ihm so herzlich wie schon seit langem nicht. Es sei ihr zur Gewohnheit geworden, so sagte sie, ihn wie einen eigenen Sohn zu betrachten, und so bitte sie ihn nun um einen Gefallen, den man sonst nur von engsten Familienangehörigen erwarten könne.

«Bitte, sprechen Sie doch nur!» ermutigte Alfonso sie sehr liebenswürdig.

«Das läßt sich nicht so rasch sagen, ich muß Ihnen erst einiges erklären.»

Sie hörte sich gern reden, und während Alfonso sich zwang, ihr zuzuhören, begann sie die Geschichte ihrer Familie zu erzählen, die zu einer weit höheren Stellung berufen gewesen sei, als sie nun tatsächlich einnahm. Sie seien durch gewisse Fehlspekulationen ihres Vaters in Armut geraten. Frau Lanucci stellte die Verhältnisse, in denen sie früher gelebt hatte, weit glänzender dar, als sie in Wirklichkeit gewesen waren, um auf diese Weise die Katastrophe, die sie betroffen, noch erschütternder erscheinen zu lassen.

«Daher –» ihre Rede war wohlvorbereitet und hatte Hand und Fuß – «können wir uns nicht damit abfinden, so weiter zu leben. Wenn wir jetzt zulassen, daß Lucia einen Arbeiter heiratet oder irgendeinen anderen Menschen dieser Art –» durch die Verachtung, mit der sie das sagte, meinte sie ihr Recht auf eine höhere Stellung zu erhärten –, «so bedeutet das eine Verewigung unserer Lage.» – Es folgten weitere Sätze, die sie mit ‹daher› einleitete, Alfonso aber hatte bereits aufgehört, sich für den Fall zu interessieren, denn er fürchtete, jeden Moment mit dem Ansinnen, Lucia heiraten zu müssen, überfallen zu werden. Sie las ihm die Verlegenheit vom Gesicht ab. Sie begriff auch, daß Alfonsos Gesichtsausdruck echte Angst und keineswegs

Hoffnung widerspiegelte. Aber das war ihr immer noch nicht Beweis genug. Aus dem Speisezimmer drangen die wenig erfreulichen Laute eines Streites zwischen Gustavo und Lucia herüber, und Frau Lanucci tat einen Schritt gegen die Tür, um sich zwischen die Streitenden zu werfen. Dann aber blieb sie stehen, denn sie wollte nicht Alfonso mit dem Eindruck zurücklassen, man setze ihm das Messer an die Kehle. So bat sie ihn, junge Leute ins Haus zu bringen, die, mochten sie auch nicht eben reich sein, jedenfalls der Intelligenzschicht angehörten. Sie war so sehr damit beschäftigt, Alfonsos Reaktion zu beobachten, daß sie nicht einmal das klatschende Geräusch einer Ohrfeige vernahm, die eindeutig auf der Wange Lucias landete, denn diese bestätigte den Empfang durch lautes Schreien und Weinen.

«Sie wünschen also, daß ich meine Freunde ins Haus bringe?» fragte Alfonso erleichtert. «Wozu so viele Worte für eine so einfache Sache? Gehöre ich nicht, wie Sie selbst sagen, bereits zur Familie? Ist es denn nicht meine selbstverständliche Pflicht, nach besten Kräften zu helfen, um Ihnen allen ein bißchen Glück zu verschaffen? Sobald ich kann, werde ich so viele junge Leute herbeischaffen, wie Sie wünschen.»

Er dachte dabei an keinen bestimmten seiner Freunde, aber sein Angebot war spontan erfolgt. So blieb Frau Lanucci nichts übrig, als Alfonso für seine Bereitwilligkeit, die sie so tief schmerzte, auch noch zu danken. Nun hätte sie ihn gerne wieder von der Aufgabe, die sie ihm aufgetragen, befreit, aber es war anständigerweise nicht möglich. Jedenfalls wollte sie wenigstens seinem Eifer einen Dämpfer geben: «Es hat keine Eile. Wir haben Zeit genug, alles in Ruhe abzumachen.»

Frau Lanucci blieb also nichts übrig, als Gustavos Plänen zuzustimmen. Kochend vor Wut glaubte sie, daß ihre Zustimmung schon genüge, Lucias Heirat sofort Tatsache werden zu lassen.

«Jetzt mußt du handeln», sagte sie zu Gustavo, «und zwar so schnell wie möglich. Wenn wir rasch genug sind, wird jemand vielleicht vor Ärger platzen.» Dieser Jemand war Alfonso.

Gustavo brachte seine Freunde, und sie waren einer häßlicher als der andere. Der erste war ein fliegender Händler, Agent mit antiquarischen Büchern, aber er hatte Geld. Alfonso, der nicht wußte, daß Gustavo den gleichen Auftrag erhalten hatte wie er, wäre niemals auf den Gedanken verfallen, daß dieser Mensch ein Heiratskandidat für Lucia sein könnte. Dieser Kandidat war fünfzig Jahre alt, sah aber weit älter aus. Sonne, Wind und Regen, denen er durch seinen Beruf ausgesetzt war, hatten seine Haut gegerbt. Seine Augen tränten. Da er keine Ahnung hatte, daß sein Besuch eine Art Brautschau war, hatte er es unterlassen, sich die gelblich weißen Haare, die regellos seine Wange bedeckten, rasieren zu lassen.

Als er ging, sah Frau Lanucci ihren Mann lachend an, und auch er lächelte. Gustavo war beleidigt. Er ging sofort zur Verteidigung über: «Er ist steinreich», sagte er. «Man weiß ja bei Frauen nie, woran sie Geschmack finden, und wenn er Lucia gefallen hätte, wäre es ein Glücksfall gewesen.»

Der zweite Freund Gustavos, der im Hause erschien, war der Besitzer einer Metzgerei. Auch er war wohlhabend, etwas jünger als der erste, aber nicht weniger ungepflegt. Er war vor kurzem Witwer geworden, und Gustavo nahm an, daß er eine zweite Frau suche. Er täuschte sich. Der Fleischer sprach allzu reichlich dem Wein zu, der auf dem Tische der Lanuccis stand. In seiner Weinseligkeit wollte er seinen neuen Freunden seine Dankbarkeit beweisen und rief aus: «Ah, hier ist es behaglich! Es war schon immer mein Wunsch, mit guten Freunden zusammen zu sein, und jetzt, wo ich Gott sei Dank Witwer bin, kann ich es endlich tun!»

Frau Lanucci erklärte, daß sie diesen Menschen nie wieder sehen wolle. Überhaupt müsse mit den Besuchen von Gustavos Freunden Schluß gemacht werden. Wieder verteidigte sich Gustavo: «Ich kann doch meinen Freunden nicht geradeheraus sagen, daß ich sie einlade, weil ich sie mit meiner Schwester verheiraten will. Ich kann nur diejenigen unter ihnen auswählen, von denen ich glaube, daß sie Lust haben zu heiraten. Von dem Fleischer zum Beispiel, der Witwer ist, mußte ich das annehmen. Schließlich war er ja schon einmal verheiratet.»

Mit den Männern, die er von nun an ins Haus brachte, wollte Gustavo – dies war der Eindruck, den Alfonso gewann – wohl vor allem beweisen, daß auch Respektspersonen zu seinen Freunden zählten, denn er konnte selbst kaum annehmen, daß sie sich für seine Schwester entflammen würden. Einer dieser Männer war Herr Rorli, ein reicher Teigwarenfabrikant aus Neapel. Gustavo hatte den Besuch schon längere Zeit vorher angekündigt und seine Mutter bewogen, ein reichliches Abendessen vorzubereiten.

An dem Abend, an dem Herr Rorli erwartet wurde, kam er nicht. Er kam erst acht Tage später, nachdem er die kleine Familie inzwischen noch zweimal durch die Ankündigung seines Besuches in Aufruhr gebracht hatte. Er war sehr jung, sehr mager, von seinem dunklen Gesicht stach der blonde Schnurrbart nur wenig ab. Seine Kleidung war gut, aber protzig. Fast an jedem Finger trug er einen Ring, und auf seiner Brust pendelte eine Goldkette, von der Gustavo versicherte, daß sie mindestens dreihundert Franken wert sei. An diesem Abend schien sich Herr Rorli glänzend zu unterhalten. Er schilderte ausführlich die Erzeugung seiner Makkaroni, lehnte es aber ab, die Vertretung seines Unternehmens Herrn Lanucci anzuvertrauen, der ihn darum gebeten hatte. Zuerst beteuerte er, daß seine Firma sich überhaupt keiner Vertreter bediene, dann sagte er, daß er bereits vier Vertreter habe. Das waren zwei schlagende Argumente, die Herrn Lanucci natürlich jede Hoffnung nahmen. Herr Rorli griff tüchtig zu. Aus diesem Umstand gewann Frau Lanucci eine vorzügliche Meinung von seiner Gesundheit, denn, so pflegte sie zu sagen, die mageren Menschen, die viel essen, sind die widerstandsfähigsten. Der Appetit des Herrn Rorli zwang sie freilich, selbst auf das Abendessen zu verzichten, und als er sie fragte, warum sie nicht esse, antwortete sie vornehm: «Abends esse ich nie.» Er kümmerte sich nicht weiter darum, so wie er sich übrigens auch nicht um Lucia kümmerte, die neben ihm saß. Mehr als mit den anderen sprach er mit Alfonso, den Frau Lanucci als Beamten des Hauses A. Maller & Co. und Schriftsteller vorgestellt hatte. Eine bedeutende Persönlichkeit gibt auch dem Hause, in dem sie wohnt, Bedeutung.

Rorli begann nun über Literatur zu schwätzen, und natürlich über die französischen Romane. Er war begeistert von Alexandre Dumas und Paul de Kock, für die zu schwärmen Alfonso versäumt hatte. Überhaupt schnitt Alfonso in dem Gespräch schlecht ab. Zuerst behauptete er, all diese Autoren zu kennen, dann aber stellte es sich heraus, daß er doch nicht sämtliche ihrer Werke kannte, ja, von einigen dieser literarischen Erzeugnisse überhaupt zum erstenmal hörte. Rorli hingegen war in der Lage, ihren Inhalt genau wiederzugeben, was Frau Lanucci einen Hochgenuß bereitete.

Im Grunde war er ein großer Scharlatan, der sich die allgemeine Bewunderung errang, die Alfonsos inbegriffen. Alfonso durchschaute zwar die Ignoranz dieses Menschen, aber die Leichtigkeit, mit der Herr Rorli das Wort handhabte, machte auf ihn doch einen tiefen Eindruck. Als Alfonso bereits in seinem Zimmer war, konnte er bis tief in die Nacht das Ehepaar Lanucci miteinander reden hören und aus dem Gespräch klar entnehmen, daß der

Makkaronifabrikant Frau Lanucci außerordentlich gefiel.

Herr Rorli aber ließ sich nie wieder blicken. Vielleicht war es ihm aufgegangen, was man mit ihm vorhatte. Als Gustavo ihn wieder einlud, entschuldigte er sich und versprach, ein andermal zu kommen, kam aber nicht. Nichtsdestoweniger hatte Gustavo einen Triumph davongetragen, auf den er lange stolz war.

Um sich den Anschein zu geben, als nehme auch er sich der Sache an, brachte Alfonso eines Tages unter dem Vorwand, er wolle ihm sein Zimmer zeigen, Miceni mit. Miceni hatte schon komfortablere und elegantere Zimmer gesehen und konnte ein Lächeln nicht unterdrücken, als sein Blick auf nackte Mauern, auf das riesige eiserne Bett und das Tischchen mit den vier ungleichen Füßen fiel.

Frau Lanucci lud ihn ein, im Speisezimmer Platz zu nehmen, und stellte ihm ihre Tochter vor. Er begrüßte sie sitzend mit einem leichten, aber sehr feundlichen Kopfnikken. So, wie er es gewohnt war, mit kleinen Schneidermädchen umzugehen.

Er machte ihr aber immer wieder Komplimente, redete viel und von Dingen, die Frauen gerne hören. Er bewunderte sogar Lucias Kleid und verglich es mit dem Kleid, das er unlängst eine der reichsten Frauen der Stadt, Frau Canciri, habe tragen sehen. Er war ein großer Damenfreund, für ihn war sozusagen jede Frau begehrenswert, und nichts machte ihm mehr Vergnügen, als Begehren zu erwecken.

«Soll ich ihn zum Abendessen einladen?» fragte Frau Lanucci mit angsterfüllter Stimme Alfonso, als sie bemerkte, daß die Sitzung sich verlängerte.

«Laden Sie ihn ruhig ein, er wird nicht annehmen.»

Frau Lanucci brachte ihre Einladung mit einiger Verlegenheit vor und machte gleich darauf aufmerksam, daß das Abendessen sehr bescheiden sein werde, aber wo es für fünf Personen zu essen gebe, reiche es auch noch für eine sechste.

Miceni lehnte dankend ab. Er begriff, daß die Familie sich zu Tisch setzen wollte, und verabschiedete sich. Alfonso begleitete ihn, er war begierig zu erfahren, welchen Eindruck Lucia auf Miceni gemacht habe. Er hatte mit Freude bemerkt, daß Micenis Verhalten dem Mädchen gegenüber alles andere als gleichgültig gewesen war.

Auf der finsteren, bis zum ersten Stockwerk aus Holz gebauten Treppe, faßte Miceni Alfonso vertraulich am Arm und fragte ihn: «Hast du sie gehabt?»

Alfonso widersprach empört.

«Nimm es mir nicht übel, aber wenn du es wirklich noch nie bei ihr versucht hast, dann ist dies der einzige Grund, warum du noch nichts bei ihr erreicht hast. Und in diesem Fall muß ich sagen, daß du dümmer bist, als ich geglaubt habe. Wenn ein Mädchen in ihren Verhältnissen dauernd mit einem jungen Mann beisammen ist, der in viel besseren Verhältnissen lebt, dann wirft sie sich ihm unfehlbar früher oder später an den Hals – es sei denn, er weist sie zurück.»

Alfonso konnte diese Bemerkung nicht übelnehmen. Er schämte sich und brachte entschuldigend hervor: «Sie gefällt mir nicht.»

«Wirklich?» fragte Miceni überrascht. «Dann kann ich nur deinen schlechten Geschmack bedauern.»

Als er wieder zurückkam, fühlte Alfonso sich durch die Lobesworte bedrückt, die die Lanuccis für Miceni fanden. Auch Lucia ließ durchblicken, daß er ihr nicht mißfallen habe. Alfonso sah sie prüfend an, um festzustellen, ob sie tatsächlich so begehrenswert war, wie Miceni behauptete. Gewiß, sie war nicht mehr absolut häßlich. Wie sie so halb ausgestreckt auf dem Sessel saß, wirkten die Umrisse ihrer Taille recht anmutig, und der steif gebauschte Rock ließ ihre Magerkeit gefälliger erscheinen.

Als Alfonso an einem Aprilabend Annettas Haus um zehn Uhr abends verließ, schlug ihm ein wütender Wind entgegen, der vor kaum mehr als einer Stunde aufgekommen war – ein erneuter Vorstoß des Winters. Der Wind pfiff durch die einsamen Straßen der Altstadt, und wo sie sich verengten, nahm seine Wut besonders zu. Er kam so überraschend dahergebraust, daß alle nicht gesicherten Fensterflügel in Trümmer gingen und alles von den Dächern flog, was dort nicht festgemacht war. Alfonso fror, aber er war glücklich inmitten dieses Sturms. Er hatte Annetta wieder einmal einen Kuß geraubt.

Er traf die Familie Lanucci noch beim Abendessen an. Ein neuer Gast war da, ein gewisser Mario Gralli, Faktor in einer Druckerei. Ein junger, dunkelhaariger Mann mit winzig kleinen Augen, die hart und stolz dreinblickten. Sie ließen auf Schlauheit und Zähigkeit schließen. Er wurde Alfonso mit den üblichen Worten vorgestellt. Der fühlte sich wenig erbaut, die Bekanntschaft mit sämtlichen Vorstadtbewohnern machen zu müssen, und behandelte ihn sehr kühl. Gralli erhob sich zum Gruß. Zu Alfonsos Überraschung war er weit kleiner, als man annehmen mußte, wenn man ihn erst sitzen gesehen hatte. Er war sorgfältig gekleidet, obschon der Anzug aus billigem Stoff war. Sein steifer Kragen hatte eine gelbliche Farbe und schmiegte sich genau dem Halse an. Die Krawatte war abgenutzt, aber sauber und mit einer gewissen Koketterie geschlungen.

Gralli sprach wenig und offensichtlich ungern. Er gab nur dann und wann einsilbige Antworten und beschränkte sich im übrigen darauf, seinen Gesprächspartner starr, aber unaufmerksam anzusehen. Es handelte sich hier nicht um jene Art von Verlegenheit, in die Alfonso so oft geriet, wenn er reden wollte und nicht konnte: Gralli kam es nicht darauf an, anderen zu gefallen. Er ging bald, nachdem Alfonso gekommen war. Vielleicht störte ihn das neue Gesicht, nachdem er eben begonnen hatte, sich mit den anderen zu befreunden. Alfonso schien es, daß Gralli, als er sich erhob, Lucias Hand loslasse, die er die ganze Zeit hindurch unter dem Tischtuch gedrückt hatte. So weit war er in so kurzer Zeit gekommen?

Man berichtete Alfonso, daß Mario Gralli tatsächlich der erste wirkliche Bewerber um Lucias Hand sei. Er war seit einiger Zeit der intimste Freund Gustavos, dem er gelegentlich etwas zu verdienen gab. Ihm verdankte es Gustavo, daß er einige Zeitungen den Abonnenten zustellen konnte. Gustavo war mit dieser bescheidenen Tätigkeit sehr zufrieden. Von den fünf oder sechs Stunden, die er in der Druckerei zubrachte, hatte er höchstens ein oder zwei Stunden wirklich zu tun. So blieb ihm reichlich Zeit zu plaudern, und als ihm das Gesprächsthema auszugehen begann, erzählte er Gralli von Lucia, von den Zukunftsplänen, die er sich für seine Schwester ausgedacht, und von dem Wunsch der gesamten Familie, das Mädchen so bald wie möglich unter die Haube zu bringen. Eines Tages erschien Lucia, von Gustavo eingeladen, in der Setzerei, um die Maschinen zu besichtigen. Sie war wie immer gut gekleidet, und Gralli zeigte sich von ihr gleich eingenommen. Er führte sie zu den verschiedenen Maschinen. Als sie vorüberschritten, traten die übrigen Arbeiter respektvoll zur Seite. Wenn Mario an Lucia zunächst vor allem das Kleid gefallen hatte, so gefiel es andererseits Lucia, Mario von so viel Respekt umgeben zu sehen. Das brachte die beiden zueinander.

Gralli verdiente sehr gut, und wenn das Mädchen zufrieden war, blieb den Eltern nichts einzuwenden. Im übrigen wurden sie gar nicht gefragt. Gustavo gegenüber erklärte Gralli, daß er nicht in der Lage sei, schon in allernächster Zukunft einen offiziellen Heiratsantrag zu machen. Frühestens in einem Jahr. Mit Lucias Eltern selbst sprach Gralli nie darüber, sondern stets durch Gustavos

Vermittlung. Durch ihn ließ Gralli ihnen sagen, daß er sich in seiner Stellung noch nicht sicher genug fühle. Er sei auf seinen Posten nur infolge des plötzlichen Todes eines seiner Vorgesetzten gerückt und wisse daher nicht genau, ob und wie lange man ihn dort arbeiten lassen würde. Gustavo fügte dem noch hinzu, es würde seiner Meinung nach allen Anstand verletzen, wenn man darauf bestünde, daß Mario seinen Antrag sofort mache.

Dies alles erfuhr Alfonso durch Frau Lanucci. Am selben Abend noch teilte sie ihm glückstrahlend mit, daß sie mit dem Stand der Dinge sehr zufrieden sei. Sie habe immer die Literatur geliebt, und eine Druckerei, so meinte sie, stehe doch mit Literatur in sehr engem Zusammenhang. Am folgenden Morgen, als er schon im Begriff war, das Haus zu verlassen, kam sie wieder zu ihm. Zunächst war ihr Ausdruck noch der gleiche wie am Abend zuvor, es war der Ausdruck eines Menschen, der eine freudige Botschaft zu verkünden hat. Sie sagte: «Endlich sehen wir nun auch für uns einen Lichtstrahl.»

Plötzlich aber veränderte sich ihr Ausdruck, ja ihr ganzes Gehabe. Sie sprach von den Sorgen, die das nah bevorstehende Ereignis ihr auferlege. Und da sie schon begonnen hatte, sich zu beklagen, sagte sie auch, wie sehr sie es bedauere, in dieser Angelegenheit von Gustavo und dessen Meinung abhängig zu sein. Schließlich brach sie in Tränen aus und beteuerte, sie habe nie gedacht, daß sie ihre Tochter jemals werde einem Menschen anvertrauen müssen, den sie überhaupt nicht kenne. Sie hatte eine schlechte Nacht verbracht. Ihr sanftes, blutarmes, aber dickes Gesicht sah geradezu zerstört aus. Ihr weißes Haar war in Unordnung, und das erhöhte den Eindruck, ein leidgeprüftes Menschenwesen vor sich zu haben.

Alfonso versuchte, sie zu beruhigen, indem er sagte, daß Gralli ihm gut gefallen habe.

Immerfort weinend, versicherte sie, daß Lucias Bräutigam ihr auch gefalle. Auch wisse sie, daß es unrecht von ihr sei zu weinen, denn Tränen seien in solchen Fällen von schlechter Vorbedeutung. Aber ihr Schmerz war stärker, und so ließ sie sich dazu verleiten, Alfonso die Hoffnungen einzugestehen, die sie seit seinem Einzug in dieses Haus mit ihm verbunden hatte. Nun könne sie alles sagen, denn nun bestehe ja keine Gefahr mehr, daß er ihr Bekenntnis als ein Attentat auf seine Freiheit auffasse. Alfonso wunderte sich über ihre Offenherzigkeit. Sie log allerdings – und Alfonso vermutete es sogleich –, wenn sie behauptete, daß Lucia von ihren Hoffnungen nichts gewußt habe. Sie war aber ganz und gar und geradezu rührend aufrichtig, als sie ihm die Gründe auseinandersetzte, warum sie es so gern gesehen hätte, daß er sich in Lucia verliebe.

«Sie kenne ich. So hätte ich die Gewißheit gehabt, daß Sie Ihre Frau auch dann mit Geduld und Güte behandelt hätten, wenn die Dinge schiefgegangen wären. Wenn zwei sich so zusammenfinden, wie ich es mir vorstelle, dann kann man nie ganz unglücklich werden.»

Alfonso war nicht verlegen, wie er sich dieser beklagenswerten Frau gegenüber benehmen sollte. Es war schon immer sein (wenn auch recht platonischer) Wunsch gewesen, sie glücklich zu machen, und so hielt er es für gerechtfertigt, Bedauern darüber vorzutäuschen, daß er jetzt nicht mehr tun könnte, was er auf keinen Fall getan hätte.

«Gewiß, es wäre ein schöner Traum gewesen», sagte er. «Aber er war zur Zeit nicht zu verwirklichen, denn meine Stellung ist weit schlechter und unsicherer als die Grallis. Wir wären Hungers gestorben.»

Als er allein war und an den Schmerz Frau Lanuccis dachte, der ihm höchst tragisch erschien, fühlte er sich tief gerührt. Diese arme Frau hatte inmitten ihres Unglücks alle Hoffnungen auf die Zukunft ihrer Tochter gesetzt und nur darum ihr Dasein ergebener und heiterer getragen als die anderen. Jetzt erst brachen ihre Hoffnungen zusammen. Ihrer Tochter stand das gleiche Schicksal bevor, das sie selbst betroffen hatte. Sie heiratete in eine Familie, die um nichts glücklicher und besser war als diejenige, die sie nun verließ.

«Fräulein Lucia», sagte Alfonso abends ernst zu dem jungen Mädchen, «ich will der erste sein, der Ihnen gratuliert, und darum tue ich es schon heute.»

Lucia dankte ihm sehr zeremoniell.

«Es ist zwar noch nicht der Moment, zu gratulieren, denn Mario hat noch nicht offiziell um meine Hand angehalten.» Sie nannte ihn bereits vertraulich bei seinem Vornamen. «Von Ihnen aber darf ich den Glückwunsch schon im voraus entgegennehmen.»

An diesem Abend fand Alfonso ungewöhnlich rasch seinen Schlaf, nachdem er zwei Stunden lang die tödlich langweilige Gesellschaft der Familie Lanucci und Grallis erduldet hatte. Die Geistlosigkeit und Gedankenarmut des Bräutigams hatte ihm Qualen verursacht. Auch Frau Lanucci litt sichtlich, aber es war ebenso ersichtlich, daß Lucia selbst nichts von all dem merkte, sondern an ihrem würdevoll stumm dasitzenden Bräutigam Gefallen fand.

Alfonso zog die Bettdecke bis zum Kinn herauf und murmelte als Resümee einer langen Überlegung über den Gang der menschlichen Dinge vor sich hin:

«Der Mensch müßte zwei Leben leben können: eines für sich und eines für die anderen.»

Hätte er zwei Leben gehabt, dann hätte er, wie er meinte, eines dem Glück der Familie Lanucci gewidmet.

XIV

Eines Abends teilte Annetta Alfonso mit, daß in den nächsten Tagen die Ankunft ihres Bruders Federico erwartet werde. Sie sagte ihm dies, damit er rechtzeitig sein Verhalten danach einrichten könne. Es galt, die größte Vorsicht walten zu lassen. Federico liebte seine Schwester sehr, und es war kaum anzunehmen, daß er sie während seines Aufenthaltes auch nur einen Augenblick allein lassen würde. Alfonso möge also keine Dummheiten begehen, denn wenn Federico auch nur den geringsten Verdacht schöpfte, müßte sie den Verkehr mit ihm abbrechen.

Alfonso versprach alles, was sie verlangte. An diesem Abend hatte sie ihm vieles gestattet, und er wollte ihr dies mit ebensoviel Nachgiebigkeit danken. Er fragte sie sogar, ob er während dieser Zeit seine Besuche ganz einstellen solle, er sei auch dazu bereit, wenn sie es wünsche. Das aber wollte sie nicht. Wenn er plötzlich fern bliebe, könnte es ebenfalls Verdacht erregen. Sie hielt es nicht für nötig, hinzuzufügen, daß es ihr leid tue, ihn so lange Zeit nicht zu sehen.

In gewissem Sinn waren die Beziehungen zwischen Alfonso und Annetta weniger zärtlich geworden. Sie sagte ihm niemals, daß sie ihn liebe. Sie ließ es sich nur von ihm sagen. Seit einiger Zeit aber fühlte auch er nicht mehr das Bedürfnis, es ihr dauernd zu wiederholen, und sie merkte nicht einmal, daß er es unterließ. Das mochte den Anschein erwecken, als sei ihr gegenseitiges Verhältnis jetzt ungezwungener, als lebten sie in einem Einvernehmen, das keiner weiteren Worte bedurfte. Das war jedoch nicht der Fall. Alfonso hoffte immer noch auf etwas anderes und mußte zu seinem Leidwesen erkennen, daß der Weg, den er eingeschlagen hatte, vielleicht geeignet war, bei einem leichtfertigen Ding ans Ziel zu führen, niemals aber dazu, eine Frau wirklich zu seiner Geliebten oder zu seiner Gattin zu machen.

In Gegenwart anderer Leute benahm er sich wie ein Anbeter Annettas, warf ihr feurige Blicke zu, sagte ihr Komplimente oder bat sie, einen Augenblick mit ihr allein sein zu können, weil er ihr etwas mitteilen müsse. Wenn sie dann endlich allein waren, sagte sie ihm mit einem Lächeln, das ihm manchmal ironisch schien, nun könne er reden. Er aber zog sie wortlos an sich und küßte sie stürmisch. Bis zu einem gewissen Punkt ließ sie ihn gewähren, dann machte sie sich von ihm los mit der ruhigen Energie eines Menschen, der seiner sicher ist. Es kam zwischen ihnen zu keinen Auseinandersetzungen mehr, als Alfonso vor den Leuten, deren Verdacht Annetta fürchtete, vorsichtiger wurde. Es sah wirklich so aus, als sei sie eher bereit, seine heimliche Geliebte zu werden als seine Frau. Sie geriet in Zorn, wenn er sich vor anderen unvorsichtig benahm, nicht, wenn er es unter vier Augen tat.

Im Büro erfuhr er von der Ankunft Federicos. Diese Nachricht löste in ihm eine seltsame Bestürzung aus. Nach und nach hatte er sich die Freundschaft all jener erworben, die im Hause Maller verkehrten. Es war ein langsamer und mühsamer Sieg gewesen, den er, wie er meinte, nur glücklichen Zufällen zu verdanken hatte. Zunächst der Achtung, die Macario ihm entgegenbrachte, sodann dem Respekt, den Annetta, die im Grunde höchst ungebildet war, ihm glaubte zollen zu müssen. Nun trat eine neue Person auf den Plan, die anscheinend gewohnt war, unabhängig und nach bisher unbekannten Grundsätzen zu denken. Dieser Mann war sicher zu fürchten, da Annetta für Alfonso fürchtete. Federico war ohne Zweifel ein ehrgeiziger Mensch, der auf ihn grundsätzlich herabsehen würde.

An diesem Abend ging er nicht zu Annetta; er wollte sich nicht zu bald blicken lassen. Am nächsten Abend hatte er das Gefühl, sie schon eine Ewigkeit nicht gesehen zu haben. Er machte sich auf den Weg zum Hause Maller, in dem naiven Glauben, auch den anderen müsse es so vorkommen, als ob er schon eine Ewigkeit ausgeblieben sei.

Er traf nur Francesca an. Er machte ein Gesicht, als habe man ihm eine bittere Pille gegeben. Francesca begriff.

«Für diesen einen Abend», sagte sie lächelnd, «werden Sie sich damit begnügen müssen, mit mir über Annetta zu reden. Sie mußte mit Herrn Federico ausgehen. Also, erzählen Sie! Erzählen Sie mir etwas über Ihre Beziehung zu Annetta.» Sie schwieg und wartete, daß er rede. Er aber brachte kein Wort heraus. Francescas Einleitung berührte ihn seltsam, es war ihm, als wolle sie ihm ein Geständnis abpressen. «Ich dachte, es würde Ihnen Freude bereiten, über Annetta zu reden. Mit mir dürfen Sie es, denn ich bin, wie Sie hoffentlich schon bemerkt haben, Annettas Vertraute.» Um zu beweisen, daß sie alles wußte, fügte sie hinzu: «Nie wieder auf dem Treppenflur!» Sie lachte und drohte ihm mit ihrer weißen Hand, die der vollendetste Teil ihres Körpers war. Sie spielte auf die Szene an, als Alfonso auf dem Treppenflur Annetta einen Kuß geraubt hatte.

Dieser Beweis genügte Alfonso schon deshalb, weil es ihm ein unabweisliches Bedürfnis war, über Annetta zu reden und sich über sie zu beklagen. Er sagte also, daß er mit seiner Beziehung zu Annetta – wie Francesca sich ausgedrückt hatte – ganz und gar nicht zufrieden sei. Annetta sei nicht so, wie er es wünschte.

«Sie haben wirklich keinen Grund, sich zu beklagen»,

bemerkte Francesca in einem Ton, der ihm ironisch vorkam. «Sie scheinen das Glück, das Sie erfahren haben, nicht nach Gebühr zu schätzen.»

Er schätzte sein Glück wohl nach Gebühr, nur schien es ihm nicht übermäßig schätzenswert zu sein. Er bat Francesca, ihm wörtlich mitzuteilen, was Annetta ihr anvertraut habe. Er wollte aus ihr herausbekommen, ob Annetta wenigstens ihr gegenüber das Wort Liebe in den Mund genommen habe. Francesca erklärte, sie könne sich an den genauen Wortlaut von Annettas Mitteilungen nicht erinnern und ihm daher auch nicht damit dienen.

«Wissen Sie», gestand Alfonso mit außerordentlichem Ernst, «daß sie mir niemals gesagt hat, sie liebe mich. Ich weiß wirklich nicht, ob sie mich liebt oder auslacht.»

Francesca schien durch Alfonsos Geständnis belustigt, dann aber wurde sie ernst und warf einen Satz hin, der einem laut gedachten Gedanken glich: «So sind sie alle, die Mallers. Gefühlskälte ist ihre Familieneigenschaft.»

Alfonso sollte diesen Satz nie mehr vergessen. Er schien ihm die Gerüchte zu bestätigen, die über Francesca und ihr Verhältnis zu Maller im Umlauf waren. Mit wem sonst konnte sie die Erfahrung gemacht haben, daß die Familie Maller kalt in der Liebe war?

«Eines aber ist sicher», fuhr Francesca fort, «Annetta lacht Sie nicht aus. Ich kann sogar sagen, daß ich sie niemals so wie jetzt gesehen habe.» Francesca schweifte gleich wieder ab. Als läge ihr daran, auch in Alfonsos Augen als eine strenge Behüterin der Mädchenehre zu erscheinen, sagte sie: «Wenn ich nicht, wie es meine Pflicht wäre, Herrn Maller alles berichte, so nur deshalb, weil ich mich auf Ihre Anständigkeit und auf die Anständigkeit von Annettas Charakter verlasse.» Sie riet ihm jedenfalls, sich nicht allzu große Illusionen über Annettas Liebe zu machen, denn die könne von einem Tag auf den anderen zu Ende sein. Es sei zwar die erste Episode dieser Art, die

Annetta erlebte, aber der Ausgang sei gleichwohl leicht vorauszusehen. Alfonso glaubte wieder, etwas Bitteres in Francescas Lächeln zu bemerken.

«Ich mache mir keine Illusionen mehr, ich weiß, daß das Ganze ein Scherz ist.» Er spielte den Starken, aber er brachte die Worte nur mit Mühe heraus.

Mit fast mütterlichem Mitgefühl rief Francesca aus: «Wäre das nicht für Sie der richtige Augenblick, nach Hause zurückzukehren? Haben Sie nicht bemerkt, daß diese Stadt nichts für Sie ist?»

«Warum?» fragte Alfonso, der, da er sich bemitleidet sah, auch schon gerührt war.

«Wenn Sie es nicht begreifen, kann ich es Ihnen nicht erklären. Auch ich möchte lieber auf dem Lande leben. Ich würde viel, sehr viel darum geben, wenn ich Ihr Dorf nicht verlassen hätte – unser Dorf. Geht es nicht auch Ihnen so?»

Sie sahen einander zärtlich an. Das gemeinsame Schicksal brachte sie einander näher und bewegte sie.

Francesca wollte ihm einen Rat geben. Sie bat ihn, auf sie zu hören, ihr zu folgen, als wäre sie seine Mutter. Das war eine Einleitung, die in Alfonso hoffnungsvolle Erwartungen weckte. Um so größer war seine Enttäuschung, als sie ihm ganz einfach sagte, sie verstehe nicht, warum er sich immer noch Annettas wegen sein Blut vergifte; er müsse doch endlich begriffen haben, daß es ganz anderer Künste als der seinen bedürfe, um Leben und Leidenschaft in diese Statue zu bringen. Sie empfahl ihm, sich genauso zu verhalten, wie Annetta es von ihm wünschte, nämlich kalt.

War das der großartige Rat? Wenn auch in andere Worte gefaßt, deckte er sich doch ganz mit jenem, den Annetta selbst ihm gegeben hatte, und er vermutete daher, daß Francesca ihn auf ihre Weisung wiederhole. Vielleicht auch nahm Francesca ihre Aufgabe, das Paar zu überwachen, ernster, als er bisher geglaubt, und wollte durch ihre

Ermahnung die Gefahr verringern, von der sie Annetta bedroht sah.

Aber als er sich von Francesca verabschiedete, nahm ihre Rede plötzlich einen ganz anderen Ton an. Sie sagte ihm zwei oder drei Sätze, deren volle Bedeutung er nicht gleich erfaßte.

«Verstehen Sie denn nicht, daß Zärtlichkeiten, die zu keinen weiteren Folgen führen, den Mann um jeden Einfluß auf uns Frauen bringen? Abküssen! Genau damit kommt man niemals zum wirklichen Kuß.»

Sie betrachtete ihn forschend, ob er sie auch wohl verstanden habe, dabei deutete sie ein Lächeln an und unterstrich mit einem Augenzwinkern ihre Worte. Es war ein richtiges Komplicenlächeln.

Das also war der Ratschlag! Er hatte ihn noch nicht ganz begriffen, als ihm bereits klarwurde, daß die Vermutungen, die er über Francescas Absichten angestellt hatte, falsch waren. Er glaubte aus allen Wolken zu fallen. Waren ihr die letzten Sätze aus Unachtsamkeit entschlüpft? Nein, es war viel wahrscheinlicher, daß ihre einleitenden Worte nur dem Zweck dienten, die letzten zu kaschieren und den Eindruck vorzutäuschen, als seien sie ihr lediglich entschlüpft. Sie selbst aber hatte diesen Eindruck wieder zunichte gemacht, denn ihr zweifelnd forschender Blick und ihr schlaues Lächeln hatten sie verraten. Es war leicht zu begreifen, warum sie ihm den Rat gegeben hatte. Keineswegs, um ihn von Annetta fernzuhalten. Es wurde ihm vielmehr der Weg gewiesen, wie er über sie triumphieren könne.

Es war ja für ihn kein ganz neuer Rat. Er erinnerte sich nun, daß Annetta dem Helden des Romans eine Haltung künstlicher Kälte geben wollte. Die nur, so versicherte sie, wäre geeignet, die Widerspenstigkeit der Romanheldin zu besiegen. Genau diese Kälte riet Francesca ihm nun an. Der Rat war gut! Er konnte ihm freudig folgen, denn sollte er auch nicht zu jenem Sieg führen, mit dem Francesca rechnete, so würde er ihn doch das Ziel erreichen lassen, das er wünschte: Annettas Zuneigung. Gleich kam die Hoffnung in ihm auf, das ihm empfohlene Verhalten könne ihm weit größere Befriedigung bringen als das bisherige aggressive. Das Vergnügen, das er empfand, wenn er Annetta an sich drückte oder küßte, vermochte längst nicht mehr das Gefühl der Erniedrigung wettzumachen, das ihn befiel, wenn sie ihn grob anfuhr oder kühl empfing. Der bloße Vorsatz, sein Verhalten von nun an zu ändern, löste seine Nervenspannung. Nun konnte er sich endlich dem täglichen Kampf entwinden, der schon über ein Jahr lang dauerte und stets das gleiche Ergebnis hatte: weder einen klaren Sieg noch eine klare Niederlage.

Aber es verging lange Zeit, ehe er seine Vorsätze in die Tat umsetzen konnte.

Er wurde Federico Maller vorgestellt. Alfonso hatte ihn schon ein paarmal gesehen und aus der Ferne betrachtet. Auf der Straße war er ihm als ein schöner, eleganter junger Mann erschienen, blond, groß, schlank. Sein Gesicht hatte die Form eines langgestreckten Ovals, seine großen Augen waren tiefblau und sanft. Die ganze Erscheinung wirkte aristokratisch, ein klein wenig weibisch. In der Nähe hingegen büßte sein Auge alle Sanftheit ein. Es wirkte unstet und war von einer dunklen, schlaffen Haut umgeben; in dem jugendlichen Antlitz schienen sich bereits Falten zu bilden. Der leicht weibliche Zug in seinem Gesicht war der eines Mannweibes. Sein spärliches Haar war künstlich angeordnet, damit es Fülle vortäuschen sollte.

Noch enttäuschter als von Federicos Anblick war Alfonso von der rüden Art, mit der Annettas Bruder ihn behandelte. Gleich nach der Vorstellung fragte ihn Federico, ob er mit der Arbeit bei seinem Vater zufrieden sei. Die Antwort, die Alfonso hervorstammelte, schien ihm nicht sehr zu gefallen. Offenbar hatte er eine Lobeshymne auf das Bankhaus Maller erwartet. Als Alfonso sich des begangenen Fehlers bewußt wurde, war er nicht mehr imstande, ein weiteres Wort hervorzubringen. Er benahm sich, durch Federicos Schuld, an diesem Abend ganz so wie an dem ersten, den er im Hause Maller verbracht hatte.

Beim Fortgehen traf er im Korridor Annetta.

«Ich bin mit Ihnen sehr zufrieden», sagte sie und drückte ihm herzlich die Hand. Sie wollte ihn für sein zurückhaltendes Benehmen entschädigen, das sie auf ihre Empfehlungen zurückführte. Er versuchte, sie an sich zu ziehen, aber sie machte sich mit einem erschrockenen Schrei los. Als sie sich in Sicherheit fühlte, drohte sie ihm mit der Hand: «Sie sind unverbesserlich!»

Er ging mit dem bedrückenden Gefühl weg, Federico gegenüber nicht genügend Unbefangenheit und Annetta gegenüber nicht genügend Willenskraft aufgebracht zu haben. Sie hatte ja gute Gründe, mit ihm zufrieden zu sein, und ihre eigene Zufriedenheit ließ sie Alfonsos Unbehagen an diesem Abend gar nicht bemerken. Was den Fehler betraf, den er Federico gegenüber begangen hatte, so tröstete er sich damit, daß er wohl nicht von übermäßiger Bedeutung sei. Ehe er Federico persönlich begegnet war, hatte er sich immer wieder in Gedanken mit dessen aristokratischer Erscheinung beschäftigt und davon geträumt, daß Annettas Bruder entscheidend zu seinen Gunsten eingreifen könnte. Nun erkannte er, daß kein einziger von den Mallers je freiwillig auch nur den kleinen Finger für ihn rühren würde. Um so mehr beschäftigte er sich wieder mit Francescas Plan.

Solange sich Federico in der Stadt aufhielt, war es für Alfonso schwer, sich noch kälter zu benehmen, als es der Forderung Annettas entsprach. Wenn sie allein blieben, brachte er in der kurzen Zeit nicht die Energie auf, kalt zu bleiben. Ein Blick, ein zärtliches Wort ließen ihn gleich wieder zudringlich werden, und er konnte es nachträglich nicht bereuen.

Im übrigen hatte Alfonso keine Veranlassung, sich über Federico zu beklagen. Nach jenem ersten Abend wurde er von ihm zwar mit aristokratischer Kühle, aber nicht unhöflich behandelt. Gleich nach der Ankunft ihres Bruders hatte Annetta Alfonso gebeten, ihm gegenüber zu behaupten, daß sie nicht mehr am Roman arbeiteten. Federico hatte von dieser literarischen Zusammenarbeit gehört und schien von ihr nicht sehr erbaut zu sein.

Eines Abends fragte er Alfonso mit einem Lächeln, das freundschaftlich sein sollte: «Warum eigentlich wurde dieser Roman nicht beendet?»

«Nicht aus meiner Schuld. Eines Tages gefiel Fräulein Annetta plötzlich das Thema nicht mehr, und sie stellte die Arbeit ein. Vielleicht wird sie später einmal wiederaufgenommen werden.»

Federico erklärte sich gegen literarische Gemeinschaftsarbeiten. Ein so zustande gekommenes Werk könne nicht gut geraten. Und wenn es doch gut gerate, dann sei dies ein Zeichen, daß jeder der Mitarbeiter für sich allein etwas noch Besseres hätte schaffen können.

Alfonso hatte nicht den Mut, sich in eine Diskussion einzulassen.

«Ich glaube, das hängt von den jeweiligen Umständen und Temperamenten ab», sagte er bescheiden.

Zwischen den beiden kam es nie zu einem freundschaftlichen Ton. Besonders unangenehm empfand es Alfonso, daß Federico nicht zuhören konnte und sich nur für Dinge interessierte, die seine eigene Person betrafen oder sie ins rechte Licht setzen konnten. Alfonso kam die Vermutung, daß auch dieser aristokratisch wirkende Mensch es wenig gewohnt sei, in Gesellschaft zu verkehren, und es nicht verstand, sich mit den lästigen Begleiterscheinungen eines solchen Verkehrs abzufinden: das erste Ergebnis eines gewohnheitsmäßigen Umgangs mit seinen Nebenmenschen, und ganz besonders mit den intelligenten unter ihnen, besteht ja darin, daß man die Langeweile ertragen lernt, die einem die Gedanken anderer bereiten. Diese Unfähigkeit Federicos genügte, um die beiden Männer endgültig voneinander zu trennen, denn Alfonso – das war die Folge seines literarischen Ehrgeizes – verlangte seinerseits, daß man ihm gelegentlich aufmerksam zuhörte. Er schöpfte allerdings den Verdacht, daß sich Federico nur in seiner, Alfonsos, Gesellschaft so verhielt, aus Verachtung für ihn.

Trotzdem, und obwohl er längst erkannt hatte, daß es keine freundschaftlichen Möglichkeiten zwischen ihm und Federico gab, machte er doch von Zeit zu Zeit Versuche in dieser Richtung, aber sie führten nur dazu, daß er sich um so gedemütigter fühlte. Am letzten Abend, an dem er mit Annettas Bruder zusammenkam, wollte er aus Freude darüber, daß Federico wieder abreiste, besonders höflich zu ihm sein. Er drückte ihm die Hand und sagte herzlich: «Auf Wiedersehen, Herr Federico.»

Die Überraschung, mit der Federico ihn ansah, war unverschämt. Er zeigte sich von der Liebenswürdigkeit eines Angestellten seines Vaters wenig angetan. Schließlich verneigte er sich höflich, antwortete aber nur mit einem «Guten Abend». Als Erwiderung auf Alfonsos freundlichen Gruß wirkten diese kurz hingeworfenen Worte ungezogen.

Aber auch als Federico abgereist war, gelang es Alfonso nicht, Annetta gegenüber Kälte zur Schau zu tragen, wie er es sich vorgenommen hatte. Nun, da er die ihm auferlegten Zügel wieder abwerfen konnte, fühlte er sich, wenn er mit Annetta allein war, viel zu wohl, um freiwillig auf das Glück zu verzichten, das ursprüngliche Verhältnis wiederherzustellen. Nicht einmal die gelegentlichen verschleierten Ermahnungen Francescas vermochten ihn in seinem Vorsatz zu bestärken. Francesca schien sehr verärgert, ihn unverändert zu sehen. Als er einmal die Lösung eines Rätsels nicht finden konnte, sagte sie ihm: «Sie sind weit weniger intelligent, als ich geglaubt habe.»

Sie lächelte zwar, um sich für ihre Bemerkung gleichsam zu entschuldigen, aber ihre Stimme bebte vor Zorn oder Ungeduld. Sie verriet eine schlecht unterdrückte Heftigkeit, und Alfonso begriff, daß sich ihre Bemerkung auf etwas ganz anderes bezog als auf das Rätsel. Kurz vorher hatte Francesca ihn dabei überrascht, wie er mit flammend rotem Gesicht hart an Annetta herangerückt war, während Annettas rosiges Gesicht gleichmütig blieb. Da erinnerte er sich, wie sehr sein Verhalten Francesca mißfallen mußte. Nun wurde er rot vor Scham.

Die Hartnäckigkeit, mit der Francesca ihn immer wieder an ihren Rat mahnte, führte dazu, daß er sie zu fürchten begann, als habe sie ein Recht, ihm Vorwürfe zu machen. Er ging ihr aus dem Weg, und wenn sie zugegen war, behandelte er aus Schwäche, und nicht aus Vorsatz, Annetta mit größerer Kälte, nur um damit Francesca sozusagen zu beweisen, wie strikt er ihren Rat befolge. Francesca mangelte es aber nicht an Beobachtungsgeist, aus ihrem blassen Gesicht verschwand der Ausdruck der Verachtung nicht.

Als die Umstände es jedoch fügten, daß er die von Francesca empfohlene Methode tatsächlich anwandte, war sie die erste, die es bemerkte, früher noch als Annetta selbst. Alfonso konnte nun von Francescas Gesicht einen Ausdruck der Zustimmung ablesen, die er, wie er wohl wußte, im Grunde nicht verdiente.

Eines Abends nämlich schwor sich Alfonso, vor Zorn mit den Zähnen knirschend, an Annetta Rache zu nehmen. An diesem Abend, an dem sie ihn mit noch größerer Kälte als sonst empfing, sagte sie ihm etwas sehr Beleidigendes. Sie interessierte sich nur für Macario, dem es einigermaßen gelang, geistreich zu sein, und kümmerte sich überhaupt nicht um Alfonso. Dies genügte, in dem verliebten jungen Mann die Eifersucht zu entfachen. Unter einem nichtigen Vorwand blieb er, auch als Macario bereits fortgegangen war, während Annetta ihm doch nahegelegt hatte, gerade Macario gegenüber besondere Vorsicht walten zu lassen. Kaum war er mit ihr allein, als er sie schon an sich ziehen wollte, sie aber verteidigte sich entschieden und sagte verächtlich: «Diese Abküsserei ist mir lästig.»

Der Satz war tief verletzend. Er legte die ganze Lächerlichkeit ihrer beiderseitigen Beziehung bloß, eine Lächerlichkeit, die Alfonso selbst schon empfunden hatte. Nicht nur das. Mit diesem Satz schüttelte Annetta alle Lächerlichkeit von sich ab, die an ihm allein haften blieb. So gab es nun jemand, der ihn verlachen durfte: Annetta selbst.

Da nahm er sich aus Rachebedürfnis fest vor, Francescas Willen zu seinem eigenen zu machen. Annetta sollte noch ihre Worte zurücknehmen. Er wollte ihr beweisen, daß, wenn ihr beiderseitiges Verhältnis etwas Lächerliches hatte, sie nicht ohne Schuld daran war. Von einem jedenfalls war er überzeugt: Annetta brauchte ihn, brauchte diese Beziehung, und zwar genau in der Form, die sie zu verlachen beliebte. Es war leicht zu erkennen, daß Francesca seine Meinung teilte. Die Ansicht eines zweiten Menschen bestärkte ihn in seiner Meinung. Ohne diese Zustimmung hätte er, auch wenn er von der Richtigkeit seiner Überlegung überzeugt war, doch nie die nötige Energie zum Handeln aufgebracht.

Nun, da er sich entschlossen auf Francescas Seite stellte, fühlte er sich gleich wohl. Zwar verflog sein Zorn bald, aber er fuhr doch fort, die Haltung einzunehmen, zu der ihn der Zorn veranlaßt hatte. Als Annetta die Wirkung ihrer Worte bemerkte, wurde sie sofort wieder liebenswürdig. Vermutlich lag ihr daran, daß er ihre Worte vergesse. Am unmittelbar darauffolgenden Abend fand sie an

Alfonsos Verhalten noch nichts Erstaunliches. Er benahm sich ja genau so, wie sie es gewollt. Sie lächelte nur ironisch, als er ihr beim Abschied kühl die Hand reichte. Sie zweifelte an der andauernden Wirkung der Lektion, die sie ihm erteilt hatte, und wollte glauben machen oder glaubte vielleicht wirklich, daß sie froh wäre, wenn sie sich darin täuschte.

Auch er behandelte sie, wenngleich mit einiger Anstrengung, sehr liebenswürdig. Es war nicht leicht für ihn, Annetta gegenüber jenen Ton höflicher Freundschaft wiederzufinden, den er schon vor so langer Zeit aufgegeben und durch die Sprache der Leidenschaft ersetzt hatte. Er hatte diese Sprache, auch als ihm nicht nach Leidenschaft zumute war, mit einiger Mühe künstlich nachgeahmt.

Bald aber ergaben sich andere und größere Schwierigkeiten. Um die Komödie fortsetzen zu können, war es notwendig, irgendein Thema der Unterhaltung zu finden. Es mußte vermieden werden, daß Annetta sich bei ihren abendlichen Zusammenkünften langweilte oder daß sie bemerkte, wie sehr er – der auch das zu ertragen bereit war – sich langweilte. Bisher hatten ihm die Versuche, Annetta in einen kleinen Hinterhalt zu locken, die Zeit kurz werden lassen. Sie hielten seine Nerven in Spannung und ließen kein Gefühl der Langeweile aufkommen. Schon seit längerer Zeit hatten sie aufgehört, am Roman zu arbeiten. Was sie Federico erklärt hatten, war nur insofern eine Lüge gewesen, als es Annetta, wenn sie allein beisammen waren, niemals unterließ, das nötige Schreibzeug vorzubereiten. Einander versicherten sie weiterhin, daß sie die Arbeit fortsetzen wollten.

«Gehen wir an die Arbeit?» fragte er jetzt Annetta.

Sie stimmte zu, mußte aber erst die Feder suchen lassen. Um Bereitschaft zur Arbeit vorzutäuschen, hatte es genügt, Papier und Tintenfaß hinzustellen, die Feder dazu war nicht mehr nötig gewesen. Alfonso machte sich mit großem Eifer über den Roman; er hätte sich nur zu gerne durch andere Gedanken abgelenkt, das hätte ihm die Anstrengung erspart, den Gleichgültigen zu spielen. Aber sie fügten dem bisherigen Text nur wenig Neues hinzu. Um fortfahren zu können, hätten sie den Roman noch einmal lesen müssen, sie hatten ganze Abschnitte inzwischen vergessen. Die Situation war völlig neu, daß Alfonso, obwohl sie allein und körperlich einander so nahe waren, ruhig blieb und nicht aggressiv wurde. Als er eine unwillkürliche Bewegung machte, deutete Annetta sie schon als einen Angriffsversuch. Sie ging gleich in Verteidigungsstellung und errötete, als sie feststellen mußte, daß es falscher Alarm war. Er begriff ihre Verlegenheit. Das war der Augenblick, da er sich mit aller Kraft zusammennehmen mußte, um sie nicht aus ihrer Demütigung zu befreien, die er wie seine eigene empfand. Er widerstand. An diesem Abend wich die Verwirrung nicht mehr von Annetta, sie war weit weniger unbefangen als sonst, und Francesca, die bald danach kam und sich wie immer an ihren Stickrahmen setzte, trug ein leises Lächeln der Befriedigung zur Schau. Sie wollte, daß Alfonso es bemerke.

Damit die Zeit, die das neuerliche Lesen des Romans erforderte, nicht ganz verloren sei, schlug Alfonso vor, bei dieser Gelegenheit gleich in gemeinsamer Arbeit die Korrekturen zu machen, jeden einzelnen Satz noch einmal zu überprüfen und dann erst mit der Niederschrift der Schlußkapitel zu beginnen. Annetta war einverstanden. Es war eine langweilige Arbeit, doch kam es diesmal nicht mehr zu nennenswerten literarischen Meinungsverschiedenheiten zwischen den beiden Mitarbeitern, denn weder sie noch er waren mit den Feinheiten der Sprache besonders vertraut. Obwohl Alfonso da und dort eine sachlichere Formulierung gewünscht hätte, fügte er sich doch ohne ernstlichen Widerstand dem Geschmack Annettas, dem er ja schon ganz andere Konzessionen gemacht hatte.

Er sah ein, daß dem melodramatischen und kolportagehaften Inhalt des Romans ein ebensolches Sprachgewand wohl am besten entsprach.

Annetta hatte offenbar lange über Alfonsos seltsames Benehmen nachgedacht. Am folgenden Abend war sie bereits ruhig und ausgeglichen. Sie benahm sich sehr freundschaftlich und trug dabei eine Miene der Überlegenheit zur Schau, die ihr gut stand. Wenn man die zwei jetzt beisammen sah, konnte man meinen, sie seien im beiderseitigen, stillschweigenden Einvernehmen wieder nichts weiter als gute Freunde geworden. Alfonso trug sogar wieder seine alte Schüchternheit zur Schau. In Wirklichkeit litt er bis an die Grenzen der Verzweiflung. Er trauerte den vergangenen Abenden nach, da man ihm noch nicht geraten hatte, schlau zu sein. Es war sehr schlecht, daß Annetta ihm nicht zürnte. Er hatte ja nicht erwartet, von ihr Vorwürfe zu hören, aber er hatte auch nicht damit gerechnet, daß es ihr so bald gelingen würde, sich absolut gleichgültig zu geben. Das einzige, was in ihm Zweifel an der Echtheit ihrer kalten Gleichgültigkeit erweckte, war die Tatsache, daß sie ihn nicht dafür belobte, daß er sich nun endlich so verhielt, wie sie es von ihm verlangt hatte. Ein solches Lob hätte er wohl verdient, und wenn Annetta es unterließ, so zeigte dies, daß sie doch nicht so berechnend klug war, wie man ihr nachsagte. Sie sprach nie über Alfonsos gewandeltes Benehmen. Sie tat so, als bemerke sie es nicht, und gerade ihr Schweigen darüber war es, was Alfonso veranlaßte, in seiner Haltung fortzufahren.

Eines Abends, acht Tage später, begleitete sie ihn bis zur Speisezimmertür und zog sich dann hastig mit einem kurzen zeremoniösen Kopfnicken zurück. An diesem Abend hatte er sich schlecht benommen. Er fühlte sich müde und kalt, weil ihm jeder Anreiz fehlte, und so hatte er sich auch nicht darum gekümmert, Annetta mit all den tausend Rücksichten zu behandeln, die er, wie er wohl wußte, gerade jetzt üben mußte, wollte er sie sich nicht ganz entfremden. Er hatte es unterlassen, sich verliebt zu zeigen! Seine Rolle – das hatte er sich von allem Anfang an gesagt und hatte es nun aus sträflicher Faulheit unterlassen, aus dieser Erkenntnis Nutzen zu ziehen – seine Rolle mußte darin bestehen, stets den Verliebten zu spielen, der verständig genug ist, sich mit einem Blick oder einem Händedruck zu begnügen. Verliebt aber mußte er sich unbedingt zeigen.

Bis zum nächsten Wiedersehen mit Annetta wurde er von einer ungeheuren Unruhe befallen. Er fürchtete, daß sie ihm in der einen oder anderen Form den Abschied geben werde – es war die gleiche Befürchtung wie seinerzeit, als er kühn geworden war. Seiner Kühnheit wegen hatte er den Abschied nicht erhalten und nun sollte ihm dieses Schicksal des Gegenteils wegen blühen? Er sah sich in einer bösen Lage und begann schon, Francesca und ihre guten Ratschläge zu verfluchen. Er nahm sich vor, zu Annetta zu gehen, sie um Verzeihung zu bitten und ihr genau zu erzählen, warum er sein Verhalten geändert hatte. Er fühlte sich nicht schuldig und hoffte, auch Annetta von seiner Schuldlosigkeit überzeugen zu können. Er hatte ja nur gewollt, daß sie sanfter und nachgiebiger werde. Er hatte, das würde er ihr sagen, nichts anderes getan, als die gleiche List angewandt wie ihr Romanheld. Das war eine einleuchtende Rechtfertigung, und nun glaubte er sogar, daß das kalte Benehmen, zu dem er sich in den letzten Tagen gezwungen hatte, auch tatsächlich seine Früchte tragen könnte.

Aus der zwar zurückhaltenden, aber doch sehr liebenswürdigen Art, mit der Annetta ihn empfing, sah er gleich, daß die von ihm gefürchtete Gefahr in weit geringerem Maße bestand, als er angenommen hatte. Annettas Zurückhaltung veranlaßte ihn gegen seinen Willen, aus Schüchternheit sein Benehmen fortzusetzen, das aufzugeben er schon entschlossen gewesen. Der Abend verlief höchst anregend. Wie immer genügte es auch diesmal, daß eine Ungewißheit, eine Furcht von ihm genommen wurde, und schon bedeutete es für ihn ein außerordentliches Glück, Annetta wiederzusehen. Daß die Zeit so anregend verstrich, dazu trug seine innere Erregtheit bei: Er war jeden Augenblick bereit, Annetta zu umarmen und in jene Situation der Unterlegenheit zurückzukehren, in der er so glücklich gewesen war. Er bedurfte jetzt nicht erst der angestrengten Erkenntnis, daß man Annetta den Hof machen mußte. Er liebte sie. Er liebte sie zumindest an diesem Abend. So hatte er sie nicht mehr geliebt seit dem Tage, an dem er es gewagt, sie zum erstenmal auf die Lippen zu küssen. Ihn erfüllte wieder jene bange Erwartung, die das Verlangen aufstachelt. Er sprach besser als sonst, erlaubte sich immer wieder Anspielungen auf seine Liebe, als hätte er ihr frühere Male nicht schon kühne Liebeserklärungen gemacht. Alles drang wieder mit jener frischen Unmittelbarkeit auf ihn ein, die jedes einzelne Ding als neu und erstmalig erscheinen läßt. Annetta hörte ihm zu und lächelte. Nie zuvor war sie ihm so entgegenkommend erschienen. Seinerzeit hatte sie sich von ihm umarmen lassen, jetzt gewährte sie nur Blicke und Worte – damals aber, als sie ihm nachgab, verhehlte sie niemals ihr Mißvergnügen darüber, nicht entschiedener Widerstand geleistet zu haben, jetzt hingegen gewährte sie alles, was er verlangte, und mehr.

Natürlich war er daraufhin wieder mit Francesca und ihrem Rat versöhnt. Er fühlte sich auch wieder so energisch wie damals, als Annetta ihn beleidigt hatte. In den Selbstgesprächen, die er wie immer, wenn er erregt war, führte, sagte er sich beglückt, daß Annetta in seinen Händen zu Wachs werde, dem er mit Geschicklichkeit die Form geben könnte, die er wünschte. Während er dies dachte, bewegte er seine Finger so, als hielt er das Wachs bereits in seinen Händen.

Dem äußeren Anschein nach bewahrte Annetta noch

ihre Überlegenheit. Das heißt, sie sprach ungezwungen, und ihr Wort klang manchmal auch noch gebieterisch. In Wirklichkeit bestand diese Überlegenheit nicht mehr. Die Wandlung ihres Benehmens wurde besonders deutlich, wenn Dritte zugegen waren. Alfonso war stets die Hauptperson, der sie all ihre Aufmerksamkeit widmete. Sogar in den Diskussionen, die sie immerhin gelegentlich über den Roman führten, blieb er, so wenig ihm auch daran lag, der Sieger.

Er wußte nicht, ob er sich dieser Veränderungen wegen große Hoffnungen machen durfte. Doch schien es ihm keine übertriebene Hoffnung zu sein, die Beziehung wieder zu dem Punkt führen zu können, an dem sie sich bereits befunden hatte, diesmal aber mit der ausdrücklichen Zustimmung Annettas. Er verschob von Tag zu Tag den Schritt, den er schließlich würde machen müssen und der ihm unmißverständlich zeigen würde, ob und welche Resultate sein Verhalten ergeben hatte. Acht Tage später jedoch dachte er gar nicht mehr daran, diesen Schritt zu tun, denn nun fühlte er sich sehr wohl in der augenblicklichen Situation. Er hatte gehofft, sie würde endlich von ihrer Liebe zu sprechen beginnen, aber sie ausdrücklich darum zu bitten, wäre doch taktisch nicht klug gewesen. Es wäre einem Rückschritt gleichgekommen.

Sie saßen stundenlang nebeneinander, ohne je von Liebe zu sprechen, aber in ihren Stimmen und in ihrem ganzen Verhalten schwang etwas Süßes mit, als wäre dauernd von Liebe die Rede. Auch sie unterbrach immer wieder bereits angefangene Sätze, denn es lag ihr nichts daran, sie zu Ende zu bringen, und er war nicht neugierig, sie zu hören, denn er begriff, daß sie ihm ganz anderes zu sagen hatte. Endlich befand sie sich in der gleichen inneren Verfassung, in der er sich so oft befunden hatte. Sie liebte, zumindest begehrte sie.

Oft, viel zu oft wohnte Francesca, seitdem sie ihren Rat

erteilt hatte, den Zusammenkünften bei, und das war nicht zuletzt der Grund, warum die beiden Verliebten nicht weiterkamen.

In seinem Glück wollte Alfonso sich der Frau, der er dieses Glück zu schulden glaubte, dankbar erweisen. Er vergaß ganz die Art, wie dieser Rat gegeben worden war, und mit der Offenheit, die ihm eigen war, wenn er meinte, eine Pflicht erfüllen zu müssen, sagte er zu Francesca, indem er ihr die Hand drückte: «Dank, vielen Dank.»

«Wofür?» fragte Francesca verärgert. Als er sich schon erschrocken zurückziehen wollte, weil er dachte, Francesca fühle sich durch seinen Dank einer Komplicenschaft beschuldigt, die sie nicht zugeben wollte, sagte sie ihm plötzlich mit außerordentlicher Heftigkeit: «Wenn ihr immerfort wie die Turteltauben gurrt, ist es wahrhaftig nicht meine Schuld.»

Immer noch und wiederum war sie mit ihm unzufrieden, als habe er ihren Ratschlag nicht richtig begriffen. Nun war er es, der über Francesca in Ärger geriet, denn im Augenblick verspürte er nicht die geringste Lust, Annetta in einen Hinterhalt zu locken. Francesca täuschte sich, wenn sie glaubte, daß er ihr zu Gefallen eine neue Situation riskieren werde, da er sich doch in der jetzigen so wohl befand. In einer so wichtigen Angelegenheit wollte er nach seinem eigenen Gutdünken handeln.

Nach seinem eigenen Gutdünken? Nachträglich hätte er es nicht gewagt, zu behaupten, die Dinge seien nach seinem eigenen Willen verlaufen.

Tatsache war jedenfalls, daß sein kaltes Benehmen, darauf berechnet, Annetta mürbe zu machen, ihm selbst keinen geringen Schaden zufügte. Durch die bei jeder Zusammenkunft neu erweckten und nicht erfüllten Hoffnungen gerieten seine Nerven in ständige Erregung. Früher hielten die Versuche, Annetta eine Zärtlichkeit oder einen Kuß abzulisten, seine Gedanken dauernd in Bewegung auf ein bestimmtes Ziel hin. War dieses Ziel erreicht, beruhigten sich seine Sinne wieder, denn er hatte eine Befriedigung gefunden, die, obwohl sie nur relativ war, dem angestrebten Ziel entsprach. Jetzt hingegen tat er nichts und fand auch keine Befriedigung. In diesem Zustand der Tatenlosigkeit analysierte er seine niemals befriedigten Wünsche. Sie wurden dadurch nur um so heftiger. Freilich auch noch aus anderen Gründen. Er glaubte nämlich, daß Annetta jetzt das gleiche Verlangen fühle wie er. Wenn er daran dachte, daß es nur von seinem Willen, von seiner Kühnheit abhing, daß ihr beiderseitiges Verlangen zueinanderfinde, geriet sein Blut in Wallung. Alles drehte sich um ihn bei der Vorstellung, daß das große Glück so nahe war. Seine Träume nahmen immer mehr die Intensität der Wirklichkeit an. Er wußte bereits oder glaubte zu wissen, mit welchem Ton in der Stimme und mit welchem Blick Annetta ihm ihre Liebe schenken würde. Eines Abends wollte er sie mit einer wilden Gebärde an sich ziehen. Sie machte sich mit einem erschrockenen Schrei aus seiner Umarmung los. Woher dieser plötzliche Schreck? Wußte sie früher als er, was er wollte?

Wenn Francesca zugegen war, sprach Alfonso viel und von Dingen, die ihm weder im guten noch im bösen Sinne nahegingen. Annetta, das merkte er, folgte nur dem Klang seiner Stimme. Mit einer Lebhaftigkeit, deren Macario sie für unfähig gehalten, fühlte sie mit ihm. Dieses Mitfühlen und Miterleben prägte sich ihm tief ein, die Worte hingegen, die er sagte, die Dinge, über die er sprach, vergaß er.

Aber selbst in dieser krankhaften Spannung, die ihn die Tage wie in einem ununterbrochenen Traum erleben ließ, bewahrte er die kühle Berechnung eines Menschen, der weiß, was er will.

Er wartete mit Ungeduld darauf, daß Francesca sich entferne. Es genügte ihm nicht, daß sie aus der Bibliothek ging, sie sollte das Haus verlassen. Sie war der einzige

Mensch, der ihn stören konnte, und er wollte vor ihr sicher sein. An mehr als einem Abend legte er sich Zwang auf und beobachtete, von Ungeduld zerfressen, jede kleinste Bewegung Francescas, die wohl öfters aus dem Zimmer ging, aber gleich wieder zurückkam. Sie war es, die alles herbeiführte, sagte er sich später, als er an die Zusammenhänge zurückdachte. Da er sich nicht so kalt verhalten konnte, wie sie ihm angeraten, zwang sie ihn durch ihre ständige Gegenwart, gewisse Grenzen nicht zu überschreiten, und dieser Zwang genügte, ihn dorthin zu bringen, wo sie ihn haben wollte.

Eines Abends kam er unerwartet. Sie hatten vereinbart, einander an diesem Tage nicht zu sehen, aber nach einem langen Kampf vermochte er es doch nicht, Annettas Haus fernzubleiben. Die beiden Frauen hatten erklärt, sie wollten einen Spaziergang machen, falls das Wetter schön sei. Seit ein paar Stunden aber begann der Himmel trübe zu werden, und es war durchaus möglich, daß sie auf den Spaziergang verzichteten.

Auf der Treppe traf er Francesca, die allein ausging. Sie grüßte ihn höflicher als sonst und blickte ihm mit jenem forschenden Blick in die Augen, der ihr eigen war, wenn sie sich herbeiließ, für etwas Interesse zu zeigen. Sie sei überrascht, ihn hier zu sehen, sagte sie und fragte ihn ohne Umschweife, ob Annetta ihn etwa, als er mit ihr am Abend zuvor allein geblieben war, für heute bestellt habe. Diese unerwartete Befragung brachte Alfonso in Verlegenheit. Er glaubte, sich am besten dadurch aus der Affäre zu ziehen, daß er so tat, als könne er sich an eine mit Annetta getroffene Vereinbarung, wonach er an diesem Tage nicht kommen sollte, nicht mehr erinnern. So erweckte er den Anschein, als habe Annetta mit ihm ohne Francescas Wissen eine Zusammenkunft verabredet.

«Annetta erwartet Sie in der Bibliothek», sagte Francesca daraufhin trocken. Sie meinte erfahren zu haben, was sie erfahren wollte, und ging weiter die Treppe hinab. «In einer halben Stunde bin ich wieder zurück», fügte sie noch hinzu.

Als Alfonso hinaufging, zitterten ihm die Knie. Würde er die Energie aufbringen, in einer halben Stunde das zu tun, was zu tun er sich vorgenommen hatte? Nicht die Tat als solche versetzte ihn in derartige Aufregung, sondern die Vorstellung, sie in so kurzer Zeit ausführen zu müssen.

«Endlich einmal allein!» sagte er und zog sie sogleich an sich. Aber ohne jede Gewalt, so als wolle er sie begrüßen, ihr die Hand drücken.

Sie lehnte ihren Kopf an seine Brust. Sie sagte vorwurfsvoll, aber doch mit einer Sanftheit, die durch ihre Körperstellung bedingt war, und zugleich ernst, mit einer Stimme, die zu fest und ruhig war, um natürlich zu sein: «Wir waren ja auch das letzte Mal allein.»

«Entschuldigen Sie», stammelte Alfonso. Er wollte sich in keine weitere Erregung steigern, sondern küßte sie sanft auf die Augen, wobei er gleichzeitig berechnete, wie weit Annettas Hingebungsbereitschaft gehen könnte.

Die Bibliothek war nur von einer Petroleumlampe erhellt, die auf dem Tische stand. Ihr vom Schirm umgrenztes Licht strahlte nach unten, bildete auf dem grünen Tisch einen breiten Fleck, während ein Lichtstreifen sich auf den Fußboden stahl. In diesem strengen Zimmer ließ sich gut lieben, inmitten der einfachen schwarzen Schränke, inmitten der ernsten Bücher, auf deren breiten Rücken die Buchstaben golden schimmerten. Alfonso empfand das alles als einen Kontrast, der sein Verlangen besonders aufstachelte. Einige dicke Wälzer in unelegantem Einband – vielleicht waren es gebundene Zeitschriften – lagen in einer Ecke aufgestapelt und strömten einen intensiven Leimgeruch aus.

Er löste sich von ihr, hielt sie bloß bei der Hand und zog sie aus dem Lichtkreis. Da sie ihn so ruhig sah, schöpfte sie keinerlei Verdacht, sondern setzte sich neben ihn auf die Ottomane. Hier hatten sie schon frühere Male gesessen, einer neben dem anderen oder umschlungen. Es störte ihn, daß sie sich zufälligerweise gerade an jenes Ende der Ottomane setzte, das keine Lehne hatte. Seine Ängstlichkeit verließ ihn auch jetzt nicht. Er umschlang sie eng, bog sie zurück. Er wollte sehen, wie weit sie Widerstand leisten würde. Er glaubte, damit eine schüchterne, aber klare Frage zu tun: wenn Annetta darauf nicht reagierte, konnte er diese Frage immer noch zu seiner Entschuldigung anführen. Aus Feigheit fragte er geradezu: «Ja ...?», aber seine Stimme klang so leise, daß er nicht wissen konnte, ob sie ihn gehört habe. Es war auch gar nicht das gesprochene Wort, durch das Annetta auf die gefährliche Situation aufmerksam wurde, in die sie geriet. Sie bat und drohte, jedoch mit sanfter Stimme, sie verteidigte sich auch, aber ihre Arme waren so schwach gegen seine Brust gestemmt, daß sie nichts verhinderten. Er hatte keinen wie immer gearteten Widerstand erwartet, und so geringfügig der ihre auch war, er irritierte ihn doch. Da zwang er sie brüsk, hastig, brutal. Dem Anschein nach zumindest war es wie ein verräterischer Überfall, ein Raub.

Als er wieder zur Besinnung kam, spürte er neuerdings den intensiven Leimgeruch, der in dem Zimmer herrschte, in das er wie nach langer Abwesenheit zurückzukehren meinte. Sie war es, die zuerst sprach: «Mein Gott, was haben wir getan?» Es klang überrascht und verzweifelt zugleich. Sie betrachtete die Gegenstände ringsum, als hoffte sie, sie würden sie aus einem Traum in die Wirklichkeit zurückrufen. Die Unordnung ihrer Kleider aber, die sie erst jetzt wieder zurechtrückte, gab ihr die Gewißheit, daß sie nicht geträumt hatte, sondern bei wachen Sinnen war. Sie erhob sich nicht ohne Würde. Sie rief alle ihre Energien zu Hilfe. Aber es gab nirgends Rettung für sie, ja sie fand nicht einmal eine Haltung, in der sie sich gefallen hätte. Sie beherrschte sich, trocknete sich die Tränen und ging von Alfonso weg auf den Tisch zu.

Er begriff, daß es nun seine Pflicht war, sie zu trösten. Er näherte sich ihr, küßte sie auf die Stirn. Doch über diese Pflicht hinaus wußte er nicht, was er noch tun konnte. Was sollte er ihr sagen?

Sie ließ ihn gewähren, aber der Schmerz übermannte sie erneut, sie begann wieder zu weinen und wiederholte ihre frühere verzweifelte Frage. Kein Wort des Vorwurfs sagte sie ihm, und das war der Beweis, daß ihre Kälte, zog man die Umstände in Betracht, doch recht groß war. Sie hatte ihm ja auch nichts vorzuwerfen, er hatte nur das getan, wonach er seit langem strebte und von dem sie wußte, daß es sein Ziel sei.

Endlich fand Alfonso die Sprache wieder. Er sagte ihr, daß er sie liebe. Für ihre Umarmung sei er bereit, sein Leben hinzugeben, also könne er seine Handlungsweise nicht bereuen.

Sie ließ sich von ihm umarmen, schrie dabei aber doch: «Ja, aber wir werden uns nie mehr wiedersehen, nie mehr!»

Ihr sonst so klarer Verstand hatte sich offenbar für den Bruchteil eines Augenblicks getrübt. Sie begriff nicht, daß der getane Schritt unwiderruflich war, sie schien vielmehr zu glauben, daß ihre Forderung ihn ungeschehen machen könne!

«Wie Sie wünschen!» schrie Alfonso mit spontaner Aufrichtigkeit zurück.

Er fühlte sich unbehaglich in der Gesellschaft dieses weinenden Mädchens, und wenn er nicht gefürchtet hätte, sie zu kränken, wäre er gleich fortgegangen und hätte ihr ohne weiteres versprochen, nie wiederzukommen. Er war überrascht, als er sich so ruhig fühlte und weit entfernt von jenem Verlangen, das ihn noch vor zehn Minuten zu einer so gewagten Handlung fortgerissen hatte.

Francesca kam zurück und begriff sofort, was geschehen war, denn Annetta war noch nicht soweit, es verbergen zu können. Sie bemühte sich auch gar nicht, es zu tun. Ihre Augen waren rot vom Weinen, und sie starrte beharrlich ins Leere. Sie zwang sich zu angestrengtem Nachdenken. Francesca fragte nichts und gab damit keine Gelegenheit zu lügen. Alfonso, höchst verlegen, wollte fortgehen. Francesca grüßte ihn mit einem Händedruck und mit einem freundlichen, fast respektvollen Kopfnicken, als wolle sie sagen: «Ehre, wem Ehre gebührt.»

Auf dem Stiegenflur wurde er von Annetta zurückgehalten, die ihm mit einem plötzlichen Entschluß nachgeeilt war.

«Hier, hier herein», sagte sie hart. «Ich habe mit Ihnen zu sprechen.»

Der Ton ihrer Stimme hätte niemals erraten lassen, daß sie ihn mit diesen Worten zu einer Liebesnacht einlud. Bis zu diesem Augenblick, das wurde ihm klar, hatte sie gar nicht eine solche Absicht. Von vollständiger Dunkelheit umgeben, stand er regungslos inmitten des Zimmers, wagte es nicht einmal, sich zu setzen, aus Angst, Geräusch zu erzeugen. Die seltsamsten Gedanken befielen ihn. Da hatte er ja etwas Schönes zu erwarten! Die Szenen eines reuigen Mädchens. Er nahm sich vor, alles mit Schicksalsergebenheit zu tragen. Schließlich wußte er, daß er alle Vorwürfe, die Annetta ihm machen würde, verdiente.

Statt dessen kam sie ganz anders auf ihn zu. Ihre Augen zeigten keinerlei Spuren der vergossenen Tränen. Sie blieb an der Türe stehen, legte die Zeigefinger an die Lippen und horchte, ob sich draußen auf dem Korridor etwas rühre. Sie lächelte wie ein Kind, das Verstecken spielt. Alfonso genügte es, sie so zu sehen, um sofort von jeder Furcht befreit zu sein. Er begriff bereits: wieder einmal hatten die Sinne die Herrschaft über sie gewonnen.

Sie war ihm eine willfährige und leidenschaftliche Geliebte. Sie bat ihn um Verzeihung für die harten Worte, die sie ihm kurz vorher gesagt hatte.

«Ich hatte das alles wirklich gemeint. Jetzt weiß ich, wie dumm ich gewesen bin.»

Ohne daß sich eine Ordnung in ihrem Gedankengang erkennen ließ, erklärte sie nun, was sie unter Leben verstand. Leben war für sie, wenn er sie küßte. Alles andere zählte nicht. Ihm kam die Vermutung, daß sie mit diesem Hinweis auf seinen Kuß auf alles andere ausdrücklich verzichten wollte. Er küßte sie, um sich dankbar zu erweisen, fand aber, sie schätze ihn doch gering ein, wenn sie glaubte, er habe nun, weil sie sich ihm hingegeben, auch seinerseits alle Rechte auf ein anderweitiges Glück verloren. Annetta wiederholte ihre Erklärung mehrere Male und gab ihr im Laufe der Nacht die verschiedensten Ausdrucksformen: «Und ich soll diesen Vernunftmenschen, meinen Cousin Macario heiraten, nur deshalb, weil er reich ist.»

Sie lachte über dieses Ansinnen, das immerhin jemand gestellt haben mußte.

Alfonsos Glück wurde, sofern es vorhanden war, durch eine Befürchtung beeinträchtigt. War diese Frau, die innerhalb einer Stunde eine solche Gefühls- und Meinungswandlung durchmachen konnte, vielleicht um ihren Verstand gekommen? Seine Art zu überlegen war klar und ruhig wie sonst, er wurde nur in kurzen Zeiträumen von seinen Sinnen fortgerissen und fühlte sich dann befriedigt, und so konnte er sich nicht vorstellen, daß in einem anderen Menschen die Erregung in immer gleicher Intensität andauere.

Nur einmal hatte sie eine rasch vorübergehende Anwandlung von Trauer, ja geradezu Verzweiflung, wie eine Stunde zuvor. Das war, als sie zufälligerweise den Namen einer Patrizierfamilie nannte, bei der die Mallers erst vor kurzem Zutritt erhalten hatten. Es war ein flüchtiger Augenblick, und sie tat alles, um ihn zu vergessen und in Vergessenheit geraten zu lassen.

Der Fenstervorhang wurde im ersten Strahl der Morgensonne rosenfarben sichtbar. Obwohl das Licht, das von draußen kam, noch sehr schwach war, ließ es doch das Licht der Kerze verblassen, die brennen geblieben war.

«Schon!» rief Annetta und preßte sich an ihn.

Heuchlerisch wiederholte er das gleiche Wort.

Im oberen Stockwerk waren die Schritte eines nackten Fußes zu hören.

«Die Ärmste!» flüsterte Annetta. «Ich habe ihr großen Kummer bereitet!»

«Francesca?» fragte Alfonso beunruhigt.

«Ja», sagte Annetta lächelnd. «Aber alles kann noch gutgemacht werden.»

Sie umarmte ihn, um ihn fühlen zu lassen, daß das gute Werk, zu dem sie sich anschickte, sein Verdienst sei.

Er hatte Zeit genug, neugierig zu sein. Da erzählte ihm Annetta, daß Francesca die Geliebte Mallers gewesen, der auch die Absicht geäußert hatte, sie zu heiraten. – «Ich lachte Francesca ins Gesicht und widersetzte mich nach allen Kräften ... natürlich ... es schien mir eine Beleidigung des Andenkens meiner Mutter zu sein.» – Maller vermied zunächst jedes Gespräch darüber mit seiner Tochter. Aber als Annetta Francesca nahelegte, das Haus zu verlassen, leistete er entschlossen Widerstand. Zwischen Vater und Tochter herrschte lange ein gespanntes Verhältnis. Es besserte sich erst, als Francesca Annetta schwor, daß zwischen ihr und Maller jede Liebesbeziehung abgebrochen sei. Bis zu dieser Nacht hatte Annetta es auch geglaubt. «Ich wette, daß sie mich betrügen», dachte sie laut, war aber dabei ganz ruhig. «Nun, es ist klar, daß ein Betrug aus Liebe kein Betrug ist.»

Um vier Uhr morgens erhob sie sich, um ihn zum Haustor zu begleiten.

In der finsteren Vorhalle warf sie noch einmal die Arme um seinen Hals und sagte, sie würden sich erst wiedersehen, wenn sie es bei hellem Tageslicht tun könnten. Dies sollte so bald wie möglich geschehen. Sie begann zu lachen und sagte mit unverhüllter Sinnlichkeit: «Wir haben ja noch so viele Tage und Nächte vor uns, die wir miteinander verbringen werden.»

Draußen, auf der Straße, blieb er stehen und verfolgte die Anstrengungen, die sie machte, um den Schlüssel im Schloß herumzudrehen. Dann hörte er das langsame und unsichere Schleifen ihrer Pantoffeln auf der Treppe.

«Leb wohl!» rief er plötzlich gerührt. «Leb wohl, leb wohl!» antwortete Annetta mit gesenkter Stimme.

Sie hatte in diesen Gruß so viel Zärtlichkeit gelegt, wie ihr möglich war, und er stellte sich geradezu vor, daß sie ihm dabei eine Kußhand zugeworfen habe.

Hastig machte er sich auf den Heimweg, als er seinen Namen rufen hörte. Er drehte sich um. Eine weiße Gestalt stand im Fenster von Annettas Zimmer und winkte ihm mit einem weißen Tuch zu. Er erwiderte den Gruß, indem er seinen Hut schwenkte. Es war eine etwas gezwungene Geste, er konnte das Gefühl nicht aufbringen, das ihr entsprochen hätte. Als er Annetta am Fenster sah, fiel ihm ein, daß dies unter Liebenden wohl so üblich sei.

Er wollte sich glücklich fühlen, wie es dem günstigen Geschick entsprach, das ihm zuteil geworden. Er sang ein Liedchen vor sich hin, aber es klang nicht lustig in den leeren Straßen, die von der auf dem violetten Himmel noch nicht sichtbar gewordenen Sonne erst schwach erhellt wurden. Ein tiefes Unbehagen ließ ihn verstummen. Er erklärte es sich mit den Zweifeln, die die Zukunft seiner Beziehung mit Annetta in ihm erweckte. Auch diese Nacht hatte ihn von seinen Zweifeln nicht befreit. Aber Annetta war doch die Seine geworden! War das nicht schon sehr viel, mußte er sich nicht als der glücklichste Mensch auf dieser Welt fühlen? Er hatte Annetta lange begehrt, er hatte sie geliebt. Es waren wohl nur der Schlaf und die Müdigkeit, die ihn daran hinderten, sein Glück voll zu empfinden. Während er die Steigung nahm, die zum Hause der Lanuccis führte, redete er sich ständig ein, daß morgen seine Liebe neu erwachen werde, seine Sehnsucht nach einem Wiedersehen mit Annetta.

Er ging zu Bett und verfiel sogleich in Schlaf, als er den Kopf auf das Kissen legte.

XV

Aber als er erwachte, empfand er das gleiche Unbehagen. Das Gefühl des Widerwillens wuchs, sobald er in Gedanken die Ereignisse der vergangenen Nacht an sich vorüberziehen ließ. Alles mißfiel ihm, angefangen von der ersten, gewaltsamen Umarmung bis zu dem letzten Gruß, den zu erwidern er sich gezwungen hatte – ein Täuschungsmanöver, das, an sich leicht, doch eine gewisse Anstrengung gekostet hatte. Er weigerte sich, die Schlußfolgerung anzuerkennen, die er aus seinen Empfindungen hätte ziehen müssen. In dem unermeßlichen Glück, das ihm aus dem Besitz Annettas erwuchs, mißfiel ihm, so sagte er sich, lediglich die Art, wie er sie erobert hatte. Er glaubte nicht, daß Annetta ihn liebe; sie fügte sich einfach den Folgen eines unwiderruflichen Geschehens.

Seinerzeit hatte Macario ihm gesagt, er halte ihn für unfähig, zu kämpfen und die Beute festzuhalten. Ein Vorwurf, dessen sich Alfonso wie eines Lobes gerühmt hatte. Nun war der Beweis erbracht, daß Macario sich in ihm täuschte.

Alfonso sah sein Kämmerchen jetzt mit ganz anderen Augen. Es wirkte heiter, lachend in dem morgendlichen Sonnenstrahl, der der einzige dieses Tages bleiben sollte. Er hatte hier ja doch manch schöne Stunden verbracht! Stunden eines seltsamen Glücks, einer hochmütigen Befriedigung, wenn er in den anderen Menschen Schwächen entdeckte, gegen die er sich selbst für gefeit hielt. Alle waren sie in den Kampf um das Geld verstrickt, um Würden und Ehren, er aber blieb unbewegt und meinte voll Genugtuung, in seinem Hirn entzünde sich der Funken des Genies, in seinem Herzen regten sich edlere Gefühle, als die Menschen sie gemeinhin empfinden. Er verstand und bemitleidete die Menschen in ihrer Schwäche. Um so stolzer war er auf seine eigene Überlegenheit. Wenn er die Bibliothek oder seine Kammer betrat, hatte er nichts mehr mit dem allgemeinen Kampf zu tun. Niemand machte ihm sein Glück streitig, und er selbst forderte nichts von den anderen. Jetzt aber zogen ihn die Kämpfer, die er so verachtete, in ihre Mitte. Widerspruchslos empfand nun auch er ihre Wünsche und schlug sich mit ihren Waffen.

Er wollte das Unbehagen in sich bekämpfen. Wenn es tatsächlich – woran er hartnäckig festhielt – die Ursachen hatte, die er ihm zuschrieb, dann war es absolut widersinnig. Während er sich ankleidete, sagte er sich, daß jeder vernünftige Mensch ihn verlachen würde. Er war in den Kampf eingetreten, weil er ja gar keine Möglichkeit hatte, sich wirklich völlig von ihm fernzuhalten; selbst das bescheidene Glück, das er für sich beanspruchte, war ihm nicht im vollen Umfang gewährt worden. Fort mit dem Unsinn! Der Sieg, den er errungen hatte, brachte ihm jedenfalls endlich die Freiheit. Wenn auch seine Gefühle für Annetta – er gestand es sich gleichsam zwischen zwei Gedankenstrichen ein – nicht durchaus so waren, wie sie sein sollten, so begann sein Leben doch erst mit dieser Heirat, und er hatte allen Grund, glücklich zu sein.

Als Frau Lanucci sah, daß er einer derartigen Verdüsterung ausgesetzt war, wurde sie besorgt, und da sie wußte, daß er erst so spät heimgekommen war, fragte sie ihn, ob er die Nacht am Spieltisch verbracht und verloren habe. Er lachte! Er hatte tatsächlich gespielt, aber gewonnen.

Am Vormittag, während er langsam seiner Arbeit nachkam und verträumt bald einen Namen, bald eine Zahl anstarrte, kam ihm der seltsame Gedanke, daß Annettas

Liebe um diese Stunde vielleicht schon verflogen sein könnte und daß er von ihr nie wieder etwas hören würde. Das war gar nicht so unmöglich, denn eine so rasch entstandene Liebe, die lediglich das Ergebnis der Notwendigkeit und des Sichabfindens mit einer unvermeidlichen Situation war, konnte ja ebenso rasch wieder vergehen. Diese Möglichkeit flößte ihm keinerlei Schreck ein. Wenn jemand ihm gesagt hätte, daß diese Möglichkeit bereits vollendete Tatsache sei, es hätte ihn weder überrascht noch geschmerzt, wenn auch nicht eben erfreut. Jedenfalls wäre er von den Zweifeln befreit gewesen, die größer waren, als er sie ertragen konnte. Er wußte wohl, daß in einem solchen Fall Annetta nicht nur nicht mehr seine Geliebte, sondern auch nicht einmal mehr seine Freundin sein würde, daß er unter das gemeine Volk der Beamten zurückfallen würde, von dem er sich lediglich durch seine Beziehung zu Annetta unterschied. Vor allem aber wünschte er doch, seinen Frieden und seine Ruhe zurückzugewinnen.

Zu Hause wartete ein Brief auf ihn. Er kam von Annetta. Alfonso erkannte gleich ihre Schrift, die runden und sehr kleinen Buchstaben, die ihm während der gemeinsamen Arbeit am Roman vertraut geworden waren. Er öffnete den Brief sofort. Vielleicht enthielt er ein Wort, das ihn von seiner Qual erlöste. Er rechnete damit, entweder geheuchelte Liebesworte zu lesen oder eine gewundene Entschuldigung, um ihn loszuwerden.

Er täuschte sich. In dem Brief stand nichts, was auf Verstellung schließen ließ.

Zu dem Zwecke geschrieben, einen neuen Sachverhalt mitzuteilen, enthielt der Brief vor allem eine klare und geschlossene Darstellung dieses Sachverhaltes, die nur da und dort von einer knappen Nebenbemerkung unterbrochen wurde, mit der Annetta etwaige Zweifel Alfonsos zerstreuen oder seinem möglichen Widerstand begegnen wollte. Sie erklärte zunächst mit einfachen, aber herzlichen Worten, daß sie nun beide, was ihre Ziele und Interessen betraf, gleichsam eine einzige Person darstellten. Sie erwarte also von ihm, daß er ihr volles Vertrauen schenke. Sie wäre auch ohne weiteres vorgegangen, ohne vorherige Mitteilungen, die ihm, wie sie wohl begreife, nur unangenehm sein konnten. Sie brauche aber seine Mithilfe. Sie sei entschlossen, zu ihrem Vater zu gehen und ihm sofort alles zu sagen. Es werde eine böse Szene geben. Darüber werde man sich nicht wundern dürfen, denn die Überraschung des alten Herrn, der für seine Tochter – sehr zu unrecht, wie sie sich hinzuzufügen beeilte – ganz anderes im Sinne hatte, werde notwendigerweise groß und schmerzlich sein. Sie konnte nicht damit rechnen, daß es ihr gelingen werde, ihren Vater so rasch umzustimmen. Für Alfonso bestand also die Gefahr – wenn auch, wie sie überzeugt war, nur für kurze Zeit –, Beleidigungen oder gar Brutalitäten ausgeliefert zu sein. Da sie ihn liebe, müsse sie mit ihm unter jedem groben Wort leiden. Um Maller die Möglichkeit zu geben, seine Haltung zu gewinnen, schlug sie vor, daß Alfonso für einige Zeit die Stadt verlasse. Sie habe ihrem Vater bereits mitgeteilt, daß Francesca ihn mit einem bestimmten Auftrag ins Dorf schicken wolle. Maller habe versprochen, Alfonso den Urlaub zu vermitteln. Sie bat ihn, dieses Urlaubsangebot anzunehmen.

Damit schloß der Brief. Aber es folgte ein Zusatz, der zwei dicht beschriebene Seiten umfaßte. Annetta wollte ihn noch einmal, ein einziges Mal, vor seiner Abreise sprechen und bat ihn, sich am Abend des gleichen Tages in der Nähe der städtischen Bibliothek einzufinden, auf jener Straße, die zur Anhöhe der Villa Necker hinaufführt und wo sie ihn schon frühere Male gesehen habe. Sie wollte nicht, daß er zu ihr ins Haus komme. Vor der Verlobung wollte sie nicht mehr mit ihm allein in einem Zimmer sein. Er möge ihr deshalb nicht zürnen. Sie habe sich bereits einmal schwach erwiesen, als ernste Rücksichten und Befürchtungen ihren Widerstand hätten stärken müssen; sie wisse deshalb, daß sie nun, wo alle Rücksichten fortfielen, um so weniger werde Widerstand leisten können.

Der Brief schloß endgültig mit einem Satz, mit dem Annetta ihre Hingabe erklären und entschuldigen wollte: «Weißt Du, Liebster, es war die Liebe, die mich so nachgiebig gemacht hat, nicht Deine Kühnheit, so groß sie auch, wie ich zugeben muß, war. Ich habe Dich schon seit langer Zeit geliebt, und Du hast es gewußt. Wenn ich Deine Zärtlichkeiten widerstandslos hinnahm, war ich ebenso schuldig wie Du. Dir gegenüber war ich immer nachgiebig, nur wolltest Du nicht immer das gleiche wie ich.»

Dieser Brief, der vom Anfang bis zum Ende von einer großen Zärtlichkeit erfüllt war, berührte Alfonso tief, aber in einem ganz anderen Sinn, als Annetta es wohl erhoffte. Für ihn war ihr Versuch vergeblich, die Sache so hinzustellen, als füge sie sich nicht notgedrungen in die geschaffene Situation, sondern sei glücklich und wäre bereit, den einmal geschehenen Schritt ein zweites Mal und ganz bewußt zu tun. Nein, sie war gestrauchelt und handelte wie ein Mensch, der im Sturz bestrebt ist, eine möglichst elegante und würdevolle Haltung einzunehmen und es darum unterläßt, die Arme auszustrecken, um den Kopf vor dem Aufschlag zu schützen. Ihr Köpfchen, das sie stets so stolz und aufrecht getragen, schlug in der Tat auf sehr unangenehme Weise auf den Boden, und Annetta verzichtete darauf, es jemals wieder zu erheben. In diesem Brief, so schien es Alfonso, begann sie nun, sowie die Sprache der Sinne verstummte, jene Haltung einzunehmen, die ihr die Erkenntnis der Notwendigkeit auferlegte.

Jetzt erst begriff er, warum er sich, nach der Erreichung seines so lange angestrebten Zieles, nicht glücklich, sondern unruhig und unangenehm berührt fühlte. Nein, auf diese Weise wollte er nicht zu Reichtum kommen, wie bereit er auch gewesen wäre, ihn von Annetta entgegenzunehmen. Er hatte einst gehofft, dieses Ziel unter ganz anderen Umständen zu erreichen. Annetta hätte ihm offen und vorbehaltlos erklären müssen, daß sie ihn liebe und wisse, ihr Schicksal in keine besseren Hände legen zu können als in die seinen! Schon seit längerer Zeit hatte er freilich erkannt, daß keine Aussicht bestand, seinen Traum auf diese Weise zu verwirklichen, und wenn er dennoch weitergegangen war, so einzig und allein von seinen Sinnen angetrieben und nicht um anderer Zwecke willen. Annetta war schuldiger als er, denn die Entschuldigungen, die er für sich in Anspruch nahm, galten für sie nicht. Sie hatte vom Anfang bis zum Ende ausschließlich aus Sinnlichkeit und Eitelkeit gehandelt. Er hatte stets versucht, ihre gegenseitige Beziehung zu veredeln, durch das Wort wie durch die Tat, sie hingegen hatte seine Liebe geduldet, ohne zu zeigen, daß sie sie auch teile. So war es gekommen, daß Alfonsos Gefühle sich nach und nach denen Annettas anglichen: sie schwanden, wenn das Verlangen schwand. Und doch war Alfonso, mehr noch als durch seine Zweifel und Unsicherheiten, durch das Gefühl des Mitleids verwirrt, das Annetta in ihm erweckte. Sie war in ihrer lebenswichtigsten Stelle getroffen: in ihrem Stolz. Früher oder später würde sie darunter schwer leiden.

Noch nie hatte er sich in der Bank so unglücklich gefühlt wie an diesem Tag. Trotzdem arbeitete er nach der Lektüre von Annettas Brief rasch und gut, als wollte er Herrn Maller den Schaden vergüten, den er ihm durch seine üble Tat zugefügt hatte. Er traf ihn im Korridor und begrüßte ihn mit einer tiefen Verneigung, um guten Eindruck auf ihn zu machen. Am Nachmittag rief Santo ihn plötzlich zu Herrn Maller. Alfonso zuckte zusammen. Maller hatte höchst selten das Bedürfnis, mit ihm zu sprechen, und während Alfonso zu ihm ging, dachte er schon, Annetta habe vor der Zeit gesprochen und setze ihn unvorbereitet dem Zorn ihres Vaters aus. Aber es handelte sich um eine reine Büroangelegenheit. Alfonso war so verlegen, daß Herr Maller ihn neugierig betrachtete; sicherlich dachte er, daß die Literatur nicht geeignet sei, ihre Jünger lebensgewandter zu machen.

Dieser Schreck wurde für Alfonso zum Nährboden weiterer Träume. Er sah sich im Geiste zu Herrn Maller beordert, der die Tatsache, daß er seine Tochter Alfonso zur Frau geben mußte, weit schmerzlicher empfand als die Unehre, die ihr angetan worden war. Maller empfing ihn mit Vorwürfen und Beschimpfungen und wurde auch dann nicht sanfter, als Alfonso versicherte, daß der nun einmal nicht zu ändernde Tatbestand nicht unbedingt zu den Konsequenzen führen müsse, die Herr Maller für unvermeidlich hielt. Er, Alfonso, würde sich, wenn man es von ihm wünschte, sogleich zurückziehen, auf Annetta verzichten und das Geschehene als Geheimnis mit ins Grab nehmen. Aber ach, er konnte nur wenig tun, um die Wut des Herrn Maller zu besänftigen, dem Alfonsos Schuld ungeheuerlich erscheinen mußte. Man ließ Alfonso gar nicht die Möglichkeit, seine Auffassung geltend zu machen und eine erzwungene Einwilligung zur Heirat abzulehnen. Er mußte sich dem Willen der Leute unterwerfen, in deren Händen sein Schicksal lag.

Während des ganzen Tages empfand er das brennende Bedürfnis, sich irgend jemandem anzuvertrauen. Es kostete ihn große Mühe, Ballina gegenüber zu schweigen, in dessen Zimmer er den halben Tag zubrachte, um mit seinen Gedanken nicht allein zu sein. Es drängte ihn, die Meinung eines Menschen zu hören, der nicht gleich ihm – wie man ihm nachsagte – von utopischen Vorstellungen verblendet war. Möglicherweise dachte die Mehrheit der Menschen ganz anders als er. Er konnte zwar auf keinen Fall über die Situation, in die er geraten war und die ihm nicht zusagte, in Jubel ausbrechen, aber das Wort eines Freundes würde vielleicht sein Gewissen erleichtern.

Ballina gegenüber aber beherrschte sich Alfonso. White verließ am nächsten Tag die Bank, und zu ihm sprach er, indem er die Namen und die näheren Umstände verschwieg. Er erzählte ihm, daß ein ihm bekannter junger Mann einer weit reicheren jungen Dame den Hof gemacht habe, die von ihm lange nichts wissen wollte. Erst als sie sich ihm in einem Augenblick der Verwirrung der Gefühle hingegeben hatte, änderte sie durch den Zwang der Umstände ihre ablehnende Haltung. Nach vollbrachter Tat jedoch zögerte der junge Mann, aus seiner niedrigen Handlung Nutzen zu ziehen, denn er sah voraus, daß die Situation, in die er sich dadurch begeben würde, am Ende für ihn nicht glücklich ausgehen konnte.

White sah ihn mit seinem ruhigen Blick an, der sich auch angesichts fremder Not nicht zu trüben pflegte, und antwortete: «Man müßte nähere Details kennen. Wenn der junge Mann das Mädchen liebt, ist das Geschäft sicher gut; wenn nicht, dann ist es sehr schlecht.»

White hatte den Finger genau auf die Wunde gelegt. Das war das Dilemma, über das Alfonso sich schon seit dem Morgen das Hirn zermarterte. Nun, da es ihm von dritter Seite aufgezeigt wurde, konnte er nicht mehr darüber hinweggehen, ohne Stellung zu beziehen. Er hatte Annetta geliebt, aber er wußte nicht, ob er sie noch liebte. War irgend etwas vorgefallen, das seine Zuneigung zu ihr ertötet hatte? Nein. Dennoch liebte er sie nicht! Die Frage war für ihn gelöst, aber er wollte es White nicht sagen.

«Wenn er das Mädchen nicht liebt», fuhr White fort, «dann rate ich ihm, sich ohne jede Rücksicht allen Verpflichtungen zu entziehen, denn von einem solchen Geschäft ist abzuraten, immer und unter allen Umständen. Man würde es nicht glauben, aber es gibt auf dieser Welt noch Sachen, die man nicht verkaufen kann.»

Er sprach ernst und irgendwie erregt, aber Alfonso begriff, daß diese Erregung nicht durch das ihm vorgelegte Problem verursacht war. White war unaufmerksam. Man merkte, daß er seine Gedanken nicht ganz auf die Antwort konzentrierte, die er Alfonso gab.

Der Abschied von White war sehr herzlich. Alfonso befand sich in einem Zustand, der jederzeit in Rührung umschlagen konnte, und es genügte der geringste Anlaß, diese Rührung bis zu Tränen zu steigern. Es schien ganz, als ob auch der sonst so kühle White sich in einem ähnlichen Zustand befinde. White sagte, er wisse noch nicht genau, in welchen Hafen der Levante man ihn schicken wolle, jedenfalls aber sehr, sehr weit weg von hier. Während er das ‹Sehr› wiederholte, erstarb seine Stimme vor innerer Erregung.

Alfonso hatte nach Büroschluß noch eine halbe Stunde Zeit bis zum Stelldichein, und so begleitete er White nach Hause.

«Und Ihre Frau ...?» fragte er White und wies auf Whites Haus.

«Sie wird mich nicht begleiten, weil ... Sie will nicht.»

Er schnitt jede weitere Frage ab und wechselte das Gesprächsthema.

«Oh! In dieser Stadt hier bin ich viel glücklicher gewesen als in Paris, und es ist sehr schmerzhaft, sie verlassen zu müssen, um sich das tägliche Brot zu verdienen. Oh, das verfluchte Argent!» Das eingeworfene französische Wort verlieh seiner Verwünschung den Ausdruck spontaner Aufrichtigkeit. «Wenn Sie auf mich warten können, ich komme sofort wieder herunter, und wir können zusammen bis zum Bahnhof gehen, wo eine Familie wohnt, von der ich Abschied nehmen muß.»

Alfonso konnte nicht länger warten, er hatte gerade noch so viel Zeit, um, wie es sich gehörte, ein paar Minuten vor dem vereinbarten Termin beim Treffpunkt zu sein.

Die beiden Freunde schüttelten einander die Hand und sahen sich einen Augenblick lang in die Augen. Whites regelmäßiges Gesicht war sehr ernst, seine Brillengläser schienen hart an die Augen gedrückt. Dann entfernten sich beide raschen Schrittes. Alfonso ging dieser Abschied sehr zu Herzen. Zwei Menschen waren einander durch die Fügung des Zufalls nahegekommen, sie hatten einander kennen- und schätzengelernt und trennten sich nun auf Nimmerwiedersehen. Der endgültige Abschied von einer Sache oder von einem Menschen ist ja immer traurig.

Es begann zu dunkeln. Alfonso war von tiefer Traurigkeit erfüllt. Jetzt erst wurde ihm klar, was er durch das Abenteuer der vergangenen Nacht auf jeden Fall verlor. Und auch White reiste ab. Alfonso fühlte sich davon so berührt, als verließe ihn ein Mensch, der eine bedeutende Rolle in seinem Leben gespielt hatte. Er fühlte sich allein. Was konnte ihm das Leben noch bedeuten, wenn er vierundzwanzig Stunden nach Erreichung des Zieles, für das er gelebt hatte, erkennen mußte, daß dieses Ziel nicht das Glück eintrug?

Und doch begehrte er Annetta immer noch. Nun, da die Stunde des Wiedersehens herannahte, rief er in seinem Geist neuerdings ihre schöne Erscheinung hervor und studierte sie neugierig, um herauszubekommen, welchen Eindruck sie auf ihn mache. Ja, er verlangte nach ihr. Aber dieses Verlangen konnte doch nicht die Oberhand über seine ablehnenden Gefühle erlangen. Das erschien ihm als ein neuer Grund, seine Gefühle eingehend zu prüfen. Er haßte seine eigene niedrige Handlungsweise, und er rühmte sich dessen. Denn, so sagte er sich, obwohl er Annetta liebte und begehrte, empfand er doch keinen geringeren Widerwillen gegen die Art und Weise, wie er sich ihre Zuneigung erworben hatte. In seiner ganzen Niedergeschlagenheit wurde er von einem heftigen Mitleid für Annetta ergriffen; er sah ein, daß sie durch die Ereignisse, die ihn bedrückten, noch weit mehr verlor als er. Dieses Mitleid, so meinte er, war die Hauptursache seines Widerwillens gegen sich selbst.

Als er auf dem Platz anlangte, begann er zu laufen. Er fürchtete schon, zu spät zu kommen. Annetta war noch nicht da. Wie sie im Brief geschrieben hatte, wollte sie sich vor dem Schulgebäude einfinden, auf der dem Tribunal zugekehrten Seite. Auch an diesem Abend scheute er die indiskreten Blicke der Passanten und blieb daher nicht stehen, sondern legte zweimal langsamen Schrittes die kleine Steigung zurück. Als er im Begriffe war, die Steigung ein drittes Mal zu nehmen, hörte er seinen Namen rufen.

«Herr Alfonso!»

Es war Francesca, nicht Annetta. Sie kam ihm mit leicht gerötetem Gesicht entgegen und begrüßte ihn mit ihrer festen, gleichmäßigen Stimme, die, wenn man ihr länger zuhörte, etwas Maschinelles hatte.

«Dort oben», sie wies gegen die Villa Necker, «habe ich den Wagen. In ihm könnten wir in aller Ruhe miteinander reden, aber ich ziehe es vor zu gehen. In meiner Aufmachung bin ich ja ohnedies unkenntlich.»

Sie war es nicht, trotz des dichten Schleiers, der ihr Gesicht verbarg. Alfonso hätte, so meinte er, ihren zarten Körper mit seinen männlichen Bewegungen auch in dem schwarzen, in weichen Falten herabfallenden Kleid selbst aus der größten Entfernung gleich erkannt.

Es fiel ihm ein, daß er ja Enttäuschung zeigen müsse und fragte: «Und Annetta?»

Francesca ging mit kleinen raschen Schritten auf jene Erhebung zu, wo ihm schon einmal der Atem ausgeblieben war. Sie ging zwei Schritte vor ihm her, um vor den Passanten den Eindruck zu erwecken, sie befinde sich nicht in seiner Gesellschaft. Erst als sie am Tribunal vorbei war, blieb sie wartend stehen und antwortete auf seine Frage. Annetta konnte nicht kommen und ließ ihn um

Entschuldigung bitten: ausgerechnet zu der mit ihm vereinbarten Stunde hatte es sich ihr Vater unglückseligerweise in den Kopf gesetzt, die Zeit in ihrer Gesellschaft zu verbringen. Francesca übergab ihm ein Schreiben Annettas, ein paar Worte, die sie in letzter Minute und in aller Eile geschrieben hatte.

«Sie können es später lesen», sagte Francesca ungeduldig, als sie sah, daß er das Kuvert sogleich aufreißen wollte. «Ich weiß nicht, was Sie von mir denken», fuhr sie ohne Unterbrechung und ungeniert fort, «aber meine Vermittlerrolle ist mir aufgezwungen worden. Es ist alles, was ich noch zum Nutzen Annettas tun kann. Man muß so rasch wie möglich zu dem gewünschten Resultat kommen.»

Dieses gewünschte Resultat war offenbar die Heirat. Die umschreibende Art, mit der Francesca auf sie anspielte, war ganz überflüssig.

«Annetta sagt ...» setzte Francesca ihre Rede fort, und schon diesen einleitenden Worten war zu entnehmen, daß sie den Mitteilungen, mit denen sie beauftragt war, noch ihre eigenen Betrachtungen und Ratschläge folgen lassen werde. Es war völlig klar, daß Francesca die Worte, die sie ihm sagen wollte, wohl überlegt hatte, und wenn sie später Überraschung und Zweifel zeigte, so deshalb, weil Alfonsos Verhalten so ganz anders war, als sie voraussehen konnte.

Annetta wiederholte durch Francescas Mund nur, was sie ihm bereits geschrieben hatte. Sie wollte nicht, daß er sich Beleidigungen aussetze. Darum möge er für einige Tage die Stadt verlassen, damit er bei seiner Rückkehr alles schon geordnet vorfinde. Neu an diesen Mitteilungen war lediglich, daß sie bereits Gelegenheit gefunden hatte, mit Cellani zu sprechen, der ihm den verlangten Urlaub gewähren werde.

Francesca unterbrach sich. Alfonsos Schweigsamkeit

fiel ihr auf, und sie deutete sie in der ihr eigenen, raschen Art: «Auch Ihnen mißfällt dieser Plan?» Im Ton der Befriedigung fügte sie hinzu: «Ich habe es vorausgesehen!»

«Nein, er mißfällt mir nicht», sagte Alfonso zögernd. Was ihn im Augenblick am meisten bewegte, war die Befürchtung, Francesca könne merken, daß er der Angelegenheit nicht das nötige Interesse entgegenbrachte. So fragte er mit einer Stimme, der er einen schmerzlichen Klang zu geben versuchte: «Wird es für Fräulein Annetta sehr hart sein, all die Schritte zu tun, von denen sie mir geschrieben hat?»

«Warum?»

«Hören Sie einmal! Sie wird sich da böse Dinge sagen lassen müssen!»

Er ärgerte sich, denn nichts ist irritierender, als nicht gleich verstanden zu werden, wenn man heuchelt.

«Was kann Annetta schon daran gelegen sein, sich ein paar harte Worte anhören zu müssen, da es sich doch um eine Angelegenheit handelt, die für sie so ungeheuer wichtig ist – wenn auch, wie es scheint, nicht für Sie, Herr Alfonso.»

Francescas Stimme war wie geschaffen dazu, ironische Bemerkungen zu machen. Aber er merkte doch, daß sie weit davon entfernt war zu ahnen, wie sehr sie mit ihrem Vorwurf ins Schwarze getroffen hatte. Nichtsdestoweniger war er durch ihre Ironie verletzt.

«Sie können sich wohl vorstellen, wie wichtig mir die Sache ist. Aber es gefällt mir nicht, Fräulein Annetta allein und auch für mich kämpfen zu lassen!»

Sie sah ihn aufmerksam an.

«Sie wollen also nicht fahren?»

«Ich will gar nichts, aber es wird mir hoffentlich noch gestattet sein zu sagen, was mir gefällt und was mir nicht gefällt.»

Sie schien enttäuscht zu sein.

«So …? Hören Sie einmal zu, ich will offen sein. Ich sehe gar keinen Grund, warum Sie wegfahren sollten. Annetta ist der Herr im Hause, und schon bei ihrem ersten Wort wird sich, wenn sie es auf die richtige Art sagt, niemand widersetzen. Es sind also gar keine wilden Szenen zu befürchten, weder für Annetta noch für Sie.» Als sie ihn zweifelnd und überrascht sah, fuhr sie fort: «Ich weiß nicht, wie ich mir in so kurzer Zeit Ihr Vertrauen verdienen soll, aber ich brauche es unbedingt. Sie sind im Begriff, eine Dummheit zu begehen, und ich will das verhindern. Hören Sie mir also gut zu und folgen Sie meinem Rat: fahren Sie nicht.»

Sie habe ihn lieb, sagte sie, sie denke immer noch mit Rührung an das Dorf zurück, an das Jahr, das sie dort verbracht, an seine Mutter, die sie in ihr Herz geschlossen hatte. Sie sagte dies alles mit ihrer dünnen Stimme, die sanft klang, aber doch zugleich unbewegt und kalt. Diese Stimme konnte sich nicht verstellen. «Haben Sie also Vertrauen zu mir, reisen Sie nicht!» Sie redete immer weiter. Als sie erfahren habe, daß Annetta ihn liebe, sei sie nur deshalb nicht beunruhigt gewesen, weil es sich um ihn handelte; hätte sich aber Annetta einem anderen in dieser Weise hingegeben, dann wäre sie ihr Leben lang untröstlich gewesen. Das alles habe nur passieren können, weil sie, Francesca, einen Fehler begangen und nicht den Mut aufgebracht habe, Maller gleich in Bewegung zu setzen, damit er dieser Liebelei, deren Anfänge ihr nicht entgangen waren, ein Ende bereite. «Ja, ich habe einen Fehler begangen, aber wenn mein Fehler Ihre Heirat mit Annetta zur Folge hat, dann habe ich wenig zu bereuen. Dann werde ich für meinen Fehler geradezu belohnt.»

Sie waren die steile Straße wieder zurückgegangen. Mehr als auf den Weg zu achten, waren sie damit beschäftigt gewesen, einander zu beobachten. Fast instinktiv wollte Alfonso den Platz überqueren, denn geradeaus hätte der Weg sie in eine sehr belebte Straße geführt. Sie zog ihn zurück: «Mein Wagen wartet dort oben!»

«Aber warum soll ich denn gegen den ausgesprochenen Willen Annettas handeln?»

«Sie haben doch eben selbst gesagt, daß es Kavalierspflicht ist, den Posten nicht ohne weiteres zu verlassen.» Sie führte ein Argument ins Treffen, das sie kurz vorher allzu leichtfertig entkräftet hatte. «Außerdem wäre es wenig klug.»

Kurz, sie riet ihm, deshalb zu bleiben, damit die Heirat, die sie, wie sie eben bekannt hatte, lebhaft herbeiwünschte, nicht in Frage gestellt werde. Wieder einmal griff sie mit einem Rat ein, wurde sie seine Komplicin, schlimmer noch: zur Anstifterin seiner Handlungen. Er war wie vom Blitz gerührt.

«Ich werde mich niemals dem Willen von Fräulein Annetta widersetzen. Ich werde ihre Anordnungen und Wünsche mit größter Gewissenhaftigkeit befolgen.»

Er sprach im Ton eines Menschen, der sich in keine weiteren Diskussionen oder Begründungen einlassen will. Er hatte einen Entschluß gefaßt und kümmerte sich nicht weiter darum, welche Folgen sein blinder Gehorsam haben konnte.

Sie sah ihn erstaunt an, unsicher, ob sie richtig gehört habe. Dann begann sie wieder zu reden, und zum erstenmal vernahm Alfonso Erregung in ihrer Stimme. Sie klang weiterhin dünn, aber wie von einem Angstschrei zerrissen. Sie hatte alle Sanftheit verloren.

«Aber Sie setzen doch, wenn Sie Annettas Rat befolgen, das Glück, das Sie schon in der Tasche zu haben glauben, den allergrößten Gefahren aus! Was meinen Sie denn, was das für eine Liebe ist, die Sie in Annetta erweckt haben? Halten Sie Annetta vielleicht für eines jener Edelfräulein aus dem Märchen, deren Liebe allen Widerständen trotzte und in alle Ewigkeit dauerte?» Sie lachte gezwungen. «Sie getrauen sich wirklich, Annetta den Vorhaltungen ihres Vaters und ihrer Verwandten allein auszusetzen? Fahren Sie nur, da Sie es unbedingt wollen. Und sei es nur für acht Tage. Wenn Sie zurückkehren, werden Sie wieder der untergeordnete Beamte des Bankhauses Maller sein, und Annetta wird sich nicht einmal mehr erinnern, Sie je gekannt zu haben.» Die Worte waren ihr in einem einzigen Atemzug, wie ein Schrei über die Lippen gekommen. Etwas ruhiger setzte sie hinzu: «Ich kenne die Mallers. Glauben Sie wirklich, daß Annetta, wenn man ihr wieder all das vor Augen führt, was sie heute, und nur heute vergessen hat, glauben Sie wirklich, daß sie Ihnen da noch treu bleiben wird?»

«Ich glaube es!» sagte Alfonso ruhig.

An diese Möglichkeit einer Lösung hatte er während des ganzen langen Tages nicht gedacht, nun aber, da Francesca auf sie hinwies, erkannte er sofort, daß sie die wahrscheinlichste und zugleich die glücklichste war. Man konnte für sicher halten, daß in Annetta der Ehrgeiz, den sie für kurze Zeit vergessen hatte, bald wieder seinen alten Platz einnehmen würde. Es war eine glückliche Lösung, denn während er schon gefürchtet hatte, die Rolle des Verräters spielen zu müssen, wurde er plötzlich zum Verratenen, und es blieb ihm nichts anderes zu tun, als großmütig zu verzeihen, was leicht und angenehm war.

«Dann ist für Sie alles verloren!» sagte Francesca. Ihre Stimme wurde für einen Augenblick wieder ruhig, was den Ernst ihrer Worte unterstreichen sollte. «Ich verstehe die Gründe Ihrer Handlungsweise nicht und will sie auch nicht verstehen. Aber wenn Sie die Stadt auch nur für wenige Tage verlassen, werden Sie Annetta nie wiedersehen.»

«Ich muß fahren, wenn Annetta es so will.»

«Was ich gesagt habe, ist absolut einleuchtend. Ich kann also nur annehmen, daß Ihnen entweder an Annetta nichts liegt oder daß Sie plötzlich den klaren Verstand verloren haben.»

Sie sprach drauflos, ohne viel zu überlegen. Alfonso merkte es, hielt es aber trotzdem für richtig, auf ihre Worte zu antworten, die ihn tief trafen.

«An Annetta liegt mir soviel wie an meinem Augenlicht.» Er war äußerst befriedigt von dieser Phrase. «Aber ich will mir ihre Liebe nicht wie ein Räuber nehmen. Ich will, daß sie mir spontan entgegengebracht wird.» Gleich darauf gelang es ihm, den richtigen Tonfall und die richtigen Worte zu finden: «Ich wüßte nicht, was ich mit einer Liebe anfangen soll, die nach acht Tagen zu Ende ist. Nun, da Sie Zweifel in mir geweckt haben, würde ich, wenn Annetta dies nicht schon getan hätte, selbst die Reise vorschlagen.»

Francesca lachte verächtlich.

«Sie haben da eine sehr schöne Floskel gefunden, um Ihre Kälte für Würde auszugeben.»

Auch das stimmte. Sie hatte zufälligerweise gemerkt, welche ihrer Worte ihn am tiefsten getroffen hatten. Sie wiederholte sie nun blindwütig, um sich zumindest die Befriedigung zu verschaffen, ihn zu verletzen.

Er blieb unverändert ruhig. Nur einmal geriet er in Erregung. Müde der Diskussion, in der immer nur die gleichen Worte wiederkehrten, beging er den Fehler, zu erklären, es sei nutzlos, weiter zu reden, denn selbst wenn er sich entschlösse, nicht zu fahren, müßte er erst stichhaltige Gründe finden, um Annetta zu überzeugen. Francesca nannte ihm in einem Atemzug ein Dutzend solcher Gründe. Alfonso regte sich deshalb so auf, weil er plötzlich in seinem Geiste die Möglichkeit auftauchen sah, man könnte ihn zum Bleiben zwingen. Er erkannte sogleich den Fehler, den er begangen, und gab sich nicht weiter damit ab, Francescas Vorschläge zu widerlegen. Mit einer Starrheit, die, wie er sich selbst sagte, sonst nur einfallslosen

Menschen oder Bauern eigen ist, beschränkte er sich darauf, immer wieder zu erklären, er werde einfach Annettas Willen folgen, ohne weiter nachzuforschen, ob dieser Wille sinnvoll sei oder nicht. Er wolle eine Liebesheirat schließen. Um seine Rede in die Länge zu ziehen, wiederholte er sich dauernd: Ja, er wolle eine Liebesheirat schließen und nicht mit der Umsicht eines Menschen vorgehen, der ein materielles Interesse verfolgt.

Francesca ging nun wieder zwei Schritte vor ihm her. Sie schien darauf verzichtet zu haben, ihn zu überzeugen. Plötzlich verlangsamte sie ihren Schritt. Ihr war plötzlich der Verdacht gekommen, Alfonso traue ihr nicht genug. Diese Vermutung entbehrte jeder Grundlage, aber die schmerzliche Enttäuschung, von ihm gehen zu müssen, ohne das erreicht zu haben, was ihr anfangs so leicht erschienen war, brachte sie aus der Fassung. Sie handelte ohne Überlegung, folgte ihrem ersten Impuls.

Sie erklärte ihm, warum sie an seinem Schicksal so lebhaften Anteil nahm. Ihre Stimme klang zwar ruhig, aber dahinter mußte sich doch eine große Erregung verbergen, die sie zu diesem Geständnis veranlaßte.

«Es ist ja richtig, daß ich Sie und Ihre Familie gern mag.» Der kalte Ton, mit dem sie begann, gab diesem Satz einen ironischen Klang. «Aber nicht nur diese Zuneigung hat mich zu meinem Schritt veranlaßt. Ihre Heirat mit Annetta würde Folgen haben, von denen auch das Glück meines Lebens abhängt. Begreifen Sie jetzt? Zweifeln Sie immer noch an der Ehrlichkeit meiner Ratschläge?»

Er zweifelte nicht, er begriff. In der Ekstase der vergangenen Nacht hatte ihm Annetta gestanden, daß sie es war, die sich Mallers Heirat mit Francesca widersetzte; gleichzeitig aber hatte sie ihm zu verstehen gegeben, daß sie, wenn sie Alfonso als Gatten akzeptierte, diesen Widerstand aufgeben mußte. Francesca hatte also alles Interesse, daß Alfonsos Heirat zustande kam. Ihre Wut war begreiflich. Schon so nahe am Ziel, kam ihr plötzlich etwas Neues, Unvorhergesehenes, völlig Widersinniges in die Quere, das ihren Sieg in Frage stellte.

Alfonso war von Francescas Beichte so tief erschüttert, daß er noch einmal die Methode seiner Verteidigung änderte: Er versuchte Francesca zu überzeugen, daß seine Abreise keine so große Gefahr für seine Beziehung zu Annetta bedeuten könne. Annetta liebe ihn, sie habe ihm dies in allen Tonarten gesagt, sie habe es ihm auch bewiesen. Warum sollte er sie beleidigen, indem er an der Aufrichtigkeit ihrer Gefühle zweifelte?

Zum erstenmal gab Francesca den Kampf auf. Sie ging, während der Kutscher bereits den Wagenschlag öffnete, noch etwa zehn Schritte weiter. Sie gab auf Alfonsos lange Reden keine Antwort, vielleicht hörte sie ihm nicht einmal zu. Plötzlich sah sie ihn an, indem sie mit einer raschen Bewegung den Kopf hob: «Entweder lieben Sie Annetta nicht, oder Sie haben eine lächerliche Angst vor ihrem Vater.» Er hielt es für vornehm, darauf nicht zu antworten.

Als sie zum Wagen zurückging, murmelte sie: «So etwas ist noch nicht dagewesen.» Bevor sie sich von ihm trennte, wandte sie sich ihm zu, reichte ihm ihre kalte kleine Hand, die er herzlich drückte, um so seine Freundschaft, die er anders nicht hatte zeigen können, zu beweisen, und sagte: «Trotzdem bin ich verpflichtet, das möglichste zu tun, um Sie vor einem Unglück zu bewahren, das Sie, wie ich jetzt sehe, verdienen. Es tut mir leid.»

Sie sprang in den Wagen und half dem Kutscher, der zögerte, den Wagenschlag schließen.

Endlich war er frei. Niemand versuchte mehr, ihn von seinem Entschluß abzubringen. Er würde abreisen, obwohl er wußte, daß er mit diesem Schritt auf Annetta verzichtete. Francesca hatte ihn überzeugt: die Abreise war gleichbedeutend mit Verzicht. Er fühlte sich ruhig und glücklich. Wenn sich Francescas Prophezeiung verwirklichte, dann war er von jeder Verpflichtung und von jeder Reue befreit. Sie hatte gesagt, er würde, wenn Annetta ihn fallenließ, wieder ein armseliger Beamter des Bankhauses Maller werden. Nein! Er würde eine noch weit überlegenere Stellung einnehmen als selbst die, die Annetta ihm verschaffen wollte. Gerade sein Verzicht war der Beweis seiner Überlegenheit.

Am nächsten Tag fühlte er sich in der Bank weit wohler. Er arbeitete gern, denn nun wußte er, daß nichts Unerwartetes eintreten konnte. Er fühlte sich ruhig und von den Ängsten erlöst, die ihn am Tage vorher gequält hatten. Er wunderte sich, als er daran dachte, daß er das Bedürfnis empfunden hatte, sich jemandem anzuvertrauen, Rat und Stütze zu suchen. Nun verschloß er sein Geheimnis tief in sich, das Ganze erschien ihm wie eine interessante Episode seines Lebens.

Cellani war es, der mit ihm reden mußte, nicht er mit Cellani. So fürchtete er auch diese Unterredung nicht. Als er bis zur Mittagszeit nicht gerufen wurde, fürchtete er nur eines, daß es nämlich Francesca, die ihn nicht hatte überreden können, inzwischen gelungen war, Annetta zu überreden, es sei besser, ihn nicht wegreisen zu lassen. Er befand sich ja in den Händen dieser beiden Frauen und sah sich schon den verdienten Vorwürfen Mallers ausgesetzt und zugleich, was noch schlimmer war, dem Zwang unterworfen, die Rolle des glühenden Liebhabers zu spielen.

Zu Mittag kam der kleine Giacomo und meldete ihm, daß der Prokurist in seinem Zimmer auf ihn warte. Alfonso geriet ein wenig aus seinem Gleichgewicht, denn er hatte sich schon darauf eingestellt, nicht gerufen zu werden, und alle unerwarteten Dinge versetzten ihn stets in Unruhe.

Herr Cellani war allein. Sein Tisch war von Papieren gesäubert. Auf diesen Tisch kamen all die unzähligen Dokumente der Bank und wurden erst weitergeleitet, wenn sie Cellanis Unterschrift trugen. Schon die bloße Aufgabe, alle Briefe, die kamen und abgingen, zu lesen, mußte eine ungeheure Arbeit sein.

Cellani war ein Mensch, der leicht in Verlegenheit geriet. Alfonso sprach mit ihm daher unbefangener als mit Maller. Zuerst fragte ihn der Prokurist, wie es ihm gehe, dann machte er, indem er die Worte wie immer etwas mühsam hervorbrachte, die witzige Bemerkung, er pflege sonst Urlaube nur dann zu gewähren, wenn man ihn um sie bitte, nun befinde er sich zum erstenmal in der Lage, einen Urlaub anbieten zu müssen.

Da Cellani die Angelegenheit leichthin behandelte, war er offenbar nicht über die Hintergründe der Angelegenheit informiert. Alfonso fühlte sich so ruhig, daß er selbst witzig wurde und dem Prokuristen aus seiner Verlegenheit half: «Ich bitte Sie um den Urlaub, den Sie mir nicht anbieten können.»

«Bewilligt!» sagte Cellani lachend. «Ich weiß nicht genau, um was es sich handelt. Fräulein Francesca scheint viel daran gelegen zu sein, und ein wenig auch Fräulein Annetta, die mich gebeten hat, Sie sofort abreisen zu lassen. Ich bin sicher, daß Sie diesen Urlaub nicht mißbrauchen und daß ich Sie in vierzehn Tagen wieder hier erblikken werde.» Er bat ihn noch, Sanneo zu informieren und sich mit ihm wegen der Arbeit zu verständigen. Vielleicht würde es nötig sein, daß Alfonso an diesem Tag etwas länger als gewöhnlich arbeite. «Und wenn Herr Maller Sie fragen sollte, warum Sie um Urlaub angesucht haben, dann geben Sie ihm irgendeinen stichhaltigen Grund an. Sagen Sie zum Beispiel, daß Ihre Mutter schwer erkrankt ist. Das wird ihr bestimmt nicht schaden.» Dann verabschiedete er sich sehr herzlich von ihm. «Unterhalten Sie sich gut und auf Wiedersehen.»

Sanneo war in seine Arbeit vertieft. Er saß über ein Blatt gebeugt, das er mit seinen großen Schriftzügen bedeckte, wobei er die Worte, die er schrieb, vor sich hinmurmelte. Alfonso trat ein und wartete respektvoll.

«Sprechen Sie nur!» sagte Sanneo, ohne den Kopf zu heben.

Alfonso begann, indem er bedenkenlos sagte, daß seine Mutter erkrankt sei und Herr Cellani ihm einen vierzehntägigen Urlaub bewilligt habe. Er bemerkte aber, daß Sanneo erbittert fortfuhr zu schreiben und vor sich hinzumurmeln; es schien sich um einen Streitfall zu handeln, und in seinem Eifer, in seinem Zorn, mit dem er die Interessen des Bankhauses Maller & Co. verfocht, hatte er offenbar nichts von dem gehört, was Alfonso ihm sagte. Der wurde ungeduldig und schloß seine Rede mit erhobener Stimme: «Ich fahre morgen.»

«Wie, wie?» fragte Sanneo überrascht und hob endlich den Kopf. «Sie fahren?»

Alfonso wiederholte das bereits Gesagte. Sanneo machte einen verärgerten Eindruck. Nun widmete er dem Fall seine volle Aufmerksamkeit, er legte sogar die Feder zur Seite, um sich von seinem bisher verfolgten Gedankengang ganz zu lösen. Erst am Tage vorher hatte er Alfonso eine neue Arbeit zugewiesen. Es handelte sich darum, gewisse Abrechnungen der Liquidationsabteilung zu skontrieren. Diese Arbeit hatte Sanneo nach dem Ausscheiden Micenis aus der Korrespondenz bisher selbst versehen, und ihretwegen mußte er alle zwei Wochen seine Tätigkeit in der Bank um ein paar Stunden verlängern. Nachdem er sich entschlossen hatte, sie auf Alfonso abzuwälzen, erschrak er jetzt, als er sie wieder sich selber zufallen sah. Es hatte ihn große Mühe gekostet, Alfonso diese Arbeit zu erklären, nur war die Mühe vergeblich gewesen.

«Wenn Herr Cellani Ihnen den Urlaub bewilligt hat –» gerne hätte er diese Tatsache angezweifelt –, «dann sind Sie natürlich berechtigt zu fahren. Haben Sie denn ein Telegramm erhalten?»

«Ja», antwortete Alfonso. Es war ihm lästig, auf Einzelheiten eingehen zu müssen.

«Oh, dann ist nichts dagegen einzuwenden», meinte Sanneo. «Obwohl ich in solchen Fällen nicht gleich abreisen, sondern erst auf die Bestätigung der Nachricht warten würde, denn es kommt oft vor, daß die Verwandten die Dinge kritischer sehen, als sie sind.»

Da Alfonso auf diesen verschleierten Vorschlag nichts antwortete, wurde Sanneo plötzlich sehr freundlich und verabschiedete sich herzlich von ihm. Er wünschte ihm, daß er seine Mutter wohlauf vorfinde. Es lag ihm daran, den schlechten Eindruck zu verwischen, den seine anfänglichen Bedenken hervorgerufen haben mochten, und er fügte lachend hinzu: «Selbst wenn Sie Ihre Mutter bei bester Gesundheit antreffen sollten, lassen Sie sich doch keinen einzigen Tag Ihres Urlaubs entgehen. Also, auf Wiedersehen in zwei Wochen.»

Maller war nicht mehr im Büro, und Alfonso mußte am Nachmittag wiederkommen, um sich von ihm zu verabschieden. Er traf ihn allein in seinem Zimmer an. Auch Herr Maller war in Arbeit vertieft, er machte Notizen in seinem Taschenbuch. Alfonso war schon dabei, die Lüge vorzubringen, die Cellani ihm nahegelegt hatte, Maller aber unterbrach ihn.

«Gute Reise, Herr Nitti, gute Reise!»

Alfonso ging, nachdem er sich verneigt hatte. Er fühlte sich unbehaglich. Obwohl ihm im Augenblick wenig an Mallers Sympathien lag und obwohl er, ganz im Gegenteil, damit rechnete, daß Mallers entschiedener Widerstand ihn von seinen Verpflichtungen Annetta gegenüber befreien würde, störte ihn doch die kalte Art, mit der er ihn behandelt hatte.

Die einzigen Beamten, von denen er sich, außer den Kollegen in der Korrespondenz, verabschiedete, waren Miceni und Starringer, der Expediteur. Er begrüßte auch

Marlucci, aber nur, weil der sich gerade in Micenis Zimmer befand. Der Toskaner reagierte sehr kühl, denn er erriet, daß er Alfonsos Gruß nur dem Zufall verdankte.

Am herzlichsten benahm sich Miceni. Starringer erkundigte sich nach sämtlichen Einzelheiten, nach der Art der Krankheit, an der Alfonsos Mutter litt, nach dem Zeitpunkt ihrer Erkrankung, und wie es möglich gewesen sei, daß Alfonso früher nichts davon gewußt habe. Schließlich sagte er, und zeigte damit, daß er außerstande war, sich in die Lage eines Sohnes zu versetzen, der eben die Nachricht von der gefährlichen Krankheit seiner Mutter erhalten hat: «Sie Glücklicher, Sie können nach Hause fahren.» Ein Schatten der Trauer glitt über sein breites Gesicht. Ach, er dachte nur an sich selber, an den Urlaub, den er einen Monat zuvor genossen und der ihm nun das Recht nahm, um einen neuerlichen Urlaub anzusuchen, ehe zwei weitere Jahre verstrichen waren.

Was Ballina betraf, so reagierte der, nachdem er Alfonso überaus herzlich bedauert hatte, mit einer zweifelnden Frage: «Hat Ihnen Herr Maller auch einen Vorschuß auf die Reisespesen gegeben?»

Miceni, der, wie man gleich sah, in den weltmännischen Umgangsformen weit besser bewandert war, verhielt sich sehr ernst und wünschte ihm, er möge seine Mutter in guter Gesundheit vorfinden. Er sagte auch, Alfonso brauche sich nicht der Mühe zu unterziehen, von allen übrigen Beamten Abschied zu nehmen, er selbst wolle ihn bei ihnen entschuldigen. Ihm berichtete Alfonso von dem kalten Empfang, den Maller ihm bereitet hatte. Miceni war in der Lage, ihn zu beruhigen und ihm den Grund der schlechten Laune des Prinzipals zu verraten.

«Er hat große Sorgen. Gerade jetzt ist er von einem Familienunglück betroffen – eine unangenehme finanzielle Geschichte.»

Es handelte sich um die Geistesgestörtheit Fumigis und

um den unmittelbar bevorstehenden Zusammenbruch seiner Firma. Aus verwandtschaftlicher Verbundenheit seinem Neffen gegenüber habe Herr Maller die Liquidation der Firma übernommen und sei erst nachträglich darauf gekommen, daß sie infolge verfehlter Spekulationen, in die sich Fumigi während der letzten zwei Monate eingelassen hatte, schwer passiv war. Diese finanzielle Katastrophe, so versicherte Miceni, sei durch die Trübung von Fumigis Geisteskräften verursacht worden. Was die Geisteskrankheit selbst betraf, so nahm er an, daß sie auf Fumigis Arbeitswut zurückzuführen war. «Ich weiß, daß er in diesem Sommer täglich zehn Stunden im Büro gearbeitet und dann noch zu Hause viele Stunden über gewissen mathematischen Problemen verbracht hat. Sein schwacher Organismus hat dieser Überbelastung nicht standgehalten.»

Alfonso glaubte die Ursache dieser Krankheit besser zu kennen. Sie war sicherlich eine Folge der Kränkung über die Abfuhr, die Fumigi von Annetta erhalten hatte. Wäre Fumigi das gleiche Glück zuteil geworden wie ihm, Alfonso, er hätte es wohl weit besser zu schätzen gewußt. Wieder einmal empfand Alfonso Gewissensbisse, weil er mit seinem Glück nichts anzufangen wußte.

Es war ihm höchst lästig, nach einer geeigneten Lüge zu suchen, um den Lanuccis seine plötzliche Abreise zu erklären. Die Geschichte mit der Krankheit seiner Mutter wollte er nicht vorbringen, denn man hätte ihn sonst nach allen Einzelheiten gefragt.

«Ich verreise!» sagte er zu Frau Lanucci, die mit ihrem Mann bei Tische saß. Lucia war um die Mittagszeit jetzt immer mit Gralli unterwegs.

«Wie lange werden Sie fortbleiben?» fragte der alte Herr Lanucci und hob höchst erschrocken seine Nase vom Teller.

«Vierzehn Tage», antwortete Alfonso rasch, um ihn zu beruhigen. Er begriff den Schreck des Herrn Lanucci. «Ich reise aus geschäftlichen Gründen ...» Er hatte sich noch nicht für eine bestimmte Begründung entschieden. Mehrere standen ihm zur Wahl, aber keine erschien ihm überzeugend genug, um sogleich geglaubt zu werden. Da erinnerte er sich, daß seine Mutter ihm vor sehr langer Zeit geschrieben hatte, sie wolle ihr Haus verkaufen. «Wir verkaufen unser Haus. Es ist für meine Mutter allein zu groß, auch liegt es zu sehr außerhalb des Dorfes.»

Herr Lanucci unterbrach noch einmal das Essen, richtete sich die Brille gerade, ein sicheres Zeichen, daß er von Geschäften reden würde:

«Und deswegen verreisen Sie? Unterbrechen Ihre Arbeit für vierzehn Tage, und wer weiß, ob die genügen werden?»

Alfonso entgegnete, daß Herr Maller ihm den Urlaub bereitwillig gewährt habe und daß er selbst dadurch keine Einbußen erleide. Herr Lanucci aber gab sich nicht so bald besiegt. Ganz allein, sagte er tadelnd, wolle Alfonso ein Geschäft von so großer Bedeutung in Angriff nehmen? Er sei noch viel zu jung, um Verhandlungen dieser Art führen zu können.

«Der Notar Mascotti wird mir behilflich sein», antwortete Alfonso trocken.

Zu den vielen Beschäftigungen, denen Herr Lanucci nachging, zählte auch die eines Häusermaklers. Er machte daher Alfonso den Vorschlag, er möge dableiben, ihm eine genaue Beschreibung des Hauses geben und den Preis nennen, den er erzielen wolle. Er, Lanucci, würde sich darum kümmern, in der Stadt einen Käufer zu finden.

Alfonso lehnte ab. Er mußte bei dem Gedanken lachen, daß er noch gezwungen sein könnte, ganz gegen seine Absicht das Haus zu verkaufen und damit immer noch nicht seine Abreise begründet zu haben.

Am Abend half Frau Lanucci ihm, die Sachen vorzubereiten, die er auf die Reise mitnehmen wollte. Auch während dieser Tätigkeit, während sie mit den Wäschestücken in der Hand im Zimmer umherging und sich dann, lange über den Koffer gebeugt, damit abplagte, ihn zu schließen, redete sie in einem fort von dem Glück, das Lucia erwarte. An diesem Tag war Gralli sogar dreimal bei den Lanuccis erschienen, einmal nur für wenige Minuten, da seine Arbeit ihm keine längere Abwesenheit gestattete. Er war fast eine Stunde zu Fuß gegangen, um wenigstens für kurze Zeit seine geliebte Lucia von Angesicht zu sehen. Jetzt saßen die beiden nebenan im Speisezimmer und plauderten miteinander. «Worüber wohl?» fragte Frau Lanucci und hob den Blick vom Kofferschlüssel, den sie immer wieder im Schloß herumzudrehen versuchte. Indem sie sich mit ihrem ganzen Gewicht auf den Koffer warf, fügte sie lachend hinzu: «Sie plaudern über etwas, von dem ich nichts mehr weiß und von dem Sie noch nichts wissen.»

Bevor er zu Bett ging, sah Alfonso ins Speisezimmer hinüber. Lucia lag halb ausgestreckt auf dem Sofa, Gralli saß neben ihr mit überkreuzten Beinen auf dem Boden und starrte sie bewundernd an. Lucia änderte, auch als sie Alfonso erblickte, ihre Stellung nicht, Gralli hingegen zwang seine sehnige Zwergengestalt auf die Beine.

«Sie verreisen morgen? Gute Fahrt!» sagte Lucia und reichte ihm, ohne sich zu rühren, mit einer damenhaften Bewegung die Hand.

Seitdem sie verlobt war, kannte sie keine Scham mehr, denn so hatte sie es gelernt, Alfonso gegenüber aber war sie aus eigenen Stücken respektlos. Lange Zeit war sie ihm gegenüber die Unterlegene gewesen, zuerst hatte sie seine Grobheiten erdulden und dann noch darauf verzichten müssen, dafür Revanche zu nehmen; jetzt aber wollte sie ihn fühlen lassen, daß sie unabhängig von ihm war, nichts von ihm erwartete und ihn nicht liebte. Sie übertrieb ihre Unhöflichkeit in der bewußten Absicht, alle Erinnerung an ihr früheres Benehmen auszulöschen, aus dem er hätte schließen können, sie liebe ihn. Alfonso hatte so viele andere Dinge im Kopf, daß er bisher Lucias Anstrengungen, ihn zu verletzen, gar nicht bemerkt hatte. An diesem Abend aber konnte er ihre Kälte nicht übersehen. Er sagte sich, daß sie recht habe.

Um Punkt zehn Uhr kam Santo und brachte einen weiteren Brief Annettas. Darin teilte Annetta ihm mit, Francesca habe Zweifel in ihr aufkommen lassen, ob seine Abreise zweckmäßig sei. Sie stelle es ihm anheim, nach eigenem Gutdünken zu handeln. Ihr Wunsch sei es jedenfalls weiterhin, ihn keinen Beleidigungen auszusetzen. Sie wisse auch nicht recht, wie es für ihn noch möglich sei zu bleiben, nachdem er bereits den Urlaub von der Bank erhalten habe. Sollte er reisen, dann grüße sie ihn und bedauere es tief, daß sie ihn vorher nicht habe sehen können.

Die Antwort kostete ihn keine Überlegung. Er wollte reisen, und die Zweifel, die Francesca in Annetta erweckt, schienen ihm keiner Beachtung wert. Annetta selbst war ja offenbar weiterhin der Auffassung, daß er reisen solle!

Er schrieb die Antwort, während Santo sich vom Tisch nicht fortrührte. Alfonso zwang sein Gesicht zu einem ruhigen Ausdruck, um in Santo nicht den Verdacht aufkommen zu lassen, es handle sich um etwas anderes als um die Bestätigung eines erhaltenen Auftrages. Er mußte das Briefpapier mit einem zweiten Blatt zudecken, da er bemerkte, daß Santo sich in aller Gelassenheit auf die Zehenspitzen erhob und, über seine Schultern blickend, mitlas. Als Santo sich ertappt sah, war er in keiner Weise verlegen, sondern setzte sich lachend nieder.

«Ich habe in den Brief gar nicht hineingeschaut.»

Ohne Bedenken begann Alfonso seinen Brief mit der Anrede: «Meine geliebte Braut!» Dann schrieb er: «Ich reise!» Das klang wie der Entschluß zu einem Opfer. Er reise, obwohl ihn angesichts des Lohnes, der ihm winke, kein wie immer gearteter Zornesausbruch des Vaters beleidigen könne, des Vaters, «der mich mit Recht haßt». (Er ahnte gar nicht, welche Gleichgültigkeit der Gefühle diese objektive Feststellung verriet.) Er reise, weil er nicht wünsche, daß unter diesen Zornesausbrüchen auch die Frau leide, um derentwillen er bereit gewesen wäre, sie zu ertragen.

Die paar Phrasen schienen ihm recht gelungen zu sein. Als er aber Annettas Brief noch einmal durchlas, entdeckte er, daß er es ganz einfach unterlassen hatte, ihn zu beantworten. Tatsächlich teilte Annetta ihm mit, daß sie es seinem Ermessen anheimstelle, abzureisen oder nicht, und er erwiderte, daß er zu seinem Leidwesen reise, weil sie es so angeordnet habe. Er fand, daß er eigentlich verpflichtet gewesen wäre, mit größerer Präzision und Geschicklichkeit zu antworten. Sein Schreiben mußte ihn ja entweder als begriffsstutzig oder, trotz der melodramatischen Phrasen, als gleichgültig erscheinen lassen. So wie es abgefaßt war, hatte es gar keinen Sinn oder verfehlte seinen Zweck. Wenn Annetta noch daran lag, seine Briefe genau zu lesen, würde sie mit ihrer Intelligenz ohne weiteres bemerken, daß Alfonso heuchelte und sich nicht einmal die Mühe nahm, geschickt zu heucheln. Dies hätte ihm höchst unangenehm sein müssen, denn er versuchte ja, als der Betrogene dazustehen, und er hoffte auch, daß ihm dies gelungen sei. Seine Gleichgültigkeit aber war so groß, daß er sich ohne weiteres damit tröstete, Annetta würde sich wohl nicht lange damit abgeben, seine Zeilen zu analysieren.

Der alte Lanucci weckte ihn. Er wollte ihn zum Bahnhof begleiten. Herr Lanucci stand immer so frühzeitig auf, und selbst von den Stunden, die er im Bett verbrachte, schlief er, wie er versicherte, nur einen sehr geringen Teil.

Es mußte jetzt ungefähr die gleiche Stunde sein wie zwei Nächte zuvor, als er aus Annettas Zimmer getreten war. Die trübe Morgendämmerung, die einsamen Gassen, in denen ihre Schritte widerhallten, erinnerten ihn an seinen damaligen Heimweg, da er weniger über das Abenteuer, das er erlebt, als über seine eigenen seltsamen Gefühlsreaktionen überrascht gewesen war. Es war nur richtig, daß die jetzige Wanderung an seine damalige gemahnte: sie war die Folge der ersten. Der Himmel versprach keinen schönen Tag. Eine schwarze Wolke lastete auf der Stadt, und in der lauen Luft war der Scirocco zu spüren.

Der alte Lanucci fuhr fort, ihm Ratschläge zu erteilen, wie er sich beim Verkauf des Hauses zu verhalten habe. Zuerst müsse Alfonso so tun, als sei ihm die Sache nicht dringend und als sei er gar nicht eigens ihretwegen ins Dorf gekommen. Andernfalls würde man ihn übers Ohr hauen. Die Nachricht, daß er das Haus verkaufen wolle, müsse mit großer Geschicklichkeit verbreitet werden. Der erste Bieter müsse den Eindruck gewinnen, als höre man sich sein Angebot aus reiner Neugier an. Je nach der Art des Angebots müsse man dann entweder so tun, als ließe man sich von ihm verleiten, oder aber, als finde man es indiskutabel, während man gleichzeitig durchblicken ließ, daß ein günstigeres Angebot eine bessere Aufnahme finden würde. Immer aber müsse man sich so verhalten, als tue man dem anderen einen Gefallen und nicht umgekehrt.

Alfonso hörte dem leeren Geschwätz gar nicht mehr zu. Während sie die Via dei Forni durchschritten, sah er zum Hause Maller hin, das dunkel dastand wie alle die anderen Häuser und im ungewissen Morgenlicht unter dem bewölkten Himmel traurig wirkte. In der grauen, leeren Straße machte es mit seinen zwei Stockwerken und breiten Fenstern gleichwohl einen herrschaftlichen Eindruck. Da und dort gab es eine sparsame Verzierung, der Rest war nüchtern. Alfonso floh vor dem Gewitter, das da drinnen bald losbrechen würde. Er fühlte sich so glücklich, dieses Haus hinter sich zu lassen, daß er seinen Egoismus vor sich selber rechtfertigen wollte. Er tat es mit einer Begründung, die ihrerseits das Ergebnis des reinsten Egoismus war: Es lohnte nicht der Mühe, für eine Sache zu leiden, die man nicht begehrt.

Als er sich allein im Wagenabteil dritter Klasse befand und das triste Gesicht des alten Herrn Lanucci nicht länger ansehen mußte, überlegte er nicht mehr viel und empfand auch kein Bedürfnis mehr, sich vor sich selbst zu entschuldigen. Endlich war er frei! Zwar nur für vierzehn Tage, aber während dieser Zeit wollte er mit keinem Gedanken mehr zur Stadt zurückkehren, in der er soviel gelitten hatte. Er wollte seine nicht sehr anständige Handlungsweise vergessen, sein eigenes Unglück und das der anderen. Er floh vor dem Mädchen, das sich ihm in jugendlicher Neugier hingegeben hatte, vor Annetta, die ihn nun mit ihrer Scheinliebe verfolgte. Er atmete aber auch auf, weil er diesem Milieu überhaupt entfliehen konnte, in dem er, von bösen oder unglücklichen Menschen umgeben, sein Leben verbringen mußte. Da war Francesca, die sich mit Maller eingelassen hatte, weil er einen Haufen Geld besaß und die, eine gewiegte Heuchlerin, hinter der Maske der Unterwürfigkeit einen eisernen Willen verbarg und eine höchst intelligente Intrigentätigkeit, mit der sie versuchte, in die Höhe zu kommen; da war das trübselige Heim der Lanuccis, in dem er sich so schlecht fühlte inmitten all des fremden Ungemachs neben einem Mädchen, dem man bloß zu sagen brauchte, daß es in seinem Interesse sei, einen bestimmten Mann zu lieben, und schon liebte es ihn. Ach, was waren das für üble und unglückliche Menschen! Es schien ihm, daß die Eisenbahn ihn auf ihren glatten Schienen zu einer Höhe emporführe, von der aus er alle diese Menschen beurteilen konnte, die hinter lächerlichen und unerreichbaren Zielen her waren. Von dieser Höhe aus fragte er sich: ‹Warum leben sie nicht friedlicher?›

Er trat ans Wagenfenster. Die Stadt mit ihren weißen Häusern an der Riva umschloß in einem Halbkreis das Meer. Es sah aus, als habe eine ungeheure Welle sie in der Mitte eingedrückt und ihr dadurch die Form gegeben. Die Stadt selbst war grau und traurig. Die ständig sich verdichtende Wolke, die über ihr schwebte, schien von ihr erzeugt zu sein, denn diese Wolke verband sich mit dem Dunst, der von ihr als einziges Lebenszeichen aufstieg. Dort drüben, in diesem Bienenstock, jagten Menschen mühselig dem Gelde nach, und Alfonso, der das Leben erst dort kennengelernt hatte und glaubte, daß es sich nur dort so abspiele, tat einen Seufzer der Erleichterung, als er sich durch die Flucht diesem Dunstkreis entzog.

XVI

In der Aufregung der letzten Tage hatte er ganz vergessen, daß seine Reise nicht nur mit dem Vergnügen verbunden war, den verhaßten Stätten zu entfliehen, sondern auch mit dem Glück, sein Heimatdorf wiederzusehen.

Er rief es sich vor Augen und war sogleich von jeder Bitternis befreit. Bei der Vorstellung, welche unerwartete Freude er seiner Mutter bereiten würde, war sein Glücksgefühl rein und ungetrübt.

Das Dorf bestand aus einer Häusergruppe, wie hingeworfen in einen Winkel des großen, grünen Tales, das von der Eisenbahn diagonal durchquert wurde. Der Bahnhof lag einen Flintenschuß vom Dorf entfernt. Eigentlich ein Bahnwärterhäuschen, das auf Grund einer vom Abgeordneten dieser Gegend gemachten Eingabe zur Würde eines Bahnhofs erhoben worden war. Seinerzeit mußte man den Zug bei der vorherliegenden Station verlassen und mit einem Wagen ins Dorf fahren. ‹Arme, aber glückliche Menschen!› dachte Alfonso und erinnerte sich des Jubels, der im Dorfe herrschte, als es endlich seinen eigenen Bahnhof erhielt. Und was für eine schöne Straße legte man damals an, um ihn mit dem Dorf zu verbinden! Sie verlief schnurgerade, wie mit dem Lineal gezogen, und war so breit, daß drei Karren nebeneinander fahren konnten.

Da das Haus der Nittis vom Bahnhof wie vom Dorf gleich weit entfernt lag, wünschte Alfonsos Vater einen eigenen Weg für sich, um eine kürzere Verbindung herzustellen als die über das Dorf selbst. Zu diesem Zwecke ließ er einen schon vorhandenen Feldweg erweitern, der etwa auf halber Strecke von der Gemeindestraße abzweigte. Wenn Alfonso sich richtig erinnerte, hatte sein Vater vorher auch schon in größeren Städten gelebt, aber wie groß und ungekünstelt war seine Freude gewesen, als man diesen Feldweg ‹Via Nitti› taufte.

Alfonso dachte jetzt ganz bewußt an diesen Seitenweg, denn er war es, der ihn möglichst rasch in die Arme seiner Mutter führen sollte.

Vor dem Häuschen, das den Bahnhof darstellte, stand, auf einen dicken Stock gestützt, der Notar Mascotti und sah zu, wie der Zug weiterfuhr. Mascotti trug eine Jacke aus schwarzem Samt, helle Hosen und sehr hohe Stiefel. Er war breit und untersetzt, sein Rücken war vom Alter gebeugt, sein sonnverbranntes Gesicht von einem kurzen grauen Bart umrahmt. Eine Soldatengestalt, aber die eines Soldaten im Ruhestand.

«Schon hier?» fragte er Alfonso überrascht.

Alfonso war nicht minder überrascht und antwortete mit einer Gegenfrage: «Sie haben mich erwartet?»

«Nein, nein!» sagte der Notar und führte langsam seinen Zeigefinger zum Nasenflügel, den er bis zu den Augen hinauf rieb. Alfonso erinnerte sich dieser Geste von früher, sie bedeutete, daß der Notar intensiv nachdachte. Mit einer Natürlichkeit, die auch Alfonso täuschte, fügte er hinzu: «Ich bin überrascht, Sie zu sehen, das ist alles! Ich habe Sie nicht erwartet.»

Sie stiegen vom Bahndamm zur Straße hinab, und als sie an dem Häuschen vorbeikamen, das nun vom Bahnwärter und seiner Familie bewohnt wurde, starrten die Frau und die beiden Kinder, die halbnackt waren, Alfonso mit weitaufgerissenen Augen an, als sei er soeben vom Himmel gefallen. Der eine Bub, etwa sechs Jahre alt, mit einem Hemd und einem Höschen bekleidet, das bis zum Knie reichte, hielt den anderen im Arm, der höchstens zwei

Jahre sein mochte; der war lediglich mit einem Hemd bedeckt, das um die Körpermitte mit einer Windel abgebunden war, von der ein weiteres hemdartiges Gebilde herabhing. Ein Gewirr magerer und brauner Gliedmaßen, denn auch die Haut des Kleineren, der noch nicht gehen konnte, war von der Sonne braungebrannt.

Alfonso erfaßte nicht gleich, wie seltsam Mascottis Benehmen war. Er war ganz damit beschäftigt, die Empfindungen auszukosten, die er sich vom Wiedersehen mit dem Dorf erwartete, und fand gar keine Zeit, seinen Begleiter zu beobachten.

Der Herbst hatte das Tal bereits seines Grüns beraubt. In seiner Nacktheit ließ es die Nähe der Steinfelder ahnen. Das Land hatte nicht die braune Farbe der fruchtbaren, feuchten Erde, sondern der weiße Stein, der ein paar Kilometer links und rechts davon das Bild völlig beherrschte, ließ es bleich erscheinen. In den nahe gelegenen Feldern konnte man sehen, wie mit der Erde kleine Steine vermengt waren, die man dort liegen ließ, damit die Bora, die auch hier wütete, die lockere Erde nicht wegblase. Da und dort war ein größerer Steinblock fest in den Boden gerammt und unterbrach die regelmäßig gezogenen Ackerfurchen oder behinderte einen Baum am Wachstum; sein Stamm blieb dünn, seine Krone schütter.

In dem leichten Nebel, der das Tal einhüllte, waren die Häuser des Dorfes kaum sichtbar. Dafür zeichnete sich wie ein glänzender Streifen die breite Straße ab, an der das Haus Nitti liegen mußte und die, wenn man in gerader Richtung weiterging, zur Hauptstraße des Dorfes wurde. Die Gegend konnte Alfonso keine Überraschungen bieten, er erinnerte sich der kleinsten Einzelheit. Auf der anderen Seite des Dorfes sah man die Spitze des Steinhügels leuchten, ein regelrechter Kegel, unbesiedelt und unbewachsen; auf der rechten Seite war ein kleiner Pinienwald, die Bäume waren noch jung, man hatte sie dort angepflanzt, um den Stein zu bekämpfen. Seit Alfonsos Abreise hatte das Wäldchen kaum irgendwelche Fortschritte gemacht.

Etwas überraschte ihn immerhin. In seiner Erinnerung lag das Haus Nitti weit näher am Dorf als in Wirklichkeit. Aus dem Wunsch, seine Mutter nicht so weit von jeder Siedlung zu wissen, hatte er es in Gedanken von der Stelle gerückt und suchte es nun dort, wo es nicht war. Es lag wirklich sehr weit, allein und verloren inmitten der Felder. Dabei hatte Vater Nitti einst gehofft, daß dieser Teil des Tales, der ja der fruchtbarste war, bald dichter besiedelt sein würde.

Ungeduldig beschleunigte Alfonso seinen Schritt. Nun sah er auch schon eine Seite des Hauses, eine rote Ziegelwand. Die Vorderfront war gegen das Dorf gerichtet, sie allein hatte Fenster, die diesen Namen verdienten. In der Hinterfront befanden sich zwei Löcher, die der alte Arzt eigenhändig herausgestemmt hatte, um den Durchzug der Luft zu ermöglichen. Alfonso erreichte jetzt den Seitenweg, der direkt zum Hause hinführte. Er schien wenig begangen zu sein, denn er verlor sich immer wieder in den Feldern und war auch sonst nicht überall deutlich sichtbar.

Mascotti, der lange geschwiegen und vergeblich darauf gewartet hatte, befragt zu werden, begann als erster: «Bedenken Sie, daß ich fünfundsechzig Jahre alt bin, und wenn Sie so weiterlaufen, werde ich nicht, wie ich es möchte, mit Ihnen zugleich ankommen können.» Er lehnte sich an einen Baum, um auszuruhen. Dann sagte er mit gleichgültigem Ausdruck, wobei er seinen großen weißen Filzhut, den er vom Kopf genommen hatte, betrachtete: «Ihre Mutter fühlt sich nicht ganz wohl.»

Alfonso sah ihn aufmerksam und unschlüssig an. War Mascottis gleichgültiger Ausdruck echt? Erregt fragte er: «Was fehlt ihr?»

«Ein kleiner Herzfehler. Das Herz schlägt nicht regelmäßig, meint der Arzt.» Mascotti glaubte, die mildeste Umschreibung für die schwere Krankheit gefunden zu haben.

«Sie haben mich also am Bahnhof erwartet? Man hat nach mir telegraphiert?» fragte Alfonso. Er erinnerte sich des überraschten Ausrufs, den Mascotti getan hatte, als er Alfonso erblickte.

«Ja, aber Gott sei Dank ...»

Alfonso hörte nur das Ja.

«Wir sehen uns zu Hause wieder.» Den Koffer in der einen und den Stock in der anderen Hand, begann er zu laufen, ohne sich weiter um Mascotti zu kümmern, der ihm ein Stückchen folgte und ein paar Worte nachrief, die Alfonso nicht verstand.

Die unerwartete Nachricht ließ sein Herz wie wild klopfen. Es mußte sehr schlecht stehen, wenn man sich veranlaßt gesehen hatte, ihn so dringend heimzurufen. Er wurde rasch müde, der Lauf und die Erregung nahmen ihm den Atem, aber er lief weiter, als hänge das Leben seiner Mutter zum großen Teil davon ab, daß er in seiner Anstrengung nicht nachließ.

Während er lief, fühlte er einen Kälteschauer auf seiner Kopfhaut; er mußte daran denken, daß er vielleicht hinlief, um eine Tote zu umarmen. Sollten die Worte, die Mascotti ihm nachschrie, diese Mitteilung enthalten?

Seit langer, allzu langer Zeit hatte er nicht mehr der armen Frau gedacht, die im Sterben lag. Schon seit drei Wochen hatte sie ihm nicht mehr geschrieben. Ihm war das gar nicht aufgefallen, er war nur damit beschäftigt gewesen, Annettas Röcken nachzulaufen. Dabei hätte er doch gleich wissen müssen, daß nur ein sehr ernstes Ereignis ihre regelmäßigen Briefsendungen unterbrochen haben konnte.

Endlich erreichte er den Garten vor dem Hause. Eine alte kräftige Frau war gerade dabei, Gemüse zu holen.

«Sie wünschen?» fragte sie und richtete sich der ganzen Länge nach auf.

Es war ein ganz neues Gesicht für ihn. Nur an der Bartlosigkeit war es als Frauengesicht erkenntlich. Die Haut war von der Sonne gegerbt. Aller Ausdruck konzentrierte sich auf zwei kleine, lebhafte schwarze, mausartige Augen inmitten einer hölzernen Starrheit.

«Wie geht es meiner Mutter?» fragte Alfonso ungeduldig.

«Oh! Herr Alfonso! Sie haben gut daran getan zu kommen.» Die Alte sprach langsam und kam auf ihn zu. «Der Signora geht es besser, sagt der Herr Doktor.»

Es ging ihr besser, während er sie bereits tot geglaubt hatte. Jedenfalls war ihm noch Zeit vergönnt, sie zu küssen und ihr die grenzenlose Liebe zu zeigen, die sein Herz erfüllte. Das Schicksal behandelte ihn gnädiger, als er es verdiente.

«Gehen Sie nur hinein!» sagte die Alte und sah sehnsüchtig nach ihrem Gemüse.

Er wollte nicht gleich eintreten, sondern forderte sie auf, voranzugehen und die Kranke vorzubereiten. Da er bemerkte, daß sie zögerte, erklärte er ihr, sie müsse der Kranken zuerst sagen, daß jemand gekommen sei, sodann, daß es jemand sei, den wiederzusehen sie überraschen werde, und schließlich, daß das Wiedersehen sie freuen werde, denn es sei ihr Sohn.

Er ging mit ihr ins Haus. Die einzigen zwei Zimmer, die die Nittis in dem verhältnismäßig weiträumigen Haus bewohnten, lagen zu ebener Erde. Sie allein erhielten genügend Licht. Der verstorbene Arzt hatte vergeblich versucht, sich auch noch an ein drittes Zimmer zu gewöhnen, das ihm als Studierzimmer dienen sollte. Es war finster und auch viel zu groß; es gab zuwenig Möbel, die Bibliothek war armselig, und der alte Arzt fühlte sich hier verlassen. Das Zimmer blieb zwar weiterhin zur Bibliothek bestimmt, aber der Doktor studierte schon lange vor seinem Tode nicht mehr darin.

Das gleich beim Eingang gelegene Zimmer war bis auf ein kleines, in eine Ecke geschobenes Bett vollständig leer. Als Alfonso hier noch wohnte, war es mit allem ausgestattet gewesen, was die Familie Nitti in ihren bescheidenen Verhältnissen aufbringen konnte. Damals hingen an den Wänden auch die paar Bilder, die die Familie besaß, und sehr viele Reproduktionen berühmter Gemälde, darunter einige von Horace Vernet: enorme Kamele, deren Gesichtsausdruck ruhig und geduldig war; die Tiere wirkten weit sympathischer als die Menschen, die sie führten.

Im anderen Zimmer hatte das Ehepaar Nitti gewohnt. Es war mit alten, gewaltigen Möbeln aus gewöhnlichem Holz angefüllt, die jedoch gut in den Riesenraum paßten und ihn wohnlich machten. Zwischen den beiden Fenstern hing eine moderne Pendeluhr, das letzte Möbelstück, das Vater Nitti nach Hause gebracht hatte. Während der monatelangen Krankheit des alten Arztes hatte die Familie, um ihm Gesellschaft zu leisten, in diesem Zimmer auch gespeist. In die Mitte war ein Tisch gestellt worden, der, Frau Carolinas Briefen nach, noch immer dort stehen mußte.

Während er im ersten Zimmer darauf wartete, gerufen zu werden, in diesem Zimmer, das ihm vertraut war, obwohl sich kein Gegenstand mehr darin befand, der seiner Erinnerung nachhelfen konnte, befiel ihn eine Traurigkeit, die nicht allein durch die Nachricht von der Krankheit seiner Mutter hervorgerufen war. Er fühlte, daß sich hier ein Unheil vorbereitete, das sein eigenes Leben betraf. Was für ein Unheil war doch für ihn der Tod des Vaters gewesen! Die Erinnerung daran hatte sich seiner schon bemächtigt, als er aus dem Zug gestiegen war, beim Anblick des Dorfes, und sie begleitete ihn dauernd, bis vor dieses Haus und in dieses Zimmer. Welch schöne Kindheit dankte er seinem Vater! Sie war ruhig und behütet gewesen! Sicherlich mußte die Familie viele schlimme Zeiten durchmachen, er aber erfuhr nie etwas davon, weder in der Zeit der ersten Kindheit, die er im Dorfe verbrachte, noch später in der Stadt, wo der alte Doktor Nitti eine Zeitlang vergebens versuchte, sich eine Praxis zu schaffen. Wieviel Güte und Schicksalsergebenheit! Nie beklagte sich der alte Herr, niemals trübten die schlimmen Erfahrungen des Vaters die Illusionen des Sohnes. Als Alfonso einmal zu Ferienbeginn mit einem glänzenden Schulzeugnis nach Hause kam, sagte der alte Doktor: «So ist es richtig! Das Glück, das mir versagt blieb, wirst du einst haben.» Alfonso glaubte es wirklich, da er sah, daß seine Eltern, alte und erfahrene Leute, es glaubten.

Die Mutter rief ihn. Es klang wie ein Schrei, aus dem freudige Erregung und die Geschwächtheit durch die Krankheit herauszuhören waren.

Er wollte in ihre Arme eilen, aber als er den ersten Schritt ins Zimmer tat, fand er sich in völligem Dunkel und wagte nicht weiterzugehen.

Er fühlte sich grob beim Arm gefaßt und nach links gezogen. Er begriff, daß das Bett seiner Mutter in dieser Richtung stand, und von dort aus fragte sie ihn stammelnd:

«Bist du's, Alfonso?»

«Geht es dir besser, Mutter?»

«Ja, ja, viel besser. Öffne das Fenster, Giuseppina, damit ich ihn sehen kann.»

Die Alte riß zuerst das Fenster auf, das vom Bett am weitesten entfernt war, und in dem Halbdämmer konnte er das Gesicht seiner Mutter wiedererkennen, das ihm wenig verändert vorkam. Sie lag auf dem Rücken, sah ihn nicht an und murmelte leise Worte vor sich hin. Er erschrak, glaubte, daß sie fiebere, und rief sie beim Namen.

«Ich bin gläubig», sagte sie und riß sich zusammen. «Ich

habe nicht mehr gehofft, dich wiederzusehen, und ich danke demjenigen, der es gefügt hat, daß du so rasch kommen konntest.» Sie zog ihn lächelnd an sich.

Er kannte diese Stimme und diese ernste und strenge Art, die jederzeit bereit war, in Sanftmut, ja in Scherzhaftigkeit überzugehen. Und wieder tauchten vor ihm die Züge seines Vaters auf, der in genau der gleichen Art gedacht und gesprochen hatte und nie so rasch bereit gewesen war zu lächeln, als wenn sein Gesicht einen besonders ernsten Ausdruck annahm und seine Stimme feierlich erregt war. In den langen Jahren des Zusammenlebens hatte seine Mutter seine Art angenommen.

Giuseppina öffnete auch das andere Fenster. Sie schlug die Fensterflügel mit einem einzigen Schwung und lärmend zurück.

Auch jetzt noch bemerkte Alfonso nicht, wie verändert das Gesicht seiner Mutter war. Er küßte sie schon fast beruhigt auf die Stirn.

«Du siehst blühend aus.»

«Ich bin dick geworden, wie?»

Ohne weitere Umstände griff Giuseppina mit einer tiefen, nicht sehr angenehmen Stimme ins Gespräch ein: «Ich sag's ja immer, daß sie blühend aussieht und daß der Doktor, der sie zwingt, im Bett zu bleiben, ein Esel ist.»

Frau Carolina zog Alfonso neuerlich an sich und fuhr mit der Hand über sein braunes Haar.

«Du bist noch schöner geworden. Rosina hätte das sicher nicht für möglich gehalten.» Sie betrachtete ihn aufmerksam. «Es war nicht gut, daß wir uns getrennt haben. Mir würde es gewiß auch nicht besser gehen, aber ich hätte wenigstens mein Leben bis zu dieser Stunde besser verbracht.»

Nun, da er ihr ganz nahe war, begriff Alfonso, was seiner Mutter das blühende Aussehen verlieh. Sie war gedunsen. Die eine Wange war weit dicker als die andere, und auf den angeschwollenen Stellen blieben die Spuren des grobgewebten Linnens und einiger unregelmäßiger Webfäden des Polsters eingeprägt. Ihr sonst ovales Gesicht war runder geworden. Ihr spärlich gewordenes weißes Haar umrahmte ein Gesicht, das kindlich wirkte.

Der schmerzliche Eindruck, den der Anblick ihres angeschwollenen Gesichts auf ihn machte, entging ihr nicht. Sie wollte ihn mildern.

«Ach, hier tut es mir nicht weh!» Fast verächtlich berührte sie ihre Wange mit dem Finger.

Als sie den Finger wieder zurückzog, blieb eine blauschwarze Vertiefung in der Wange. Das sei gar nichts, erklärte sie, es verursache ihr keine Beschwerden. Die Beschwerden rührten von der Lunge her, sie bekomme nicht genug Luft. Möglicherweise sterbe man so. Da sie sich dem Tod so nahe fühle, studiere sie seine geheimnisvollen Vorgänge.

Alfonso versuchte, sie zu überreden, daß sie sich täusche. Das hätte ihm leichtfallen müssen, denn er begegnete einer nur unzureichenden Kenntnis von der Natur der Krankheit, aber es gelang ihm nicht, den nötigen Scharfsinn aufzubringen. Sie starb, das war das Schmerzliche, und nicht, daß sie davon wußte. Er begriff bereits, daß es keine Rettung gab. Er erkundigte sich nach den weiteren Krankheitssymptomen und hoffte immer wieder, Anzeichen dafür zu finden, daß die Krankheit gutartig sei. Vergeblich. Ihr Organismus befand sich eindeutig in Auflösung. Schon seit Jahren litt sie an Beschwerden, an denen ein erfahrener Beobachter bereits die organische Krankheit erkannt hätte, die sie verursachte. Auch als sie ein leichtes Anschwellen der Füße feststellte, wandte sie sich nicht an einen Arzt, ein wenig wohl aus Unwissenheit, hauptsächlich aber, weil sie keine Umstände machen wollte und aus Sparsamkeit. Als sie sich endlich mit dem Arzt beriet, verordnete er ihr Bettruhe. Sie stand nicht mehr auf, sie sagte, daß sie sich so besser fühle, als wenn sie herumging; es widerstand ihr, sich anzukleiden und dabei ihren entstellten Körper zu sehen. Nun konnte sie sich nicht mehr rühren. Das war nicht nur das Werk der Krankheit, es war auch die Folge mangelnder Bewegung und mangelnder frischer Luft. In diesem Zimmer erstickte man. Als die Fenster für einen Augenblick geöffnet wurden, kam von draußen ein Lufthauch herein, der Alfonso im Vergleich zu der Luft im Zimmer balsamisch erschien.

«Da Sie jetzt da sind, kann ich ja in den Garten zurückgehen», sagte Giuseppina. «Wenn Sie mich brauchen, klopfen Sie einfach ans Fenster.» Damit ging sie hinaus.

«Deine Krankenwärterin?» fragte Alfonso. «Und sie läßt dich immer so allein liegen, wie ich dich angetroffen habe?»

Sie sagte, sie habe die Frau vor einem Monat ins Haus genommen, auch damit sie an ihrer Statt die kleinen Arbeiten verrichte, die immerhin getan werden mußten.

«Sie lebte in bitterster Not, bevor ich sie zu mir nahm. Sie schien mir so gut und aufmerksam!»

Ihm fiel auf, daß der letzte Satz von der Vergangenheit sprach. Er deutete damit zugleich eine Gegenwart an, in der sich Frau Carolinas Meinung über Giuseppina offenbar geändert hatte. Die Nachlässigkeit, die in der Umgebung seiner Mutter herrschte, sprang ja in die Augen, eine Gleichgültigkeit, die in einem schrillen Mißverhältnis zu der schweren Krankheit stand, an der sie starb. Er war unfähig, sich länger zu beherrschen und begann zu schluchzen. Sie begriff, warum er weinte. Gleich traten auch ihr die Tränen in die Augen, sie zog ihn fest an sich, umarmte ihn und dankte ihm für seinen Zärtlichkeitsbeweis. Sie war wohl Zartgefühl nicht sehr gewöhnt. «Jetzt, wo du da bist, brauche ich keine anderen Menschen.»

Um sie zu beruhigen, suchte er nach einer anderen Erklärung für seinen schmerzlichen Ausbruch. Er beklagte sich, daß man ihn nicht früher verständigt habe. Er hätte sonst aus der Stadt einen tüchtigen Arzt mitgebracht, der sie rasch gesund gemacht und ihr viele Qualen erspart hätte. Seine Worte regten sie aber noch mehr auf. Sie weinte, wobei ihr armer, zum Teil lebloser Körper starr liegenblieb; nur ihr Kopf bewegte sich auf dem Polster in dem Bestreben, sich dem seinen zu nähern.

Erschrocken über die Aufregung, in die er sie versetzt hatte, versicherte er ihr, daß sie sehr bald mit Hilfe eines Arztes, den er noch am gleichen Tage rufen wollte, genesen würde. Unfähig, sich mit der verzweifelten Situation abzufinden, wollte er, obwohl es da wenig mehr zu hoffen gab, Prarchi bitten zu kommen, um seine Mutter zu heilen.

Sie aber hatte einen weit gesünderen Verstand als ihr Sohn. Sie verbot ihm, andere Ärzte heranzuziehen, sie habe genug an dem einen, der sie behandelte. Sie wollte in Frieden sterben. Sie nahm eine Hand Alfonsos zwischen die ihren, führte sie an ihre Wange und warf sich, um den Kopf auf seine Hand legen zu können, mit ungeheurer Anstrengung auf die Seite. Dann weinte sie still vor sich hin, ohne zu schluchzen, und bedeckte ihre Augen mit der Hand.

Sie war am Ende. Durch welches Wunder hätte dieser Körper noch in Ordnung kommen sollen, der – Alfonso konnte es sehen, als sie sich bewegte – völlig entstellt war?

Da sie nicht mehr zu retten war, tat er alles, um sie abzulenken. Als sei dies besonders wichtig, fragte er sie, welche Medizinen man ihr verschrieben habe.

«Ich müßte die dort nehmen», antwortete sie. «Aber ich will nicht, denn sie tut mir nicht gut. Wenn ich sie einnehme, bekomme ich zu den Atembeschwerden auch noch Schwindelanfälle ... manchmal sogar Krämpfe.»

Noch standen die Tränen in ihren Augen, als sie lebhaft den Kopf hob und ihn verschmitzt lächelnd fragte: «Wirst du bald Direktor? Wie geht es in der Bank?»

Erst jetzt kam der Notar daher. Er sagte, er sei von dem Lauf, zu dem Alfonso ihn gezwungen habe, erschöpft, aber der Atem des guten Mannes ging völlig ruhig, und auf seiner gerunzelten und niedrigen Stirn fand sich keine Spur von Schweiß.

Er machte Alfonso bittere Vorwürfe, daß er Frau Carolina zum Weinen gebracht habe.

«Sie sind doch ein intelligenter Mensch und müßten wissen, daß ihr das schaden kann.»

«Er hat mich nicht zum Weinen gebracht, ich habe ganz von selbst geweint», sagte Frau Carolina.

Aber Mascotti wollte das nicht gehört haben, sondern wiederholte immer den gleichen Satz. Er war vermutlich glücklich, teilnahmsvollen Eifer zur Schau stellen zu können, während Alfonso Qualen litt, da er ihn so rücksichtslos in diesem Zimmer lärmen hörte, als befinde er sich auf dem Dorfplatz.

Um diesem Geschrei ein Ende zu setzen, erklärte Frau Carolina mit einer Entschiedenheit, deren Alfonso sie nie für fähig gehalten hätte, daß sie sich vorzüglich fühle. Dabei preßte sie Alfonsos linkes Handgelenk. Seine rechte Hand hielt er immer noch unter ihrem Kopf.

Alfonso kam die Lust an, Mascotti gründlich die Meinung zu sagen. Er wollte ihm vorwerfen, daß er ihn viel zu spät benachrichtigt habe und ihm überhaupt zu verstehen geben, daß er mit der ganzen Art, wie man die arme Kranke behandelte, höchst unzufrieden sei. Im Augenblick aber kam er nicht dazu. Es bereitete ihm immerhin eine gewisse Befriedigung, als er bemerkte, daß Mascotti sich offenbar schuldbewußt fühlte, denn er versuchte, sich zu rechtfertigen. Ohne daß Alfonso ihn gefragt hätte, was ihn veranlaßt habe, ihn in Unkenntnis über Frau Carolinas Krankheit zu lassen, versicherte er, er habe eine Benachrichtigung für überflüssig gehalten, denn die Kranke befinde sich in den besten Händen. Er wiederholte diesen Satz, als wollte er jeden, der das Gegenteil behauptete, zum Schweigen bringen. Er selbst besuche die Kranke täglich, und selbstverständlich gerne, und was Giuseppina betraf, die er ihr zur Seite gegeben, so sei sie eine gute Krankenwärterin.

Das mochte stimmen, Alfonso aber schien es so wenig zu sein, daß er sich nicht mehr zurückhalten konnte und Mascotti in Gegenwart seiner Mutter abkanzelte: «Sie hätten mich trotzdem benachrichtigen müssen.» Dabei sah er ihn bewußt zornig an, um anzudeuten, daß er noch andere und weit größere Vorwürfe zu machen habe.

«Und Ihre Karriere?» wandte Mascotti ein. «Ich bin Ihr Vormund und muß darauf achten, daß sie keine Einbuße erleidet.»

Frau Carolina kümmerte sich nicht um diesen Disput.

«Jetzt verstehe ich», sagte sie, wie nach einer langen und stillen Betrachtung, «jetzt verstehe ich, warum du so verändert aussiehst. Du kleidest dich ganz anders. Du trägst dich nach der Mode.» Sie lachte glücklich bei der Entdeckung, daß ihr Sohn wie ein Herr aussah. Sie bewunderte seine Kleidung Stück für Stück, den steifen Kragen, den Schnitt der Hosen. So wurde die Auseinandersetzung zwischen Mascotti und Alfonso unterbrochen. ‹Aufgeschoben ist nicht aufgehoben›, dachte Alfonso, der jemanden brauchte, an dem er sich schadlos halten konnte.

Bald danach kam der Doktor Frontini. Ein schöner junger Mann. Seine Kleidung war betont gepflegt. Er hatte ein regelmäßiges, allzu regelmäßiges, ovales Gesicht. In seinem dichten, braunen Schnurrbart gab es da und dort einen goldenen Schimmer. Er war höflich zu der Kranken, aber Alfonso merkte, daß sie ihn fürchtete. Das flößte ihm ein Gefühl der Antipathie gegen den Arzt ein. Sie schwor, daß sie an diesem Tage die Medizin bereits zweimal eingenommen habe. Alfonso gegenüber hatte sie eingestanden, daß sie sie seit dem Abend zuvor nicht einmal angerührt habe.

Wie Alfonso später erfuhr, war Frontini ein junger Arzt, der seine Praxis in der Großstadt begonnen hatte, wo es ihm jedoch, vielleicht aus Mangel an Beziehungen, nicht gelungen war, sich einen genügend großen Patientenkreis zu schaffen. Auf den elenden Posten eines Gemeindearztes verschlagen, fühlte er sich wie ein Verstoßener und liebte daher seine Patienten nicht.

Er erklärte, im Befinden der Kranken eine leichte Besserung feststellen zu können, empfahl, die Medizin regelmäßig einzunehmen, und schickte sich an, wieder zu gehen.

Alfonso lief ihm nach und erreichte ihn im Garten. Er wollte die wahre Meinung des Arztes hören.

Doktor Frontini sagte, die Krankheit sei ernst, sehr ernst, doch schließe er die Möglichkeit nicht aus, daß das Herz seine normale Tätigkeit wieder aufnehmen könnte; das komme öfter vor. Er hatte von Alfonsos Gesicht eine namenlose Angst abgelesen und den letzten Satz aus Mitleid hinzugefügt. Als Alfonso sah, daß der Arzt ihn aufmerksam musterte, begriff er mit seiner raschen Auffassungsgabe, daß die Diagnose aus Schonung für ihn gemildert worden war. Er fand keinen Grund, sich zu beklagen. Er kannte ja die Schwere der Krankheit ebensogut wie der Arzt, dessen Ausspruch konnte ihn daher nicht beruhigen. Da der Arzt aber auf ihn so große Rücksicht nahm, dachte er, daß er sich in ihm getäuscht habe. Kein Zweifel, zumindest in diesem Moment interessierte sich Doktor Frontini für die Kranke. Das war für sie vielleicht ein Gewinn, den sie Alfonsos Ankunft verdankte, denn das Leben eines Menschen erhält ja seinen Wert vor allem durch die Bedeutung, die andere ihm beimessen.

Alfonso verbrachte den Rest des Tages am Bett seiner Mutter. Er bedauerte es, nicht ins Dorf gehen und seine

Freunde begrüßen zu können, die geliebten kleinen Winkel wiederzusehen und damit einen lang gehegten Wunsch zu befriedigen. Aber er konnte sich nicht entfernen.

Bald nachdem er ins Zimmer zurückgekehrt war, äußerte Frau Carolina den Wunsch zu schlafen. Die Augen fielen ihr zu. Alfonso warf sich aufs Bett seines Vaters und beobachtete ihre Versuche, Schlaf zu finden. Für Frau Carolina war dies eine weit schwierigere Aufgabe, als sie selber anzunehmen schien. Genau in dem Augenblick, da sie einschlief, fuhr sie mit einem heftigen Zucken wieder auf und war hellwach. Manchmal fuhr sie so heftig auf, daß sie mit den Armen herumschlug wie jemand, der das Gleichgewicht verliert.

«Ich kann nicht!» seufzte sie. Resigniert bat sie Alfonso, er möge ihr etwas erzählen, um ihr den Schlaf zu vertreiben, der ihr ja doch keine Befriedigung brachte. Bereitwillig stand er auf und setzte sich an ihr Bett. Aber statt von anderen Dingen zu sprechen, wie sie es gewünscht hätte, redete er ihr zu, sie möge doch noch versuchen, einzuschlafen. Ihm zu Gefallen schloß sie die Augen. Er verhielt sich ganz ruhig und beobachtete sie. Als er an einer fast unwahrnehmbaren Bewegung ihres Armes erkannte, daß sie wieder im Begriff war, mit einem Zucken aufzuwachen, war es ihm unmöglich, den teilnahmslosen Zuschauer zu spielen: er packte sie am Arm und hielt sie fest. Er bemerkte, daß die Kranke sich beruhigte, und faßte sie nun auch an der anderen Hand. Er war überrascht und selig, als er sah, wie sie nun in einen ruhigen Schlaf verfiel. Aber sowie er den Griff, mit dem er sie festhielt, auch nur ein wenig lockerte, schien sie auch im Schlaf unruhiger zu werden.

Es stand also doch in seiner Macht, ihr einige Erleichterung zu verschaffen. Er war darüber so glücklich, daß er für einige Zeit die böse Prognose des Arztes und seine eigene Verzweiflung vergaß. Seit langer Zeit hatte er keine so intensive und reine Freude mehr empfunden. Was er in der Stadt gelitten, fand nur noch seine Verachtung. Welche Bedeutung konnten diese Leiden noch haben, verglichen mit den Gefühlen, die ihn am Bett der armen Sterbenden bewegten? Mit Genugtuung dachte er an Francescas Worte, wonach, wenn er ihnen glauben durfte, mit seiner Abreise aus der Stadt auch seine Beziehung zu Annetta endgültig abgebrochen war. Hier, an diesem Bett, empfand er weder Reue noch Bedauern. Das alles war ihm jetzt gleichgültig, sowohl seine Liebe zu Annetta wie auch der Widerwille, den er für sie empfunden, verblaßten. Sein Abenteuer verlor als solches jede Bedeutung. Die einzige Bedeutung, die es für ihn noch haben konnte, war, daß es ihn durch eine Verkettung von Zufällen rascher an den Platz neben seiner Mutter gebracht hatte.

In den langen Stunden, die er hier, ohne etwas unternehmen zu können, verbrachte, dachte er auch einmal über die Gründe nach, die ihn bewogen hatten, Annetta zu verlassen, und wie immer waren seine Überlegungen nichts anderes als verkappte Gefühle. Seine Abneigung gegen Annetta, so sagte er sich, war durchaus begreiflich, ja geradezu natürlich. Es gab nichts Gemeinsames zwischen ihm und dieser nichtigen Frau, die er so genau erkannt hatte, daß er meinte, auch über ihre Handlungen, Worte und Gedanken von ihrer Geburt an unterrichtet zu sein. Aus ihren Worten sprach vor allem der Wunsch zu gefallen, aus ihren Schreibereien die Eitelkeit, und nichts als Eitelkeit und Sinnlichkeit sprachen aus ihrer Liebe. Er zog Vergleiche zwischen ihr und der armen Frau, deren Schlaf er behütete. Selbst in ihrem jetzigen Zustand verriet Frau Carolina, wie sehr sie ihren Mann geliebt hatte und auf welche Art: mit einer solchen Demut, daß sie immer noch, wie in einer lebendigen Erinnerung, seine Gesten und sein ganzes Gehaben unbewußt nachahmte, sogar etwas von seiner Physiognomie war auf sie übergegangen. Für Alfonso wäre es eine

Tortur gewesen, mit Annetta zu leben. Sie hätte ihn reich gemacht und daraus das Recht abgeleitet, ihn wie einen Sklaven zu behandeln. Die Eitelkeit und die Sinnlichkeit, die sie in seine Arme getrieben hatten, konnten sie auch in die Arme eines anderen Mannes treiben.

«War es dir sehr lästig?» fragte Frau Carolina, als sie gegen Abend die Augen wieder öffnete. In dem schwachen Dämmerschein leuchtete in ihren Augen ein Lächeln. Seit langer Zeit habe sie nicht so gut geschlafen, sagte sie und küßte aus Dankbarkeit Alfonsos Hände, die er nun zurückziehen konnte.

«Wer weiß, vielleicht werde ich doch noch weiterleben können!» Sie mußte sich bedeutend wohler fühlen. Ihre Worte genügten, um in Alfonso die allergrößten Hoffnungen zu erwecken. Er küßte sie lange auf die Stirn, sagte, daß sie von nun an den Rest ihres Lebens gemeinsam verbringen würden. Er setzte seine Lebenserwartungen den ihren gleich, um sie in ihren Illusionen zu bestärken. Aber auch in diesem Augenblick hegte sie keine übertriebenen Hoffnungen. Sie glaube nicht, so meinte sie, daß sie je wieder imstande sein werde zu laufen und zu springen oder auch nur das Haus zu verlassen. Aber sie wollte leben, selbst wenn sie ihr Leben im Bett verbringen müßte.

Sie aßen gemeinsam zu Abend. Er sah ihr begeistert zu, erstaunt, wie in ihr zugleich mit dem Lebenswunsch auch die Lebenskraft zurückkehrte. Er erblickte in dem plötzlich erwachten Appetit seiner Mutter nichts als die natürliche Reaktion eines geschwächten Organismus, der sich wiederherstellen will. In der Hast aber, mit der sie das bißchen Essen zu sich nahm, drückte sich wohl eher das Bestreben aus, eine Illusion festzuhalten und die kurze Frist, die ihr noch gegönnt war, unversäumt auszunützen. Bald schob sie das Speisegeschirr angeekelt zurück. Sie streckte sich im Bett aus, und es war nicht klar, ob es wirklich Befriedigung war, als sie sagte: «Seit langem habe ich nicht soviel gegessen.»

Giuseppina meldete den Besuch des Arztes, was in Frau Carolina nur Unwillen erweckte. Erstaunt und verärgert erklärte sie, es geschehe zum erstenmal, daß der Doktor sich veranlaßt fühle, zweimal am gleichen Tag zu erscheinen. Alfonso fragte sie lachend, was sie dem Arzt nun vorwerfe: daß er zum zweitenmal komme oder daß er früher nur einmal gekommen war. Verächtlich antwortete sie, der Doktor verstehe nichts von ihrer Krankheit, es wäre am besten, wenn er überhaupt nicht käme.

Schließlich duldete sie die Gegenwart des Arztes, aber sie konnte oder wollte nicht den Ärger verbergen, den sein Besuch ihr bereitete. Er zeigte sich sehr gewissenhaft, fragte sie genau aus, gab ihr Ratschläge, bekam aber nur einsilbige Antworten. Seine Ermahnungen wurden mit Schweigen aufgenommen, nur dann und wann rief sie nicht sehr begeistert: «Ja, ja, ich werde auch das versuchen, wenn Sie es wünschen.»

Alfonso versuchte die Unhöflichkeit seiner Mutter dadurch wettzumachen, daß er dem Arzt die Antworten gab, die dieser von der Kranken erwartete. Aus dem blassen Gesicht und der Verlegenheit des Arztes sowie aus dem plötzlichen Abbruch der Visite erkannte er, daß seine versöhnliche Absicht mißlungen war. Er fürchtete die Wut des Arztes, die er hinter der gekünstelten Kälte vermutete. Er eilte ihm nach und fragte ihn mit einer Offenheit, die er in diesem Falle für die beste Politik hielt, ob das Verhalten seiner Mutter ihn verärgert habe. Angsterfüllt wartete er auf die Antwort. Es gab in der ganzen Umgebung keinen anderen Arzt, und Alfonso lag daran, sich ihn zum Freund zu machen. Der junge Doktor beging den Fehler, einen Augenblick mit der Antwort zu zögern, und den noch größeren, verächtlich zu sagen, indem er sich mit einer Hand zärtlich über den dichten Schnurrbart fuhr: «Ach, diese alten Leute verlieren rasch den Kopf, besonders wenn sie krank sind!» Er fügte nichts weiter hinzu, antwortete auch nicht auf Alfonsos Versicherung, er werde seine Mutter veranlassen, in Zukunft den Respekt aufzubringen, der einem Arzt gebührt. Der junge Arzt war beleidigt und wollte dies auch merken lassen.

Als Alfonso zu Frau Carolina zurückkam, bemühte er sich, sie zu überzeugen, daß Doktor Frontini bessere Behandlung verdiene.

«Aber ja, aber ja», antwortete sie gelangweilt. «Ich werde ihn besser behandeln, aber nicht zweimal an einem Tag.» Gleich darauf vergaß sie den Arzt.

Sie hatte keine Lust mehr zu schlafen. Sie verbrachten die halbe Nacht damit, Pläne für die Zukunft zu schmieden. Sie sollte zu ihm in die Stadt ziehen. Um in ihr die Hoffnung wachzuhalten, tat er alles, um sie an die Aufrichtigkeit seiner eigenen Hoffnung glauben zu lassen. Er beschrieb ihr das Leben in der Stadt und versuchte, es schöner darzustellen, als es war. Dabei war es unvermeidlich, daß er ihr auch einen Teil seiner Erlebnisse erzählte, und da seine Begegnung mit Annetta für ihn das wichtigste Erlebnis war, konnte er es nicht ganz unterschlagen. Er sprach von seiner Freundschaft mit Herrn Maller, mit Macario und auch von den Abenden, die er mit Annetta in der gemeinsamen Arbeit an dem Roman verbrachte. Diese Annetta, die gleich den Verdacht Frau Carolinas erweckte, beschrieb er als überaus häßlich. Außerdem sei sie die Braut eines ihrer Cousins. Es war kaum möglich, einen gleichgültigeren Ton zu finden.

In der Stadt, zu zweit, würden sie glücklich und bequem leben; der Erlös aus dem Verkauf des Hauses und des Gartens würde ihnen dies gestatten. Sie würden nicht zu den Lanuccis ziehen, das waren zu traurige Menschen; sie wollten allein und heiter das Dasein verbringen. Vielleicht glaubte keiner der beiden wirklich daran, aber es klang wie schöne Musik, der sie gerne zuhörten. Und der Text zu dieser Musik mutete gar nicht so unvernünftig an. Warum sollte Frau Carolina, wenn sie das Dorf verließ, hier nicht auch ihre Krankheit zurücklassen?

Bald wurden sie in die traurige Wirklichkeit zurückgerufen. Für eine Viertelstunde gelang es Frau Carolina, ihr Unwohlsein zu verbergen. Auf die Fragen Alfonsos, dem ihre Erregtheit auffiel, antwortete sie, sie fühle sich wohl, nur etwas unruhig. Sie suchte nach Ablenkung, drückte Alfonsos Hand, als könne ihr dieser Druck Erleichterung bringen. Dabei schloß sie die Augen und deutete damit an, daß sie schlafen wolle. Aber ihr Widerstand hielt nur kurze Zeit vor. Mit einem Schmerzensschrei setzte sie sich auf.

«Ich kann nicht mehr!» murmelte sie dumpf vor sich hin. Ihr Atem ging rasch und kurz. «Bis hierher», sagte sie und bezeichnete eine Stelle auf ihrer Brust, «bis hierher – weiter bekomme ich keine Luft.» Erst jetzt begriff Alfonso ihren Zustand.

Er half ihr, wie sie verlangte, aus dem Bett und setzte sie in einen bequemen Armsessel, in dem einst der alte Nitti seine Mußestunden vor dem Hause zu verbringen pflegte. Nun stand der Sessel neben dem Bett, dazu bestimmt, die Kranke in ihren schlimmsten Stunden aufzunehmen. Alfonso deckte sie zu, während Schweiß auf ihrem totenbleichen Gesicht stand. Sie ließ den Kopf auf die Lehne sinken. Sie bemerkte offenbar nichts von dem, was er für sie tat. Von Zeit zu Zeit stieß sie einen Schrei aus, ihre Stimme klang entstellt, manchmal brachte sie auch mit höchster Anstrengung ein Wort hervor, Klagen, Verwünschungen.

Wenn sie zu Alfonso sprach, vermochte sie nicht die gleiche Stimmkraft aufzubringen wie für ihre Klagen. Zweimal verstand er nicht, was sie von ihm wollte. Sie wollte Luft, wollte, daß er das Fenster öffne. Als er endlich verstand und zögerte, weil er fürchtete, die Kälte könnte ihr schaden, murmelte sie verzweifelt, wobei sie ihm einen zornigen Blick zuwarf: «Dann öffne ich eben selbst.»

Sie tat es nicht, denn es war ihr nicht möglich, sich vom Sessel zu erheben.

Durch das Fenster, das er schließlich doch geöffnet hatte, drang nun die Luft in reicher Fülle. Trotz der furchtbaren Aufregung, in der er sich befand, genoß er die Luft, die seine Lungen durchdrang, wie eine Wohltat. Der Atem seiner Mutter ging weiterhin hastig und oberflächlich.

Es fiel ihm ein, daß er vielleicht Giuseppina benötigen könnte. Er eilte ins Nebenzimmer. Die Frau schlief, die Decken bis zum Kinn heraufgezogen. Er rief sie, schrie – umsonst. Ungeduldig geworden, entschloß er sich, sie am Arm zu rütteln.

«Was gibt es?» murmelte sie. Es war klar zu erkennen, daß sie, bereits halbwach, nun darum kämpfte, weiterzuschlafen. Sie versuchte, ihre Hand, die er festhielt, aus der seinen zu lösen, machte sich klein und drückte sich gegen die Wand.

«Mutter geht es schlecht. Stehen Sie auf und machen Sie Feuer.»

«Aber es nützt ja doch nichts! Es geht von selbst wieder vorüber.»

Sie war eindeutig schon fast völlig wach und verwendete jetzt ihre erwachte, an sich sehr geringfügige Verstandeskraft dazu, ihm zu beweisen, daß es besser wäre, sie weiter im Bett liegen zu lassen.

«Stehen Sie auf!» wiederholte Alfonso gebieterisch, mußte aber weglaufen, da er seine Mutter nebenan schreien hörte.

Frau Carolina hatte sich von selbst ins Bett zurückgeschleppt und preßte ihren Mund in das Kissen. Sie bat ihn, das Fenster wieder zu schließen, vielleicht würde die

Wärme ihr besser tun. Bald darauf wollte sie, daß er das Fenster erneut öffne, und sie war überrascht, daß all diese Versuche ihr keine Erleichterung brachten.

«Ich habe Feuer machen lassen. Willst du einen Tee? Vielleicht wird er dir gut tun?»

«Ja, ja», rief sie freudig aus, als wäre ihr das Wohlbefinden damit schon garantiert worden.

Giuseppina lag immer noch im Bett und war wieder eingeschlafen. Wütend und mit aller Gewalt zerrte er sie am Arm, der vom Bett herabbaumelte; es war der einzige Teil ihres Körpers, der Alfonsos erster Aufforderung gefolgt war. Aufgeregt und somit völlig wach, begann Giuseppina zu schreien, es sei eine Schande, daß man sie nach ihrer schweren Tagesarbeit nicht schlafen lasse. Dann aber erschrak sie.

«Sind Sie verrückt?» fragte sie halblaut, als sie sah, wie er im Zimmer umhersprang und ihr die zum Bündel gerollten Röcke zuwarf.

«Stehen Sie sofort auf und machen Sie Tee!» brüllte er erbost. «Sonst werfe ich Sie zur Türe hinaus.»

Sie ließ sich herbei aufzustehen, ohne einen weiteren Laut von sich zu geben.

Der schmerzhafte Anfall seiner Mutter war im Abklingen. Der Atem ging noch rasch, aber sie klagte nicht mehr. Das Blut begann langsam in ihr Gesicht zurückzukehren. Wie sie so auf dem Rücken lag, ohne die Arme zu regen, schien es, als schlafe sie. Er schloß möglichst geräuschlos das Fenster. Als Giuseppina mit dem Tee kam, wollte er ihr verwehren, ans Bett zu treten, aber Frau Carolina rief sie heran. Sie nahm ein paar Löffel Tee, ohne die Augen zu öffnen. Da Giuseppina sie so ruhig sah, sagte sie scharf: «Es war also gar nicht so schlimm.»

«Hinaus!» rief Alfonso, empört über ihre Teilnahmslosigkeit.

«Warum regst du dich auf?» fragte Frau Carolina, als

Giuseppina draußen war. «Es hat keinen Sinn. Sie versteht überhaupt nichts.»

Seine Mutter litt also unter der Dummheit und Gleichgültigkeit ihrer Umgebung.

Die folgende halbe Stunde rührte sie sich nicht. Als er schon hoffte, daß sie eingeschlafen sei, hörte er sie plötzlich reden. Es war ein lautes Denken.

«Ich habe nichts gesagt», antwortete sie auf seine Frage. Dann aber fügte sie, ohne daß er sie nochmals gefragt hätte, hinzu: «Ich habe darüber nachgedacht, wie sinnlos es ist, in meinem Zustand Zukunftspläne zu machen.»

Er versuchte, ihr Mut zuzusprechen. Da er keine besseren Argumente fand, kam er auf die Medizin zu sprechen, die der Arzt ihr verschrieben. Diese Medizin mußte ihr die Gesundheit wiedergeben. Da seine Mutter sie nicht mit der vorgeschriebenen Regelmäßigkeit eingenommen hatte, mußte sie dies nun versuchen. Er war der erste, der sich von seinen eigenen Worten überzeugt fühlte. Tatsächlich bestand ja seine vornehmlichste Pflicht darin, das zu tun, was die anderen versäumt hatten: seine Mutter zu bestimmen, die Kur einzuhalten. Nur sie konnte Hilfe bringen, falls Hilfe noch möglich war.

Frau Carolina hatte noch nicht zugestimmt, als er ihr schon einen Löffel der Medizin an die Lippen führte. Sie zuckte die Achseln und ließ sich überzeugen.

Eine Stunde später fühlte sie sich besser.

«Ja, ja», sagte sie, um Alfonsos Begeisterung zu dämpfen, «auch vorigen Monat hat mir die Medizin genützt, als ich sie zum erstenmal nahm, dann aber hat sie mir nur geschadet.»

Angekleidet legte er sich auf das Bett seines Vaters und nahm sich vor, nicht einzuschlafen. Der Schlaf übermannte ihn, und er erwachte erst, als es bereits heller Tag war.

«Wie fühlst du dich?» fragte er seine Mutter, die ihm beim Schlafen zugesehen hatte.

«Besser, besser», antwortete sie mit einem dankbaren Lächeln. «Ich habe einen zweiten Löffel Medizin genommen und fühle mich sehr erleichtert.»

Dann fragte sie ihn, ob er nicht Lust habe, ins Dorf zu gehen und seine alten Freunde zu begrüßen. Sie versicherte, daß sie ein oder zwei Stunden allein bleiben könne.

Er bat Giuseppina, die er wieder im Garten beschäftigt fand, auf seine Mutter zu achten. Sie versprach es. Er war sanft zu ihr. Die Bäuerin, die tief erschrocken war, als sie ihn erblickte, erklärte ihm jetzt eifrig, daß sie Gemüse für das Mittagessen hole. Sie war kein fauler Mensch, aber sie zog es vor, die Erde zu bearbeiten, statt Kranke zu pflegen, und das Unrecht lag bei jenen, die sie zur Krankenwärterin bestellt hatten.

Das Haus war ungewöhnlicherweise mit einer der Schmalseiten der Hauptstraße zugekehrt und mit dieser durch einen ausgetretenen Pfad verbunden.

Die Felder waren weiß vom Reif, den die Herbstsonne noch nicht aufgelöst hatte. Von hier aus betrachtet, wirkte das Dorf weit unansehnlicher, als es war. Es schien lediglich aus zwei einfachen Häuserreihen zu bestehen. Eine Wendung der Hauptstraße verbarg nämlich den weniger regelmäßigen, aber dafür am dichtesten bevölkerten Teil der Ansiedlung. Auf der Talseite gab es noch eine zweite Straße, die zur Hauptstraße parallel verlief, aber nur halb so lang war. An dieser zweiten Straße lagen, wie in einem regellosen Haufen, die schmutzigen Häuschen, in denen die Ärmsten des Dorfes wohnten. Im kleinen, gleichsam in embryonalem Zustand, war das Dorf genauso eingeteilt wie die Stadt.

Aufgeregt begann Alfonso seinen Schritt zu beschleunigen, als er an einem Fenster den schwarzhaarigen Kopf Rosinas erblickte, seiner ersten Liebe. Er liebte sie nicht mehr, das war gewiß, aber er empfand doch ein süßes und freudiges Gefühl, als er sie wiedersah.

Sie war ein junges Mädchen, das bei einer alten Verwandten in Dienst stand und dort auch wohnte. Im Hause aber gab es wenig zu tun, sie führte das Leben eines Fräuleins, ein besseres als irgendein anderes Mädchen im Dorfe. Alfonso hatte mit ihr bei einer Kirchweih getanzt, er hatte sie vor allem deshalb erwählt, weil sie ihm durch ihre Erziehung und durch ihre Art, sich zu kleiden, den anderen überlegen schien. Später kam es zwischen ihnen zu einer herzlichen Freundschaft. Sie äußerte sich darin, daß sie täglich ein paar Worte miteinander wechselten, sie vom Fenster aus und er auf der Straße stehend. An manchen Abenden plauderten sie miteinander auch abseits des Hauses, das heißt außerhalb des Ortes; aber selbst in der vollständigen Dunkelheit wagte er es niemals, auch nur ihre Hand zu küssen. Er sagte ihr übertriebene Schmeicheleien über ihre Schönheit, nie jedoch, daß er sie liebe. Rosina verkörperte nicht sein Ideal, und damals hatte er noch nicht darauf verzichtet, es einmal zu finden. Es lag also nicht in seiner Absicht, mehr zu erreichen. Im Dorf jedoch – und Frau Carolina schrieb es auch Alfonso – erzählte man sich, daß seine Abreise für Rosina eine schwere Enttäuschung gewesen sei.

Jetzt näherte er sich ihr, erstaunt darüber, daß sie ihn nicht gleich beim ersten Anblick wiedererkannt hatte.

«Fräulein Rosina, kennen Sie mich denn nicht mehr?»

«Oh! Herr Alfonso!» sagte Rosina mit gelassener Überraschung. Sie nickte ihm flüchtig und zögernd zu, vielleicht, weil sie ihn wirklich noch nicht ganz wiedererkennen konnte oder weil sie ihn nicht wiedererkennen wollte.

«Sie geben mir gar nicht die Hand?»

«Hier!»

Aber sie reichte sie ihm immer noch nicht. Bevor sie sich aus dem Fenster beugte, blickte sie nach rechts und nach links, um sich zu vergewissern, daß niemand sie beobachtete.

«Wie geht es Frau Carolina?» fragte sie und zog ihre Hand zurück, die sie nur einen Augenblick lang reglos der seinen überlassen hatte.

«Ach, sehr, sehr schlecht!» sagte Alfonso, seltsam erregt durch diese schwarzen Augen und durch dieses Haar, das an den Schläfen glatt zurückgestrichen und schneckenförmig um die Ohren gelegt war. Ihre Zurückhaltung im Gehaben und Reden verlieh ihr eine Kälte, die ihn nun ihr feundschaftliches Lächeln, mit dem sie einst nicht kargte, um so sehnlicher zurückwünschen ließ.

«Bleiben Sie jetzt hier?»

«Nein», antwortete Alfonso. «Ich bleibe nur so lange, wie sich meine Mutter, ihrer Krankheit wegen, nicht rühren kann. Dann ziehen wir in die Stadt.»

«Ich bin verlobt», sagte sie einfach.

Da niemand diese Mitteilung von ihr verlangt hatte, war es klar, daß Rosina sie nur deshalb machte, um ihm zu verstehen zu geben, wie gleichgültig ihr seine Abreise aus dem Dorf war.

Er vergaß beinahe, sie zu fragen, wer der glückliche Bräutigam sei.

«Gianni.»

Gianni war der Sohn des Krämers Creglingi. Ein schöner Bursche. Er verwaltete den Landbesitz seines Vaters, der sich nicht dazu entschließen konnte, aus seinem Laden herauszukriechen, mit dem er sich sein Vermögen erworben hatte. Rosina machte eine gute Partie, sicherlich eine bessere, als wenn sie Alfonso geheiratet hätte.

«Meine Glückwünsche», brachte Alfonso mit einiger Verspätung hervor, die an der Aufrichtigkeit dieser Wünsche zweifeln lassen konnte.

«Viele Grüße an Frau Carolina», sagte Rosina unvermittelt und zog sich ohne weiteres zurück.

Alfonso begriff sogleich die Ursache ihres fluchtartigen Rückzuges. Von der Straßenbiegung her näherte sich der Notar Mascotti, begleitet von Faldelli, dem Besitzer eines der beiden Gasthäuser, die es im Dorfe gab. Die ausgemergelte Gestalt dieses Alten war von unordentlichen Kleidern umschlottert. Er schien zu frieren, denn er hatte die Hände in die Ärmel seiner Jacke geschoben.

Sie grüßten Alfonso, und er ging ihnen entgegen. Faldelli hob einen Arm, um die Hand aus dem Ärmel zu ziehen, drückte kräftig, aber kurz Alfonsos Hand, dann schob er seine Hand wieder in den Ärmel zurück. Er war nicht höflich, und als Mascotti an Alfonso die Frage richtete, wie es der Mutter gehe, trat er zur Seite und blickte zerstreut um sich.

Mascottis höfliche Frage schien Alfonso die geeignete Gelegenheit, dem Mann Vorwürfe über die mangelhafte Betreuung Frau Carolinas zu machen.

Er berichtete mit großem Ernst von der traurigen Nacht und den Schrecken, die er mitgemacht hatte, und sprach in bitterem und zornigem Ton vom Verhalten Giuseppinas, der das Leben seiner Mutter anvertraut war.

Mascotti begriff ohne Zweifel sogleich, daß er es war, dem die Strafpredigt galt. Er sagte gutmütig, aber doch mit aller Entschiedenheit: «Nun, wir alle machen es uns gern ein bißchen bequem auf dieser Welt. Giuseppina hat die Sache wahrscheinlich deshalb leicht genommen, weil sie gesehen hat, daß Sie jetzt da sind. Es ist ja nicht nötig, daß alle um einen Kranken herumstehen!»

Er hatte sich nun eine ganz andere Verteidigungstaktik zurechtgelegt als am Tage vorher. Alfonso war überrascht. Mascotti wirkte entschlossen, und er war, wie man sehen konnte, auch wohlvorbereitet, denn er hatte den Angriff prompt verstanden und zurückgewiesen. Er leugnete gar nicht mehr, daß Frau Carolina nur unzureichend umsorgt war, aber er behandelte die ganze Angelegenheit, als sei sie kaum von Belang. Zwar war er der Kurator, aber niemand konnte ihm nachweisen, daß er deswegen auch verpflichtet sei, sich um die Gesundheit Frau Carolinas zu kümmern. Alfonso fürchtete, sich eine grobe Antwort zuzuziehen, wenn er ihm ein scharfes Wort sagte, eines jener Worte, die er in der Nacht, in seinem Zorn gegen Giuseppina, gedacht hatte. So schwieg er.

Der Notar erzählte ihm, Faldelli habe ein Kapital zur Seite legen können und beabsichtige nun, Grundstücke zu kaufen. Diese Mitteilung klang so, als leite sie noch weitere Mitteilungen ein, die für Alfonso von besonderer Bedeutung sein könnten. Faldelli aber unterbrach ihn und verabschiedete sich. Während er Mascotti die Hand drückte, sagte er: «Es hat gar keine Eile, Herr Notar, wirklich nicht!» Er entfernte sich mit hastigen Schritten, in der Richtung seines Gasthauses, das auf dem kleinen dreieckigen Platz, Creglingis Laden gegenüber, lag.

«Sie machen einen Spaziergang, um Ihr altes Heimatdorf wieder zu besichtigen», meinte Mascotti gut gelaunt. «Ich begleite Sie, wenn Sie mir versprechen, nicht zu laufen.»

Er spielte scherzhaft auf den bösen Moment an, als Alfonso bei der ersten Mitteilung über den Zustand seiner Mutter den Kopf verloren hatte.

In der Hauptstraße stand jedes Haus noch da wie ehedem. Nicht nur die Hausschilder waren noch genau die gleichen, sogar der Maueranstrich war unverändert, denn er konnte gar nicht blasser werden, als er schon war. Einige Fenster waren wie immer dauernd geschlossen, andere dauernd geöffnet. Alfonso kam das ganze Dorf wie ein altes Museumsstück vor, das man nicht antastet, auch nicht zu Restaurierungszwecken, weil man es so erhalten will, wie es ist. Die gesamte Tätigkeit der Bewohner spielte sich außerhalb des Dorfes, auf den Feldern ab.

Ein Haus, ein einziges, war doch verändert. Es war um

ein Stockwerk erhöht worden, und der neue Arbeitsraum, den man seitlich angebaut hatte, unterschied sich deutlich vom alten, dessen Kalkanstrich tief geschwärzt war. Hier wohnte jetzt Selini, der Bäcker, im Dorf aber hieß es immer noch das Haus Carli, nach der Familie, der es einst gehörte.

Alfonso gelang es leicht, sich all die Neuerungen, die man an dem Hause vorgenommen, wegzudenken, und es wieder so zu sehen, wie es einst gewesen war, klein, schwarz, trübselig. Es war ein Unglückshaus, in dem innerhalb weniger Tage alle Familienmitglieder, bis auf eines, gestorben waren: die beiden Jungen, mit denen Alfonso gespielt hatte, ein fünfzehnjähriges Mädchen und Vater Carli selbst, ein guter Freund des alten Nitti, ein ansehnlicher Mann, der stets eine so schneeweiße Jacke trug, daß man auf ihr gar nicht das Mehl entdecken konnte, mit dem sie bestäubt war. Alfonso erinnerte sich noch genau aller Einzelheiten dieses tragischen Falles, der in seiner jugendlichen Seele eine unauslöschliche Spur hinterlassen hatte. Als er sich all diese gesunden und kräftigen menschlichen Organismen vor Augen führte, die wie mit einem Schlag vernichtet wurden, die – so schien es ihm jetzt – zwecklos in die Welt gesetzt worden waren, begann er zum erstenmal am Dasein zu zweifeln.

Eines Abends kam der alte Nitti später als sonst nach Hause und erzählte, daß Guido Carli, der jüngere Sohn, an Typhus erkrankt war, und zwar so schwer, daß der Doktor am Aufkommen des Jungen zweifelte. Noch am Tage vorher hatte Alfonso mit Guido gesprochen – und nun lag der Junge im Sterben. Die Nittis wohnten damals genau gegenüber der Familie Carli, und Alfonso trat in dieser Nacht mehrmals ans Fenster, um das dunkle Haus zu betrachten, in dem nur ein einziges Zimmer erleuchtet war, jenes, in dem man mit dem Tode rang.

Wenige Tage später war der Junge tot. Während Alfonso noch darüber nachdachte, wie er dem überlebenden Freunde seine Zuneigung beweisen könnte, um ihn über den Verlust des Bruders zu trösten und dabei selbst Trost zu finden, erfuhr er, daß auch der zweite Junge, dessen Schwester und sogar der Vater von der gleichen schrecklichen Krankheit befallen worden waren. Jeden Tag wurde ein Sarg aus dem Hause getragen. Der erste umschloß den Leichnam des Mädchens, der zweite den des Vaters. Das Haus aber blieb stumm und gleichgültig, als habe man irgendeine Ware aus ihm hinausgeschafft.

Erst als es niemanden mehr gab, an dessen Krankenbett man wachen konnte, erst hinter dem Sarg des letzten Sohnes, öffnete sich endlich ein Fenster, und in ihm erschien, von zwei Männern zurückgehalten, die Mutter, die Alfonso vorher nie gesehen hatte: sie schrie, sie wolle sich aus dem Fenster stürzen, um den Ihren zu folgen. Sie war eine noch junge Frau. Sie bat, man möge sie doch loslassen, und schien erstaunt, daß man sie zurückhielt. Auch Alfonso fand die Anwendung von Gewalt, mit der die beiden Männer sie am Sterben hinderten, höchst hassenswert.

Das Haus wurde zum Verkauf ausgeschrieben, aber niemand wollte es erwerben, zu viel Unglück hatte sich in ihm ereignet. Schließlich wurde es für einen Pappenstiel an Selini verkauft, der eben erst ins Dorf gezogen war. Auch Frau Carolina weigerte sich damals entschieden, das Haus Carli zu kaufen, obwohl es für Nittis Praxis weit besser geeignet gewesen wäre als das unförmige Gebäude, das so weit vom Dorf entfernt lag.

Sicherlich kam auch dem Notar, als sie jetzt hier vorübergingen, der Kaufvertrag, zu dem das Haus damals Anlaß gegeben, wieder in den Sinn. Jedenfalls brachte er Alfonso die Parallelität der Fälle zum Bewußtsein, als er offen heraus sagte: «Faldelli hat mir mitgeteilt, daß er gerne euer Haus kaufen möchte.»

Alfonso fuhr zusammen: «Es ist nicht zu verkaufen», erklärte er trocken.

«Was wollen Sie denn mit dem Haus machen?»

Aus der ungeschlachten Art des Notars ersah Alfonso, daß der lange Aufenthalt unter Bauern auf Mascotti einen weit größeren Einfluß ausgeübt hatte als seine Universitätsstudien.

«Und meine Mutter?»

Die Überlegungen des Notars waren ganz anderer Art. Er war sichtlich überrascht, daß man Frau Carolina immer noch zu den Lebenden zählte. Aber er paßte sich ohne weiteres dieser Fiktion an: «Ihre Mutter hat mir gesagt, daß sie die Absicht habe, mit Ihnen in die Stadt zu übersiedeln.»

«Ich werde mir die Sache noch überlegen», sagte Alfonso traurig. Die Nacht, die er an der Seite seiner Mutter verbracht, hatte ihm alle Hoffnungen genommen, und Mascottis Worte lenkten nun seine Gedanken jenen Schlußfolgerungen zu, die man aus dem Stand der Dinge ziehen mußte. Wirklich, was sollte er, wenn er allein blieb, mit dem Haus beginnen?

«Lebt die alte Doritti noch?»

Dieses originelle, immer rege Weiblein fiel ihm beim Anblick eines kleinen Hauses mit verschossener Farbe, mit grünlichen Fenstern und schmutziggrauen, abbröckelnden Mauern plötzlich ein. Seinerzeit war die Doritti unermüdlich mit der Feld- und Hausarbeit beschäftigt gewesen, sie machte alles selbst, um keinen Fremden im Hause zu haben. Im Dorfe erzählte man sich, daß sie sogar gemeinsam mit den Hühnern die Eier bebrütete, damit die Kücken rascher ausschlüpften. Von dem Häuschen sagte man, es sei nur deshalb noch nicht eingestürzt, weil es sich nicht entschließen könnte, nach welcher Seite es fallen solle. Nichtsdestoweniger stand es immer noch fest in seinen Grundmauern, die etwas frech aus der Reihe der übrigen Häuser tanzten.

In diesem Hause hatte der alte Doritti, der Gatte, viele Jahre hindurch im Erdgeschoß ein Lebensmittelgeschäft geführt, das ihm viel Geld eingetragen haben sollte. Dann war Creglingi gekommen, und dessen Geschäft, im Zentrum des Dorfes gelegen und weit besser mit Waren versehen, nahm Doritti die Kunden weg. Anfangs konnte Doritti es nicht fassen, daß man ihn auf diese Weise zugrunde richten durfte. Außer sich vor Zorn zerstritt er sich mit dem halben Ort, mit Creglingi, mit seinen eigenen Kunden, die er dabei überraschte, wie sie ihn ‹verrieten›, das heißt bei seinem Konkurrenten einkauften. Er stellte sich auch neben dem Konkurrenzgeschäft auf, um sie auf frischer Tat zu ertappen. Dann beruhigte er sich. Er wartete ohne Ungeduld, daß die zwei oder drei Kunden, die ihm noch verblieben waren, seine letzten Warenbestände aufkauften, dann schloß er die Tür und zog das Geschäftsschild ein. Die beiden Alten lebten noch mehrere Jahre miteinander, verkehrten mit niemandem, denn des Unrechts wegen, das man ihnen angetan, haßten sie alle Dorfeinwohner. Der Alte starb sogar ohne ärztlichen Beistand. Seither verließ die Doritti das Haus nur sonntags, um zur Messe zu gehen. Sie trug ein Kleid aus schwarzer, mit einem Schneckenmuster bestickter Seide, das den Stoff besonders schwer erscheinen ließ. Jetzt, an einem gewöhnlichen Wochentag, saß sie gewiß hinter einem der Fenster vor der Spindel oder sie strickte. Sie war ein altes Weiblein, ähnlich dem Hause, in dem sie wohnte, klein, windschief, aber zäh.

Alfonso hatte diese beiden Typen vergessen, nun, da er sich ihrer wieder erinnerte, war es ihm wie eine Neuentdeckung.

«Die beiden Alten haben doch sicher recht glücklich miteinander gelebt.»

Wenn man auf dieser Seite das Dorf verließ, gab es, etwa einen Kilometer lang, noch einen Grünstreifen, der im Kampf mit dem Stein lag, gleich danach aber erhob sich ein Steinhügel, der den Beginn jenes Landstriches anzeigte, der im Dorf – nach dem italienischen Wort ‹sasso› für Stein – als ‹Sassonia›, das heißt Sachsen, bezeichnet wurde.

Der Friedhof lag hinter dem Dorf, schon auf der Anhöhe. Er wirkte heiter, frisch, leuchtete in einem üppigen Grün, das vom Weiß der Grabsteine kaum unterbrochen schien. Die Toten schliefen dort sehr nahe den Lebenden, und so wurde der Tod als eine nicht allzu große Trennung empfunden.

Mascotti wollte Alfonso nach Hause begleiten, um zu sehen, wie es Frau Carolina gehe, aber vor der Haustür blieb er stehen: «Es macht mich zu traurig», erklärte er. Als Alfonso wieder herauskam und ihm verstört mitteilte, daß es der Mutter nicht gut gehe, sagte Mascotti: «Armer Junge!» Trotz seines Mitgefühls ging er. Er hüpfte, um sich zu erwärmen, und als er zur Hauptstraße kam, sprang er mit einem Satz zu ihr hinauf, als wäre er noch ein Jüngling.

Frau Carolina ging es wirklich nicht gut. Alfonso machte sich Vorwürfe, daß er sie eine ganze Stunde lang allein gelassen hatte.

Nachdem sie die Medizin auf Alfonsos Veranlassung eingenommen hatte, war ihr leichter geworden, und so schrieb sie ihr naturgemäß die Besserung ihres Befindens zu. Eine halbe Stunde später hatte sie, die Vorschrift des Arztes befolgend, einen zweiten Löffel davon genommen. Nun wurde sie von dem Übelsein befallen, das sie bereits kannte. Es war recht verschieden vom Anfall in der Nacht, aber nicht weniger schmerzhaft. Eine ungeheure Müdigkeit überkam sie, das Gefühl, als weigere sich jeder einzelne Teil ihres Körpers, weiterzuleben. Ihre Stirn war, wie während des Herzanfalls, mit Schweiß bedeckt, nur das Auge, das in der Nacht halb geschlossen gewesen, hatte jetzt einen leuchtenden Glanz und war vor Angst weit aufgerissen. Sie war außerstande, Alfonso irgendwelche Erklärungen zu geben. Seine mitleidvollen Worte brachten sie zum Weinen: «Diese verfluchte Medizin!» murmelte sie und vergaß ganz, daß sie ihr ja auch schon wohltätige Erleichterung gebracht hatte.

Es war ein schlimmer Tag, so wie die Nacht schon schlimm genug gewesen war.

Die Kranke kam gar nicht dazu, anzuzeigen, wann ihr Übelsein vorüber war, denn gegen Abend wurde sie erneut von der Atemnot befallen, die fast die ganze Nacht hindurch dauerte.

Von nun an gab es nicht einmal mehr eine vorübergehende Besserung. Je schlimmer es der Kranken ging, desto mehr sehnte sie sich nach dem Leben. Es war jetzt leicht, sie zu bestimmen, die Medizin einzunehmen, die ihr nach Ansicht des Arztes einzig und allein das Leben erhalten konnte. Es war ein ununterbrochenes Leiden, entweder infolge der Krankheit selbst oder infolge der Medizin, die diese Krankheit bekämpfen sollte. Ein weiteres Zeichen für Frau Carolinas erwachten Lebenshunger war ihr verändertes Benehmen Doktor Frontini gegenüber, zu dem sie viel höflicher war. So groß war ihr Leiden, daß sie keinen Widerstand mehr leistete und alle Antipathien vergaß. Man hatte ihr gesagt, alles Heil könne nur von Doktor Frontini kommen, und sie glaubte es.

Der Arzt erschien daher von nun an häufiger, er blieb oft stundenlang und unterhielt sich mit Alfonso, allerdings mehr über andere Dinge als über die Krankheit der Frau Carolina. Es war ihm nicht gelungen, sein Wissen an dieser Krankheit zu beweisen, und so wollte er es dadurch beweisen, daß er von anderem sprach. Alfonso war glücklich, den Arzt möglichst lange im Krankenzimmer zu haben, denn wenn es Frau Carolina während dieser Zeit schlechter ging, fühlte er sich durch Frontinis Gegenwart beruhigter, auch wenn der nur wenig oder gar nicht helfen konnte.

Auch Mascotti kam öfter, aber er blieb in der Türe stehen und rief der Kranken ermutigende Worte zu, ohne einzutreten. Die Kranke bemerkte Mascottis Abneigung, näher zu kommen. Sie fragte Alfonso: «Stinke ich so, daß er mich meidet?»

Die Atmosphäre in diesem Zimmer war immer drükkender geworden. Sogar Alfonso fühlte sich erleichtert, wenn er für eine halbe Stunde ins Freie flüchten konnte. Es war nicht möglich, den Raum zu lüften, denn schon nach wenigen Tagen, nach einem Schneefall, war die Temperatur höchst empfindlich gesunken und die Fensterscheiben waren mit launigen Eisblumen bedeckt. Auch als es ihr an Atem fehlte, verlangte die Kranke nicht mehr, daß man die Fenster öffne, denn einmal, als sie sich von der frischen Luft Erleichterung erhoffte, hatte die schneidende Kälte sie fast getötet.

Es war ein höchst seltsames Leben, das Alfonso in diesem Zimmer führte. Er war den ganzen Tag entweder damit beschäftigt, die Kranke zu überzeugen, daß ihr Leiden gar nicht so ernst sei, oder damit, ihr dieses Leiden zu erleichtern. Ein Tag glich so sehr dem anderen, daß er nicht mehr zu sagen wußte, wie lange er sich bereits im Dorfe befand. Sein Liebesabenteuer mit Annetta erschien ihm wie in ferne, ferne Vergangenheit gerückt.

Eines Tages brachte der Postbote Marco zwei Briefe. Marco, der sich auf seinen langen Wanderungen in der Umgebung die Zeit damit vertrieb, die Adressen auf ihre Schriftzüge hin zu studieren, versicherte, der eine müsse von einer Frau stammen. Als Alfonso die Briefe entgegennahm, hatte er ein unangenehmes Gefühl. Es gab also doch noch Leute, die die vergangene Zeit als nicht vergangen genug empfanden, um Ereignisse und Menschen endgültig der Vergangenheit zu überliefern!

Der andere Brief trug eine Männerschrift, die charakteristische Schrift Sanneos, aber er war von Cellani unterfertigt. Es war, auch dem Inhalt nach, ein unverkennbares

Schreiben des Bankhauses Maller & Co. In der kalten und gemessenen Form, mit der die Bank ihren Klienten geschäftliche Mitteilungen zu machen pflegte, wurde Alfonso zur Kenntnis gebracht, daß die Direktion aus dem an ihn gerichteten und mit ‹Mascotti› unterzeichneten Telegramm von der schweren Krankheit seiner Mutter erfahren habe. Die Direktion verlängere daher aus freien Stücken Alfonsos vierzehntägigen Urlaub auf einen Monat. Die bürokratische Form des Schreibens, das Cellani mit demselben Zeichen versehen hatte, das er sonst auf die für die Buchhaltung bestimmten Schriftstücke setzte, überraschte Alfonso nicht. Er war dankbar für den Urlaubsmonat und las sogleich den Brief Frau Carolina vor, die, wieder in einem Zustand tiefster Depression, düster vor sich hinmurmelte: «Ein Monat wird genügen.»

Der andere Brief war von Francesca.

«Was ich vorausgesehen habe, ist bereits geschehen oder im Begriff zu geschehen. Ich weiß zwar nicht ganz genau, bis zu welchem Punkt die Unterhandlungen zwischen Vater und Tochter gelangt sind, doch daß solche Unterhandlungen täglich stattfinden, weiß ich, und daß sie schon sehr weit gediehen sind, ersehe ich aus dem Umstand, daß mir Annetta nichts mehr erzählt. Ich nehme an, daß sie innerlich bereits mit ihrem Vater einig ist, da sie aber bis vor wenigen Tagen noch aufrichtig die Ihre war, ist es möglich, daß sie sich schämt, Sie jetzt schon ganz zu vergessen.

Gleich nach Ihrer Abreise sprach sie lange mit Herrn Maller. Der brach, wie mir Santo, der gelauscht hat, mitteilte, in lautes Geschrei aus, so daß Annetta zu weinen begann, zum erstenmal in ihrem Leben, wie ich glaube. Als sie mir gegenüber den Mund nicht auftat, sah ich sie mit einem Ausdruck des Vorwurfs an, der mich, wie alles, was ich zu Ihren Gunsten unternehme, große Mühe kostete. Annetta sagte mir, daß sie Sie immer noch liebe, aber daß es noch einen schweren Kampf mit ihrem Vater geben werde, um ihn so weit zu bringen, einer Heirat mit Ihnen zuzustimmen. Sie bat mich, Ihnen zu schreiben und Sie zu bitten, irgendeinen Vorwand zu finden, um länger im Dorf zu bleiben.

Es ist ein schlechtes Zeichen, Alfonso, daß sie Ihnen nicht selbst schreiben will. Ich nahm Annettas Auftrag entgegen, schrieb Ihnen aber nicht, weil ich hoffte, Sie heute, da Ihr Urlaub zu Ende ist, plötzlich hier auftauchen zu sehen. Ich weiß nur zu gut, warum ich diese Tage gezählt habe. Sie aber sind nicht gekommen! Ihrem ersten Fehler fügen Sie nun weitere hinzu, bis es für Sie keine Rettung mehr geben wird. Ich schreibe Ihnen jetzt, um Sie ein letztes Mal zu warnen. Wenn Sie sofort abreisen, kommen Sie vielleicht noch zurecht. Noch ist nicht alles verloren. Annetta zögert, sie schwankt zwischen dem Wunsch, ihrem Vater zu Gefallen zu sein, der nun seinerseits weint und beschwört, und der Liebe zu Ihnen, denn sie hat Sie geliebt. Garantieren aber kann ich für nichts mehr. Sie könnten bei Ihrer Rückkehr mit der Nachricht empfangen werden, daß Annetta mit Macario verlobt ist. Ich weiß nicht, ob dieser mein Brief seinen Zweck erreicht. Ich habe Ihnen gegenüber mehr als meine Pflicht getan. Wenn Sie trotz meiner letzten Warnung immer noch zögern, ist es überflüssig, daß Sie mir antworten oder Annetta schreiben. Ich erwarte von Ihnen keine Worte, keine überflüssigen Entschuldigungen. Sie würden nichts nützen. Nur Ihre Anwesenheit hier kann Sie, kann uns retten.»

Was sie als eine Warnung bezeichnete, glich sehr einem Hilferuf. Alfonso war erschüttert. Natürlich konnte er nicht daran denken, sich aus dem Dorf zu rühren und seine sterbende Mutter allein zu lassen. So blieben ihm diesmal Zweifel erspart. Wie sehr Francesca auch warnte und rief, er konnte ihr kein Gehör schenken. Aber es war doch traurig, daß er ihr durch seine Handlungsweise, die er selbst als natürlich und notwendig empfand, die aber jedem anderen Menschen wohl widersinnig erscheinen mußte, den Weg verstellte, den sie mit so großer Energie verfolgte. Er hinderte sie am Weiterkommen, während sie gehofft hatte, ihn zum Verbündeten in ihrem Kampf zu haben, dem vom Standpunkt der Anständigkeit und Gerechtigkeit der Sieg gebührte. Maller hatte sie verführt, und es war nur richtig, wenn er sie heiratete. Das waren die einzigen Gewissensbisse, die Alfonso empfand. Er warf sich weit mehr vor, Francesca verraten zu haben, als Annetta.

Etwa eine Stunde lang saß er am Bett seiner Mutter, in Gedanken versunken.

«Dieser Brief macht dir wohl große Sorgen?» fragte Frau Carolina, die ihn schon lange beobachtete.

Sie sprach wenig, denn das Reden bereitete ihr Mühe. Die wenigen Worte, die sie sagte, wurden manchmal erst ausgesprochen, nachdem sie sie schon lange gedacht hatte. Vielleicht studierte sie sein Gesicht schon von dem Moment an, da er sich seinen Gedanken überlassen hatte.

Er fuhr zusammen.

«Nein», antwortete er. «Einer meiner Freunde erzählt mir da Geschichten, über die ich nicht lachen kann.»

Sie fragte nicht weiter. Es kostete sie große Anstrengung, den Dingen, die um sie vorgingen, Aufmerksamkeit zu schenken. Es war leicht, sie zu täuschen.

Im übrigen brachte ihm Francescas Brief eine gute Nachricht. Genau wie sie es vorausgesehen, war seine Abreise aus der Stadt einem Verzicht auf Annetta gleichgekommen. Jetzt war es also gewiß, daß er der Verlassene sein würde. Diese Rolle gefiel ihm weit besser als die des Verräters. Umgekehrt, so ahnte er, hätte es Annetta nicht ertragen können, die Verlassene zu sein. Jedenfalls mußte es ihr weit größere Befriedigung verschaffen, diejenige zu sein, die ihm den Abschied gab. In dieser Hinsicht hatte er nichts zu bereuen.

Er machte sich daran, den Antwortbrief an Francesca zu schreiben, den er ihr, obwohl sie ihn nicht verlangt hatte, doch schuldig war. Damit der Brief seine Wirkung übe, mußte Alfonso sie – und darin, das merkte er gleich, bestand die hauptsächliche Schwierigkeit – davon überzeugen, daß seine Mutter wirklich schwer krank war. Offenbar hatte die Direktion der Bank davon den beiden Frauen keinerlei Mitteilung gemacht. Schließlich fand er den rechten Ton. Er vermied alle Kunstgriffe und faßte sich kurz wie jemand, der reine Tatsachen berichtet, ohne sich weiter darum zu kümmern, Beweise für die Wahrheit seiner Mitteilung vorzubringen. Er schrieb, daß seine Mutter in Lebensgefahr schwebe und daß er im Augenblick keinen Kopf für andere Dinge habe. Er schloß mit einem Satz, den er mit Recht für einen guten Einfall hielt: Er tat so, als glaube er nicht, daß seine Anwesenheit in der Stadt so notwendig sei, wie Francesca es behauptete.

«Wie Sie selbst in Ihrem Brief schreiben, liebt mich Annetta. Warum sollte sie mich also verlassen? Wenn ich hier bleibe, tue ich nichts als meine Pflicht.»

Als er den Brief abgesandt hatte, fühlte er sich erleichtert. Dieses Gefühl der Erleichterung war, wenn auch in geringerem Grade, jenem sehr ähnlich, das er bei seiner Abreise aus der Stadt empfunden hatte. Nachdem er eine Weile erneut in die alten Intrigen verwickelt worden war, konnte er nun wieder ganz ins Dorf zurückfinden. Auch der Anblick des leichenfahlen Gesichts seiner Mutter minderte kaum die Befriedigung, die er empfand.

Am Abend, als sie sich, nach einem Tag furchtbarer Qualen, für einen Augenblick beruhigte, fragte sie ihn: «Hast du deiner Liebsten geschrieben? Leugne es nicht. Es wäre schlecht, wenn es nicht so wäre.» In ihren halbgeschlossenen Augen blitzte gleichwohl etwas wie Eifersucht auf.

Er leugnete nicht. Er kannte sich. Er wußte, daß er ein Mensch war, der sich hinterher leicht bittere Vorwürfe machte und von Gewissensbissen geplagt fühlte. So achtete er in all diesen Tagen sorgsam darauf, sich so zu benehmen, daß er nachher kein rüdes Wort, keine rüde Geste der Sterbenden gegenüber zu bereuen haben würde. Es war also nötig, sich vertrauensvoll zu zeigen, sie von ihrer Neugierde zu befreien und ihr nichts vorzulügen. Es könnte ihm sonst später leid tun. Er sagte ihr freilich nicht die ganze Wahrheit, und zwar, um nicht fremde Geheimnisse preiszugeben. Zumindest führte er dies als Entschuldigung vor sich selbst an. Er erzählte ihr, daß er ein Mädchen liebe, daß die Betreffende sich aber bald als leichtfertig und kokett erwiesen habe, so wolle er sie aus seinem Herzen reißen. Das würde ihm übrigens leichtfallen.

«Ist es das Fräulein Lanucci?» fragte Frau Carolina mit einem gezwungenen Lächeln.

«Nein», antwortete er ernst, als befinde er sich im Beichtstuhl. «Es ist ein reiches Mädchen, das du nicht kennst.»

«Sehr reich?»

«So so, jedenfalls reicher als ich.»

Er wollte ihr nicht gestehen, daß er mit dem Mädchen, das er als kokett bezeichnet hatte, zugleich auf ein großes Vermögen verzichtete. Vielleicht würde seine Mutter ihm unrecht geben, wenn sie das erfuhr.

An diesem Abend sprach sie nicht mehr darüber. Sie mußte aber über seine Worte noch lange nachgedacht haben.

«Man sieht, daß du sie nicht wirklich liebst», sagte sie am nächsten Tag. «Sonst wärst du nicht so schnell darauf gekommen, daß sie leichtfertig und kokett ist. Oder du hättest ihr, auch wenn du darauf gekommen wärst, verziehen.»

Nach einem Anfall, der sie jeden Augenblick zu erstikken drohte, sagte sie, dankbar für die Hilfe, die er ihr geleistet hatte: «Du sollst sie nicht lieben. Du sollst keine lieben. Die Frauen sind deiner nicht wert.»

Obwohl er meinte, daß ihm nun an den Intrigen in der Stadt gar nichts mehr lag, waren nach dem Eintreffen von Francescas Brief seine Gedanken doch stundenlang mehr ihnen zugekehrt als seiner Mutter. Wenn ihn Annetta – wie Francesca in einem Ton, der keine Zweifel gestattete, versicherte – fallenließ, um ihren Cousin zu heiraten, welche Gefühle würde sie von nun an ihm, Alfonso, entgegenbringen? Gefühle des Hasses, das war gewiß. War der Gedanke an Annettas Niederlage schon ihm höchst peinlich – welche Empfindungen mußte er da erst in Annetta selbst hervorrufen, wenn sie mit einem anderen Mann verheiratet war? Scham und Haß. Vielleicht sogar tätlichen Haß, aus Angst, ihr Geheimnis könnte unter die Leute gebracht werden. Sie würde alles tun, ihn aus dem Bankhaus Maller zu entfernen, sie würde alles versuchen, ihm das Leben in der Stadt überhaupt unmöglich zu machen. Wie sollte er sich diesem Haß gegenüber verhalten? Sollte er reagieren, sich verteidigen? Er glaubte, kein Recht dazu zu haben! In seiner Phantasie sah er sich schon verfolgt und geriet in helle Aufregung über das Unheil, das, wie er sich vorstellte, seiner harrte.

Seine Mutter bemerkte die Tränen in seinen Augen.

«Warum weinst du?»

«Die Augen brennen mir, ich weine nicht.»

Sie schwieg. Sie glaubte, daß seine Tränen ihren Leiden galten, in Wahrheit aber weinte er, weil er sich vorstellte, wie er aus der Bank gejagt würde, von Maller und von Cellani beschimpft. Er sah sich die Bank verlassen, das Haupt gebeugt unter der Last einer Schuld, die eine ganz andere war als jene, die man ihm offiziell zuschrieb.

Wenn seine Mutter Hilfe brauchte, mußte sie ihn jetzt mehrmals rufen, ehe er sie hörte.

Und die arme Frau brauchte von nun ab seine Hilfe ununterbrochen, denn sie war nicht einmal mehr imstande, sich allein im Bett umzudrehen. Ihr Körper war vom Liegen an vielen Stellen wund geworden, und der Schmerz, den der Druck auf diese Stellen erzeugte, rief in ihr jeden Augenblick den Wunsch hervor, die Stellung zu ändern. Die Umlagerung war überaus schwierig, und um sie durchführen zu können, erfand Alfonso eine eigene Methode. Er beugte sich bis über das halbe Bett, und sie klammerte sich mit beiden Händen an seinen Hals. Sodann drehte er sich jener Seite zu, auf der sie, sich umwendend, zu liegen wünschte. Nachdem die Kranke die Schwenkung in schwebendem Zustand durchgeführt hatte, ließ sie ganz einfach eine Hand von Alfonsos Hals los. Wirkliche Erleichterung aber empfand sie nur, solange sie sich an seinem Hals festhielt und lediglich mit den Füßen auf dem Bett ruhte. Aus seinen Träumen gerissen, ging er immer wieder zu ihr hin und half ihr, sich an seinem Hals hochzuziehen. Aber schon, wenn er ihr nur noch als Halt diente und sie unter Schreien und Weinen die erste Anstrengung machte, sich vom Bett zu heben, kehrten seine Gedanken wieder zu Maller, Cellani und Annetta zurück.

Bald jedoch erreichten die Leiden der Frau Carolina ein solches Ausmaß, daß ihm keine Zeit mehr für seine Träumereien blieb. Sie fand keine Sekunde Ruhe, sie brauchte ihn ununterbrochen und beanspruchte jetzt nicht nur seine Körperkraft, wenn sie sich an ihn klammerte, sondern auch seinen Erfindungsgeist, um neue Methoden zu ersinnen, wie ihre Schmerzen zu lindern wären. Er konnte nicht nur nicht mehr vor sich hinträumen, sondern nicht einmal mehr denken. Das unmittelbar bevorstehende, furchtbare Ereignis, das sich vor seinen Augen ankündigte, nahm ihm alle Denkfähigkeit.

Frau Carolinas Nervensystem war völlig zerstört und bereitete ihr weitere, besondere Schmerzen. So schien es der Kranken, daß die Matratze sich nach einer Seite neige; sie meinte jeden Augenblick, aus dem Bett zu gleiten. Obwohl die Matratze vollkommen eben lag, mußte man sie doch an der betreffenden Seite durch Polster höher lagern. Natürlich nützten all diese Bemühungen nichts und bewiesen der Kranken nur, daß das Leiden in ihrem eigenen Organismus saß und nicht von den Gegenständen herrührte, die sie belästigten. Zur Rechten ihres Bettes befand sich ein Fenster; sie wünschte, daß man es mit einem Leintuch verhänge, da das Licht von dieser Seite sie störe. Nun aber störte sie die weiße Farbe des Tuches, und auch als Alfonso es durch ein schwarzes Tuch ersetzte, fühlte sie sich nicht besser.

«Ich verstehe, ich verstehe!» stöhnte sie. Sie verlangte keine weiteren Veränderungen mehr, doch kam für sie, auch als sie dem verhängten Fenster den Rücken zukehrte, von dieser Seite weiterhin eine undefinierbare Belästigung.

Nur einmal noch fand Alfonso so viel innere Ruhe, um einen kurzen Spaziergang zu unternehmen. Er ging rasch, denn er wollte nicht allzu lange der Kranken fernbleiben, wünschte aber doch, zumindest bis ins Dorf zu gelangen. Es war ihm daher höchst unangenehm, als er gleich nach Verlassen des Hauses dem jungen Creglingi begegnete, Rosinas Bräutigam. Von zwei Bauern begleitet, war er zu seinen Feldern unterwegs, die weiter noch als Alfonsos Haus lagen und die Hälfte des fruchtbarsten Teiles des Tales einnahmen.

Alfonso gelang es nicht ganz zu verbergen, daß diese Begegnung ihm wenig erwünscht war, aber auch Creglingi benahm sich zunächst nicht besonders freundlich. Wäre ihm Alfonso, der sich schämte, an einem alten Freunde grußlos vorüberzugehen, nicht als erster entgegengetreten, Creglingi hätte vermutlich kein Zeichen des Wiedererkennens von sich gegeben.

‹Ist es mir wirklich so unangenehm, daß er Rosinas Verlobter ist?› fragte sich Alfonso, überrascht über seine eigenen feindseligen Gefühle. Nicht über die Creglingis.

«Wie geht es dir?» fragte Creglingi. Er war ein kräftiger junger Bursche von recht gewöhnlichen Gesichtszügen. Seine Haut war von der Sonne gefleckt, in seinem runden Gesicht blickten zwei kleine, schlaue Augen. Er war etwas verlegen. Alfonso schrieb dies der Eifersucht Rosinas wegen zu.

«Meine herzlichen Glückwünsche», sagte Alfonso rasch und drückte ihm kräftig die Hand, um keinen Zweifel an der Aufrichtigkeit seiner Wünsche aufkommen zu lassen.

Aber auch nach diesen Glückwünschen schien Creglingis Befangenheit seinem alten Freunde gegenüber nicht zu weichen. Er verabschiedete sich, indem er erklärte, er müsse zu einer bestimmten Stunde wieder zurück sein und vorher noch Heu auf einem Felde einsammeln, zu dem er ein gutes Stück Weges zu gehen habe.

Es war eine Jugendfreundschaft gewesen, und sie hatte, obwohl mit dem Fortschreiten der Jahre die Verschiedenheit der beiden jungen Leute immer deutlicher wurde, bis zu Alfonsos Abreise aus dem Dorf gehalten. Creglingis Geistesgaben waren nicht sonderlich entwickelt, besser: sie waren zugunsten der physischen Arbeit vernachlässigt worden. Alfonso aber hätte sich nie entschließen können, diese Beziehung abzubrechen, denn er trieb mit seinen Jugenderinnerungen einen geradezu abergläubischen Kult. Nun, da er sich von seinem Jugendfreund zurückgewiesen sah, fühlte er sich bedrückt. Creglingi verfügte im ganzen über zwei oder drei Gedanken, die mußten für sein ganzes Leben reichen, aber Alfonso hatte ihn dennoch ertragen, weil er für die Kraft und Entschlossenheit, die er in ihm spürte, eine gewisse Sympathie empfand.

Es kam ihm so vor, als lachten die drei Männer verstohlen über ihn. Das Blut schoß ihm zu Kopf, er drehte sich um und wollte ihnen schon eine Grobheit sagen, aber die drei schritten ruhig nebeneinander dahin, Creglingi in der Mitte, den Kopf gesenkt. Er meinte schon, sich getäuscht zu haben, bald aber begriff er, daß die Bauern deshalb gelacht hatten, weil es ihm richtig erschienen war, vor ihnen nach städtischer Art den Hut zu lüften.

‹Dummköpfe›, dachte er, um sich zu beruhigen. ‹Ich werde ihnen bei Gelegenheit schon den Sinn dieses Grußes beibringen.›

Der Urlaubsmonat war zu Ende. Am letzten Tage erinnerte er sich, daß er um Verlängerung ansuchen mußte. Er schrieb einen herzlichen Brief direkt an Cellani, dankte ihm für die bisher bewiesene Geduld und bat gleich um einen weiteren Monat. Er war tief überzeugt, daß auch vierzehn Tage genügen würden. Auf eine Besserung im Befinden seiner Mutter war nicht zu hoffen, und gerade deshalb wollte er nicht eine allzu knapp bemessene Frist schriftlich festlegen, gleichsam als wünsche er, ihr Leben zu verkürzen. In dem Brief jedoch gab er seiner Hoffnung auf eine vollständige Gesundung seiner Mutter Ausdruck und fügte aus Gewissenhaftigkeit hinzu, er werde vielleicht noch um eine weitere Verlängerung ansuchen müssen.

In der letzten Woche hatten die körperlichen Leiden der Frau Carolina nachgelassen. Gerade das kündigte das Nahen des großen Friedensbringers an. Ihr Organismus war nicht einmal mehr fähig, Schmerz zu empfinden.

Eines Morgens nach einer durchwachten, unruhigen Nacht – die Kranke war, ohne zu delirieren, in eine erschreckende Sinnestrübung verfallen – stellte Alfonso fest, daß ihre Stimme verändert war. Sie klang tiefer, aber schwächer. Sie wurde immer wieder durch die hastige und unzureichende Atmung unterbrochen. Doch schien die Kranke darunter nicht zu leiden. In einem lichten Augenblick sagte sie mit angsterfüllter Stimme, daß sie sterbe. Sie hatte das Gefühl, daß die Wände sich neigten und auf sie zu stürzen drohten. Sie meinte, daß draußen ein Sturm tobe. Einmal geriet sie außer sich und verlangte, man möge nachsehen, ob das Dorf noch stehe. Dann drängte es sie, ihre Empfindungen zu beschreiben. Stundenlang suchte sie vergeblich nach dem geeigneten Wort. Es sei, sagte sie, seltsam und furchtbar, sie fühle sich wie gefoltert und empfinde doch keine Schmerzen.

Gegen Abend verlor sie das Bewußtsein. Alfonso glaubte schon, sie sei tot, und begann hemmungslos zu weinen. Dieser lange Tag mit seinen neuen Leiden, das Gefühl der eigenen absoluten Ohnmacht – das alles war ihm wie eine überraschende Enthüllung von Dingen, die er bisher nie geahnt hatte. Die Krankheit, welcher der arme Organismus seiner Mutter erlag, erschien ihm schließlich wie ein eigenes Wesen. Er sah es, wie es von Zeit zu Zeit zuschlug und aller Gegenmaßnahmen hohnlachte. Es trieb mit dem Menschen, der ihm nicht entrinnen konnte, ein Katz- und Mausspiel, es gewährte trügerische Ruhepausen, um am Ende, in eben diesem Augenblick, den Todesstreich zu führen.

Giuseppina betastete den Körper ihrer Herrin. Da sie ihn kalt fand, kam ihr der sinnreiche Einfall, ihn dadurch wieder zu beleben, daß sie das Bett wärmte. Tatsächlich öffnete Frau Carolina noch einmal die Augen und blickte flehentlich um sich. Sie bat irgend jemanden um Gnade.

Giuseppina rühmte sich des Wunders, das sie vollbracht, aber es dauerte nicht lange an. Vielleicht fühlte die Kranke das Nahen des Todes, denn sie hob ihren Kopf, als wollte sie jemanden höflich grüßen, und murmelte:

«Das habe ich noch niemals empfunden!» Es waren ihre letzten Worte. Ihr schwerer Atem ging in ein Röcheln über. Alfonso glaubte zunächst, ihr sei endlich eine Ruhepause vergönnt und die Lungen würden wieder ihre normale

Tätigkeit aufnehmen; er griff nach ihrer Hand, um sie zu stützen. Die Hand war steif.

Zufälligerweise kam Doktor Frontini gerade in diesem Augenblick. Nach einer sorgfältigen Untersuchung, als könnte er noch irgendwelche Hilfe bringen, stellte er den Eintritt des Todes fest.

«Es ist zu Ende», sagte Alfonso, um ihm weitere Mühe zu ersparen.

Die gleiche Mitteilung mußte er auch Mascotti machen, der, von Giuseppina herbeigerufen, gelaufen kam und an den Tod der Frau Carolina nicht glauben wollte. Dann setzte Mascotti, da er es für angebracht hielt, Trostworte zu spenden, zu einer Rede an, mit der er beweisen wollte, es sei für Frau Carolina besser, daß sie gestorben war. Alfonso aber bedurfte keiner Trostworte. Er hatte keine Schmerzausbrüche, er schrie nicht, seine Stimme war fest und ruhig. Er war nur erstaunt, wie rasch ein so großes Leiden, eine so beklemmende Qual zu Ende gegangen waren. Die Tote lag sanft im Bett, das ihr nun keine Schmerzen mehr bereitete und von dem herabzugleiten sie nicht mehr fürchtete. Ihr Mund war geöffnet, aber nicht wie zu einem Schrei. Es war eher wie ein lang anhaltendes Gähnen.

Als Mascotti sah, daß Alfonso so ruhig war, fühlte er sich gleich wohl in diesem Hause, das er mit der Befürchtung betreten hatte, einer Szene beiwohnen zu müssen. Er hatte keine Eile fortzugehen und lud auch Frontini ein, Alfonso Gesellschaft zu leisten. Ohne dazu aufgefordert zu sein, trug Giuseppina den Tisch aus dem Totenzimmer in ihr Zimmer hinüber, stellte Sessel auf und brachte Wein.

Als sie um den Tisch saßen, schlug Mascotti vor, Alfonso möge zu ihm ziehen.

Alfonso lehnte ab. Er wollte in dem Hause so lange bleiben, bis er das Dorf verließ. Er sprach dies ruhig und entschlossen aus, und Mascotti bestand nicht länger auf seinem Vorschlag.

Sowohl Mascotti wie auch Frontini bemühten sich, das Gespräch auf andere Dinge zu lenken. Sie sprachen über den Wein, den sie tranken, über die Lage des Hauses, über den Schnee, der tags zuvor reichlich gefallen war, über die Kälte, die an diesem Tage herrschte. Dann aber kamen sie doch wieder auf das Ereignis zu sprechen, das sie in diesem Zimmer vereint hatte.

Giuseppina begann zu berichten, wie sehr ihr Beistand der Frau Carolina genützt habe. Wäre sie nicht gewesen, wäre die Ärmste eine halbe Stunde früher gestorben.

Mascotti hörte neugierig zu.

«Merkwürdig! Das Leben ist also wirklich nichts als ein bißchen Wärme.»

Er sprach wie ein Bauer, Frontini aber erklärte entschieden, wenn die Patientin wieder zu sich gekommen sei, so sei dies unmöglich bloß auf das bißchen Wärme zurückzuführen, das Giuseppina ihr gespendet hatte.

Der Doktor versicherte weiter, daß die Kranke nach allen Geboten der Wissenschaft behandelt worden sei. Er habe jedoch schon zu Beginn der Krankheit erkannt, daß es keine Hilfe mehr gebe. Er habe dies auch Mascotti gesagt.

«Stimmt das vielleicht nicht?»

Mascotti bestätigte seine Worte.

Alfonso nahm das Gespräch nur zur Hälfte auf, die Stimmen waren ihm lästig. Er trank keinen Tropfen, sprach wenig und nur dann, wenn er gezwungen war, auf eine direkte Frage zu antworten. Er schien nicht erschüttert, sondern nur in tiefes Nachdenken versunken zu sein. Er fühlte eine große Müdigkeit in seinen Gliedern und im Kopf. Mascotti mußte denken, daß dieser Sohn kein Herz habe.

Es gab im Haus keine anderen Betten als das von Alfonsos Vater. Man hätte es zerlegen müssen, um es aus dem Totenzimmer herauszubringen. Mascotti erneuerte seinen Vorschlag, Alfonso möge ein paar Nächte bei ihm schlafen. Auch Frontini, dem dies nichts kostete, redete ihm energisch zu. In seiner Müdigkeit entschloß sich Alfonso, das zu tun, wofür er weniger Worte aufbringen mußte, er nahm an. Giuseppina versprach, die Totenwache zu halten. Sie war nie so bereitwillig und rührig gewesen wie jetzt. Sie hatte auch schon den Pfarrer verständigt und machte sich um die Tote zu schaffen. Sie legte ihr ein Kreuz in die Hände und stellte zwei Kerzen neben ihr auf.

Bevor er das Haus verließ, wollte Alfonso seine Mutter noch einmal küssen. Da er sich gerade von Mascotti und Frontini unbeobachtet sah, suchte er unbemerkt in das Nebenzimmer zu gelangen. Mascotti hinderte ihn daran und erklärte, Alfonso würde der Toten auch am nächsten Tag den letzten Gruß entbieten können. Der arme Mann fürchtete immer noch, es könnte zu einer Szene kommen. Frontini schloß sich Mascottis Meinung an, und Giuseppina faßte in ihrem neuen Eifer Alfonso bei der Jacke und riß ihn geradezu zurück. Alfonso aber beharrte auf seinem Willen und bahnte sich schließlich mit Gewalt den Weg. Dieser Kampf trieb ihm die Tränen reichlich in die Augen. Sollte er von seiner Mutter gehen, als ergreife er die Flucht vor ihr?

Das war nicht mehr das geliebte Antlitz. Das Blut schoß ihm aus den Wangen, als er die eisige Stirn küßte. Er küßte einen Gegenstand, nicht einen Menschen.

Nun war er fügsam und tat, was Mascotti wollte. Er ging aus dem Hause, ohne Giuseppina irgendwelche Anweisungen zu geben. Er überließ ja nur wenig ihrer Obhut. Mit gesenktem Haupt schritt er zwischen den Männern. Auch sie schwiegen. Nachdem sie in seinen Augen die paar Tränen gesehen hatten, die von ihren rohen Tröstungsversuchen herrührten, erschütterte sie nun sein stummer Schmerz.

Der gefrorene Schnee knirschte unter ihren Füßen. Der Vollmond am klaren Himmel überflutete mit seinem Licht das weiße Tal. Ein kalter Glanz, der das Auge blendete. Der Gipfel des karstigen Berges, der sich jenseits des Dorfes erhob, schien wie in einem blassen, reglosen Feuer zu brennen. Im Dorf hatte man ein paar schüchterne Versuche gemacht, den Schnee wegzufegen, und die freigelegte Erde bildete dunkle Flecken, die endlich das furchtbar einförmige Weiß unterbrachen.

Die Häuser standen schweigsam und dunkel. Nur aus zwei Fenstern eines Zimmers im Erdgeschoß von Faldellis Gasthaus drangen helle Lichtbündel und laute Stimmen.

Sie blieben vor Mascottis Haus stehen, das sich neben dem Gasthaus befand. Frontini verabschiedete sich, indem er Alfonso ein paar Worte sagte, die dieser nicht hörte. Offenbar Trostworte.

Die Tochter des Notars, eine alte, ziemlich häßliche Jungfer, öffnete die Tür. Obwohl sie bereits von dem Unglück wußte, das Alfonso betroffen, konnte sie sich doch nicht enthalten, nachdem sie ihm zum Zeichen des Beileids die Hand gedrückt hatte, einen Satz zu sagen, den sie schon seit weiß Gott wie langer Zeit mit sich herumtrug und der jetzt völlig fehl am Platze war: «Haben Sie wirklich bis heute keine Zeit gefunden, mich zu besuchen? In einem Monat!»

Er wollte sich entschuldigen, Mascotti jedoch unterbrach ihn und befahl seiner Tochter in barschem Ton, sie möge das Bett für Alfonso bereiten. Sie gehorchte, aber erst, nachdem sie ihrer Überraschung Ausdruck gegeben, daß man sie nicht früher verständigt habe; jetzt verlange man plötzlich von ihr, einen Gast zu beherbergen. Alfonso wollte schon trotz seiner ungeheuren Müdigkeit das Haus wieder verlassen, da aber wurde sie doch ein wenig höflicher. Sie meinte, er werde sich, da sie nicht rechtzeitig die nötigen Vorbereitungen treffen konnte, in dem Zimmer und in dem Bett, das sie ihm zuweisen müsse, nicht sehr wohl fühlen.

Tatsächlich fühlte er sich sehr schlecht, als er in der einfenstrigen Kammer allein blieb. Er mußte das Fenster sofort öffnen, denn die Luft drinnen war feuchter als draußen. Ein intensiver muffiger Geruch steigerte noch sein Gefühl der Trostlosigkeit. Es war ihm, als ginge ringsum alles in Fäulnis über. Das Zimmer war ebenerdig gelegen, und das Fenster ging auf die Hauptstraße. Als er vom Fenster zurücktrat, war das Zimmer noch immer vom gleichen widerlichen Geruch erfüllt, als habe kein Luftwechsel stattgefunden. Er wollte fliehen, auf die Straße hinausspringen. Er fürchtete, er werde auch in dieser Nacht nicht den Schlaf finden können, von dem er sich Erleichterung erhoffte. Wenigstens für ein paar Stunden wollte er das Gefühl unendlicher Trostlosigkeit loswerden.

Aber er sollte noch schlafen. Seine Müdigkeit war ungeheuer, er konnte den Kopf nicht aufrecht halten. Wenn er von hier ausgebrochen wäre, er hätte sein Haus nicht erreicht, sondern wäre im Schnee eingeschlafen.

Im Bett war ihm unbehaglich. Das Bettuch war aus grobgewobenem Linnen, das Bett selbst fühlte sich feucht an. Nachdem er das Fenster geschlossen hatte, nahm der Gestank im Zimmer zu. Die Mauern, die alten Möbel strömten ihn aus.

Er fühlte nichts vom Nahen des Schlafes, der ihn wiederherstellen sollte. Es wurde ihm ständig übler. Er schrieb dies immer noch dem Gestank und dem Luftmangel zu. Erneut faßte er den Entschluß, aufzustehen und das Haus zu verlassen. So fest war er dazu entschlossen, daß er bereits die Worte ersann, mit denen er am nächsten Tag Mascotti gegenüber seine Flucht rechtfertigen wollte. Er hatte auch das Gefühl, er führe seinen Vorsatz aus und richte seinen Oberkörper im Bett auf. Wie und wann er sich wieder hingestreckt hatte – daran fehlte ihm jede Erinnerung. Er entdeckte plötzlich, daß er immer noch im Bett lag und seinen schmerzenden Kopf in das Kissen preßte.

Auf einmal fühlte er sich besser. Das Bett schien ihm bequemer geworden, er hatte keine Schmerzen mehr. Er wagte es nicht, sich zu rühren, aus Angst, sein Wohlbefinden könnte wieder schwinden. Er war überzeugt, daß er nicht schlafe, sondern sich mit Behagen ausruhe.

Er konnte sich auch später nicht mehr erinnern, wie der Übergang eigentlich erfolgte. Er befand sich plötzlich an einem ganz anderen Ort und in einer ganz anderen Gemütsverfassung.

Er lag in seinem eigenen Bett, daheim, in dem großen und luftigen Zimmer. Die sommerliche Sonne schien durch die offenen Fenster. Er genas langsam von einer langen Krankheit, fühlte sich aber noch so schwach, daß es ihm nicht gelang, die Decken zu verrücken, die schwer und drückend auf seiner Brust lagen. Das war das einzige Unangenehme, im übrigen fühlte er sich froh und heiter. Er betrachtete einen Sonnenstrahl, in dem eine Unzahl kleinster Körper tanzend schwebte: Ein zarter Nebel, den die Sonne auch in der reinsten Luft sichtbar werden läßt. Er war glücklich, denn er wußte, daß man ihm schon in ein paar Tagen gestatten würde, in die frische Luft und in die Sonne hinauszutreten. Er war glücklich, denn er hörte seine noch junge Mutter in der Küche nebenan hantieren und singen. Sie war für ihn tätig. Sie klopfte das Fleisch mit dem Messer, und dieses monotone Geräusch, das zu ihm herüberdrang, vermengte sich mit dem sanften und gleichmäßigen Summen in seinen Ohren. Ein lang anhaltender, einschläfernder Ton.

Irgend jemand mußte in den kleinen Korridor getreten sein. Es war wie der Schritt eines zarten Fußes auf dem Steinboden, wie ein Rascheln von Röcken. Unmittelbar vor seiner Tür erklang eine sanfte Frauenstimme: «Wie geht es, Alfonso?» So sanft die Stimme auch war, er empfand sie doch als unangenehm, denn sie hallte in allen Räumen des großen Hauses mehrfach wider. Was war das nur für eine Stimme? Sie kam ihm bekannt vor. Er verglich sie mit allen Frauenstimmen, die er kannte. Sie stimmte mit keiner überein. – ‹Ach ja! Francesca!› Ein heftiges Übelsein befiel ihn. Er dachte: ‹Wenn sie sich im Dorf ansiedelt, ist es für alle mit der Ruhe vorbei.›

Die Tür öffnete sich. Im Nu war das Zimmer vom Lärm vorüberfahrender Karren und vom Geschrei der Kutscher erfüllt. Instinktiv schloß er die Augen, um sich zu isolieren. Es war seine Mutter. Er sah sie, noch ehe sie an sein Bett trat, und sah sie zufrieden lächeln, weil sie ihn so ruhig vorfand. Sie beugte sich zu ihm herab und küßte ihn. Der Kuß traf ihn genau aufs Ohr. Er empfand einen heftigen Schmerz, als wäre im Innern des Ohres etwas geplatzt. Er erwachte.

Blendendes Licht flutete durch das Fenster. Schon Tag? Er war so überrascht, weil er sich immer noch derart müde fühlte, als habe er höchstens eine Stunde geschlafen.

An seinem Bett standen Mascotti und Frontini. Sie schienen gar nicht zu bemerken, daß er die Augen geöffnet hatte.

«Wie lange kann das noch dauern?» fragte Mascotti besorgt und rieb sich die Nase mit dem Zeigefinger.

«Wer kann das wissen? Vielleicht sogar noch vierzehn Tage. Es ist möglich, daß es sich um eine Art Typhus handelt.»

«Typhus?» fragte Alfonso.

«Da!» schrie Mascotti freudig auf. «Er hört uns, er fühlt sich schon besser.»

«Sie haben Fieber», sagte Frontini zu Alfonso, «aber nur ganz leichtes. Vielleicht kommt es nur von Ihrer

Übermüdung und Aufregung. Es ist bestimmt nichts Ernstes. Jetzt scheint es Ihnen ja schon viel besser zu gehen.»

Er war also krank. Er wunderte sich, es nicht schon früher gemerkt zu haben. Das Fieber jagte ihm weiterhin Schauer über den Rücken. Sein Körper war heiß und trokken, in den Kinnladen empfand er einen Lachreiz. Es war gar nicht unangenehm, so wie auch die Träume, die seine Krankheit ihm geschenkt hatte, gar nicht unangenehm gewesen waren.

«Es geht Ihnen schon besser, nicht wahr?» fragte Mascotti und neigte sich zu ihm, als wolle er vermeiden, daß Frontini ihn höre. Alfonso erinnerte sich später ganz genau an das, was er geträumt hatte und was er nun vernahm. «Ich würde Sie ja gerne weiter hierbehalten, aber ich habe niemanden, der Sie so pflegen könnte, wie es nötig ist. Giuseppina hingegen ist ja bestens geeignet zur Krankenpflege, sie hat bereits Erfahrung darin.»

«Ja, ja, nach Hause», rief Alfonso. Trotz des Fiebers konnte er die Angst erkennen, die der arme Mann empfand, einen Kranken bei sich beherbergen zu müssen.

Er hörte noch, wie Mascotti sich an Frontini wandte und sich von ihm bestätigen ließ, daß Alfonso selbst nach Hause zurückzukehren wünschte.

Wieder umfingen ihn Träume. Allerdings nicht ganz. Er kämpfte gegen das Fieber an, was ihm von Zeit zu Zeit auch gelang. Während er noch die Stimme seiner Mutter vernahm, die ihn fragte, wie es ihm gehe, konnte er gleich wieder den blonden Schnurrbart Frontinis unterscheiden. Frontini legte einen großen Eifer an den Tag. So oft Alfonso die Augen öffnete, sah er ihn an seinem Bett, ihm den Puls fühlen oder Eisbeutel auf seine Stirn legen. Er war anscheinend doch ein guter Mensch. Im Fieber empfand Alfonso Rührung für diesen armen Mann, den er anfangs gehaßt hatte.

Das Fieber stieg wieder, starke Kopfschmerzen kamen hinzu. Quälende Atemnot befiel ihn.

‹Arme Mutter!› dachte er und erinnerte sich ihrer Atemnot, die so viel schmerzhafter gewesen sein mußte als die seine.

Er hatte offenbar allen Zeitsinn verloren. Ein Nachtlicht brannte neben seinem Bett, denn es war finstere Nacht, als er die Augen wieder öffnete. Auf einem Sofa, das man parallel zu seinem Bett unter dem Fenster aufgestellt hatte, lag Giuseppina im Halbschlaf. Sie hatten sie also kommen lassen, statt ihn aus dem Hause zu schaffen. Auch Mascotti war ein guter Mensch.

Er verspürte heftigen Durst und streckte einen Fuß aus dem Bett, um zu der Wasserkaraffe zu gelangen, die er bald entdeckt hatte, weil sich der schwache Schein des Nachtlichtes in ihr spiegelte.

«Werden Sie liegenbleiben!» schrie plötzlich Giuseppina und ging drohend auf ihn zu.

Erschrocken zog er das Bein wieder zurück.

«Ich wollte nur einen Schluck Wasser», sagte er entschuldigend, als müsse er sich rechtfertigen.

«Ach, er ist bei Bewußtsein», gab Giuseppina ihren Gedanken unbekümmert lauten Ausdruck. «Entschuldigen Sie», fügte sie mit ihrer groben Männerstimme hinzu, die keines entschuldigenden Tones fähig war, «aber man hat mir befohlen, auf Sie sehr aufzupassen.» Sie gab ihm so viel Wasser zu trinken, wie er wollte.

Er verbrachte offenbar mehrere Tage in diesem Zustand, denn es kam wiederholt vor, daß Tageslicht seine Augen traf, die er bei Nacht geschlossen hatte.

Als er wieder einmal die Augen öffnete, sah er sich zu seiner Überraschung auf der Straße, vor Mascottis Haus. Frontini und Giuseppina stützten ihn. Da er den Verdacht schöpfte, er träume, zeigte er seine Überraschung nicht und stellte keine Fragen. Man half ihm auf einen Karren, der sich sogleich in Bewegung setzte. Der Karren fuhr zwar langsam, aber bei dem holprigen Dorfpflaster war es doch unvermeidlich, daß Alfonso hin- und hergerüttelt wurde. Er fühlte sich geprügelt. Er war froh, als andere Gesichte dieses Bild verdrängten. Auch als er nachts wieder zu sich kam, glaubte er, er habe von dieser Fahrt nur phantasiert.

Am Morgen aber mußte er feststellen, daß es keine Phantasie gewesen war. Er fühlte sich ausgeruht wie nach einer langen Rast. Sein Geist, wenn auch noch leicht getrübt, war doch bereits imstande, sich die Tatsachen wieder zu vergegenwärtigen, die seiner Krankheit vorausgegangen waren. Und nun konnte er genau jede Einzelheit des Zimmers in seinem Hause wiedererkennen, die alten Möbel, die Pendeluhr, die ging und acht Uhr zeigte, die beiden Betten. Da stand noch das Bett seiner Mutter. Man hatte die Tote fortgeschafft, das Bett war frisch gemacht, als sollte sich der Mensch, der es verlassen, am Abend darin wieder niederlegen. Auch das Kissen war noch das gleiche, er erkannte das an einem großen Kaffeefleck, der entstanden war, als die Verstorbene in einem Augenblick unerträglicher Schmerzen die ihr angebotene Kaffeetasse von sich gestoßen hatte.

Dies genügte ihm, um ihm die furchtbaren Ereignisse, deren Zeuge er in den letzten vierzehn Tagen gewesen war, wieder in Erinnerung zu rufen. Tränen traten ihm in die Augen, ganz sanfte Tränen, Tränen des Mitleids. Aber nicht der Schmerz, sich von nun an allein auf der Welt zu wissen, ergriff ihn so. Er beweinte die arme alte Frau, die gestorben war, während sie das Leben so liebte, und die schon lange Zeit vorher gewußt hatte, daß sie es würde verlassen müssen. Er aber lebte, fuhr fort zu leben. Wie süß ist doch das Leben, wenn das Kreisen des Blutes, wenn der ganze Mechanismus, der das Leben bedingt, so regelmäßig funktioniert, daß man ihn nicht fühlt. Das gibt die ruhige Gewißheit des Lebens, das Gefühl ewigen Daseins.

Als er Giuseppina erblickte, mußte er bei dem Gedanken lachen, wie sie sich in ihrer Rolle als Krankenwärterin betragen hatte.

«Der Alte hat mich also aus dem Haus geworfen?»

Giuseppina protestierte: «Man hat Sie sehr fürsorglich mit dem Wagen herbringen lassen.»

Giuseppinas Bericht entnahm er, daß Mascotti ihn deshalb aus dem Hause haben wollte, weil es Frontini nicht gelungen war, in dem Mann die Angst zu zerstreuen, es handle sich um Typhus. Besonders energisch forderte die Tochter des Notars Alfonsos Entfernung. Eines Tages erschrak sie über Kopfschmerzen, die nur ein paar Stunden andauerten, derart, daß sie ihren Vater vor die Wahl stellte: «Entweder er aus dem Haus oder ich!»

Frontini bat um zwei Tage Aufschub, und als er am dritten Tag erschien, hatte man Alfonso bereits auf den Treppenflur geschafft. So blieb ihm nichts anderes übrig, als beim Transport mitzuhelfen und ihn zu überwachen, damit er mit der nötigen Vorsicht durchgeführt werde. Alles, was Alfonso wie ein Traum erschienen war, hatte sich, bis in die kleinste Einzelheit, in Wirklichkeit zugetragen. Auf der Treppe leistete er Widerstand, nur schwachen allerdings, zu mehr reichten seine Kräfte nicht. Aber als er den ersten frischen Lufthauch in die Lungen bekam, sah er überrascht um sich und ließ sich wortlos in den Karren legen. Zur großen Freude Mascottis, der ausrief: «Aber es geht ihm ja schon gut, man könnte ihn ohne Gefahr auch bis in die Stadt bringen.»

«Dieser Schuft!!» murmelte Alfonso empört. Er mußte daran denken, daß seine Mutter über drei Jahre lang diesem Menschen ausgeliefert war.

Bald danach kam Frontini. Er war höchst überrascht, Alfonso bei vollem Bewußtsein anzutreffen und zu erfahren, daß er es schon seit mehreren Stunden war. Nichtsdestoweniger versicherte er wenig später, dies sei ganz natürlich, er habe es vorausgesehen. Er war Arzt und mußte daran gewöhnt sein, sich immer wieder zu irren, denn wenn es den Tatsachen nicht beliebte, sich seinen Wahrsprüchen anzupassen, wunderte er sich im allgemeinen nicht sehr darüber.

Er hatte sich aber während der Zeit der Krankheit sehr gut benommen, und Alfonso sprach ihm mit feuchten Augen seinen Dank aus. Zumindest war er dem Arzt dankbar dafür, daß dessen Gesicht bei seinen Worten zu strahlen begann.

Am Nachmittag kam Mascotti. Er schien nicht gewillt, über die Wagenfahrt zu sprechen, zu der er Alfonso in krankem Zustand verholfen hatte. Alfonso verhielt sich kalt. Mascotti merkte es bald, denn er hatte Alfonsos Unwillen schon zu spüren bekommen und wußte, was für ein Gesicht er machte, wenn er wütend war. Er erklärte ihm, er habe ihn nur deshalb ausgesiedelt, weil das Zimmer in seinem Hause für einen Kranken höchst ungeeignet sei. Als Alfonso immer noch nicht die Miene verzog, geriet Mascotti in Verwirrung und sagte, eigentlich sei es seine Tochter Lina gewesen, die ihn aus dem Hause haben wollte. Alfonso fuhr fort zu schweigen, da geriet nun Mascotti in Zorn.

«Wir sind zwar alt», erklärte er, «aber wir möchten doch noch ein paar Jahre leben.»

Mehr brauchte es nicht, um Alfonso wieder sanft und freundschaftlich zu stimmen.

Mascotti wechselte sofort das Gesprächsthema. Er sprach vom Verkauf des Hauses, der nun notwendig geworden sei. Creglingi, Rosinas Bräutigam, bot 10000 Franken, alles inbegriffen, auch die Möbel.

«Das Angebot scheint mir nicht schlecht zu sein», sagte Mascotti. Bald darauf ging er.

Als Alfonso allein geblieben war, dachte er zum erstenmal wieder an sein Erlebnis in der Stadt. Jetzt, wo sein Gehirn durch die Krankheit ausgeruht war, erschien ihm der Gedanke an Annetta fast in einem neuen Licht. Er konnte sich nicht mehr über Dinge ereifern, die so weit zurücklagen, auch wenn er sich für sie mehr oder weniger verantwortlich fühlte. Jetzt war er ein neuer Mensch, der wußte, was er wollte. Der andere, derjenige, der Annetta verführt hatte, war ein krankhafter Junge, mit dem er nichts gemein hatte. Es war nicht das erste Mal, daß er glaubte, aus der Phase der Jugend herauszutreten.

Sollte Annetta ihn bei seiner Rückkehr in die Stadt noch lieben, dann wollte er sie heiraten, denn er war sich seiner Pflicht bewußt. Doch wollte er sie rechtzeitig warnen und versuchen, ihr zu beweisen, welch großen Irrtum sie begingen, wenn sie sich vereinten. Er wollte ihr sagen: ‹Ich bin so beschaffen und Sie so. Wenn ich aber Ihr rechtmäßiger Herr werde, dann werde ich alle mir zur Verfügung stehenden Mittel anwenden, um Sie zu ändern und zu veranlassen, Ihre bisherigen Vorlieben und Gewohnheiten aufzugeben.› Ferner: ‹Gewiß, ich liebe Sie, aber nicht so sehr, um auch Ihre Fehler zu lieben und zu dulden. Ich habe Sie während der Zeit, da ich Sie kenne, lange gehaßt und verachtet, oft auch dann, wenn ich Liebe zeigte.›

Er fühlte, wie diese Gedanken sein Blut in Aufruhr brachten. Schweiß stand ihm auf der Stirn, es wurde ihm schwarz vor den Augen. Ein schwerer Kampf stand ihm bevor. Er empfand ihn unmittelbar nach dem süßen Fieberzustand, in dem er mit den Geistern geliebter Menschen gelebt hatte, um so härter.

Wenn Annetta ihn aber, wie Francesca es vorausgesagt, nicht mehr liebte und Bindungen mit einem anderen eingegangen war, dann wollte er sich in seine Einsamkeit zurückziehen, in der man so ruhig und glücklich leben konnte. Die einzige Folge seines Abenteuers würde sein, daß er keine Aufstiegsmöglichkeiten mehr im Bankhaus Maller hatte. Das wäre kein großes Unglück, denn sein jetziges Gehalt genügte ihm. Andererseits war seine Begabung für den Handel nicht so groß, um ihm ein Anrecht auf solche Aufstiegsmöglichkeiten zu geben. Wenn sie ihm durch andere Umstände als durch seine mangelnde Begabung genommen wurden, verlor er nicht viel.

Er lächelte dem Schatten seiner Mutter zu, die, wie ihm schien, seine Vorsätze billigte. Sein Gewissen war ruhig. Er tat nur, was nach der verbürgten Moral richtig war, denn auf der einen Seite erklärte er sich bereit, seinen Verpflichtungen Annetta gegenüber nachzukommen, wie sehr er es auch bedauerte, sie eingegangen zu sein, auf der anderen Seite verzichtete er auf Reichtum, er wies ihn von sich, wenn er gleichsam durch Diebstahl erworben werden mußte.

Liebte Annetta ihn nicht mehr, dann trat er aus dem allgemeinen Leben. Es interessierte ihn nicht mehr; in dem beschaulichen Dasein, dem er sich zu widmen gedachte, würde er es nicht nötig haben, zu schmeicheln und zu heucheln, würde er nicht Gefahr laufen, eines Tages eine Liebe in sich aufkeimen zu fühlen, die nichts war als die Frucht von Eitelkeit und Habgier. Er würde mit der ihm angeborenen Offenheit leben, seine Wünsche würden einfach, aufrichtig und nicht dem flüchtigen Augenblick unterworfen sein.

Abends stellte der Doktor bei ihm ein leichtes Fieber fest. Er fürchtete, daß es wieder steigen könnte. Alfonso hatte diese Befürchtung nicht, denn er kannte besser als der Arzt die Ursache dieser Verschlimmerung. Und tatsächlich, nach einem langen und traumlosen Schlaf erwachte er mit klarem Kopf. Er war wieder so weit bei Kräften, daß er den ganzen Tag in sitzender Stellung verbringen konnte.

Am letzten Tag, den er im Bett verbrachte, empfing er

den Besuch Creglingis, der kam, um über den Verkauf des Hauses zu verhandeln. Zufälligerweise war eine halbe Stunde früher Mascotti dagewesen, um in aller Eile mitzuteilen, daß Faldelli ein weit besseres Angebot gemacht habe als Creglingi. Faldelli wollte hier ein weiteres Gasthaus eröffnen, die oberen Räume wollte er als Heuboden und die zwei großen, im Souterrain gelegenen Räume als Keller verwenden. Er bot 12000 Franken. Creglingis Besuch kam Alfonso unerwartet, denn Mascotti hatte versprochen, er selbst werde den jungen Mann davon verständigen, daß sein Angebot nicht mehr genügte. Alfonso hätte allerdings nur ungern das Haus seines Vaters in ein Wirtshaus verwandelt gesehen, und er hatte Mascotti gebeten, Creglingi zu veranlassen, das Angebot zu erhöhen. Er glaubte daher zunächst, Creglingi komme nach der Aussprache mit Mascotti. Bald aber mußte er feststellen, daß Creglingi bei dem Ansinnen, die gebotene Summe zu erhöhen, höchst überrascht war und in Aufregung geriet. Alfonso setzte ihm auseinander, daß er ihm, angesichts des höheren Angebots Faldellis, nicht mehr den Vorzug geben könne, wie sehr er es auch wünsche. Er meinte es aufrichtig. Hätte er nicht Angst vor Mascottis Spott gehabt, er hätte Creglingis Angebot ohne weitere Umstände angenommen. Der Gedanke gefiel ihm, sein Haus der schönen Rosina zu überlassen, vor allem aber hätte er es deshalb gerne getan, um sich von jedem Verdacht reinzuwaschen, er trage es Creglingi nach, daß der ein Mädchen heiratete, dem einst Alfonsos Liebe gegolten hatte. Die Preisspanne von 2000 Franken erschien ihm geringfügig. Als Alfonso seinen Wunsch aussprach, ihn, Creglingi, zu bevorzugen, erschien auf dessen breitem Gesicht ein gewollt ironisches Lächeln. Alfonso fühlte sich tief verletzt.

«Auch wenn ich wollte», schrie er, «würde es mir mein Vormund niemals verzeihen, wenn ich dein Angebot annähme.»

«Möglich», antwortete Creglingi frech. «Aber bevor ich mich entschließe, mein Angebot zu erhöhen, möchte ich mit Faldelli selbst reden.»

Er nahm sich gar nicht die Mühe zu verbergen, daß er Alfonso nicht glaubte. Alfonso, der körperlich noch schwach war, fühlte, wie ihm das Blut plötzlich zu Kopf schoß. «Hör mich gut an», sagte er. «Ich mache dich darauf aufmerksam, daß ich unsere Verhandlungen als abgebrochen betrachte, wenn du jetzt das Zimmer verläßt.»

Creglingi erhob sich steif und erklärte, in geschäftlichen Dingen kenne er keine Rücksichten und weiche er keinem Druck: «Geschäfte kann man nicht mir nichts dir nichts abschließen.»

Als Faldelli, und zwar allein, wiederkam, hatte sich Alfonsos Zorn noch nicht gelegt. Sofort, ohne den Vertrag, den Faldelli mitbrachte, auch nur durchzulesen, unterzeichnete ihn Alfonso. Eine so rasche Entscheidung hatte man von ihm gar nicht verlangt. Einige Klauseln des Vertrages wurden erst später ausgefüllt. Als Faldelli seinen Partner so bereitwillig fand, versuchte er, sein Angebot zu beschränken. Die Möbel, so sagte er, seien älter, als er vermutet habe.

Obwohl Creglingi erfahren hatte, daß der Vertrag bereits unterzeichnet war, erschien er noch einmal, in der offenen Absicht, Alfonso zu ärgern. Er wiederholte zwei-, dreimal, daß er weit mehr bezahlt hätte, wenn man ihm die nötige Zeit zum Überlegen gelassen hätte. Diese Mitteilung konnte Alfonso nicht aus seinem Gleichmut bringen. Er lächelte verächtlich. Creglingi aber deutete dieses Lächeln in einer Weise, die Alfonso gerne vermieden hätte.

Als er sah, daß die Frage des Geldes Alfonso ungerührt ließ, murmelte Creglingi gedrückt: «Ich weiß ja, dir war vor allem daran gelegen, mir eine Bosheit anzutun.»

Alfonso verteidigte sich nicht. Wie immer er sich auch benommen hätte, dieser Mensch hätte in allem einen neuen Grund für seine feindselige Einstellung gefunden. Sie verabschiedeten sich grob. Sie sollten einander nie wiedersehen.

Rosina aber sah Alfonso wieder. Er empfand ein unangenehmes Gefühl, als wäre er Creglingi selbst begegnet. Er überwand sich, er wollte Rosina nicht auf die gleiche Stufe mit ihrem Bräutigam stellen. Er grüßte sie lächelnd. Um besonders höflich zu sein, zog er den Hut. Rosinas große schwarze Augen sahen ihn erstaunt an. Zögernd dankte sie. Alfonso war nun gewiß, daß seine städtische Art des Grüßens sich im Dorf niemals einbürgern würde.

Einige Tage bevor Alfonso abreiste, bat ihn Mascotti, einen Abschiedsbesuch bei seiner Tochter zu machen. Alfonso versprach es, ging aber nicht hin. Er trug ihr nichts nach, aber es war ihm lästig, Dummheiten oder Grobheiten anhören zu müssen. Von nun an behandelte Mascotti ihn sehr kühl. Erst am letzten Tage wurde er wieder umgänglicher.

An diesem Tage erschien Faldelli und brachte das Geld, Franken um Franken, wie er sagte. Mascotti wollte sich entfernen, doch Faldelli, der unangemeldet gekommen war, bat ihn, zu bleiben und dem Austausch der Dokumente beizuwohnen. Statt der 12000 Franken zahlte er nur 9000. Für den Rest übergab er eine von Mascotti unterfertigte Empfangsbestätigung, der verschiedene Belege beigeheftet waren. Alfonso war zunächst überrascht. Beleidigt fragte er Mascotti, warum er nicht gewartet und den ihm schuldigen Betrag von ihm verlangt habe. Sehr verlegen erklärte Mascotti, er habe Alfonso damit nicht belästigen wollen. Indessen kam Alfonso zu der Überzeugung, es sei unter seiner Würde, sich auch nur mit einem Wort über die Höhe der Summe, die Mascotti für sich zurückbehalten hatte, zu beklagen. Er prüfte die Belege erst, als er allein war.

Es handelte sich hauptsächlich um die Quittungen der

Apotheke, aber alle zusammen machten nicht mehr als ein paar Hundert Franken aus. Dann war da die Empfangsbestätigung Giuseppinas; Alfonso fand die Summe nicht höher, als Giuseppina selbst ihre Dienste einschätzte. Auch Frontinis Bestätigung lag bei. Sie lautete auf einen Betrag, den auch der bescheidenste Arzt in der Stadt lächerlich gefunden hätte. Zuletzt ein kleiner Zettel. Er stammte von Mascotti und sollte für die Restsumme – mehr als die Hälfte des Gesamtbetrages – als Rechtfertigung dienen. Zwei Worte waren mit Bleistift hingekritzelt, Alfonso konnte nur eines entziffern: ‹Vormundschaft›. Dann folgte die Summe.

Mascotti schien mit Alfonsos Betragen zufrieden zu sein, denn er ließ es sich nicht nehmen, ihn kurz vor der Abreise unaufgefordert auf den Friedhof zu begleiten: «Wie kann ich Sie denn in Ihrem Schmerz allein dorthin gehen lassen? Das verbietet mir mein Gewissen.»

Mascottis Gegenwart trug dazu bei, daß in Alfonso keinerlei Ergriffenheit aufkam. Er hatte mit ihr gerechnet und war überrascht, daß sie ausblieb. Reglos stand er vor dem Häuflein nackter Erde, dem Grab seiner Mutter. Der Grabstein fehlte noch, er war erst in Auftrag gegeben worden. Alfonso fühlte sich innerlich so kalt, daß er versuchte, sich vor sich selbst zu rechtfertigen. Was lag denn da unten? Ein zerstörter Körper, der möglicherweise keinerlei Züge des Wesens mehr trug, das ihn bewohnt hatte. Dieses Wesen, Seele oder irgendeine verborgene Kraft, an die die Philosophen glaubten, befand sich nicht in dem Grab.

Der Friedhof unterschied sich kaum von einem der übrigen Felder und war mit einer Mauer eingefaßt. Die Gräber, hauptsächlich mit kleinen Steinkreuzen versehen, waren genau hintereinandergereiht. Die Inschriften waren der Hauptstraße zugekehrt, an die der Friedhof mit einer seiner Schmalseiten grenzte. Er glich einem langgestreckten Acker, in dem der Pflug lange, regelmäßige Furchen gezogen hatte. Nur ein schmaler Weg, der zu einer kleinen, dem Eingang gegenüberliegenden Kapelle führte, teilte ihn in zwei Hälften.

Das Grab des alten Nitti befand sich nahe dem Eingang, war aber durch zwei Gräberreihen vom Mittelweg getrennt. Um dahin zu gelangen, mußte Alfonso über diese Gräber steigen. Da stand er nun vor dem glatten Stein, der den Namen des Arztes, das Jahr der Geburt und das des Todes trug. Wie viele Tränen hatte Alfonso über diesem Grab vergossen! Wie schlicht und lebhaft waren seine Gefühle gewesen, als sein Vater starb!

Am Abend vor seiner Abreise teilte Giuseppina ihm mit, daß Faldelli sie in seinen Dienst genommen habe. Er habe ihr auch erzählt, welche Veränderungen er an dem Hause vornehmen wolle. Der neue Herr würde es weit besser nützen, als die Nittis es getan. So hatte er besondere Absichten gerade für jenen Teil des Hauses, den die Nittis völlig vernachlässigt hatten. «In den Händen dieser Leute», so habe er Giuseppina anvertraut, «war das nur ein totes Kapital.» Er sprach gerne von seinen Plänen, wie alle unternehmungslustigen Menschen.

Alfonso wurde förmlich aus dem Hause geworfen. Um vier Uhr morgens weckte ihn Faldelli persönlich. Er hatte nichts dagegen, daß Alfonso weiter schlafe, er bat ihn nur, sämtliche Möbel, die sich im Hause befanden, hier einstellen zu dürfen. Alfonso erhob sich, und bevor er zum Bahnhof ging, sah er eine halbe Stunde lang zu, wie die Arbeiter Möbel in dieses Zimmer schleppten, an deren Existenz er sich nicht einmal erinnerte.

«Wollen Sie das haben?» fragte Faldelli und überreichte ihm eine lange Pfeife mit hölzernem Mundstück und einem Meerschaumkopf.

Alfonso erkannte sie wieder. Sein Vater hatte sie in den letzten Jahren seines Lebens nicht mehr benützt, sie war daher eine Erinnerung an die schönen Jahre, als die Eltern noch in voller Gesundheit lebten und er hier seine Kindheit verbrachte. Er nahm die Pfeife aus Stolz nicht an, aber er wollte sich gleichwohl Faldelli erkenntlich zeigen und drückte ihm zum Abschied herzlich die Hand. Faldelli war höflich, aber zerstreut. Unvermittelt ließ er Alfonso stehen, stieß einen Fluch aus und trat mit dem Fuß nach einem Bauern, der beim Hereinschleppen des Tisches eine Türscheibe zerbrochen hatte. Alfonso mußte lächeln, als er sah, daß Faldelli, wenn er sich streckte, plötzlich alle Kleider zu kurz wurden. Gewöhnlich ging er verkrümmt einher.

Während der Fahrt blieb Alfonso allein in seinem Abteil dritter Klasse.

Als der Zug in einer Zwischenstation hielt, hörte Alfonso streitende Stimmen. Er beugte sich aus dem Fenster und sah, wie ein elend gekleideter Mensch mit einem Satz aus einem der Waggons sprang. Der Schaffner erzählte ihm später, man habe den Mann hinausgeworfen, weil er ohne Fahrkarte angetroffen worden war. Nur aus Nachsicht habe man davon abgesehen, ihn verhaften zu lassen.

Als der Zug sich wieder in Bewegung setzte, stand der arme Teufel immer noch an der gleichen Stelle und säuberte mit dem Ärmel seinen verbeulten Hut, der ihm beim Sprung auf die Erde gefallen war. Sehnsuchtsvoll blickte er dem Zug nach. Was würde der Mensch in diesem Dorf tun, in das er durch Zufall geraten war und in dem er niemanden kannte?

XVII

Die Ankunft in der Stadt war traurig. Während draußen auf dem Lande lustig der weiße Schnee fiel, rieselte in der Stadt ein feiner, eintöniger Regen herab, und vom Meer blies der Scirocco. Alfonso hatte das trostlose Gefühl, dieses Wetter werde ewig währen. Am Himmel waren keine Wolken zu unterscheiden, sondern eine einförmige schmutziggraue Schicht erstreckte sich bis zum Horizont.

Alfonso war eben im Begriff, den Bahnhof zu verlassen, als er von Prarchi aufgehalten wurde, der dahergelaufen kam und in der Eile sogar vergaß, den Schirm zu schließen, obwohl er sich unter Dach befand.

«Haben Sie Fumigi gesehen?»

«Ich? Nein.»

«Sollte er schon angekommen sein?» Er ließ Alfonso stehen, um den Bahnhofsvorsteher zu fragen.

Dann kehrte er zu Alfonso zurück, dem es ein Rätsel blieb, wie der Bahnhofsvorsteher so rasch Auskunft über einen einzelnen Passagier habe geben können.

«Er kommt heute nicht! Und Sie, was machen Sie in dieser Gegend?»

«Ich bin soeben angekommen», antwortete Alfonso, erstaunt, daß seine lange Abwesenheit unbemerkt geblieben sein sollte.

«Ach so!» Prarchi war es unangenehm, daß er sich über Alfonsos Geschicke uninformiert gezeigt hatte. Er wollte sich rechtfertigen: «Ich bin ja so zerstreut! Natürlich weiß ich, daß Sie weg waren. Macario und Maller haben es mir gesagt.»

Sie machten sich auf den Weg. Sie überquerten den Platz und bogen in die Via Ghega ein, die in den Stadtkern führte. Man gelangt durch sie nach ein paar Schritten in die belebtesten Straßen.

«In Trauer?» fragte Prarchi. Diesmal hielt er sich für berechtigt, erstaunt zu sein.

«Ja, meine Mutter ist gestorben.»

Prarchi drückte ihm sein Beileid aus. Verärgert, daß er nicht gleich den rechten Ton finden konnte, wollte er sich auch schon verabschieden. Alfonso aber verlangte es allzusehr danach, so rasch wie möglich Nachrichten über das Haus Maller zu erfahren. Er bot sich an, Prarchi überallhin zu begleiten.

Prarchi sagte nichts dazu. Da erklärte ihm Alfonso, daß er über einen Monat fort gewesen sei und daß sich niemand die Mühe genommen habe, ihn auf dem laufenden zu halten. Er bat Prarchi, ihm doch zunächst einmal zu erzählen, ob es etwas Neues bei den Mitgliedern des Mittwoch-Klubs gebe. Geschickt täuschte er vor, sich nur nebenbei zu interessieren, aber ein einziges Wort von Prarchi hätte genügt, alle weitere Neugier in ihm zu stillen.

Prarchi sagte dieses Wort nicht. Er sprach von Fumigi. Er wiederholte zum Teil Dinge, die Alfonso bereits kannte. Prarchi hatte die Krankheit, von der Fumigi nach der Zwangsliquidierung seiner Firma befallen worden war, sogleich als progressive Paralyse diagnostiziert, während die anderen Ärzte noch im Zweifel gewesen waren, ob es sich um eine solche oder um eine Rückenmarkentzündung handelte. Prarchi berichtete völlig ungerührt. Seine Stimme verriet erst innere Beteiligung, als er die Antwort zitierte, die er einem sehr bekannten Arzt gegeben und mit der er ihn verblümt als einen Dummkopf bezeichnet hatte. Fumigis trauriges Schicksal bereitete dem Arzt die schönste Befriedigung, er sprach dauernd von dieser und nicht vom Patienten. Noch eine andere Feststellung Prarchis hatte jetzt ihre Bestätigung gefunden, und zwar durch Mallers Buchhalter: Fumigis Krankheit war nicht die Folge seines wirtschaftlichen Ruins, sondern umgekehrt die Ursache. Die ersten Symptome der Krankheit waren gerade bei seinen Geschäften zutage getreten.

«Ein tragischer Fall!» rief Prarchi aus und begann sich nun laut zu ereifern. «Die Arbeit eines ganzen Lebens ist zunichte, nur wegen ein paar erkrankter Nerven. Obwohl er sich krank fühlte, versteifte sich dieser Idiot darauf, weiter zu arbeiten. Die paar Wochen verfehlter Spekulationen können durch die Weisheit eines ganzen Lebens nicht mehr wettgemacht werden. Es ist zuweilen von größtem Vorteil, wenn man rechtzeitig den Arzt ruft.»

Alfonso, den nur ein einziger Gedanke beschäftigte, gelang es endlich, Prarchi so weit zu bringen, daß er von Annetta sprach.

«Es besteht also kein Zusammenhang zwischen Fumigis Krankheit und seiner unglücklichen Liebe zu Annetta?»

«Ich glaube nicht», erwiderte Prarchi. «Vielleicht war es der Tropfen, der das Gefäß zum Überfließen brachte. Das ist eine Krankheit, die sich langsam entwickelt. Wer weiß, wie viele Jahre schon sie Fumigis Organismus untergraben hat! Er arbeitete zuviel und lebte wie ein Mönch. Ich denke, es bedarf keiner weiteren Erklärungen. Heute können wir das Fortschreiten seiner Paralyse genau beobachten, aber sie hat zweifellos schon vor sehr langer Zeit eingesetzt. Es ist höchst charakteristisch, daß er sich immer noch mit Zahlen beschäftigt, sie sind seine fixe Idee.»

Stumm gingen sie beide durch die Via dei Forni. In der wassergetränkten Atmosphäre bot das Haus Maller den gleichen Anblick wie damals, am Tage von Alfonsos Abreise, hinter der Nebelschicht: es wirkte grau, feierlich, verschlossen. Trotz der vorgerückten Morgenstunde schliefen seine Bewohner noch.

Prarchi sah nicht hin, er fuhr fort, an Fumigi zu denken.

«Jetzt übergibt man ihn mir», sagte er bitter, «jetzt, wo die interessanteste Krankheitsphase schon vorbei ist. Nicht, daß ich früher hätte helfen können, jetzt aber verfolge ich den Krankheitsprozeß durchaus gleichgültig, denn es ist ein Prozeß, der bereits tausendmal ganz genau beobachtet worden ist. Früher, als sein Verstand noch so weit gesund war, daß er immerhin Widerstandsversuche hätte machen können – ja, da wäre es interessant gewesen zu studieren, wie sein Geist sich zu trüben begann.»

Alfonso tat den Mund nicht auf. Er verzweifelte schon daran, von Prarchi Nachricht über Annetta zu erhalten. Wäre sein Gewissen ruhig gewesen, dann hätte er ihn ja direkt fragen können. So wagte er es nicht.

Erst beim Abschied kam Prarchi auf das Thema zu sprechen. Sie hatten die Brücke bereits überschritten, da drückte Prarchi ihm die Hand und sagte plötzlich lachend: «Hoffentlich haben wir nicht ein neues Opfer des Fräulein Annetta zu beklagen!» Dabei fixierte er Alfonso. «Nun, es war ja vorauszusehen, daß Macario sie sich holen würde. Sie sind wohl intelligent genug, um es ebenso vorausgesehen zu haben wie ich.»

Obwohl rechtzeitig gewarnt, sah Alfonso sich durch diese Mitteilung doch vor zwei Überraschungen gestellt. Zunächst überraschte ihn die Nachricht selbst, er war auf sie nicht gefaßt. Die zweite Überraschung bestand darin, daß eine bittere Eifersucht ihn durchzuckte. Wie gewöhnlich überlegte er nun, wie er sich benehmen solle, damit Prarchi seine Gemütsbewegung nicht bemerke. Allzu große Ungezwungenheit wäre wohl auch verdächtig gewesen.

«Wirklich?» fragte er, wobei er so tat, als sei seine

Überraschung eine angenehme. «Ist es denn auch offiziell?» Er wollte nicht den Anschein erwecken, als zweifle er an der Richtigkeit der Mitteilung und fügte zur Erklärung seiner Frage noch hinzu: «Darf man schon gratulieren?»

Plötzlich hatte er das Gefühl, das könne nicht wahr sein.

Prarchi sagte, die Sache sei noch nicht offiziell, er selbst habe Macario noch nicht gratuliert, aber sie sei absolut wahr. Der Mittwoch-Klub existiere nicht mehr, und Federico sei eigens aus Paris gekommen, um der Verlobung seiner Schwester beizuwohnen.

«Vielleicht auch gleich der Hochzeit», ergänzte Prarchi lachend, «denn Macario soll es sehr eilig haben, und auch Annetta liebt es nicht, die Dinge auf die lange Bank zu schieben.»

Daß der Mittwoch-Klub nicht mehr existierte und daß Federico unvermutet aus Paris gekommen war, waren an sich noch keine Beweise für Annettas Verlobung. Und weil sie es nicht waren, schien es Alfonso bald, als sprächen sie gerade für das genaue Gegenteil, als sei alles falsch und erfunden.

Prarchi entfernte sich in der Überzeugung, daß er sich über Alfonsos Gefühle für Annetta getäuscht habe, und Alfonso empfand eine tiefe Befriedigung, daß es ihm gelungen war, Prarchi seine Gleichgültigkeit glaubhaft zu machen. Dies beruhigte ihn. Genauso wie er sich Prarchi gegenüber betragen hatte, wollte er sich von nun an stets betragen, er wollte sie alle täuschen.

Sowie er aber allein war, begriff er, erriet er, daß Annetta mit Macario bereits verlobt sein mußte. Die Tatsache als solche hätte ihn ja nicht überraschen dürfen. Er war rechtzeitig gewarnt worden. Seltsam war nur, daß er nicht schon damals, als er Francescas Warnbrief erhielt, jenen Stich ins Herz empfunden hatte wie jetzt bei Prarchis Mitteilung. Nur mit Mühe war es ihm gelungen, einen Aufschrei zu unterdrücken. Aber auch dafür fand er eine Erklärung. Dort, im Dorf, von der Ferne gesehen, verloren diese Dinge ihre Bedeutung. Creglingis Haß hatte ihn weit mehr aufgeregt als Francescas warnende Drohungen.

Er überquerte den Platz wie abwesend inmitten des Lärms, den die Obst- und Gemüseverkäuferinnen erzeugten. Er fand sich von Dienstmädchen umringt, die scharenweise ihre Einkäufe besorgten. Sie waren von ungezwungener Heiterkeit, denn sie genossen jetzt eine Stunde der Unabhängigkeit, auf die sie ein volles Anrecht hatten. Dann und wann sah man auch eine geschäftige Dame oder ein vornehmes Fräulein in Begleitung ihrer Dienstmägde vorübergehen. Er bat nicht, man möge ihn vorbeilassen, sondern wartete geduldig, bis die Gruppen sich auflösten und ihm den Weg freigaben oder bis die eine oder andere der zumeist nachlässig gekleideten Frauen, die aber doch auf Glanz polierte schwarze Stiefelchen trugen, ihren großen Schirm zur Seite tat, um ihm Platz zu machen. In der Seelenverfassung, in der er sich befand, war ihm der Zwang, langsam gehen zu müssen, nur angenehm.

Dabei fand er in der Stadt ja nur die Situation vor, die Francesca ihm vorausgesagt hatte und die, als sie sie vorausgesagt, sehr geringen Eindruck auf ihn gemacht hatte. Eben! Er hatte doch recht daran getan, die Stadt zu verlassen! Er mußte es sich auch jetzt sagen, denn er erinnerte sich noch zu gut der Gründe, die ihn zu seinem Schritt veranlaßt hatten. Warum also Überraschung, warum Schmerz oder Eifersucht?

Das einzige, was ihn überraschen durfte, war Annettas Wahl. Annetta hatte nie besondere Sympathien für ihren Cousin gezeigt, und Macario seinerseits hatte von ihr stets in einem Ton gesprochen, der zwar vermuten ließ, daß er sie liebe und begehre, nicht aber, daß er die Absicht habe, sie zu heiraten. Er haßte ja Annettas mathematische Begabung, ihre anmaßenden Ansichten, ihre Launen. Alfonso hatte Grund zu bedauern, daß ausgerechnet Macario und nicht ein anderer Annettas Gatte würde. Schon deshalb, weil Macario sein Freund war oder zumindest gewesen war, und dies erschwerte ihm sein Verhalten. Er sah sich schon zur Hochzeit geladen oder vielleicht gar von Macario zum Brautzeugen ausersehen! In einem Roman wäre diese Situation nicht übel gewesen, in der Wirklichkeit aber war sie sehr unangenehm und zwang zur Heuchelei.

Aber nicht das war es, was ihn tatsächlich bedrückte. Sich selber konnte er nicht belügen. Er litt an Eifersucht. Ein heftiger Schmerz, ein Gefühl tiefer Demütigung. Es war geradezu lächerlich! Er litt ja an den Folgen seiner eigenen Handlungsweise! Seitdem er Annetta verlassen, hätte ihn doch nichts, was die Folge seines eigenen freiwilligen Verzichts war, schmerzlich berühren dürfen. Auch wenn niemand etwas davon ahnte, so mußte ihm doch das klare Bewußtsein, daß er es war, der Verzicht leistete, genügen, seinen Stolz zu befriedigen. Nachdem er sich dies gesagt hatte, überlegte er weiter: Was jetzt geschehen war, ging ihn überhaupt nichts an. Sich von Annetta befreit zu wissen, müßte ihm genügen, sich glücklich zu fühlen. Er war frei! Er wiederholte sich dieses Wort mehrmals halblaut: Er war frei von dieser Frau, die ihn ebenso rasch aufgegeben, wie sie sich ihm hingegeben hatte.

Er verließ den Platz und ging mit festen, lang ausholenden Schritten dahin, wie immer, wenn er große Entschlüsse faßte. Er blickte um sich, ob er nicht irgendwo Macario erblickte. Er hätte ihm gerne sofort zu dem glücklichen Ereignis gratuliert. Glückliches Ereignis? Armer Macario! In Wahrheit war er der Betrogene!

Trotz all diesen Überlegungen wurde er das Gefühl der Traurigkeit nicht los. Das Ganze, so redete er sich ein, bewies wieder einmal, wie unsinnig das Leben war. Dabei dachte er nicht an das Unrecht, das Annetta oder Macario etwa an ihm begingen, sondern an das Unrecht, das er an sich selbst beging, indem er so seltsam und gegen alle Vernunft fühlte.

Im Hause Lanucci fand er weiterhin Anlaß, sich traurig zu fühlen. Schon die kleinen und niedrigen Räume bedrückten ihn, denn er hatte sich bereits wieder an die Bewegungsfreiheit im Dorfe gewöhnt.

Auch die Menschen erschienen ihm noch armseliger als früher. Lucia, die mit einer Stickereiarbeit im Speisezimmer beschäftigt war, grüßte ihn kaum. Sie sah blutarm aus, unter den Augen hatte sie grünliche Flecken. Herr Lanucci war seit zwei Wochen bettlägerig. Er war an Rheumatismus erkrankt, von dem er möglicherweise nicht wieder genesen würde. Das bedeutete ein neues, schweres Unglück für die arme Familie. Gustavo war nicht zu Hause.

Frau Lanucci schien sich erst nach einer Stunde des Unglücks zu erinnern, von dem Alfonso betroffen worden war. Er hatte sich todmüde auf das Bett geworfen, als sie an seiner Tür klopfte. Unmutig ging er ihr entgegen. Er begriff nicht gleich, warum sie in einem fort weinte. Das Schluchzen hinderte sie geradezu am Reden.

«Was haben Sie denn?» fragte er erschrocken.

«Sie ist gestorben, die Ärmste, und hat soviel leiden müssen!» Die Feststellung, daß Frau Lanucci nur wegen des Todes seiner Mutter weinte, beruhigte ihn.

«Ja, sie ist gestorben und hat mich beauftragt, Sie alle zu grüßen.»

Auch ihm kamen die Tränen, aber nur deshalb, weil sich seine empfindlichen Augen jedesmal mit Tränen füllten, wenn er andere Menschen weinen sah. Er mußte den Tod seiner Mutter in allen Einzelheiten schildern und während er dies tat, fühlte er sich schließlich wirklich ergriffen.

«Und was haben Sie mit dem Haus gemacht?»

«Verkauft.» Er nannte die Summe, die er erhalten hatte.

Die Unterredung nahm jetzt feierliche Formen an. Frau Lanucci umarmte ihn und drückte ihm zwei heiße Küsse auf die Wangen.

«Von nun an werde ich Ihre Mutter sein, und das von ganzem Herzen.»

Sie hatte offenbar während der Zeit seiner Abwesenheit viel gelitten. Von allem Anfang an war es ihm aufgefallen, daß sich in ihren Zügen ein neuer Kummer ausdrückte. Er dachte, die Krankheit ihres Mannes bekümmere sie so. Nachdem es ihr gelungen war, Alfonsos Schmerz aufzurühren, wollte sie ihn jetzt wieder trösten. Sie lächelte, sie versuchte sogar zu lachen – aber es fiel wie eine Grimasse aus. Früher hingegen war selbst in den trübsten Stunden ihres trüben Lebens niemals ein Lächeln von ihren welken Lippen gewichen.

Bald begriff er. In diesem Hause gab es außer der Krankheit des Herrn Lanucci auch noch andere Neuigkeiten. Seit zwei Wochen kam Gralli nicht mehr zu Lucia. Er hatte einen förmlichen Abschiedsbrief geschrieben. Frau Lanucci zog das zerknitterte Papier aus der Tasche. Gralli teilte mit, daß die Arbeit in der Druckerei, in der er einen sehr guten Posten innehatte, eingestellt worden war. So könne er nicht einmal daran denken, ein Heim zu gründen.

Während Alfonso den Brief las, betrachtete Frau Lanucci ihn aufmerksam, um herauszubekommen, welchen Eindruck die Lektüre auf ihn machte. Sie war sehr blaß und kaute an ihren Fingernägeln.

«Ist denn das ein so großes Unglück?» fragte Alfonso und zwang sich zu einem Lachen, um sie zu ermutigen.

Er sprach abschätzig von Gralli. Dieser zwergenhafte, unansehnliche Mensch, der kein Gramm Fleisch an sich hatte und nur aus Haut und Knochen bestand, habe ihm nie gefallen. Er halte ihn für brutal und unaufrichtig.

«Ach, um ihn tut es mir nicht leid.» Sie versuchte zu lachen, dabei nahm ihr Gesicht wieder einen Ausdruck verkrampfter Heiterkeit an, als wollte jemand, der dazu gar keine Eignung besaß, ein Akrobatenkunststück ausführen.

Er litt bei ihrem Anblick. Um sie loszuwerden, sagte er, daß er Herrn Lanucci begrüßen wolle. Der Kranke schlafe jetzt, antwortete sie. Da faßte Alfonso einen Entschluß, der ihn einige Überwindung kostete, aber es gelang ihm, dabei äußerlich gelassen zu bleiben, wie jemand, der sich nur an eine notwendige Pflicht erinnert. Er schickte sich an, sofort in die Bank zu gehen. Früher oder später mußte er es ja doch tun, und es war wohl besser, sich dieser Sorge so rasch wie möglich zu entledigen.

Während er sich auf den Weg machte, hielt er sich, um die innere Ruhe wiederzugewinnen, die schlimmsten Möglichkeiten vor Augen, die ihm widerfahren konnten. Er sah nur eine einzige: die Entlassung. An sich kein sehr großes Unglück. Was ihn bedrückte, war der Haß, den er in den Menschen vermutete, die ihn fortjagen würden. Um das tiefe Mißbehagen abzuschütteln, das er dabei empfand, flüchtete er in Phantasien. Es war doch auch möglich, daß er von diesem Haß verschont blieb. Wohl hatte Francesca ihm geschrieben, Annetta habe ihrem Vater alles gesagt, aber Francesca war ja bei der Unterredung zwischen Vater und Tochter nicht selbst zugegen gewesen. Vielleicht hatte Annetta sie belogen. Gründe gab es wohl dafür. Es war erst zwei Stunden her, daß er sich von Annetta verlassen wußte, aber der Gedanke daran war ihm bereits vertraut. Und wenn er sich jetzt seine früheren Beobachtungen über Annettas Charakter wieder in Erinnerung rief, so schien ihm nichts natürlicher, als daß sie ihn so rasch vergessen konnte; es war gar nicht nötig anzunehmen, daß sie dies auf das Einschreiten ihres Vaters getan. Sie war möglicherweise schon vor der Unterredung mit dem alten Herrn ihres Fehlers innegeworden, und wenn es, wie Francesca schrieb, in dem Hause heftige Szenen gegeben hatte, dann aus ganz anderen Gründen. Vielleicht hatte Annetta, während Francesca glaubte, sie kämpfe für ihn, Alfonso, vielmehr darum gekämpft, ihren Cousin heiraten zu dürfen, der, da er nicht reich war, ihrem Vater auch nicht besonders willkommen sein konnte. Wie schön, wenn dem so wäre! Alfonsos Abenteuer hätte dann keine anderen Spuren zurückgelassen als die Erinnerung, und war eine gar nicht häßliche Erinnerung, gestand er sich ein. Häßlich hätte die Erinnerung nur durch ihre bösen Folgen werden können. Wenn aber sein Abenteuer diesen Abschluß fand, dann würde es ihn einfach um ein schönes Erlebnis und um eine Erfahrung bereichert haben. In späteren Jahren, in jenem fernen Alter, das er sich wünschte, würde er erzählen können, daß er auch einmal ganz so gelebt hatte wie alle anderen.

Der erste Mensch, dem er in der Bank begegnete, war Santo. Der begrüßte ihn mit großer Höflichkeit und berichtete, man habe über ihn während seiner Abwesenheit sehr viel gesprochen und mit Bedauern vom Tode seiner Mutter gehört.

Alfonso dankte Santo aufrichtig bewegt. Die Herzlichkeit, die Mallers Diener ihm entgegenbrachte, konnte ein Indiz für die Gefühle sein, die Maller selbst für ihn hegte.

Herr Maller war nicht in der Bank. Auch das empfand Alfonso wie einen Glücksfall. Es überlief ihn kalt, wenn er sich vorstellte, daß er Maller gegenübertreten müßte, ohne zu wissen, was der von ihm dachte. Es war jedenfalls weniger unangenehm, sich ihm bereits vorbereitet zu nähern, nachdem man sich das entsprechende Verhalten hatte zurechtlegen können.

Der Schlag kam unerwartet. Er kam von seiten Cellanis,

der von allen Vorgesetzten Alfonso am freundlichsten gesinnt war. Er empfing ihn mit äußerster Kälte. Er fuhr fort zu schreiben und hob nur einmal den Kopf, um ihn von der Seite her anzusehen.

«Ich empfehle Ihnen, sehr fleißig zu sein», sagte er zu Alfonso, der sprachlos dastand. «Tun Sie alles, um die versäumte Zeit einzuarbeiten.» Alfonso hatte schon die Tür geöffnet, um hinauszugehen, als er sich beim Namen gerufen hörte: «Herr Nitti!» Er kam zurück und hoffte schon, Cellani, dessen sanften und mitteilsamen Charakter er kannte, werde für ihn ein freundliches Wort des Grußes oder ein paar liebenswürdige Worte des Trostes finden. Cellani aber teilte Alfonso, als er ihn wieder vor sich sah, mit unveränderter Kälte mit, er sei von Herrn Maller beauftragt, ihm dessen Beileid auszudrücken. Im übrigen enthebe ihn Maller von dem üblichen Besuch, den die Beamten nach längerer Abwesenheit bei ihrer Rückkehr ins Amt bei ihm zu machen pflegten. Während Cellani sprach, schien er mit seinen Gedanken ganz bei dem Text zu sein, den er schrieb, denn der Ton seiner Stimme nahm automatisch den Rhythmus der Bewegung seiner Feder an. «Herr Maller ist sehr beschäftigt», fügte er mit fast tonloser Stimme hinzu, als hielte er auch diese Erklärung schon für überflüssig.

Alfonso empfand das Bedürfnis, allein zu bleiben, um nachdenken zu können. Er begriff klar, welche Folgerungen aus Cellanis Benehmen zu ziehen waren. Unschlüssig trat er aus dem Zimmer. Er hätte irgend etwas sagen müssen, das fühlte er, aber er wußte nicht, was. Als er die Tür hinter sich schloß, hatte er das Gefühl, ein Versäumnis bereuen zu müssen. Aber man konnte nicht mehr zurückgehen. Er hatte sich eindeutig nicht so verhalten, wie es notwendig gewesen wäre.

Er wußte selbst nicht, wie er in die Expedition gelangt war, die Cellanis Zimmer gegenüberlag. Mit seiner festen, sicheren, aber unangenehmen Stimme kondolierte Staringer ihm zum Tod der Mutter. Er zerquetschte fast Alfonsos Hand, als er sie schüttelte. Da er nicht wußte, daß Alfonso eben erst angekommen war und noch nicht zu arbeiten begonnen hatte, fragte er ihn: « Haben Sie diesen Brief auf meinen Tisch gelegt? »

«Ich bin erst seit fünf Minuten im Büro», antwortete Alfonso.

In dem kleinen Korridor vor seinem Zimmer wurde er von Ballina aufgehalten.

«Das sind Dinge», sagte er, «die jedem widerfahren. Es ist schmerzlich, aber ...» Er vollendete den Satz nicht, sondern drückte fest Alfonsos Hand, als fürchte er, wenn er weiterspreche, eine Dummheit zu sagen.

In seinem Zimmer war Alfonso ein paar Minuten allein. Dann kam Alchieri und sprach ihm sein Beileid aus. Alchieri wollte unbedingt wissen, wie Frau Carolinas Krankheit verlaufen war. Er erkundigte sich nach jedem einzelnen Symptom. Er hatte gehört, daß Alfonsos Mutter an einem Herzleiden gestorben war, und da er befürchtete, selbst herzkrank zu sein, wollte er von der Gelegenheit profitieren, um Näheres über diese Krankheit zu erfahren. Alfonso antwortete einsilbig. Alchieri glaubte, daß Alfonso deshalb nicht über das Thema reden wolle, weil es für ihn zu schmerzlich sei.

In Wahrheit dachte Alfonso immer nur an das eine: was hatte Cellani, diesen sonst so gütigen und höflichen Menschen veranlaßt, sich so rüde zu benehmen? Das konnte weder auf Zerstreutheit noch auf private Sorgen zurückzuführen sein, denn es war leicht zu erkennen gewesen, daß Cellanis Kälte und Mangel an Rücksicht gewollt waren.

Alfonso setzte sich an seinen Schreibtisch, der noch genauso aussah, wie er ihn verlassen hatte. In der Mittellade lag ein Blatt Papier, ein Brief, den er nicht richtig abgefaßt hatte und der darum nicht abgeschickt werden konnte. Zur Rechten stand der Kalender. Die Tage waren alle durchgestrichen, bis auf jenen letzten, an dem Cellani lachend und höflich Alfonso den Urlaub angeboten hatte.

Er wurde gehaßt. Von Maller und von Cellani. Ehe sie ihn fallenließ, hatte Annetta ihn bei ihrem Vater angeschwärzt. Wer weiß, mit welchen Worten! Sicherlich haßte sie ihn zutiefst von dem Moment an, da sie sich entschloß, ihn preiszugeben und Macario zu heiraten. In ihren Augen war er möglicherweise ein Verführer, einer, der sie vergewaltigt hatte. Es ist nichts leichter, als seine eigene Schuld zu vergessen, wenn von ihr nie gesprochen wurde und wenn sie auch durch kein Schriftstück bewiesen werden kann. Er würde als der einzige Schuldige dastehen. Sicherlich dachten Maller und Cellani, daß er Annetta in einen Hinterhalt gelockt habe.

Wie sich verteidigen, falls man ihn zu Wort kommen ließ? Er würde ganz einfach die Tatsachen offen und aufrichtig berichten, erzählen, wie alles gekommen war, von dem Tag an, da Annetta ihn mit so großem Wohlwollen in ihrem Hause aufgenommen hatte. Er habe sie geliebt, aber er sei nicht wiedergeliebt worden, sondern nur geduldet. Das habe dazu beigetragen, seine Sinne aufzustacheln, daß er ihrer nicht mehr Herr werden konnte. Wenn er hier von der Wahrheit abwich, so nicht, um seine Schuld zu vermindern, sondern vielmehr, um nicht zum Ankläger Annettas zu werden. In Wahrheit war sie es gewesen, die ihm durch ihre Koketterie den Kopf verdreht hatte, die als erste jenen Weg eingeschlagen hatte, der sie dann beide in die kritische Situation brachte.

Alchieri fragte ihn, ob er schon Sanneo begrüßt habe. Er hatte es ganz vergessen. Er lief in das Zimmer seines Chefs und zitterte davor, unterwegs unvermutet Maller oder wieder Cellani zu begegnen.

Einen Augenblick fürchtete er, von Sanneo in gleicher

Weise behandelt zu werden wie von Cellani. Er war sofort angenehm enttäuscht. Sanneo empfing ihn mit jener übertriebenen Freundlichkeit, die ihm eigen war, wenn es sich um Angelegenheiten handelte, die nicht das Büro betrafen. Er sprach Alfonso sein herzliches Beileid aus. Er fand, daß Alfonsos Aussehen alles andere als blühend sei, aber im Büro, in der Ruhe der Arbeit, werde er sich bald wieder erholen. Sanneo meinte das aufrichtig und sagte es nicht bloß, um den Beamten Alfonso zum Fleiß anzuhalten. Erst als er von der Arbeit zu sprechen begann, wurde sein Ton wieder sachlich. Er hatte Alfonso mit Ungeduld zurückerwartet. Alfonso sollte die Arbeit übernehmen, die ihm kurz vor seiner Abreise zugewiesen worden war, also die Aufstellung der Abrechnungen. Dazu sollte noch ein kleiner Teil der deutschen Korrespondenz kommen.

Alfonso willigte ein. Es war viel, allzuviel für ihn, aber das war ihm nicht unangenehm. Mit seiner Arbeit wollte er sich der Bank unentbehrlich machen. Durch seinen Kopf geisterte die Hoffnung, er könne sich als Beamter die Liebe Mallers erwerben, der ihn als Mensch haßte. Auch später ließ er diesen Gedanken nicht ganz fallen. Was hatten die Geschäfte mit Familienangelegenheiten zu tun? Alfonso betrachtete seine Affäre mit Annetta als eine reine Familienangelegenheit.

In der Nacht vorher war Jassy gestorben. Er war nur wenige Tage krank gewesen, und von diesen wenigen Tagen hatte er die Hälfte noch im Büro verbracht. Der Ärmste hatte sich stets für unentbehrlich gehalten und war in dieser Meinung auch gestorben, denn die Krankheit hatte ihm keine Zeit gelassen zu erkennen, wie belanglos seine Abwesenheit für das Bankhaus Maller & Co. war. Der Toskaner Marlucci informierte Alfonso von dem Todesfall und forderte ihn zugleich auf, für einen Totenkranz zu spenden, mit dem die Beamten gemeinsam das Andenken ihres alten Kollegen ehren wollten.

Nicht alle Beamten wußten, daß Alfonso anderthalb Monate in der Bank gefehlt hatte. Als er Marlucci sagte, er habe von Jassys Tod nichts wissen können, da er auf Urlaub gewesen sei, verbarg der Toskaner nicht seine Überraschung. Die Mitteilung, daß in der Zwischenzeit Alfonsos Mutter gestorben war, entlockte ihm kein Zeichen der Anteilnahme. Langsam und vorsichtig, um keinen Tintenklecks zu erzeugen, trocknete er die Unterschrift, die Alfonso auf die Spendenliste gesetzt hatte. Dann gab er bekannt, daß Jassys Begräbnis am nächsten Tage stattfinde.

Bald darauf kam Sanneo mit einem Stoß Briefe. Es waren die Rückstände, die während Alfonsos Abwesenheit nicht erledigt werden konnten.

«Ich mache mich gleich an die Arbeit», sagte Alfonso, aber so zögernd, daß es einer Bitte gleichkam, an diesem Tag noch ein wenig feiern zu dürfen. Er mußte sein kleines Zimmer in Ordnung bringen, vor allem aber wollte er so rasch wie möglich sein Geld bei einer anderen Bank deponieren.

Auch Sanneo sprach zögernd. Er sagte wohl, es habe mit der Erledigung dieser Rückstände keine Eile, machte dabei aber ein so saures Gesicht, daß sich Alfonso rasch entschlossen an die Arbeit setzte. Er wollte sich ohne Aufschub seine Vorgesetzten zu Freunden machen.

Miceni kam, um ihn zu begrüßen. Er war der erste, der einen freundschaftlichen und mitfühlenden Ton fand. Er könne, so versicherte er, Alfonsos Schmerz voll und ganz nachfühlen, denn er selbst sei erst vor kurzem von einem ähnlichen Verlust betroffen worden. Noch immer erschüttert, berichtete er vom Tode seiner eigenen Mutter.

Dann wechselte er den Ton und erzählte Alfonso die letzten Neuigkeiten. Es waren die gleichen, die Alfonso bereits von Prarchi erfahren hatte. Fumigi krank, Annetta Braut. Diesmal hatte Miceni nicht die Absicht, Alfonso eifersüchtig zu machen oder zu ärgern. Es war, als habe er ganz vergessen, daß er Alfonso einmal für einen Anwärter auf Annettas Hand gehalten hatte.

Miceni war von der Verbindung Annettas mit Macario begeistert. Die beiden, so fand er, paßten nicht nur ihrer Erziehung und ihrem sozialen Stand, sondern auch ihrer körperlichen Erscheinung nach ausgezeichnet zueinander. Er erwartete allen Ernstes, daß Alfonso ihm beipflichte.

«Ach, gewiß, das verspricht eine wunderschöne Ehe zu werden», sagte Alfonso nicht sehr überzeugt.

Lachend fügte Miceni hinzu: «Du wirst damit noch Scherereien haben. Als Freund des Hauses wird dir eine Gratulationsvisite nicht erspart bleiben, und auch an ein Hochzeitsgeschenk wirst du wohl denken müssen.»

Als Miceni ihn verließ, war Alfonso verwirrter denn je. Wenn er in diesem Zusammenhang nichts anderes zu hören bekam, so hieß das wohl, daß man von ihm erwartete, er möge durch sein Verhalten keinerlei Verdacht erregen, sondern sich so benehmen wie immer, als wäre nichts geschehen. Er mußte also dem Hause Maller zumindest noch einen Besuch abstatten. Der würde ihm eine weit größere und ganz andersartige Verlegenheit bereiten als der erste. Bei dieser Gelegenheit würde er es auch nicht umgehen können, sich Macario zu nähern und ihm die Hand zu drücken. All diese Vorstellungen ließen sein Blut zu Eis erstarren.

Die Arbeit lenkte ihn ab. Er erstickte fast in ihr. Zwar wußte er noch, nach welchen Gesichtspunkten sie zu erledigen war, aber sie ging ihm nicht recht von der Hand. Er mußte seine ganze Aufmerksamkeit auf sie konzentrieren, um halbwegs vorwärtszukommen. Als seine Feder gegen Abend rascher über das Papier zu gleiten begann, empfand er eine Art Dankbarkeit der mechanischen Arbeit gegenüber. Mit ihrer Hilfe hatte er diesen Tag, den er schon geneigt gewesen war, als einen der schwärzesten in seinem Leben zu bezeichnen, gut zu Ende gebracht. Auch als er mit der Arbeit fertig war, fühlte er sich ruhiger als am Morgen. Er konnte Sanneo einen riesigen Stoß Antwortbriefe vorlegen und rechnete damit, Anerkennung zu ernten.

Und tatsächlich, Sanneo war sehr höflich zu ihm. Zwar hatte er an dem einen oder anderen Brief etwas auszusetzen, aber er brachte seine Kritik überaus mild vor, er schrie nicht, und die wenigen Worte des Tadels wog er reichlich mit solchen des Lobes auf. Ein paar Augenblicke lang fühlte Alfonso sich wirklich glücklich, es waren die ersten guten Worte, die er nach seiner Rückkehr in die Bank zu hören bekam.

Als er aber im Freien war und zu der Stelle gelangte, wo er früher gewöhnlich nach einer kurzen Willensanstrengung den Weg zur städtischen Bibliothek einschlug, empfand er mit furchtbarer Deutlichkeit, wie unglücklich seine Lage war. Welche Bedeutung konnte denn Sanneos Sympathie im Vergleich mit jenem ungeheuren Haß haben, der an höherer Stelle offenkundig gegen ihn losgebrochen war? Um diesen Haß zu besänftigen, genügte es nicht, viel und gut zu arbeiten. Er mußte sich sagen, daß es nur einen Weg gab, sich diesem Haß zu entziehen: den Posten aufkündigen; aber er fühlte nicht so, wie er dachte. Was ihn wirklich bedrückte, waren ja der Haß und die Verachtung an sich, und nicht die bösen Folgen, die daraus erwachsen konnten. Wieder einmal war er nicht aufrichtig gegen sich, er wurde sich nicht ganz der wahren Gründe bewußt, warum er seinen Posten nicht aufgab. Er sagte sich nicht, daß all seine Hoffnung darin bestand, den gegen ihn gerichteten Haß zu mildern und sich Achtung bei jenen zu verschaffen, die ihn verachteten, sondern er wollte sich einreden, daß er nur deshalb im Bankhaus Maller blieb, weil er noch nicht wissen konnte, ob er diesen Haß zu spüren bekommen werde, ja, ob er überhaupt vorhanden war. Vielleicht genügte der stille Verzicht, zu dem er entschlossen war, um alle zu befriedigen.

Er wollte eben sein Haus betreten, als ihn jemand rief. Es war Francesca, die mitten auf der Straße auf ihn gewartet hatte.

«Ich warte schon eine halbe Stunde auf Sie.» Sie hatte ihn gerufen, ohne sich vom Fleck zu rühren. Jetzt erst ging sie mit ihrem entschlossenen Schritt und ohne jede Hast auf ihn zu. «Ich bin von Annetta beauftragt, Ihnen zu sagen, Sie möchten sie vergessen. Sie wird das gleiche tun.»

Die knappe Art der Mitteilung war sicherlich vorbedacht, sie sollte überraschend und verletzend wirken.

Er aber war auf Schlimmeres gefaßt gewesen und war fast glücklich, daß irgend jemand kam, um ihn aufzuklären.

«Ich habe mich mit meiner Lage abgefunden», antwortete er. Er wußte nicht, was er noch sagen sollte. Er zögerte so lange, daß Francesca sich schon zum Fortgehen wandte. Er hielt sie zurück. Sie war der einzige Mensch, von dem er hoffen konnte, genaue Nachrichten darüber zu erhalten, wie man im Hause Maller gegen ihn gestimmt war. Er wußte, wenn er diese Gelegenheit ungenützt vorüberließ, würde er nicht so bald wieder eine zweite finden, um mit Francesca zu sprechen.

«Aber warum, warum?» fragte er mit erstickter Stimme. Es war nicht die Frage, die er hatte stellen wollen. Hätte er es nicht als unpassend gefunden, dann hätte er ohne Umschweife gefragt, was man von ihm verlange.

«Sie müssen die Gründe sehr wohl kennen. Ich habe sie Ihnen des langen und des breiten erklärt, ehe es so weit gekommen ist.» Auch ihre Stimme bebte, aber vor Zorn. «Ihre Abreise glich der Flucht vor einer Frau, die Sie einfangen will. Annetta hat recht gehandelt.»

«Aber meine Mutter ist doch gestorben!» wandte Alfonso ein. «Ist das nicht genug, um meine Abwesenheit zu erklären?»

Francesca blieb kalt.

«Als Sie abreisten, wußten Sie noch gar nicht, daß Ihre Mutter krank war, sonst hätten Sie es mir gesagt. Sie sind vor den unangenehmen Begleiterscheinungen Ihres Glücks geflohen, so wenigstens erkläre ich mir Ihr Verhalten.»

Während ihre kleine Gestalt ruhig auf der Stelle verharrte und ihr wie immer blasses Gesicht unverändert blieb, geriet sie in immer größeren Zorn. Obwohl sie ihre Worte mit keinerlei Gesten begleitete, hörte er den Zorn doch aus ihrer Stimme heraus, die er so gut kannte. Was er nun zu hören bekam, waren Dinge, die man nur im Zorn so unumwunden ausspricht.

Sie gab das Spiel als verloren auf. Gewiß, so sagte sie, bestand ihr hauptsächlichstes Unglück darin, daß sie auf Menschen gestoßen war wie die Mallers, dann aber war es Alfonso gewesen, der über ihr weiteres Schicksal entschied.

«Zu dieser Stunde könnte ich Mallers Frau sein, wenn mir nicht ein Mensch wie Sie in den Weg gelaufen wäre, ein Mensch, deren es, wie ich hoffe, nur wenige auf der Welt gibt – ein Dummkopf!»

Er wußte ja bereits, daß Francesca Mallers Geliebte gewesen war, und die Enthüllung, die sie ihm machte, überraschte ihn nur insofern, als er sie aus ihrem eigenen Munde vernahm. Das genügte, um ihn sofort vergessen zu lassen, daß er von ihr lebenswichtige Informationen erhalten wollte. Er hörte ihr verzückt zu und konnte angesichts dieser energischen Frau nur staunen, daß sie in ihrem Unglück nichts anderes empfand als Zorn darüber, ihr Ziel nicht erreicht zu haben.

Sie fuhr fort, zu reden. Schon wenige Tage nach seiner Abreise, erzählte sie, gewann Annetta ihre Ruhe wieder.

Aller Wahrscheinlichkeit nach setzte sie ihren Einfluß ein, um ihren Vater gegen Francesca einzunehmen. Francesca bemerkte es am veränderten Benehmen Mallers. Da schrieb sie an Alfonso jenen Brief, den er sogleich als einen Hilferuf gedeutet hatte.

«Der einzige Trost in meinem Unglück ist, daß Sie selbst unglücklich geworden sind.»

Mit diesen Worten verließ sie ihn. Er hielt sie nicht zurück. Es wäre vergeblich gewesen, sie nach etwas zu fragen, das nicht mit ihrem eigenen Kummer zusammenhing.

Wie hätte sie die Geduld aufbringen sollen, ihn darüber aufzuklären, welche Absichten die Mallers ihm gegenüber hatten und welches Verhalten sie von ihm verlangten? Sie war ja nicht gekommen, ihm Trost und Beruhigung zu bringen. Sie hatte ihm geradezu wollüstig Annettas Botschaft übermittelt, denn sie glaubte, ihm damit Schmerz zuzufügen. Sie hatte sogar von sich aus alles getan, was ihrer Meinung nach seinen Schmerz noch verschlimmern konnte.

Und doch verschaffte ihm diese Unterredung eine gewisse Beruhigung. Von allen Worten, die Francesca ihm gesagt, blieben ihm vor allem die ersten in Erinnerung, Annettas Botschaft. Sie schickte nach ihm, um ihn zu bitten, sie zu vergessen! Sie wollte also, daß er schwieg, nichts anderes. Das genügte ihm, und er wollte sich so verhalten, wie es ihm von allem Anfang an als am natürlichsten erschienen war. Das konnte seine Lage bis zu einem gewissen Grade erleichtern. Er wollte sich weder um Annetta noch um Macario kümmern. Das befreite ihn wenigstens von den Besorgnissen, die Micenis Worte in ihm erweckt hatten.

Er ging in die Stadt zurück. Er empfand den dringenden Wunsch, über die Sache noch weiter nachzudenken. Er hatte das unangenehme Gefühl, seine Lage noch nicht völlig begriffen zu haben. Jedes neue Wort, das er hörte, schien dieser Lage ein neues Aussehen zu geben.

Er fühlte sich wohl auf seinem kleinen Posten. Diesen Tag hatte er ja so angenehm mit Arbeit verbracht. Er wollte bleiben. Wenn Annetta von ihm verlangte, daß er schweige, dann wollte sicherlich auch Maller nichts anderes von ihm. Der würde sich von nun an hüten, irgendeinen Schritt zu tun, der Dritten gegenüber die Ursache des Hasses, den er ihm entgegenbrachte, enthüllen könnte.

Inmitten dieses Hasses wollte Alfonso in aller Ruhe sein Leben verbringen. In der Bank würde er seine Pflicht tun. Aber nicht von der Arbeit allein konnte er eine Verminderung des Hasses erhoffen, sondern von seinem ganzen Verhalten. Er nahm sich vor, dieses Verhalten so einzurichten, daß die anderen schließlich glauben mußten, er habe alles vergessen. Das war sogar mehr, als man von ihm verlangte.

Geliebt hatte er sie nie. Jetzt haßte er sie der Unruhe wegen, die sie in sein Leiben brachte. Wenn man nichts anderes von ihm forderte, als daß er sie vergesse, dann sollten sie befriedigt werden.

Auf der Straße traf er Gustavo, der grüßend auf ihn zukam.

«Endlich! Ich habe schon gar nicht mehr gehofft, dich je wiederzusehen. Schöne Sachen sind uns passiert, während du fort warst. Hat dir meine Mutter schon alles erzählt? Und hast du meinen Vater gesehen?»

Alfonso betrachtete ihn aufmerksam, um zu studieren, welchen Eindruck so viel Unglück auf Gustavo gemacht habe. Der aber sah aus wie immer. Er hatte eine Zigarette im Mund, war schmutzig, trug aber seinen Hut gleichwohl schmissig gegen das rechte Ohr geschoben. Nur als er Alfonso fragte, ob seine Mutter ihm bereits von Gralli erzählt habe, blitzte Zorn in seinen Augen.

Im Speisezimmer der Lanuccis lastete eine kaum erträgliche Traurigkeit. Das gelbliche Tischtuch, das wenige, armselige Geschirr, all die blassen und blutarmen Gesichter rings um den Tisch – das alles zusammen machte den Raum zu einer Stätte trostlosen Elends.

«Zum Teufel», brummte Gustavo, «so wenig man einem da auch vorsetzt, es verschlägt einem den Appetit, wenn man all diese stieren Gesichter sieht.» – Zu Alfonso gewandt: «Bei diesem Anblick werde auch ich noch trübsinnig.»

Alfonso wollte Gustavo in seinem Versuch unterstützen, die beiden Frauen aus ihrer düsteren Lethargie aufzurütteln.

«Wirklich», sagte er, «auch ich verstehe nicht, warum ihr so stumm dasitzt.»

Frau Lanucci, die eben ein Stück gesottenen Fleisches zum Munde führen wollte, legte es wieder auf den Teller zurück. Das Essen widerstrebte ihr. Lucia hob die Augen und drehte ihr Gesicht nach allen Seiten hin. Sie wollte lächeln und damit zeigen, daß Gustavo sie zu unrecht beschuldige. Aber ihr Versuch mißlang. Sie fühlte alle Blicke auf sich gerichtet, da stand sie auf und ging unter heftigem Schluchzen langsam aus dem Zimmer. Es nützte nichts, daß der alte Herr Lanucci ihr nachschrie, es gehöre sich nicht, den Tisch während des Essens zu verlassen. Das sei eine Disziplinlosigkeit, die er nicht dulden werde. Diese Disziplinlosigkeit regte ihn vor allem deshalb auf, weil er selbst sich nicht vom Tisch wegrühren konnte: um rascher zu gesunden und in übertriebener Befolgung der ärztlichen Vorschläge, ließ er sich, wenn er außerhalb des Bettes war, die Beine in dicke Tücher einhüllen.

«Immer wieder die Geschichte mit Gralli», sagte Frau Lanucci mit tränenerstickter Stimme. «Man muß das verstehen, man kann nicht verlangen, daß ein Mädchen es kaltblütig hinnimmt, einfach sitzengelassen zu werden. Grundlos. Denn die Ärmste hat ihm sicherlich keine Ursache gegeben, sich so gemein zu benehmen. Sie hat ihn gern gehabt.»

Gustavo schrie: «Ich wollte ja hingehen und diesem Zwerg den Schädel einschlagen – aber die hier haben mich nicht gelassen.» Er wollte damit zum Ausdruck bringen, daß ihn das Unglück seiner Schwester nicht gleichgültig ließ.

«Nein!» sagte Frau Lanucci. «Keine Gewalttätigkeiten! Vielleicht reut es ihn noch, Lucia stehengelassen zu haben. Solange es keine Handgreiflichkeiten gibt, kann vielleicht alles noch in Ordnung gebracht werden.»

Sie wollte Alfonso ihre Haltung erklären. Zwar habe auch ihr Galli anfangs nicht gefallen, jetzt aber müsse sie Lucias Hoffnungen unterstützen, denn aus der Verzweiflung ihrer Tochter sei klar zu sehen, daß sie ihn immer noch liebe.

Auf Vorschlag des alten Herrn Lanucci wurde über dieses Thema nicht mehr gesprochen. Es wurde aber auch über nichts anderes gesprochen.

Herr Lanucci erhob sich als erster. Während er sich langsam, auf den Arm seiner Frau gestützt, fortbewegte, klagte er über alle Arten von Schmerzen. Seine Begleiterin fühlte aber diese Schmerzen nicht, sondern zwang ihn ungeduldig, weiterzugehen, obwohl es klar zu sehen war, daß er gerne ein wenig stehengeblieben wäre, um Atem zu schöpfen.

Von der Reise, der Arbeit und den Aufregungen dieses Tages ermüdet, empfand Alfonso ein wahres Glücksgefühl, als er sich in seinem Bett ausstrecken konnte. Er löschte sofort das Licht, warf sich auf die Seite und tat einen tiefen Atemzug des Behagens. Wie einer, der sich nach einem Tag, der von Vergnügungen ausgefüllt war, endlich ausruht.

Nachdem er höflich angefragt hatte, trat Gustavo ein.

«Du hast schon das Licht gelöscht? Bist du sehr müde?»

«Ja, sehr.»

Alfonso konnte mit einiger Anstrengung gerade noch hervorbringen, daß er krank gewesen sei und sich nun, nach der Krankheit, sehr schwach fühle. Er meinte, daß Gustavo wieder fortgegangen sei, und war schon im Begriff, einzuschlafen. Gustavo aber stand hart neben ihm und redete lange auf ihn ein, ohne auf Antwort zu warten. Alfonso begriff wohl, was man ihm da erzählte, aber er war so müde, daß Gustavos Mitteilungen in ihm keinerlei Überraschung auslösten. Selbst der Gedanke an sein Verhältnis zu Annetta, das ihm durch Gustavos Erzählung wieder in Erinnerung gerufen wurde, konnte ihn nicht mehr aufregen.

«Nur ein paar Worte!» sagte Gustavo leise. Es gefiel ihm gar nicht, so erklärte er, daß Lucia wegen eines Mannes, der dies gar nicht verdiente, so verzweifelt war. «Da steckt etwas dahinter», meinte er und seine leise Stimme bekam einen drohenden Klang: «Ich finde es ganz unnatürlich, daß sich Lucia wegen dieser Mißgeburt zu Tode kränkt.» Er spreche zu Alfonso, wie zu einem Bruder. Er hatte den Verdacht, daß sich Lucia in ihrer Vertrauensseligkeit Mario Gralli hingegeben habe. «Ich bringe ihn um, und wenn ich dafür ins Zuchthaus komme.» Er wiederholte mit erhobener Stimme: «Ich bringe ihn um, wenn ich daraufkomme, daß er unser Vertrauen mißbraucht hat.»

Alfonso begriff, aber er hatte nur den einen Wunsch, daß Gustavo sich so rasch wie möglich entferne. Seine Gedanken waren noch nicht ganz vom Schlaf umfangen, und so fühlte er sich verpflichtet, in Lucias Namen zu widersprechen.

«Lucia ist ein anständiges Mädchen. Du irrst dich bestimmt», sagte er, ohne den Kopf vom Polster zu heben.

«Anständig?» rief Gustavo. «Aber sie ist ein Mädchen und daher schwach.»

Im Speisezimmer nebenan war ein Schrei zu hören. Jemand weinte verzweifelt. Alfonso unterschied die Stimme der Frau Lanucci. Sie sprach zuerst leise, so als wollte sie Lucia beruhigen. Dann wurde ihre Stimme lauter, sie rief nach Gustavo. Der ging hinaus und schloß hinter sich die Tür. Alfonso hörte jetzt, wie nebenan eine erbitterte Diskussion im Gange war. Eine Stimme versuchte die andere zu übertrumpfen. Während der ganzen Zeit vernahm man das schwache Schluchzen Lucias. Plötzlich hörte Lucia zu schluchzen auf und sprach mit klarer Stimme, indem sie jedes Wort und jede Silbe betonte. Sie schwor und widersprach. Dieser ganze Lärm konnte Alfonso nicht aus seinem Dämmerzustand wecken. Er fühlte sich so schwach und gleichgültig, daß er schon meinte, er sei wieder krank und es handle sich wieder um eine Fieberphantasie. Es schien ihm, daß seine Zimmertür noch einmal geöffnet werde und daß Gustavo ihn leise rufe, aber wohl nur, um sich zu überzeugen, ob er schlafe.

Alfonso antwortete nicht. Er war außerstande, irgendein Lebenszeichen von sich zu geben.

Vom Schlaf gekräftigt erhob er sich. Er wußte nun mit aller Bestimmtheit, daß die Szene am Abend vorher Wirklichkeit gewesen war, aber er hatte die Einzelheiten nicht genau erfaßt, um beurteilen zu können, wieweit dem Verdacht, den Gustavo mit solcher Dringlichkeit mitgeteilt hatte, Bedeutung beizumessen war. Lucias Stimme war kaum die einer Schuldigen gewesen. Das genügte Alfonso, um an ihre absolute Unschuld zu glauben. Nun, da er wach war, beschäftigten ihn wieder seine eigenen Sorgen, und er konnte seine Aufmerksamkeit nicht Dingen zuwenden, die ihn nicht unmittelbar betrafen.

Im Speisezimmer traf er Gustavo, der bedächtig seinen Kaffee schlürfte.

«Entschuldige, ich habe dir gestern abend nicht genau zugehört», sagte er freimütig zu Gustavo. «Ich war so müde, daß ich eingeschlafen bin, während du zu mir gesprochen hast, und auch vorher habe ich nicht alles verstanden. Was wolltest du mir eigentlich sagen?»

Gustavo hob die Augen von seinem Blechnapf und warf Alfonso einen mißtrauischen Blick zu.

«Um so besser», sagte er. «Ich hatte einen sitzen und weiß nicht mehr, was ich dir gesagt habe.»

Gustavo war keineswegs betrunken gewesen, aber Alfonso machte sich nicht die Mühe, über die Gründe nachzudenken, warum er jetzt log. Vielleicht – und das war die wohlwollendste Auslegung – log er, um sich dafür zu entschuldigen, daß er Unwahres gesagt und gedacht hatte.

XVIII

Als Alfonso in der Bank durch den Korridor ging, der zu seinem Zimmer führte, empfand er das gleiche peinigende Unbehagen wie am Tage zuvor. Er hatte keine unliebsamen Begegnungen, aber er war doch froh, als er sich endlich in seinem kleinen Zimmer befand. Schlecht fühlte er sich nur, wo Gefahr drohte, plötzlich auf Maller zu stoßen.

Alchieri begrüßte ihn mit der ihm eigenen, scherzhaft rauhen Art. Er habe einen Blick in das Kopierbuch getan und mit Staunen festgestellt, wie viele Briefe Alfonso erledigt hatte.

«Arbeite nur nicht zu viel, sonst schädigst du die anderen!»

Alfonso hörte diese Bemerkung gerne. Wenn schon Alchieri die große Arbeitsleistung Alfonsos aufgefallen war, dann mußte sie um so eher Maller bemerken, der unter jeden Brief seine Unterschrift setzte.

Gegen zehn Uhr schickte Alchieri sich an, zu Jassys Begräbnis zu gehen.

«Wenn man mir schon fünf Franken abgeknöpft hat, dann will ich wenigstens eine Stunde vom Büro erlöst sein.»

Er ging zum Begräbnis wie zu einem Fest.

Alfonso wäre es unangenehm gewesen, hingehen zu müssen, denn sicherlich war auch Herr Maller dort. Sanneo befreite ihn aus seiner Verlegenheit. Er bat Alfonso, in der Bank zu bleiben, da alle anderen Beamten der Korrespondenz, die mit Jassy enger befreundet gewesen waren, dem Verstorbenen die letzte Ehre erweisen wollten. Irgend jemand mußte in der Korrespondenz bleiben. Es war wohl anzunehmen, daß auch Herr Maller zum Begräbnis ging, aber ausdrücklich hatte er es nicht gesagt, und wenn Maller in der Bank blieb, war es möglich, daß er irgendeinen Brief oder irgendeine Information brauchte.

Alfonso zuckte zusammen. Sanneo bemerkte es.

«Oh, nichts Besonderes», sagte er, um ihn zu beruhigen. «Schlimmstenfalls werden Sie ein paar Laufereien durch die verschiedenen Bankabteilungen haben, um irgendein Papier zu holen.»

Also, auch wenn er in der Bank blieb, drohte Alfonso die gleiche Gefahr, wie wenn er zum Begräbnis ging.

Es wäre zu schön gewesen, wenn er immer die Ruhe gehabt hätte wie jetzt. Obwohl sein Zimmer abseits gelegen war, drangen doch gewöhnlich vom Korridor und von den übrigen Büroräumen Geräusche zu ihm, die ihn, so unbestimmt sie auch waren, durch ihre Stetigkeit störten. An diesem Tage aber hörte man nur dann und wann einen Schritt oder eine Stimme. Dazwischen gab es lange Pausen der Stille. Der Hof, auf den das Fenster seines Zimmers ging, war stets ruhig.

Aber er blieb nicht lange allein. Es wurde an seine Tür geklopft. Überrascht und erschrocken rief er: «Herein!»

Es war eine Frau. Im ersten Augenblick mochte man sie für ein Schneidermädchen halten. Sie trug einen schwarzen Schleier über dem blonden Haar. Ihr Kleid wirkte zwar etwas abgetragen, aber sonst durchaus ordentlich, gepflegt und verriet guten Geschmack. Sie sah ihn an, als erwarte sie, von ihm sogleich erkannt zu werden.

«Sie kennen mich nicht mehr?» Sie blieb zögernd bei der Türe stehen, als bedauerte sie es schon, gekommen zu sein. «Wir haben uns durch Herrn White kennengelernt.»

«Oh, Frau White», rief er überrascht aus und bot ihr

einen Sessel an. Jetzt erinnerte er sich der blonden und blassen Frau, die er in Whites Haus über den Stickrahmen gebeugt gesehen hatte. Er wollte seine eigene Verlegenheit überwinden und sagte: «Entschuldigen Sie, wenn ich Sie nicht gleich erkannt habe, aber daran ist der Schleier schuld, mit dem ich Sie noch nie gesehen habe und der Ihr Aussehen verändert.»

Sie lächelte ein gezwungenes und zugleich nachlässiges Lächeln. Der Sinn stand ihr nicht danach, diesem Lächeln einen bestimmten Ausdruck zu geben. Sie komme zu ihm, so sagte sie, weil sie annehme, daß er vielleicht etwas über White, der ja sein Freund sei, wisse. Sie sprach mit großer Geläufigkeit den Triester Dialekt.

«Schreibt er Ihnen denn nicht?» fragte Alfonso erstaunt.

Es war ihm nicht gleich eingefallen, daß zwar White vor längerer Zeit abgereist, die Frau aber zurückgeblieben war. Diese Französin war eine schöne Erscheinung. Groß, aufrecht, von klar gezeichneten Formen. Ein männlich kräftiger Körper von weiblichem Ausdruck.

«Die letzten Briefe erhielt ich aus Marseille», sagte sie und wurde rot.

Das Erröten, das ihren Satz ergänzte, kam einem Bekenntnis gleich. Es besagte, daß White die Beziehung zu ihr von einem Tag zum anderen abgebrochen hatte. Daraus war zu schließen, daß diese Beziehung nie sehr ernst gemeint war.

Alfonso tat, als habe er nicht verstanden: «Vielleicht ist er an seinem Bestimmungsort noch nicht angekommen?»

Aber er wußte nur zu gut, daß White in dieser Zeit längst auch eine Reise um die Welt hätte machen können.

«Ich weiß, daß er angekommen ist, ich weiß es von seinem Bruder, der mir aus London geschrieben hat. Sie wissen also nicht, wo er jetzt ist?»

Alfonsos lebhaftes Bestreben, Anteilnahme an ihrem Schicksal zu zeigen, verriet, daß er alles erraten hatte.

«Ich weiß es nicht, zu meinem größten Bedauern», sagte er eifrig. «Wenn ich es wüßte, würde ich es Ihnen sagen, trotz meiner Freundschaft zu ihm.»

Er nahm mit solcher Entschlossenheit für sie Partei, weil er eine gewisse Ähnlichkeit zwischen dem Schmerz dieser Frau und dem Lucias zu finden meinte. White, der so vornehm aussah, benahm sich ja noch schlimmer als Gralli.

Die blauen Augen der Frau füllten sich mit Tränen, die aber nicht überflossen, sondern, ohne getrocknet worden zu sein, gleichsam vom Auge wieder zurückgenommen wurden. Sie machte keine Bekenntnisse, doch sie sprach so, als ob sie Alfonso schon alles erzählt habe.

«Er glaubt, allen seinen Pflichten mir gegenüber zu genügen, wenn er mir eine Rente zukommen läßt.» Sie hob stolz den Kopf. «Ich hoffe, in ein paar Monaten so viel zu verdienen, daß ich auch darauf verzichten kann.»

Alchieri trat singend ein. Der Spaziergang hatte ihn in gute Laune versetzt. Als er die Frau sah, wurde er verwirrt und bat um Entschuldigung.

Aus war es mit allen Vertraulichkeiten, die zu machen sie auf dem besten Wege gewesen war.

Alfonso hielt sie noch an der Tür zurück und riet ihr, sich an Maller zu wenden, der wohl wissen mußte, wo White sich aufhielt. Die Schönheit und der Stolz dieser Frau steigerten in ihm den Wunsch, ihr zu helfen.

Sie sei schon bei Maller gewesen, und auch er habe erklärt, er wisse von nichts.

«Die beiden sind miteinander im Bunde», fügte sie verächtlich hinzu. Dann sagte sie noch, so als fühle sie sich durch das Mitleid, das Alfonso ihr entgegenbrachte, gedemütigt: «Übrigens verstehe ich selber nicht, warum mir soviel daran liegt, seine Adresse zu bekommen. Ich könnte ja doch nichts anderes tun, als ihn beschimpfen, und das ist ganz überflüssig, denn er selbst muß ja wissen, was ich ihm sagen würde, wenn ich es könnte.»

Dieser seltsame Besuch hätte noch länger in ihm nachgewirkt, wenn Frau White, wie er sie beharrlich nannte, ihn beim Fortgehen nicht kühl gegrüßt hätte. Es war ein eben noch höflicher Gruß, der ausdrückte, wie wenig Gewicht sie auf seinen Trost lege.

Sanneo ließ Alfonso rufen, um ihm zu danken und ihn zu fragen, ob es während seiner Abwesenheit etwas Neues gegeben habe.

Auf dem Rückweg begegnete Alfonso zum erstenmal Herrn Maller. Er hätte die Begegnung vermeiden können, denn Maller, der eben erst vom Begräbnis kam, schritt vor ihm her auf sein Zimmer zu. Alfonso aber glaubte, Maller habe ihn gesehen, und er wollte nicht den Eindruck erwekken, als fürchte er die Begegnung. Er beschleunigte seine Schritte, überholte Maller und grüßte ihn mit einer Verneigung. Er war nicht ganz sicher, aber es schien ihm, als ob auch Maller seinen Kopf neige. Ehe er links in seinen kleinen Korridor einbog, wandte er sich noch einmal um und konnte sehen, daß Maller ihm den Rücken kehrte und im Begriff war, in sein Zimmer zu treten. Das Gesicht des Prinzipals war intensiv gerötet, und Alfonso wußte nicht recht, ob diese Röte durch die Erregung über die Begegnung verursacht war oder ob es sich um Mallers übliche Gesichtsfarbe handelte, die zu sehen er nicht mehr gewohnt war.

Diese Begegnung hinterließ in Alfonso eine Aufregung, die den ganzen Tag hindurch dauerte. Die Folge war eine Steigerung seiner Arbeitsleistung. Sein Arbeitseifer stand stets im direkten Verhältnis zu der Beunruhigung, die ihm seine Beziehung zu Maller verursachte.

Mittags wagte er es nicht, sofort das Büro zu verlassen. Er fürchtete, nochmals Herrn Maller zu treffen, der sich immer um diese Zeit zur Börse begab.

Ballina hielt ihn mit seinem Gerede auf. Alchieri hatte Alfonso berichtet, daß Ballinas Humor seit einiger Zeit nachgelassen habe. Der ehemalige Offizier wußte nicht recht zu sagen, was für eine Veränderung mit dem Humor Ballinas vor sich gegangen sei, aber irgend etwas, das fühlte er, habe sich geändert. Zwar war Ballina immer noch lustig und lachte viel, jetzt aber mit Vorliebe auf Kosten der anderen und nicht ohne Gift. Dabei hatte sich seine Situation keinesfalls verschlechtert, kein besonderer Unglücksfall hatte ihn betroffen, er erklärte nur, er sei es müde, mit dem Elend zu kämpfen.

«Wenn ich an das zurückdenke, was ich als Zehnjähriger mit fünfunddreißig Jahren zu erreichen hoffte, und wenn ich sehe, was aus mir geworden ist, kommt mir der kalte Schweiß», sagte er zu Alfonso, der sich nach seinem Befinden erkundigt hatte. Es war seine fixe Idee.

Vor kurzem war der Korrespondenz ein neuer Beamter zugeteilt worden, ein gewisser Bravicci. Das war ein junger Bursche, der nichts konnte, aber über so glänzende Empfehlungen verfügte, daß er gleich mit einem höheren Gehalt, als Alfonso es bezog, angestellt wurde. Seine Kleidung war nachlässig, zuweilen sogar schmutzig. Er half in der Kopierabteilung aus, in die Sanneo ihn abgeschoben hatte. Bei den Kollegen war er nicht beliebt, und ihm galt Ballinas besonderer Haß.

«Der besitzt ein Vermögen von 100000 oder 200000 Franken und nimmt uns armen Teufeln hier das Brot weg.»

Alfonso konnte es nicht glauben.

«Es ist auch kaum zu glauben», sagte Ballina, «und nur deshalb möglich, weil der Mensch um so blöder wird, je mehr Geld er besitzt.»

Er sprach nicht weiter von Bravicci, sondern sagte mit einer Anwandlung seines alten Humors und ohne Galle, daß auch er zu Monatsbeginn, wenn er das Gehalt bekomme, weit größere Dummheiten begehe als zum Monatsende. Jedenfalls gebe er, wenn sich der Monat dem Ende zuneigt, nur das Notwendigste aus und nicht mehr.

In der Bank hatte Alfonso jetzt mehr als genug zu tun. Immer wieder durch eine Begegnung mit Maller oder durch einen unhöflichen Gruß Cellanis aufgestachelt, leistete er viel und mit großer Sorgfalt. Wenn er abends die Bank verließ, fühlte er sich erschöpft, ruhig und von der getanen Arbeit befriedigt. Zu ihr kehrten seine Gedanken auch außerhalb des Büros gerne zurück. Erstaunt fragte er sich manchmal, ob er sich nicht früher über seine Fähigkeiten getäuscht habe und ob nicht gerade diese Lebensführung seinem Organismus am besten entsprach. Er hatte wohl noch immer die alte Angewohnheit, zu träumen, sich in größenwahnsinnigen Phantasien zu ergehen, aber sie waren nun ganz anderer Art. Nun schrieb er sich in seinen Träumen eine unerhörte Arbeitsfähigkeit zu, die das Lob Sanneos und der Direktion erzwang. Sein Fleiß rettete die Bank vor dem Ruin.

Nicht nur dank seiner Arbeit, sondern auch aus anderen Gründen fühlte er sich nun wohler an seinem Platz. Sanneo lobte ihn tatsächlich, wenn auch nicht mit dem Überschwang, von dem Alfonso träumte, aber es war schon viel, wenn man bedachte, wie Sanneo sonst mit den Beamten umzugehen pflegte, die er grundsätzlich nicht durch Lob verderben wollte. Alfonso gegenüber war er von ungewöhnlicher Rücksichtnahme. So gab er Giacomo den Auftrag, sich stets Alfonso zur Verfügung zu halten und ihm die Wege abzunehmen, wenn er irgendein Schriftstück oder das Kopierbuch benötigte. Alfonso war überglücklich, denn nichts haßte er so sehr wie die lange Sucharbeit in den verschiedenen Abteilungen, eine Arbeit, die keinerlei sichtbare Spuren hinterließ und daher in der Direktion nicht gewürdigt werden konnte.

Da er sich über diese Sucharbeit nicht mehr ärgern

mußte, verlief alles viel ruhiger. Tagsüber sprach er wenig und immer nur mit den gleichen Leuten. Auf der Straße überkam ihn Unbehagen, und er legte den Weg vom Büro nach Hause im Laufschritt zurück.

Er war, wie er glaubte, jenem Idealzustand, der seiner Bücherweisheit entsprach, sehr nahe, dem Zustand der Entsagung und des Friedens. Selbst der Entschluß, zu entsagen und zu verzichten, bereitete ihm keinerlei Unruhe mehr. Es bot sich ihm ja auch nichts Neues mehr an, und mit seinem letzten Verzicht hatte er sich, wie er meinte, für immer vor allen Niedrigkeiten bewahrt, in die der Wunsch nach Genuß ihn hätte hinabziehen können.

Er wünschte gar nicht, anders zu sein, als er war. Abgesehen von seinen Befürchtungen für die Zukunft und von dem Unbehagen, das der gegen ihn gerichtete Haß ihm bereitete, fühlte er sich glücklich, ausgeglichen wie ein alter Mann. Er wußte wohl, daß seine Ruhe das Ergebnis der seltsamen Ereignisse der letzten Monate war. Sie hielten ihn gefangen, umschlossen ihn wie ein bleierner Mantel. All seine Gedanken waren auf diese Ereignisse gerichtet. Entweder bewunderte er die Größe seines eigenen Opfers, oder er dachte darüber nach, wie er sich den Gefahren entziehen könnte, die ihn seiner Meinung nach bedrohten. Er war weit ruhiger als zu der Zeit, die er früher in der Bank verbracht hatte. Es war eine Zeit der Unzufriedenheit, der Rastlosigkeit, des Ehrgeizes gewesen, er hatte blind den Ereignissen des Augenblicks gelebt. Jetzt hingegen meldeten sich die Träume von Größe und Reichtum nicht mehr. Er konnte stundenlang träumen, ohne daß in seinen Phantasien das Gesicht einer Frau auftauchte.

Er träumte davon, daß seine Ruhe noch weiter zunehme. Er träumte davon, so zu bleiben, wie er war, Annetta völlig zu vergessen und von ihr und von den anderen ebenfalls vergessen zu werden. Er träumte sogar davon, Mallers Haß beschwichtigen zu können und von ihm wieder so empfangen zu werden wie an jenem Abend, an dem er ihn zu sich ins Zimmer rief und so herzlich ermutigte. Und Macario? Wußte der auch, daß er Anlaß hatte, Alfonso zu hassen?

Wovon er nicht träumte, war eine Verbesserung seiner Stellung in der Bank. Die Zinsen, die ihm sein kleines Kapital abwarf, mußten zusammen mit seinem Gehalt genügen. Von seinen Vorgesetzten verlangte er nichts anderes, als daß sie ihn unbehelligt auf seinem Posten ließen.

Rings um ihn, in der Bank selbst, wurde erbittert gekämpft. Um so mehr empfand er seine Überlegenheit. Er hielt sich fern von diesen ebenso rücksichtslosen wie kleinlichen Kämpfen. Sie begannen schon ganz unten, wo die Diener darum stritten, dem Direktor persönlich zugeteilt zu werden, und reichten immer höher hinauf. Eben jetzt war ein Kampf um den Posten des Direktors der Filiale in Venedig im Gange, die das Bankhaus Maller errichten wollte.

Um diesen Posten stritten zwei alte Herren, Doktor Ciappi und der Leiter der Liquidationsabteilung, Rultini. Bis dahin hatte Alfonso mit den beiden nichts oder nur wenig zu tun.

Doktor Ciappi war erst seit wenigen Jahren in der Bank. Er hatte seine Rechtsstudien ordnungsgemäß absolviert, aber da er aus armer Familie stammte und über keine Protektion verfügte, war es ihm nicht gelungen, sich eine genügend große Klientel zu schaffen, um leben zu können. Nach langen Jahren vergeblicher Bemühungen nahm er den Posten, den Maller ihm bot. Er war Leiter der Rechtsabteilung und Rechtsvertreter der Bank. Von der Stellung eines Repräsentanten des Hauses Maller in Venedig erhoffte er sich einen weit größeren finanziellen Nutzen, als sein jetziger Posten ihm eintrug.

Auch Rultini war erst in vorgerücktem Alter bei Maller eingetreten. Ihm wurde die Liquidationsabteilung mehr aus Ehrfurcht vor seinem weißen Haar, als seiner Fähigkeiten wegen anvertraut. Schlimm aber war, daß er selbst – was niemandem verborgen blieb – von seiner Unzulänglichkeit wußte. Er war ein langsamer Arbeiter und hatte eine ungenügende Erfahrung in Bankabrechnungen. Das war der Hauptgrund, weshalb er sich um den Posten in Venedig bewarb, denn es handelte sich, da die neue Filiale in allem und jedem vom Stammhaus abhängig sein sollte, vor allem um einen Vertrauensposten, der im übrigen keine besonderen Schwierigkeiten bot.

Die vier alten Herren der Bank, Rultini, Ciappi, Jassy und Marlucci waren untereinander immer sehr befreundet gewesen. Das ungefähr gleiche Alter verband miteinander, zumal sie sich von den Jungen, die in der Bank überhandzunehmen begannen, immer mehr verdrängt fühlten. Besonders innig und von allen bewundert war die Freundschaft zwischen Rultini und Ciappi. Rultini war ein Linguist ersten Ranges. Er stand Ciappi zur Seite, wenn es im Rechtsbüro einen Brief zu verfassen galt, bei dem es auf sprachliche Reinheit und Eleganz ankam. Umgekehrt konnte man an den Tagen, da die Bankabrechnungen kamen, Ciappi häufig neben Rultini sehen, dem er half, alle Schwierigkeiten und Widrigkeiten der Arbeit zu überwinden. Am Tage vor Jassys Begräbnis aber, der der Älteste der Vier gewesen, sah man zum erstenmal die beiden weißen Köpfe nicht mehr nebeneinander, sondern weit voneinander entfernt. Der Doktor (wie Ciappi allgemein kurz genannt wurde) blickte heimlich zu Rultini hinüber und wartete, daß dieser sich ihm nähere. Der Professor hingegen (so wieder wurde Rultini wegen seiner Sprachstudien mit einer leichten Ironie betitelt) sah ganz anderswohin, starr und steif. Von diesem Tage an wechselten die beiden kein Wort miteinander. Das rief einige Überraschung hervor, denn der Streit um den Posten in Venedig dauerte schon lange an, und anfangs hatten die beiden Herren nichtsdestoweniger eine ganz besonders große Freundschaft füreinander an den Tag gelegt.

Es hatte Streit zwischen den beiden gegeben. Ciappi erzählte es und fügte hinzu, er hätte nie geglaubt, daß Rultini diesem Zwischenfall so große Bedeutung beimessen würde. Der Streit sei in einem Gasthaus aus nichtigem Anlaß ausgebrochen. Ciappi habe eine leichtfertige Bemerkung gemacht, jedoch ohne jede böse Absicht. Als Ciappi einmal in Alfonsos Zimmer kam, empfand er das Bedürfnis, auch mit ihm über sein Verhältnis zu Rultini zu sprechen. Alfonso erriet sogleich, daß es sich um einen zwar klug ausgedachten, aber völlig verfehlten diplomatischen Schachzug handelte. Ciappi hielt Alfonso immer noch für einen Freund des Hauses Maller und wollte sich seine Sympathien erwerben, um durch ihn auf Maller selbst Einfluß zu nehmen.

«Rultini haßt mich. Das ist der Grund, warum ein harmloser Streit, wie wir ihn früher schon öfters hatten, plötzlich solche Formen annehmen konnte. Er glaubt, ich sei ihm in den Rücken gefallen. Aber ich konnte doch, bei aller Freundschaft, nicht auf eine Chance verzichten, wie sie sich mir nie wieder bieten wird. Ich wollte trotzdem weiter sein Freund bleiben, denn es wäre doch möglich gewesen, unsere Rivalität auf diesen einen Punkt zu beschränken. Er aber hat den Kopf und alle Würde verloren.»

Ciappis Empörung war gewiß von schöner Menschlichkeit, in der Bank aber erzählte man sich, daß er weit größere Aussichten als Rultini habe, den Sieg davonzutragen. Tatsächlich mußte er mit seinen juristischen Kenntnissen für einen leitenden Posten weit geeigneter erscheinen als Rultini mit seinem philologischen Spezialwissen. So mußte sich Alfonso, während er Ciappi zustimmte, innerlich doch sagen, daß auch dieser sich an Rultinis Stelle weniger vernünftig und gelassen verhalten hätte.

Alfonso bekam bald Gelegenheit, die Gegenseite zu

hören. Als er einmal ein Kopierbuch aus der Buchhaltung holen mußte, hielt er sich dort kurz auf, um mit Miceni ein paar Worte zu wechseln. In einer Ecke standen Rultini und Marlucci, die heftig, aber mit leiser Stimme diskutierten. Miceni gab Alfonso ein Zeichen, er möge still sein. Sie taten jedoch so, während sie einander gegenüberstanden, als unterhielten sie sich weiter. Rultini und Marlucci, die immer hitziger aufeinander einredeten, bemerkten daher gar nicht, daß sie belauscht wurden.

Rultini erhob als erster die Stimme.

«Er weiß ganz genau, daß ich den Posten unbedingt brauche, denn meine Stellung hier ist unhaltbar. Ihm hingegen bringt der neue Posten kaum nennenswerte Vorteile. Sein Vorgehen ist der reinste Verrat.»

Nun begann auch Marlucci zu schreien, um sich Gehör zu verschaffen, aber er tat es wie ein Mensch, der die Dinge gelassen und unvoreingenommen zu betrachten vermag. Er sagte, man könne doch von niemandem verlangen, daß er aus Freundschaft auf eine solche Chance verzichte. Er müsse denjenigen verurteilen, der als erster aus einer beruflichen Rivalität eine private Feindschaft gemacht habe. Rultinis Pflicht sei es, so rasch wie möglich mit Ciappi Frieden zu schließen.

Rultini schrie seinerseits, er sei zu allem bereit, sogar freiwillig auf den angestrebten Posten zu verzichten, nur nicht dazu, mit Ciappi Frieden zu schließen. Seine Empörung sei nicht nur auf die berufliche Rivalität zurückzuführen, sondern vor allem darauf, daß Ciappi ihm in einem Gasthaus vor anderen Leuten rücksichtslos vorgeworfen habe, in der letzten Börsenabrechnung einen groben Fehler gemacht zu haben.

«Der ist schlauer, als man glaubt! Er spielt den Unbefangenen, in Wirklichkeit aber arbeitet er heimlich daran, mich auch um die letzte Achtung zu bringen, die ich noch genieße.»

Sein dickes, noch faltenloses Gesicht, drückte eine namenlose und schmerzliche Überraschung aus, weil man ihm, der ohnedies unglücklich genug war, in dieser Sache auch noch unrecht geben wollte. Alfonso tat er leid.

Als Rultini fort war, sagte Marlucci mit einem kurzen, bösen Lächeln zu Miceni gewandt: «Ich habe ihm jedenfalls meine Meinung gesagt.»

Das Unerwartete geschah. Maller bestellte Rultini zum Leiter der Filiale in Venedig. Diese Filiale sollte sich gleichsam nur passiv mit Börsengeschäften befassen, das heißt die Aufträge einfach entgegennehmen und an das Stammhaus weiterleiten. Vielleicht war das der Grund für Mallers Entscheidung, denn so konnte er den unfähigen Leiter der Liquidationsabteilung loswerden.

Von Mallers Entscheidung erfuhr man zuerst durch das Verhalten der beiden alten Herren. Es war, als wären wie durch einen Zauberschlag plötzlich ihre Köpfe vertauscht. Rultini, der die ganze letzte Zeit traurig und mürrisch gewesen war, blickte plötzlich heiter und herzlich. Er war in einer ständigen Feststimmung. Stürmisch drückte er die Hände, die sich ihm zum Glückwunsch entgegenstreckten. Er konnte keine traurigen Gesichter mehr sehen. Eines Tages hielt er Alfonso auf, mit dem er bis dahin nur wenig gesprochen hatte, und fragte ihn, warum er so bekümmert sei. Alfonso fuhr zusammen und wollte schon irgendeine Antwort geben, Rultini aber, in seinem Freudentaumel, hatte keine Geduld, sie abzuwarten. Er ging weiter, indem er Alfonso zurief: «Man soll sich nie Sorgen machen, das ist das beste Mittel, um immer glücklich zu sein.» Im Grunde interessierte ihn der Kummer seines Nebenmenschen nicht, er war nur überrascht, wenn er feststellen mußte: «Wie? Es gibt noch Menschen auf der Welt, die sich kränken?»

Und doch gab es in der Bank außer Alfonso noch einen Menschen, der Kummer hatte. Ciappi kam erst fünf Tage später wieder ins Büro. Er hatte sich für fünf Tage krank gemeldet. Am ersten Tage, an dem er wieder kam, hielt er sich nur eine kurze Stunde auf. Die indiskreten Blicke seiner Kollegen verjagten ihn. Man wußte, wie sehr seine Niederlage ihn überraschen mußte, und man war neugierig zu sehen, wie er sie ertrug. Nicht ohne Würde. Nach ein paar Tagen mußten dies alle anerkennen. Als er sich an die Arbeit machte, schien er gar nicht übermäßig niedergeschlagen zu sein. Er arbeitete wie immer mit großer Genauigkeit. Soweit es beruflich notwendig war, sprach er auch mit Rultini, während dieser vorher, vor seinem Siege, auch in geschäftlichen Angelegenheiten jeden Kontakt mit ihm vermieden hatte. Nun wünschte Rultini nichts sehnlicher, als mit seinem alten Freunde wieder Frieden zu schließen. Damit erst wäre sein Glück vollständig gewesen. Er warf Ciappi liebevolle Blicke zu, der aber stellte sich blind und behandelte ihn mit eisiger Kälte. Wenn er aus beruflichen Gründen mit ihm sprechen mußte, sah er ihm nicht ins Gesicht.

«Ach so! Jetzt, wo er mich erledigt hat, sucht er wieder meine Freundschaft!»

Marlucci gegenüber gestand Rultini, er bereue es jetzt, sich mit Ciappi zerstritten zu haben. Doch müsse man seine Wut von damals begreifen, denn wenn Ciappi den Posten bekommen hätte, wäre es ein schnödes Unrecht gewesen. Also habe Ciappi nicht das geringste Recht, auf ihn böse zu sein.

«Wenn er mir seinen Posten überläßt, sein Gehalt und natürlich auch seine Kenntnisse, damit ich diesen Posten auch mit gutem Gewissen ausfüllen kann, dann wäre ich sofort bereit, ihn statt meiner nach Venedig gehen zu lassen.»

Dieser Ausspruch wurde Ciappi hinterbracht.

«Ich soll ihm meine Kenntnisse und Erfahrungen überlassen? Wenn er nicht so ein Faulpelz wäre, würde er sie sich selbst erworben haben. Ich garantiere euch, wie gering auch die Anforderungen sind, die die Filiale in Venedig an ihren Leiter stellt, für ihn sind sie immer noch zu groß. Wenn Maller nicht rechtzeitig Abhilfe schafft, wird er eines Tages erkennen müssen, daß sich die Filiale gegen seinen Willen selbständig gemacht und auf eigene Rechnung den Bankrott erklärt hat.»

Maller erfuhr von dieser haßerfüllten Feindschaft und hielt sie vermutlich für noch größer, als sie war. So ließ er Rultini vorsichtshalber eine Woche vor dem ursprünglich festgesetzten Termin abreisen.

Von den älteren Beamten begleitet, zu denen Marlucci und Sanneo zählten, begab sich Rultini wie im Triumphzug zum Bahnhof. Marlucci erklärte, als er zurückkam, er verliere mit Rultini sehr viel, seinen letzten Freund, den er in der Bank hatte.

«Ich verstehe Ciappis Benehmen einfach nicht!»

Alfonso, der zugegen war, als Marlucci diesen Satz fallenließ, mußte denken, daß der Toskaner die glückliche Angewohnheit hatte, immer der Meinung dessen zu sein, der gerade obenauf war.

Ein erbitterter Kämpfer war auch dieser Giacomo, der kleine Laufjunge mit den rosigen Wangen, für den Alfonso eine so zärtliche Sympathie empfunden hatte. Inzwischen war der Junge gewachsen, er war magerer geworden und hatte die frische Gesichtsfarbe, mit der er aus dem Friaul gekommen war, völlig eingebüßt. Sein Gesicht war nun langgestreckt und knochig. Es war fest, kräftig, aber regelmäßig geformt.

Die Diener wurden in der Bank wie Beamte betrachtet. Sie waren den einzelnen Abteilungen zugewiesen, der Kasse, der Liquidationsabteilung oder der Korrespondenz. Ihre unmittelbaren Vorgesetzten waren die Abteilungsleiter. Mit der Zeit ergab es sich, daß, von Maller angefangen, die höheren Beamten einen Diener für sich in

Anspruch nahmen. Bald zogen sie sie auch zur Erledigung persönlicher Dienste heran und entlohnten sie dafür aus der eigenen Tasche. Damit war der Diener über seine Arbeitsstunden im Büro hinaus beschäftigt.

Cellani hatte für seine persönliche Bedienung den alten Antonio herangezogen, einen ehemaligen Feldwebel. Obwohl Antonio sehr nachlässig war, gab sich Cellani mit ihm doch mehrere Jahre lang zufrieden. Eines Tages riet er Antonio, er möge sich doch von Giacomo helfen lassen. Er gab diesen Rat zweifellos nur aus Güte. Antonio nahm ihn dankbar an, beging aber den Fehler, Giacomos Hilfe über Gebühr in Anspruch zu nehmen. Von nun an brachte Giacomo Cellanis Zimmer in Ordnung, stellte die Bücher, die während des Tages benutzt worden waren, wieder in die kleine Bibliothek zurück, und häufig überließ Antonio es ihm auch, Cellani den Tee zu bringen, den der Prokurist zweimal täglich zu trinken pflegte. Der Junge verstand sehr bald, seine Vorteile daraus zu ziehen. Er bediente Cellani mit äußerster Beflissenheit und vernachlässigte darüber, wenn es nicht anders ging, seinen Dienst in der Bank.

Als Neujahr kam, erinnerte sich Cellani trotz seiner Güte nicht mehr daran, daß es einen Antonio gab. Er sah ihn ja fast nie. Und so erhielt Giacomo das Trinkgeld. Für Antonio war das eine bittere Überraschung. Er hatte nicht mit den selbstverständlichen Folgen seines Nichtstuns gerechnet. Er wagte es nicht, sich zu beschweren, aber er wollte in Zukunft die Methode ändern. Er verbot Giacomo, Cellani zu bedienen. Er raffte sich zusammen und wollte allein alle Mühen auf sich nehmen, um auch alle Vorteile davon zu haben.

Aber es war zu spät. Schon am ersten Tage fiel Cellani die Veränderung auf, denn er war nun gewohnt, besser bedient zu werden. Er rief Giacomo und wollte ihn dafür rügen, daß er den Tisch nicht saubergemacht hatte. Der Junge kam und sagte prompt einen Satz, den er sich wohl schon in dem Augenblick ausgedacht hatte, als Antonio ihm verbot, Cellanis Zimmer zu betreten. Er hatte alles vorausberechnet und war daher durch nichts zu überraschen.

«Wissen Sie, heute habe nicht ich Ihr Zimmer in Ordnung gebracht, sondern Antonio. Er wollte es so. Ich war schon dabei, Ordnung zu machen, er aber hat mich fortgeschickt.»

Es war der zweite Januar, die Trinkgelder waren am Ersten verteilt worden, und so fiel es Cellani nicht schwer, einen Zusammenhang zwischen den Trinkgeldern und Antonios neuem Eifer herzustellen. Als er begriff, blieb er nicht ungerührt. Er gab auch Antonio Geld. Aber er ging nicht weiter in seiner Güte und bat ihn, er möge Giacomo das Zimmer in Ordnung bringen lassen. Seine eigene Bequemlichkeit war ihm inzwischen zu lieb geworden.

Für Antonio war dies ein Unglück. Seine Verabschiedung bedeutete eine Verminderung seiner Einkünfte, ohne daß damit auch seine Arbeit wesentlich vermindert worden wäre. Aus Rücksicht für Cellani hatten ihn die Beamten in der Kasse, der er zugeteilt war, möglichst wenig beschäftigt. Jetzt hingegen war er wieder gezwungen, in der ganzen Stadt herumzulaufen, um Gelder einzukassieren und auszuzahlen. Nicht nur das. Da er jetzt nur noch für die Kassenabteilung zu arbeiten hatte, wandten sich die übrigen Abteilungen, wenn sie einen zusätzlichen Diener brauchten, an den Kassierer mit der Bitte, ihnen vorübergehend Antonio zur Verfügung zu stellen.

Er selbst berichtete Alfonso von seinem Unglück. Sanneo ließ die Papiervorräte, die bis jetzt im Zimmer der Buchhaltung aufgestapelt waren, in die Korrespondenz transportieren. Mit dieser Arbeit wurden Antonio, Santo und Giacomo beauftragt. Die beiden letzten gingen sehr bald wieder weg, da im Korridor immer wieder die elektrische Klingel ertönte. Sie kamen nicht mehr zurück, und

Antonio schleppte unter Stöhnen allein zwei Stunden lang die riesigen Papierstöße, die, wie er sagte, schwer wie Blei waren.

«Sie sind nicht mehr in den Diensten des Herrn Cellani?» fragte ihn Alfonso.

«Wie, Sie wissen es nicht?» rief Antonio aus, erstaunt, daß nicht alle von seinem Unglück wußten. «Ich habe eine Tasse Tee umgestoßen, das hat mir Herr Cellani nicht verziehen.» Daß er wegen seiner säumigen Arbeitsleistungen seinen Posten verloren hatte, wollte er doch nicht eingestehen. Andererseits aber konnte er auch Giacomo die Vorwürfe nicht ersparen, die dieser ja wirklich verdiente: «Hätte sich dieser verfluchte Junge nicht vorgedrängt und mich bei Herrn Cellani verleumdet, hätte ich jetzt noch meinen alten Posten.»

Giacomo erzählte Alfonso offen und mit aller Genauigkeit, wie sich die Geschichte zugetragen hatte. Alfonso hatte ihn nämlich beim Kinn gefaßt und ernst in seine noch kindlichen Augen geblickt.

«Du hast also Antonio seinen Posten weggeschnappt?»

«Ich?» rief Giacomo mit einem befriedigten Grinsen aus. «Dieser Faulpelz hat ja nichts geleistet. Er ist halbblind und steht nicht fest auf seinen Beinen. Klar, daß er den Anforderungen des Herrn Cellani nicht entsprechen konnte.»

Alfonso wandte sich ab. Dieser absolute Mangel an Mitleid mit dem Besiegten überraschte ihn. «Ich würde ihn nicht nach meinem Halse greifen lassen, wenn ich eine goldene Kette umgehängt hätte!»

Alfonso fühlte sich ruhig, mit sich selbst zufrieden, nun, da er wußte, worin sein Mangel im Vergleich mit seinen Mitmenschen bestand. Nicht er war der Minderwertige, wie er es lange geglaubt. Er konnte die anderen gleichsam von der Höhe herab und in aller Gemütsruhe beurteilen, denn auch er war einmal in diese Kämpfe verstrickt gewesen und wußte, was das bedeutete. Er empfand ein aufrichtiges Mitleid sowohl für die Sieger wie für die Besiegten.

So sehr war er von der Richtigkeit seiner eigenen Empfindungen überzeugt, daß es ihm manchmal leicht schien, auch die anderen überzeugen zu können.

Eines Abends war er mit Lucia allein im Speisezimmer. Das war wirklich ein armes, trostbedürftiges Wesen. Der Schmerz hatte ihren Gesichtsausdruck und ihre Lebensgewohnheiten geändert. Da ihre Gedanken nicht mehr ausschließlich darauf gerichtet waren, ihre Kleider auszubessern und zu verschönern, verrieten nun die billigen Stoffe die Schäden, die die Zeit ihnen zugefügt hatte. Früher waren sie kunstvoll verborgen worden. Von ihrer mageren und nicht sehr eleganten Gestalt hing der Rock wie von einem Kleiderstock herab. Der Taillenschnitt ließ ihre Formen unbetont, die trotz der Magerkeit nicht ungefällig waren. Lucia weinte viel. Es genügte, daß ihre Mutter sie ermahnte, nicht immer mit traurigem Gesicht und vernachlässigt herumzugehen, um sie an ihren Schmerz zu erinnern und ihr die Tränen in die Augen zu treiben. Und wenn sie weinte, schrie Frau Lanucci, ehe sich das Mitleid in ihr regte, sie heftig an und erklärte, Gralli, dieser bucklige Idiot, sei keine Träne wert. Lucia machte aus der Ursache ihres Schmerzes kein Geheimnis. Mit Alfonso hatte sie zwar darüber nie gesprochen, aber wenn andere davon sprachen, brachte sie auch nie den Mut auf, zu leugnen.

Sollte man nicht versuchen, dieses arme Mädchen zu trösten? An dieser Aufgabe wollte er sich erproben. Er setzte sich neben sie und sprach zu ihr aufrichtig und in sanften Tönen. Er verspürte bald ein ehrliches Mitgefühl, und es schien ihm, das Mädchen könne gar nicht anders, als ihm auf jene Höhen folgen, auf die er sie führen wollte. Das Gefühl, das ihn für sie ergriff, ließ ihn glauben, daß ihr der Aufstieg sehr leichtfallen müsse.

Er erzählte ihr von seinen langen Lebensbeobachtungen, die ihm die Erkenntnis eingetragen hätten, wie dumm und lächerlich all unsere Freuden und Schmerzen seien. Er erinnerte sie an die Lehrsätze, die Priester und Lehrer sicherlich auch ihr vorgetragen hatten. Der Wert des Lebens bestand in ganz anderen Dingen als in jenen, die das gemeine Volk liebt. Die Priester freilich verkündeten diese Wahrheit allzu kalt, so daß sie nicht geglaubt wurde. Und doch handelte es sich um eine wirkliche Wahrheit, um eine sehr tiefe. Er selbst, so sagte er, sei höchst überrascht gewesen, als er es erkannte. Das war nicht bloß ein Gerede der Priester und Lehrer, nein, es war absolute Wahrheit. Die Ausgeglichenheit des eigenen Daseins, ein arbeitsreiches Leben wogen, auch wenn die Ziele bescheiden waren, mehr als all das Glück, das Reichtum und Liebe zu bieten vermögen. Das Grundelement für das eigene Glück war die Ruhe des Gewissens. Sie dürfe doch nicht glauben, daß der Mann, der sie unglücklich gemacht hatte, sehr glücklich sein könne. Niemals könne ein Mensch glücklich sein, wenn er von Gewissensbissen geplagt werde und die Zufriedenheit nicht in sich selbst finde. Das sei das Unglück aller Unglücke. Aber darum müsse sie sich nicht bekümmern, möge er auch noch so glücklich werden – ihr brachte es ja weiter keinen Schaden. Warum fühle sie sich denn so elend? Es war ihr doch vergönnt, in aller Ruhe neben ihrer Mutter zu leben, ihr die Liebe entgegenzubringen, der sie so sehr bedurfte. Und da beklage sie sich? War denn das nicht genug? Das Glück bestand in der einfachen Lebensweise, in der Güte, in einem inneren und äußeren Frieden. In nichts anderem.

Sie begriff nicht ganz, und auch das wenige, das sie begriff, überzeugte sie gewiß nicht. Aber sie bewunderte ihn, da sie ihn selbst so überzeugt und für seine Ideen entflammt sah. Sie starrte ihn mit offenem Munde an, als er seine Predigt mit der Verkündung eines ungeheuren Verzichts beschloß. Für Alfonso jedoch hatte diese Rede eine weit größere Bedeutung, als er selbst es voraussehen konnte: er hatte sich am Ende selbst überzeugt. Nie war er sich mit solcher Klarheit der Gefühle bewußt geworden, die sein Inneres brennend erfüllten. Er war überrascht, sich so ruhig und ausgeglichen zu finden. Diese Überraschung verdrängte sein Bedauern, bei Lucia zu keinem besseren Ergebnis gelangt zu sein. Sie warf ihm einen Blick zu, der alles andere als Verzicht bedeutete. Es war gefährlich, mit allzu großer Anteilnahme zu diesem Mädchen zu reden.

Jetzt wußte er, warum er auf Annetta verzichtet hatte. Er hatte sich nichts vorzuwerfen. Seine Handlungsweise stand durchaus im Einklang mit seiner eigenen Natur, nur war ihm diese bisher nicht bekannt gewesen. Es war gut, endlich die richtungbestimmenden Elemente seines eigenen Organismus kennenzulernen, der ihn bisher immer wieder vor Überraschungen gestellt hatte. Jetzt kannte er diese Elemente und konnte sich in Zukunft neuerliche Abweichungen von dem Weg ersparen, der ihm von der Natur vorgezeichnet war: ein angenehmer und leichter Weg, ein Weg ohne Zielsetzung.

Er nahm sich vor, die falschen und schmerzlichen Situationen, in die er zuweilen noch geriet, mit größerer Fassung zu ertragen. Er erkannte allerdings nicht, daß ihm nur gerechte Strafe widerfuhr, sondern tröstete sich mit dem Gedanken, daß man ihn sehr bald vergessen würde und daß er von sich aus seinen eigenen Frieden niemals mehr gefährden wollte.

Prarchi lag daran, daß Alfonso sich einmal Fumigi ansehe, und bat ihn, eines Morgens mit ihm in das Café della Stazione zu kommen, wo der Kranke seine Zeit damit verbrachte, die Zeitungen abzuschreiben. Er zeigte Alfonso auch eine Schriftprobe Fumigis, ein kostbares Dokument, das er bei sich trug. Auf einem abgetrennten Zeitungsrand waren Schriftzeichen mit dem Bleistift so kräftig eingedrückt, daß das Papier stellenweise zerrissen war. Einige Buchstaben waren in Druckschrift ausgeführt und standen verkehrt, andere wieder in Kurrentschrift, diese aber sehr ungenau. Die Druckbuchstaben waren haargenau kopiert.

Alfonso blieb nichts übrig, als den Kranken zu besichtigen. Prarchi legte darauf so großes Gewicht, als sei die Krankheit sein Werk und Fumigi ein von ihm dressiertes Tier. Alfonso fürchtete, Prarchi zu beleidigen, wenn er nicht genügend Interesse für den Fall zeige.

Als er eines Morgens mit Prarchi zum Kaffeehaus unterwegs war, teilte dieser ihm mit, sie würden dort möglicherweise auch Macario treffen, der seinem Cousin täglich einen Besuch abstattete. Auch diese Begegnung betrachtete Alfonso als einen weiteren Schritt zum Erlangen seiner seelischen Ruhe. Bald würde er wissen, was von dieser Seite zu erwarten war. Er empfand es nur als unangenehm, daß er für diese Begegnung nicht genügend vorbereitet war. Während Prarchi ununterbrochen über Fumigi sprach, dachte Alfonso darüber nach, wie er sich Macario gegenüber benehmen solle. Es würde ihm leichtfallen, Macario unverändert große Sympathie entgegenzubringen, ihm beim Reden aufmerksam zuzuhören und ihm schließlich zur Verlobung mit Annetta zu gratulieren. Die Verlobung war, wie Prarchi ihm gesagt hatte, seit ein paar Tagen offiziell. Er haßte Macario eigentlich nicht, und so würde ihm, wie er glaubte, diese kleine Heuchelei nicht besonders schwerfallen.

Ein solches Verhalten hätte den Umständen entsprochen. Möglicherweise wußte Macario von nichts, und Alfonsos Benehmen sollte ihm auch nichts verraten. Aber auch wenn Annetta, wie es ihre Pflicht gewesen wäre, ihm alles erzählt hatte, würde sich Macario doch wohl hüten, es durchblicken zu lassen. Er würde, wie sehr er auch unter der Situation litt, Alfonso für sein Benehmen dankbar sein und sich in gleicher Weise verhalten. Während des kurzen Weges fand aber Alfonso auch noch Zeit, sich die Möglichkeit vorzustellen, daß ihn Macario, bei seinem Anblick von Haß übermannt, vor allen Leuten wie einen Feind behandelte. Das war durchaus denkbar. Es war immerhin möglich, daß Macario aus Liebe und in seinem eigenen Interesse Annetta verziehen hatte, aber trotzdem litt und sich beim Anblick des Mannes, den er für den Hauptschuldigen hielt, nicht beherrschen konnte.

Prarchi sprach abfällig von den Mallers. Sie unterstützten Fumigi wohl mit Geld, aber nur unzureichend. So hatten sie ihm, als sie ihn auf die Reise schickten, einen Krankenwärter zur Seite gegeben, während es doch ihre Pflicht gewesen wäre, ihn von einem Familienmitglied begleiten zu lassen. «Zum Beispiel von diesem blöden Federico.»

Annettas Bruder befand sich seit zwei Monaten in der Stadt und tat den ganzen Tag nichts, als in den Straßen zu bummeln, nach der letzten Pariser Mode gekleidet, mit einem kurzen und breiten Sakko und ganz engen Hosen, die an seinen spindeldürren Beinen klebten. Alfonso hatte ihn noch nicht gesehen.

Sie durchschritten den ersten Raum des Kaffeehauses. Das Lokal als solches war schön, die Wände aber waren mit einer sehr billigen Tapete bedeckt, deren grelle, stechende Farben noch nicht nachgedunkelt waren. Durch eine kleine Tür, die mit einem grünen Vorhang verhängt war, traten sie in ein zweites, langgestrecktes Zimmer, in dem gerade für den Billardtisch und für die Spieler Platz war.

Fumigi saß hier allein, nahe einem Fenster, und las die Zeitung mit so großer Aufmerksamkeit, daß er die Eintretenden gar nicht bemerkte. Erst als Prarchi seine Schulter berührte, drehte Fumigi sich langsam um, betrachtete zuerst lange Prarchi und dann Alfonso mit einem Lächeln, das nur deshalb schwachsinnig wirkte, weil es grundlos andauerte. Im übrigen war es das übliche Lächeln Fumigis, der lethargisch und blaß dasaß. Sein Gesicht war abgemagert, seine kleine Gestalt aber, zumindest wenn man ihn sitzen sah, hatte nichts von ihrer aufrechten Haltung eingebüßt. Er machte kauende Bewegungen, und Alfonso meinte, er habe etwas im Munde. Fumigi sah die beiden an. Es war, als wollte er etwas sagen. Dann aber vergaß er wieder die Besucher und schickte sich mit fast krampfhafter Hast an, seine Lektüre fortzusetzen.

«Herr Fumigi!» sagte Prarchi laut und rüttelte ihn. «Erkennen Sie diesen Herrn nicht?»

Fumigi betrachtete Alfonso lange und stieß von Zeit zu Zeit einen kleinen Schrei der Überraschung aus. Bald glaubte er, ihn zu erkennen, bald wieder nicht. Schließlich gab er es auf.

«Wie geht es Ihnen?»

Es war klar zu sehen, daß er darauf verzichtete, Alfonso zu erkennen. Er hatte alle Erinnerung verloren, nicht aber seine Höflichkeit vergessen.

«Danke, gut. Und Ihnen?» fragte Alfonso bewegt.

«Gut ... gut.»

Dann murmelte er unverständliche Worte und wies auf die Zeitung. Er wollte erzählen, was er gelesen hatte. Obwohl die beiden jungen Männer es sich nicht anmerken ließen, begriff er doch, daß sie ihn nicht verstanden. Er wiederholte schreiend einen Satz, dann noch einmal, indem er ihn kürzer faßte, um ihn deutlicher aussprechen zu können. Schließlich gab er auch diese Absicht auf und begnügte sich damit, einen Namen zu nennen, indem er jede Silbe getrennt betonte. Es war der Name eines Politikers, von dem vor Monaten viel die Rede gewesen war. Sodann versenkte er sich wieder in seine Lektüre, nachdem er vorher noch einen Augenblick gezögert und seine Gesprächspartner mit einem fragenden Blick angesehen hatte, wie ein Hund seinen Herrn, der ihm verbietet, ein Stück Fleisch anzurühren.

«Ist er immer so, niemals gewalttätig?» fragte Alfonso leise.

«Sie können ruhig laut reden», antwortete Prarchi und führte Alfonso näher heran.

Fumigi begann jetzt, während er las, laut zu deklamieren, wobei er mit Behagen bei gewissen Wörtern verweilte, die einen kräftigen Klang hatten. Kurz darauf schien ihm etwas Ärger zu bereiten, er fing zu schreien an, zerkaute einige Silben und wiederholte sie immer wieder.

Alfonso stand jetzt zufälligerweise zwischen dem Fenster und der Zeitung, mit deren Lektüre Fumigi sich beschäftigte. Der Kranke war einen Augenblick überrascht, als er einen Schatten auf das Blatt fallen sah, und hob den Kopf. Als der Schatten wieder verschwand, beruhigte er sich und machte sich erneut an das Studium der Zeitung.

Jemand war in den Raum getreten, und ehe Alfonso noch eine Stimme hörte, wußte er, daß es Macario war. In seiner Verlegenheit wollte er die Begegnung hinauszögern. Er betrachtete Fumigi mit größter Aufmerksamkeit und tat, als habe er Macario überhaupt nicht bemerkt, auch als er hörte, wie dieser Prarchi begrüßte.

Die beiden näherten sich Fumigi und daher auch ihm.

«Wie geht's?» fragte Macario und schlug dem Geisteskranken auf die Schulter.

Er benahm sich so ungezwungen, daß er Alfonso offenbar wirklich nicht gesehen hatte. Als er ihn sah, verriet er keinerlei Gemütsbewegung, sondern blieb unverändert gelassen. Er begrüßte ihn gleichgültig, als hätten sie sich erst vor ein paar Tagen zum letztenmal gesehen. Alfonso hatte gut getan, Prarchi nicht zu sagen, daß er seit seiner

Rückkehr Macario jetzt zum erstenmal traf, denn andernfalls hätte Macarios Benehmen Prarchi sehr überraschen müssen.

«Meine Glückwünsche», murmelte Alfonso und hielt seine Hand hin, die Macario mit einer höflichen Verneigung, aber keinesfalls freundschaftlich drückte.

Sie sprachen nichts weiter miteinander.

Prarchi reichte Fumigi ein Stück Papier und einen Bleistift. Obwohl dies niemand von ihm verlangte, begann Fumigi sogleich zu schreiben, und zwar mit einer unendlichen Sorgfalt, als male er.

«Kommst du?» fragte Macario Prarchi. «Ich habe dir etwas zu sagen.»

«Und Sie?» wandte sich Prarchi an Alfonso. Er forderte ihn nicht ausdrücklich auf, mitzukommen, denn Macario hatte mit aller Deutlichkeit zu verstehen gegeben, daß er mit Prarchi unter vier Augen zu bleiben wünschte.

«Ich muß noch einen Besuch hier in der Nähe machen.» Damit ging er fort, nachdem er Prarchi die Hand gedrückt hatte, nicht aber Macario, obwohl es ihm so vorgekommen war, als ob dieser sie ihm mit einer mechanischen Bewegung entgegengestreckt habe.

Er war gereizt. Macarios Benehmen erschien ihm nun, nachdem er es sich hatte gefallen lassen, erniedrigend, ungerecht. Auf jeden Fall hätte Macario sich ganz anders benehmen müssen, noch kälter, falls Annetta ihm alles erzählt hatte, und falls nicht, dann freundschaftlich wie sonst. Alfonso war auf ausgesprochene Feindschaft gefaßt gewesen oder auf eisige Gleichgültigkeit, nicht aber auf Verachtung. Macario behandelte ihn ungefähr so, wie es Annetta ganz zu Anfang getan, als einen kleinen Beamten des Bankhauses Maller & Co. Alfonso war bereit gewesen, Verfolgung zu dulden, nicht aber Verachtung. Er konnte sich damit abfinden, als ein gefährlicher Feind angesehen zu werden, als ein schlechter Mensch, den man fürchten muß, nicht aber als jemand, den man ignorieren kann.

Bald mußte er über sich selber lachen, als er des Widerspruchs inne wurde, der zwischen seinen Vorsätzen und seinen jetzigen Gefühlen bestand. Lag ihm so viel, auch jetzt noch, an Macarios Freundschaft, daß es ihn dermaßen kränkte, sie verloren zu haben? Macarios kalte Ruhe hätte ihn freuen müssen. Aller Wahrscheinlichkeit nach hatte Annetta ihrem Verlobten nur einen Teil des Vorgefallenen erzählt, gerade nur so viel, wie notwendig war, um Alfonso für immer aus ihrem Hause zu entfernen. Macarios Kälte war also nichts anderes als die bewußte Arroganz des Herrn einem Untergebenen gegenüber, und in dieser Haltung wurde er noch bestimmt durch die Antipathie, die er logischerweise einem Menschen gegenüber empfinden mußte, der, wenn auch mit negativem Ausgang, versucht hatte, Annettas Liebe zu gewinnen, und der ihm möglicherweise eine böse Viertelstunde der Eifersucht bereitet hatte. Aber auch aus einem anderen Grunde hätte Alfonso sich freuen müssen, von Macario schlecht behandelt worden zu sein. Er hätte ja täglich Gewissensbisse empfinden müssen, daß Macario mit seiner Mitwirkung von Annetta in die Rolle des Betrogenen gedrängt wurde. Alfonsos Schuldgefühl hätte also eine Verminderung durch den Umstand erfahren müssen, daß es nicht mehr ein Freund war, der da betrogen wurde, sondern ein Feind.

Trotz all diesen Überlegungen blieben Alfonsos Gefühle unverändert. Er konnte Macario, der ihm, wie er annehmen mußte, grundlos die Freundschaft entzog, nicht dankbar sein.

An diesem Tage fühlte sich Alfonso in der Bank nicht so wohl wie sonst. Er mußte mit sich kämpfen, um still bei der Arbeit zu bleiben, die ihm widerstrebte. Der Wunsch, sich an Macario zu rächen, ließ ihn die seltsamsten

Träume träumen. Er stellte sich vor, wie seine Situation nun wäre, wenn sein Liebesidyll mit Annetta einen anderen Ausgang genommen hätte. In diesem Falle wäre Macario wohl gezwungen gewesen, ihn wie einen Ebenbürtigen zu behandeln, und dies erschien ihm, im Augenblick zumindest, wie ein unschätzbares Glück.

XIX

Der Abend verlief sehr bewegt. Als Alfonso nach Hause kam, bemerkte er nicht gleich, daß bei den Lanuccis etwas vorgefallen sein mußte. Er war zu sehr mit sich selbst beschäftigt. Im Speisezimmer fand er weder Lucia noch Gustavo vor, dafür saß Frau Lanucci, die Augen rot vom Weinen, in Gedanken verloren da, weit abseits vom Tisch, und es war nicht ganz klar, wie der Sessel auf diesen ungewohnten Platz geraten war. An seinem gewohnten Platz saß lediglich der alte Lanucci, die Beine in Decken gewikkelt.

Alfonso konnte schließlich nicht umhin, den beiden seine Aufmerksamkeit zuzuwenden, denn sie würdigten ihn keines Wortes und gaben auch auf seine Fragen keine Antwort. Schließlich wurde er ungeduldig: «Darf man wissen, was eigentlich geschehen ist?»

Es kostete ihn große Anstrengung, sich von seinen eigenen Gedanken loszureißen.

Frau Lanucci schien auch jetzt nicht antworten zu wollen, als sie sich aber dann doch zum Reden entschloß, drückte sie mit wenigen Worten viel aus: «Ach, Kleinigkeiten! Bisher herrschte bei uns nur das Elend, jetzt kommt noch die Schande dazu.» Herr Lanucci widersprach und befahl ihr zu schweigen, sie aber begann zu schreien, früher oder später würden es ja sowieso alle erfahren, es sei also sinnlos, die Sache vor Alfonso geheimzuhalten. Roh fügte sie hinzu: «Ich werde Großmutter.»

Alfonso spielte den Überraschten. Die Sache war ihm ja

vorher auch von niemandem ausdrücklich mitgeteilt worden. Am Tage seiner Rückkehr hatte Gustavos Gerede wohl einigen Verdacht in ihm geweckt, Gustavo aber widerrief später seine Worte, und Alfonso hielt sich nicht lange damit auf, zu untersuchen, wann Gustavo mehr Glauben zu schenken war: als er diese Worte aussprach oder als er sie widerrief.

Alfonso wurde nun in die Geschehnisse des Tages eingeweiht und erfuhr, wie es zu Lucias Geständnis gekommen war. Vermutlich hatte sie erst an diesem Tage Gewißheit über ihren Zustand gewonnen, denn sie war verzweifelt zu Gralli geeilt, um ihm alles zu erzählen und ihn um Hilfe zu bitten. Gralli aber wies sie ab und erklärte, er könne sich mit dieser Sache nicht belasten. Es tue ihm sehr leid, aber es ginge nicht anders, sie müsse allein mit ihr fertig werden. Er bot ihr eine monatliche Summe an, allerdings unter der Bedingung, daß man ihm freien Zutritt im Hause Lanucci gewährte. Da verlor die arme Lucia den Kopf und berichtete alles ihrer Mutter.

«Wenn sie nur gestorben wäre! Ich wäre weniger verzweifelt, ich versichere es Ihnen.»

Frau Lanucci hatte sich mit der lebhaften Erzählung des Vorfalls ausgetobt und war wieder so weit beruhigt, daß sie versuchen konnte, die bedrohte Familienehre vor Alfonso durch hochtrabende Phrasen hochzuhalten.

Lucia aber hatte die herausgeschrienen letzten Worte in ihrem Zimmer gehört. Sie begann hemmungslos zu weinen, sie beschwor ihre Mutter und bat sie um Verzeihung.

«Jetzt ist es zu spät zum Weinen. Du hättest früher daran denken müssen», tobte Frau Lanucci wieder ohne Erbarmen.

Die arme Lucia konnte ja nicht wie Alfonso unterscheiden, was an den Worten der Mutter gespielt war. Sie weinte noch heftiger und sagte nichts mehr. Vielleicht war sie selbst zur Überzeugung gelangt, sie verdiene nichts anderes, als umgebracht zu werden. Ihr allein galt Alfonsos Mitgefühl. Das Geschrei der Frau Lanucci betäubte ihn und ging ihm auf die Nerven.

Der alte Lanucci folgte dem Beispiel seiner Frau: «Wenn ich gesund wäre», sagte er, «würde ich zu dem Kerl, der sie verführt hat, hingehen, ihn bei der Gurgel packen und ihn zwingen, meiner Tochter die Ehre wiederzugeben, die er ihr geraubt hat. Aber so, in dem Zustand, in dem ich mich befinde, müßte ich mich in einem Tragsessel zu ihm bringen lassen.»

«Gustavo ist zu Gralli gegangen», erklärte Frau Lanucci stolz. Als Alfonso völlig unerschüttert und unbewegt erklärte, man müsse Gustavo zurückhalten und verhindern, daß sich zu dem einen Unglück noch ein zweites geselle, schrie sie, man könne sie nicht zwingen, die ihr angetane Beleidigung einfach herunterzuschlucken. Wenn Gustavo den Verräter umbringe, dann sei der zu recht umgebracht. Selbst wenn Gustavo zwanzig Jahre Zuchthaus bekomme, brauche er seine Tat nicht zu bereuen.

Bald danach erschien Gustavo, heil und gesund und ziemlich ruhig. Schon seit zwei Stunden, so sagte er, sei er hinter Gralli her, ohne ihn zu finden. Immerhin habe er herausbekommen, wo er ihn in einer halben Stunde antreffen könne. In einem Wirtshaus, nicht weit von hier.

«Ich werde hingehen!» Dabei gelang es ihm, einen drohenden Ton in seine Worte zu legen. Dann bat er seine Mutter, ihm die Ereignisse des Tages in allen Einzelheiten zu berichten. Als er in wilder Hast fortgestürzt war, um Gralli aufzutreiben, war er irgendwie zu der Auffassung gekommen, Gralli habe seine Schwester mißhandelt, als sie ihn aufgesucht und gebeten hatte, sie zu heiraten. Nun, da er hörte, daß dies nicht der Fall war, fühlte er sich, wie er versicherte, weit ruhiger. Er verlangte sofort zu essen. Zu Alfonso gewandt, fragte er: «Was hältst du von der ganzen Geschichte?»

Alfonso legte ihm nahe, mit Gralli in gütlicher Weise zu reden. Es sei nicht ausgeschlossen, daß sich alles noch zum Guten wende, und es wäre doch unangenehm, ein zukünftiges Familienmitglied beleidigt zu haben.

Da erst begann Gustavo sich aufzuregen, und zwar wie es schien, über Alfonso. Rot im Gesicht erklärte er: «Jawohl, ich werde mit ihm gütlich reden. Ich werde ihn fragen: Willst du meine Schwester heiraten? Wenn er ja sagt, werde ich ihn küssen und ihn meinen Bruder nennen. Wenn er nein sagt, fahre ich ihm an die Gurgel, und dann möge er schleunigst seine Seele dem Himmel empfehlen, denn viel Zeit werde ich ihm dazu nicht lassen.»

Seine Mutter legte dankbar ihren Arm um seinen Hals und küßte ihn. Sie verbot ihm jedoch, einen Mord zu begehen, denn Gralli verdiene es nicht, daß man seinetwegen ins Zuchthaus komme. Die arme Frau hielt es doch für zu riskant, in ihrer heroischen Komödie fortzufahren. Gustavo aber, durch ihre Liebkosung selbstbewußt geworden, antwortete nichts, sondern spielte den Mann, der einen festen Entschluß gefaßt hat und nicht auf das hört, was die anderen daherreden. Alfonso bot sich an, ihn zu Gralli zu begleiten, Gustavo lehnte höflich ab. Es stimmte wohl, daß Alfonso zur Familie gehöre, nicht alle aber wüßten es.

Kurz nach Gustavos Fortgang trat Frau Lanucci, von Ungeduld getrieben, ans Fenster und verharrte dort eine Stunde lang, trotz der bitteren Kälte. Herr Lanucci ging, um sich zu Bett zu legen, wobei er vorher noch erklärte, er wisse wohl, daß er nicht werde einschlafen können, seine Krankheit aber erfordere Bettwärme. Alfonso begann irgend etwas zu lesen. Die alte Uhr gab alle Viertelstunden ein brummendes Geräusch von sich; sie schlug die Stunden nicht mehr, denn Gustavo hatte das Läutwerk abmontiert.

«Ich glaube, es ist ein gutes Zeichen, daß er so lange

ausbleibt», sagte Frau Lanucci, «denn wenn irgendein Unglück passiert wäre, müßten wir es schon erfahren haben.» Sie trat vom Fenster fort und sah Alfonso in der Erwartung an, er werde ihr zustimmen. Er sagte, auch er könne sich nur auf diese Weise Gustavos langes Ausbleiben erklären.

Von der Straße kam der Lärm eines Streites. Beide stürzten ans Fenster. Langsam, mit langen Unterbrechungen, stiegen fünf Personen die steile Straße herauf. Sie sprachen lebhaft miteinander. Immer wieder konnte man sehen, wie zwei von ihnen sich einander gegenüberstellten und von den anderen gewaltsam getrennt werden mußten. Die erste Person hatte die Gestalt Gustavos, die andere die Grallis. So schien es wenigstens. Sie blieben genau unter dem Fenster stehen, und da erst konnten Alfonso und Frau Lanucci sich vergewissern, daß sich in dieser Gruppe weder Gustavo noch Gralli befanden. Sie atmeten auf und blickten einander erleichtert an.

Trotzdem schien der Anblick dieser Raufszene Frau Lanucci bedrückt zu haben. Sie habe alle Hoffnungen verloren, gestand sie. Vor ihren Augen stehe bereits das Schicksal, das ihre Tochter erwarte. Sie wisse genau, was für ein Mensch Gralli sei. Anfangs habe sie nicht so sehr darauf geachtet, nun aber erinnere sie sich gewisser Einzelheiten in seinem Benehmen, die die Aufrichtigkeit dieses Menschen in Frage stellten und die sie von Anfang an hätten warnen müssen.

«Wenn man selbst gut ist, fällt es einem schwer, das Schlechte in den anderen Menschen zu erkennen.» Sie lobte Alfonso. Er sei gut, sie spüre, wisse, daß alles Schlechte ihm widerstrebe. «Man fühlt sich wohl in der Nähe eines Menschen, zu dem man Vertrauen haben kann.» Sie gedachte all der Mühen, die sie hatte auf sich nehmen müssen, um ihre einzige Tochter großzuziehen, und sie fragte sich, ob es auf der Welt noch Gerechtigkeit gebe, wenn all die Plagen zu keinem besseren Ergebnis führten. Für sie, so erklärte sie bitter, sei schon die Verlobung mit Gralli eine schmerzhafte Enttäuschung gewesen. «Ich hatte für Lucia stets etwas Besseres erhofft. Nicht Reichtum oder einen Prinzen, aber doch einen intelligenten Menschen. War es wirklich so ganz unmöglich für Sie, sich in Lucia zu verlieben?»

Zum zweitenmal gestand sie ihm mit aller Aufrichtigkeit ihre Hoffnungen. Und auch dieses Mal war es eine tiefe innere Erregung, die ihr die Zunge löste. Die Schande, die sie kurz zuvor noch zu melodramatischen Szenen veranlaßt hatte, beherrschte nicht mehr ihre Gedanken, und nicht etwa der Verlust der Familienehre erfüllte sie mit Schmerz, sondern das Schicksal ihrer Tochter.

Alfonso wurde verlegen. Er berief sich auf einige Aussprüche Lucias, die sie ihm einmal in ihrem Zorn gesagt hatte, und führte sie als Beweis dafür an, daß Lucia ihn nie geliebt habe.

«Sie hat Sie geliebt!» erklärte Frau Lanucci mit fester Überzeugung. «Sie hat es mir nie gesagt, aber ich habe es sofort bemerkt. Es wundert mich, daß Sie, der Sie doch glauben, das menschliche Herz so gut zu kennen, das nicht gesehen haben. Wieviel Unglück wäre uns erspart geblieben!» Es war ihr geradezu, als ob Alfonso sich nur infolge eines Mißverständnisses nicht in Lucia verliebt habe, und es ergriff sie, daß ihre arme Tochter durch einen reinen Zufall einem so bösen Schicksal ausgeliefert wurde. Dann entgleiste ihre Rede: «Es wäre zu schön, wenn Gralli jetzt, nach den Vorhaltungen Gustavos, um Lucias Hand anhielte, und man könnte ihm sagen: ‹Scher dich zum Teufel, wir haben für Lucia etwas Besseres. Du bist ihrer nicht wert.›»

Alfonso öffnete den Mund nicht. Man schlug ihm vor, Lucia zu heiraten. Eine ungeheuerliche Zumutung. Aber er wollte alles verstehen und alles entschuldigen. Er verstand durchaus, daß diese arme Mutter sich in wollüstigen Vorstellungen erging, wie sie ihre Tochter vor der Unehre bewahren und sich zugleich an dem Manne rächen könnte, der sie zutiefst ins Herz getroffen hatte: er selbst nahm ja, wenn er sich besonders unglücklich fühlte, seine Zuflucht zu Träumen, die niemals verwirklicht werden konnten! Sie verlangte von ihm ein Opfer, denn sie konnte gewiß nicht glauben, daß es sein Wunsch sei, Lucia zu heiraten. So hoch stellte sie ihn, daß sie ihm eine Tat unendlicher Güte zutraute! Wie konnte er sich da beleidigt fühlen? Zum erstenmal, seitdem er sich in seinen neuen Ideen erging, traf er auf jemanden, der sich von diesen Ideen praktisch bestimmen ließ. Es war wohl richtig, daß Frau Lanucci nicht selbst nach diesen Vorsätzen handeln wollte, sondern die Tat von einem anderen forderte; da sie aber sichtlich ganz ohne Hintergedanken gesprochen hatte wie von der natürlichsten Sache der Welt, konnte er sich gut vorstellen, daß sie selbst überzeugt war, sie würde, befände sie sich an seiner Stelle, nicht anders handeln.

Vom Wunsch getrieben, irgendwie zu helfen, bot er sich an, auf die Suche nach Gustavo zu gehen und gleich Nachricht zu bringen. Frau Lanucci dankte ihm, aber sie verhielt sich bereits recht kühl.

Als er in die Via degli Artisti kam, eine kleine Straße, die zu dieser Stunde sehr finster war, vermeinte er zunächst, das Gasthaus sei schon geschlossen. Er klopfte an und war erleichtert, als er nach einer längeren Pause hörte, wie jemand kam, um zu öffnen. Der Raum war unregelmäßig. Um ihn zu erweitern, hatte man offenbar ein oder zwei Trennungswände niedergerissen; man konnte noch ihre Spuren auf dem Boden sehen, der zur Hälfte aus Terrazzo bestand.

Zwei Personen saßen allein in einem Winkel an einem runden Tisch. Die eine war Gustavo. Alfonso erkannte ihn, obwohl er mit dem Rücken zu ihm saß. Gustavo stützte die Stirn in die Hand, als sei er in tiefes Nachdenken versunken. Die andere Person war Gralli. Er begrüßte Alfonso.

Als Alfonso die beiden so freundschaftlich beisammen sah, die leeren Gläser vor sich, war er der Überzeugung, sie seien zu einem Einvernehmen gekommen. Gralli drückte die Hand, die Alfonso ihm hinhielt, und gab sofort dem Wirt Auftrag, ein drittes Glas zu bringen. Gustavo sagte lachend, Alfonso könne trinken, so viel er wolle, denn es sei bezahlt. Ein Blick genügte, und Alfonso erkannte sofort, daß sich der Junge, der mit einem so wichtigen Auftrag hierhergeschickt worden war, hatte betrunken machen lassen.

«Wir sind die besten Freunde, wir zwei!» rief Gustavo und sah Gralli liebevoll an. «Ich kam mit der Absicht, ihn zu verprügeln, aber er ist ein so guter Mensch, daß es ein Verbrechen wäre, ihm auch nur ein Haar zu krümmen. Rede auch du mit ihm, und du wirst sehen, er ist die Seele von einem Menschen, Lucia wird sehr glücklich mit ihm sein.»

Er lachte aus vollem Halse.

Er verlangte Wein, und Gralli bestellte eine weitere Flasche, wobei er Alfonso verschmitzt zulächelte: «Wein, soviel Sie wollen!»

«Genug Wein!» gebot Alfonso. «Trink Wasser!»

«Wasser braucht man zum Waschen!» antwortete Gustavo geistreich und leerte das Glas in einem Zuge. Nach längerem Schweigen begann er wieder zu lachen und erklärte, irgend jemand kitzle ihm das Gehirn. «Ich bin so weit klar bei Sinnen, um zu wissen, daß niemand da hineinreichen kann, aber sicherlich wünscht jemand, daß es mich da drinnen jucke, und so juckt es mich!» Er lachte, bis ihm der Atem ausging.

Alfonso sagte ihm, daß seine Mutter am Fenster stehe

und auf ihn warte. Er sei in ihrem Auftrag gekommen, um ihn nach Hause zu bringen.

«Mutter erwartet mich?» fragte Gustavo lachend. «Ich kann ja ruhig gehen, denn mit Gralli habe ich lange genug gesprochen. Und dabei wollte ich ihn verprügeln! Armer Teufel! So ein liebes schwarzes Mausegesicht!»

Es war in der Tat kaum glaubhaft, daß das Männchen, das hinter dem Tisch fast verschwand, so ein verruchter Verführer sein sollte, daß er wirklich den Tod verdiente, den Frau Lanucci ihm wünschte.

«Ich gehe jetzt zu Mutter und sage ihr, daß alles in Ordnung ist. Dann komme ich wieder. Die arme Alte soll nicht länger in Sorge sein.»

Das klang so, als ginge er, um gleich wiederzukommen. Aber man sah ihn nicht wieder.

Gralli lachte von Herzen.

«Er kam mit den allerfürchterlichsten Vorsätzen her, aber in einer halben Stunde schon hatte ich ihn so weit, wie Sie ihn gesehen haben. Seit zwei Stunden sind wir wieder die guten alten Freunde.»

«Welche Vereinbarungen haben Sie mit ihm getroffen?» fragte Alfonso verwirrt, als er sich wie einen Komplicen behandelt sah. Es gelang ihm nicht, grob zu werden.

«Heiraten kann ich sie nicht», erklärte Gralli in aller Ruhe. «Aber der Gedanke liegt mir fern, sie zu verlassen. Solange ich kann, werde ich ihr helfen. Ich nehme an, die Familie wird sich damit abfinden, daß sie mit mir lebt. Auch mein Chef hat so eine Frau, und auch er denkt nicht daran, sich fürs ganze Leben zu binden! Das ist eine zu ernste Angelegenheit. Und überhaupt, warum muß man heiraten?»

Auch ihm schien der Wein zu Kopf gestiegen zu sein, wenngleich die Auswirkungen weniger lärmend waren als bei Gustavo.

«Aber Sie haben sie doch verführt», bemerkte Alfonso schüchtern.

«Verführt? Niemals! Ich bin doch kein Frauenjäger. Man hat uns dauernd allein gelassen. Ich habe mir nichts weiter dabei gedacht, sie aber hat immer nur daran gedacht ... Das ist ganz natürlich, finde ich.»

«Aber warum wollen Sie sie nicht heiraten?» fragte Alfonso. Er gab bereits alle Hoffnung auf, gegen die Logik seines Gesprächspartners aufzukommen. Er versuchte nun, dem Gespräch eine neue Wendung zu geben.

«Es fehlt das!» antwortete Gralli, wobei er den Zeigefinger der rechten Hand gegen den Daumen bewegte, als zähle er Geld.

«Nicht ganz», entgegnete Alfonso.

Er hätte gerne eine kleine Geldsumme für Lucias Glück geopfert, um Frau Lanucci beweisen zu können, daß ihm Lucias Schicksal nicht ganz gleichgültig sei.

Beim ersten Angebot von tausend Lire sah ihn Gralli erstaunt an, lehnte aber ab.

«Ich verstehe nicht, was Sie damit zu tun haben.»

Alfonso wurde hochrot im Gesicht. Er begriff sofort, welchen Verdacht Gralli schöpfte. Er erklärte ihm, daß er seit Jahren ein intimer Freund der Familie Lanucci sei und alles tun müsse, um sie vor einem Unglück zu bewahren. So kam es, daß Alfonso es war, der, obwohl er es mit einem tief unter ihm stehenden Menschen zu tun hatte, in Verlegenheit geriet. Um sich von dieser Verlegenheit zu befreien, fand er nichts Besseres, als sein Angebot zu verdoppeln, zu verdreifachen, so als wollte er Gralli keine Zeit lassen, über die Zusammenhänge weiter nachzudenken.

Gralli änderte sehr rasch sein Benehmen. Er zögerte, schien schon im Begriff nachzugeben. Alfonso bemerkte es. Bald aber wiederholte er seine Ablehnung: «Nein, ich heirate sie nicht, ich kann sie nicht heiraten. Ich muß auch meine Mutter erhalten und kann mir nicht eine so große finanzielle Last zusätzlich aufbürden.»

Angewidert versuchte Alfonso, ihm neuerdings mit Vernunftsgründen beizukommen. Er hatte immer noch nicht den wahren Grund von Grallis Zaudern erkannt, und glaubte, er könne ihn schließlich doch noch überzeugen. Um Lucia zu erhalten, so führte er an, sei nicht viel Geld nötig, denn wo zwei zu essen haben, könne auch noch ein dritter mitessen. Die Mitgift, die Alfonso zur Verfügung stelle, müßte genügen, die wichtigsten Spesen zu decken.

Aber der Arbeiter war ein harter Rechner. Obwohl Alfonso die Summe, die zur Erhaltung Lucias nötig war, als gering bezeichnete, wies der Arbeiter ihm nach, daß die Zinsen dieser Summe nicht einmal genügten, den fünften Teil dieser Spesen zu decken.

«Sie wollen also von Zinsen leben!» rief Alfonso empört aus.

Diese kalte Rechnung, von der Gralli es abhängig machte, ob er seine Pflicht erfüllen würde oder nicht, ließ Alfonso alle Ruhe verlieren.

«Nicht ich will von Zinsen leben, sondern diejenige, die auf meine Kosten zu leben gedenkt», antwortete Gralli brutal. Damit schnitt er jede weitere Diskussion ab. «Wenn Lucia eine Mitgift von 7000 Lire mitbrächte, würde ich sie heiraten.»

Alfonso versuchte, ihm etwas von dieser Summe abzuhandeln, aber er war schon bereit nachzugeben, wenn der andere auf seiner Forderung bestand. Und Gralli blieb unerschütterlich.

«Sie werden die 7000 Lire bekommen», sagte Alfonso und erhob sich.

Gralli begleitete ihn bis zum Haus der Lanuccis:

«Ich begnüge mich mit Ihrem Versprechen. Sie werden es vor einem Notar abgeben.» Nachdem er mit so großem

Geschick sein Interesse gewahrt hatte, wollte er auch noch einen guten Eindruck hinterlassen. Er versicherte, daß die Summe, die Alfonso ihm gab, bei weitem nicht genüge, Lucias Bedürfnisse zu befriedigen, doch stelle er auch die zärtlichen Gefühle, die er für sie empfinde, mit in Rechnung, nicht zuletzt seine Vaterliebe, die, so betonte er, in dem Augenblick in ihm erwacht sei, da er erfuhr, daß er Vater werden sollte.

«Ja», fügte er ernst hinzu, «ich bin überzeugt, es ist besser, daß derjenige oder diejenige, die auf die Welt zu kommen hat, als legitimes Kind auf die Welt kommt.»

Die höflichen und liebevollen Worte Grallis standen in einem so großen Widerspruch zu seinem bisherigen Verhalten, daß Alfonso meinte, Gralli plappere einfach nach, was andere ihm vorgehalten hatten. Aber er war froh, daß Gralli wenigstens versuchte, den Eindruck eines verliebten und uneigennützigen Menschen zu erwecken. So wurde Alfonso von der Besorgnis befreit, Gralli könnte vermuten, andere Gründe als das reine Interesse für die Familie Lanucci hätten ihn zu seiner Handlungsweise bewogen.

Gralli schien zu erraten, was sein Wohltäter von ihm erwartete. Er sagte gerührt: «Sie haben Lucias Eltern gern, als wären Sie ihr Sohn.»

Man konnte sich nicht feinfühliger ausdrücken. Sie kamen überein, daß Gralli am nächsten Tag zum alten Herrn Lanucci gehen und um Lucias Hand anhalten würde.

Frau Lanucci lief Alfonso auf den Stiegen entgegen: «Ist also wirklich alles in Ordnung?»

«Wer hat es Ihnen gesagt?»

«Gustavo! Er war aber in einem solchen Zustand, daß ich nicht recht an seine Worte glauben wollte. Ach, mein gutes Kind! Ich habe ihm unrecht getan.»

Sie warf Kußhände in die Luft und hüpfte die Stiegen hinauf wie ein junges Mädchen.

Sie ließ ihn stehen, ohne ihn auch nur zu grüßen. Während Alfonso sich zu Bett legte, hörte er, wie sie ihren Mann weckte, um ihm die Freudenbotschaft mitzuteilen. Dann hörte er sie in Lucias Zimmer. Sogar das Geräusch schallender Küsse drang zu ihm. Lucia begann vor Freude zu schluchzen.

Endlich hatten sich alle im Hause zur Ruhe gelegt. Nur er schlief nicht. Gewiß, er hatte recht daran getan, Frau Lanucci seine Güte nicht unter die Nase zu reiben, denn das hätte ihm die Freude an seinem Werk der Wohltätigkeit getrübt. Früher oder später würde sie ja doch davon erfahren. Es war nicht seine Absicht, die Rolle des unbekannten Wohltäters zu spielen, aber er wollte auch nicht den Anschein erwecken, als rechne er mit Dankbarkeit. Endlich schlief er glücklich ein. Was ihn glücklich machte, war eben die Erwartung der Dankbarkeit, die man ihm entgegenbringen würde. Erst Tage später wurde er sich bewußt, wie groß das Opfer war, das er gebracht, wie sehr sich seine Situation durch die empfindliche Verminderung seines Kapitals verschlechtert hatte.

Am nächsten Abend kam er, nachdem er lange durch die Straßen gewandert war, sehr spät nach Hause. Er fand Gralli nicht mehr vor, der ein paar Stunden lang hier gewesen sein mußte. Es gelang ihm nicht, zu erfahren, was sie miteinander besprochen hatten, denn niemand nahm sich die Mühe, es ihm zu sagen. Aber aus der Art, wie man sich ihm gegenüber benahm, erkannte er ohne weiteres, daß niemand wußte, daß er es war, der Lucia gerettet hatte.

Lucia begrüßte ihn kühl, lediglich mit einem reservierten Kopfnicken, und verließ gleich nach seinem Kommen das Zimmer. Frau Lanucci sagte, die gewisse Sache, die sie von Lucia geglaubt hätten, sei ein Mißverständnis gewesen. Mit dieser Mitteilung schloß sie ihn aus ihrem Vertrauen aus. Sie war von bewußter Kälte, wollte ihn verletzen, denn sie war ja intelligent genug, um zu wissen, daß er ihren Worten keinen Glauben schenken konnte. Als Alfonso mit Gustavo allein blieb, mußte er zu seiner weiteren Überraschung feststellen, daß Gustavo tatsächlich glaubte, er selbst sei es gewesen, der Lucia gerettet habe. Er rühmte sich dessen: «Da sieht man, was ein richtiges Wort zur richtigen Zeit vermag.»

Aus reiner Bosheit beließ Alfonso ihn vorläufig bei seinem Glauben.

Auch am nächsten Tag ahnte noch niemand etwas von Alfonsos guter Tat. Er hatte auch nicht das Bedürfnis, darüber zu reden. Er wollte es sich nicht eingestehen, aber er schwieg, weil er sich darin gefiel, seine Großmut noch zu steigern. Jedes kalte Wort der Lanuccis verschaffte ihm eine wollüstige Befriedigung: Um so größer würde ihre Dankbarkeit sein, wenn sie erkennen mußten, wie ungerecht sie ihn behandelten.

Wenn Lucia ihm verächtlich den Rücken kehrte – Lucia, die ihn haßte, weil sie ihm zweimal ihre Liebe angeboten hatte –, wandelte ihn Lachlust an. Aber Lucias Verachtung für ihn war auch nicht größer als die der Frau Lanucci, seitdem diese endgültig die Hoffnung aufgeben mußte, ihm ihre Tochter anzuhängen. Als er sich eingestand, wie sehr ihm an der Dankbarkeit dieser Leute lag, so sehr, daß er, um sie zu steigern, geradezu eine Komödie aufführte, mußte er lächeln. Immer noch standen seine Hoffnungen im Widerspruch mit seinen Theorien. Der lebhafte Wunsch, Dankbarkeit und Bewunderung zu ernten, grenzte ja auch ans Lächerliche und hatte nichts mit Verzicht zu tun. Er war so eitel wie eh und je.

Am folgenden Tag, beim Mittagessen, wartete der alte Herr Lanucci mit großem Ernst, bis Alfonso sich gesetzt hatte. Dann teilte er trocken mit, daß Gralli an diesem Tage nicht kommen werde. Gralli habe ihm die Gründe dafür wohl mitgeteilt, doch habe er sie vergessen. Unvermittelt wandte er sich an Alfonso und fuhr fort: «Ich wußte nicht, daß man ihm eine Mitgift von 7000 Lire versprochen hat. Er hat sie von mir verlangt, und ich mußte ihm sagen, daß ich nichts davon weiß. Stimmt es, daß Sie sie ihm geben wollen?»

«Ja», antwortete Alfonso, «ich brauche das Geld ohnehin nicht.»

Der Dank wurde ihm im Chor ausgesprochen. Er klang unterschiedlich. Frau Lanucci schien nicht sehr begeistert zu sein, so unerwartet vom Haß zur Dankbarkeit übergehen zu müssen. Sie reichte Alfonso die Hand. Sie wollte die mangelnde Lebhaftigkeit ihres Dankes durch ausdrucksvolle Kürze ausgleichen und sagte: «Danke!» Sie lächelte ihrer Tochter zu, deren Augen voll Tränen waren, und meinte: «Warum weinst du? Dummes Ding! So werdet ihr wenigstens ein bißchen Geld haben.»

Lucia dankte schluchzend. Sie hatte sich in der schmeichelhaften Vorstellung gewiegt, Gralli sei aus Liebe zu ihr zurückgekehrt. Die Enttäuschung, daß dem nicht so war, war größer als ihre Dankbarkeit. Sie weinte viel. Ihr Dank klang nicht laut, aber sie wiederholte ihn immer wieder und ging dann in ihr Zimmer.

«Ich verstehe allerdings nicht», sagte Alfonso, und er begann nur deshalb zu reden, um sich der Verlegenheit zu entziehen, die all diese Dankesbezeigungen ihm bereiteten, «ich verstehe nicht, was das alles mit Grallis Fernbleiben zu tun hat.»

Herr Lanucci wiederholte, Gralli habe ihm, wie er glaube, irgend etwas zur Begründung gesagt, aber er könne sich daran nicht mehr erinnern.

Grallis Begründung, die Herr Lanucci verschwieg, konnte Alfonso noch am Abend des gleichen Tages leicht erraten. Als er die Bank verließ, hielt Gralli ihn auf dem Corso auf. Er hatte ihm zweifellos aufgelauert, auch wenn er so tat, als sei die Begegnung zufällig. Er war überaus freundlich, doch merkte man ihm an, daß seine Gedanken anderswo weilten. Er suchte nach Worten, um etwas Schwieriges auszudrücken.

«Wie geht es?»

Zwischen den beiden konnte es kein anderes Gesprächsthema geben als die Angelegenheit, die Gralli am Herzen lag. Alfonso antwortete kurz auf die Frage nach seinem Wohlbefinden und wartete vergeblich, daß Gralli sich entschließe, mit der Sprache herauszurücken und ihm den Grund zu enthüllen, weswegen er ihm aufgelauert hatte. Ungeduldig und verärgert, daß er in Gesellschaft dieses Menschen über den Corso gehen mußte, fragte Alfonso ihn seinerseits, was er von ihm wünsche. So blieb Gralli keine Zeit, seine Rede, wie er wollte, entsprechend vorzubereiten.

Gralli bat ihn, mit ihm aus dem Menschentrubel hinauszugehen. Sie schlugen die Richtung zum Brunnen ein. Der Scirocco hatte die Kälte gebrochen, und die warme Witterung hatte viele Leute auf die Straße gelockt.

«Ich habe heute mit dem alten Lanucci gesprochen. Er sagt, er wisse nichts von der versprochenen Mitgift ...» Gralli sprach langsam, er wollte Alfonso vorsichtig auf das Mißtrauen vorbereiten, das er ihm entgegenbrachte, und es zugleich entschuldigen. Aber mit den paar Worten hatte er bereits alles ausgedrückt.

«Wozu muß das der alte Lanucci wissen? Ich habe es Ihnen versprochen und damit basta!» schrie Alfonso wütend. Es gelang ihm, Gralli glauben zu machen, es sei sein Wunsch gewesen, die Lanuccis sollten nichts von seinem Geschenk erfahren.

«Ich habe nie an Ihrem Versprechen gezweifelt», rief Gralli aus.

Das war von Gralli sicher aufrichtig gemeint, denn er hatte sich ja sogleich mit Alfonsos Versprechen zufriedengegeben. Er erklärte jedoch, und Alfonso hatte keinen Grund, daran zu zweifeln, daß seine Mutter ihm strikt verboten habe, zu heiraten, ehe er die Mitgift in der Hand hatte.

Alfonso lachte verächtlich. Er tat, als glaube er Grallis Worten nicht, die er längst für wahr hielt: «Sie meinen wohl, ich bin ein Lügner? Ich würde Ihnen das Geld keinesfalls in die Hand geben, denn ich habe mehr Grund, Ihnen zu mißtrauen als Sie mir.»

Gralli war verzweifelt.

«Wenn die Dinge so stehen, was sollen wir da tun? Meine Mutter ist eine Frau, die, wenn sie einmal etwas gesagt hat, keinen Deut mehr davon zurücknimmt. Sie hat erklärt, sie wolle von der Sache nichts hören, ehe sie das Geld nicht gesehen hat. Es genügt ihr auch nicht, daß Sie eine Zusage in Gegenwart eines Notars machen.»

Diese Situation, die Gralli für unüberwindlich hielt, hätte nun Alfonso als Ausrede dienen können, sich seiner Verpflichtung zu entziehen. Er wollte es nicht. Während er Gralli den Ausweg zeigte, schwellte ihm das Gefühl seiner eigenen Großmut die Brust. Er schlug Gralli vor, mit ihm am nächsten Tag zu einem Notar zu gehen, dort wolle er das Geld mit der Bedingung hinterlegen, daß es ausschließlich Gralli und erst am Tage von dessen Heirat mit Lucia auszufolgen sei.

Gralli nahm den Vorschlag dankbar an. Er gefiel ihm, und er meinte, daß auch seine Mutter einverstanden sein werde. Auf Alfonsos Anraten begab er sich sofort zu den Lanuccis. Alfonso hatte ihm gesagt, daß die Leute in höchster Sorge wegen seines Fernbleibens seien, und legte ihm zugleich nahe, von der soeben getroffenen Abmachung nichts verlauten zu lassen. Es könnte ihm, Gralli, bei Lucia nur schaden, wenn er es tue. Nun, da Alfonso wußte, daß keine Gefahr mehr bestand, sein Opfer könne den Lanuccis unbekannt bleiben, bereitete es ihm Wohlbehagen, so zu handeln, als wolle er dieses Opfer verborgen halten.

Der Egoist Gralli, wie Alfonso ihn nannte, war weit aufrichtiger als er.

«Lucia kümmert mich wenig», sagte Gralli offenherzig. «Und die anderen müssen, wenn sie nicht dumm sind, einsehen, daß ich nur so handle, wie ich handeln muß. Ohne diese Mitgift könnte ich Lucia nicht heiraten!» Er versicherte, daß er sich ohne Scheu zu den Lanuccis begebe, denn wenn sie auch etwas gegen ihn hätten, so begännen ihre Gesichter doch zu strahlen, sobald sie ihn kommen sähen.

«Sie haben mich gern», bemerkte er nicht ohne Bosheit.

An diesem Abend aber schienen die Lanuccis Gralli doch keinen allzu guten Empfang bereitet zu haben. Als Alfonso kam, war er bereits fort. Die ganze Familie lag – ein Zeichen allgemeiner Mißstimmung – bereits zu Bett. Alfonso war enttäuscht, als er feststellen mußte, daß selbst an diesem Tage die Dankbarkeit der Lanuccis nicht groß genug war, sie zu veranlassen, auf Alfonso zu warten und ihn zu begrüßen.

Lucia aber wartete auf ihn. Sie hatte nur sein Kommen nicht gleich gehört, denn sie saß in ihrem Zimmer. Er hatte das Speisezimmer bereits verlassen und war im Begriff, sich niederzulegen, als das Mädchen in der Türe erschien.

«Ist es erlaubt?» fragte sie mit ungewohnter Schüchternheit und deutete ein Lächeln an. «Ich komme, um Ihnen zu danken. Meine Mutter weiß, daß ich bei Ihnen bin. Sie hat mich gebeten, Ihnen auch in ihrem Namen zu danken.»

Sie stockte und begann heftig zu weinen. Es war, als habe sie den Tränenstrom bei Alfonsos Kommen nur kurz unterbrochen und als setze er sich jetzt wieder fort, so prompt waren ihr die Tränen in die Augen getreten.

Verlegen und ergriffen bat Alfonso sie, sich doch zu beruhigen. Er hatte ein peinliches Gefühl, fast Gewissensbisse, als er dieses arme Geschöpf von der Last der Dankbarkeit fast erdrückt sah. Er habe, so versicherte er ihr, nur seine Pflicht getan. Sie aber hörte nicht auf zu weinen, preßte ihr Taschentuch an den Mund und verweilte auf der Schwelle, ohne sich an den Türrahmen zu lehnen.

«Es gibt da nichts zu danken und nichts zu weinen. Ihr werdet miteinander glücklich sein, das ist alles.»

Da gewann Lucia ihre Sprache gleich wieder: «Glücklich? Nein! Niemals!» Dauernd von Tränen unterbrochen, erzählte sie ihm, daß sie an diesem Abend Gralli beschworen habe, auf die Mitgift zu verzichten. Er habe es abgelehnt. «Jetzt hab ich ihn gar nicht mehr lieb», und wieder weinte sie. Sie war wie ein Kind. Noch nie hatte ihm Grallis Verrat einen solchen Abscheu eingeflößt. «Lieb, wirklich lieb –» sie sprach das Wort so aus, wie kleine Kinder es tun –, «wirklich lieb hab ich ihn niemals gehabt. Man hat mir gesagt, daß ich ihn heiraten muß, und auch ich habe eingesehen, daß es so sein muß. Niemals aber habe ich mir vorgestellt, daß er so schlecht ist.»

Alfonso versuchte sie zu überzeugen, daß Gralli besser sei, als sie glaubte. Er wolle ja das Geld nur, um es mit ihr zusammen zu genießen. Andere Argumente fand er nicht. Er konnte sich nicht entschließen, durch weiteres Gerede die zarten Gefühle, die in dem Mädchen für ihn erwachten, von sich ab- und auf Gralli hinzulenken.

Sie wollte ihm die Hand küssen. Er ließ es nicht zu. Er zog sie an sich und küßte sie auf die Stirn, während sie am ganzen Körper zitternd in seinen Armen lag. Mit einer gewissen Würde, langsam, während er auf sie einredete und sie bat, doch nicht zu weinen, führte er sie ins Speisezimmer zurück und bis zu ihrer Zimmertür.

Er überdachte sein Verhalten zuerst Gralli gegenüber, dessen Bewunderung er nicht verschmäht hatte, und jetzt Lucia gegenüber, deren Dankbarkeit zu steigern er versucht hatte, und stellte sich die Frage: ‹War dies das Benehmen eines Philosophen?›

Und noch einmal mußte er über sich lächeln, als er die tiefe Befriedigung feststellte, die ihm auch die Dankbarkeit des alten Lanucci bereitete. Dieser verneigte sich vor ihm wie vor einem höheren Wesen, hörte ihm mit ergebener Aufmerksamkeit zu, wenn er sprach.

«So etwas ist mir noch nicht vorgekommen, seitdem ich lebe», rief Herr Lanucci aus, als er der Übergabe des Geldes beim Notar beiwohnte.

«Du bist sehr gut», sagte Gustavo. «Wieviel Geld bleibt dir jetzt noch?»

Als er Alfonsos Antwort hörte, wollte er es nicht glauben. Und Alfonso war schwach genug, seinen Atem darauf zu vergeuden, Gustavo von der Wahrheit seiner Worte zu überzeugen.

XX

Die Bilanz war schon seit vierzehn Tagen abgeschlossen, und immer noch hörte man nichts von den Gratifikationen, die aus diesem Anlaß jährlich an die Beamten verteilt wurden.

«Sollte man die Absicht haben, sie abzuschaffen?» fragte Ballina besorgt. Die Summe, auf die er glaubte, hoffen zu dürfen, war bereits durch Schulden vertilgt. Bekam er sie nicht, bedeutete das für ihn, wie er sagte, den totalen Bankrott. Er entwickelte einen beißenden Witz: «Wenn die Rothaut sich so etwas einfallen lassen sollte, gehört sie aufgehängt.» Mit der Rothaut meinte er Maller.

Obwohl auch Alchieri, dieser ewige Spaßmacher, zitternd auf das Geld wartete, mit dem er gerechnet hatte, war er immer noch in der Laune, Ballina zum Narren zu haben und ihn weiter aufzustacheln. Er veranlaßte Santo, die Beamten der Reihe nach herauszurufen – außer Ballina. Er überredete die Kollegen, Ballina weiszumachen, jeder von ihnen habe entweder 100, 200 oder 300 Franken bekommen. Ballina geriet in wilde Wut. Er erklärte, er werde sich bei Maller beschweren. Er zählte all die Dienste auf, die er der Bank erwiesen, die Stunden Mehrarbeit, die er geleistet. Zu Alfonso, der sich hatte bestimmen lassen, ihm vorzuspiegeln, er habe 300 Franken bekommen, sagte er: «Nun, man weiß ja, Sie haben Protektion. Sie gehen in dem Hause aus und ein und erteilen dem Fräulein Unterricht. Diese Bank ist ein Skandal!»

Rot im Gesicht und voll Schuldgefühl, Ballina provoziert zu haben, gestand Alfonso ihm den Streich.

Eines Sonntags kam Santo und rief Bravicci zu Herrn Maller. Bravicci teilte dies, ehe er ging, Ballina mit, der aber fuhr fort zu schreiben: «Mein Lieber, einmal lasse ich mich zum Narren halten, ein zweites Mal nicht!» Als Bravicci zurückkam und ihm zwei Geldscheine von je hundert Franken zeigte, wurde Ballina schwankend. Und als er zu Maller gerufen wurde, begab er sich bereits festen Schrittes zu ihm. «Wenn ihr mich belogen habt, um so schlimmer für euch.» Er kam recht zufrieden zurück: «Es genügt mir. Ich kann mich nicht beklagen. Es ist nun einmal mein Los, daß ich nie ganz schuldenfrei werden kann.»

Besonders zufrieden waren Starringer und Alchieri; sie hatten mehr bekommen, als sie erhofften.

Miceni kam und beglückwünschte die anderen. Dann berichtete er von sich. Er war nicht eben unzufrieden. Man hatte ihn gelobt, aber zugleich darauf aufmerksam gemacht, daß die an ihn gestellten Anforderungen, seitdem er in der Buchhaltung arbeitete, nicht übermäßig groß seien und daß er daher nicht allzuviel erwarten dürfe.

«Ich bin noch auf der Suche nach einem anderen Posten und hoffe daher, schon in wenigen Tagen meine eigenen Wege gehen zu können.»

Der einzige, den man noch nicht gerufen hatte, war Alfonso. Santo, der an diesem Tage so etwas wie den Herold spielte, näherte sich ihm und flüsterte ihm, statt seinen Namen laut auszurufen, irgend etwas ins Ohr. Alfonso verstand nicht genau und glaubte, es sei eine Aufforderung, sich zu Maller zu begeben.

Von dem Augenblick an, da Bravicci gerufen worden war, befand sich Alfonso in einer großen Aufregung. Nach längerer Zeit sollte er zum erstenmal wieder mit Maller sprechen. Der Gedanke, daß Maller gezwungen sein würde, mit ihm in ruhigem Geschäftston zu reden, erregte ihn. In seiner jetzigen Situation konnte er nicht umhin, sich eine Gehaltserhöhung und eine reichliche Gratifikation zu wünschen, während er sich noch wenige Tage vorher vor der Möglichkeit einer allzu hohen Belohnung gefürchtet hatte, denn er wollte nicht den Eindruck erwekken, als lasse er sich für sein Schweigen bezahlen. Jetzt aber, wo er Geld brauchte, nahm er sich vor, sich über den Betrag, den man ihm geben würde, getrost zu freuen, indem er sich sagte, daß seine redliche Arbeit jede wie immer geartete Gratifikation wohl verdiene.

Im voraus mit einer Enttäuschung rechnend, war er schon im Begriff, in Mallers Zimmer zu treten, als Santo ihn mit einem ironischen Lächeln aufhielt: «Nicht da hinein! Herr Cellani wünscht Sie zu sprechen.»

Santo war offenbar der Meinung, man habe Alfonso nicht der Gratifikation wegen gerufen. Alfonso wurde feuerrot. Das war schlimmer, als er erwartet hatte. Nicht einmal jetzt wollte Maller ihn sehen.

Alfonso trat bei Cellani ein, der wie gewöhnlich über seinen Tisch gebeugt saß und ihn nicht gleich bemerkte.

«Da Herr Maller plötzlich von der Bank weggerufen wurde, hat er mich beauftragt, Ihnen das zu geben.» Damit legte er ziemlich unhöflich zwei Geldscheine auf den Tisch. Bedrückt nahm sie Alfonso, murmelte einen kaum verständlichen Dank und ging.

Im Korridor sollte ihm ein weiterer Beweis für die Verachtung, die man ihm entgegenbrachte, geliefert werden. Maller befand sich in der Bank! Er steckte seinen roten Kopf aus seinem Zimmer und rief laut nach Santo. Er schien so aufgeregt zu sein, daß er Alfonso gar nicht sah. In seinem aufwallenden Zorn vermochte Alfonso sich nicht zurückzuhalten, er wollte sich bemerkbar machen. Ohne sich zu verbeugen und ohne Gruß fragte er: «Wünschen Sie, daß ich Santo rufe?»

Maller sah ihn etwas überrascht an: «Gut!» sagte er kurz und schlug die Türe vor ihm zu.

Alfonso kehrte in sein Zimmer zurück, ohne sich um Santo zu kümmern. Man fragte ihn, wieviel er bekommen und was Maller ihm gesagt habe. Er erwiderte, Maller habe das Übliche gesagt, und zeigte die beiden Geldscheine. Alle fanden es wenig. Zu Ballina gewandt sagte Alfonso, indem er auf die Bemerkung anspielte, die dieser kürzlich gemacht hatte: «Finden Sie immer noch, daß ich Protektion habe?»

Entschlossenen Schrittes verließ er die Bank. Vorher zögerte er noch einen Augenblick vor Sanneos Tür. Es war üblich, sich auch zum Abteilungschef zu begeben und ihm für die erhaltene Gratifikation zu danken. Nein! Sanneo verdient diesen Dank nicht! Er hatte sich wohl sehr wenig für Alfonso eingesetzt, wenn dies das Resultat war.

Als er auf die Straße trat, erinnerte er sich, daß seine Eltern, während er noch das Gymnasium besuchte, alljährlich zu Schulschluß in die Stadt kamen, ihn zur Zeugnisverteilung bis zum Schulgebäude begleiteten und im gegenüberliegenden Garten auf ihn warteten. War das Zeugnis gut ausgefallen, dann lief er ihnen triumphierend entgegen, um das Lob des Vaters entgegenzunehmen und sich von seiner Mutter zärtlich umarmen zu lassen. Einmal war das Zeugnis durch eine schlechte Note verunziert. Der Knabe zögerte lange, ehe er den Garten betrat. Als er sich dazu entschloß, trat er vor den Vater hin und überreichte ihm wortlos das Zeugnis. Auf die liebevoll ermunternden Worte der Frau Carolina gab er keine Antwort. Überaus ernst zeigte der Vater mit dem Finger auf die schlechte Note. Als Frau Carolina, den Knaben entschuldigend, meinte, vielleicht habe er die schlechte Note gar nicht verdient, vielleicht hege der betreffende Lehrer eine Antipathie gegen ihn, erklärte der Vater, er glaube es nicht. Wenn man seine Pflicht tue, könne einem das Böse dieser Welt nichts anhaben. Wie hatte sich der Vater doch getäuscht! So jung Alfonso noch war, mußte er doch schon die Erfahrung machen, daß alle Anstrengungen nichts nützten, einen Haß abzuwenden, den er sich ohne seine Schuld zugezogen hatte.

Eben in diesem Augenblick begegnete er zum erstenmal wieder Annetta. In eine schwarze schwere Mantille gehüllt, erschien ihre Gestalt besonders majestätisch. Neben ihr trottete Francesca einher, unansehnlich wie eine Magd. Es kam ihm unmöglich vor, daß er dieses herrliche Geschöpf einmal besessen hatte. Es war ihm wie ein Traum. Auf diesem hellen, rosigen Gesicht war keine Spur von seinen Küssen geblieben. Sie schritt ruhig, geradezu königlich dahin, als habe sie niemals gefehlt wie er, als sei sie nicht eben jetzt wieder im Begriff, einen anderen Mann zu betrügen und ehrlos zu machen.

Sein Gruß fiel unterwürfig aus. Er sah sie an, fast als bäte er sie um Gnade, so schien es ihm nachträglich. Francesca erwiderte seinen Gruß nicht, als hätte sie ihn nicht gesehen. Annetta neigte den Kopf, allerdings zögernd. Man konnte meinen, sie erinnere sich nicht gleich, ihn jemals gekannt zu haben.

Er wandte sich um und sah, wie sie etwas zu Francesca sagte. Ihr Gesicht kam ihm sehr blaß vor. Er wollte sich vergewissern, ob er richtig beobachtet habe. Er hoffte es. Es hätte für ihn eine tiefe Befriedigung bedeutet, wäre sie erregt gewesen. Er folgte ihr langsam, konnte aber ihr Gesicht nicht mehr sehen, denn er fand nicht den Mut, seinen Schritt zu beschleunigen. Der Abstand zwischen ihnen wurde immer größer, und als Annetta in der Menge, die um die Mittagszeit den Corso bevölkerte, verschwand, fühlte er sich einsamer und unglücklicher als zuvor. Er fühlte, wie weit entfernt er von ihr war. Es gab keinen Weg zurück. Er blieb arm und verlassen in diesem Leben, während er hätte reich und geliebt sein können. Vielleicht war es seine eigene Schuld.

Am Abend, als er das Speisezimmer betrat, hörte er, wie Lucia ihn aus ihrem Zimmer rief.

«Meine Mutter hat vergessen, die Türe zu schließen», sagte das Mädchen mit, wie ihm vorkam, vor Erregung bewegter Stimme. «Möchten Sie sie, bitte, schließen?»

Lucias erregte Stimme weckte in ihm die Vermutung, diese Türe sei absichtlich offen gelassen worden. Er blickte in das kleine finstere Zimmer. Ein Lichtstrahl, der durch das Fenster fiel, ließ die Bettücher aufleuchten. Er mußte mit sich kämpfen, um nicht einzutreten. Er trug kein Verlangen nach Lucia, aber ein Kuß von ihr, so meinte er, hätte in ihm die Erinnerung an Mallers Verhalten auslöschen können, und dann: wie würde er, so erregt, wie er war, allein die Nacht überstehen? Aber es bedurfte nicht des Kusses, damit er seine Ruhe wiederfand. Dazu hatte die geringe Anstrengung genügt, die ihn seine Selbstüberwindung kostete. ‹Noch ein Verzicht!› sagte er sich lächelnd. Bei diesem Satz mußte er an die innere Ausgeglichenheit denken, zu der er noch vor ein paar Tagen gelangt war. Wie wenig hatte doch genügt, sie ihn wieder verlieren zu lassen! Maller hatte ihm doch nur seine Antipathie, für die es schon früher untrügliche Anzeichen gab, offen gezeigt. Das war das einzige Neue!

Während er sich zu Bett legte, stellte er höchst überrascht fest, daß es ihm endlich gelungen war, ausschließlich durch eine kalte Überlegung seine Ruhe wiederzufinden. Er verfiel in einen tiefen Schlaf und hatte einen phantastischen Traum, wie seit seiner Kindheit nicht mehr. Er ritt auf hölzernen Balken durch die Luft, er schritt trockenen Fußes über das Wasser, er war Gebieter über ein weites Land.

Am nächsten Tag aber geschah etwas, über das er sich durch keinerlei Überlegungen mehr hinwegtrösten konnte. Ein wahres Unglück brach über ihn herein. Von da ab erst durfte er wirklich sagen, daß man ihn verfolge.

Früh begab er sich, wie immer, zu Sanneo, um Instruktionen einzuholen, wie die am Tag vorher eingelangte Post zu erledigen sei. Sanneo empfing ihn mit einem verlegenen Lächeln. Er hatte einen Stoß Briefe vor sich und starrte ihn an, ohne ihn zu sehen, nur um Zeit zum Nachdenken zu gewinnen. Höflich bat er sodann Alfonso, er möge, ehe er die Instruktionen entgegennehme, zu Cellani gehen, der ihn zu sprechen wünsche.

«Wissen Sie nicht, was er mir sagen will?» fragte Alfonso. Er hätte sich gerne auf Cellanis Mitteilungen, die, wie er bereits erriet, sehr bedeutsam sein mußten, innerlich vorbereitet.

«Ich weiß es nicht», antwortete Sanneo. «Ich habe den Eindruck, in diesen Zimmern dort haben sie den Kopf verloren.»

In Wirklichkeit wußte Sanneo sehr wohl, um was es sich handelte. Mit seiner Nachlässigkeit, mit der er sonst nur Angelegenheiten behandelte, die nicht das Büro betrafen, ersuchte er Alfonso, Bravicci den Stoß Briefe, den er in der Hand hielt, zu übergeben. Er war höflich, aber doch nicht so weit, um der Angelegenheit mehr Zeit zu widmen als unbedingt nötig. Alfonso war auf das Schlimmste gefaßt. Es konnte nur die Kündigung sein.

Cellani war nicht in seinem Zimmer, eilte aber sofort herbei, als er Alfonso eintreten hörte. Er war ernst, sehr ernst. Da er aber gegen seine Gewohnheit in abgeschlossenen Sätzen sprach, erschien er Alfonso höflicher als sonst.

«Ich habe Ihnen etwas mitzuteilen, das Ihnen vielleicht angenehm sein wird.» Er zweifelte also, daß es Alfonso angenehm sein würde. Dadurch wirkte dieser Satz, trotz Cellanis ernster Haltung, irgendwie ironisch. «In der Buchhaltung braucht man einen tüchtigen Beamten für die Führung des Hauptbuches. Herr Maller hat beschlossen, daß dieser Beamte Sie sein sollen.»

Es war ein Befehl, nicht ein Vorschlag, während sonst die Versetzung in die Buchhaltung stets nur im Einvernehmen mit dem Beamten erfolgte, dem man sie vorschlug.

«Ich soll also aus der Korrespondenz weg?» fragte Alfonso, um die Unterredung hinauszuziehen. Er war unentschlossen. Sollte er protestieren, sich weigern, eine Behandlung ruhig hinzunehmen, die offenkundig eine Beleidigung war und einer Bestrafung gleichkam, oder sich gutwillig in eine Situation fügen, für die es keine Abhilfe gab? Schließlich übermannte ihn der Zorn, Herr Cellani verspottete ihn ja, indem er diese Demütigung als eine Beförderung hinstellte. «Was habe ich denn getan, daß man mich einfach aus der Korrespondenz hinauswirft?»

Cellani sah ihn überrascht an. Er ging an seinen Platz zurück, zuckte ungeduldig die Achseln und sagte, unfähig, weiter zu heucheln: «Fragen Sie Herrn Maller. Ich weiß von nichts.»

Dabei sog er die Luft auf, daß seine Wangen anschwollen, und begann nervös zu schreiben und zu unterschreiben.

«Gut!» erwiderte Alfonso entschlossen. «Ich werde Herrn Maller fragen!»

Er verließ das Zimmer. Aber in der kurzen Zeitspanne hatte er bereits die Gefahr abgeschätzt, der er sich aussetzte, wenn er zu Maller ging. Es blieb immer noch Zeit, diesen Schritt zu tun. Er wollte sich Zeit zum Nachdenken lassen. Er ging geradewegs in sein Zimmer und übergab Bravicci die Briefe, wie Sanneo es ihm angeordnet hatte. Bravicci erzählte ihm, er sei schon am Tage vorher verständigt worden, daß er Alfonsos Arbeit übernehmen müsse. Er hatte keinen Ton davon verlauten lassen. Brüsk übergab Alfonso ihm auch die anderen Rückstände. In diesem Augenblick haßte er den Menschen.

«Man hat Sie der Buchhaltung zugeteilt?» fragte Ballina, als er Alfonso im Überrock, den Hut und einen Stoß Briefe in der Hand aus dem Zimmer treten sah. «Sie sind schon der zweite! Dieser Sanneo jagt uns nach und nach alle noch in die Buchhaltung!»

Alfonso fand kein Wort der Entschuldigung für Sanneo. Im Gegenteil. Ballinas Bemerkung schien ihm eine gute Antwort für all diejenigen, die ihn nach dem Grund seiner Versetzung fragten.

Im neuen Zimmer fand er seinen früheren Kollegen Miceni wieder, der ihn hocherfreut begrüßte und ihm gratulierte, daß er endlich die Korrespondenz losgeworden sei. Er versicherte, das geringere Gehalt mache sich hier bezahlt, in der Buchhaltung fühle man sich weit besser, vor allem genieße man das besondere Glück, Sanneo nicht sehen zu müssen.

Marlucci bereitete ihm einen weniger herzlichen Empfang, aber nur deshalb, weil er sich ärgerte, daß sich in dem Zimmer, in dem bisher zwei Personen gearbeitet hatten, von nun an drei Personen zusammendrängen mußten. Der Raum war nämlich nicht sehr groß. Ein nicht ganz regelmäßiges Eckzimmer. Die eine Ecke, die zugleich das Hauseck bildete, war abgerundet. Mit dem Tisch für Alfonso war ursprünglich nicht gerechnet worden, auch fehlte ein eigener Gasbrenner.

Rasch, mit wenigen Worten erklärte Miceni ihm seine Arbeit. Alfonso verstand nichts oder doch nur wenig. Er sollte das Hauptbuch führen, eine Arbeit, die Miceni bisher zusätzlich zu vielen anderen Arbeiten geleistet hatte.

«Ich habe aber trotzdem nie eine Hilfskraft verlangt», sagte Miceni lachend. Fremdes Unglück versetzte ihn jedesmal in die beste Laune. «Wenn man dich herübergeschickt hat, so nur deshalb, weil Sanneo nichts mehr von dir wissen will.» Er fragte Alfonso noch, was der Grund seines Streites mit Sanneo gewesen sei, aber Alfonsos Gabe zu heucheln war nicht so groß, als daß er Märchen hätte erfinden können.

«Reden wir nicht darüber», sagte er. Das Blut schoß ihm in die Wangen. Man konnte es als Zorn deuten.

Vielleicht, so dachte Alfonso, würde er sich in seine neue Situation finden können. Er wollte sich sogar erinnern, daß er sich früher einmal die kalte Ruhe dieser Abteilung geradezu gewünscht habe. Unter der Beamtenschaft nannte man sie das Sibirien der Bank, denn nicht selten wurden Beamte aus anderen Abteilungen, wie Miceni, strafweise hierher versetzt, oder weil sie sich in der bisherigen Abteilung nicht bewährt hatten. Aber auch in der Buchhaltung konnte man vorwärtskommen, Cellani selbst war Chefbuchhalter gewesen, ehe er Prokurist der Bank wurde. In dieser Stille, in die der Lärm des übrigen Getriebes nur gedämpft herüberklang, konnte man ruhig und ungestört arbeiten. Sein Gehalt und das Geld, das er noch besaß, reichten für einige Zeit, es war also kein Anlaß, überstürzte Entschlüsse zu fassen.

Das waren seine Überlegungen. Seine innere Erregung aber hatte sich nicht gelegt. Als ihm nach einem langen, öden Tag die Arbeit mißlang, genügte dies, um ihn völlig aus der Fassung zu bringen. Man hatte ihm genau erklärt, wie die einzelnen Posten des Journals in das Hauptbuch zu übertragen waren, eine langwierige, aber leichte Abschreibarbeit. Jeden Abend hatte er die während des Tages eingetragenen Beträge zu addieren, wobei Habenseite und Sollseite die gleiche Endsumme ergeben mußten. Schon am ersten Tag klappte es nicht. Eine Zeitlang halfen ihm Miceni und Marlucci, den Fehler zu suchen, dann aber gaben sie es auf, das, wie sie sagten, Bilanzgleichgewicht zu finden, und gingen ihrer Wege. Vor dem Fortgehen erklärte Miceni, der es bedauerte, seine Zeit verloren zu haben: «Weiß der Teufel, welche neue Art von Fehlern du da erfunden hast.»

Eine Weile fuhr Alfonso noch fort, die einzelnen Posten nacheinander zu überprüfen, konnte aber den zweifellos vorhandenen Fehler nirgends entdecken. Die Arbeit hatte ihn erschöpft, und es war ihm schließlich unmöglich, die nötige Aufmerksamkeit aufzubringen, auch nur zwei Zahlen genau miteinander zu vergleichen. Da erinnerte er sich, daß er Cellani gesagt hatte, er wolle zu Maller gehen, um sich über das ihm zugefügte Unrecht zu beklagen. Er hatte auf diesen Vorsatz, seinem Unmut Luft zu machen, keineswegs verzichtet. Wenn er, so sagte er sich, nicht sofort zu Maller gegangen war, so nur deshalb, weil er seinen Prinzipal während der Arbeitsstunden nicht stören wollte. Nie aber hatte er daran gedacht, dieses Unrecht widerspruchslos hinzunehmen, dessen Folgen die unsagbaren Leiden dieses Tages waren. Statt verärgert über die nichtbewältigte Arbeit nach Hause zu gehen, zog er es vor, diesen Ärger gegen eine andere Art Erregung zu vertauschen. Der Gedanke, daß Maller zu dieser Stunde die Früchte seiner Tat genoß, trieb ihm das Blut zu Kopf. Er trat ins Zimmer mit der einzigen Absicht, seinen Zorn geltend zu machen. Als er im Zimmer stand, hatte er nur eine Befürchtung: Maller könnte die Beschwerde damit erwidern, daß er klar und unverblümt den Grund seines Hasses aussprach. Alfonso bezwang seine Aufregung. Das konnte nicht geschehen. Und sollte es geschehen, wollte er noch weniger Rücksicht nehmen als Maller. Er wollte von Annetta sprechen, als wäre Maller nicht ihr Vater. Er wollte nun seinerseits verletzen und sich dadurch rächen. Dann wollte er hocherhobenen Hauptes die Bank verlassen. Eine solche Befriedigung wäre auch mit dem Leben nicht zu teuer bezahlt. Der Verlust der Anstellung, noch dazu einer solchen Anstellung, war nichts im Vergleich damit.

Auf einer Ottomane halb ausgestreckt, las Maller die Zeitung. Sie verdeckte seine Gestalt zur Hälfte. Während er mit Alfonso sprach, hob er den Kopf, ließ ihn aber im Verlaufe des Gesprächs mehrmals hinter die Zeitung zurücksinken, entweder weil ihn diese Kopfhaltung auf die Dauer ermüdete, oder um seinen Gesichtsausdruck zu verbergen. Obwohl Alfonso seinen Besuch durch Cellani angekündigt hatte, schien Maller auf die Unterredung nicht vorbereitet zu sein. Sein Benehmen war unsicher. Er verhielt sich zuerst ernst und kalt, eben wie ein Vorgesetzter, der glaubt, mit jeder Antwort eine Gnade zu erweisen, dann wurde er unruhig, unschlüssig.

«Herr Cellani hat mir mitgeteilt, daß ich auf Ihre Anordnung von der Korrespondenz in die Buchhaltung versetzt werde», begann Alfonso stammelnd. «Ich möchte Sie bitten, mir zu sagen, ob das eine Strafe für irgendeine Nachlässigkeit ist, die ich begangen habe.»

«Nein!» antwortete Maller. «Man braucht einen Beamten in der Buchhaltung und kann in der Korrespondenz einen entbehren. Das ist alles!»

Damit zog er zum erstenmal seinen Kopf hinter die Zeitung zurück, aber wohl nur, weil er glaubte, daß die Unterhaltung beendet sei.

Mallers kühle Art beruhigte Alfonso. Maller war weit davon entfernt, jenen offenen Ton anzuschlagen, den Alfonso gefürchtet hatte. Der Fall wurde immer noch so hingestellt, als handle es sich um eine reine Büroangelegenheit. Bei kalter Überlegung erkannte Alfonso, daß es für ihn nur vorteilhaft sein konnte, wenn er durch sein Verhalten Maller nicht zwang, ihm zu kündigen, vorausgesetzt, daß er ihm trotzdem alles sagen konnte, was ihm auf dem Herzen lag. Alfonso befand sich mitten im Kampf, so unvermittelt, so bewußt und so entschlossen, ihn durchzufechten, wie noch nie.

In der Korrespondenz, so sagte er, habe er redlich gearbeitet, und er möchte nicht schuldlos eine Stellung verlieren, die er sich mit so viel Mühe errungen hatte. Er wisse, daß er in der Korrespondenz der Bank von Nutzen sein könne und daher auf ein rasches Vorwärtskommen hoffen dürfe. In der Buchhaltung hingegen würde er wieder zu einem gewöhnlichen Lehrling.

«Aber nur vorläufig», sagte Maller, der ihn, von soviel Kühnheit überrascht, neugierig betrachtete. Er begriff nicht, worauf Alfonso hinauswollte.

«Für immer!» erklärte Alfonso fest.

Diese entschlossene Erklärung gab ihm die Ruhe wieder, die Mallers Blick ihm fast genommen hätte. Seine Stimme klang nicht mehr unsicher. Er sei nicht der Mensch, fuhr er fort, der nur inmitten von Ziffern leben könne. Er müsse Worte ersinnen und Sätze formen können, denn sein Gehirn sei durch Studien verdorben worden, von denen Herr Maller immerhin etwas gehört haben dürfte. Er versuchte zu lächeln, diese letzte Bemerkung sollte scherzhaft sein.

Mallers rothäutiges Gesicht war plötzlich rot gesprenkelt; das mußte seine Art sein, zu erblassen. Auf Alfonsos Lippen gefror das Lächeln, denn auf diesem Gesicht fand sich keine Spur von guter Laune. Er begriff, daß seine Anspielung auf die Studien genügt hatte, Maller in Alarmzustand zu versetzen. Von diesen Studien konnte der Prinzipal doch nur deshalb etwas wissen, weil Alfonso sie einst mit Annetta betrieben hatte.

«Was wollen Sie also?»

Alfonsos erschrockenes Aussehen hatte Maller wieder beruhigt. Und kaum war er ruhig, als er auch schon zum Angriff überging. Mallers Frage ängstigte Alfonso: Kam sie einer Ablehnung gleich?

«Ich will gar nichts», sagte er erbost. «Ich wünsche, ich bitte, daß man mich wieder der Korrespondenz zuteilt. Ich muß die Möglichkeit haben, vorwärtszukommen.» Er sprach sehr offenherzig von seiner schwierigen finanziellen Lage.

«Schließlich kann man auch in der Buchhaltung vorwärtskommen», erklärte Maller. Er schien sehr ungeduldig.

Der feste Vorsatz, sich energisch zu verteidigen, jeden Hieb mit einem Gegenhieb zu parieren, versetzte Alfonso in große Aufregung. Er mußte ununterbrochen angestrengt nachdenken, um jederzeit bereit zu sein. So war er mehr denn je im Banne des unmittelbaren Eindrucks. Wenn ihn sonst irgend etwas überraschend traf, reagierte er zögernd, schwieg er, gab er die ursprünglich gefaßte Antwort auf. Es endete meist damit, daß er es bereute, nicht entschlossen genug gehandelt zu haben. Diesmal sollte seine Reue ganz anderer Art sein. Maller war grob, und auch er wollte es sein.

Seine Versetzung in die Buchhaltung, so wiederholte er, müsse als eine Strafe aufgefaßt werden. Die Beamten bezeichneten die Buchhaltung als das Sibirien der Bank.

«Ich verstehe nicht, warum man mir dieses Unrecht antut!»

Wenn Maller nun die Geduld verloren und in aller Offenheit die geforderte Aufklärung gegeben hätte, dann wäre die Schlacht für Alfonso verloren gewesen. Andernfalls war sie für ihn gewonnen, und nur auf diesem Wege konnte er sie gewinnen.

Maller bemerkte trocken, er habe nicht die Gewohnheit, einmal getroffene Anordnungen rückgängig zu machen. Wenn Alfonso einverstanden sei, würde es ihn freuen, wenn nicht ... Er vollendete den Satz mit einer Geste, die deutlich zum Ausdruck brachte, daß er sich zu trösten wissen werde, wenn Alfonso die Bank verließ.

«Gut!» rief Alfonso. «Dann verlasse ich eben meinen Posten.» Er fühlte sich stark bei dem Gedanken, daß er schlimmstenfalls seinen Posten verlieren konnte. Er fuhr etwas ruhiger fort, aber doch mit dem Wunsch zu treffen und zu verletzen: «Es versteht sich, daß ich nicht auf meinem Posten bleiben kann, wenn man mich ohne Grund verfolgt ... zumindest hat es diesen Anschein.»

Der letzte Satz brachte ihm Erleichterung. Er hatte sich Luft gemacht. Er blieb noch einen Augenblick unschlüssig stehen, er wollte das Zimmer nicht verlassen, ohne sich vorher vergewissert zu haben, daß er alles gesagt habe. Dann verneigte er sich und ging auf die Tür zu.

Bei Alfonsos letzter Bemerkung hatte Maller eine kaum merkliche Bewegung gemacht, die Alfonso aber nicht entgangen war. Maller hob seinen Kopf über die Zeitung hinaus.

«Überstürzen Sie nicht so schwerwiegende Entscheidungen», sagte Maller mit sanfter Simme, in einem fast bittenden Ton, der Alfonso überraschte, weil er in einem seltsamen Widerspruch zu dem Ton war, in dem die Antworten bisher erfolgt waren. «Seien Sie versichert, sowie es möglich ist, werde ich Sie wieder der Korrespondenz zuteilen.»

Es war klar! Der korpulente Mann war etwas erregt.

Von seinem unerwarteten Sieg wie geblendet, gab sich Alfonso mit dem erzielten Ergebnis nicht zufrieden.

«Muß ich trotzdem weiter in der Buchhaltung bleiben?»

Die Frage zwang sich ihm auf, der Ärger dieses Tages lag ihm noch zu sehr in den Knochen.

«Ich werde veranlassen, daß man Ihnen bei der Arbeit hilft», gab Maller sofort nach.

Alfonso verneigte sich nur kurz zum Gruß und ging hinaus, ohne zu danken.

Die Unterredung ließ ihn in einer furchtbaren Aufregung zurück. Er trat höchst unbefriedigt aus Mallers Zimmer. Er fühlte klar, daß der von ihm errungene Sieg nicht der Sieg war, den er erstrebt hatte. Es war ihm nicht gelungen, sich vom Anschein der Verächtlichkeit zu befreien, der ihm in den Augen seiner Vorgesetzten in der Bank anhaftete. Er behielt seine Anstellung – das war alles! Der ehrliche Cellani würde ihn weiterhin kalt und mit Verachtung behandeln! Oh, hätte er doch frei sprechen können, erzählen, welche große Rolle in seinem Abenteuer Annettas Koketterie gespielt hatte, wie sehr er an allem, was geschehen, durch sein Gefühl beteiligt war! Vielleicht war dieses Gefühl nicht sehr edel gewesen, nicht sehr rein, aber doch unwiderstehlich. Wenn sie das alles wüßten, würden diese Leute ihn nicht mehr für irgendein Individuum halten, das sich ins Haus Maller eingeschlichen hatte, um durch nicht sehr redliche Künste eine Mitgift zu ergattern.

Als er sich in Gedanken die Einzelheiten der Unterredung wieder vergegenwärtigte, suchte er vergebens nach einem Wort, das er gern in Erinnerung behalten hätte. Jedes Wort, das Maller ausgesprochen, drückte, soweit es nicht Angst verriet, Abneigung und Reserviertheit aus. Der Fehler lag bei ihm, Alfonso. Denn alles, was er gesagt hatte, war nur darauf gerichtet gewesen, seine Stellung zu halten und zu verbessern, nicht aber, sich die Zuneigung Mallers zu erwerben. Im Gegenteil. Wenn er die Schlacht gewonnen hatte, so nur – und das brachte ihn an den Rand der Verzweiflung – durch seine Anspielung auf die verborgenen Gründe, deretwegen man ihn in der Bank schlecht behandelte. Hatte er eine Drohung ausgesprochen, die Maller in Schrecken versetzte?

Wie, hielt man ihn denn für einen Erpresser? Darum also fürchtete man ihn! Die Last dieser Beschuldigung wollte er nicht länger mit sich tragen! Wenn er jetzt nicht handelte, würde sich keine Stimme zu seiner Verteidigung erheben! Maller kannte ihn nicht genug, um einen solchen Verdacht auszuschließen, und was Annetta betraf, so mußte der Haß ihre Erinnerung an ihn völlig entstellt haben, so daß sie ihn nun für einen gewöhnlichen Abenteurer ansah.

Am nächsten Morgen wollte er Maller um eine neue Unterredung bitten und seinen Posten aufkündigen, indem er freimütig die Gründe darlegte, die ihn zu diesem Schritt zwangen. Nicht einen Tag lang wollte er etwas behalten, das man ihm nur aus Angst vor seiner Rache ließ. ‹Sie hassen mich›, wollte er Maller sagen. ‹Sie sind doch hier der Herr, warum also lassen Sie mich dann weiter bei sich arbeiten? Sie beleidigen mich, wenn Sie mir nicht kündigen!›

Dieser Vorsatz hätte ihn beruhigen sollen. Er ging nach Hause, um sich schlafen zu legen. Er warf sich halb angekleidet aufs Bett, denn seine Phantasie arbeitete unentwegt weiter. Es war beschlossene Sache! Er war ohne Posten. Was sollte er nun im Leben beginnen? Mit seinen Studien konnte er sich, selbst wenn sie vollkommener gewesen wären, als sie waren, seinen Unterhalt nicht verdienen. Und einen anderen Posten finden, war überaus schwer. Was für Beziehungen hatte er denn in der Stadt angeknüpft, die ihm nun nützlich sein konnten? Er hatte keine anderen Bekanntschaften geschlossen als im Hause Maller. Und mit der wichtigsten von ihnen konnte er nicht rechnen. Er sah sich schon von allen verlassen, arm, vielleicht sogar dem Hunger preisgegeben. Er kannte sich. Dem Hunger war er nicht gewachsen. So würde er schließlich doch seine Hand bettelnd wieder den Mallers entgegenstrecken und sie um ein Almosen bitten. Vielleicht würde er sie sogar bedrohen, damit sie ihm halfen. Während seines langen Selbstgespräches waren ihm wiederholt die Tränen in die Augen getreten. Solange es ging, mußte er also trachten, seine Stellung im Hause Maller zu bewahren.

Da schien es ihm, als habe er plötzlich den Weg gefunden, wie er die nötigen Aufklärungen geben könnte, ohne seine Anstellung zu verlieren. Er konnte diese Aufklärungen Annetta selbst geben! Zwar hatte er sie als eitel und egoistisch kennengelernt, aber herzlos war sie nicht. Sie hatte ihm ja schon mehrmals verziehen, aus reinem Mitleid. Es war ein süßes Mitleid gewesen. Es hatte sie sogar ihren Vorsatz vergessen lassen, sich in keine kompromittierenden Situationen einzulassen. Ja, an sie wollte er sich wenden. Schließlich verlangte er nichts anderes, als in Frieden gelassen zu werden. Und er verlangte dies von Leuten, die noch weit mehr als er selbst Interesse daran haben mußten, daß über die ganze Sache geschwiegen werde. Gewiß, Annetta würde seine Bitte erfüllen.

Zuerst dachte er daran, eine günstige Gelegenheit abzuwarten, um mit Annetta zu sprechen. Gegebenenfalls wollte er sich ihr auf der Straße nähern. Dann aber meinte er, in seinem jetzigen Zustand nicht länger leben zu können. Er wollte sich sofort Beruhigung verschaffen. Schon am nächsten Tag wollte er Annetta schreiben und sie bitten, ihm eine Unterredung zu gewähren.

Er tat es sofort. Er glaubte, seine Ruhe gleich wiederzugewinnen, wenn er zur Tat schritt. Er sprang aus dem Bett und zündete die Lampe an. Schon seit langer Zeit hatte er nicht mehr an diesem Tisch geschrieben. Die eingerostete Feder leistete Widerstand, die Tinte wollte nicht fließen, und er mußte sie verdünnen.

Er begann mit der Anrede «Sehr verehrtes Fräulein!» Diese Anrede schien ihm würdevoll und bescheiden zugleich zu sein. In knappen Worten bat er sie um die Unterredung. Er habe ihr etwas mitzuteilen, das für ihn und, wie er glaube, auch für sie von außerordentlicher Wichtigkeit sei. Wenn sie ihm die Unterredung gewähren wollte, woran er nicht zweifelte, dann bitte er sie, sich am gleichen Tag zwischen acht und neun Uhr abends auf der ersten Mole, die der Via dei Forni zunächst lag, einzufinden. Er fügte einen Satz von offenherziger Bitterkeit hinzu: «Ich weiß nicht mehr, Annetta, wie ich mich Ihnen gegenüber verhalten soll, denn jetzt hassen Sie mich vielleicht.» Anschließend ging er zu einem ebenso offenherzigen ironischen Ton über: «Ich zeichne mit Vor- und Zunamen, denn nach meinem bloßen Vornamen würden Sie möglicherweise nicht mehr wissen, wer ich bin.»

Er konnte keinen Schlaf finden, aber das Gefühl der Erniedrigung, das ihm zuvor Tränen in die Augen getrieben hatte, war vorbei. Seine Erregung war nun ganz anderer Art. Es fiel ihm nicht schwer, zu erkennen, daß sie durch die zwei offenherzigen Sätze verursacht wurde, die er, gleichsam als zürnender Liebhaber, an Annetta gerichtet hatte. Wie besänftigte ihn doch der Gedanke, daß er sie am nächsten Tag wiedersehen würde! So vergaß er wieder einmal die feindlichen Mienen, die ihn umgaben und sich vor Annettas Antlitz schoben, vor dieses Antlitz, das für ihn in Liebe errötet und erblaßt war. Für ihn, für ihn allein, und nicht für Macario. Macario selbst hatte es ihm bestätigt, als er bestritt, daß jemals ein Schatten der Leidenschaft über dieses Antlitz gleiten könnte.

Nun lag ihm nichts mehr an dem Zweck, der ihn um diese Unterredung hatte bitten lassen. Sein hauptsächlichster Wunsch war es, sich in ihren Augen zu rehabilitieren, sie fühlen zu lassen, daß er nicht der Abenteurer war, für den sie ihn hielt. Ihre Heiratspläne mit Macario mußten ja deswegen nicht in die Brüche gehen, doch sollte im Herzen der Frau, die er geliebt hatte, ein Gefühl zärtlicher Dankbarkeit und Freundschaft für ihn zurückbleiben, das würde ihm genügen.

Er dachte sich auch die Worte aus, die er ihr sagen würde. Er wollte sie keinesfalls dafür um Verzeihung bitten, daß er sie verführt hatte. Das wäre nicht sehr geschickt gewesen. Die Leidenschaft hatte ihn hingerissen, und er konnte eine Tat, die ihm das größte Glück seines Lebens verschafft hatte, nicht bereuen. Außerdem wußte er von seiner Lektüre: Die Frauen verzeihen alle Huldigungen, die man ihrer Schönheit darbringt, in welcher Form diese Huldigungen auch erfolgen mögen, selbst in der Form von Verbrechen. Er dachte nicht daran, viele Worte zu verlieren, um sie, was ihn betraf, zu beruhigen. Sein ganzes Verhalten sollte ihr klarmachen, daß er sich lieber erschlagen lassen würde, als auch nur ein Wort von dem Geheimnis zu verraten, das sie beide miteinander verband. Es war nicht nötig, daß er sich so weit erniedrigte, es ihr ausdrücklich zu sagen. Er wollte aber auch keine Liebesworte an sie richten, wie glücklich er sich auch gefühlt hätte, ihr sagen zu können, daß er sie liebte. In seinem Elend konnte er diese Liebe jetzt nicht mehr verachten. Der bloße Gedanke an sie hatte ihm doch Trost in seiner Erniedrigung gebracht! Aber es wäre gefährlich gewesen, Annetta davon etwas merken zu lassen, denn einem Verliebten kann man nicht trauen, so ehrlich und gutartig er sich auch zeigen mag. Alle seine Sorge mußte darauf gerichtet sein, sein neu für sie erwachtes Gefühl vor ihr zu verbergen. Er mußte vielmehr als ein Liebender erscheinen, der es nicht besonders übelnimmt, daß man ihn verlassen hat, als einer, dessen Liebe sich in zärtliche, brüderliche Freundschaft verwandelt hat. Und freundschaftlich wollte er sie fragen, ob sie nun glücklich sei. Er wollte sogar, falls sie erklärte, was sehr wahrscheinlich war, daß sie Macario liebte, eine innige Freude zur Schau stellen. Es konnte aber auch sein, daß sie ihm gestand, sich nicht glücklich zu fühlen, daß sie sich ihm rückhaltlos anvertraute. In diesem Fall hätte es keine Schwierigkeiten gegeben und keines langen Nachdenkens bedurft, wie er sich zu verhalten habe.

Santo war mit Freuden bereit, den Brief an seinen Bestimmungsort zu bringen.

Zum erstenmal verstand es Alfonso, Nutzen aus den Beobachtungen zu ziehen, die er über einen Charakter angestellt hatte. Er tat sehr wichtig und fragte Santo höchst geheimnisvoll, ob das Fräulein Annetta ihm gesagt habe, daß sie diesen Brief erwarte. Er fügte bedeutsam hinzu, daß es sich darum handle, einem Mitglied der Familie Maller eine Überraschung zu bereiten.

Santo steckte den Brief in die Tasche und war glücklich, in ein Geheimnis eingeweiht zu werden, das das gnädige Fräulein betraf. Er versprach, sich vorsichtig zu benehmen, und war geradezu beleidigt, als Alfonso ihm mehrmals nahelegte, das Geheimnis zu wahren. Santo wollte sogar ein Übriges tun: Er beklagte sich darüber, daß Alfonso sich im Hause Maller so selten blicken lasse. Sei er vielleicht von jemandem beleidigt worden? Es sah fast so aus, als sei er entschlossen, Alfonso zu rächen, falls dies der Fall war.

Alfonso antwortete unverfroren: «Aber ich war ja doch Ende vorigen Monats dort!»

Santo, der davon nichts wußte, sah ihn überrascht an: «Ach so! Trotzdem kommen Sie nicht mehr so häufig, wie Sie früher gekommen sind.»

Der Brief war befördert. Zu Mittag beobachtete Alfonso zu seiner Freude, wie Santo die Bank verließ. Seine Freude steigerte sich mit jeder Minute, die ihn der Stunde seiner Unterredung mit Annetta entgegenbrachte. Seine einzige Befürchtung war, Maller könnte irgend etwas unternehmen, bevor diese Unterredung stattfand. Nein! Er wollte keine bessere Stellung in der Bank annehmen, wenn er sie der Angst vor ihm verdankte. Auch wenn er nun seine lächerlichen Phantasien vom Abend vorher selbst nicht mehr ernst nahm, so war er doch sicher, daß die bevorstehende Unterredung alle Mißverständnisse beseitigen würde. Zumindest mußte es ihm doch gelingen, Annetta zu überzeugen, daß die Tatsache, daß sie sich einst geliebt hatten und jetzt nicht mehr liebten, noch kein Grund war, sich gegenseitig zu hassen.

Er war nicht imstande, auch nur eine einzige Ziffer in sein Buch einzutragen, und schon gar nicht, dem Fehler nachzuforschen, der ihm am Tag vorher soviel zu schaffen gemacht hatte. Am Abend wurde seine Ungeduld so groß, daß er es in seinem Zimmer nicht mehr aushielt. Er ging in der Bank auf die Suche nach irgendeinem Menschen, mit dem er sprechen konnte, um die Stunde hinzubringen, die er noch zu warten hatte.

Er ging zu Ballina und fragte ihn, was es Neues in der Korrespondenz gebe. Er hatte das Gefühl, schon jahrelang nicht mehr hier gewesen zu sein. Ballina nahm wie gewöhnlich sein Abendessen in der Bank ein. Er war gerade dabei, sich ein paar Eier über einer Spiritusflamme zu kochen. Er verzehrte sie mit einem Butterbrot und goß ihnen ein Glas Wein nach. Dabei erklärte er Alfonso, wie billig ihn dieses leckere Mahl zu stehen komme, ungefähr 70 Centimes.

Alfonso mußte ihn beneiden. Obwohl in den ungünstigsten Verhältnissen lebend, war Ballina mit Erfolg bemüht, seine Gesundheit und seine Kräfte zu erhalten. Nach dem Abendessen machte er seinen kleinen Spaziergang, um die Verdauung zu erleichtern, dann legte er sich schlafen. Er schlief, wie er versicherte, so fest wie ein Säugling, müde, nachdem er eine Unzahl von Namen abgeschrieben hatte. Nur manchmal beunruhigte ihn ein kompliziert klingender Name, ein ungarischer oder slawischer, in den Schlaf hinein.

Als Ballina nach Hause ging, suchte Alfonso, um die letzte halbe Stunde irgendwie zu verbringen, Starringer in der Expedition auf. Hier war um diese Zeit die Arbeit in vollem Gange. Er traf den alten Antonio, der nun auch damit beauftragt war, die Briefe auf die Post zu tragen. Der arme Alte verfluchte die Direktoren, weil sie die Briefe so spät unterzeichnet hatten. Es war das alte Lied, das man stets in der Expedition hören konnte. Auch Starringer stimmte es an, und Alfonso tat, als höre er ihm zu, aber in seiner fieberhaften Ungeduld gelang es ihm nicht, auch nur ein einziges Wort zu verstehen.

Er verließ die Bank immer noch nicht. Er säuberte sich sorgfältig die Hosen und die Schuhe mit den Bürsten Micenis; auch das war eine Beschäftigung, die Zeit zu verbringen.

Als er aus der Bank trat, fehlte etwas mehr als eine Viertelstunde auf acht Uhr. Er begann zu laufen, fürchtete, zu spät zum Stelldichein zu kommen. Was sollte er in einem solchen Fall tun? Es wäre möglicherweise eine nicht wiedergutzumachende Verspätung gewesen.

Noch lag Scirocco in der Luft, aber während des ganzen Tages war kein einziger Regentropfen gefallen. Bis zum Abend war die Stadt in einen leichten Nebel gehüllt gewesen, der sich nun auflöste. Der Himmel war klar, mit Sternen besät, mondlos. Eine dünne, aber geschlossene Kotschicht bedeckte das Pflaster.

Als es zehn Minuten nach acht war, schöpfte Alfonso zum erstenmal den Verdacht, Annetta könnte nicht kommen. Das war durchaus wahrscheinlich. Bis zu diesem Augenblick hatte er, ohne es sich selbst einzugestehen, so gehandelt, als wäre er sicher, daß sie ihn noch liebte. Andernfalls hätte er ja gar nicht hoffen können, daß eine Frau, die mit einem andern Mann verlobt war, sich zu einem solchen Schritt bestimmen ließ. Er erkannte, daß er seinen Brief schlecht verfaßt hatte. Er hätte sich darauf beschränken müssen, Annetta seinen Wunsch, sie zu sprechen, mitzuteilen und dann abzuwarten, daß sie ihm das Wann und Wo bekannt gab. Aber es bestand keine Möglichkeit mehr, den Fehler gutzumachen. Er wollte noch bis neun Uhr warten und lehnte sich an einen Straßenpfeiler, geduldig und in sein Schicksal ergeben.

Er bemerkte zum zweitenmal, daß ein junger Mann an ihm vorüberging und ihn neugierig musterte. Er hatte dieses längliche Gesicht mit dem blonden Schnurrbart und dem stechenden Blick schon einmal irgendwo gesehen. Auch diese magere, langgestreckte Gestalt. Er blickte ihm nach. Es war Federico Maller. Er erkannte ihn an seinen engen Hosen. War es ein Zufall, oder hatte Annetta ihrem Bruder eine Botschaft für ihn aufgetragen? Maller war ihm nie sympathisch gewesen, und es war ihm unangenehm, mit ihm verhandeln zu müssen. Aber da er schon aus Liebe zu seiner Schwester einen Auftrag übernommen hatte, mußte man ihm doch seine Aufgabe erleichtern.

Als Alfonso hörte, wie Maller sich ihm wieder näherte, kehrte er sich ihm zu, um ihn zu grüßen, und erhielt im gleichen Augenblick einen Stoß, der ihn fast zu Boden warf.

«Man bittet um Entschuldigung, Flegel!» schrie ihm der junge Maller ins Ohr und hob die Hand, die Alfonso in der Dunkelheit bewaffnet schien.

Wollte man ihn umbringen? Er stürzte sich auf die schmächtige Gestalt, hielt die Hand, die sich drohend gegen ihn erhoben hatte, fest und packte Maller beim Hals. Um sich diesem Zugriff zu entwinden, zog sich Maller gegen das Meer zurück. Alfonso keuchte vor Anstrengung, er wendete viel mehr Kraft auf, als nötig gewesen wäre.

«Ich werfe Sie ins Meer!» sagte er drohend und versetzte Maller einen Stoß, der allerdings nicht kräftig genug war.

«Höfliche Sitten in dieser Stadt», meinte Maller verächtlich und fuhr mit der Hand zum Hals, um sich den Kragen zu richten.

«Ich glaubte, Sie wollten mich ausrauben», erwiderte Alfonso wütend.

Er nahm Mallers Visitenkarte entgegen und übergab ihm die seine. Seine Sekundanten, so erklärte er, würden sich am nächsten Tag bei Maller einfinden. Er war selbst überrascht, daß er sich sogleich so korrekt benahm.

Das also war das Stelldichein, das Annetta ihm gewährt hatte. Sie hatte Entschlüsse und Mittel rasch bei der Hand. Sie sandte ihren Bruder mit dem Auftrag aus, ihn zu töten. Auch Annetta haßte ihn. Das tat ihm weh. Sie verabscheute ihn, weil sie sich vor ihm nicht sicher fühlte. Sie hielt es für notwendig, ihn aus dem Weg zu räumen, um sich nicht länger vor ihm fürchten zu müssen. Sie kannte ihn nicht. In all der Zeit, da er sie geliebt, hatte sie immer noch nicht erfaßt, welch ein offener und aufrichtiger Charakter er war. Das war das Schmerzliche, nicht, daß Federico ihn aller Voraussicht nach töten würde.

Während er nach Hause ging, beschleunigte er immer mehr seinen Schritt. Auf dem Corso blieb er einen Augenblick stehen, es war ihm, als ginge Macario vorüber. Er war es nicht. Alfonso aber erwog den Gedanken, ob er sich nicht dadurch Befriedigung verschaffen und rächen könnte, daß er zu Macario ging und ihm sein ganzes Liebesverhältnis mit Annetta erzählte. Nein! Für ihn konnte es nur eine Befriedigung geben, die, Annetta zu überzeugen, daß sie sich in seiner Person täuschte. Er wollte ihr einen Brief schreiben, den Brief eines Todgeweihten.

Er saß mit der Feder in der Hand an seinem Tisch, aber es gelang ihm nicht, auch nur ein einziges Wort zu schreiben. Noch nie in seinem Leben, dem Leben eines Träumers, hatte der Traum ihn so in seiner Macht wie jetzt. Er legte die Feder hin und nahm den Kopf zwischen die Hände. Er wollte nachdenken, aber er mußte unentwegt träumen. Annetta wünschte ihn tot. Er träumte davon, daß ihr Wunsch sich erfüllte und sie um ihn trauerte. Er träumte davon, daß ihre Liebe zu ihm eines Tages, unversehens, in ihrem Herzen wiedererwache, daß sie an sein Grab gehe, um Blumen darauf zu legen und Tränen darüber zu vergießen. Ach, welch schöne Ruhe herrschte auf dem Friedhof, den er sich grün vorstellte und von der warmen Sonne beschienen.

Als er die Augen wieder öffnete, war er überrascht, daß er immer noch vor diesem Blatt Papier saß.

Er mußte sich mit Federico Maller schlagen. Ein ungleicher Kampf, in dem sein Gegner alle Vorteile für sich hatte: den Haß und die Geschicklichkeit. Was sollte er noch erhoffen? Es gab für ihn nur einen einzigen Weg, sich diesem Kampf zu entziehen, in dem er eine schmähliche und lächerliche Rolle spielen mußte: den Selbstmord. Sein Selbstmord gewann ihm vielleicht sogar Annettas Zuneigung wieder. Noch nie hatte er sie so geliebt wie in diesem Augenblick. Uneigennützig und frei von Sinnlichkeit. Je mehr sie sich von ihm entfernt hatte, desto mehr hatte er sie geliebt. Jetzt, wo er endgültig alle Hoffnung verlor, ihr je wieder ein Lächeln für sich abzugewinnen, ein zärtliches Wort, erschien das Leben ihm grau und nichtig. Wenn er verschwand, dann würde Annetta beim Gedanken an ihn nicht mehr einen angstvollen Abscheu empfinden. Das war alles, was er erhoffen konnte. Er wollte nicht weiterleben mit dem Anschein eines verächtlichen Feindes, mit dem Verdacht behaftet, ihr schaden, ihr einen teuren Preis für die Gunst, die sie ihm gewährt hatte, abpressen zu wollen.

Der Gedanke an den Selbstmord war für ihn bisher stets durch das Urteil anderer bestimmt worden. Jetzt fand er sich mit ihm nicht nur ab, sondern er entschloß sich zu ihm freudigen Herzens. Das war die Befreiung! Er hielt sich selbst entgegen, daß er bisher darüber ganz anders gedacht hatte; er zwang sich zur Ruhe, um feststellen zu können, ob das freudige Gefühl, das ihn zum Tode hinzog, nicht vielleicht das Ergebnis eines Fiebers sein könnte, das ihn beherrschte. Nein! Seine Überlegung war ruhig! Er ging in Gedanken all die Argumente durch, die je gegen den Selbstmord vorgebracht wurden, angefangen von den moralischen der Kanzelprediger bis zu jenen der modernsten Philosophen. Er konnte nur lächeln! Das waren keine Argumente, sondern Wünsche, Ausdruck des Willens zum Leben.

Er aber war unfähig zum Leben. Irgend etwas, das er immer wieder und vergeblich zu verstehen versucht hatte, ließ ihm das Leben schmerzlich werden, machte es ihm unerträglich. Er konnte weder lieben noch genießen; selbst in den glücklichsten Umständen hatte er mehr gelitten als andere in schmerzlichen. Er verließ das Leben ohne Bedauern. Das war der Weg, sich über allen Verdacht und allen Haß zu erheben. Das war der Verzicht, von dem er geträumt hatte. Man mußte diesen Organismus zerstören, der keine Rast kannte. Solange dieser Organismus lebte, würde er ihn immer wieder in den Kampf hineinziehen, denn dazu war er geschaffen. Er würde Annetta nicht schreiben. Er würde ihr sogar die Belästigung und die Gefahr ersparen, die für sie ein solcher Brief bedeuten könnte.

N., 23. November 18..

Herrn Luigi Mascotti.

In Beantwortung Ihres geschätzten Schreibens vom 21. d. M. teilen wir Ihnen mit, daß uns die Ursachen, die unseren Angestellten, Herrn Alfonso Nitti, zum Selbstmord veranlaßt haben, vollkommen unbekannt sind. Er wurde am 16. d. M. um vier Uhr früh von Herrn Gustavo Lanucci, der um diese Stunde nach Hause kam und sofort Verdacht schöpfte, als er in der ganzen Wohnung einen intensiven Kohlegeruch wahrnahm, tot in seinem Bett aufgefunden. Herr Nitti hinterließ einen Brief, der an Frau Lanucci gerichtet ist und in dem er sie zu seiner Erbin bestimmt. Wir bitten Sie daher, sich mit Ihrer Anfrage, welche Geldsumme bei Herrn Nitti vorgefunden wurde, an die genannte Frau zu wenden.

Das Begräbnis fand am 18. d. M. statt, im Beisein der Kollegen und der Direktion.

Mit vorzüglicher Hochachtung
Maller & Co.

Anhang

Anmerkungen und Erläuterungen

1 Beamte bzw. Privatbeamte hier im Sinne von Angestellten, die Arbeitsleistungen kaufmännischer Art oder im Bureaudienst erbrachten. Eine Privatbeamtenversicherung für kaufmännische, technische und wissenschaftliche Angestellte in privaten Betrieben wurde zuerst in Österreich durch Gesetz von 1906 durchgeführt.

2 *Magnago:* Kleine Stadt im Friaul, nördlich von Udine, berühmt wegen ihrer Messerindustrie.

3 *San Giusto:* Um den San Giusto-Hügel herum, auf dem sich die dem Schutzpatron der Stadt geweihte San Giusto-Kathedrale und das gleichnamige Kastell erheben, entstand bereits in römischer Zeit die Stadt Triest und blieb bis zur ersten Hälfte des 18. Jahrhunderts im wesentlichen auf dieses Gebiet beschränkt.

4 *«Märchenheld»:* «Alfonso *hielt sich* für einen Mann von Geist»; er hatte «viel nachgedacht»; er «glaubte»; «er kam sich vor wie ein Märchenprinz»: Die irrige Ansicht des Protagonisten steht im Widerspruch zur Meinung des Erzählers. Alfonsos Anmaßung wird nicht durch direktes Eingreifen korrigiert, sondern durch den ironischen und mitleidlosen Ton der Erzählstimme. Die Ironie in der Beurteilung taucht auch in anderen Passagen auf: z. B. auf S. 117: «Wenn er so eine Stunde mit den deutschen Idealisten verbracht hatte, schien es ihm, als grüßten ihn die Dinge.»

5 *Edoardo Ferravilla* (1846–1916) war der größte Komiker des Mailänder Theaters; mit seiner Truppe reiste er zwanzig Jahre

durch ganz Italien, von einem Erfolg zum anderen. Seine Kunst, jede seiner Figuren durch Mimik, Gestik und Stimme zu charakterisieren, ließ sich nicht imitieren. Selten hat ein Schauspieler eine so große Wandlungsfähigkeit bewiesen wie Ferravilla.

6 *Franco Sacchetti* (1332–1400), Autor der ‹*Dreihundert Novellen*›, ist ein Nachahmer Boccaccios. Seine gewandten, schemahaften Novellen haben als Protagonisten das «mittlere» Bürgertum und zum Lieblingsthema die Posse oder den Zank, die auch die bissigen Devisen liefern.

7 *Puoti:* Basilio Puoti, Lehrer von Francesco De Sanctis, vertritt in der ersten Hälfte des 19. Jahrhunderts die Schule des Purismus, die eine Rückkehr zur italienischen Schriftsprache des Trecento vorschlägt, zu einer Sprache, die noch frei von ausländischen Einflüssen ist.

«Zwischen dem 14. und dem 16. Jahrhundert begannen die gebildeten Schichten sich immer öfter in öffentlichen Schriftstücken einer gesamtitalienischen Sprache zu bedienen, nämlich des Florentinischen, in den von Dante, Petrarca und Boccaccio festgelegten Formen, das später, im Kanzlei- und im humanistischen Milieu, um lexikalische und syntaktische Strukturen lateinischer Herkunft angereichert wurde. [...] Jahrhundertelang hat das Italienische, als einzige unter den modernen europäischen Nationalsprachen, fast ausschließlich als Gelehrtensprache existiert». (T. de Mauro, ‹*Storia linguistica dell'Italia unita*›, Bari 1965, S. 24 ff).

Erst nach der nationalen Einigung (1861) erhebt sich in Italien das Problem einer gemeinsamen gesprochenen Sprache. Zum Problem der Sprache bei Svevo siehe auch die folgende Anmerkung.

8 Niccolò Tommaseo ist der Verfasser von einem ‹*Wörterbuch der Synonyme*› (1830) und einem ‹*Wörterbuch der italienischen Sprache*› (1856).

Alfonsos Probleme mit der Sprache spiegeln einen beständigen Kummer Svevos wider.

«Svevo wird nie irgendeine Sprache geläufig sprechen» (behauptet A. L. de Castris in I. S., Pisa 1959, S. 288 f); «seine geistige Bildung wird sich immer in einer Sprache ausdrücken, die als Resultat der verschiedenen Elemente seines Werdegangs ein eigenes Gemisch darstellt.»

Vergeblich träumt Svevo, der nur das familiäre Triestinisch und sein Schülerdeutsch beherrscht, von einem Aufenthalt in Florenz, um seine sprachliche Bildung zu vervollkommnen. Sein Traum wird zu dem Alfonsos: ein «göttlicher Autor» der «reinen Sprache» zu werden.

Svevos Sorgen sind nicht unbegründet. Nach der Veröffentlichung von ‹*Zeno Cosini*› 1923 zielen die giftigsten Pfeile der italienischen Kritik auf die sprachliche «Unbeholfenheit» des Triestiner Schriftstellers ab. Zuerst ist Svevo darüber bestürzt und gibt (in einem Brief von 1925) zu, daß seine «Studien dürftig und ungeordnet» waren; später aber reift in ihm die Gewißheit, «daß die Sprache, die ich verwende, die meine ist, und um authentisch zu sein, konnte sie gar nicht anders sein» (Brief von 1927).

9 *Monte Re:* Der richtige Name dieses 1300 m hohen Karstberges, der sich etwa fünfzig Kilometer nördlich von Triest erhebt, lautet Monte Nanos. Die von Svevo gebrauchte Bezeichnung war die ehemals in Triest übliche. Der Name bezieht sich auf eine Legende, der zufolge ein Barbarenkönig (der Volksmeinung nach Attila, wahrscheinlicher jedoch der Langobardenkönig Alboin), hingerissen von dem Anblick, der sich ihm vom Gipfel des Berges aus bot – der Golf von Triest und Istrien – beschloß, hinabzusteigen, um all das zu erobern. Tatsächlich waren, nachdem die Hunnen und die Goten zwar die Küste und das friaulische Hinterland heimgesucht, Triest aber verschont hatten, Alboin und seine Langobarden in die Stadt eingefallen und hatten sie geplündert und zerstört.

10 *Briefe Petrarcas:* Äußerst elegante lateinische Briefe nach dem Vorbild Ciceros, verfaßt zwischen 1325 und 1374. Sie heben in besonderer Weise die uneigennützige und in der Stille erworbene Bildung gegenüber dem zerstreuenden und korrupten Leben an den Höfen und in den Städten hervor.

Man beachte, wie in ‹*Ein Leben*› das Lateinische für einen

Mann wie Alfonso Nitti, der «noch keinen italienischen Klassiker» vollständig kannte (S. 116), immer ein Indiz für echte Bildung ist.

11 Ende von Kapitel VIII: Schopenhauers Präsenz ist unübersehbar. Die Bevorzugung dieses Philosophen, behauptet Barilli, hätte «die Kritiker davon abhalten sollen, bei unserem Autor eine naturalistische Phase anzunehmen». Von Schopenhauer bezieht Svevo: «Die Zweideutigkeit unseres Verhaltens, das immer dazu neigt, plausible Vorwände für Willensäußerungen zu finden, die aus einem flüchtigen Antrieb entstanden sind ..., und die daraus folgende Spannung zwischen den beiden Ebenen unseres psychischen Lebens: der mit offenen Augen, der Logik und des gesunden Menschenverstands und der anderen, nächtlich verborgenen ...» (R. Barilli, ‹*La linea Svevo – Pirandello*›, Milano 1962, S. 21 ff)

Man beachte jedoch, daß die Diagnose seiner «Untauglichkeit» zur Beute nicht von Alfonso stammt, sondern ein Urteil – oder eine Prophezeiung Macarios über ihn darstellt. Das Bürgertum (Macario) hat eine Theorie bei der Hand, die über die Naturgesetze die gesellschaftliche Starrheit als Garant der bürgerlichen Ordnung breitet. Alfonso bleibt die Gratifikation der «poetischen Flüge»: Das *Anderssein* (die «Untauglichkeit») des Intellektuellen ist erwünscht und legitim, solange es diese Ordnung nicht erschüttert, sondern stützt.

12 Die von den beiden Protagonisten «unabhängig» voneinander entworfenen und dann miteinander konfrontierten Romane gibt es tatsächlich, und es sind zwei schlechte Romane. Alfonsos Roman ist eine Nachahmung von ‹*Le roman d'un jeune pauvre*› von Octave Feuillet, erschienen 1858 (Die Geschichte eines geglückten und «adligen» gesellschaftlichen Aufstiegs mittels einer guten Heirat). Und Annettas Roman ist nichts anderes als ‹*Le maître de forges*› («Der Hüttenbesitzer») von Georges Ohnet, erschienen 1882 (sowohl die Handlung als auch der Name der aristokratischen Heldin, Klara, stimmen genau überein). Alfonso und Annetta übertragen das, was sie nicht sind – aber sein möchten – auf die Vorbilder billiger Unterhaltungslektüre, die

das Publikum Ende des vorigen Jahrhunderts in ganz Europa genau kennt. Svevo unterstreicht damit, daß seine Protagonisten zwar kulturellen Ehrgeiz besitzen, aber weder Begabung noch kritisches Bewußtsein. Alfonso ist daher *kein* Intellektueller, obwohl er sich selbst vorspiegelt, einer zu sein: Er ist zwar imstande, die Mängel des «Erfolgsromans», der Annetta vorschwebt, aufzuzeigen, aber er kann keine Alternative vorschlagen, und er ist auch selbst nicht immun gegen die Schwächen, die er bei den anderen beklagt. Später dann wird er, wenn er Annetta seine Liebeserklärung macht, «Erinnerungen an gelesene Romane mit Sätzen, die er schon lange in seinem Hirn ausgebrütet hatte», miteinander vermengen (S. 241).

Kurz, Alfonso und Annetta sind nicht fähig, etwas *zu erfinden*; es fehlt ihnen an Bildung und an Phantasie.

1885 hatte Svevo im «L'Indipendente» von Triest einen langen zweiteiligen Artikel veröffentlicht, in dem er sich sehr polemisch über die Romane von Ohnet äußerte, ganz besonders über ‹*Le maître de forges*›; er bedauert darin, daß das Publikum keinen guten Roman von diesem kitschigen Machwerk unterscheiden könne, und machte sich über die Literatur lustig, die mit vorsätzlicher Falschheit den Mythos eines idyllischen Zusammenlebens der verschiedenen Gesellschaftsklassen aufrechterhalte.

G. C. und S. L.

Entstehung und Rezeption

1. Lernen und Schreiben

Zur ‹Vorgeschichte› des ersten Romans von Svevo besitzen wir nur wenige Dokumente. Das ‹*Tagebuch*› des Bruders Elio Schmitz bezeugt Ettores jugendliche Begeisterung für die Meister des französischen naturalistischen Romans. Aber diesen Vorbildern kommt keineswegs eine isolierte oder bevorzugte Stellung zu, sondern sie werden durch eine Anzahl anderer ‹Meister› ergänzt. Svevos Lektüre – wie auch sein Schreiben – wird von einem lebhaften und völlig unsystematischen Bedürfnis geleitet. Die literarische Produktion, die gleichzeitig mit ‹*Una vita*› entsteht, und sein eigenes ‹*Tagebuch*› führen – wenngleich lückenhaft – vor, in welcher Einsamkeit und inneren Unsicherheit Svevo arbeitete und eine ganz persönliche, von keiner der gültigen Regeln eingeschränkte Suche nach einer neuen Konzeption der psychologischen ‹Wahrheit› wagte.

Aus dem ‹*Tagebuch*› von Elio Schmitz, 1880:
«Ettore – mein zweiter Bruder – ist jetzt 18 Jahre alt. Er ist ein bißchen ein Dichter. Und er scheint viel Talent zu haben. Er schreibt Verse.»

Im selben Jahr heißt es: «Er hatte schon alle französischen Romane gelesen, die er auftreiben konnte. Ja, er war es, der mich in diese schöne Kunst einführte, indem er mir bei seiner Abreise ‹*Die drei Musketiere*› in die Hand drückte. Schiller und Goethe waren seine besten Freunde während der Internatszeit. [...]

Er macht einen apathischen Eindruck, denn der größte Teil seines Lebens spielt sich in seinem Geist und in seinem Innern ab. Ganz allmählich kam ihm der Gedanke, Schriftsteller zu werden. [...] Er studierte sämtliche deutschen Klassiker und suchte sich soweit wie möglich in sie zu vertiefen. Ich erinnere mich auch, daß er sich von seinen Ersparnissen eine Bibliothek anlegte. [...] Schiller, Hauff, Körner, Heine und andere. Goethe allerdings fehlt. Er hatte ihn gekauft, er las ihn und sprach über ihn. Dann versteigerte er ihn unter den Mitschülern, und von dem Erlös kaufte er sich den Shakespeare auf deutsch. [...] Mir mißfiel es, daß er eine so große Zuneigung zur deutschen Literatur faßte und darüber die italienische Literatur völlig vernachlässigte, und eines Abends sagte ich ihm, er solle doch auch einmal Dante und Petrarca lesen, die seien viel besser als Schiller und Goethe. Er lachte mir ins Gesicht und antwortete: ‹Schiller ist das größte Genie der Welt!›»

12. Mai 1881: «Ettore tut ... nichts: er liest, er beschäftigt sich dauernd mit seinen Studien und versteift sich immer mehr darauf, studieren und schreiben zu wollen. Er lebt, indem er von Schauspielen und anderen Arbeiten träumt, die bald dramatischen, bald romantischen Charakter haben und auf dem Papier niemals vollendet werden. Sein künstlerischer Standpunkt hat sich gewandelt. Er ist jetzt Verist. Zola hat ihn in der Vorstellung bestärkt, daß nicht die Handlung, sondern die Charaktere Zweck und Gegenstand des Dramas sein müssen. Alles muß wahr sein.»

2. Juni 1881: «Seit etwa vier Jahren verfolge ich mit Interesse seine literarischen Fortschritte. Ich sehe mit Freuden, daß er sich mit seinen Studien abgibt, aber er schreibt nichts Ernsthaftes, und meiner Meinung nach wird er das Ziel nur durch einen Erfolg erreichen können, der Papa dazu brächte, ihn studieren zu lassen, und Ettore selbst ermutigen würde.»

Aber der «Erfolg» sollte noch mehr als vierzig Jahre auf sich warten lassen. Elio Schmitz stirbt 1886. Svevo verliert damit seinen Gesprächspartner und arbeitet in entmutigender Einsamkeit.

Aus Svevos *Tagebuch*:
19. 12. 1889: «Heute bin ich 28 Jahre alt geworden. Meine Unzufriedenheit mit mir und den anderen könnte nicht größer sein. [...] Es ist klar: Wenn ich selbst mit meiner Arbeit nicht zufrieden bin, kann ich auch nicht verlangen, daß es ein anderer ist. Aber daß man bei den ungeheuren Ambitionen, die man einmal nährte, niemanden getroffen hat, *aber wirklich niemanden*, der sich dafür interessiert, was man denkt und was man macht; daß man immer so tun muß, als ob man sich für die Angelegenheiten der anderen interessiere, weil das der einzige Weg ist, sich ein wenig von der Wertschätzung zu verschaffen, die man ja doch anstrebt. Es ist jetzt genau zwei Jahre her, daß ich diesen Roman angefangen habe, der weiß Gott was werden sollte. Statt dessen ist er ein Schund, der mir noch schwer im Magen liegen wird. Meine Stärke war immer die Hoffnung, und das Schlimme ist, daß auch sie allmählich nachläßt.»

Indessen beschäftigt sich Svevo in einem Aufsatz in der Triestiner Zeitung *L'Indipendente* vom 12. Dezember 1887 mit der Frage nach der ‹Form› der menschlichen Empfindungen im literarischen Werk. Unmittelbar an die Adresse der Meister des Positivismus gerichtet, redet er einer Art Nativismus der ästhetischen Wahrnehmung das Wort und lehnt jede Form von psychologischem Determinismus ab:

Über das Gefühl in der Kunst
«Schon durch ihre Natur und durch die Art und Weise ihrer Manifestation im Individuum unterscheidet sich die

Ignoranz in der Kunst so sehr von der in der Wissenschaft, daß man zögert, sie mit dem gleichen Ausdruck zu bezeichnen. [...] In der Kunst kann eine derart vollständige Ignoranz überhaupt nicht existieren. Fast als ob der Mensch schon bei seiner Geburt einige Kenntnisse mitbrächte, die ihm die Kunst nahebringen, erfaßt er stets intuitiv die künstlerische Konvention. [...] Einem alten Sinnspruch zufolge trägt der Mensch den Keim aller Charaktere in sich; es ist die Menschlichkeit seines Charakters, die ihn befähigt, alle menschlichen Gegebenheiten zu empfinden. Er empfindet darüber hinaus die Echtheit des Milieus. Man muß nicht in Rußland oder in Kalifornien gewesen sein, um die Echtheit der Schilderungen eines Turgenjew oder eines Tolstoi beziehungsweise eines Bret Harte zu empfinden. [...] Bei den Träumern stellt sich dieses spontane Interesse für die Dinge, die sie zum erstenmal wahrnehmen, leichter ein; es scheint, daß, wie in jener arabischen Erzählung, ein Traum von zehn Minuten Jahre der praktischen Erfahrung aufzuwiegen vermag. [...] Charles Darwin, der Held des modernen Denkens, empfand die Kunst mit der ganzen Fähigkeit seines Gefühls. [...] Descartes sagte, der Mensch sei seines Seins gewiß, weil er denke. Auguste Comte dagegen, der Begründer des modernen Positivismus, behauptet, wir seien unseres Seins gewiß, weil wir fühlten. Ich glaube, daß derjenige am besten seines Lebens gewiß ist, der die Wahrheit beider Behauptungen empfindet» (Italo Svevo, ‹*Opera Omnia*›, Bd. III, S. 663–680).

Zur gleichen Zeit wie ‹*Una vita*› entstanden zwei Erzählungen, die der *L'Indipendente* veröffentlichte: ‹*Una lotta*› (1888) und ‹*L'assassinio di via Belpoggio*› (1890).

‹*Una lotta*› ist eine schwungvolle kleine Geschichte im Rhythmus eines Boulevardstücks: Zwei Antagonisten streiten sich um ein hübsches ‹leichtes› Mädchen: der dunkelhaarige Ariodante, tatkräftig und «gesund», und der intellektuelle Arturo («er hatte sein Leben mit Lesen und Schreiben verbracht. Seine Jugend starb in diesen fünfunddreißig Jahren dahin. [...] Er hoffte und glaubte, den Kampf, auf den er sich eingelassen hatte, gewinnen zu können. Er verstand zu reden, verstand es, die Gemüter zu rühren, er hatte es hier mit der Ausübung seines ureigenen Gewerbes zu tun; warum sollte er nicht gegen Ariodante gewinnen, der doch die Untauglichkeit in Person war?»). Aber die «Untauglichkeit» ist die Eigenschaft des «Träumers» nicht des «Kämpfers». Am Ende der Geschichte registriert der – nicht nur im übertragenen Sinn – geschlagene Intellektuelle seine Niederlage und gesteht seine «Bewunderung» für den Rivalen, der ihm die Frau wegnimmt (*Paragone*, 1972, Nr. 30, S. 62–72).

Auch ‹*L'assassinio di via Belpoggio*› schildert eine Erfahrung der Selbsterkenntnis. Die Lektüre Schopenhauers gesellt sich zur dostojewskischen Analyse der Zeit nach dem Verbrechen. «Das Töten war also so einfach?» Nicht Schuldgefühle, sondern Egoismus, Bosheit und Mitleid (Selbstmitleid) sind, entsprechend einem an Schopenhauer ausgerichteten psychologischen Verständnis, die aufwühlenden Entdeckungen, die der Protagonist an sich selbst macht. Er wird durch seine Tat enthüllt und verurteilt, aber nicht erklärt. («Der Mord hatte sein Leben in zwei Teile geteilt, und jenseits dieses Geschehens erinnerte er sich nur noch dunkel an die eigenen Gedanken und Gefühle, an das eigene Selbst, als ob es sich um Dinge handle, die er nicht erlebt, sondern vor vielen, vielen Jahren einmal erzählt bekommen habe [...]; er empfand sich als ein jämmerliches Spielzeug, das einer launenhaften Hand ausgeliefert war» [I. S., ‹O. O.›, S. 220 ff].)

2. Das autobiographische Element

Nach dem Erscheinen von ‹*La coscienza di Zeno*› (1923) ‹verwaltet› Svevo seinen Ruhm, zimmert selbst an seinem Mythos mit und liefert den einen oder anderen Schlüssel zur Lektüre seines Werks: offensichtlich in vereinfachender Absicht, um das Verständnis und die Verbreitung aller seiner Romane zu erleichtern und zu fördern. Indem er Zeno als «einen Bruder Emilios und Alfonsos» – seiner Helden in ‹*Una vita*› und ‹*Senilità*› – vorstellt, macht er sich den Erfolg seines dritten Romans zunutze, um die beiden erfolglosen Vorgänger der Vergessenheit zu entreißen. Jetzt, da renommierte Kritiker (Montale, Crémieux, Larbaud) gezeigt haben, daß es den Schriftsteller Italo Svevo *überhaupt gibt*, arbeitet er mit kühlem Kopf und strategischer Intelligenz geduldig daran, sein übriges Werk an den ‹Fall Zeno› anzukoppeln und in den Lesern den Wunsch zu wecken, die «vorausgegangenen Brüder» kennenzulernen, um so Zeno selbst besser zu verstehen.

Auf Wunsch seines Verlegers Morreale verfaßt Svevo im Jahre 1928 den ‹*Profilo autobiografico*› (jetzt in Band III der ‹O. O.›, S. 797 ff), eine ungewöhnliche, in der dritten Person verfaßte Autobiographie, die mit großer Kunstfertigkeit das offizielle Bild des ‹Schriftstellers Svevo› zeichnet: als einer in sich geschlossenen, einheitlichen Persönlichkeit, die offenbar von präzisen kulturellen Voraussetzungen ausgeht und deren Vorhaben mit den Ergebnissen korrespondieren. Es scheint, als lösten sich die natürlichen Widersprüche der Person in der einheitlichen Gestalt des vom Erfolg bestätigten Schriftstellers unter einer neuen Perspektive auf, als bestätige der prüfende Rückblick auf das abgeschlossene Werk nunmehr die Legitimität einer ‹Berufung›. Im übrigen betont Svevo seine «Italianità» und rechtfertigt die Wahl seines Pseudonyms, das «nicht auf seinen fernen deutschen Vorfahren» zurückgehe, «sondern auf den langen Deutschlandaufenthalt in seiner Jugend» und nicht zuletzt auf seine jugendliche Begeisterung für Schopenhauer. Er bringt gelassen seine deutsche kulturelle Matrix mit der wiedergefundenen «Italianità» und seine beruflichen Verpflichtungen als Industrieller mit seiner drängenden literarischen Berufung in Einklang. Vor allem aber verweist er auf den autobiographischen Charakter seines gesamten Werkes, um so eine Art roten Fadens für die Lektüre zu bieten und die «eine Figur», eben jene autobiographisch geprägte, zu rechtfertigen, die sich angeblich von Roman zu Roman wiederholt.

«Das Leben Italo Svevos in der Bank wird in einem Teil seines ersten Romans ‹*Una vita*› genau beschrieben. Dieser Teil ist wirklich autobiographisch. Und auch die beiden jeden Abend in der städtischen Bibliothek verbrachten Stunden werden darin geschildert. Es ging ihm darum, sich endlich ein wenig italienische Bildung anzueignen. [...] ‹*Una vita*› ist zweifellos von den französischen Naturalisten beeinflußt. Er las viel Flaubert, Daudet und Zola, kannte aber auch vieles von Balzac und einiges von Stendhal. Bei seinen ungeordneten Streifzügen durch die Literatur hielt er sich lange Zeit bei Renan auf. Doch sein Lieblingsschriftsteller wurde bald Schopenhauer, und vielleicht geht auf diesen großen Philosophen auch das Pseudonym Italo Svevo zurück, das zum erstenmal auf dem Umschlag von ‹*Una vita*› erschien. Alfonso, der Held des Romans, sollte eigentlich die Schopenhauersche Auffassung personifizieren, daß das Leben ganz nahe bei seiner Verneinung liege. Daher vielleicht der trockene und rüde Schluß des Romans, wie das Urteil eines Syllogismus. [...] Für den Autor ist zweifellos die Beziehung Alfonsos zu Annetta, der reichen Tochter des Bankiers Maller, der wichtigste Teil des Romans, der zunächst den Titel *Un inetto (Ein Untauglicher)* trug, einen Titel, der später abgeändert wurde, da sich Emilio Treves geweigert hatte, einen Roman ‹mit einem derartigen Titel› zu veröffentlichen. Ein Beweis für den großen Verstand eines so bedeutenden Verlegers! Alfonso ist eindeutig der leibliche Bruder der Protagonisten der beiden anderen Romane Svevos. Er ist ebenso willensschwach wie Brentani und Zeno. Nur daß hier, über die Darstellung von so viel Schwäche hinaus, offensichtlich auch der Versuch gemacht wird, sie in eine Theorie einzuordnen. [...] Die wenigen Kritiker, die sich mit dem Roman befaßten, verwandten (leider zu Recht) viele Worte darauf, sich vorwurfsvoll über die Dürftigkeit der Sprache, gespickt mit groben Fehlern und dialektalen Wendungen, zu äußern. Zu Svevos Entschuldigung mag die Geschichte seines eigenen Schicksals dienen. Wenn ‹*Una vita*› eine günstigere Aufnahme gefunden hätte, dann hätte Svevo schon damals seine schlecht entlohnten Tätigkeiten aufgeben und sich stärker seiner so sehr vernachlässigten literarischen Bildung widmen können.»

Verbirgt sich in diesen Zeilen Ironie? Ein Blick in den ‹*Epistolario*› (‹O. O.›, Bd. 1) zeigt, daß Svevo in Wahrheit sehr vorsichtig daranging, ‹*Una vita*› von neuem ins Licht zu rücken. (Wie wir aus dem ‹*Profilo*› erfahren, hatte Joyce das Buch um 1906 gelesen und nicht gut gefunden.) Zu Beginn seiner Korrespondenz mit Larbaud, am 15. Januar 1925, spottet Svevo über ‹*Una vita*› («veröffentlicht, als ich den ganzen Maupassant kannte, ausgenommen ‹*Une vie*›, von dessen Existenz ich gar nichts wußte. Ein schöner Zufall!!!»). Dann fährt er mit Bezug auf seine Jugendwerke fort: «Ich habe mich von ihnen distanziert und bin ihnen abtrünnig geworden ... Gern zögere ich die Absendung der beiden Bände hinaus. Nicht daß sie ankommen und dem dritten schaden!» Aber sehr bald schon, am 16. März 1925, schreibt Svevo, getröstet durch Larbauds Interesse: «Ich habe ‹*Una vita*› wieder gelesen. James Joyce sagte immer, in der Feder eines Mannes stecke nur ein einziger Roman – und wenn man mehrere Romane schreibe, bleibe es doch immer der gleiche, mehr oder weniger abgewandelt. In diesem Fall aber wäre ‹*Una vita*› mein einziger Roman.»

Auch die Vorliebe für Schopenhauer wird vom alten Svevo bestätigt und durch ein liebenswürdig-belehrendes Märchenmotiv ausgedrückt. Am 27. Dezember 1927 schreibt er an Jahier: «Der erste, der über uns Bescheid wußte, ist älter als Nietzsche: Schopenhauer. Und er betrachtet den kontemplativen Menschen als ein ebenso vollendetes Produkt der Natur wie den kämpferischen. Da nützt keine Kur. Wenn es einen Unterschied gibt, dann liegt er in der Sache. Doch wenn sich dieser Unterschied durch einen Erfolg auflösen kann (z. B. indem man entdeckt, der menschlichste Mensch zu sein, der je erschaffen wurde), dann ist es genau wie bei jenem Schwan aus Andersens Märchen, der sich für eine mißgestaltete Ente hielt, weil er von einer Entenmutter ausgebrütet worden war. Welche Genesung, als er zu den Schwänen kam!»

3. Von der Besprechung zur Kritik

Die erste Ausgabe von ‹*Una vita*› (Vram, Triest) trägt das Datum 1893 (in Wirklichkeit stammt sie aber aus dem Jahr 1892). Die zweite Ausgabe erschien 1930 (Morreale, Mailand). Eine siebenunddreißig Jahre dauernde Sonnenfinsternis des ersten Romans also, während der ‹*Senilità*› (*Ein Mann wird älter*, 1898) herauskommt; diesem zweiten Roman folgt ein «langes Schweigen» (insgeheim dem Theater, den Novellen, den Fabeln, den Briefen gewidmet), eine Periode, in der Svevo sich damit abfindet, sich in einen «seriösen Geschäftsmann» zu verwandeln; und am Ende eine entschlossene Wiederaufnahme der literarischen Aktivität, die von der Veröffentlichung von ‹*La coscienza di Zeno*› (1923) bis zum Tod (1928) anhält.

‹*Una vita*› erfährt nicht die sprachliche Überarbeitung, die Svevo im Fall von ‹*Senilità*› anscheinend für notwendig hielt, um sein höchst eigenwilliges Italienisch einem Durchschnittsniveau anzupassen. Die postume Neuauflage wiederholt getreu das, was der dreißigjährige Svevo geschrieben und später niemals revidiert hatte.

Sehr spärlich bleibt das Echo auf die erste Ausgabe: Zwei anonyme Rezensionen vom 27. Dezember 1892 in den Triestiner Blättern *Il Piccolo* und *L'Indipendente* sprechen sehr allgemein von «den schönen Neigungen, die Tatsachen und Leidenschaften zu erforschen», und von der «genauen Darstellung eines Milieus und der Anatomie einer Seele». Und schon bereiten sie den Boden für die Hypothese vom *doppelt* bzw. auf zwei Ebenen konstruierten Roman: einer *äußeren* (der der Tatsachen) und einer *inneren* (der der Leidenschaften). Diese Interpretation wird dann von einem großen Teil der nachfolgenden Kritik übernommen.

Am 11. Dezember 1892 schreibt Domenico Oliva im *Corriere della Sera*: «Italo Svevo, der mir gebildet und in der modernen Literatur sehr belesen erscheint [...], erzählt von einer kurzen Jugend, an deren Ende ein Selbstmord steht. Auf jeden Fall verbergen sich hinter diesem Roman, auch wenn er nur von geringem Interesse und formal von recht begrenztem Wert ist, ein künstlerisches Bewußtsein und eine klare Beobachtungsgabe. [...] Das Ganze hat nichts Außergewöhnliches an sich und ist keine große Erfindung; aber natürlich haben sich, wie dies die augenblickliche Ausrichtung der Kunst will, die Bemühungen des Autors darin erschöpft, einen Typus zu schaffen, besser gesagt, einen Charakter zu entwerfen und ihn jener peinlich genauen Analyse zu unterziehen, mit der man heute vielleicht übertreibt. Und in der Tat: diesen Alfonso Nitti sieht und versteht man; was man nicht versteht, ist sein Selbstmord, aber dem Autor ging es darum, seinen Roman irgendwie zu Ende zu bringen, der trotz aller Mängel nicht vom Erstbesten stammt.»

Einen gewissen Trost empfing Svevo auch aus einem Brief von Paul Heyse, in dem sich zwar wenig Lob mit viel Tadel mischt, der aber zumindest ein aufrichtiges Interesse erkennen läßt: «[...] Zunächst leidet dieser Roman an dem Fehler fast aller italienischer Romane, die in den letzten zehn Jahren durch meine Hände gegangen – einer so redseligen Breite, daß ohne Schaden für irgend etwas Wesentliches [...] der Umfang auf die Hälfte einzuschränken wäre; dann aber haben Sie noch nicht begriffen, daß die Nebenfiguren untergeordnet werden müssen, um die Hauptpersonen stärker hervortreten zu lassen. Mit unermüdlicher Sorgfalt schildern Sie die unerheblichsten Vorgänge in der Bank, die unwichtigsten Nebenrollen werden so liebevoll durchgeführt wie die Protagonisten, als wäre es Zweck Ihrer Dichtung, das Getriebe anschaulich zu machen – *à la Zola*. Und was das Bedenklichste ist: der Held des Buches ist eine so schwächliche, unbedeutende, vielfach abstoßende Natur, daß die ausführliche Beschäftigung mit ihm und seinem Milieu, das Seciren seiner geringsten Gefühle, Gedanken und Stimmungen sich kaum der Mühe zu lohnen scheint.»

Von ganz anderem Zuschnitt und Tenor sind die Rezensionen, die ‹*Una vita*› nach der Veröffentlichung des ‹*Zeno*› erfährt:

Eugenio Montale schreibt (in: *L'Esame*, November/Dezember 1925): «‹*Una vita*› ist ein umfangreicher Roman, der von einer Reihe grundlegender Themen beherrscht und durchzogen wird, von denen keines einseitig zu dominieren scheint: Hier findet sich eine *éducation sentimentale*, gekoppelt mit der Darstellung eines unheilvollen Falls von Verstädterung. Daneben und dazwischen wird aber auch ein genaues Bild vom Leben der Bankangestellten gezeichnet. Und als ob dies alles noch nicht genügte, schildert der Autor auch noch das Interieur einer kleinbürgerlichen Familie und eine ‹Rückkehr des verlorenen Sohnes› in sein Heimatdorf. Wenn man zudem noch bedenkt, daß der Protagonist des Romans, Alfonso Nitti, ein romantischer Jüngling ist, unfähig zu leben und sich zu entscheiden, von Dingen beherrscht, ‹die größer sind als er› und die ihn schließlich ins Verderben stürzen, dann wird deutlich, daß ‹*Una vita*› vor allem ein mutiges Buch ist [...], an Balzac erinnert. [...] Die Schwäche von ‹*Una vita*› scheint uns in einer gewissen Unsicherheit Svevos gegenüber seinen Figuren zu liegen: Nicht immer hat sich der Autor anscheinend genügend von seinen Gestalten gelöst; nicht immer wird klar, wieweit er als Schriftsteller über sie urteilt und über ihnen steht und wieweit er sich ihnen unterordnet, fast möchte ich sagen, sie ernst nimmt.»

Benjamin Crémieux schreibt in *Le Navire d'Argent* vom 11. Februar 1926: «‹*Una vita*›, das Erstlingswerk, entstanden in der Blütezeit des Naturalismus, kann strenggenommen als ein veristischer Roman gelten. [...] Noch treffender wäre es jedoch zu sagen, es handle sich um einen Roman im Stile Flauberts (einen der wenigen, wenn nicht sogar den einzigen in der italienischen Literatur): Die innere Tragödie dieses kleinen, so mit Ehrgeiz nach Wissen, Ruhm und Liebe vollgepfropften Angestellten hat Ähnlichkeit mit der ‹*Éducation sentimentale*› und mit ‹*Madame Bovary*›: Es ist ein triestinischer Monsieur Bovary, den Italo Svevo in seinem ersten Buch auf die Beine gestellt hat. Und es ist der gleiche komplexe Held – begierig, intelligent, willensschwach, anpassungsunfähig, schüchtern (aber völlig frei von dem Wunsch nach Geld) –, den wir in ‹*Senilità*› und in ‹*La coscienza di Zeno*› wiederfinden.»

Elio Vittorini über ‹*Una vita*› (in *Solaria*, Dezember 1930): «In einem Land der Dilettanten wie Italien ist es von jeher klüger gewesen, mit einem bekannten Motiv zu beginnen [...]. Ein leicht ‹mailändisch› oder ‹toskanisch›, das heißt also ‹athenisch› klingender Anfang hätte den Svevo von ‹*Una vita*› und ‹*Senilità*› vielleicht ebenso gerettet, wie er den Verga der ‹*Malavoglia*› mehr oder weniger gerettet hat. Aber er, der keine ‹*Storia di una capinera*› zu schreiben verstand, hatte sich schon auf der ersten Seite von ‹*Una vita*› instinktiv auf *ein* Ziel zubewegt, das dann zu einem endgültigen werden sollte: ernsthaft zu schreiben [...]: das heißt einen Strom von Worten über das Papier fließen zu lassen, von denen sich kein einziges als überflüssig erweisen [...], die vielmehr alle etwas von jener Realität ans Licht bringen sollten, die er darzustellen beabsichtigte. [...] Niemand wird bei den beiden ersten Romanen einen naturalistischen Ursprung und bei dem letzten Meisterwerk eine Anlehnung an Joyce geltend machen wollen. [...] Die psychologischen Momente entspringen bei Nitti wie bei Zeno einer spontanen Kausalität; und sie folgen einander, indem das eine sich aus dem anderen ergibt, ohne jemals, wie es der Naturalismus verlangen würde, von einem äußeren oder höheren Geschehen determiniert zu sein. [...] Die Persönlichkeit Nittis mag vielleicht geschlossener erscheinen [...], aber in ihrer episodischen Entwicklung, in ihrem Erleben [...], ja selbst in ihrer Hinbewegung auf den Selbstmord (wo sie doch eigentlich vom Gott der großen Linien gelenkt werden sollte), sehen wir, wie sie sich von einem Moment zum anderen verändert, verdichtet, neu verfestigt. [...] Ein Julien Sorel unserer Zeit, könnte man sagen.»

Vom Beginn der dreißiger Jahre an wird ‹*Una vita*› also der Vergessenheit entrissen – zumindest für die noch immer nicht sehr zahlreichen Bewunderer Svevos –, und die Bemühungen des Autors, erneut auf dieses Werk aufmerksam zu machen, können als erfolgreich gelten. Aber der Roman lebt eine Art parasitären Schattendaseins: Er ist nur auf Grund jener Aspekte wieder auf der Bildfläche, die sich mit ‹*Senilità*› und ‹*La coscienza di Zeno*› vergleichen lassen, das heißt, er wird gewissermaßen als ‹Vorgriff› auf diese späteren Werke gelesen und eher pflichtschuldig berücksichtigt als geliebt. In den seltenen Fällen, in denen er als eigenständiges Werk gewertet wird, trifft ihn auch heute noch leicht der Vorwurf der Langatmigkeit und der Diskontinuität. Neben dem ‹untauglichen› Helden und der prächtigen Figur der Annetta (einer großartigen Metapher für ein berechnendes und habgieriges Bürgertum) werden immer wieder der autobiographische Charakter des Werkes und die Sorgfalt der psychologischen Beobachtung hervorgehoben. Nach wie vor wird auf Svevos Anleihen beim Positivismus und auf das ‹naturalistische Moment› in seinem Werk hingewiesen. Und man sieht die Grenzen des Romans in seinen *zwei Seelen* und dem unvereinbaren Nebeneinander von zwei Ebenen: der äußeren der Fakten (und der sie bestimmenden, nicht modifizierbaren sozialen Mechanismen), und der inneren (auf der die Neuheit der psychologischen Analyse und die Darstellung der sozialen Niederlage des ‹untauglichen› und überflüssigen Intellektuellen ins Auge fallen).

Selbst ein so getreuer Bewunderer wie Silvio Benco schreibt noch 1947 (in: *Mercurio*, Februar 1947): «Der ganze einleitende Teil ist ein wenig lang; er ist eine Milieustudie: die minuziöse Darstellung eines beklemmenden Bankbüros. Einer meiner Freunde meinte, daß der Roman, wenn man ihn um diese siebzig Seiten kürzte, als einer der schönsten unseres neunzehnten Jahrhunderts gelten könnte.»

Auch Montale kommt in einem Vortrag, den er anläßlich des hundertsten Geburtstages von Svevo in Triest hielt (Montale–Svevo, ‹*Lettere*›, De Donato, Bari 1966,

S. 157), auf sein früheres Urteil zurück, um es zu bestätigen oder ihm vielleicht sogar noch größeres Gewicht zu verleihen: *‹Una vita›* sei ein überladenes Werk («es ist ein Buch, in dem zwei Bücher stecken»), nicht voll bewältigt, da der junge Romancier die Fähigkeit auszuwählen noch nicht ausreichend beherrscht habe.

Daß dieses Verdikt Montales vielfältige Resonanz gefunden hat, beweist das Kapitel, das Geno Pampaloni *‹Una vita›* in der in Italien wohl verbreitetsten Literaturgeschichte (*‹Storia della letteratura italiana›*, hg. von E. Cecchi und N. Sapegno, Band IX, Garzanti, Mailand 1969, S. 502) gewidmet hat. Als «unbestreitbare Matrix der Welt Svevos und Vorwegnahme aller seiner wesentlichen Themen» wird *‹Una vita›* dort folgendermaßen eingeführt: «Der Roman ist literarisch unreif; er leidet an einer Art Stau nicht verarbeiteter Motive, die gewissermaßen übereinandergeschichtet werden, ohne daß es definitiv zu einer Auswahl und zur Unterscheidung kommt; die Folgen sind eine beträchtliche Langatmigkeit und starke Ungleichheiten.»

Und Mario Fusco verweist in seiner großangelegten Monographie (*‹Italo Svevo. Conscience et réalité›*, Paris 1973, S. 195) auf zahlreiche «Romanbahnen» in *‹Una vita›*: «Svevo wollte oder konnte keine Auswahl treffen.»

Von wieder anderer Seite kommt die Anregung, die «Doppelstruktur» des Romans als Programm und gewolltes Ergebnis zu verstehen, als Merkmal einer ganz bestimmten Erzähltechnik: «Gerade die zentrale Bedeutung, die in dem Roman der Beziehung zwischen Individuum und Gesellschaft, zwischen der psychischen Verfassung des einzelnen und dem Verhalten der Gemeinschaft, zwischen dem subjektiven Leben und dem Schicksal der Klasse zukommt, einer Beziehung, die am Beispiel eines Intellektuellen gezeigt wird, macht *‹Una vita›* zu einem Werk von europäischem Rang. Der Autor führt nicht nur in die naturalistische Realität der *sichtbaren* sozialen Beziehungen von neuem das *Bewußtsein* des Protagonisten ein, das die Realität der *ökonomisch-sozialen* Beziehungen auf dessen psychologischem und kulturellem Niveau vermittelt, sondern er überwindet diese Ebene auch mit Hilfe der Eigenanalyse des Helden, indem er sie als ganz präzise soziale Position definiert: Die realistische Darstellung ist zugleich Mittel und Ergebnis einer solchen Analyse.» Soweit Maria Tancredi (in: *Angelus Novus*, Nr. 21, 1971, S. 55f). Und weiter heißt es: «Die ‹Fakten› werden also in ihrer subjektiven Objektivität geschildert, in ihrer ‹inneren› Realität, und der Realismus ‹par le dedans› von ‹*Una vita*› kommt in der ironischen Spaltung Autor–Protagonist zum Ausdruck.»

Gennaro Savarese schließlich (‹*Scoperta di Schopenhauer e crisi del naturalismo nel primo Svevo*›, in: *Rassegna della letteratura italiana*, Nr. 3, 1971, S. 421) schreibt: «Zwischen der Struktur der Fakten und der Struktur des Bewußtseins besteht nicht jene Korrespondenz wie zwischen dem Äußeren und dem Inneren ein und desselben Vorgangs, wohl aber eine *nicht koinzidente Überlagerung*» (Hervorhebung von der Verfasserin). Was der Leser bei der ersten Lektüre verwirrt und verärgert als Verletzung einer Norm empfindet, ist tatsächlich eine solche Normverletzung, aber sie ist beabsichtigt und erzählerisch effektiv: «Sie deckt die Absurdheit und Fragwürdigkeit der Realität auf.»

Unter Bezug auf den ursprünglichen Titel *Un inetto (Ein Untauglicher)* – der bekanntlich vom Verleger abgelehnt, von Svevo aber niemals aufgegeben wurde – bemerkt Sandro Maxia (in: ‹*Il Caso Svevo*›, hg. von G. Petronio, Palumbo, Palermo 1975, S. 87f), daß nicht das «Leben» des Alfonso Nitti Gegenstand des Romans sei, sondern seine «Untauglichkeit», das heißt sein «Anderssein». «Dieses Anderssein Alfonsos wird als Beziehung aufgebaut: zwischen der *Andersartigkeit* und der *Uniformität*, zwischen der sozialen *Normalität* und Konvention und der *Abweichung* als der nicht erfolgten, weil nicht möglichen Integration. [...] Der Roman untergräbt fortschreitend die subjektiven und ideologischen Fundamente, auf denen der Protagonist sein Anderssein begründen möchte [...], so daß der Intellektuelle, der Mensch, der per definitionem *weiß*, genau auf jener Stufe des *Wissens* par excellence getroffen wird, die sich in dem bekannten Gebot äußert: ‹Erkenne dich selbst.› [...] Wir sind uns darüber im klaren, warum ‹*Una vita*› den Eindruck erweckt hat, zwei (oder mehr) Romane in sich zu vereinen. Tatsache ist, daß diese Beziehung nicht einmal, sondern zweimal dargestellt wird, oder, besser gesagt, der Leser nimmt sie einmal wahr, wie sie dem Protagonisten subjektiv erscheint, und zum anderen, wie sie sich dem Blick und dem Bewußtsein des Erzählers objektiv darstellt.» Die Stimme des Erzählers handelt also *gegen* Alfonso, «indem sie systematisch seine Traum-Fluchtversuche vereitelt, sozusagen durch eine Erörterung innerhalb der Erörterung, die sich verstohlen bis in seine intimsten Selbstgespräche drängt.»

Die gegenwärtige Forschung setzt also bei der *Machart* des Romans an: bei der Frage, *wie* Svevo Ende des vergangenen Jahrhunderts den naturalistischen Konflikt Individuum – Umwelt nicht nachgezeichnet, sondern planmäßig verschärft und die thematischen Romanklischees des späten neunzehnten Jahrhunderts bis zum letzten (einschließlich der ironischen Komponente) ausgenutzt hat, um ihre Zwänge aufzudecken und sich über sie hinwegzusetzen. Wiederholung, Steigerung, Widerspruch, Anhäufung – das sind die technischen Mittel dessen, der sich für eine bestimmte Manier entscheidet, um sie auszuschöpfen: Er weiß, was er tut, und nimmt auch ironisch das Risiko in Kauf, als Epigone zu gelten.

Gabriella Contini

Biographischer Abriß

Eine Biographie Italo Svevos, die sich genau an die belegbaren Fakten hält, birgt in sich eine Reihe von Problemen. Tatsächlich kann man nämlich von der Existenz mindestens zweier Biographien Svevos sprechen, von denen die eine vom Autor selbst im nachhinein konstruiert wurde und ihrerseits wieder in eine Anzahl von Eigenlegenden und in ein ironisches Spiegelspiel: Svevo–Svevo/Zeno zerfällt. Sie beginnt 1925 mit der Skizze, die Svevo, inzwischen anerkannter Autor des ‹*Zeno Cosini*› und ironisch mit Zeno in einem Verhältnis von Nähe und Abstand gleichgesetzt, an Valéry Larbaud schickt. Aus diesem Entwurf kristallisiert sich dann der ‹*Autobiographische Abriß*› von 1928 heraus, der zur Grundlage für alle von Dritten verfaßten späteren Kurzbiographien werden sollte. Das Leben Italo Svevos, das seines Zeno Cosini und das des Herrn Aron Ettore Schmitz begegnen einander und vermengen sich zu einem heterogenen Ganzen. Die Biographie wird also zu einer literarischen Konstruktion der Person, die schreibt; historische und literarische Fakten – wie zum Beispiel die Begegnung mit Joyce – werden zum Mythos erhoben. Bezeichnend ist in dieser Hinsicht die Biographie von Livia Veneziani Svevo (‹*Vita di mio marito*›), in der die Ehefrau Svevo auf der Grundlage seiner eigenen autobiographischen Darstellung beschreibt. Auf dieses Problem der Verflechtung von Leben–Darstellung–Leben wird in den beiden Bänden dieser ‹*Gesammelten Werke in Einzelausgaben*›, die die Briefe, Dramen, Tagebuchaufzeichnungen und Notizen enthalten, noch besonders eingegangen werden. Dazu kommt noch ein weiteres Problem, das sich zugleich mit Svevos großer Intuition deckt: das Problem der Pluralität des Ichs – des einen, der mehr ist als einer. Aber hinter der Maske dieser Biographie, dem komplexen Geflecht aus Leben und Literatur, existiert das konkrete Leben des Aron Ettore Schmitz, das hier in seinen wenigen belegbaren und verifizierbaren Daten rekonstruiert werden soll:

1861 Hector Aron (im Familienkreis Ettore genannt) Schmitz wird am 19. Dezember in Triest, damals Hafen und Handelszentrum des Habsburgischen Kaiserreichs, geboren. Der Vater, Franz, Glaswarenhändler, entstammt väterlicherseits einer jüdischen Familie aus dem Rheinland; im typischen Assimilationsprozeß des Triestiner Bürgertums hat er sich jedoch völlig italienisiert. Die Familie der Mutter, Allegra Moravia, kommt aus dem Friaul.

1867 Besuch der israelitischen Grundschule, die dem Oberrabbiner von Triest, Melli, untersteht.

1872 Zusammen mit seinen Brüdern Adolfo und Elio wechselt Svevo auf die private Handelsschule von Emanuele Edeles über.

1873–77 Internat in Segnitz bei Würzburg: Die Ausbildung ist vorrangig auf das Kaufmännische gerichtet. Intensive Lektüre deutscher Autoren: Jean Paul, Schiller, Heine, Goethe; außerdem Shakespeare und Turgenjew in deutscher Übersetzung. Wahrscheinlich erste Lektüre Schopenhauers.

1878 Rückkehr nach Triest, wo Svevo sich am Handelsinstitut «Pasquale Revoltella» einschreibt.

1880 Große Liebe zum Theater; auch die ersten literarischen Versuche Svevos gelten dem Theater: Er schreibt die Komödien ‹*Ariosto Governatore*›, ‹*Il primo amore*›, ‹*I due amici*›. Der plötzliche finanzielle Zusammenbruch des Vaters zwingt Svevo, seine Studien abzubrechen und Geld zu verdienen. Er wird Auslandskorrespondent für Deutsch und Französisch bei der Filiale der Wiener Union-Bank in Triest.

Lektüre der italienischen Klassiker, von denen er Machiavelli, Guicciardini und Boccaccio bevorzugt. Er bewundert das kritische Werk von Francesco De Sanctis; liest auch die großen französischen Romanciers: Flaubert, Daudet, Balzac, Zola.

Die Musikpflege in Triest und die Tradition des Musizierens in den Triestiner Bürgerfamilien veranlassen Svevo, Geige zu lernen und sich für Musik zu interessieren; er frequentiert den Musik-Zirkel. In der Zeitung *L'Indipendente* erscheint sein erster Artikel, ‹*Shylock*›, den er mit dem Pseudonym E. Samigli zeichnet.

1881–84 Svevo arbeitet an verschiedenen Komödien und entwirft einige Novellen. Im *Indipendente* veröffentlicht er Artikel über Wagner (dessen ‹*Ring*› 1883 in Triest vollständig aufgeführt wurde), Renan und Scarfoglio. Lektüre der Werke Schopenhauers.

1886 Tod des Bruders Elio, der sein vertrauter Gesprächspartner gewesen war. Beginn der Freundschaft mit dem jungen Maler Umberto Veruda. Svevo verliebt sich in Giuseppina Zergol, die Angiolina aus ‹*Senilità*›.

1887 Svevo beginnt mit dem Roman ‹*Una vita*›.

1888 Veröffentlichung der Erzählung ‹*Una lotta*› im *Indipendente*, ebenfalls unter dem Pseudonym E. Samigli.

1890 Die Erzählung ‹*L'assassinio di via Belpoggio*› erscheint in Fortsetzungen im *Indipendente.*

1891 Svevo schreibt die beiden Komödien ‹*La parola*› und ‹*Prima del ballo*›.

1892 Tod des Vaters. Wiederbegegnung mit Livia Veneziani, einer Kusine zweiten Grades mütterlicherseits, die er einige Jahre nicht gesehen hat. Sein erster Roman, ‹*Una vita*› (ursprünglich hätte der Titel *Un inetto – Ein Untauglicher* lauten sollen), erscheint unter dem Pseudonym Italo Svevo.

1895 Tod der Mutter. Svevo schlägt die Einladung seines Bruders Ottavio aus, zu ihm nach Wien zu kommen. Im Dezember Verlobung mit Livia Veneziani. Svevo schreibt die Komödie ‹*Il ladro in casa*› und entwirft die Theaterstücke ‹*Terzetto spezzato*› und ‹*La verità*›.

1896 Anfang des Jahres beginnt er mit dem ‹*Diario per la fidanzata*›. Er schreibt die ersten Kapitel von ‹*Senilità*›. Am 30. Juli heiratet er Livia. Neben seiner Arbeit bei der Union-Bank ist Svevo journalistisch tätig und gibt Abendkurse in französischer und deutscher Handelskorrespondenz am Institut «Revoltella».

1897 Geburt der Tochter Letizia. Beginn der Mitarbeit an

der Zeitschrift *Critica sociale*, in der die Erzählung ‹*La tribù*› erscheint.

1898 Veröffentlichung von ‹*Senilità*›. Das Ausbleiben jeglichen Erfolgs bringt den Autor zu dem Entschluß, seine literarische Tätigkeit aufzugeben. Er widmet sich der Lektüre von Tolstoi, Dostojewski, Tschechow, Gontscharow und Ibsen.

1899 Svevo verläßt die Union-Bank und beginnt, in der Lackfabrik seines Schwiegervaters zu arbeiten. Er gibt auch den Journalismus und das Unterrichten auf.

1901 Erste Geschäftsreise für die Firma nach Toulon und London.

1903 Beendigung der Komödie ‹*Un marito*›.

1904 Tod des Malerfreundes Umberto Veruda. ‹*Lo specifico del dottor Menghi*›.

1905 Bekanntschaft mit James Joyce, der an der Berlitz School von Triest unterrichtet; die Bekanntschaft entwickelt sich zur Freundschaft.

1906 Erste Lektüre der englischen Klassiker im Original: Dickens.

1908 P. N. Furbank zufolge fällt in dieses Jahr die erste Lektüre eines Werks von Sigmund Freud. M. David dagegen neigt zur Annahme eines späteren Zeitpunkts: zwischen 1910 und 1912.

1913–14 Svevo schreibt die Komödie ‹*Atto unico*› in Triestiner Dialekt.

1915–17 Im Zusammenhang mit dem Krieg wird die Lackfabrik Veneziani, die vor allem auf Unterwasserlacke spezialisiert war, geschlossen. Lektüre unterschiedlicher Autoren, darunter mehrere englische Klassiker, vor allem humoristische wie Swift, im Original. Svevo schreibt die Komödie ‹*L'avventura di Maria*›.

1918 Übersetzung einer Schrift Freuds über den Traum; unklar ist allerdings, ob es sich um die *Traumdeutung* oder um das kürzere Werk *Über den Traum* handelt.

1918–21 Einige Artikel erscheinen in *La Nazione*. Svevo arbeitet drei Jahre an ‹*La coscienza di Zeno*› und schreibt auch weiter für das Theater. Wiedersehen mit James Joyce.

1923 Veröffentlichung von ‹*La coscienza di Zeno*›. Der Erfolg bleibt wieder aus.

1924 Enttäuscht über den Mißerfolg wendet sich Svevo an Joyce und schickt ihm ein Exemplar seines Romans. Joyce, der dieses Buch für Svevos bestes hält, rät ihm, es an Valéry Larbaud, Benjamin Crémieux, T. S. Eliot und andere zu senden.

1925 Svevo erhält den ersten anerkennenden Brief von Larbaud, zusammen mit dem Vorschlag, den Roman in Frankreich zu veröffentlichen.

Reise nach Paris. ‹*Una burla riuscita*›, ‹*L'avvenire dei ricordi*› und ‹*Corto viaggio sentimentale*›. Am Ende des Jahres erscheint in der Mailänder Zeitschrift *L'esame* der grundlegende Aufsatz von Eugenio Montale ‹*Omaggio a Italo Svevo*›.

1926 Reise nach London. Die Februarnummer der in Paris erscheinenden Zeitschrift *Le Navire d'argent* ist ausschließlich dem Triestiner Schriftsteller gewidmet. Es entsteht der «Fall Svevo».

1927 Svevo interessiert sich, wenngleich in dilettantischer Weise, für Einsteins Relativitätstheorie. Zweite Auflage von ‹*Senilità*›. Französische Ausgabe des ‹*Zeno Cosini*›. Der «Fall Svevo» ruft Diskussionen und Polemiken hervor. In Mailand hält Svevo einen Vortrag über Joyce. In Rom wird seine Komödie ‹*Terzetto spezzato*› aufgeführt. Er wird in Paris von Jules Romains, Joyce, Yvan Goll und anderen Größen der europäischen Literatur herzlich gefeiert. Luigi Pirandello kommt zu ihm nach Triest. Svevo entdeckt das Werk Kafkas.

1928 Arbeit an der Komödie ‹*La rigenerazione*›, an der ‹*Novella del buon vecchio e della bella fanciulla*› und an ‹*La morte*›. Svevo beginnt mit der Niederschrift seines vierten Romans. Am 13. September stirbt er in Motta di Livenza an den Folgen eines Autounfalls.

G. C.

Bibliographie

Eine vollständige Bibliographie der Literatur zu Svevo (bis 1968) befindet sich im Anhang zu Band 2, ‹*Romanzi*›, der italienischen Gesamtausgabe (‹*Opera Omnia*›) von Italo Svevo (Hg. Bruno Maier). Derselbe Band enthält eine Aufstellung der Ausgaben und Übersetzungen sowie eine Geschichte der Rezeption Svevos durch die Literaturkritik bis 1968.

Zusammenfassungen der Positionen der Sekundärliteratur finden sich in folgenden Darstellungen:

L. Nanni: Leggere Svevo. Bologna 1974

S. Maxia: Svevo. Palermo 1975

S. del Missier: Italo Svevo. In: I classici italiani nella storia della critica (Hg. W. Binni), Florenz 1977

Italienische Erstausgaben der Werke Svevos

Una vita. Triest, Vram 1893 [richtig 1892]

Senilità. Triest, Vram 1898; zweite verbesserte Ausgabe, Mailand, Morreale 1927

La coscienza di Zeno. Bologna, Cappelli 1923

La novella del buon vecchio e della bella fanciulla e altri scritti. Mailand, Morreale 1929

Corto viaggio sentimentale e altri racconti inediti. Mailand, Mondadori 1949

Corrispondenza con Valéry Larbaud, Benjamin Crémieux e Marie Anne Comnène. Mailand, «All'insegna del pesce d'oro» 1953

Saggi e pagine sparse. Mailand, Mondadori 1954

Opere (Una vita – Senilità – La coscienza di Zeno – La novella del buon vecchio e della bella fanciulla e altri scritti). Mailand, Dall'Oglio 1954

Commedie. Mailand, Mondadori 1960
Diario per la fidanzata (1896). Triest, Ed. dello Zibaldone 1962
Lettere alla moglie. Triest, Ed. dello Zibaldone 1963
Italo Svevo – Eugenio Montale. Carteggio, con gli scritti di Montale su Svevo. Mailand, Mondadori 1976
Opera Omnia. Mailand, Dall'Oglio, Hg. v. B. Maier, 4 Bde.: 1. Epistolario, 1966; 2. Romanzi, 1968; 3. Racconti, Saggi, Pagine sparse 1968; 4. Commedie, 1969

Deutsche Übersetzungen

Zeno Cosini. Basel, Rhein Verlag 1929, deutsch von Piero Rismondo
Zeno Cosini. Hamburg, Rowohlt 1959, deutsch von Piero Rismondo, und Darmstadt, Moderner Buch-Club 1961
Vorrede zu dem Roman ‹Der Greis›, deutsch von Josy Priems und Karl Hellwig und Fragment aus dem Roman ‹Der Greis›, deutsch von K. Hellwig, in: Neue Schweizer Rundschau – Nouvelle Revue Suisse, Zürich, XXIII, 1930, Nr. 1
Ein gelungener Scherz und andere Novellen. Potsdam, Müller & Kiepenheuer, 1923, deutsch von Karl Hellwig
Bruchstücke. In: Forum, Wien, I., 1954, Nr. 2, deutsch von Piero Rismondo
Ein Mann wird älter. Reinbek bei Hamburg, Rowohlt 1960, deutsch von Piero Rismondo
Ein Leben, Reinbek bei Hamburg, Rowohlt 1962, deutsch von Piero Rismondo
Kurze sentimentale Reise. Erzählungen und Fragmente aus dem Nachlaß. Reinbek bei Hamburg, Rowohlt 1967, deutsch von Piero Rismondo
Zwölf Briefe. In: Akzente, Heft 3, 1972, deutsch von F. Bondy
Ein Mann wird jünger. Köln, Kiepenheuer & Witsch 1975, deutsch von Ch. Jenny
Die Zukunft der Erinnerungen. In: Akzente, Heft 6, 1978, deutsch von A. Leube
Auszüge aus dem Tagebuch und Vermischtes. In: Akzente, Heft 6, 1978, deutsch von Anna Leube

Londoner Aufenthalt. In: Akzente, Heft 6, 1978, deutsch von Anna Leube

Über Svevo gibt es eine umfangreiche Sekundärliteratur. Wir beschränken uns hier darauf, eine richtungweisende Auswahl a) zum Gesamtwerk Svevos, b) zu ‹*Ein Leben*›, c) zu Sprache und Stil Svevos zu geben. Die wichtigsten Biographien Svevos sind:

E. Ghidetti: Italo Svevo. Bologna, Editori Riuniti 1980
G. A. Camerino: Italo Svevo. Turin, UTET 1981

Monographien

A. Leone de Castris: Italo Svevo. Pisa 1959
G. Luti: Italo Svevo e altri studi sulla letteratura italiana del primo Novecento. Mailand 1961
B. Maier: La personalità e l'opera di Italo Svevo. Mailand 1961
G. Spagnoletti: Italo Svevo. In: I Contemporanei. Mailand 1963
S. Maxia: Lettura di Italo Svevo. Padua 1965
F. Forti: Svevo romanziere. Mailand 1966
A. Borlenghi: Italo Svevo. In: Narratori dell'Ottocento e del primo Novecento. Bd. V, Mailand 1966
P. N. Furbank: Italo Svevo, the man and the writer. London 1966
G. Luti: Svevo. Florenz 1967
M. Jonard: Italo Svevo et la crise de la bourgeoisie européenne. Paris 1969
R. Barilli: La linea Svevo – Pirandello. Mailand 1972
M. Lunetta: Invito alla lettura di Italo Svevo. Mailand 1972
M. Fusco: Italo Svevo, conscience et réalité. Paris 1973
E. Saccone: Commento a Zeno. Bologna 1973
G. A. Camerino: Italo Svevo e la crisi della Mitteleuropa. Florenz 1974
A. Leone de Castris: La coscienza di Svevo tra scienza e società. In: Il decadentismo italiano. Bari 1974
M. Lavagetto: L'impiegato Schmitz e altri saggi su Svevo. Turin 1975

G. Petronio: Il caso Svevo. Palermo 1976
E. Saccone: Il poeta travestito, otto saggi su Svevo. Pisa 1977
S. Maxia: Italo Svevo. In: La letteratura italiana, storia e testi, Bd. IX, hg. v. C. Muscetta, Bari 1977
G. Pampaloni: Italo Svevo. In: Storia della letteratura italiana, Bd. IX, Bari 1977
C. Fonda: Svevo e Freud. Ravenna 1978
L. Waage Petersen: Le strutture dell'ironia ne La coscienza di Zeno di Italo Svevo. In: Revue Romane, numéro spécial, Kopenhagen 1979
A. A. V. V.: Svevo oggi (Atti del Convegno, Florenz, 3.–4. Februar 1979), Florenz 1979
A. A. V. V.: Contributi sveviani. Triest 1979
E. Gioanola: Un killer dolcissimo. Genua 1979
F. P. Botti, G. Mazzacurati, M. Palumbo: Il secondo Svevo. Neapel 1982
F. Petroni: Svevo. Lecce 1983

Artikel, Aufsätze, einzelne Kapitel

E. Montale: Omaggio a Svevo. In: L'Esame, IV, 1925
B. Crémieux: Italo Svevo. In: Le Navire d'argent, II, 1926, Nr. 9
G. Debenedetti: Svevo e Schmitz. In: Il Convegno, X, 1929, Nr. 1 (jetzt in G. D.: Saggi critici, Mailand 1955)
E. Vittorini: Letteratura di psicoanalisi – Svevo, «Marcel» e Zeno. In: La Stampa, Turin, 27. Sept. 1929
E. Bonora: Ritratti critici di contemporanei – Italo Svevo. In: Belfagor, Jg. IV, 1949 (wiederveröffentlicht in E. B., Gli ipocriti di Malebolge, Mailand, Neapel 1953)
P. Rismondo: Italo Svevo. In: Die neue Rundschau, Frankfurt a. M. Jg. LXIV, 1953
P. Rismondo: Italo Svevo, der Dichter des alten Triest. In: Forum, Wien, I, 1954, Nr. 2
J. Pouillon: La conscience de Zeno, roman d'une psychanalyse. In: Les Temps Modernes, Okt. 1954
L. Nelson: A Survey of Svevo. In: Italian Quarterly 3, 1959, Nr. 10

P. Rismondo: Der Fall Italo Svevo – Ein großer Romancier Altösterreichs aus Triest. In: Wort und Wahrheit, Wien, Jg. XIV, 1959
E. Saccone: Dati per una storia del primo Svevo. In: La rassegna della letteratura italiana, LXVI, 1962
H. Singer: Italo Svevo – Ein Leben. In: Neue Rundschau, Frankfurt a. M., 1963
M. Guglielminetti: Il monologo di Svevo. In: Struttura e sintassi del romanzo italiano del primo Novecento, Mailand 1964
S. Battaglia: La coscienza della realtà nei romanzi di Italo Svevo. In: Filologia e Letteratura, III, 1964
K. Wais: Der Erzähler Italo Svevo – Werke und Rezeption, Krefeld, Scherpe Verlag 1965
D. J. Enright: Svevo's Progress, or: the Apotheosis of the Poor Fish. In: Conspirators and Poets, London, Chatto & Windus 1966
J. Murray: The Progress of the Hero in Svevo's Novels. In: Italian Studies, XXI, 1966
E. Montale – I. Svevo: Lettere, con gli scritti di Montale su Svevo, Bari, De Donato 1966
P. Bondy: I. S. et le grand âge. In: Preuves, Paris, XV, Nr. 167, 1966
A. Bouissy: Les fondements idéologiques de l'œuvre de I. S. In: Revue des Études italiennes, Nr. 3–4, 1966; Nr. 1, 1967
I. David: La psicanalisi nella cultura italiana. Turin 1966, und: Letteratura e psicanalisi. Mailand 1967
M. Guglielminetti: Glosse a Svevo. In: Letteratura come sistema e come funzione. Turin 1967
R. Hartung: Die Originalität I. Svevos. In: Süddeutsche Zeitung, 16. Nov. 1967
S. Pacifici: I. Svevo's Antiheroes. In: The Modern Italian Novel from Manzoni to S. (preface by H. T. Moore), Carbondale and Edwardsville, Southern Illinois University Press 1967
L. R. Furst: I. Svevo's «La coscienza di Zeno» and Th. Mann's «Der Zauberberg». In: Contemporary Literature, IX, 1968
I. Brandt: I. Svevos Erzählungen in der deutschen Ausgabe.

Auf die Welt kommen und leider altern. In: Die Welt der Literatur, 15. Februar 1968
J. Misch: Meister der Wahrheitsfindung. In: Bremer Nachrichten, Bremen, 14. Juni 1968
B. Porcelli: L'evoluzione dell'ideologia nella narrativa sveviana. In: Problemi, Palermo 1969, Nr. 17–18
Autori Vari: Essays on I. S.: Ed. by Th. F. Staley, Tulsa (Oklahoma), The University of Tulsa 1969
A. Wilder: Death, Desire and Repetition in Svevo's «Zeno». In: Modern Language Notes, LXXXIV, 1969
C. R. Wagner: I. S. – The vocation of Old Age. In: Artford Studies in Literature, II, 1970
G. Rosowski: Théorie et pratique psychoanalytique dans «La coscienza di Zeno». In: Revue des Études italiennes, XII, 1970, Nr. 1
P. E. Bondanella: F. Kafka and I. Svevo. In: Proceedings of the comparative Literature Symposium, Techn. University (Texas) 1971, Nr. 28–29
H. Bender: Nachwort. In: I. S.: Kurze sentimentale Reise. Stuttgart, Reclam 1978
B. Moloney: Psychoanalysis and Irony in «La coscienza di Zeno». In: The Modern Language Review, LXVII, 1972, Nr. 2 Sonderheft Akzente, Heft 6, Dez. 1978, S. 489–540
C. Magris: Nel cinquantenario di Svevo. La scrittura e la vecchiaia selvaggia. In: Sigma, Jg. XI, Nr. 1, 1978
C. Magris: Das Schreiben und das wilde Leben des alten Mannes. Zu Italo Svevos 50. Todestag. In: Akzente, Heft 6, 1978
F. Bondy: Italo Svevo – Schriftsteller am Rande. In: Schweizer Monatshefte, 59. Jg., Heft 4, April 1979

Sekundärliteratur zu ‹*Ein Leben*›

E. Montale: Omaggio a Italo Svevo, 1925, und: Italo Svevo nel centenario della nascita, 1961, jetzt in: Italo Svevo – Eugenio Montale: Lettere, Bari, De Donato 1966, S. 157ff

G. MANACORDA: La fortuna letteraria di I. S. In: «Rinascita» 1949

N. JONARD: I. S. et la crise de la bourgeoisie européenne. Les Belles Lettres. Paris 1949

G. PONTIGGIA: La tecnica narrativa di I. S. In: Il Verri, Nr. 5, 1960

H. SINGER: I. S. Ein Leben. In: Neue Rundschau, Frankfurt a. M. 1963, S. 669–672

A. BOUISSY: Les fondements idéologiques de l'œuvre d'I. S. In: Revue des Études Italiennes, a. XII, 1966

G. SAVARESE: Scoperta di Schopenhauer e crisi del naturalismo nel primo Svevo. In: Rassegna della letteratura italiana, Nr. 3, 1971, S. 421 ff

M. TANCREDI: Una vita di I. S. In: Angelus Novus, VIII, 1971, S. 55–84

R. BARILLI: La linea Svevo–Pirandello. Milano, Mursia 1972, S. 21–44

G. MAZZACURATI: Un «Jeu de Trompe-l'œil»: La lettera alla madre. In: Forma e ideologia, Neapel, Liguori 1974

M. PALUMBO: La coscienza di Svevo, Negazione e utopia tra «Una vita» e «Senilità». Neapel, Liguori 1976

S. MAIRA: Dalla metafora della «vita» alla metafora della «scrittura». In: A. A. V. V., Contributi sveviani, Trieste, Lint 1979

P. ROBINSON: «Una vita» and the Family Romance. In: Modern Fiction Studies, Nr. 1, Jg. 18, Frühjahr 1982

Kapitel/Abschnitte zu ‹*Ein Leben*› auch in:

G. LUTI: I. S. e altri studi sulla letteratura italiana del primo Novecento. Mailand, Lerici 1961, S. 256ff

M. GUGLIELMINETTI: Struttura e sintassi del romanzo italiano del primo Novecento. Mailand 1964, S. 118 ff

S. MAXIA: Lettura di Italo Svevo. Padua, Liviana 1965, S. 5–57

G. PAMPALONI: Storia della letteratura italiana (a cura di E. CECCHI e N. SAPEGNO). Jg. IX. Mailand, Garzanti 1969, S. 502 ff

M. Fusco: I. S. Conscience et réalité. Paris, Gallimard 1973, S. 195 ff

M. Lunetta: Invito alla lettura di I. S. Mailand, Mursia 1972, S. 49–68

A. A. V. V.: Il caso Svevo (a cura di G. Petronio). Palermo, Palumbo 1976

M. Forti: Idea della letteratura italiana fra Otto e Novecento. Mailand, Garzanti 1981, S. 131 ff

Über die Sprache und den Stil Svevos

G. Devoto: Le correzioni di Italo Svevo. In: Letteratura, II, 1938, Nr. 4 (wiederveröffentlicht in G. D., Studi di stilistica, Florenz 1950)

F. Falqui: Svevo scriveva male. In: Roma, Neapel, 3. August 1951

G. Pontiggia: La tècnica narrativa di Italo Svevo. In: Il Verri, IV, 1960, Nr. 5

D. Cernecca: Note sulla lingua di Italo Svevo. In: Studia Romanica et Anglica Zagabriensia, Zagabria 1960, Nr. 9–10

D. Cernecca: Le due redazioni di Senilità. In: Studia Romanica et Anglica Zagabriensia, Zagabria 1960, Nr. 9–10

P. Voza: Un esempio di stile nominale nella narrativa sveviana. In: Convivium, a. XXXVI, 1969, S. 214–218

T. Wlassics: La poesia delle mende: note sul linguaggio dell'ultimo Svevo. In: Lingua nostra, XXXII, 1971

B. Maier: Italo Svevo. Mursia, Mailand 1973

G. Contini: L'analisi linguistica di Devoto (1943). Wiederaufgenommen in: Varianti e altra linguistica. Una raccolta di saggi (1938–1968). Turin 1979

S. L.

Italo Svevo
Gesammelte Werke in Einzelausgaben
Herausgegeben von
Claudio Magris, Gabriella Contini,
Silvana de Lugnani

Bereits erschienen

Band 1
Die Erzählungen 1
Mit einem Vorwort von Claudio Magris
und einem Nachwort von Gabriella Contini

Band 2
Die Erzählungen 2
Mit einem Nachwort von Gabriella Contini

Band 3
Ein Leben
Mit einem Vorwort von Gabriella Contini

In Vorbereitung

Band 4
Ein Mann wird älter
Mit einem Vorwort von Lene Waage-Petersen

Band 5
Tagebücher, Aphorismen, Fabeln
Auswahl aus dem Briefwechsel, Vermischtes

Band 6
Essays, Theaterstücke
Autobiographischer Abriß, Briefwechsel mit Kritikern

Band 7
Zeno Cosini

Rowohlt